# *Biografía de* JONATHAN EDWARDS

El más grande pensador de América

## Juan C. de la Cruz

**Editorial CLIE**
www.clie.es

**EDITORIAL CLIE**
C/ Ferrocarril, 8
08232 VILADECAVALLS
(Barcelona) ESPAÑA
E-mail: clie@clie.es
**http://www.clie.es**

**Biografía de Jonathan Edwards**
ISBN: 978-84-19055-35-4
Depósito Legal: B 9784-2023
Biografía y autobiografías
Religiosas
BIO018000

Impreso en Estados Unidos de América / *Printed in the United States of America*

23 24 25 26 27 LBC 5 4 3 2 1

# Acerca del autor

El doctor **Juan C. de la Cruz** conoció al Señor en su niñez. Pastor bautista por 16 años en la iglesia Bautista Nueva Jerusalén de Bonao, R.D. Estudió ingeniería química en la Universidad Autónoma de Santo Domingo (UASD) y una Maestría en Ciencias en la misma institución. También cursó una Maestría en Artes (MA), en el *Southeastern Baptist Theological Seminary* (SEBTS), de Carolina del Norte, USA. Maestría en teología (ThM), Doctorado en Filosofía (PhD) del *Southern Baptist School* (SBS), Jacksonville, Florida, USA. Licenciado en Teología por el Seminario Teológico Bautista Dominicano (STEBD). Ha cursado estudios especializados en predicación expositiva bajo el Dr. Ramesh Richard en *Dallas Theological Seminary* y otros escenarios. Juan cursó algunos años de artes visuales y música en varias academias, incluyendo la Palza de la Cultura de Bonao y el Conservatorio Nacional Dominicano de la República Dominicana.

El Dr. De la Cruz ha sido profesor en varias academias de estudios superiores tanto en el área de ciencias como en el campo teológico. Profesor de *Chemistry and Organic Chemistry* en O&Med, Santo Domingo, República Dominicana. Profesor de varias asignaturas en el Seminario Teológico Bautista Dominicano, en la Academia Ministerial de la Gracia de Santiago, R.D., en el SeTeBLA y en el *Southern Baptist School* en Latino América.

Juan es, actualmente, director del *Southern Baptist School*.

Escritor de varios libros y de numerosos artículos teológicos en varias revistas de Brasil, Paraguay, Estados Unidos, así como en diferentes espacios de internet. Es el fundador y editor general de Theo Magazine en español [TM®] una revista teológica.

Casado hace 22 años con la Dra. Anabel Santo (MD, ThM, Esp. Medicina Familiar, profesora en O&Med) y padre de dos hijos.

Qué emocionante saber que el avivamiento de interés en Jonathan Edwards está llegando al mundo hispanoparlante. Unos años después de la publicación de *La predicación que aviva* de Ernest Klassen (2016), ahora los evangélicos contamos con otra joya la *Biografía de Jonathan Edwards*.

Luego de ubicar al estimado reverendo estadounidense en su contexto histórico y eclesial, nuestro autor —Juan Carlos de la Cruz— se enfoca en la vida ministerial de Edwards y en los avivamientos que acontecieron, por la gracia del único Soberano, bajo su ministerio; por tanto, en el pensamiento de Edwards.

Es mi deseo que este tomo —de lectura obligatoria para cualquier creyente, pastor o seminarista deseoso de aprender más sobre el legado de Edwards— no solamente despierte pasión en la iglesia contemporánea por los avivamientos enviados por Dios, sino también por el Dios de los avivamientos.

Que los lectores, al igual que Edwards, tomemos todos la resolución de hacer todo aquello que sea para "la mayor gloria de Dios".

Juan Carlos, tu obra es maravillosa, una bendición para la iglesia de Dios.

*Will Graham*

Graham es pastor en la iglesia Palabra de Vida, Almería. Es egresado de la Facultad de Teología de Asambleas de Dios en La Carlota, Queen's University Belfast, Union Theological College y de Edgehill Theological College. Graham es profesor en la Escuela Teológica de Granada y el Campus 415.

La vida, ministerio y teología de Edwards son prácticamente desconocidos en América Latina. Un hecho realmente lamentable, ya que el mundo evangélico latino se está perdiendo de mucho con tal desconocimiento. Por eso celebro una obra como esta, que no trata el tema de Edwards de forma superficial, sino que lo aborda exhaustivamente, navegando en los intrincados detalles de la vida y el pensamiento de una de las mentes más brillantes que el mundo haya visto jamás, pero con uno de los corazones más piadosos que Dios ha puesto sobre nuestro planeta.

*Giovanny Gómez Pérez*

Giovanny es teólogo y un apasionado de la historia. Cofundador y director de BITE, un ministerio digital paraeclesial dedicado a difundir contenido sobre el pasado, el presente y el horizonte de la iglesia. Director de proyectos en Flyax, una agencia de marketing digital.

Esta biografía de Jonathan Edwards descrita por Juan Carlos de la Cruz es sin duda un gran esfuerzo de erudición, no solo por ser una biografía que revela un gran carácter —al gran Presidente Edwards—, sino también por enmarcarse en una panorámica fluida de la historia que enmarca la época fundacional y puritana de América (o mejor, de Nueva Inglaterra), la cual ha transcendido incluso hasta nuestros días. Es una colección de gran valor agregado sobre el desarrollo de la historia que nos encamina a entender los cimientos del cristianismo en América, con sus consecuencias hasta la época actual. Creo que este escrito será de mucho beneficio al mundo hispano parlante. Aquellos hombres y mujeres de Dios preocupados por la sana doctrina y por una correcta formación teológica e histórica cristiana, deberán obtener este sensato y atinado libro para apoyar dicha causa.

Como esposa del autor, yo que estuve ahí los cientos y cientos de horas que Juan Carlos dedicó a este trabajo con gran esmero y dedicación, doy fe de que valieron la pena los desvelo, el arduo trabajo, las neuronas consumidas y la salud desgastada (literal) para 'dar a luz a este hijo de sus dolores'.

¡Qué finalmente Dios sea glorificado en gran manera, como sé que es la procura de Juan Carlos! Y que Él Padre de las luces bendiga grandemente este elegante y muy erudito esfuerzo.

¡Te felicito de nuevo, amado mío!

**Dr. Anabel Santos**

Anabel es MD y teóloga, profesora de *Women and Children Cares* en *O & Med School of Medicine (SD, RD)*, articulista del renglón de Ética en la revista *Theo Magazine*, músico y profesora de niños en la Iglesia Bautista Nueva Jerusalén de Bonao, R.D.

Pocas personas pueden impactar nuestras vidas tanto como Jonathan Edwards. La iglesia en el mundo hispano se beneficiaría mucho al conocer la teología y vida de este hombre que vivió en manos de un Dios lleno de gozo. Me alegro al ver publicada esta obra de Juan Carlos de la Cruz y oro que el Señor la use grandemente.

*Josué Barrios*

Josué Barrios sirve como Coordinador Editorial en Coalición por el Evangelio. Posee una licenciatura en periodismo. Vive con su esposa Arianny en Córdoba, Argentina, y se congrega en la Iglesia Bíblica Bautista Crecer. Puedes seguirlo en www.josuebarrios.com y en las redes sociales.

# Índice

# Glosario de términos, abreviaturas y símbolos

**a. C.** Antes de Cristo.

**Berkeleyanismo**. Propuesta del "idealismo" cristiano temprano.

**c.** Casado.

**Cap.** Capítulo.

*Cf.* Califíquese, sinónimo de compare.

**Caridad.** Amor, obras de amor.

**Congregacionalismo**. Denominación salida del ala puritana de la iglesia anglicana a partir de la segunda mitad del siglo XVI, pero que se consolidó a inicios del siglo XVII, mayormente en suelo holandés, por disidentes perseguidos por la corona inglesa y la iglesia de Inglaterra. Consistió en iglesias con teología de corte reformada, al principio no afiliados a la iglesia de Inglaterra (separatistas), aunque pronto hubo congregacionalistas no separatistas. La principal virtud de tales iglesias o parroquias consistió en una administración de los asuntos eclesiásticos por determinación de la iglesia local, quienes escogían sus miembros, sus clérigos y decidían sus matices confesionales. Esto transformaría la visión eclesiástica mundial para siempre. El mismo modelo fue acuñado desde el principio por las iglesias bautistas, que surgieron por la misma época en Holanda e Inglaterra. Había habido separatistas durante todas las épocas del cristianismo, pero solían ser sofocados y aplastados por los poderes imperiales y eclesiásticos, como los anabautistas, p. ej.

**Conn.** Estado de Connecticut, Estados Unidos de América.

*Comp.* Compare.

**Divinista**. Teólogo.

**EE.UU.** Estados Unidos de América.

**Ed.** Editor, editorial, edición.

**Edwardsismo.** Sugerencias teológicas, eclesiásticas y ministeriales propuestas por Jonathan Edwards, regularmente llamada 'Nueva teología' o 'Nuevas luces'.

**Federalismo.** Referente o mejor conocido como **teología del pacto**. Consiste en una descripción general y un marco *interpretativo* para comprender la estructura general de la Biblia . Utiliza el concepto teológico de un *pacto* como principio organizador de *la teología cristiana*. La forma estándar de la teología del pacto ve la historia de los tratos de Dios con la humanidad, desde la creación de la caída de la redención a la perfección, en el marco de tres pactos teológicos generales: los de la redención, las obras y la gracia.

**Hopkinsismo.** Sugerencias teológicas, eclesiásticas y ministeriales propuestas por Jonathan Edwards (que fueron mayormente difundidas por el Dr. Samuel Hopkins, uno de los más aventajados discípulos de Edwards), regularmente llamada 'Nueva teología' o 'Nuevas luces' (New Lights).

***Ibid. Ibidem.*** Latinismo, significa "el mismo". Se utiliza en las notas al pie para señalar que se está utilizando la misma referencia anterior.

**J.E.** Jonathan Edwards.

**m.** Muerte (muerto, fallecido, etc.).

**Mass.** Estado de Massachusetts, Estados Unidos de América.

**MS**. Abreviación para manuscrito. Y en plural se abrevia **MSS**.

**Min./ Mins**. Minuto / Minutos.

**NJ.** Estado de New Jersey, Estados Unidos de América.

**Nuevas luces.** Nombre que se le acuñó al movimiento de líderes de Nueva Inglaterra en el siglo XVIII que abogaban por el avivamiento espiritual propiciado por Edwards, Whitefield, Tennent, etc. La designación ocurría mayormente entre los congregacionalistas, pero también sucedió entre los presbiterianos y los bautistas.

**Nueva teología.** Ver edwardsismo o hopkinsismo. Una designación popular del movimiento pro-avivamiento de los siglos XVIII y XIX impulsado por Edwards, Whitfield, Tennent, etc.

**NY.** Estado de New York, Estados Unidos de América.

**Libra (£), chelines, etc.** Dinero del Reino Unido (corriente en Inglaterra, Escocia, Irlanda, Gales y Nueva Inglaterra).

*Ordo Salutis*. Orden de los eventos y decretos de la salvación.

**p.** 1. Probablemente. 2. En dinero antiguo del Reino Unido se refiere a peniques (Pennies), una centésima parte de una libra. 3. Abreviatura para página (**P** o **p**); y cuando aparece doble (**Pp** o **pp**), implica páginas.

**p. ej. (p. e.).** Por ejemplo.

**PA**. Estado de Pennsylvania, Estados Unidos de América.

*Per se*. Expresión latina que significa 'por sí mismo' o 'en sí mismo'.

**Press.** Impresores, imprenta, etc.

*Post mortem*. Latinismo que significa 'después de su muerte'.

**Pub**. Publicado o publicación.

**Puritanos y puritanismo**. Los puritanos fueron líderes y feligreses de la iglesia de Inglaterra (entre mediados del siglo XVI y el tercer cuarto del siglo XVII) que entendían, vivían, y procuraron modelar y establecer que los cristianos, el clero, la iglesia y el estado deben ser puros moralmente hablando. Al movimiento empujado por tales hombres se le denominó "puritanismo". También se denominaron puritanos a los separatistas que acordaban con dicha moralidad puritana. Los congregacionalistas de los siglos XVI al XVIII en el Reino Unido y sus colonias americanas sueles ser llamados puritanos igualmente.

**Revivalista**. Un predicador en pro de los avivamientos espirituales (del inglés *"Revivalist"*). Lit. Avivador.*

**s (sh).** Chelines (shillins). Antigua moneda del dinero del Reino Unido correspondiente a la vigésima parte de una libra.

**Sabbat**. Regularmente equivalente a domingo.

---

* El término 'revivalista' se utilizó en el libro del prof. Harold Simonson titulado: *Jonathan Edwards: Un teólogo del corazón (2020)*, de Ed. CLIE. Por eso me sentí libre de usarlo aquí.

**Sign.** Significa o significado.

**Stoddardismo**. Doctrina eclesiástica diseñada por el Rev. Solomon Stoddard en el siglo XVII.

**USA.** Estados Unidos de Norte América.

**Univ.** Universidad.

**Viejas luces** (Old Lights). El grupo o partido opuesto a los 'Nuevas luces' (ver 'Nuevas luces').

***WJE***. Los trabajos de Jonathan Edwards (*The Works of Jonathan Edwards*), por sus siglas en inglés.[a]

***Works***. Lo mismo que *WJE*.

## SÍMBOLOS

**£.** Libra esterlina (unidad del dinero del Reino Unido).

---

[a]  *WJE* Yale o Works, es un compendio que contiene 26 volúmenes (publicado por Yale), los que se editaron entre 1957, iniciando con el esfuerzo impulsado por Dr. Perry Miller, en cuyo año fue impreso el Vol. 1 (*Freedom of the Will*), editado por Paul Ramsey; y concluyendo en 2008, con el vol.26 (*Catalogues of Books*), editado por Peter J. Thuesen. Tal majestuosa compilación suele ser citada de dos formas generales (simplemente *Works, xx:yy* o bien *WJE xx:yy*; donde (*xx*) corresponde al volumen (del 1 al 26) y (*yy*) corresponde a la paginación). Además, es muy común que los eruditos e investigadores citen "The Works of JE" publicado por 'El Estandarte de la Verdad' en inglés a dos volúmenes, el cual generalmente se cita como *WJE* seguido del volumen en número romano (I o II), seguido de la paginación, así: *WJE I:xx* o *WJE II:xx*. Este juego a dos volúmenes contiene los principales trabajos de Edwards, especialmente los compilados por su bisnieto Sereno Dwight, entre otros trabajos posteriores, y debido a la facilidad de solo dos volúmenes y el relativo bajo costo, muchos pueden tenerlos en sus bibliotecas personales.

# Prólogo

*Dr. Ernest Klassen*

¡Tienes en tus manos un tesoro escondido!

Jonathan Edwards es una persona que ha impactado profundamente en mi vida y ministerio. Lo descubrí cuando, por solo 25 centavos, encontré una copia usada de su libro "Los afectos religiosos" en una librería dedicada a obras antiguas. ¡Qué ganga! Se ha convertido en un "mentor" de por vida, especialmente en las áreas de avivamiento, predicación y espiritualidad.

Ha sido una pasión para mí llevar el pensamiento de Edwards al mundo de habla hispana. Así que estoy encantado de que me pidieran que escribiera el prólogo de este trabajo. Disfrutarás de este "viaje" con Juan Carlos de la Cruz como guía. He revisado el manuscrito y te ofrece una orientación tentadora y estimulante del paisaje del pensamiento de Jonathan Edwards, con montañas majestuosas y valles profundos con ríos turbulentos y cascadas espectaculares. Creo que Juan Carlos ha hecho un excelente trabajo al explicar las influencias históricas que afectaron el pensamiento de Edwards. El resultado final es una apreciación total de la belleza y la profundidad del pensamiento de Edwards.

¿Por dónde debo empezar? ¿Qué tal con la inscripción en su lápida? ¿Extraño lugar para empezar? Lee y luego decide por ti mismo:

### Epitafio de Jonathan Edwards
### Ubicado en Princeton, New Jersey.
### (1703-1758)

*Aquí yace la parte mortal*
*¿Qué tipo de persona buscas, oh peregrino?*
*Era un hombre alto de cuerpo, pero delgado.*
*Debilitado por los estudios más intensos, abstinencia y esfuerzo constante.*

*En agudeza mental, juicio penetrante y prudencia*
*insuperable por ningún mortal.*
*Distinguido a través de la experiencia de las artes y de las ciencias liberales,*
*el mejor de todos los críticos sagrados y un teólogo extraordinario;*
*tal que difícilmente algún otro fuera su igual.*
*Un franco disputante, un fuerte e invencible defensor de la fe cristiana;*
*un predicador de peso, serio y exigente,*
*y, si le agrada a Dios, lo más feliz en cuestión.*
*Notable en la devoción, estricto en su moral,*
*pero justo y amable con los demás.*
*Vivió amado, venerado.*
*¡Pero, oh!, él murió, y debe ser llorado:*
*¡Cuántos suspiros incita al partir!*
*¡Ay, qué gran sabiduría!*
*¡Ay, qué gran enseñanza y devoción!*
*La universidad lamenta su pérdida, la Iglesia también:*
*Pero el cielo, habiéndolo recibido, se regocija.*
*Abi, Viator, El Pia Sequere Vestigia (Vaya peregrino y siga sus pasos sagrados).*

Yo me he esforzado por seguir sus piadosos pasos en varias áreas. Sus resoluciones, sus puntos de vista sobre el avivamiento, su comprensión de la predicación y su arrebatadora visión de Dios. Permitiré que estas cuatro áreas sirvan como mi esquema, y tejeré algunos de los comentarios de Juan Carlos en los míos.

## Sus resoluciones

A finales de la adolescencia y principios de los veinte, mientras estaba en su primer pastorado y recién comenzaba su carrera pastoral y académica, Edwards elaboró 70 resoluciones durante un período de tres años. Felizmente, Juan Carlos los ha incluido en un apéndice.[*] Te recomiendo encarecidamente que revises esas resoluciones antes de lanzarte a este libro. Aquí hay solo una:

> **Resuelvo**: En el supuesto de que no hubiera sino un individuo en el mundo, al mismo tiempo, que fuera apropiada y completamente un cristiano, en todo aspecto, ya sea de un temple correcto, teniendo al cristianismo siempre brillando con su verdadera brillantez y siendo excelente y amable, desde cualquier punto de vista y carácter: Resuelvo: Actuar así como lo haría si luchara con toda mi fuerza para ser ese uno, quien viviera en mi tiempo.[†]

¡Piénsalo! Piense en estas frases: "un cristiano completo"; "en todos los aspectos de un temple correcto"; "tener el cristianismo siempre brillando en su verdadero brillo"; "excelente y amable desde cualquier punto de vista y

---

[*]   Apéndice C.
[†]   Edwards. Res. No. 63. 14 de ene., y 13 de jul., 1723.

carácter". Me encanta eso. Durante todo el año pasado escogía 10 de las 70 resoluciones cada semana y meditaba en ellas, y la citada arriba (la 63) en particular ha sido especialmente desafiante para mí. Hay algo hermoso en la simetría, por lo que definitivamente hay algo hermoso en la espiritualidad simétrica; todos tendemos a la "desigualdad", fuerte en algunas áreas, pero bastante deficiente en otras; ¿no es hermoso? Con estas frases "cristiano completo", "en todos los aspectos", "siempre brillando" y visto "desde cualquier parte" Edwards está expresando su determinación y aspiración hacia una hermosa espiritualidad simétrica.

Mientras trabajaba en España utilicé las setenta resoluciones de Edwards como herramienta de mentoría. Un amigo y yo nos reuníamos por un par de horas, parafraseábamos las primeras diez resoluciones y luego seleccionábamos una para trabajar a través de ella en nuestras vidas. La semana siguiente revisaríamos esa resolución, luego tomaríamos las diez siguientes y aterrizaríamos en una. De esa manera, en siete semanas, uno puede trabajar con estas poderosas resoluciones. Inténtalo. Estas resoluciones son breves, pero profundas y desafiantes.

### Sobre el avivamiento

Necesitamos avivamiento en muchas latitudes del mundo de habla hispana, ¡sin mencionar el resto del mundo! Pero debemos hacer una pausa y reflexionar sobre lo que entendemos por avivamiento auténtico, y nadie, quiero decir nadie, ha pensado de forma más profunda y amplia que Jonathan Edwards sobre el concepto de avivamiento.

J. I. Packer, en su excelente trabajo *A Quest for Godliness* (El renacer de la santidad), en un capítulo titulado "Jonathan Edwards y el avivamiento", afirmó: que los evangélicos en el pasado, mientras admiraban a Edwards, "le hicieron un triple daño"; y luego afirma "...este fue el peor perjuicio de todos, los admiradores de Edwards del siglo pasado pasaron por alto la contribución más original de Edwards a la teología: a saber, su elucidación pionera de la enseñanza bíblica sobre el tema del avivamiento".[1]

Edwards aclara su concepto de avivamiento cuando hace referencia a su oración de avivamiento: "... para que aparezca en su gloria, favorezca a Sion y manifieste su compasión al mundo de la humanidad, mediante **una abundante efusión de su Espíritu Santo en todas las iglesias** y en **toda la tierra habitada,** para **avivar la religión verdadera en todas partes de la cristiandad,** y para liberar a todas las naciones de sus grandes y diversas calamidades espirituales y miserias, y **bendecirlas con beneficios indecibles del reino de nuestro glorioso redentor, y llenar toda la tierra**

---

[1] Packer. P. 315.

**con su gloria...**"[2] (énfasis mío).  Note especialmente su última frase. Edwards vincula el avivamiento con la gloria de Dios. En efecto, el concepto de la naturaleza de la gloria de Dios es seminal y esencial a la teología de Edwards. Una de las fortalezas de este trabajo que sostienes en tus manos es un esfuerzo de presentar una comprensión orbital y completa de la teología de Jonathan Edwards. Esto es especialmente de ayuda cuando se procura explorar la visión del famoso teólogo aquí en cuestión respecto al avivamiento y su relación con la gloria de Dios. Juan Carlos hace su perspicaz comentario:

> *John Piper, Desiring God y Crossway han hecho un trabajo loable en la difusión de Jonathan Edwards y sus pensamientos teológicos. De hecho, Piper ha enfatizado casi a modo desproporcional lo que él entiende ser "la médula y la suma del pensamiento de Edwards", a saber "la gloria de Dios y el disfrute de ella"; que en suma es simplemente un desarrollo teológico que toma la primera pregunta del catecismo de Westminster (el cual Edwards amó y elogió por encima de los demás), tomando la respuesta, con una leve variación, como el "centro neurálgico", por decirlo así, de la teología del Rev. Edwards, y por qué no, del mismo Dr. John Piper.*

De hecho, el "centro neurálgico" de la teología del avivamiento de Edwards es precisamente la gloria de Dios. En muchas latitudes Latinas esto necesita ser descubierto. Hay demasiada "antropocentricidad" en muchos movimientos de "avivamiento" que sería bien servida si se presta atención de cerca a la "teocentricidad" de la teología del avivamiento de Edwards.

"Debemos ser exhortados a exaltar 'solo a Dios', y atribuir a Él toda la gloria en la redención. Esforcémonos en obtener —y crecer— en sensibilidad en nuestra gran dependencia de Dios... mortificar nuestra [natural] disposición de auto-dependencia y auto-justificación. El hombre es naturalmente, en exceso, propenso a exaltarse a sí mismo y a depender en su propio poder de bondad... Pero esta doctrina debería enseñarnos a exaltar solo a Dios; tanto como a confiar y depender, por tal alabanza. El que se gloría, gloríese en el Señor. ¿Tiene alguien la esperanza de ser convertido y santificado ...que sus pecados le sean perdonados, recibiendo así en el favor de Dios y exaltado al honor y la bendición de ser su hijo y heredero de la vida eterna? Que dé a Dios toda la gloria; el cual solamente lo ha hecho diferente de los peores hombres de este mundo, o del más miserable de los condenados en el infierno ... ¿Es un hombre eminente en santidad y abundante en buenas obras? Que no tome nada de la gloria

---

[2]  Stein. *WJE*, 5:321.

para sí mismo, sino atribúyasela a aquel de quien '*hechura somos, creados en Cristo Jesús para buenas obras*".[3]

## La predicación

El punto de vista de Edward sobre la predicación incluía una combinación única de luz y calor. Edwards vio al ministro como una luz ardiente y brillante, y los efectos de esa luz fueron similares en el ámbito espiritual como en el ámbito natural: "Si él se complace en convertirte en una luz ardiente y brillante en esta parte de su iglesia, y por la influencia de tu luz y calor (o más bien por su influencia divina, con tu ministerio) hacer que este desierto brote y florezca como la rosa, y que le dé la excelencia del Carmelo y Sarón, y te haga brillar en medio de este pueblo con rayos cálidos y luminosos, vivificantes y reconfortantes, que hacen que sus almas florezcan, se regocijen y den fruto, como un jardín de agradables frutos, bajo los rayos del sol".[4]

Edwards creía en dirigirse a la cabeza y al corazón. No uno ni el otro, sino ambos. En un tiempo en que la "racionalidad cognitiva" en el púlpito se elevaba por encima de todo, Edwards pidió un enfoque más holístico. Afirmó: "Nuestra gente no necesita tanto tener la cabeza guardada como que le toquen el corazón y tienen la mayor necesidad de ese tipo de predicación que tiene la mayor tendencia a hacer esto".[5] Como observa Packer, "lo que Edwards está haciendo es aclarar y reivindicar la concepción puritana de la religión experiencial frente al frío moralismo de la escuela de Tillotson... le preocupa insistir en que el cristianismo verdadero y vital es una religión tanto del corazón como de la cabeza". Edwards desarrolló esta naturaleza esencial de la verdadera espiritualidad en su obra clásica *Los afectos religiosos*, una de las diez obras teológicas más importantes de todos los tiempos, en la misma categoría que los Institutos de la religión cristiana de Calvino.

## Su deslumbrante visión de Dios

Ya hemos aludido al "centro neurálgico" de la teología de Edwards, como destaca el Dr. de la Cruz, es decir: su visión de Dios, y especialmente su pasión por la gloria de Dios.

Mark Noll llama a esta referencia a la gloria de Dios el "centro unificador" de Edwards (Haykin, 4), "la gloria de Dios... como una fuente

---

[3]  *WJE*, II:7.
[4]  *WJE*, 25:99. Ed. Kimnach.
[5]  Goen. *WJE*, 4:388.

activa, armoniosa y siempre en despliegue de un Ser absolutamente perfecto marcado por la belleza y el amor sobrenaturales" (Haykin, 4).[6]

En particular, **Edwards eleva el concepto de soberanía de Dios**. Como comenta Smith: "Si uno preguntara, dado el cuerpo completo de lo que escribió Edwards, qué idea se destaca como más importante que cualquier otra, la respuesta tendría que ser la soberanía absoluta de Dios..." (Smith, 142).[7] El mismo Edwards confiesa que tuvo que atravesar un gran viaje para llegar a su comprensión de Dios como soberano, y no solo creer en él, sino también celebrarlo y tener **una "deliciosa convicción" en la soberanía de Dios**:

> "Y ha habido una maravillosa alteración en mi mente, con respecto a la doctrina de la soberanía de Dios, desde ese día hasta hoy; de modo que casi nunca he encontrado siquiera el surgimiento de una objeción contra la soberanía de Dios, en el sentido más absoluto, al mostrar misericordia a quien Él mostrará misericordia. ...Pero muchas veces, desde esa primera convicción, tuve otro muy diferente, tipo de sentido de la soberanía de Dios, de lo que tenía entonces. "Desde entonces he tenido muchas veces" —no solo una convicción, sino— "una convicción deliciosa". La doctrina de la soberanía de Dios ha aparecido muy a menudo, una doctrina sumamente agradable, brillante y dulce para mí: y la soberanía absoluta es lo que me encanta atribuir a Dios. Pero esta no fue mi primera convicción".[8]

Quiero concluir donde comencé, con una referencia al epitafio en la lápida de Edwards:

> *Aquí yace la parte mortal*
> *¿Qué tipo de persona buscas, oh peregrino?*
> *Era un hombre alto de cuerpo, pero delgado.*
> *Debilitado por los estudios más intensos, abstinencia y esfuerzo constante.*
> *En agudeza mental, juicio penetrante y prudencia*
> *insuperable por ningún mortal.*
> *Distinguido a través de la experiencia de las artes y ciencias liberales,*
> *el mejor de todos los críticos sagrados y un teólogo extraordinario;*
> *tal que difícilmente algún otro fuera su igual.*
> *Un franco disputante, un fuerte e invencible defensor de la fe cristiana;*
> *un predicador de peso, serio y exigente,*
> *y, si le agrada a Dios, lo más feliz en cuestión.*
> *Notable en la devoción, estricto en su moral,*
> *pero justo y amable con los demás.*

---

[6] Haykin.
[7] Smith.
[8] *WJE*, 18:791, 792. Ed. Chamberlain.

*Vivió amado, venerado.*
*¡Pero, oh!, él murió, y debe ser llorado:*
*¡Cuántos suspiros incita al partir!*
*¡Ay, qué gran sabiduría!*
*¡Ay, qué gran enseñanza y devoción!*
*La universidad lamenta su pérdida, la Iglesia también:*
*Pero el cielo, habiéndolo recibido, se regocija.*
*Abi, Viator, El Pia Sequere Vestigia (Vaya peregrino y siga sus pasos sagrados).*

Juan de la Cruz (y CLIE, su editor) han prestado un gran servicio al mundo hispanohablante al poner esta obra en sus manos. Edwards no es de "ligera lectura" y, a veces, puede sentir que se está "empantanando". Te animo a perseverar. Sigue adelante y serás recompensado con creces por tu diligencia.

Recomiendo encarecidamente que el lector se familiarice con el pensamiento de Edwards, explorando cuidadosamente en esta importante contribución en español, de un académico hispanohablante, escrito específicamente para el mundo hispanohablante. Amén.

*Ernie Klassen*

Actualmente sirve como profesor en Ambrose University (www.ambrose.edu). Ernie y su esposa por 44 años (Marilyn) son misioneros de carrera con la Alianza Cristiana y Misionera, han servido en Perú (por 22 años), en México (por 2 años), en Canadá (por 10 años) y en España (por 6 años). Ernie ha publicado sobre Edwards: *La predicación que aviva. Lecciones de Jonathan Edwards* (en CLIE, 2016); y editor de *Un avivamiento verdadero, las marcas de la obra del espíritu Santo,* junto a Jaime Daniel Caballer (en Teología Para Vivir).

# JONATHAN EDWARDS

*«El más grande pensador de América»*

*Juan C. de la Cruz*

# Algunas consideraciones sobre Jonathan Edwards

Edwards fue infinitamente más que un teólogo. Él fue uno de los cinco o seis grandes artistas [forjadores de la nación americana] que se dispuso a trabajar con las ideas, en vez de con poemas y novelas. Fue más un psicólogo y un poeta que un filósofo razonador (lógico), y si bien dedicó con devoción su genio a tópicos del *corpus* de divinidad —la voluntad, la virtud, el pecado—, él los trató de una forma digna de los más finos filósofos especulativos, cual un Agustín, un Aquino y un Pascal, como problemas no del dogma, sino de la vida…

Edwards habló tan adelantado a su época en asuntos científicos y psicológicos, que en la nuestra difícilmente pueda encontrarse alguien cortado con el mismo cuchillo cual él…

Más allá de su credo, Edwards es un portavoz, casi el primero, y por su profundidad, el más enraizado en la tradición nativa real.[9]

**Dr. Perry Miller**, pensador, investigador, historiador y profesor de Harvard de la primera mitad del siglo XX. Cofundador del campo de los Estudios Americanos. Se dedicó a comprender a los puritanos de Nueva Inglaterra, y muy especialmente a Jonathan Edwards, dándolo a conocer al mundo en sus trabajos.

Edwards parecía ser un lógico y un metafísico por naturaleza, pero grandemente mejorado por el arte y el estudio.[10]

Presuntamente **William Smith**, un abogado y miembro de la junta de la Universidad de New Jersey, el hermano mayor del entrañable amigo de Edwards de New York, John Smith. William se graduó de Yale y fue tutor en esa universidad entre 1722 y 1724. (Ver pág. 523 de *JE, A Life*, por Marsden).

---

9    Miller. Pp. xvi, xvii.
10   Marsden. *JE, A Life*. P. 62.

"El reverendo y autor es conocido por ser 'un escriba docto en el reino de los cielos'... El lugar donde él ha sido llamado a ejecutar su ministerio, ha sido famoso por *experimentar la religión*... Estas cosas lo cualifican por ser entendido sobre la mayoría. Sus argumentos sobre el asunto son altamente extraídos de las Sagradas Escrituras, la razón y la experiencia".[11]

> *William Cooper*, predicador egresado de Harvard en 1712, elegido como presidente de Harvard en1737 (puesto que rechazó), pastor junto al Dr. *Benjamin Colman* en la iglesia Bratle Street en Boston, amigo de Edwards.

Jonathan Edwards fue un genio fuera de lo común por naturaleza, formado para acercarse al pensamiento y la penetración profunda.[12]

> *Dr. Samuel Hopkins*, un renombrado predicador y escritor que fue alumno y amigo entrañable de Jonathan Edwards. Fue también el primer biógrafo de Edwards.

El talento del presidente Edwards para la disquisición filosófica y metafísica, fue de lo más alto. No había ningún tema dentro del campo legítimo de la investigación humana que fuera demasiado alto o demasiado profundo para sus poderes.[13]

> *Tryon Edwards*, divinista, ministro y escritor. Bisnieto de Jonathan Edwards.

Jonathan Edwards ha sido el más grande genio que ha existido en la historia humana.

> *Dr. John Gerstner.* Pastor, teólogo, profesor de historia eclesiástico y un prolijo escritor (especialista en Edwards, bien conocido por haber escrito el libro: *La vida y la teología de J. Edwards*).

El teólogo más importante en la historia americana.[14]

> *Thomas S. Kidd,* Profesor Distinguido de Historia en Baylor University; autor de *The Great Awakening (El gran despertar): The Roots of Evangelical Christianity in Colonial America (Las raíces del cristianismo evangélico en la América colonial).*

---

[11] *Ibidem*, p. 84.

[12] *Ibidem*.

[13] Edwards, Tryon. I:xxxiv.

[14] Finn & Kimble. P. 3.

Edwards es: "El teólogo de Estados Unidos".[15]

> **Dr. Robert Jenson**, teólogo y estudioso del pensamiento de Edwards.

"Por la estimación de muchos, Edwards fue el filósofo más agudo y el más brillante de todos los teólogos americanos... un heraldo predicador, predicó el más famoso sermón americano".[16] Se trató de: "El Agustín estadounidense".[17]

> **Prof. George Marsden**, prof. de Historia de la Universidad de Notre Dame y biógrafo de Edwards. Su biografía de Edwards ganó el *Premio Bancroft*. Ganador del *Premio Grawemey*er en Religión en Louisville del 2005. Seleccionada como uno de los mejores libros del 2003 por varias entidades... entre otras nominaciones y elogios de alto nivel.

Jonathan Edwards era consciente e intencionalmente un artista literario.[18]

> **Alan Heimert**. Fue profesor de literatura en Harvard, escritor. Su libro más conocido: *Religions and American Minds: from the Great Awakening to the Revolution*.

Ningún teólogo en la historia de la cristiandad ha sostenido una visión tan fuerte y elevada de la majestad, soberanía, gloria y poder de Dios cual Edwards.[19]

> **Dr. Roger E. Olson**, predicador, profesor, teólogo, historiador eclesiástico y escritor. Recibió dos premios como historiador de la teología cristiana, incluyendo una medalla de oro de la Asociación de Publicaciones Cristianas en 1999. Y el premio de Christianity Today's por el mejor libro bíblico/estudios teológicos por el libro *Teología del siglo 20*.

Nadie en la historia de la iglesia que conozco, con la posible excepción de San Agustín, ha demostrado de manera más clara e impactante —utilizo la palabra con cuidado— la infinita importancia del gozo en la esencia misma de lo que significa que Dios sea Dios y lo que significa para nosotros ser glorificadores de Dios... Jonathan Edwards simplemente

---

[15]  Finn & Kimble. P. 19.
[16]  Dodds. P. vii, viii.
[17]  *Ibid.*
[18]  *Ibid.*
[19]  Lawson. P. 10.

transformó mi universo al poner el gozo en el centro de lo que significa que Dios sea Dios y lo que significa que nosotros glorifiquemos a Dios. Nos convertiremos en un pueblo fascinado por Dios si vemos el gozo como Edwards vio alegría.[20]

Jonathan Edwards es: "Un genio resuelto y decidido a vivir totalmente para la gloria de Dios".[21]

> *Dr. John Piper*, pastor, pensador, teólogo y biógrafo, admirador de Edwards.
> Doctor en teología.

Sus imágenes verbales del cielo, el infierno y Dios "fueron tan reales como si hubiesen sido murales pintados con una brocha sobre los muros grises de la casa de reunión.[22]

> *Dra. Ola E. Winslow*, historiadora, biógrafa y educadora estadounidense.
> Ganó el premio Pulitzer como biógrafa en 1941 (precisamente por la
> biografía sobre J. Edwards), así como el Premio Nacional del Libro.

Edwards ha influencia en muchos ministros en todo el mundo, durante ya tres siglos. Como pastor evangélico de Nueva Inglaterra, como un misionero a los indígenas de Stockbridge, y como uno de los primeros presidentes del *College of New Jersey* (más tarde Universidad de Princeton), él ministró directamente a cientos de americanos. Pero, como un teólogo de mando del "Gran avivamiento" transatlántico, el precoz liderazgo intelectual catalizador de misiones protestantes internacionales, y uno de los pocos padres fundadores del movimiento evangélico moderno, ha ministrado indirectamente a varios millones en toda la tierra.

> *Dr. Douglas A. Sweeney*, actual decano de Beeson Divinity School de Samford
> Univ. Fue catedrático del departamento de Historia de la Iglesia e Historia del
> Pensamiento Cristiano en *Trinity Evangelical Divinity School (TEDS)*,
> Deerfield, Illinois, además de fundador y director del Centro
> Edwards en TEDS. Y fue también el director fundador del
> Centro K. F. Henrry para el entendimiento teológico en
> Trinity (desde 2000 al 2012). *Sweeney* es historiador
> y especialista en Jonath an Edwards. Como escritor
> de varios libros en 2015 fue premiado por
> su libro *Edwards the Exeget*.

---

[20]  Piper & Tylor. P. 24.
[21]  *Ibid*, p. 10.
[22]  Simonson. P. 124.

# Introducción

La gran mayoría de biografías de alto valor, que sobre Edwards he leído, emplean rieles en los cuales suben los vagones de los personajes de interés de su historia. Sin dudas una excelente técnica. De hecho, muchos de tales trabajos son extremadamente creativos e interesantes. Por ejemplo, la —a nuestro juicio— monumental obra del Dr. Perry Miller titulada "Jonathan Edwards", en la que el brillante doctor plasma su excelente biografía como montando varios vagones de personajes en tensión sobre el mismo riel. Por ejemplo, las pugnas entre los Mather y los Stoddard, Boston y el Valle de Connecticut, involucrando a Harvard y a Yale (en el tramo referente a la generación que precedió a Edwards en el puritanismo de la élite de Nueva Inglaterra). Después el brillante doctor sube al riel las pugnas entre los partidos de Edwards de Connecticut (los 'Nuevas luces') contra los partidarios de Chauncy de Boston y los liberales de Connecticut (mayormente los Whittelsey, familiares de Chauncy, ya que a ese punto Harvard y Yale ya no tenían diferencias ideológicas en esta empresa). El aventajado doctor Miller también saca a relucir algunas pugnas entre Edwards y una sección de sus familiares (los descendientes de Stoddard, mayormente los Williams). En el fondo tales luchas son ciertas, pero creo que Miller a veces exagera y en ocasiones traza pinceladas especulativas muy sutilmente, dándole un matiz y un sabor un tanto sensacionalista a su historia, como para que parezca más novelesca. No obstante, tal estilo no deja de ser impresionante y sumamente interesante.

Otro excelente ejemplo es el de las exquisitas obras del Prof. George Marsden (*Jonathan Edwards: A Life*; y su obra más breve: *Jonathan Edwards: A Short Life*), las que degusté cuales riquísimos platillos. Marsden se va por los rieles del paralelismo (a veces amigables, a veces dispares, a veces tensos) entre, por ejemplo, Jonathan Edwards y Benjamín Franklin (especialmente en *J. E., A Short Life*). Aunque se centra en los rieles y el vagón de Edwards, también nota otros vagones, e incluso otro riel. Así, inserta matices del segundo vagón en observación, digamos, p. ej., Benjamin Franklin, como quien corre dos biografías en paralelo, creando así un hermoso contraste. Lo hace así en virtud de la trascendencia y la contemporaneidad de los personajes, pero con diferentes intereses. En el caso de Edwards y Franklin, ambos fueron hijos de puritanos de Nueva Inglaterra, uno de Boston y otro de Connecticut, uno egresado de Harvard y otro de Yale, uno divinista y otro secular, pero ambos brillantes al nivel de la genialidad. Por tan elegante y excelente trabajo, Marsden merecidamente obtuvo varios premios literarios, elogios y menciones, como p. ej. el renombrado 'Premio Bancroft' de literatura.

Por mi parte, yo he escogido una avenida diferente para presentar mi investigación de la vida del más grande pensador de América. Mi biografiado fue uno de los más grandes divinistas (teólogo) y predicador cristiano de la historia humana. El más renombrado de los puritanos de América. El padre de los avivamientos de América de los siglos XVIII y XIX. Endorsamos a Jonathan Edwards.

Por supuesto que resulta imposible ignorar las continuas tensiones mostradas, por ejemplo, por el Dr. Miller. De hecho, saco a flote las que considero más apremiantes para mis propósitos, pero no me enfocaré en la tensión del tipo novelesca, si bien pudiera sin que sea dañada la veracidad de tan fascinante historia. Tampoco seguiré el hermoso paralelismo de los dos grandes personajes montados en el mismo cuadro de la historia, aunque en vagones y rieles diferentes, cual excelente y brillantemente lo logró Marsden.

La avenida del estilo que decidí tomar, con tal de mantener viva la historia, es *una jornada histórico-periodística* con todos los detalles relevantes sobre los entornos (geopolítico, religioso, cultural, teológico y científico), de la vida, el pensamiento y las obras del famoso divinista. Lo preferí de ese modo, aunque no habrá tanto drama, por el público hispanoparlante al que va dirigido, el cual necesita ser avisado de la historia de fondo con todos los detalles posibles, para que la mayoría de lectores e investigadores, a quienes nos dirigimos, puedan entender la vida y el pensamiento de Jonathan Edwards. El volumen de este libro se debe, además de los necesarios detalles geopolíticos, históricos, religiosos y culturales que dan vida a esta historia, a que en las páginas de este tratado plasmamos varios escritos (algunos completos) de la pluma del mismo Edwards. También tiene que ver con la necesidad imperante de poner en contexto (con notas al pie y entre líneas) muchos de los trabajos de Edwards de interés marcado.

Estamos a una distancia de casi tres centenarios de la vida del famoso teólogo. Claro, reconociendo que constamos con casi 1.200 sermones (piezas maestras) y hasta el momento unos 73 volúmenes de las Obras

Jonathan Edwards (incluidos aquí sus sermones) que ha publicado la Universidad Yale y su "Centro Jonathan Edwards", lo cual haría imposible una mención exhaustiva de todos los trabajos del glorioso divinista en cuestión. Por tanto, si gustas, alístate para navegar en diferentes medios en una fascinante aventura que te aseguro cambiará tu vida, tu perspectiva y tu historia.

En este sentido, estoy seguro que pocas veces, si alguna, has tomado en tus manos una historia viviente que transformará tu perspectiva de la vida. Para nuestra jornada juntos aquí, tomaremos diferentes medios de transporte (y a veces lápiz, papel, libros, mapas, brújulas, un GPS y hasta tu teléfono inteligente) para llegar a los lugares y épocas que ilustran y dan vida a *la fascinante historia de este siervo de Dios fuera de serie*. Es necesario así porque Edwards existió hace unos tres siglos, en pleno apogeo de la Ilustración, en las entonces nacientes colonias de Nueva Inglaterra en Norteamérica. De nuevo, os anticipo que tendréis que cabalgar, navegar por ríos y mares, caminar y a veces tomar hasta aviones en procura de completar esta aventura. También os adelanto que iremos al viejo continente, mayormente al Reino Unido y Holanda; pero nuestro foco será América, principalmente la región antiguamente nombrada Nueva Inglaterra. En esa región Noreste del Nuevo Mundo, bañada por el Atlántico Norte, pasaremos por varios lugares de Connecticut, de Massachusetts y de New York. Daremos, además, un breve *tour* por la cercanía del Colegio en Cambridge (Universidad Harvard), por el Colegio en New Haven (Universidad Yale) y por el Colegio de New Jersey (Universidad de Princeton); e incluso una pasada breve por los colegios newyorkinos Union y Hamilton. Pero nuestra estación principal se localizará en Northampton, Massachusetts; aunque tendremos estancias en algunas estaciones importantes de Connecticut, es decir: en Windsor, en New Haven y en Bolton; y, claro, algo en la Ciudad de New York. Por eso, tenga su mente preparada y su maletín listo porque habrá que viajar en el tiempo e incluso pedirle ayuda a la nanociencia que nos transforme en diminutos para poder entrar en algunos espacios restringidos.

¡Qué aproveches y disfrutes la aventura!

Yo, a la verdad, la he disfrutado abundante e inolvidablemente.

Nuestro propósito ha sido investigar exhaustivamente sobre la vida, obra y pensamiento de Jonathan Edwards, quien fuera ministro, divinista (teólogo), maestro y predicador, filósofo, escritor prolijo y aventajado, tutor, revivalista, esposo y padre (de 11 hijos e hijas), además de tener muchos amigo; lo cual hemos plasmamos en esta obra que con regocijo y gran satisfacción damos a luz.

Por pretencioso que pueda parecernos, Jonathan Edwards ha sido el creyente, de quien tenemos registro, más piadoso de toda la historia de los Estados Unidos de América. Además, es considerado por sus estudiosos y biógrafos, y casi por la generalidad erudita del mundo, como el teólogo más brillante de la historia de esa nación; e incluso, para algunos pensadores de sobrada fama, uno de los cinco teólogos más importantes de toda la historia cristiana, sino el más. También, su gran oficio consistió en predicar, y se le atribuye a él el sermón más famoso que se haya predicado jamás en la historia cristiana, a saber: "Pecadores en las manos de un Dios airado", lo que habla del nivel de Edwards como predicador.

Y sobre todos esos lauros, Edwards fue la gran figura del famoso primer Gran Despertar en América, ocurrido entre 1740 y 1742 primero por toda Nueva Inglaterra y casi en seguida en suelo británico (Inglaterra, Escocia, Gales e Irlanda); además de haber sido responsable y testigo en su iglesia y ciudad de uno de los más gloriosos avivamientos de que se tenga mención en la historia del cristianismo post apostólico (aparte del Gran Despertar), hasta donde sabemos, entre 1734 y 1736. Edwards (y su "Nueva Teología", como bautizaron a su movimiento teológico y ministerial), incluso, fue el precursor del Segundo Gran Despertar ocurrido en la primera mitad del siglo XIX en los Estados Unidos y muchas regiones de Europa occidental (principalmente en el Reino Unido).

Marsden concluyó que Edwards fue: (1) Un visionario apasionado (que supo transmitir y motivar a otros su visión, especialmente en lo concerniente a ser avivados); (2) Un intelectual de clase mundial, con una lógica impecable y cristalina; (3) Un asceta intenso que vivió en el mundo real, con una familia numerosa e intensa, en medio de una comunidad volátil.[23]

Este Jonathan Edwards nació, según ha sido ampliamente documentado, el 5 de octubre de 1703 en Windsor del Este, Connecticut.[§]

Después de haber sido educado en la escuela de su padre (que operaba en su casa), quien fue su instructor hasta terminar la preparatoria, se condujo pocas semanas antes de su décimo tercer cumpleaños al Colegio

---

[23]  Marsden. *JE, A Short Life*. P. 87.

[§]  Hay una placa memorial justo en el lugar donde estuvo la casa donde creció Jonathan en la Mein Street de Windsor del Sur (que antes estaba unido con Windsor del Este y todo era nombrado de este modo), a unos 100 metros de distancia de donde se encuentra la Primera Iglesia Congregacional de Windsor del Sur (de la que Timothy Edwards, el padre de Jonathan, fue fundador y pastor desde 1694).

de New Haven (hoy Universidad Yale). Allí se graduó honoríficamente de Bachiller en Artes a los 17 años (en 1720). Seguidamente se graduó de Maestría en Artes (en la mención de Teología) en septiembre de 1723.

Desde entonces Jonathan Edwards fue un teólogo, pastor y misionero congregacionalista entre los años 1723 y 1757 en varias locaciones entre New York, Connecticut y Massachusetts (mayormente en Northampton y Stockbridge). Trabajó como tutor en la universidad Yale (en New Haven) durante poco más de dos años (desde mayo de 1724 hasta agosto de 1726). Dio su último adiós siendo el presidente del Colegio de New Jersey (hoy Universidad de Princeton), el 22 de marzo de 1758, en Princeton, New Jersey.[24] Sus restos yacen precisamente en el cementerio público de tal ciudad.[†]

Las obras de Edwards tienen un alcance muy amplio, y suelen ser a menudo asociadas con su defensa de la teología calvinista y el patrimonio puritano. No obstante, Edwards fue, a ciencia cierta, un pastor, predicador y teólogo congregacionalista líder en la colonia de Nueva Inglaterra, de la tercera generación de ministros de dicha denominación nacidos en suelo americano. Edwards organizó todo un serio movimiento de predicación de avivamiento denominado 'Nuevas luces', resultando ser tanto 'el padre' del primer Gran Despertar en América (años 1740–1742), como precursor del segundo Gran Despertar en América (que ocurrió casi un siglo después del primero). Edwards es también el padre de la "Nueva Teología", a veces nombrado "edwardsismo" o "hopkinsismo", el cual consistió en un "calvinismo" salpicado de "pietismo", pero con un énfasis distinto, a saber, "la religión experimental" o centrada en la "experiencia de conversión".

Existe un mar de crítica, algunas fructíferas y otras infructuosas, y otras hasta perniciosas y sin sentido sobre Edwards y su pensamiento. Para algunos "analistas" fue un clon del cientificismo newtoniano. Para otros un esclavo del empirismo de John Locke. Incluso para otros una tipología temprana de los densamente heterodoxos Søren Kierkegaard y Karl Barth. Y para algunos un estridente con una patología digna de ser tildada de paranoia. Etc. Lo cierto es que tales paralelismos "críticos" a menudo rayan lo absurdo y los odiosos prejuicios personales (de los que hubo algunos estando Edwards en vida inclusive).

---

[24] Consulte: https://www.britannica.com/biography/Jonathan-Edwards.

[†] En el capítulo XV sobre la muerte de Jonathan Edwards (al final de esta obra), plasmamos una foto de la tumba de Jonathan y Sarah según se encuentra en el Cementerio Público de Princeton, NJ.

Creo demostrar en este escrito, que muchos de tales prejuicios "dañinos" son el fruto de un descuido, casi del tipo impío sobre el pensamiento y las obras de Edwards, a juzgar por la fuente de primera mano del citado genio del pensamiento teológico (e incluso psicológico temprano). De hecho, por ejemplo, no veo otra razón para una crítica tan vacua y contradictoria de los trabajos de Edwards, cual la que hizo el pragmático americano de Harvard —William James—, sino la normal respuesta de un incrédulo ante las abundantes evidencias de la existencia y extraordinaria hermosura de Dios, y que decide voluntariamente ignorar las maravillas de la perfecta Ley de Dios, como suelen hacer los malos. James rechazó los escritos de Edwards bajo el supuesto "incapaz empirismo de Edwards". Procuraré en este trabajo no navegar en tales infructuosas críticas, salvo cuando lo considere muy necesario para arribar a mi punto.

En realidad, un análisis suficiente de los trabajos de Edwards, reflejarán una procura, tanto como una proclama inteligente y santa. Edwards estuvo resuelto a demostrar que la verdadera religión comprende y debería desear y procurar la "experiencia" religiosa verdadera. Tal realidad acontece no meramente como un elemento más de la verdadera religión, sino como "una cosa establecida que debe ser procurada y disfrutada". Y con ello Edwards no estaba apuntando a lo vocacional ni a las experiencias litúrgicas en la religión, sino a una "experimentación" en el alma o el corazón, más allá de una mera contemplación y/o aprehensión, que debe conducir al cristiano al deleite del alma en la belleza o excelencias de la divinidad, que son producidas por el Espíritu Santo en el regenerado. Tal "experiencia espiritual" debe ser algo más allá —cual lo ilustrara el mismo Edwards— de lo que puede entender el que ha oído hablar de la miel, e incluso más allá de lo que la comprende quien la ha recogido y olido del panal, pero como quien la ha probado y se ha deleitado en el dulzor distintivo de la miel que destila del panal.

Edwards no solo reflexionaría en el universo metafísico y abstracto de *las verdades religiosas* contenidas en las Escrituras (teología, doctrinas), cual un intelectual y teólogo entrenado; sino que también estuvo resuelto a demostrar aquello que en él había sido un mar de *vivencias o experiencias espirituales* personales tangibles, tanto como reflexivas, a la vez que observables en cantidades astronómicas que plasmó en sus diversas narrativas y cartas.

De igual modo, entran en el mismo plano decenas de notables entre sus más de 1.200 sermones por escritos, cuales: "El amor es la suma de toda virtud" (y el resto de la serie de 15 sermones en 1 Corintios 13 titulada: "La Caridad (o, el Amor) y sus frutos"); "Pecadores en las manos de un Dios airado" (el más famoso sermón de la historia de la predicación cristiana); "Dios es glorificado en la sumisión del hombre" (predicado en Harvard cuando Edwards tenía 27 años, y que resultó en la primera publicación y la más extraordinaria que salió jamás de la pluma de Edwards); "La naturaleza del hombre en su estado caído está totalmente corrompida" (un extraordinario sermón sobre la incapacidad humana); "Todo lo que los hombres naturales hacen es malo"; "La justificación por la fe" (una serie que resultó en el avivamiento que inició en Northampton en 1734); "La gloria del desagrado de Dios al pecado"; "La gracia tiende a la santidad"; entre otros.

La experiencia que se respira al adentrarnos en el pensamiento de Edwards es como si cada vez que él tomaba su pluma, para una conferencia, para una prédica, para un tratado, o como notas de clases o futuristas, etc., él procuraba que sus oyentes fueran movidos a *experimentar* un avivamiento sostenido en sus vidas. Y la razón de fondo es que sus múltiples experiencias de avivamientos, personales y observados en otros, le convencieron de que no existe nada más glorioso, dulce, agradable y hermoso que el hecho de que alguien pueda *experimentar* en esta vida tales *vivencias espirituales*. Al leer sus escritos, sentirás que él te invita a esa "experiencia" espiritual verdadera con una llamada de urgencia. Tal experiencia, indefectiblemente, inicia con el "llamamiento eficaz" o "la regeneración" que Dios opera e imprime puntual, súbita y secretamente en el alma de sus elegidos, y que se perpetúa con los múltiples llamados a vivir en el Espíritu durante el resto de la existencia de tales personas.

¡Es literalmente fascinante!

Yo mismo tuve varias crisis al leer y/o escuchar especialmente algunos de los sermones de Jonathan Edwards. A veces sentí que había malgastado mi tiempo en los estudios teológicos al considerar mi crasa ignorancia. Por ejemplo, literalmente, una tarde mientras junto a mi esposa me ejercitaba, yo escuchaba el sermón de Edwards "La naturaleza del hombre en su estado caído está totalmente corrompida"; me sentí tan débil, a causa de las aceleradas palpitaciones de mi corazón y la pérdida de energía corporal, como sólo efecto de las convicciones que asaltaban mi corazón al escuchar las claras y bíblicas razones de Edwards, que tuve que detenerme y sentarme un rato. Mi esposa es médico, y no le dije nada para no preocuparla. Pero, literalmente, nunca había tenido ese tipo de desgaste y agotamiento producido por escuchar una elocución. Humilló mi truncada comprensión hasta ese momento de la indignidad humana y, por tanto, de la necesaria total dependencia de los favores de la divinidad (la gracia divina).

Cualquiera, pues, que haya navegado en aguas edwardsianas podrá ver con facilidad que *sus escritos fueron dirigidos con una finalidad clara*, a saber, provocar y demostrar, para el goce y el disfrute del pueblo de Dios (en especial su generación), que, partiendo de una comprensión teológico-bíblica suficiente (no olvidemos aquí que Edwards fue un teólogo profesional muy aventajado egresado de Yale): (1) La religión verdadera, más allá de la comprensión mental de sus doctrinas, "es *experimental*" *a nivel del alma*, pudiendo extenderse tales efectos a los sentidos externos inclusive (a todo el ser); (2) La premisa congregacionalista original de procurar un testimonio de "la experiencia de conversión" (que era el requisito primordial para la membresía en una iglesia congregacional de la primera generación en Nueva Inglaterra) es un pilar necesario para toda iglesia que quiera tender a la pureza y a la piedad; (3) "los avivamientos" revitalizan la vida de las personas y por ende de las iglesias, a la vez que también dan fe y testimonio del poder de Dios obrando en las almas. Por tanto, fue el propósito de Edwards que tales realidades deben ser anheladas y procuradas en la práctica religiosa cristiana cotidiana.

Así que Edwards tuvo constancia vívida, y recuerdos gratos, del verdadero camino a la membresía de una iglesia verdadera y de un avivamiento que ocurrió en su infancia en la iglesia donde creció, en Windsor, Connecticut, que pastoreaba su padre, el Rev. Timothy Edwards. Además de aquellos recuerdos, él mismo experimentó un avivamiento poderoso en su propia conversión personal (que relató en su "Narrativa personal"). También fue testigo de un gran avivamiento en la iglesia bajo su cuidado pastoral, en Northampton, Massachusetts, luego de casi ocho años de estar ministrando allí (a poco más de cinco años de la muerte de su abuelo Stoddard), el cual duró casi dos años continuados (resultando en cientos de conversiones en aquella iglesia, como de otras de comunidades cercanas). Edwards fue testigo de otra ola de avivamiento en Northampton, poco más de cuatro años después del citado despertar, el que también se extendió por casi dos años, y que también fue extensivo por casi toda Nueva Inglaterra, de lo cual Edwards de igual modo fue el principal líder, y tuvo constancia de tan Gran Despertar en varios otros lugares, incluso en suelo extranjero.

Así, Edwards fue testigo ocular, en su infancia, de *experiencias religiosas* de los miembros de la congregación en la que creció y por sucesivos avivamientos en la iglesia de Northampton durante su pastoral allí. Edwards también *experimentó* en su propia vida los deleites de ser avivado en su propio ser, y fue testigo del avivamiento de Sarah su esposa, y de varios de sus hijos, además de haber recibido reportes, tanto como ser detonador y testigo ocular de varios avivamientos a través de toda la nación.

Es justo preguntarnos entonces: ¿Tuvo Jonathan Edwards suficientes razones para enfocar su mente y corazón en procurar que *los creyentes experimentasen* personal y congregacionalmente la obra de Dios en sus corazones? ¿No son acaso aquellas *experiencias*, ya personales, ya eclesiales que Edwards tuvo y observó agradables, dulces, hermosas, dignas de ser deseadas y procuradas por nosotros hoy? Edwards va a demostrar la legitimidad, necesidad, belleza, dulzura, casi del tipo indescriptible, de tales experiencias cristianas.

La propuesta de los *revivalistas*, y por tanto de *Edwards*, en materia de la "experiencia" se alejó, por tanto, de la *puritana* en que se exigían señales contundentes (no necesariamente externas y corporales, aunque no se descartaban estas), y cuyas manifestaciones debían ser procuradas contantemente en la vida privada y de la iglesia. Se alejaba del resto de los *congregacionalistas* (especialmente los adheridos a la resolución de "El Pacto de Medio Camino", o del grupo que estaba centrado en el intelectualismo) en que demostrar y testificar sobre *la experiencia de conversión* era un requisito necesario para la membresía, siempre que se esperara que dicha iglesia fuese saludable. Se alejaba de la propuesta *bautista* en la que la experiencia no se dejaba en una mera confesión y testimonio bautismal de una ocasión. Y se alejaba de la propuesta *cuáquera* en la que no era requisito necesario ninguna manifestación externa del cuerpo, ni gemidos, ni temblores, ni gritos, ni nada semejante; si bien los tales no debían ser reprimidos. Y se alejaba de los reclamos que surgirían a partir del Segundo Gran Despertar, en el que el testimonio deseado no era fruto de la mera emoción por haber utilizado algún recurso motivador fuera de la clara exposición bíblica y los medios litúrgicos sazonados del evangelio.

Así, tenemos a un Jonathan Edwards y a una escuela "edwardsiana" que combina la gloria de la reforma "su teología", con lo más excelso del puritanismo "su procura de una vida, una iglesia y un estado puros", y con un elemento nuevo, el "pietismo"§ alemán que procuraba que la *experiencia* religiosa, más allá del mero ejercicio de aprendizaje y comprensión mental, fuera del corazón. De ahí la razón por la que el énfasis de Edwards en la "experiencia" de la religión condujo a su congregación, y a toda Nueva Inglaterra, a varios avivamientos muy remarcables que se conjugan en el famoso primer Gran Despertar de Nueva Inglaterra. Así, *la religión de la experiencia* de Edwards, casi sepulta su brillo como el gran teólogo y predicador que fue, de hecho, de proporciones casi sin igual en la historia cristiana.

---

§   **Pietismo**. Entre 1618 y 1648, la Alemania luterana fue testigo del surgimiento de un nuevo movimiento que luego fue denominado "pietismo". Fundado por

Será fascinante navegar juntos en la propuesta congregacionalista de la primera generación, junto con la gran mayoría de la segunda generación, y junto a todavía muchos en la tercera generación, con los matices investigados teológicamente, experimentados personalmente, observados masivamente (especialmente en los miembros de la congregación de Edwards), demostrados y narrados por Jonathan Edwards. Te aseguro que experimentarás una travesía inspiradora, dulce y fascinante en el resto de las páginas de este libro, del cual una porción importante corresponde a las narrativas y cartas del mismo Edwards, que cambiarán tu visión, tu vida de piedad y tu ministerio para siempre.

---

Philip Jakob Spener y August Hermann Francke, el pietismo nació de origen luterano. Spener, pastor luterano en Frankfort, procuró hacer "menos énfasis en las diferencias entre laicos y clérigos, y más en las responsabilidades comunes de todos los cristianos". Esa procura lo condujo a formar los "colegios de piedad", que eran pequeños grupos para estudiar las Escrituras y las prácticas religiosas de una manera intensa. La gente comenzó a mostrar pasión por esa forma "pietista" que *se centrase en una fe personal*. Muchos comenzaron a apreciar a ver en Spener un "nuevo Lutero", gracias a su intensa dedicación a Dios y su énfasis sobre "la necesidad de volver constantemente a las Escrituras y leerlas con un espíritu de devoción y piedad".

Cinco años después de experimentar con sus "colegios de piedad", Spener escribió su *Pia desideria*, que se convertiría en la carta fundamental del pietismo.

Jonathan Edwards estuvo muy familiarizado con el pietismo desde su infancia. Su padre tenía material pietista en su biblioteca personal. Eventualmente haría amistad con varios ministros con una fuerte tendencia pietista.

# I

# El mundo y su entorno en los días de Edwards

## Los cimientos geopolíticos de las colonias de Nueva Inglaterra

La vida entera de los Edwards sucedió en las colonias inglesas del Nuevo Mundo, si bien toda su vida fue un ciudadano inglés. Aunque en 1776 Nueva Inglaterra arrebataría su independencia de manos de la Vieja Inglaterra; no obstante, en los días de Edwards, incluso en los días de su misma muerte, ni siquiera había sueños de revolución e independencia. Por eso, aquí debe tomar una brújula, una pluma y papel y sus notas de historia, échelo en un maletín de viaje, y tomar un barco a Nueva Inglaterra que retroceda a inicios del siglo XVII. Si quiere, aparte su pasaje en el Mayflower. Que no se le ocurra comprar el boleto en el Titanic, ni en un buque de la Armada Española que comandaba el poderoso rey católico Felipe II.

Ya había pasado al menos un siglo desde el descubrimiento de américa (sucedido en 1492), cuando vinieron los primeros exploradores y colonos a Norteamérica. Y todavía en los días en que nació Edwards la exploración era limitada más allá de las trece primeras colonias (doce todavía al momento del nacimiento de Edwards, pues las Carolinas aún no se habían dividido) que representaban una estrecha extensión de todo lo que es hoy Norteamérica. La parte sur ya había sido explorada desde principios del siglo XVI por los españoles. La Florida ya era conocida por los españoles desde antes de las exploraciones en las que Juan Ponce de León atravesase toda la costa desde Cabo Cañaveral hasta las costas de Jacksonville. California fue explorada por expediciones de Hernán Cortés desde México entre 1534 y 1535. Y así sigue la lista. Los franceses exploraron Montreal y otros lugares del territorio de Canadá por esa misma fecha en

la que los españoles descubrieron California.* Luego los franceses rivaliza-
rían con los ingleses, pues aparte de la región central de la masa continental de los que es hoy Estados Unidos de América (Luisiana, que entonces
atravesaba todo el territorio central del continente, hasta llegar a Canadá, y delimitado por las cadenas montañosas nombradas los Apalaches, al
oeste de esa franja entonces francesa), ellos intentaron vencer a Gran Bretaña y despojarlos también de la franja oriental en la que para entonces ya
se habían asentado los ingleses (desde finales del siglo XVI).

Ahora bien, en 1606, pocos meses después de que James I emitiera
su carta, la London Company envió 144 hombres a Virginia en tres barcos: el Godspeed, el Discovery y el Susan Constant. Llegaron a la bahía
de Chesapeake en la primavera de 1607 y se dirigieron a unas 60 millas
río arriba por el río James, donde construyeron un asentamiento al que
llamaron Jamestown... [Pero], no fue hasta 1616 que los colonos de Virginia aprendieron a cultivar tabaco, cuando pareció que la colonia podría
sobrevivir. Los primeros esclavos africanos llegaron a Virginia en 1619.[25]

Por otra parte, aunque el primer asentamiento colono inglés exitoso
en el Nuevo Mundo sucedió en 1607 en Jamestown, Virginia; no obstante, la primera provincia inglesa del Nuevo Mundo (en el territorio de
Nueva Inglaterra) fue justamente Massachusetts, la cual había sido establecida como provincia británica en 1691,[§] bajo la Corona conjunta de
Mary II (de Inglaterra) y William III (de Escocia), que eran los reinos
conjuntos de Gran Bretaña.

El 18 de diciembre de 1620 arribaron en el Mayflower los primeros
colonos, un grupo de mercantes ingleses provenientes de la disidencia inglesa en Holanda (miembros de la iglesia "Los Peregrinos"), junto a unos

---

\* En 1524, Giovanni da Verrazzano recibió el encargo de localizar una ruta desde
América del Norte a la India. Fue seguido en 1534 por Jacques Cartier, quien
exploró el río San Lorenzo hasta la actual Montreal. En 1562, Jean Ribault en-
cabezó una expedición que exploró el área del río St. Johns en Florida. History:
https://www.history.com/topics/colonial-america/thirteen-colonies.

[25] History: https://www.history.com/topics/colonial-america/thirteen-colonies.

§ John White vino con varias tripulaciones a América como explorador co-
menzando en 1584. Viajó con el corsario Francis Drake y con el almirante John Smith. El punto de llegada fue la isla Roanoke. Supuestamente algunos tripulantes de los que vinieron con White fundaron Virginia, pero no hay
prueba de esto. Ver NatGeo: https://historia.nationalgeographic.com.es/a/
primeros-colonos-ingleses-america_12768/11.

inversionistas mercantes ingleses que conformaban una tripulación de 101/2 personas (41 adultos), que atracarían en el Cabo Cod, en Plymouth.

La Colonia de la Bahía de Massachusetts, uno de los asentamientos ingleses originales en el actual Massachusetts, se estableció en 1630 por un grupo de, aproximadamente, 1000 refugiados puritanos de Inglaterra bajo el gobernador John Winthrop y el vicegobernador Thomas Dudley. En 1629, la Compañía de la Bahía de Massachusetts había obtenido del rey Carlos I (r. 1625–1649) una carta que autorizaba a la compañía a comerciar y colonizar en Nueva Inglaterra entre los ríos Charles y Merrimack. La concesión fue similar a la de Virginia Company en 1606, los titulares de la patente eran propietarios conjuntos con derechos de propiedad y gobierno.[26]

Los asentamientos coloniales en Massachusetts y en la mayor parte de Nueva Inglaterra fueron políticamente independientes de Inglaterra desde su fundación, hasta la corona de Carlos II (r. 1660–1685), a partir de 1670. Desde esas primeras colonias británicas en el nuevo mundo, ya para la década de 1680, el número de colonias de Nueva Inglaterra se había estabilizado en cinco; la Colonia de Connecticut y New Haven combinadas (en 1665), luego la Colonia de Rhode Island y las Plantaciones de Providence, y la Provincia de New Hampshire bordeaban el área que rodea la bahía de Massachusetts y Plymouth. La bahía de Massachusetts, sin embargo, fue la más populosa y económicamente significativa, albergando una flota mercante considerable.

En 1664, el rey Carlos II cedió el territorio entre Nueva Inglaterra y Virginia, gran parte del cual ya estaba ocupado por comerciantes y terratenientes holandeses llamados patronos, a su hermano James, duque de York. Los ingleses pronto absorbieron la Nueva Ámsterdam y la rebautizaron como New York, pero la mayoría de los holandeses (así como los flamencos y valones belgas, los hugonotes franceses, los escandinavos y los alemanes que vivían allí) se quedaron en dicha colonia. Esto convirtió a New York en una de las colonias más diversas y prósperas del Nuevo Mundo.[27] Así siguió la lista, en 1680 fue fundada Pennsylvania, en 1690 se funda la colonia de Carolina (la cual se dividió entre Carolina del Norte y del Sur en 1729).

Así que las 'trece colonias' eran un grupo de asentamientos británicos en la costa este de América del Norte, fundadas entre finales del siglo XVI

---

[26] Encyclopedia Britannica: https://www.britannica.com/place/Massachusetts-Bay-Colony

[27] History: https://www.history.com/topics/colonial-america/thirteen-colonies.

y todo el XVIII, que declararon su independencia en 1776 y llegaron a ser los Estados Unidos de América. Fueron (de Norte a Sur): (1) Las colonias de la región alta: la *Provincia de la Bahía de Massachusetts, la Provincia de New Hampshire, la Colonia de Rhode Island y las Plantaciones de Providence, la Provincia de Connecticut;* (2) Las colonias de la región intermedia (central): *la Provincia de New York, la Provincia de Pennsylvania, la Provincia de New Jersey, la Colonia de Delaware;* (3) Las colonias de la región baja (Sur): *la Provincia de Maryland, la Colonia de Virginia, la Provincia de Carolina del Norte, la Provincia de Carolina del Sur y la Provincia de Georgia.*

Para comienzo del siglo XVIII, en los días de Jonathan Edwards, ya había doce colonias británicas (que en 1729 completarían trece, con la división de las Carolinas) que abrazaban la costa oeste del Atlántico Norte. Aquello era el territorio de Nueva Inglaterra. Luego de la independencia de dicho territorio del dominio de Gran Bretaña, entre guerras y tratados, Nueva Inglaterra se convertiría en los Estados Unidos el 04 de julio de 1776, con la Declaración de Independencia, justamente al final de la guerra independentista.

Luego, Estados Unidos se extendería hasta el vasto desierto occidental muy lejano (baja California), bañado al litoral Norte por el Océano Pacífico. Y luego anexaría los terrenos franceses, españoles y mexicanos que conformarían la masa continental que ocupa un área de 9.834 kilómetros cuadrados: *limitado al Norte*, por Canadá, el mar de Beaufort y el océano Ártico (por el norte de Alaska); *al Oeste*, por el Océano Pacífico, el mar de Chukotka (por el noroeste de Alaska) y el Mar de Bering (por el oeste de Alaska); *al litoral Este*, por el Océano Atlántico; *y al límite sur*, por la frontera norte de México y el golfo de México.

Aquel vasto territorio ha sido el hogar de los sueños y añoranzas de muchos desertores del *establishment* político-religioso del viejo continente, y eventualmente del resto de las Américas y del mundo.

"Nueva Inglaterra y las otras colonias eran la frágil punta de los dedos de Gran Bretaña en el borde del continente. Los colonos eran ciudadanos británicos rodeados de territorios de otras naciones. Florida y el suroeste eran de España. El territorio de Luisiana era de Francia. Los franceses, en particular, estaban ansiosos por aliarse con los indios locales contra los británicos".[28]

---

[28]  Piper, Noël: https://www.desiringgod.org/messages/sarah-edwards-jonathans-home-and-haven

## Los fundamentos etno-geo-religiosos de las colonias originales

La religión de Nueva Inglaterra sería el fruto y esfuerzo de algunos de los primeros colonos que arribarían a esa masa continental, lo que sucedió a distancia de casi siglo y medio del descubrimiento colombino de América. En aquel preciso momento de la historia, en diciembre de 1620, en que por la voluntad y dirección divina aquel grupo de colonos ingleses, procedentes de la Iglesia Congregacional los Peregrinos de Holanda (formada por puritanos ingleses disidentes), quienes zarpando con los permisos de la corona y con la esperanza de llegar a Virginia,‡ en el Nuevo Mundo, por error atracaron en el fuerte del Cabo Cod. El primer asentamiento fue erigido entonces en Plymouth. Aquellos hermanos fundaron en Plymouth tanto el primer asentamiento colonial inglés en la bahía de Massachusetts, y la primera iglesia de cualquier tipo que se organizara jamás en lo que es hoy los Estados Unidos de América.

Diez años después, un sindicato adinerado conocido como la Compañía de la Bahía de Massachusetts, envió un grupo de puritanos mucho más grande (y más liberal) para establecer otro asentamiento en el lugar nombrado. Con la ayuda de los nativos locales, los colonos pronto se acostumbraron a la agricultura, la pesca y la caza, y Massachusetts prosperó.[29]

"La influencia puritana fue dominante en Nueva Inglaterra. Una vez en América, los puritanos se consideraban libres de las restricciones de la Iglesia Anglicana establecida en Inglaterra, proveyéndoles desahogo de adorar como quisieran. Los puritanos dieron el control de la iglesia a la congregación; los miembros de la iglesia elegían sus líderes y ministros. En las colonias de Nueva Inglaterra, las iglesias puritanas llegaron a ser muy poderosas tanto en asuntos religiosos como seculares, y se esperaba que la gente asistiera a los servicios religiosos.

Esta actitud estricta cambió a finales del siglo XVII, cuando protestantes de otros credos comenzaron a encontrar tolerancia en las colonias de Nueva Inglaterra.

---

‡ El primer asentamiento inglés exitoso en América, luego del fracaso de la isla de Roanoke fue Virginia. En Virginia ya había una colonia (la primera colonia inglesa) para 1607. Sus primeros asentamientos fueron en Jamestown. Había desde el comienzo varias tribus indígenas allí, y fueron traídos obreros africanos eventualmente para el cultivo. Consulte: http://www.americaslibrary.gov/jb/colonial/jb_colonial_subj.html.

[29] History: https://www.history.com/topics/colonial-america/thirteen-colonies.

Las colonias intermedias fueron las menos influidas por grupos religiosos ingleses. Ni los holandeses en New York [que originalmente se llamó Nueva Ámsterdam] ni los cuáqueros ingleses en Pennsylvania, procuraron controlar la religión de otros colonos. Así que protestantes, presbiterianos, menonitas, moravos, luteranos, cuáqueros y católicos convivieron uno al lado del otro en las Colonias Intermedias.

En las colonias del sur, la Iglesia Anglicana ocupó la misma posición privilegiada que ocupó en Inglaterra. Se pagaron impuestos por el sustento de la iglesia y los funcionarios y las familias acomodadas eran generalmente anglosajones. Sin embargo, en el sur, a los anglicanos les faltaba el celo de los puritanos del norte, si bien, allí los seguidores de otras creencias vivían sin temor a la persecución.

Los pasos tomados en tres colonias llevaron a más libertad religiosa. En 1649, la legislatura de Maryland aprobó la 'Ley de Tolerancia', que disponía que ningún cristiano iba a ser perseguido a causa de su religión o creencias. En Pennsylvania, la política de William Penn (cuáquero) le daba derecho de establecerse allí a todos los que reconocieran a Dios (sin importar sus credos). La política de Penn también hizo posible que los judíos encontraran un refugio de la persecución. En el mismo orden, Rhode Island fue la más liberal de las colonias en materia religiosa, debido a los principios de su fundador, Roger Williams (bautista al comienzo).

Nueva Inglaterra fue desde el inicio de la colonización una mezcla de personas donde los ingleses fueron los más numerosos de los colonos y formaban el grupo dominante entre todas las colonias británicas. Los colonos conformaban alrededor de tres quintos del total de la población blanca. Entre los otros grupos nacionales, los más numerosos eran escoceses, escoceses–irlandeses y alemanes. Los escoceses-irlandeses: descendientes de los escoceses que se habían establecido en Irlanda del Norte a principios del siglo XVII: emigraron a América a finales de ese mismo siglo. Los escoceses–irlandeses vinieron por dificultades económicas y porque las diferencias religiosas se volvieron insoportables en casa.

Los alemanes se establecieron en Pennsylvania en gran número, atraídos por los anuncios del fundador de esa colonia, William Penn. Otros alemanes se establecieron en el Valle del río Hudson en la parte superior de New York. Aun otros se trasladaron hacia el sur en el valle de Shenandoah en Virginia y luego a la frontera de Carolina. Otros grupos colonizadores no ingleses incluyeron a los irlandeses, que se instalaron entre todas las colonias británicas, y los holandeses, que vivían principalmente en New York y New Jersey. El grupo de colonos suecos se establecieron en Delaware. El grupo de Colonos suizos se establecieron en Nueva Berna, Carolina del Norte".[30]

Así que, desde temprano en la fundación de Nueva Inglaterra, aunque hubo unas 18 lenguas europeas, no obstante, la gran mayoría logró, y la cabecera política bostoniana, propiciaron que el inglés prevaleciera. Del mismo modo, en las colonias cabeceras, el congregacionalismo fue impositivo. Pero en las colonias intermedias hubo varios credos de corte protestante, y una minoría católico-romana, especialmente en Maryland.

Ahora bien, "los colonos que llegaron a las Américas construyeron cada una de las colonias, así hayan sido los españoles, los ingleses, los franceses u holandeses, de tal modo que propiciaron que cada colonia fuera única. Del explorador español Hernán Cortés, p. ej., sabemos lo grande que fue el Imperio azteca, en lo que hoy es México. Aunque no fue popular entre los colonos, el estricto gobernador holandés Peter Stuyvesant trabajó para traer mejoras a la colonia de New Ámsterdam (el actual New York). Los ingleses John Smith y John Rolfe salvaron el frágil Jamestown, Virginia, asentamiento que estuvo a punto de perecer, y así se ayudó a establecer la primera colonia inglesa permanente en América del Norte, luego del fracaso de Roanoke que había iniciado en tiempos de Elizabeth I, desde 1584[n] con las expediciones de John White".[31]

Es importante que notemos los grupos reformados holandeses y reformados escoceses, que para nuestros fines en este trabajo nos arroja ciertas ideas sobre la mezcla puritana y de cierto tipo de "pietismo" —si

---

[30]   Kozlowski. P. 3.

[n]   El primer asentamiento inglés en América del Norte se había establecido en 1587, cuando un grupo de colonos (91 hombres, 17 mujeres y 9 niños) liderados por Sir Walter Raleigh se instaló en la isla de Roanoke. Misteriosamente, en 1590 la colonia de Roanoke había desaparecido por completo. Los historiadores aún no saben qué fue de sus habitantes.

En 1606, pocos meses después de que James I emitiera el decreto, la London Company envió 144 hombres a Virginia en tres barcos: el Godspeed, el Discovery y el Susan Constant. Llegaron a la bahía de Chesapeake en la primavera de 1607 y se dirigieron a unas 60 millas río arriba por el río James, donde construyeron un asentamiento que llamaron Jamestown. Los colonos de Jamestown lo pasaron mal: estaban tan ocupados buscando oro y otros recursos exportables que apenas podían alimentarse. No fue hasta 1616, cuando los colonos de Virginia aprendieron a cultivar tabaco, que pareció que la colonia podría sobrevivir. (Consulte: History: https://www.history.com/topics/colonial-america/thirteen-colonies).

[31]   Ibidem.

hubiera algún grado de justicia en denominarlo de este modo— que tuvo Jonathan. Aunque casi toda su vida Jonathan vivió en las inmediaciones *cuasi* exclusivamente pro-congregacionalistas (Windsor del Este y New Haven, Connecticut; y Northampton, Massachusetts); no obstante, su primer pastorado fue en una pequeña iglesia presbiteriana en New York. Pareciera poco, pero las amistades que Edwards forjó allí tuvieron repercusiones en su vida. En su "Narrativa" vemos los afectos inolvidables que Edwards cultivó allí, especialmente con el Sr. John Smith y la madre de este, la Sra. Smith (viuda). Luego, Edwards conoció muy bien el ministerio de los Tennent* (con William† a la cabeza) en New Jersey, y conoció los esfuerzos del Log College‡ –que capacitaba predicadores itinerantes en la teología reformada, con cierto matiz pietista–; los cuales fueron *revivalistas* presbiterianos, es decir, *Dutch Reformed*§ (un grupo de reformados holandeses así denominados, que incluso existen hasta hoy).[32]

---

*  *William Tennent* (1673-1746), el fundador de Log College. De sus cinco hijos, tres: Gilbert Tennent (1703-1764), William Tennent II (1705-1777), Charles Tennent (1711-1771), que fueron exitosos ministros presbiterianos, fueron capacitados en el Log College. Como puede usted notar, los Tennent fueron contemporáneos de Jonathan Edwards.

†  El ***Rev. William Tennent*** nació en Mid Calder, Linlithgowshire, Escocia, en 1673. Se graduó de la Universidad de Edimburgo en 1695 y fue ordenado en la Iglesia de Irlanda en 1706. Con su familia emigró a Nueva Inglaterra en 1718, llegando a la colonia de Pensilvania. Tennent fundó el Colegio Log, donde fueron educados sus hijos y otros tantos jóvenes que eventualmente sobresalieron en el ministerio y en varios oficios civiles.

‡  El ***Log College*** fue un humilde esfuerzo del ministro William Tennent, proyecto de educación en su patio de Northampton (Pensilvania) con algunos jóvenes, incluyendo a sus cuatro hijos. Pronto, otros jóvenes se acercaron a él en busca de educación. (https://williamtennenthouse.org/who-was-william-tennent/). Si bien Tennent no tenía un nombre para la escuela, sus críticos la llamaron burlonamente "la Universidad". Llamó el proyecto "the *Log College*, iniciando en 1726 en Neshaminy, Pensilvania". William permaneció como educador en el Log hasta su muerte en 1746. Poco después, el Log College cerró sus puertas, pero ese no fue su final. La "Universidad" de William Tennent dio origen a muchas escuelas de educación superior (https://williamtennenthouse.org/who-was-william-tennent/). En 1746, el sínodo presbiteriano inauguró en Elizabeth, New Jersey, el "College of New Jersey", que fue una secuela del *Log College*. En 1747 fue trasladada a Newark, y en 1756 a Princeton, lugar que ha ocupado desde entonces (http://enciclopedia.us.es/index.php/Universidad_de_Princeton). En 1896 fue finalmente nombrada Universidad de Princeton. (https://www.princeton.edu/meet-princeton).

§  *Dutch Reformed Church* (Dutch: *Nederlandse Hervormde Kerk*, abreviado NHK) que fue la denominación eclesiástica cristiana del ala reformada más grande en Holanda hasta 1930.

[32]  Consulte: Nelson: https://youtu.be/xVhYHa-Cjcg.

## Los fundamentos educativos desde los cimientos de Nueva Inglaterra

Increíblemente, los inmigrantes no vinieron con ideas de regresarse cargados de oro y riquezas a su antigua patria, como solía suceder con los "conquistadores" españoles y los "corsarios" ingleses que venían al lado sur del continente y el caribe. La mayoría de aquellos colonos ingleses venían con sus "posesiones"¤ y con la marcada intención de fundar una nación santa y libre de opresión religiosa. Fue tanto así que a menos de dos décadas del establecimiento de aquella primera iglesia en suelo norteamericano, en 1636, fundaron su primera academia de formación ministerial y civil, el Colegio Harvard (luego, Universidad Harvard), en la colonia cabecera de Massachusetts, específicamente en la ciudad de Cambridge† (en aquel entonces, Newtowne).

Todo el programa educativo de la nueva academia estuvo basado en el modelo de Cambridge, específicamente el Emmanuel College, que era una dependencia para formación de ministros de tan prestigiosa casa de estudios superiores. De hecho, a ese punto había pasado un siglo desde la primera universidad en el nuevo continente, la Universidad Santo Tomás de Aquino, fundada en 1538, hoy Universidad Autónoma de Santo Domingo[33] (si bien la primera cédula real para fines académicos en el nuevo mundo –otorgada por el emperador Carlos V– fue otorgada en 1551 a la universidad de San Marcos,[34] ubicada en la Ciudad de los Reyes, hoy Lima, en el Perú).

Apenas dos años antes del nacimiento de Jonathan Edwards, se fundaría la segunda casa de estudios superiores que tuvo lugar en Norteamérica, el Colegio de New Haven (luego Yale College, ahora Yale University), la que 15 años a partir de su fundación sería el *Alma Mater* del jovencito que aquí biografiamos.‡

---

¤   A menudo, nada.

†   Cambridge, ciudad, condado de Middlesex, este de Massachusetts, EE. UU., Situado en la orilla norte del río Charles, en parte frente a Boston.

[33]   Reseña histórica de la UNMSM: https://uasd.edu.do/index.php/informacion-general/historia.

[34]   Vea la reseña histórica de la UNMSM: https://sisbib.unmsm.edu.pe/bibvirtual/publicaciones/geologia/v01_n1/rese%C3%B1a_histo.htm.

‡   En la clasificación actual, Jonathan sería un adolescente, pues no había cumplido 13 años cuando inició sus estudios superiores. Eso era típico en la capacitación de la época.

Ambas instituciones, Harvard y Yale, tendrían toda la herencia cultural superior inglesa, ampliamente sazonada con la visión puritana que por unas dos generaciones (previo al establecimiento de las colonias en el área de Massachusetts) había permeado el campus de Cambridge University, y con la leña y el fuego del ala congregacionalista no separatista que arroparía la historia colonial británica en américa en todo aquel siglo (XVII) y más allá. Es más, el congregacionalismo de tal tipo se convertiría en la religión oficial particularmente en Massachusetts (la provincia cabecera de las colonias) y en Connecticut, en detrimento y persecución de las demás expresiones de la fe, incluso del anglicanismo.

Pero debido a la ocasión del nacimiento de Jonathan Edwards, además de ser un heredero de los puritanos —hasta donde quepa la designación—, es a toda costa un hijo del *siglo de las luces* (la Ilustración), también hasta donde tal designación cultural nos permita encasillarlo, porque Edwards batallaría contra las ráfagas de la Ilustración que yacían y se arraigaban en la metrópoli bostoniana.[35]

## Una breve pincelada sobre el surgimiento del congregacionalismo

Fue en pleno rigor del movimiento puritano que se engendró la denominación a la que Edwards perteneció, a saber, los congregacionalistas.[†] Su padre, su abuelo y tatarabuelo materno y su yerno fueron renombrados pastores congregacionalistas igualmente. Pero fue precisamente en aquella convulsa —política y religiosamente hablando— Inglaterra, a la que el puritanismo añadió su indiscutible importante cuota, que surgieron los documentos que se hicieron estándares en la historia de los movimientos de corte reformado, me refiero a la Confesión de Fe de Westminster, tanto como a sus Catecismos, el Menor y el Mayor. De hecho, ese documento moldeó la teología de prácticamente todos los grupos "separatistas" que surgieron del anglicanismo, como fruto del puritanismo: congregacionalistas, bautistas, etc.; pues, la Confesión Bautista de Fe de más trascendencia e historia, la Segunda Confesión Bautista de Fe de Londres de 1677/89, tomó aquella como fundamento. Y otras confesiones bautistas famosas, como la de Filadelfia, son una copia de la Segunda Confesión, por tanto,

---

[35] Ver: Miller, p. 23.

[†] Una iglesia congregacionalista, en términos gruesos, consistió en una iglesia disidente de la de Inglaterra, del ala calvinista en doctrina (como explicaremos en el cap. IV de esta obra).

de Westminster. Y así la de Saboya, puritana, etc. Bien que la Profesión (una confesión breve) y el Catecismo de John Davenport fueron documentos del tipo sagrado entre los congregacionalistas coloniales, que ayudaron a moldear la conciencia puritana congregacionalista en Nueva Inglaterra.

## Un vistazo al plano geopolítico de las colonias del norte de Nueva Inglaterra en el siglo XVIII

Quedémonos en Nueva Inglaterra y planifiquemos una cabalgata por algunos lugares de aquellas colonias cabeceras originales. Los sucesos geopolíticos de inicios del siglo XVIII nos pueden ponen en mejor perspectiva al estudiar al famoso teólogo en cuestión. En 1703, el año en que nació Edwards, p. ej., sucedieron los siguientes eventos mundiales:[36]

- En Japón *47 rōnin* atacan a Kira Yoshinaka y luego cometen *harakiri*.
- En el mismo año en que nació Edwards sucedió en el norte de Europa la Gran Tormenta de 1703 –la más violenta registrada en la Historia de las Islas británicas.
- En ese mismo año, Pedro el Grande fundó el poblado de San Petersburgo, la que sería la capital del Imperio ruso hasta 1918, cuando el partido bolchevique la trasladó a Moscú.
- Entre 1703–1711 se libraba la guerra de la Independencia de los Rákóczis contra la monarquía de los Habsburgo.

Edward entró en escena justamente en el periodo de la historia humana donde ocurrieron los cambios más revolucionarios que se hayan vivido jamás en la historia humano. Como ya se sabe, estamos hablando nada más y nada menos del siglo XVIII, el siglo ilustrado.

El *siglo de las luces*, es el siglo de la desaparición de los patrones de autoridad del tipo imperial (eclesial); también del exclaustro del pensamiento, que hasta entonces era exclusividad de las élites aristocráticas; de la abolición de la esclavitud (en América y Europa), de lo que el movimiento de Edwards es responsable directo; de todo lo cual tanto la "Ilustración" como el "Gran Despertar" son tanto precursores como agentes causales directos.

O sea, fue en el siglo de Edwards que se libró la guerra de la Independencia de los Estados Unidos lograda en 1776. Es posible que Edwards hubiera sido un independentista si su muerte no hubiera sucedido

---

[36] Según el registro de la Wikipedia (no confirmado en otras fuentes).

precoz (a los 54 años, en 1758). De hecho, tanto los discípulos como los hijos y descendientes de Edwards fueron independentistas, tanto como anti-esclavistas, con Hopkins a la cabeza. Y fue exactamente por esta misma época que tuvo lugar el suceso, quizás, más dramático de todo el siglo XVIII, la Revolución francesa, ocurrida entre 1789 y 1799. Y, valga el señalamiento, fue precisamente mientras tenía lugar la revolución, precisamente en 1793, cuando aún no habían pasado dos décadas de la independencia de Nueva Inglaterra, que William Carey y su familia abordaban una embarcación mercante inglesa hacia Calcuta, India, para convertirse en el padre de las misiones modernas con sus impresionantes logros como misionero en aquella gran nación, con su final establecimiento y centro de operaciones en Serampore, India.

## El *siglo de las luces* y el espectro religioso

El movimiento cultural ilustrado surgió en la Europa del siglo XVIII como una forma de entender el mundo, la existencia y la sociedad, poniendo al margen las Sagradas Escrituras, la religión y la tradición, procurando levantar vuelos como una alternativa a tales autoridades que se habían impuesto durante toda la edad oscura y escolástica. Su consigna fue *iluminar las sociedades europeas para que abandonaran definitivamente la ignorancia y la superstición y se basaran en ideas racionales*, como solían pregonar, "mediante las luces y la razón".[‡] En un sentido, tanto los 'Nuevas luces' como la "Nueva Teología" son fruto de esta revolución; en el mismo orden, el "Gran Despertar" revolucionó y abrió las puertas a la abolición de la autoridad jerárquica religiosa de que gozó el clero en Nueva Inglaterra hasta entonces.

Al principio los vientos de la Ilustración fueron especialmente activos en Francia, Inglaterra y Alemania, pero fue extendiéndose eventualmente al resto de Europa y al mundo. Inspiró profundos cambios culturales y sociales, y sus principales logros socio-políticos fueron precisamente la Guerra de la Independencia de los Estados Unidos y la Revolución Francesa. Fue además la época en la cual el capitalismo vio su

---

[‡] Kant, Emmanuel, uno de los más sobresalientes filósofos del movimiento, definió la Ilustración del siguiente modo: "La Ilustración significa el abandono del hombre de una infancia mental de la que él mismo es culpable. *Infancia* es la incapacidad de usar la propia razón sin la guía de otra persona. Esta puericia es culpable cuando su causa no es la falta de inteligencia, sino la falta de decisión o de valor para pensar sin ayuda ajena. *Sapere aude* «¡Atrévete a saber!»". (Immanuel Kant, *¿Qué es la Ilustración?*: https://es.wikipedia.org/wiki/Ilustración).

verdadero auge, en detrimento del modelo económico milenario feudalista, y por tanto, esclavista.

Por cierto, fue justamente en esta época que surgió la primera enciclopedia, que se conoce como la Enciclopedia de Denis Diderot y Jean Le Rond D'Alembert, publicada en Francia a mediados del siglo XVIII; por tanto, aparecía el enciclopedismo, que pondría fin al monopolio elitista de la información, secuestrada por la aristocracia. Las enciclopedias pretendieron originalmente recopilar el pensamiento de los ilustrados. Los líderes intelectuales del movimiento enciclopedista se consideraban a sí mismos la élite de la sociedad, cuyo principal propósito era liderar al mundo hacia el progreso, sacándolo del largo periodo de tradiciones, superstición, irracionalidad y tiranía-despótica (para ellos, Edad Oscura), tanto como desclasificar la información en favor del alcance de la mayoría. Pretendieron también crear un sistema ético en base a la razón, en lo cual, desgraciadamente, consistió el derrotero a la deriva de la moralidad cristiana. Tal sentido ético, se trata de una herencia directa del humanismo.

Sociedades muy conservadoras como la española, básicamente, no interactuaron en este período (por lo menos desde adentro), quizás más por el cerco religioso que controlaba a España y sus colonias que había instituido el régimen absolutista impuesto por la corona (desde los días de Isabel y Fernando) contra el judaísmo y contra los moros, período que, lamentablemente, se extendió hasta casi finales del siglo XIX. España le tuvo pavor tanto al protestantismo como a cualquier pisca de liberalismo surgido de las filas protestantes o revolucionarias de cualquier tipo. Por ello, sucedió que las mentes más brillantes del pensamiento español eran frailes y monarcas que defendían el cerco religioso cultural de la corona española (un marcado catolicismo romano del tipo inquisitorial).

Así que la Ilustración surge básicamente en suelo protestante. El caso de la participación activa de los franceses en la Ilustración está altamente relacionado con que Suiza y Bélgica eran protestantes; además que Francia, a raíz del siniestro de la noche de San Bartolomé contra las fuerzas protestantes, comenzó a bajar la guardia contra el protestantismo y a permitir ciertas concesiones, quizás por el gran sentido de culpa de tal masacre del alcance de lesa humanidad. Desde los intentos de los hugonotes, la regencia francesa se disputaba los nobles de ambos bandos, si bien hubo poderosos y nobles del bando protestante y del bando romano. En ese sentido, la Ilustración se desarrolla mayormente al margen de los regímenes católicos (que dominaban mayormente España y Austria de manera absolutista). Incluso los estados del reino de Orange (países bajos) para el *siglo de las luces* eran esencialmente protestantes, pero relativamente reciente apenas habían

salido del dominado español. De hecho, apenas en 1648, en el tratado de
Münster, había cesado la guerra de Independencia de los Países bajos.

## Los padres de la Ilustración y el protestantismo

Aquel ilustre e iluminado movimiento filosófico, cultural, político y científico inició a finales del siglo XVII y se extiende hasta terminado el siglo
XVIII. Con pocas dudas, la paternidad de la Ilustración debe ser cargada a René Descartes (1596-1650),[§] un filósofo, matemático y físico francés (católico romano), egresado de la Universidad Henri-IV, de la Universidad de Leiden y de la Universidad de Utrecht, donde ejerció como
catedrático. Descartes es considerado como el padre de la filosofía moderna, del idealismo y de la Ilustración. El francés interpretó toda la realidad existencial a partir de lo que él denominó "el yo pensante" cual la
"substancia primaria", que pregonó con su famoso "pienso, luego existo";
estableciendo así lo que puede ser definido como la columna del racionalismo. René influyó directamente en pensadores de la talla de Leibnitz,
Espinoza, Lucke, Clarke y los Platónicos de Cambridge, entre otros, quienes asumieron esa idea filosófica que permea toda la segunda mitad del
siglo XVII, pasando por todo el siglo XVIII, y extendiéndose sólidamente más allá. Ponga atención aquí porque Edwards bebería de tales aguas,
principalmente de la pluma de John Smith (platónico de Cambridge), de
John Locke (empirista) y George Berkeley (obispo anglicano idealista), y
por supuesto, del gran Isaac Newton. En René se puede trazar el inicio
del liberalismo teológico que más tarde harían un hueco en el Dr. Charles
Chauncy, rival de Edwards; y luego se consumaría en deístas cuales el filósofo suizo Jean-Jacques Roseau y el filósofo prusiano Emmanuel Kant, los
arquitectos del idealismo romántico, para quienes, igual que para Descartes, solo lo que es demostrado por la razón debe ser digno de crédito.

La cara pragmática del movimiento de los ilustrados debe ser cargada sobre hombres como el genio y científico inglés Isaac Newton (1642–
1727). Es considerado el padre de la física moderna (sistematizador de
las leyes de la mecánica, de las leyes que gobiernan los fluidos, del cálculo infinitesimal, etc.). También debe cargarse una cuota al filósofo alemán Gottfried Wilhelm Leibniz (1646–1716),[‡] quien al unísono fue uno
de los más destacados filósofos del racionalismo, además de ser un gran

---

[§]   René Descartes o Renatus Cartesius (en latín).

[‡]   *Leibniz* realizó profundas e importantes contribuciones en las áreas de metafísica,
epistemología, lógica, filosofía de la religión, así como en la matemática, física,
geología, jurisprudencia e historia.

matemático. Leibniz trajo aportes sumados a los de Newton, especialmente al cálculo infinitesimal y a las matemáticas en general. Leibniz fue también teólogo, lógico, bibliotecario, jurista y politólogo. Señalamos aquí que Leibniz fue un luterano ortodoxo y Newton fue un teísta de la iglesia de Inglaterra. Newton fue un buscador que tuvo contacto con los movimientos separatistas, incluyendo visitas a una iglesia bautista; no obstante, terminó con un pensamiento unitario de corte arriano (cual sucedió con muchos de los liberales en esa época).

Pecaríamos si dejáramos fuera de este estrecho círculo a pensadores y científicos de la talla de Robert Boyle (1627-1691), filósofo irlandés que incursionó en la filosofía naturalista, la química y la física, además de haber sido un gran inventor, sería literalmente pecaminoso. Boyle es principalmente conocido por la formulación de la ley de Boyle, además de ser generalmente considerado hoy como el primer químico moderno, por tanto, uno de los padres de dicha disciplina científica. Su obra *The Skeptical Chymist* (*El químico escéptico*), es considerada una obra fundamental en la historia de la química. Cabe destacar que Boyle también fue un prominente teólogo cristiano.

Cometeríamos sacrilegio si dejáramos de decir en este espacio que Newton escribió interesantes comentarios de Daniel y de Apocalipsis, en un caldo de la historicidad de la redención.

Por tal época fundacional del período ilustrado en suelo colonial inglés, no hay dudas que debemos considerar aquí al teólogo y científico de Massachusetts, Cotton Mather (1663–1728), uno de los más grandes líderes congregacionalistas de todos los tiempos. Mather era tan apasionado de las ciencias, que siendo ministro de carrera, egresado de Harvard, llegó a ser el primer nacido en América aceptado en la prestigiosa *Royal Society of Science* (Sociedad Real de la Ciencia) de Londres en 1673,[37] gracias a sus valiosos aportes científicos. Mather envió a la *Royal Society* alrededor de un centenar de comunicados con aportes científicos, mayormente del área de investigación y descubrimientos en medicina, pero no exclusivamente. Cotton Mather produjo unos 400 trabajos durante su vida.

Cabe también destacar aquí que Newton fue uno de los flamantes presidentes de la Royal Society of Science precisamente desde el año en que nació Jonathan Edwards (1703) hasta la muerte del gran científico en 1727. De hecho, cuando aún Newton vivía, y dirigía aún la Sociedad Científica, Edwards intentó publicar un artículo científico suyo (de varios

---

[37] Von Rohr. P. 174.

que escribió) en dicha Sociedad Científica. Por cierto, Edwards fue un ad-mirador de Newton, a lo menos en su formación temprana, tanto en la preparatoria como en sus años en Yale.

No obstante, Cotton Mather no fue el clérigo que se pueda decir que más ilustró lo que sería un matrimonio entre la teología y los idea-les de la Ilustración. La Ilustración inyectó dos asuntos principales al pensamiento teológico, a saber: (1) El gran uso de la razón en la procu-ra de conocer a Dios, y (2) el equiparar la felicidad humana con la meta de la salvación.[38] Esos pensamientos parecen comprender a Edwards, no obstante, existió un abismo entre el pensamiento de Edwards y el de la Ilustración en que Edwards se despegó de la centralidad del hombre, en procura de la total dependencia de la divinidad. En realidad, el puesto de la euforia por enarbolar la bandera de la mixtura teológica con los ideales de la Ilustración, lo ostenta el puritano de Nueva Inglaterra Samuel Mi-llard (1658–1720), quien más que ningún otro incorporó las ideas pro-puestas por la Ilustración en sus sermones y escritos. Impresionado por los estudios de Newton, Millard concluyó que Dios puede ser encontrado a través de la obra maravillosa de la creación.

En el plano artístico, especialmente en la música (puesto que Sarah aparentemente fue músico y Jonathan se refirió a dicho arte como sublime en varias ocasiones), en la época de Edwards (el *siglo de las luces* cultural-mente hablando, momento que se denominó Barroco tardío en transición al clasicismo), encontramos, por ejemplo, entre los contemporáneos de Edwards, a los más sobresalientes genios de la música, entre ellos: el ita-liano Antonio Lucio Vivaldi (1678–1741), a nada más y nada menos que a los genios y padres alemanes de varias disciplinas musicales Johann Se-bastian Bach (1685–1750), el denominado Padre de la Armonía, y el gran compositor George Friedrich Händel (1685–1759), quien para los días de Edwards ejercía su carrera como compositor y director en Inglaterra; te-nemos también a Georg Philipp Telemann (1681–1767). En este renglón, los países de pensamiento liberal tienen también la supremacía. España dominaba mucho de las artes gráficas y de la literatura. Por el contrario, en Alemania predominó la música, por sobre Italia, Inglaterra y España. Nueva Inglaterra, a sazón del puritanismo, que de hecho impedía el uso de la música en la iglesia, contrario al abierto uso de la música en la li-turgia luterana y el parcial uso de esta en la liturgia ginebrina, no avanzó mucho en las artes musicales. Inglaterra permitió lo suficiente el uso y es-tudio de la música en la vida monárquica, cotidiana y en la liturgia, por lo cual tuvo suficiente avance en esta disciplina.

---

[38]  Von Rohr. P. 148.

En otras palabras, el siglo de Edwards fue un siglo de hombres brillantes. Por cierto, fue contemporáneo suyo, de hecho, nacido en el mismo año, el gran genio Benjamin Franklin. Por cierto, vivieron en New York exactamente en el mismo año, y ambos salieron de casa por asuntos laborales. De ahí, Benjamin se iría a Filadelfia y Jonathan regresaría por unos meses a Windsor, estaría unos meses como ministro en Bolton, desde donde se instalaría en New Haven como tutor de Yale por poco más de dos años. A partir de entonces, Edwards se establecería en el ejercicio del sagrado ministerio en Northampton durante casi un cuarto de siglo a partir de su tutoría en Yale. De hecho, cualquiera pensaría que abandonar una tutoría en Yale por ir a pastorear una iglesia era un retroceso. No obstante, en la época de los puritanos pastorear era el más noble fin del ministerio, por sobre enseñar en las academias y universidades. Y para un divinista puritano, la forma más noble de comunicar el cuerpo de divinidades era justamente mediante "la predicación". Además, la comunidad misma tenía el oficio pastoral como el más noble y sublime de todos los oficios ministeriales. De hecho, tenían la enseñanza normal y superior como algo de menor categoría, contrario, al parecer, a nuestra visión moderna. Por sobre eso, por ejemplo, el salario de entrada de Edwards como pastor en Northampton, además de los cuantiosos regalos de la mansión donde viviría y mucha tierra para el cultivo, recibió un salario inicial de £ 200.00[39] (doscientas libras)[*] al año (es decir, unos 28.200 USD de hoy aprox.). Eso era un salario de lujo.

## Notables figuras de la Ilustración del siglo XVIII

Son figuras notables de la Ilustración en su desarrollo y pleno apogeo el filósofo suizo Jean-Jacques Rousseau (1712–1778), quien junto a Voltaire (1694–1778) y Charles-Louis de Secondat o Barón de Montesquieu (1689–1755), se sitúa entre los grandes pensadores de la Ilustración de habla francesa.

También vivieron en este siglo, sumando a la causa ilustrada, grandes pensadores como Joseph Butler (1692- 1752), quien fue un filósofo y teólogo inglés. Se le considera como el crítico más importante de las teorías del egoísmo psicológico en el siglo XVIII. Butler se dio a conocer a la edad de 21 años por las objeciones que dirigió contra Samuel Clarke, luego de la publicación de su *Tratado de la existencia de Dios*. Luego de haber desempeñado distintos cargos, Butler fue secretario del gabinete de

---

[39] Miller. P. 43.

[*] Una libra esterlina del año 1727 equivale a 106 libras actuales, es decir, 141.00 USD aprox. (https://www.in2013dollars.com/uk/inflation/1825?amount=1).

la reina Carolina de Brandeburgo-Ansbach, luego obispo de Bristol (en 1738) y, finalmente, de Durham (en 1750). En 1736 publicó *La analogía de la religión natural*. Se conservan de él diversos sermones célebres.

También debemos hacer mención del gran David Hume (1711–1776), de Edimburgo, quien fuera un filósofo, economista e historiador escocés. Hume constituye una de las figuras más importantes de la filosofía occidental y de la Ilustración escocesa. Hume afirma que todo conocimiento deriva, en última instancia, de *la experiencia sensitiva*. Sus obras principales son: *Tratado de la naturaleza humana* (1739) e *Investigación sobre el entendimiento humano* (1748). David Hume influyó en el utilitarismo, el positivismo lógico, la filosofía de la ciencia, la filosofía analítica, la ciencia cognitiva, la teología y otros movimientos. Hume estuvo fuertemente influido por los empiristas John Locke y George Berkeley, así como por varios escritores franceses como Descartes, Melebranche y Pierre Bayle.

Coincidió por este brillante siglo el escocés Adam Smith[40] (1723–1790), el padre del liberalismo económico, o padre de la economía moderna. De hecho, Smith, con su trabajo "Las Riquezas de las Naciones", sentó las bases para que la economía eventualmente surgiera como una ciencia independiente. También figura aquí el gran filósofo ilustrado prusiano Immanuel Kant (1724–1804), quien fuera uno de los más grandes representantes de la Ilustración de todos los tiempos. De hecho, el genio de Kant "sintetizó el *racionalismo* y el *empirismo* moderno temprano, estableció los términos para gran parte de la filosofía de los siglos XIX y XX, y continúa ejerciendo una influencia significativa en la actualidad en la metafísica, la epistemología, la ética, la filosofía política, la estética y otros campos. La idea fundamental de la 'filosofía crítica' de Kant se suman especialmente en sus tres Críticas: 'Crítica de la razón pura' (1781, 1787), 'Crítica de la razón práctica' (1788) y 'Crítica del poder del juicio' (1790). Sostuvo que *el entendimiento humano* es la fuente de las leyes generales de la naturaleza que estructuran toda nuestra experiencia; y que *la razón humana* se da a sí misma la ley moral, que es nuestra base para creer en Dios, la libertad y la inmortalidad. Por lo tanto, el conocimiento científico, la moralidad y las creencias religiosas son mutuamente consistentes y seguras porque todos descansan sobre el mismo fundamento de 'la autonomía humana', que es también el fin último de la naturaleza según la *cosmovisión teleológica* del juicio reflexivo que Kant introduce para unificar la teoría y partes prácticas de su sistema filosófico".[41]

---

[40] Sevilla Arias: https://economipedia.com/definiciones/adam-smith.html
[41] Stanford Encyclopedia of Philosophy: https://plato.stanford.edu/entries/kant/

Kant abogó por una división regia entre los asuntos de la fe y los científicos, transformando así la religión cristiana y su pensamiento de una religión bíblica y revelada, a un moralismo teísta, meramente racionalista. Para Kant, la caída no fue literal, sino una disposición moralista que se mantiene a través de la historia humana. Es decir que, según Kant, la gente no heredaba el pecado; para él, "nacer de nuevo" era una "determinación ética de la razón", que surge de un acto de la voluntad humana que reorienta las decisiones morales. Por eso, según el famoso deísta, la regeneración tiene nada que ver con una obra sobrenatural del Espíritu, sino que se trata de una mera disposición hacia el deber moral, que, claro, surge de la voluntad personal, sin ninguna fuerza impulsora. Para Kant, el Cristo histórico no fue sino un arquetipo de la moralidad estándar; y en toda diferencia entre las Escrituras y la razón debe decidirse por el puerto más seguro, para él, la razón humana. Kant separó el clero de la erudición, relegando al erudito el poder y la veracidad científica, por sobre las determinaciones clericales que se circunscribían a la fe confesional. Estos saltos abismales estarían aconteciendo precisamente cuando Kant alcanzaba el final de sus labores científicas, *Gedanken von der wahren Schätzung der lebendigen Kräfte* (Meditaciones sobre la verdadera estimación de las fuerzas vivas). Kant comenzó a ser profesor universitario en 1755.

En Nueva Inglaterra por esta época, y que suma a la causa de la Ilustración, aparece el pensador, científico, político, polímata, inventor, escritor e impresor Benjamin Franklin (1706–1790). Franklin fue fundamental en la definición de lo que puede ser denominado "el espíritu americano" por promover un matrimonio de los valores prácticos de ahorro, trabajo duro, educación, espíritu comunitario, instituciones autogobernadas y regia oposición al autoritarismo político y religioso, con los valores científicos y tolerantes de la Ilustración.

Edwards y Franklin fueron contemporáneos, aunque casi seguro nunca se conocieron. Pero, como puntualizó Marsden: "Edwards, al contrario de Franklin, experimentó intenso deber por sostener el calvinismo en la era de la fría razón de la Ilustración, resultando en una notable creatividad. Aunque ambos vinieron de familias puritanas calvinistas, y de hecho llegaron a Ciudad de New York en el mismo año —por asuntos laborales—, por lo que enfrentaron retos semejantes, Edwards se mantuvo en la vieja fe; en tanto que Franklin abandonó su familia, su religión y su región tras su propia fortuna".[42]

---

[42]  Marsden. *JE, A Short Life*. P. 4.

Aparte de los ilustrados, muchos de los cuales fueron teólogos, científicos y filósofos (como hemos puntualizado en parte) al mismo tiempo, como correspondía a los currículos de educación superior de la época, en el plano teológico y ministerial, los días de Jonathan Edwards son los días de Isaac Watts (1674-1748), George Whitefield (1714–1770), John Wesley (1703–1791), William Tennent (1673-1746), Gilbert Tennent (1703-1764), John Gill (1697–1771), entre otros grandes pensadores de la religión cristiana. Estos hombres no se consideran ilustrados debido a su dedicación plena al campo teológico, del cual los ilustrados solían ser críticos y escépticos, y comenzaron a marginar esta disciplina debido a que no se correspondía con los propósitos de la así llamada "Ilustración".[43] Franklin, por ejemplo, si bien visitaba los lugares de cultos y ofrendaba a la causa evangélica, se oponía a lo que él entendía era el monopolio clerical, especialmente, p. ej., al que mantenían los Mather en Boston. El periódico de Franklin no le sacaría el pie de la crítica, p. ej., a los artículos del Rev. Cotton Mather, especialmente aquellos en el campo de la medicina.

En este respecto, he leído pronunciamientos sobre que Edwards, y muchos divinistas de sus días, sobre que supuestamente ellos no estaban al tanto de la época en que vivían, en el sentido en que se ha designado. No obstante, al leer las grandes obras de Jonathan Edwards podemos observar su comprensión de la época, incluso por el nombre que se le ha designado al siglo. En la cita siguiente vemos a Edwards designando por su nombre su época. Se trata de una sátira hacia los arminianos quienes para impulsar su "sistema doctrinal", se apoyaban del arte de denigrar a los pensadores que le precedieron, o sea, a los grandes reformadores, como primitivos y faltos de información; razón por la cual, decían ellos, establecieron, predicaron y defendieron las doctrinas conocidas como calvinistas. Edwards escribió:

> Pero debo dejar todas estas cosas a consideración del lector justo e imparcial; y cuando los haya sopesado con madurez, le propondría a su consideración si muchos de los primeros reformadores y otros que les sucedieron, a quienes Dios en sus días hizo los principales pilares de su iglesia y los mayores instrumentos de su liberación del error, y de las tinieblas, y del apoyo de la causa de la piedad entre ellos, no han sido dañadas por el desprecio con el que han sido tratados por muchos escritores tardíos, por su enseñanza y mantenimiento de doctrinas que comúnmente se llaman calvinistas. En efecto, algunos de estos nuevos escritores, al mismo tiempo que han representado las doctrinas de estos antiguos y eminentes teólogos, como siendo en el más alto grado ridículas y contrarias al sentido común,

---

[43] Ver lista de teólogos de la historia, p. ej.: https://en.wikipedia.org/wiki/List_of_Christian_theologians#18th_century.

en una ostentación de una caridad muy generosa, han concedido que ellos eran hombres honestos y bien intencionados: sí, puede ser que algunos de ellos, como si fuera con gran condescendencia y compasión hacia ellos, hayan admitido que lo hicieron bastante bien para el día en que vivieron, y considerando las grandes desventajas bajo las que trabajaron; cuando al mismo tiempo, su manera de hablar ha sugerido natural y claramente a las mentes de sus lectores, que eran personas, que de lo más bajo de su genio y la grandeza de la intolerancia, con la cual sus mentes estaban encadenadas, y pensamientos confinados, viviendo en las cuevas lúgubres de la superstición, afectuosamente abrazados, recatada y celosamente enseñaron las opiniones más absurdas, tontas y monstruosas, dignas del mayor desprecio de los caballeros poseídos de esa libre y generosa libertad de pensamiento, que felizmente prevalece en *esta era de la luz y la investigación*.[44]

Es evidente que en los días de Edwards, y puesto que la época fue forjada por la generación anterior a Edwards, ya corría la designación de aquella época como "Ilustrada" o "Ilustración". También es notorio en la cita anterior que muchos que se creían ilustrados comenzaron a sabotear el legado de los siglos que le precedieron, muy particularmente en el campo de la teología. Particularmente la universidad congregacionalista Harvard se comenzó a degradar temprano en este respecto. Las luces de tal siglo terminaron apagando la luz de Dios en sus propias mentes racionalistas y orgullosas. Y en Nueva Inglaterra, tal asunto tuvo particular atención en Harvard, una universidad de la religión establecida por entonces (el congregacionalismo).

## La fe y comprometida piedad en el siglo XVIII

Evidentemente el mundo del siglo XVIII estaba enfocado en el comercio y la ciencia, con "la razón siendo exaltada por sobre la religión" (recuerde, se denomina a la época el *siglo de las luces* o la Ilustración). Hay que remarcar aquí que en el apogeo del siglo XVIII tenemos en el Imperio británico a pensadores del calibre de John Smith (1618-1652), Robert Boyle (1627-1691), John Locke (1632-1704), Isaac Newton (1642-1727), George Berkeley (1685-1753), David Hume (1711-1776), James Watt (1736-1819) —contemporáneo de Carey—, etc., a quienes hemos introducido arriba. Por el entorno del viejo continente encontramos también a Emmanuel Kant (1724-1804), por ejemplo, del cual es sabido que trastornó el pensamiento de su generación para siempre. Desde entonces, o quizás un poco antes, desde los días de Philip Jakob Spener (1635-1705), Alemania jamás se ha curado de tener un espíritu altamente especulativo. Kant es

---

[44]  Edwards, J. La libertad de la Voluntad. (Conclusión).

llamado también a veces cual "padre de la Ilustración"; quien con su famosa "Síntesis" reinterpretó el "Empirismo" y el "Racionalismo". Su sistema de "Tesis vs. Antítesis" promovió el pensamiento metafísico humanista a su más alto esplendor, tanto que percoló todas las áreas del saber, incluyendo el de la teología. Como ya observamos, Kant es el primer "crítico" de la razón, y si bien fue también teólogo, sus postulados provocaron crisis en el pensamiento, hasta el punto de haber trillado el camino para la "Crítica de la fe y la religión", así como crítica a los pilares de la religión y de todos sus supuestos, incluyendo la crítica perniciosa a las Sagradas Escrituras, hoy nombrada como "Alta Crítica". El clímax de la crítica de la razón kantiana consistió en una especie de "idealismo trascendental" en la que Kant y sus seguidores "negaron cualquier posibilidad de conocer a Dios mediante la razón o de la Revelación". Y desde entonces el "idealismo" llegó a interpretar 'la fe cristiana' en términos inmanentes y principalmente éticos.[§]

Por supuesto, antes de Kant "la Fe" había sido salpicada con razones metafísicas especulativas que socavaban la piedad; pero a partir de Kant, "la Fe", iniciando en Alemania y Prusia, y eventualmente en todo el viejo continente, llegando a todas las fronteras lejanas en su momento, más que salpicar, ahogarían la fe en ese fermento embriagador, pernicioso y entenebrecedor, más que iluminador, de la "crítica", especialmente la "Alta". Kant propuso que: "el conocimiento se adquiere al sumar pensamiento 'puro' (racionalismo) con experiencias sensoriales (empirismo)… para Kant la cosa en sí no tiene existencia real, solo existe la cosa percibida (conforme al modelo mecánico Newtoniano y Cartesiano), y según la propuesta de Descartes (de la existencia en el pensamiento) porque toda percepción tiene que pasar por el filtro mental del receptor. De esta forma, Kant lleva a su apogeo la tendencia 'antropocentrista', opuesta al teocentrismo medieval".[45] De hecho: "Ilustración y autonomía resultan sinónimos, y el lema del hombre moderno viene a ser 'atrévete a utilizar tu propia razón', 'libertad para pensar sin sanciones, sin directrices ajenas al hombre mismo', 'despertar del sueño dogmático', etc.".[46] Esto es entonces, como puede ser observado, el clímax de la Ilustración. Y, dicho sea de

---

[§] El "idealismo" poskantiano terminó consolidando su propuesta crítica de que el evangelio cristiano no consiste en la proclamación de la redención del pecado por el autosacrificio de un Dios-Hombre, sino una manera de vivir y consiste en observar las enseñanzas éticas de Jesús de Nazaret en un esfuerzo porque así se forje el Reino de Dios en la tierra. Albrecht Ritschl es uno de los mayores representantes de ese "nuevo evangelio" ético. (Ver "Nuevo Diccionario de Teología", p. 480).

[45] Ver: Dellutri, pp. 137-139.

[46] Conn. P. 5.

paso, la degeneración kantiana del "idealismo" que todavía era ortodoxo en Berkeley, que fue el tipo de idealismo que Jonathan Edwards abrazó (que fue más del tipo cartesiano). Así que cuando se nos plantea que Edwards fue un idealista, como de hecho lo fue, no debemos descender al idealismo tardío o kantiano y hegeliano de finales del siglo XVIII, sino al idealismo teísta temprano de inicios de ese siglo planteado por George Berkeley (1685-1753) y los Platónicos de Cambridge. En el empirismo en esencia no existe diferencia entre el temprano y el tardío.

Tal provocado vacío de las creencias religiosas de múltiples variables condujo a serios declives de los estándares morales, "permisividad era el orden de aquellos días".[47] Sobre el famoso *siglo de las luces* hizo notar el historiador Vedder: "La religión nunca llegó a tanta decadencia en Inglaterra como en aquella primera mitad del S. XVIII".[48] Eso implicó declinación de los logros de la fe, a pesar de la peleada tolerancia que había surgido de tantas crueldades y enfrentamientos en nombre de Dios y de la fe, especialmente las libradas en Gran Bretaña en los días de los Stuarts que favorecieron la tendencia católica (Charles I, Charles II y James II), previos y posteriores al protectorado de Oliver y Richard Cromwell.

Toda la convulsión ideológica y el endiosamiento humanista del hombre condujeron a una realidad del tipo ético y moral que avanzó en decadencia. Sobre la realidad especialmente moral de aquel período (la segunda mitad del siglo XVIII), para tener un panorama amplio del siglo, creo justo mencionar aquí el análisis de Culross:

"La condición de Inglaterra misma —a la cual se le llamaba algunas veces 'un jardín del Señor'— era terrible; y esto no obstante todo lo que habían hecho Whitefield, Wesley y sus coadjutores. En 'la iglesia' hombres como Herbert, 'pastor rural' se hubieran encontrado si se les hubiera buscado, pero eran raras excepciones; mientras que en la membresía de esa iglesia, lo mismo que entre los disidentes de todos los nombres, errores y relajación de conducta, prevalecían extensamente. Las 'clases bajas' estaban hundidas en la ignorancia; entre las 'clases altas' el juego, los duelos, la borrachera y la lujuria, raras veces se consideraban como vicios; la infidelidad era excesiva; en grandes distritos el evangelio era desconocido, teniendo por sustituto una moralidad sin corazón, que era moralidad solamente de nombre, o una árida ortodoxia que se refería al cristianismo sin conocer a Cristo; y podía uno andar por condados enteros sin oír mucho más de la verdad que podía juntarse de las páginas de Cicerón, y algunas veces aún menos, excepto que

---

47   Beynon.
48   Vedder. P. 144.

pudiera estar en algún despreciable conventículo. Demasiado cierto, como Carlyle lo ha llamado, era 'el impío siglo dieciocho'".[49]

A esto degeneró el *siglo de las luces* en materia de la moral y la piedad, especialmente en Inglaterra. Y no deben extrañarnos tales resultados cuando la razón y la academia suplanta la fe y la religión.

Es mucho lo que hasta aquí hemos recorrido a partir del *siglo de las luces* (XVIII). Es al mismo tiempo lamentable el estado deplorable al que han descendido la moral, la piedad y por tanto la ética en el ala de la cristiandad que ha dado primacía a los esfuerzos humanistas de la razón, predicados por los ilustrados, en deterioro de la fe pura y primitiva que conduce a la piedad. Lamentablemente dicha desgracia ha hecho un hueco profundo en lo que podríamos llamar "las carroñas" del antiguo puritanismo americano (el congregacionalismo), que puede ser contemplado hoy en la denominación "*United Church of Christ*" (Iglesia Unida de Cristo) que predomina en la región estadounidense aún denominada Nueva Inglaterra (dígase: Connecticut, Massachusetts, New Hampshire y Maine, y sus fronteras).

Tal denominación, que englobó a los antiguos congregacionalistas (entre otros grupos con quienes han hecho alianzas), cuyas iglesias se solían llamar *Church of Christ* (Iglesia de Cristo) en los días de Edwards, hoy son declaradas y abiertamente *open and affirming congregations* (congregaciones abiertas y afirmantes), y que de hecho, la fusión de las congregaciones de la Iglesia Unida de Cristo (*United Church of Christ*) y las Iglesias Bautistas Americanas (*American Baptist Churches*) corresponden actualmente a la denominación evangélica más grande de Massachusetts. Tal denominación al declarar que está conformada por "congregaciones abiertas y afirmantes" están simplemente declarando que son iglesias abiertas a los homosexuales, es decir, que sus miembros y ministros pueden ser abiertamente homosexuales, como de hecho en muchas lo son.

A pesar de que Edwards previó el deterioro al que se aproximaba el congregacionalismo si seguían en la regla de Stoddard y "El Pacto de Medio Camino", estoy seguro que nunca imaginó una bajeza tan profunda. Una iglesia abierta a los homosexuales (en el sentido descrito) es la peor burla que pueda ser estrujada en la cara del evangelio de Cristo. Es una total contradicción a la piedad y la religión verdaderas, tanto como al evangelio de Cristo.

¡Dios libre a su pueblo de tal bajeza!

---

[49] Culross.

## El entorno socio-religioso en los días
## de Jonathan Edwards

El mundo de Edwards era uno con una sensación densa, en el rango de lo casi palpable, respecto de las convicciones acerca de lo espiritual, bueno y malo. 'Eran los días de la cacería de brujas y convulsiones misteriosas'...[§] Para que tengas una idea, "diecinueve personas fueron ahorcadas en Gallows Hill en 1692 so cargo de adorar al diablo y practicar la brujería, y cerca de otras 200 fueron acusadas de manera similar. En 1711, después de que el juez Samuel Sewall y otros involucrados en los juicios por brujería de Salem admitieran haber actuado mal, la colonia restauró los buenos nombres de todos los acusados y otorgó restitución a sus herederos".[50]

En aquellos días, los fenómenos naturales, las bestias, los árboles cayendo, los truenos y relámpagos asustaban y ponían la gente en pánico. Epidemias y enfermedades causadas por patógenos no eran raras. La gente no sabía de esos patógenos y vectores. Increíblemente todo esto era un ambiente favorable para la comunicación de las verdades espirituales. El mismo Jonathan nos relata: "Antes [de mi conversión] solía asustarme descomunalmente con los truenos y con las tormentas de truenos". Y Jonathan tenía alrededor de 20 años cuando experimentó la conversión. El temor a los espíritus y fenómenos de la naturaleza salvaje era común en esos días.

Tal realidad propiciaba la eficiencia de las imágenes, por ejemplo, del infierno y del cielo. A esto comentó Tracy: "Edwards y sus amigos conocían esto, y actuaron de acuerdo a ello".[51]

El gran peligro entonces era discernir la verdad del temor circunstancial y los mitos. E incluso, como relata Edwards en su "Narrativa personal", el engaño de las falsas sensaciones religiosas por tener experiencias externas en la religión (como le sucedió en su niñez al experimentar ciertas convicciones, pero no convertido) era que esas sensaciones podían ser confundidas con la gracia salvadora. Por lo tanto, los predicadores ortodoxos tenían un gran peso encima. De hecho, la gran preocupación en particular de Jonathan Edwards, era que la gloria, la belleza y la santidad de Dios, según lo entendió, se persigue mediante el entendimiento espiritual y la santidad personal; no obstante, se encontró con la profusa actividad del engaño de las tinieblas o de satanás en su mismo entorno.

---

[§]   Ver: Tracy, p. 245.

[50]   History: https://www.history.com/topics/us-states/massachusetts.

[51]   Tracy. P. 245.

La infinita cantidad de "falsa luz", como le solía llamar —ya que "satanás se viste como ángel de luz, erigiéndose y presentándose como 'maestro', 'consejero' y 'consolador', falsificando así la luz"— condujo a Edwards a la comprensión de la absoluta dependencia del cuidado y la guarda de Dios. Para lo cual el deber del hombre es permanecer apegado a Dios en la oración constante y a merced de la luz de la Escritura; experimentando la dulzura de la santidad divina, y por tanto personal.

Edwards entendió que ambas realidades, es decir: (a) la presencia abundante de la "falsa luz" (falsas doctrinas y enseñanzas), en una semejanza muy bien imitada a la "verdadera luz", aunque con rasgos inconfundibles de diferencias (pero que requiere de un cuidadoso y profundo escrutinio) y (b) la vulnerabilidad e incapacidad humana en sí misma, requerían del absoluto cuidado de Dios, como una gallina cuida a sus pollitos (Salmo 91). Por ello, si bien Dios nos ha dotado de las armas necesarias para salir victoriosos (Efesios 6), incluyendo el Evangelio, no nos será posible la victoria al margen de la constante oración, sobre todo, como una cobertura o un manto protector.*

En los días de la tercera generación de puritanos en Nueva Inglaterra (los de Edwards), existía el profundo mal de la "religiosidad", como describe Edwards que él se había hundido en ello cuando llegó como tutor a Yale. Quizás el Rev. Samuel Hopkins describe la realidad imperante en aquellos días cuando describe su religiosidad y conversión en su testimonio (veremos algo de esto más adelante). Y contra eso predicaban constantemente los Tennent, Edwards y los *revivalistas*. Esa religiosidad muerta era la razón por la cual un gran número de neoingleses (quizás la gran mayoría de ellos) necesitaban la predicación avivada (de los 'Nuevas luces'). La religión muerta de Nueva Inglaterra era una de auto-confianza y de un ritualismo externo peligroso. Se guardaba el Sabbat de forma casi impecable, se asistía en masas a las parroquias, se predicaban las grandes doctrinas, etc., pero no había una experiencia de la piedad. Hopkins cuenta sobre su propia religiosidad como sigue:

> "Yo no era culpable de falta de sobriedad, ni de irregularidades externas, ni de desobediencias a los padres, ni profanación del Sabbat, ni de mentiras, ni de bromas estúpidas, ni de disputas, ni pasiones, ni enojos, ni de palabras profanas. De hecho, no recuerdo haber oído nunca una mala palabra de la boca de ningún joven a mi alrededor por los primeros catorce años de mi vida. Como fui conducido a cumplir con mi deber, gané una notable estima y reputación en mi vecindario. Fui incluso muy cuidadoso acerca de todas

---

* Ver aquí el sermón de Edwards: "Falsa luz y verdadera luz".

las cosas invisibles, más bien siempre me planifiqué para lo que me parecía bueno y agradable; y siempre me agradaba a mí mismo con vanas y estúpidas imaginaciones de lo que debía ser y hacer en este mundo. A veces, pero raras eran las ocasiones, tuve algunos pensamientos serios sobre Dios y sobre mi alma, e incluso sobre los mundos futuros de felicidad y miseria. Incluso, una vez tuve un sueño sobre el Juicio futuro, en alguna medida semejante al descrito por Cristo en Mateo 25. Soñé que yo y mi hermano al que le llevaba dos años, fuimos sentenciados a la miseria eterna. Tal sueño impresionó mi mente, y en cierta medida tal impresión continuó de por vida… Mi padre era agricultor, pero había dicho que yo tendría una educación liberal y que sería un ministro. Yo quería ser agricultor y el deseo de mi padre de que yo fuera a la universidad era intolerable para mí… Eventualmente mi inclinación al respecto cambió. Fui matriculado con el Rev. John Graham, de Woodbuty quien me capacitó en la preparatoria, y fui admitido en Yale en septiembre de 1737, teniendo 16 años el 17 de ese mes".[52]

A este punto de las memorias de Hopkins, Fergusen comenta que "Hopkins mantuvo un rango elevado como estudiante, y aseguró el respeto de sus instructores y compañeros… e incluso hizo una profesión de fe en Cristo antes de entender la diferencia entre mera moralidad y verdadera religión".[53] Ferguson registra que Hopkins describió su propia situación por entonces como sigue:

"Yo era serio, constante en leer la Biblia, y cumplía con la religión en público y en privado. Y a veces de noche, en mi retiro y devoción, mientras pensaba en confesar los pecados que había cometido durante el día, y al pedir perdón al Dios Santo, ¡no pude recordar que ese día siquiera había cometido un solo pecado! Así de ignorante era por entonces de mi propio corazón y mi espiritualidad, del rigor y de la extensión de la ley divina… al argüir con mis amigos sobre la salvación, todos pasábamos por alto la real y total corrupción del corazón, y el gran cambio que debe tomar lugar en ello, para estar realmente preparado para el cielo".[54]

Es decir, había en aquellos días una lamentable y en extremo perniciosa religión en general que ostentaba el calvinismo, las confesiones calvinistas, y supuestamente ajena al arminianismo. No es de extrañarnos que eso pase incluso en la religión verdadera. Esa fue la misma queja de Spurgeon un siglo después de Edwards. Spurgeon, hijo del congregacionalismo inglés por generaciones (la misma denominación de Edwards), cuyo padre y abuelo paterno fueron ministros congregacionalistas en Inglaterra,

---

[52] Ferguson. Pp. 10-12.
[53] *Ibidem*, p. 12.
[54] *Ibidem*, pp. 13, 14.

confiesa que si bien leyó cientos de libros puritanos y escuchó cientos de sermones de boca de varios predicadores congregacionalistas, sin embargo, dijo mientras compartía su testimonio y se comisionaba a Cristo en su conversión y bautismo que "nunca antes había escuchado el evangelio".[§] Y se propuso que si Dios lo comisionaba al ministerio, nunca predicaría sin presentar a Cristo. Edwards tuvo quejas y discusiones semejantes ante sus padres y respecto de sus predecesores puritanos.

De hecho, Edwards llegó a aceptar la doctrina de la Soberanía de Dios apenas cuando cursaba su maestría en Yale, a pesar de haber crecido en un entorno puritano. Por otra parte, el entendimiento general de los neoingleses (cual contó Hopkins) sobre la doctrina de la depravación total era un puro fiasco en general para la generación de Edwards. En su "Narrativa", Edwards nos deja saber:

> Mi *experiencia* no me había enseñado, como lo ha hecho desde entonces, mi extremada flaqueza e impotencia, cada camino y las profundidades sin fondo de la corrupción secreta y del engaño que había en mi corazón.

¡Esta religión de la piedad personal alejada de la doctrina de la "depravación total", de la "soberanía absoluta de Dios", y de la necesaria y total dependencia de "la gracia irresistible", conforme al evangelio, a menudo resulta en una desgracia y una fatalidad a los fines de la verdadera religión!

Resulta casi inaudito que una generación de puritanos haya llegado a tales niveles de deterioro de la ortodoxia.

## La descripción que hace el Rev. William Cooper de la piedad en Nueva Inglaterra en los días del Gran Despertar

En pleno apogeo del Gran Despertar (estamos hablando del año 1741), Edwards fue invitado a Yale a exponer las razones por las que creía que lo que estaba pasando en Nueva Inglaterra, desde que inició la década de 1740, era un verdadero despertar. Estaban los reacios "viejas luces" y los a favor del movimiento *revivalista* 'Nuevas luces'. En aquella trascendente ocasión Edwards expuso sus razones basadas en 1 Juan cap. 4, donde estableció cinco marcas o señales de un verdadero avivamiento espiritual. Su conferencia fue luego publicada en el muy conocido y ampliamente difundido tratado de Edwards "Las marcas distintivas de una obra del

---

[§]   Consulte aquí mi trabajo biográfico: "Biografía de Charles H. Spurgeon. Un hombre ordinario con resultados extraordinarios", publicada por Editorial CLIE, 2021.

Espíritu de Dios". El prefacio a ese libro fue precisamente escrito por un reputado ministro bostoniano llamado William Cooper, que por cierto era muy amigo de Edwards y del bando a favor del avivamiento. El reverendo Cooper puso en retrospectiva la realidad de Nueva Inglaterra desde hacía varias décadas hasta entonces. Cito:

> En efecto, en el tiempo de la *Reforma* del papado, cuando la luz del evangelio irrumpió sobre la iglesia y disipó las tenebrosas nubes anticristianas que la cubrían, el poder de la divina gracia acompañó de tal manera la prédica de la palabra que tuvo éxito admirable en la conversión y edificación de las almas, y los benditos frutos aparecieron en los corazones y las vidas de los que la profesaban. Ese fue uno de los "días del Hijo del Hombre" en los cuales el Redentor exaltado salió cabalgando en el caballo blanco del evangelio puro, ataviado de gloria y majestad, "venciendo y para vencer"; y el arco en su diestra, como el de Jonatán, no volvió vacío. Pero qué tiempo muerto y estéril ha sido de un tiempo a esta parte, con todas las iglesias de la Reforma. Las lluvias doradas han sido restringidas, se han suspendido las influencias del Espíritu y la consecuencia ha sido que el evangelio no ha tenido ningún éxito eminente. Las conversiones han sido pocas y dudosas, han nacido pocos hijos e hijas de Dios y los corazones de los cristianos no se han visto tan avivados, enternecidos y refrescados bajo las ordenanzas, como lo tales habían sido.
>
> Los que tienen ejercitados sus sentidos espirituales, reconocerán que este ha sido el triste estado de la religión en esta tierra durante muchos años (salvo unos pocos lugares que han recibido lluvias de misericordia mientras no han caído lluvias en otros pueblos o congregaciones), y de este hecho se han lamentado fieles pastores y serios cristianos. En consecuencia, ha sido un pedido constante en nuestras oraciones públicas de domingo a domingo: "Que Dios derrame su Espíritu sobre nosotros y avive su obra en medio de los tiempos". Y además de los días de ayuno anuales establecidos por el gobierno, la mayor parte de las iglesias ha separado días en los cuales puedan buscar al Señor mediante el ayuno y la oración, pidiendo que "venga y nos enseñe justicia".
>
> Y ahora, "¡He aquí! El Señor a quien buscamos, súbitamente ha venido a su templo". La dispensación o la gracia bajo la cual nos encontramos es algo que ni nosotros ni nuestros padres han visto; en algunos aspectos es tan maravilloso que creo que no ha habido algo semejante desde el derramamiento extraordinario del Espíritu inmediatamente después de la ascensión de nuestro Señor. Pareciera que los tiempos apostólicos han vuelto a nosotros. Ha habido tal manifestación del poder y la gracia del Espíritu divino en las asambleas de su pueblo, y tales han sido los testimonios que Él ha dado a la palabra del evangelio.
>
> Recuerdo una cita del fenecido reverendo y erudito Sr. Howe, y creo que vale la pena transcribirla acá. Se encuentra en su discurso en cuanto al "Estado próspero de la Iglesia Cristiana antes del Fin de los Tiempos, por

medio de una infusión abundante del Espíritu Santo", página 80: "En los tiempos en los que el Espíritu sea derramado abundantemente, sin duda a los pastores les tocará la porción que les corresponde. Y cuando aquel momento llegue, estoy convencido que ustedes oirán (u oirán aquellos a quienes les corresponda vivir aquel tiempo) sermones muy distintos a los que están acostumbrados ahora. Se tratará con las almas de otra manera. Es evidente (dice), tristemente evidente, que el Espíritu de Dios se ha retraído grandemente incluso de nosotros. Ignoramos cómo comunicar sentido de vida a las almas; cómo llegar a ti: nuestras palabras mueren en nuestras bocas, o caen y mueren entre nosotros y ustedes. Nosotros incluso desmayamos cuando hablamos; la falta de éxito durante largo tiempo hace que nos desanimemos: no hablamos como personas que tienen la expectativa de prevalecer, que esperamos hacer de ustedes personas serias, con actitud celestial, conscientes de Dios, y que caminemos más como cristianos. Los métodos para atraer y convencer a las almas, incluso los que algunos hemos conocido, en gran parte se han perdido de entre nosotros. Se han tomado otros caminos que ahora no sabemos hallar para ablandar a los inflexibles, despertar a los que se sienten seguros, convencer y persuadir a los obstinados, y ganar a los descontentos. Seguramente habrá una mayor porción, que vendrá incluso a los ministros, cuando tal efusión del Espíritu habrá de ser, cual esperado: que sabrán hablar con mejor propósito, con mayor compasión, con mayor seriedad, con mayor autoridad y de manera más atrayente de la que nos es posible ahora".[55]

## Nueva Inglaterra en el plano sociopolítico en los días de Edwards

Creo que lo mejor que he leído en una sola oración que define el entorno geopolítico, religioso y cultural en los días en que Edwards ejerció su ministerio, lo leí de la pluma de Done Ortlur, el cual lo resumió así: "Resumiremos el contexto histórico de Edwards delimitándolo en post Reforma, en medio de la Ilustración pre-Revolución (guerra revolucionaria americana). Lo primero se refiere a su contexto teológico, lo segundo a su contexto cultural y lo tercero a su contexto político".[56] En días de Edwards se libraban guerras entre los ingleses, franceses e indígenas por el dominio territorial. En las colonias de arriba en aquellos días, precisamente, se resolvieron las controversias por el dominio religioso y la cuestión de la esclavitud. De hecho:

- Entre 1688–1691 sucedió el "Witchcraft delusión" (Delirio de brujería).[57]

---

[55] *WJE Online.*
[56] Finn & Kimble. Pp. 38, 39.
[57] Allen. Pp. ix-xi.

- En 1692: Los Episcopales, Bautistas y Cuáqueros fueron eximidos de los impuestos que debían pagar para sustentar a las iglesias Congregacionales en Massachusetts.[58]
- En 1701: Se fundó la Sociedad de Propagación del Evangelio en Lugares Extranjeros (*Society for Propagation of the Gospel in Foreign Parts*).[59]
- En 1703: El esclavo Adam ganó su libertad.[60]
- En 1717: Cotton Mather crea una escuela para educar a jóvenes indios y esclavos.[61]
- En 1722: Primera inoculación contra la viruela en América administrada en Boston. La idea de la inoculación provino del esclavo de Cotton Mather, llamado Onésimo, quien describe cómo las tribus africanas habían usado la inoculación para tratar enfermedades. El procedimiento ayudó a salvar muchas vidas durante la epidemia.[62]
- Entre 1741–1748: Se libró la guerra entre los indígenas y los franceses, conocida como la Guerra del rey George.[63]
- En 1771: La asamblea colonial de Massachusetts aprobó una resolución que pidió el fin de la importación de esclavos africanos a la colonia. El gobernador Thomas Hutchinson rechaza la medida.[64]
- En 1783: El 8 de julio, la esclavitud fue efectivamente abolida en Massachusetts, con el fallo de la Corte Suprema de Massachusetts en el caso *Commonwealth* V. Jennison. Un esclavo llamado Quock Walker demandó a su dueño por su libertad. El tribunal dictaminó que estaba libre y la *Commonwealth* entabló una demanda por el encarcelamiento injusto de Walker por parte de Jennison. El tribunal utilizó la Declaración de Derechos de Massachusetts, que establece que "todos los hombres nacen libres e iguales", como base para decir que la esclavitud fue abolida bajo la Constitución de Massachusetts, que incluye la Declaración de Derechos.[65]

Es bueno recordar que las primeras expediciones inglesas formales a Norteamérica iniciaron en 1584, en el reinado de Elizabeth I. El primer

---

[58] *Ibidem.*
[59] *Ibidem.*
[60] Johnson: http://www.masshist.org/teaching-history/loc-slavery/essay.php?entry_id=504.
[61] *Ibidem.*
[62] *Ibidem.*
[63] *Ibidem.*
[64] *Ibidem.*
[65] Johnson: http://www.masshist.org/teaching-history/loc-slavery/essay.php?entry_id=504.

asentamiento inglés en Norteamérica aconteció en 1607, estamos refirién-
donos precisamente a Jamestown, Virginia. Los primeros esclavos africanos llegaron a Virginia en 1619.[66] (Hacer notar aquí que a este punto, los
esclavos africanos tenía un siglo siendo explotados en Latinoamérica. La
región del Caribe tenía para entonces la mayor concentración de esclavos
africanos en cualquier otra parte del mundo). Y la primera iglesia de cualquier tipo jamás iniciada en el territorio que se nombraría Nueva Inglaterra fue aquella en Plymouth, que vinieron de la iglesia "el Peregrino", congregacionalista de disidentes ingleses exiliados en Holanda en 1620. Para
la época de Edwards, Nueva Inglaterra contaba con poco más de millón y
medio de habitantes. Así lo registra Darrel Kozlowski en su "Conceptos
claves en la historia americana":

> "A mediados del siglo XVIII, las trece colonias inglesas probablemen-
> te contaban con una población total de alrededor de 1.600.000 colonos.
> Aproximadamente 450.000 de ellos vivían en las colonias altas de Nueva
> Inglaterra: Massachusetts, Rhode Island, Connecticut y New Hampshire.
> Un poco más de 425.000 vivían en las colonias intermedias: New York,
> Pennsylvania, New Jersey y Delaware. Mas de 700.000 vivían en las co-
> lonias del sur: Maryland, Virginia, Carolina del Norte, Carolina del Sur y
> Georgia. La colonia sureña de Virginia tuvo la mayor población, con unos
> 340.000 habitantes coloniales. Georgia, la última colonia que se estableció,
> fue el hogar de al menos 10.000 colonos.
>
> Los negros representaron más de 325.000 de la población total de
> las colonias británicas. Mas que 140.000 negros vivían en Virginia, más de
> 90.000 en las Carolinas y alrededor de 49.000 en Maryland. Entre las co-
> lonias medias, New York tenía el mayor número de negros: más de 16.000.
> En Nueva Inglaterra la población negra era menor de 13.000".[67]
>
> No ignoremos que durante todo el siglo XVIII (de 1701 a 1810), el
> siguiente fue el número de esclavos africanos importados a América:

- A Norteamérica británica: 380.000.
- A Hispanoamérica (a parte del Caribe): 578.600.
- Al Caribe: 3.233.700.
- A Brasil: 1.891.400.[68]

La cantidad de esclavos negros en el Nuevo Mundo dependía de las
plantaciones y los rubros que se producían. Los granjeros y mercantes de
Nueva Inglaterra trajeron menos esclavos precisamente por las pocas plantaciones que poseían. Los negros (esclavos y libres) solo representaban el

---

[66] History: https://www.history.com/topics/colonial-america/thirteen-colonies.
[67] Kozlowski. P. 3.
[68] *The Making of the West*. P. 571.

3% de la población de toda Nueva Inglaterra en el siglo XVIII, comparado con el 60% en Carolina del Sur. Y, precisamente, durante los años productivos de Edwards (entre 1730 a 1765) Nueva Inglaterra tuvo la mayor cantidad de esclavos de toda su historia. Pero, por ejemplo, en el Caribe en las décadas tempranas del siglo XVIII, de 150.000 habitantes, solo 30.000 eran europeos.[69]

## Ideas abolicionistas ya para los días de Edwards

Por extraño que nos pueda parecer, especialmente atendiendo a la negativa tardía (segunda mitad del siglo XIX) de los sureños de renunciar a la esclavitud, las ideas abolicionistas surgieron temprano en el siglo XVIII. Desde inicios de la colonización fueron traídos esclavos negros a Nueva Inglaterra. Edwards creció con la tía Grace Brooks —como la llamaba Jonathan— y Timothy Demming, que eran esclavos negros que servía en la casa paterna de Jonathan. Edwards mismo tuvo a lo menos una esclava (originalmente llamada Venus). Pero, la escuela "edwardsiana" o "hopkinsista" literalmente se opondría a tal práctica. Samuel Hopkins —uno de los discípulos de Edwards, el mayor exponente de la "nueva divinidad" o "edwardismo", e incluso "hopkinsismo"—, originalmente propietario de esclavos, fue uno de los primeros ministros congregacionalistas en denunciar la esclavitud. La Iglesia Congregacionalista (la denominación de Edwards) se convirtió en el primer grupo religioso en Estados Unidos en abandonar el comercio de esclavos. Los cuáqueros de América fueron los primeros en condenar la idea de que los miembros activos de la iglesia poseyeran esclavos, pero la Iglesia de Hopkins fue la primera en predicar abiertamente contra el encarcelamiento de los afroamericanos. Sus esfuerzos coincidieron con la ley de 1774 que prohibía la importación de esclavos a Rhode Island y la ley de 1784 que otorgó la libertad a todos los esclavos nacidos en Rhode Island después de marzo de 1785. Después de esto, Hopkins predicó las ideas de enviar una pequeña colonia a África para el propósito de la evangelización. Durante la Guerra Revolucionaria Estadounidense, la escuela de Hopkins para misioneros negros en África se rompió debido a la confusión. El hopkinsismo contribuyó más tarde a la colonización de la isla Sherbro, cerca de la costa de Sierra Leona, por Paul Cuffee. Harriet Beecher Stowe incluso admiró a Hopkins lo suficiente como para retratarlo como uno de los protagonistas de su tercera novela *The Minister's Wooing*.

Pienso que tales elementos citados por el mismo Edwards, por el Rev. Cooper y por los historiadores Tracy, Vedder, Culross y Beinon, son

---

[69] *Ibidem.*

suficientes para nuestro propósito hasta aquí. Y si bien en este subtítulo nos hemos referido a pocas décadas luego de la muerte de Edwards, en los días de actividad de sus discípulos inmediatos (época en que Edwards habría estado en actividad y relativamente joven de no haber muerto de forma repentina); no obstante, estamos hablando de una situación tan caótica, como sucedió alrededor de un siglo después, que detonó una división de la nación y que provocó la guerra civil. Y pensar que se trataba de una nación liderada prácticamente por cristianos.

## El ministerio y la condición geopolítica de aquellos días en Nueva Inglaterra

Geopolíticamente hablando, para la época de Edwards (y desde 1685) Nueva Inglaterra era una dependencia de la corona británica. El crecimiento económico era notable a través de las colonias. El clero era muy profesional en las colonias cabeceras. Había dos universidades, Harvard y Yale, además de un sistema educativo bastante ordenado para la época. El requisito de admisión de las universidades era un manejo suficiente del latín y del griego (y por supuesto, la lengua inglesa), y esa concentración era en lo que mayormente consistían las pruebas de admisión, y en lo que se enfocaban el grueso de las clases en la preparatoria. Timothy Edwards era, entonces, un profesor de latín y griego de preparatoria. Las guerras por el control colonial entre Inglaterra y Francia fueron prolongadas. Boston y Hampshire, por ejemplo, proveían una porción importante de los efectivos del ejército (Jonathan Edwards ejercería su ministerio más prolongado en el poblado de Northampton, condado de Hampshire, Massachusetts). Timothy Edwards sirvió como capellán por un período. Jonathan Edwards tendría que ministrar en medio de una zona de combate. John Stoddard, el tío consentidor de Edwards, por ejemplo, era coronel, además de juez. La agricultura era el principal pilar de la economía de entonces. Pero fueron notorios los oficios clericales, militares y educacionales a la par. Las leyes de Massachusetts, por entonces, requerían que hubiera una escuela como mínimo por cada 50 familias. Y las provincias cabeceras contaban con sus propias universidades, como ya hemos hecho constar.

Ahora bien, en aquellos días un ministro era un poder en Nueva Inglaterra, especialmente en las colonias cabeceras de Nueva Inglaterra. El ministro del evangelio pertenecía por lo general a la aristocracia de entonces. Y no es para menos, pues recibían la mejor y más alta educación existente, incluso por encima de un abogado y de un médico. Hubo, relativamente temprano, grados doctorales en las universidades de Nueva

Inglaterra. Los ministros solían llegar a los niveles de Maestría y Doctorado por entonces. Una de las primeras opciones que anhelaba una familia aristocrática era el ministerio para sus hijos varones. Por supuesto, nunca hubo ministros mujeres en la religión organizada de Nueva Inglaterra hasta tarde en el siglo XX. Una mujer ni siquiera podía ir a las universidades en el mundo protestante hasta bien entrado el siglo XIX. Y, de hecho, la primera vez que una mujer pudo ir a una universidad, que dicho sea de paso fue precisamente en los Estados Unidos, fue a una universidad para mujeres. La primera universidad del mundo de este tipo fue la Universidad para Mujeres de Macon, Georgia (*Female Macon of Macon*, luego *Wesleyan College*), fundada en 1836, y que abrió sus puertas en 1839. Le siguió, un año después, la academia Bradford en Massachusetts, que desde 1803 admitía mujeres (pero no les emitía títulos). Hubo algunas excepciones a la regla, incluso desde la Edad Media en Italia y España especialmente. Y la Universidad de Misisipi graduó dos mujeres en 1831. En fin, como puede discernirse, era una abominación que una mujer ocupara una posición clerical.

En los días de Edwards, un ministro del Evangelio era un líder espiritual que manejaba la opinión pública y solía ser el principal educador no solo en la religión, sino en las ciencias, las artes y las letras, desde la inicial hasta la superior. Las columnas de los periódicos y revistas estaban casi monopolizadas por los ministros de renombre. Y el grueso de la literatura que salía de las imprentas era generada para entonces por ministros. Y no es para menos, los directores de escuelas, tanto como los presidentes, rectores y tutores universitarios eran ministros ordenados con contadas excepciones a la regla. Y esto persistió hasta bien entrado el siglo XIX. Todavía a finales del siglo XIX era normativo que el presidente de una universidad fuera un pastor, incluso en las diversidades estatales; y ello se debía, entre otras cosas, a la alta educación de aquellos, como a su reputación. Nueva Inglaterra no se había permitido aún, para los días de Edwards, el nivel de secularización que ya corría en el Reino Unido y en todo el Viejo Continente. Estas generales nos proporcionan una panorámica de la gloria ministerial en el plano sociopolítico, cultural y religioso de un pastor en Nueva Inglaterra en los días de Edwards.

## ¿Cómo comprendió Edwards el entorno en su juventud temprana?

La carta a continuación nos da mucha luz de como veía Jonathan su entorno mientras era estudiante universitario.

## CARTA DE JONATHAN EDWARDS A SU PADRE MIENTRAS PROCURABA SU MAESTRÍA EN YALE

A la mitad de su primer año de estudios de posgrado, Jonathan Edwards le escribió a su padre sobre los eventos recientes en Yale. Primero vino la rebelión del comedor. La tarifa universitaria no siempre cumple con las expectativas de los estudiantes, pero en este caso, la insatisfacción estalló en un boicot a gran escala. El Rector Cutler no perdió tiempo en convocar a poderosos fideicomisarios para la asesoría sobre el asunto. El rector era de una presencia dominante por sí mismo; cuando se le unieron los demás, se volvió aún más impresionante.[70][†] Los amotinados capitularon de inmediato.

La otra preocupación de Edwards era la exuberancia estudiantil. A lo largo de la historia, se produjeron arrebatos de alboroto estudiantil. Los campus no habían estado exentos de actividades bulliciosas; juegos en pasillos, pandillas en las calles por la noche, tirar piedras, romper ventanas, disparar pistolas, verter agua sobre los transeúntes, hacer sonar campanas y "gritos horribles y canciones no recordadas", y peor aún, fueron parte de la tradición.[71] En otros lugares, estos excesos pueden parecer comunes; pero para Edwards, no debían pertenecer a una ciudadela de fe.[‡] Edwards le cuenta a su padre el asunto:

> Fue así: todos los estudiantes universitarios, todos y cada uno que tenía algo que ver con los bienes comunes de la universidad, de repente, antes de que el Sr. [Timothy] Cutler o (creo) alguien supiera que estaban descontentos, entraron en un vínculo de 155 para nunca tener más bienes comunes del mayordomo, por lo que todos le advirtieron que nunca les proporcionaría más, diciéndole que si lo hacía no le pagarían por ello. No obstante, el Sr. [Daniel] Browne ordenó que se proporcionaran bienes comunes, y los puso sobre la mesa como solía ser, pero no había nadie para comerlos. El Sr. Cutler, tan pronto como fue informado de esta camarilla, envió el mismo día por el Sr. [Samuel] Andrew y por el Sr. [Samuel] Russel,

---

[†]  Esta carta fue escrita por Jonathan desde Yale College, el 1 de marzo de 1720.

[70]  DEX, *1*, 272.

[71]  Hastings Rashdall, *The Universities of Europe in the Middle Ages* (3 vols. Oxford, Clarendon Press, 1936), *3*, 426—33; Samuel E. Morison, *Harvard College in the Seventeenth Century* (2 vols. Cambridge, Mass., Harvard Univ. Press, 1936), 1, 118—21; Dexter, *History*, p. 246.

[‡]  Trask Library, ALS, una hoja en folio, dirigida al revés al reverendo Timothy Edwards en Windsor del Este.

quienes vinieron al siguiente día, y con el rector, ordenó que todos aparecieran ante ellos; donde el rector se manifestó extremadamente molesto y disgustado con el acto, lo que asustó tanto a los eruditos que acordaron por unanimidad volver a ser comunes. Creo que los eruditos que estaban en este acuerdo han perdido tanto el favor del señor Cutler que apenas lo recuperarán...

Aunque estas perturbaciones fueron anuladas rápidamente, sin embargo, son seguidas por cosas mucho peores y más grandes, y creo que fueron más grandes que nunca antes en el Colegio. Son ocasionados por el descubrimiento de algunas monstruosas impurezas y actos de inmoralidad cometidos recientemente en el Colegio, particularmente el robo de gallinas, gansos, pavos, cerdos, carne, madera, etc. Cartas, maldiciones, palabrotas y condenas, y el uso de todo tipo de lenguaje inapropiado, que nunca estuvieron en el campus universitario como lo están ahora. El Rector convocó a una reunión de los Fideicomisarios para esta ocasión, se espera que estén aquí hoy, se cree que el resultado será la expulsión de algunos y la amonestación pública de otros...

En tal carta (como se observa en el trozo de ella citado antes) se hace evidente cómo era la piedad en los días de Edwards. Yale era un colegio, donde se supone estaba la crema y nata de Nueva Inglaterra. Las conductas estudiantiles que se ponen de manifiesto en la carta eran un escándalo para Edwards, cosas tan triviales hoy día, que nos dan una idea clara de la piedad en Nueva Inglaterra. El asunto principal parece ser una componenda estudiantil (del tipo infantil) para no comer la comida que servían en la universidad como una queja para que mejoraran el servicio, que entendían ellos se resolvería si hacían que el mayordomo fuera removido de su cargo. Eso fue tan grosero que causó la expulsión de algunos y un mal sabor permanente hasta en el rector (el presidente).

Unos 20 años después del episodio descrito en la carta anterior, Edwards describiría la situación religiosa y espiritual en Northampton, en aras del primer avivamiento espiritual en aquella ciudad (1734–1736). El vicio más grosero era que los jóvenes se quedaban hablando y compartiendo por la noche el fin de semana. Dice textualmente Edwards: "Era la costumbre entre los jóvenes a menudo juntarse en conversaciones y *cluster* de ambos sexos para alegrarse y festejar, algo a lo que ellos llamaban *frolics*,[§] en lo que a menudo pasaban la mayor parte de la noche del sábado y los domingos después del culto, sin consecuencias mayores en sus hogares".[72] Razón que, recién instalado Edwards como ministro de la ciu-

---

[§] *Frolic, sign.* fiestas.
[72] *Jonathan Edwards on Revival*, p. 9.

dad, lo llevó a: *predicar varios sermones sobre dichos males y sobre los deberes del gobierno familiar.* Entonces, "increíblemente los jóvenes comprendieron y comenzaron a abandonar los *frolics*".[73]

Por esa misma época apareció por Northampton el primer predicador arminiano, eso causó tal conmoción que literalmente condujo a una crisis. En su reporte al Dr. Colman, el Sr. Edwards escribió que en vísperas de aquel primer despertar en Northampton bajo su ministerio: "Por el mismo tiempo apareció en esta región del país el gran *ruido* del *arminianismo*, el cual lucía con un aspecto muy amenazante para el interés religioso aquí. Algunos amigos de vigorosa piedad temblaron de terror por el asunto; así parecía, contrario al temor de ellos al respecto, estar fuertemente desautorizado para la promoción de la religión".[74]

Edwards sigue resaltando, a modo de explicación: "Aunque representó una gran falta, de tal individuo, el entrometerse con tal controversia desde el púlpito, y para tal ocasión —y aunque fue ridiculizado por muchos otros— todavía eso probó ser una palabra hablada a tiempo aquí; y fue más evidentemente confirmado con una bendición muy notable del cielo a las almas de la gente de la ciudad".[75]

---

[73] Ver: *Jonathan Edwards on Revival*, p. 10.
[74] *Jonathan Edwards on Revival*. P. 11.
[75] *Ibidem*. Pp. 11, 12.

# II

# Familia, infancia y educación de Jonathan Edwards

Acabamos de dar un viaje en barco y a caballos en retrospectiva para observar el fondo de nuestra historia en este libro. En vista de la distancia que nos separa del glorioso divinista y *revivalista*, podría ser un tanto tedioso, por lo menos a algunos, el procurar comprender su vida, obra y ministerio sin el fondo que acabamos de abordar.

Connecticut toma su nombre de una palabra algonquina que significa "tierra en el largo río de marea", "Estado nuez moscada", "Estado constitucional" y "Tierra de hábitos estables" son todos apodos que se han aplicado a Connecticut.[76]

Connecticut, una de las trece colonias originales y uno de los seis estados de Nueva Inglaterra, se encuentra en la parte más al Sureste del tramo Norte de la costa Este del país, colindando con New York al Oeste, Massachusetts al Norte, Rhode Island al Este y el Océano Pacifico al Sur. Empezó con tres asentamientos distintos de puritanos de Massachusetts y de Inglaterra que se unieron bajo una carta real en 1663. Los primeros colonos ingleses vinieron de la Colonia de la Bahía de Massachusetts y de la Colonia de Plymouth en Massachusetts. Los primeros asentamientos de la Colonia de Connecticut se establecieron en Windsor en 1633, en Wethersfield en 1634, y en Hartford y Springfield en1636. En ese mismo año, en la desembocadura del Río Connecticut en la costa del Atlántico, fue erigido el Fuerte Saybrook. Y otro grupo de puritanos salió de Massachusetts y fundaron la Colonia de New Haven más al oeste en la costa norteña de Long Island Sound en 1637. El río Connecticut, un río de la vertiente Atlántica de los Estados Unidos, es el río más grande de la

---

[76] History: https://www.history.com/topics/us-states/Connecticut.

región de Nueva Inglaterra. Fluye hacia el sur desde los lagos Connecticut, en el norte de New Hampshire, a través del oeste de Massachusetts y el centro de Connecticut, hasta el estuario de Long Island Sound, en Old Saybrook, Connecticut.

El reverendo Thomas Hooker (tatarabuelo de Jonathan Edwards por el lado materno) y el reverendo Samuel Stone en 1636 condujeron un grupo de unas 100 personas, quienes fundaron el asentamiento de Hartford. Thomas Hooker, hoy llamado el "padre de Connecticut", fue un personaje sobresaliente en el desarrollo temprano de Nueva Inglaterra. Fue quizás el más grande predicador de su época entre las colonias, un erudito bíblico y fue primer ministro de Cambridge, Massachusetts; fue precisamente uno de los primeros colonizadores de la ciudad de Hartford y el estado de Connecticut, y citado por muchos como la inspiración para las "Órdenes Fundamentales de Connecticut", a veces llamadas la primera constitución escrita democrática en establecer un gobierno representativo en todo el mundo.

En 1637 se libró un conflicto entre los colonos y los pequots (una tribu indígena lugareña). Los colonos incendiaron una tribu de unos 300 pequots.[77]

Las iglesias congregacionales y unitarias se volvieron prominentes en Connecticut. Connecticut desempeñó un papel clave en la Revolución Americana, y se convirtió en un baluarte del conservador Partido Federalista.

En la actualidad, Connecticut se encuentra en medio del gran complejo urbano-industrial a lo largo de la costa atlántica, que limita con Massachusetts al Norte, Rhode Island al Este, Long Island Sound al Sur, y New York al Oeste. Hartford, en la parte centro-norte del estado, es la capital. El estado tiene una forma aproximadamente rectangular, con una extensión que se despliega hacia el suroeste de la frontera de New York. En área es el tercer estado más pequeño de EE. UU., pero se encuentra entre los más densamente poblados. La mayor longitud este-oeste del estado es de aproximadamente 110 millas (aprox. 170 km), y su extensión máxima de norte a sur es de aproximadamente 70 millas (115 km).

---

[77] Estos datos fueron tomados de diversos sitios: https://conociendousa.com/10-44/; de: https://es.wikipedia.org/wiki/Historia_de_Connecticut; de: https://www.history.com/topics/us-states/Connecticut).

Nuestro personaje, Jonathan Edwards, nacido el 05 de octubre de 1703, en Windsor, pueblo localizado en la parte media del río Connecticut, unas 17 millas (28 km) al norte de Hartford (capital del estado), Connecticut; y a 27 millas (45 km) en línea recta, al sur de Northampton, al oeste de Massachusetts y al norte de Connecticut, localizado en el trayecto del río Connecticut. Jonathan fue el único varón del matrimonio de Timothy y Esther Edwards entre 10 hermanas, a las que debido a su altura (6 pies en promedio) en la comunidad solían llamarlas 'los 60 pies de señoritas Edwards'.

## Los ancestros de Jonathan por el lado paterno

La familia Edwards fue rica desde sus orígenes.[78] El tatarabuelo de Jonathan, el Rev. Richard Edwards —de origen galés—, fue un clérigo en Londres, en los días de la Reina Elizabeth.[79] Fue, como era común al clericato, "profesor", por cierto, "en la escuela de la compañía Cooper en Londres".[80] Murió de la plaga en 1625, dejando viuda a su esposa Ann, con quién había procreado un solo hijo, William.

La viuda contrajo nuevas nupcias con el Sr. James Coles; y estos emigraron a Hartford, Connecticut, Nueva Inglaterra.[81, 82] En los alrededores de 1645, William Edwards contrajo nupcias con Agnes, la cual había emigrado a Nueva Inglaterra desde Inglaterra con sus padres. No es sabido si tuvieron algún otro hijo a parte de Richard Edwards. William Edwards, fue comerciante e hizo buena fortuna.[83]

Richard Edwards fue dado a luz el 16 de mayo de 1647, en Hartford, ciudad en la cual permaneció hasta su muerte. Richard también fue mercante, como su padre. También adquirió fortuna.[84] Fue un hombre muy devoto, incluso comunicador de la iglesia presbiteriana de Hartford. Se casó con Elizabeth Tuttle[85] (hija de William y Elizabeth Tuttle, co-

---

[78]  *WJE*, I: ccviii.
[79]  Edwards, Tryon. I: x.
[80]  Miller. P. 35.
[81]  *WJE*, I: ccviii.
[82]  Geni: https://www.geni.com/people/Rev-Timothy-Edwards/6000000002897115106.
[83]  Miller. P. 35.
[84]  *WJE*, I: ccviii.
[85]  *WJE*, I: ccviii, registra el apellido como Tuthill, en vez de Tuttle. Parece ser que Tuttle es el correcto (así aparece en los registros web, como en wikitree, p. ej.).

merciantes de New Haven) el 19 de noviembre de 1667 en New Haven, Connecticut. Richard y Elizabeth tuvieron siete[*] hijos, el mayor de los cuales fue Timothy, el padre de Jonathan Edwards. Este Timothy llegó a ser reverendo en Windsor del Este, Nueva Inglaterra, hasta su muerte. Al enviudar, Richard Edwards contrajo nuevas nupcias con la señorita Talcot, de Hartford, quienes procrearon seis hijos. Richard murió el 20 de abril de 1718, a la edad de 71.[86]

Timothy Edwards nació en Hartford, Connecticut, el 14 de mayo de 1669. Se matriculó en Harvard en 1687, y se graduó "con distinguidos honores"[87] literalmente el mismo día: de Bachiller en Artes (B.A.) en la mañana, y de Maestría en artes (M.A.) por la tarde,[§] el 04 de julio de 1691.[88] Luego de agotar el currículo de Harvard, que para ese entonces era más largo que lo habitual en el siglo siguiente, obtuvo su licencia para predicar y fue invitado y ordenado al sagrado ministerio del evangelio en la Iglesia Congregacional de Windsor del Este,[¤] Connecticut, en mayo de 1694. Virtualmente la parroquia en Windsor del Este fue iniciada por Timothy. Desde entonces, Timothy permaneció en aquella congregación, con la excepción de unas pocas semanas de ausencia en 1711 (cuando fue nombrado capellán de las tropas de Connecticut en una expedición militar a Canadá), hasta su muerte, completando allí casi sesenta y cuatro años.

---

[*] Miller registra que fueron seis hijos de la pareja, en vez de 7 (p. 35). Pero registra que Elizabeth tenía una mente enfermiza (igual que otros de sus hermanos, uno de los cuales asesinó a su hermana con un hacha, y fue ahorcado por ello; otra hermana asesinó a su propio hijo, etc.), y que Elizabeth tuvo un séptimo hijo de otro hombre, razón por la que su esposo justificó divorciarse. No obstante, su hijo Timothy fue totalmente sano y equilibrado. (Miller, p.35).

[86] *Ibidem.*

[87] Edwards, Tryon. I: x.

[§] "Una muestra de mercado respeto como paga a su competencia en el aprender". (Ver: *WJE*, I: ccviii).

[88] *WJE*, I: ccviii.

[¤] Windsor fue el primer asentamiento colonial en Connecticut, habiéndose construido su primera casa en 1633. La primera iglesia congregacional de Windsor había sido iniciada en Dorchester, Massachusetts, el 20 de marzo de 1630, bajo la dirección del Rev. John Warham, no conformista (quien previamente había servido cual distinguido ministro en Exeter, Inglaterra). Aquella comunidad -e iglesia- se trasladaron desde Dorchester en Massachusetts a Windsor en Connecticut, en el verano de 1635. (*JEW*, I: ccix).

La fotografía del letrero de la Iglesia Congregacional de lo que entonces fuera Windsor del Este refiere a Windsor del Sur. Lo que entonces era Windsor del Este, ahora incluye ambos Windsor del Este y del Sur. Fotografía tomada en octubre, 2020.

Timothy contaba ya con 86 años de edad cuando hizo su primera solicitud de un asistente.[89] Aquel longevo ministerio de Timothy Edwards en Windsor del Este fue viable y muy exitoso.[90] Además, Timothy trabajaba enseñando a los aspirantes universitarios (preparatoria), trabajo que realizaba de forma particular (fue siempre un ministro bivocacional).

Pocos meses después de haber sido instalado en Winsor del Este, el 06 de noviembre de 1694, (contando con apenas 23 años de edad),[91] contrajo sagrado matrimonio con Esther Stoddard, la segunda hija del Rev. Solomon Stoddard, de Northampton, Massachusetts. Stoddard precisamente pastoreaba la iglesia donde 33 años después, su nieto Jonathan ejercería su ministerio por casi un cuarto de siglo.[92] Esther había nacido el 02 de junio de 1672. Ella fue una mujer de una inusual fortaleza y una mente bien cultivada, tanto como de muy altos estándares y elevada piedad,[93] sumado a ello su independencia de carácter. Timothy y Esther permanecieron juntos por casi 63 años, hasta que los separó la muerte. Tuvieron once hijos, siendo Jonathan el único varón y el quinto en orden de nacimiento. Esther murió el 19 de enero de 1771, a los 98 años de edad.[94] Se dice que a esa edad Esther aun poseía una mente lúcida.[95] Richard, el padre de Timothy, inmediatamente después del matrimonio de Timothy y Esther les compró una propiedad de moderada extensión y le construyó una modesta pero hermosa casa, que estuvo en pie hasta 1803. Fue el hogar en el que crecieron Jonathan y sus hermanas. Timothy y Esther vivieron en ella por el resto de sus días.[96]

## Los ancestros de Jonathan por el lado materno

El padre de Esther (Stoddard) Edwards, Solomon Stoddard (1643-1729),[*] estudió en Harvard bajo la cátedra de Elijah Corlet (procedente de Cambridge). Stoddard se graduó de Bachiller en Artes (B. A.) en 1662. De 1667

---

[89]  Geni: https://www.geni.com/people/Rev-Timothy-Edwards/6000000002897115106.
[90]  Edwards, Tryon. I: x.
[91]  Dwight. P. 2.
[92]  Edwards, Tryon. I: x.
[93]  *Ibidem, pp.* x, xi.
[94]  Miller. P. 36.
[95]  Dwight. P. 2.
[96]  WJE, I: ccix.
[*]  Anthony Stoddard, el padre de Solomon, había venido desde el oeste de Inglaterra a Boston. Su primera esposa, Mary Dowing (la hermana de Sir George Dowing), fue la madre de Solomon. (*WJE*, I: ccviii).

a 1674 fue bibliotecario del colegio, siendo el primero en ejercer dicho cargo. Durante este periodo, en 1667, por razones de salud, fue capellán de los congregacionalistas en Barbados, por invitación del exgobernador Searle. En 1669 regresó a Boston y a punto de zarpar para Inglaterra fue invitado a predicar en Northampton, Massachusetts, en noviembre de ese año, inmediatamente luego de la muerte del Rev. Eleazar Mather, su predecesor (quien murió joven). El 04 de marzo de 1670 fue definitivamente llamado por aquella iglesia a ser pastor de ellos. Fue ordenado al santo oficio el 11 de septiembre de 1672.[97] Permaneció en el oficio hasta su muerte.

El 08 de marzo de 1670, Solomon contrajo nupcias con Esther Warham Mather, viuda del fallecido Rev. Eleazar Mather (quien dejó 3 hijos). Esther era hija del Rev. John Warham, de Windsor en Conneticut (John fue el primer ministro del evangelio que hubo jamás en Windsor, y había sido pastor en Exeter, Inglaterra, antes de embarcarse a Massachusetts, justo entre los primeros colonos, en 1630). Esther Warham era nieta, por el lado materno, del Rev. Thomas Hooker, el más poderoso de toda la primera generación de predicadores puritanos en Nueva Inglaterra.[98, §]

Los Stoddard tuvieron doce hijos, seis varones (aparte de otro varón que murió al nacer),[99] de entre quienes sobresalió el coronel John Stoddard (1681–1748), miembro del consejo del gobernador y comandante de la división occidental de Massachusetts. Entre los hijos de los Stoddard figura también Esther —su segunda hija—, madre de Jonathan Edwards. Este Jonathan Edwards fue nombrado pastor asistente junto a su abuelo Solomon en la iglesia en Northampton en 1727.[100] Entre las hijas de Solomon y Esther también sobresalió Christian, quien contrajo matrimonio con William Williams, ministro en Hartfield, Connecticut, una vez este enviudó de su primera esposa. Solomon, uno de los dos hijos de William y Christian, en su momento fue pastor en Lebanon, Connecticut. Los Williams fueron un gran clan de carácter regio.[101]

El clan Stoddard, por llamarlo de algún modo, dominó la opinión en todo el valle de Connecticut. Sus hijos, yernos y nietos ocuparon

---

[97] *WJE*, I: ccviii.

[98] Simonson. P. 30.

§ Consulte aquí: "Diagrama genealógico de los Edwards" en el "Apéndice B". Consúltese también: "Cronología de la vida y obra de Jonathan Edwards", en el "Apéndice A" de este trabajo.

[99] *WikiTree*: https://www.wikitree.com/wiki/Stoddard-1124.

[100] Iglesia Evangélica Pueblo Nuevo: https://www.iglesiapueblonuevo.es/index.php?codigo=bio_stoddards.

[101] Miller. P. 36.

prácticamente todos los púlpitos de renombre en el valle del río Connecticut (todo el oeste de Massachusetts y el Norte de Connecticut). Este asunto, sobre el gran liderazgo de Solomon y el lugar donde estaba ubicado, Northampton, en donde se encontraba uno de los púlpitos más sobresalientes de toda Nueva Inglaterra, hizo que la voz de Solomon fuera dominante en su denominación, incluso por sobre la de los Mather de Boston.

Solomon tuvo gran renombre en su generación por su capacidad, su entendimiento del hombre, su gran influencia entre las iglesias de Nueva Inglaterra, y su vitalidad religiosa; y será recordado por mucho tiempo debido a sus valiosos escritos con frecuencia publicados (incluso hoy) de ambos lados del Atlántico. Dejó en Northampton un legado de originalidad, talento, energía y de piedad, que tardó más de un centenario en apagarse.[102]

## Los ancestros de Sarah [Pierpont] Edwards

John Pierrepont,[§] era una rama más joven de una familia muy distinguida en Inglaterra; y viniendo de ese país se estableció en Roxbury, Massachusetts. Su hijo, el Rev. James Pierrepont, era un ministro congregacional eminentemente piadoso y útil en New Haven, Connecticut. Se casó con Mary, hija del Rev. Samuel Hooker de Farmington, quien a su vez era uno de los hijos del Rev. Thomas Hooker, conocido familiarmente como "el padre de las iglesias de Connecticut" y "quien era bien conocido en las iglesias de Inglaterra por sus distinguidos talentos y ardiente piedad". James Pierrepont fue uno de los principales fundadores y fideicomisarios del Yale College, y durante algún tiempo profesor en funciones de filosofía moral en aquella institución. Se dice que fue el autor de la conocida "Plataforma Saybrook", adoptada por las iglesias de Connecticut en 1708.[103]

Este Rev. James Pierrepont, hijo de John, contrajo nupcias con Mary Hooker, hija del Rev. Samuel Hooker (quien a su vez era hijo del Rev. Thomas Hooker). De este matrimonio nació Sarah Pierrepont (bisnieta, entonces, del Rev. Thomas Hooker por el lado materno), la que fue esposa del Rev. Jonathan Edwards. Jonathan fue también bisnieto del Rev.

---

[102]  *WJE*, I: ccviii.

[§]  Pierrepont era el apellido original que eventualmente se tornó en Nueva Inglaterra a Pierpont.

[103]  Edwards, Tryon. I: xi.

Thomas Hooker por parte de su madre Esther Warham Mather So-
toddard. O sea, que existe un grado lejano de ancestrología común entre
Jonathan y Sarah, pues el sobresaliente Rev. Thomas Hooker fue bisabuelo materno de ambos.

## Los ancestros de Sarah y Jonathan Edwards ejercieron el mismo oficio

Como habrás podido notar, el padre de Jonathan, el Rev. Timothy Edwards, fue ministro del evangelio. También fue un renombrado ministro
del evangelio su abuelo materno, el Rev. Solomon Stoddard. Su tatarabuelo, el Rev. Richard Edwards, y su bisabuelo materno, el Rev. John Warham, fueron también clérigos (Richard Edwards lo fue en Inglaterra), si
bien el Rev. Warham nació y también ministró en Inglaterra, antes de
emigrar a Nueva Inglaterra donde también pastorearía.

La amada esposa de Jonathan Edwards, Sarah Pierpont Edwards,
corrió con la misma realidad ancestral. Su padre, James Pierrepont, fue un
renombrado ministro del evangelio, y también lo fue su abuelo materno, el
Rev. Samuel Hooker, y su bisabuelo materno, el Rev. John Hooker, el más
renombrado predicador puritano de Nueva Inglaterra de la primera generación de ministros puritanos en ese país.

La abuela materna de Jonathan, Esther Warham Mather, hija del
Rev. John Warham, enviudó del Rev. Eleazar Mather, contrayendo luego
nuevas nupcias con el Rev. Solomon Stoddard.

Es también necesario hacer notorio aquí que los ancestros de Jonathan y Sarah hasta sus bisabuelos, no solo casi todos fueron renombrados clérigos congregacionalistas, como hemos mostrado hasta aquí, sino
que además eran egresados de Cambridge o de Harvard, estando varios de
ellos a su vez ligados a la instrucción académica en Harvard y/o Yale.

Resulta muy interesante notar que los ancestros de Jonathan y Sarah fueron ministros por varias generaciones en ambos lados para ambos,
paternal y maternal. De hecho, no solo ministros del montón, marcaron
tendencias, es decir, fueron ministros líderes, como hemos puntualizado.

Podría especularse que las habilidades y la eficiencia de Jonathan
Edwards, si bien sin duda alguna son fruto de los dones y el llamamiento divinos, parece además haber cierto nexo relativo a su herencia étni-
ca, tanto como a su temprana instrucción, pues sus ancestros ejercieron su
mismo oficio.

## El sistema de educación normal y universitaria en Nueva Inglaterra para el siglo XVIII

En Nueva Inglaterra la educación recibió una prioridad muy alta ya desde los comienzos de la colonia. Los primeros ministros que llegaron allí eran universitarios, especialmente egresados de la universidad de Cambridge (y/o del colegio Emmanuel, adjunto a Cambridge) en Inglaterra. Y cuando las condiciones lo permitieron, los puritanos resolvieron que la educación en la nueva colonia no sería inferior a la de la patria de origen. En Massachusetts cada población de cincuenta familias o más, tendría que mantener su propio maestro y cada población de cien o más familias construiría y sostendría su propia escuela. También Connecticut se sumó a esta iniciativa, de manera que para 1671 todos los puritanos de Nueva Inglaterra tenían su propio sistema de educación obligatoria. Como puede notarse, era un sistema educativo de inversión privada (comunitaria) primariamente.

Había ciertos estándares en la educación normal de aquella época. Pero los ingleses no querían darse el lujo de ser analfabetos e ignorantes. Nueva Inglaterra en realidad era un satélite de Inglaterra en materia educativa, aun cuando en la religión, increíblemente, había un cisma, ya que "la minoría perseguida" (los congregacionalistas), como puntualiza George Marsden, "habían pasado a ser la mayoría casi absoluta en la religión de Nueva Inglaterra" (el congregacionalismo americano). Observe un ejemplo del estándar educativo en Nueva Inglaterra en el siglo XVII:

> "Robert W. Caldwell III, 'En la caída de Adán, todos pecamos'". Así dice el famoso pareado de apertura de la letra A en *The New England Primer*, un texto puritano del siglo XVII diseñado para enseñar el ABCedario a los niños. Desde el comienzo de su educación, a los niños de la Nueva Inglaterra colonial se les enseñó la importancia vital de la doctrina del pecado original: que toda nuestra desobediencia y rebeldía de alguna manera se remonta a Adán y la gran caída de la humanidad. Tal enseñanza no tenía la intención de ser malhumorada, ni era una razón fundamental para un estilo de crianza demasiado autoritario. Más bien, consideraron que la doctrina era necesaria para preparar a los niños para el evangelio porque solo aquellos que conocen las profundidades del pecado están listos para Cristo y su gracia. "Los que están sanos no necesitan médico", señaló Jesús, "sino los que están enfermos" (Mateo 9:12).[104]

Pero las escuelas no eran suficientes para una colonia que se había propuesto entrenar a sus hombres, principalmente a sus ministros, a los más elevados niveles posibles. Es entonces la razón por la que, en 1636, por voto de

---

[104] Minkema, Bezzant & Caldwell. P. 213.

la Gran Corte General de la Colonia de la bahía de Massachusetts, se fundó Harvard College, eso sucedió, como habrás notado, a tan solo dieciséis años después de haber llegado a la nueva tierra los primeros colonos congregacionalistas.[105] El colegio inició en Cambridge, Nueva Inglaterra. Luego tomaría el nombre de Harvard, en honor al generoso patrocinador que hizo posible su inicio, el ministro John Harvard (1607-1638), quien donó al proyecto su biblioteca de 400 volúmenes más 780 libras esterlinas.[106]

Luego, los ministros de Connecticut siguieron el mismo ejemplo y fundaron la universidad de New Haven, con el propósito de que fuera un lugar más cercano y menos caro que Harvard para los jóvenes de aquella provincia. La universidad Yale remonta sus raíces a la década de 1640, cuando los clérigos coloniales dirigieron un esfuerzo por establecer una universidad local en la tradición de la educación liberal europea. En 1701, la legislatura de Connecticut adoptó una carta "para erigir una escuela colegiada". La escuela se convirtió oficialmente en la Universidad Yale en 1718, cuando cambió su nombre en honor al comerciante galés Elihu Yale (1649-1721), quien había donado los ingresos de la venta de nueve fardos de bienes junto con 417 libros y un retrato del rey Jorge I.[107]

Los congregacionales pusieron en marcha esta institución primero en Saybrook, pero en 1716 cambiaron su ubicación a New Haven, como lo había soñado uno de sus padres fundadores, el Rev. John Davenport.108 En 1718 el nombre se modificó de "Escuela colegiada" por el de Yale, en respuesta a la petición de Cotton Mather (1663–1728), uno de los que hizo posible que la nueva institución fuese una realidad.

Al igual que Harvard, Yale tenía como propósito la educación de la juventud tanto en el ministerio como en asuntos civiles. Se fundamentaron en la fe bíblica, según la tradición congregacionalista. Lamentablemente, al paso del tiempo primero Harvard, y en su momento Yale, abandonarían sus propósitos originales y sus fundamentos en la fe cristiana y puritana.

## El hogar y la crianza que tuvo Jonathan

Habiendo observado ya los ancestros de Jonathan, hemos hecho notar que su padre, Timothy, fue pastor congregacional por casi 64 años, además

---

[105] Harvard University: https://www.harvard.edu/about-harvard/harvard-glance/history.
[106] The World Book Encyclopedia. Vol 9.
[107] Yale University: https://www.yale.edu/about-yale/traditions-history.
[108] Yale College: https://davenport.yalecollege.yale.edu/about-davenport/history.

de capellán del ejército e instructor de la preparatoria (que por entonces eran mayormente escuelas en casas); su madre, Esther, hija de uno de los más renombrados ministros congregacionalistas de sus días, Solomon Stoddard, quien también ministró por más de 60 años. Sarah, la señora Edwards, era hija del Rev. James Pierpont, otro reconocido clérigo congregacionalista, a la vez que fue uno de los fundadores de la Universidad Yale. James jugó, no un papel cualquiera en la fundación de Yale, pues aparte de transferir una cantidad de terreno perteneciente a la iglesia que pastoreaba (pues era el pastor de la 1ra. Iglesia de New Haven), puso sobre la mesa seis de sus propios libros en aquella reunión fundacional que sostuvo con otros diez clérigos. Dijo: "Dono estos libros para la fundación de la universidad en esta colonia".[109] Los demás clérigos también donaron algunos libros y se inició la labor de la biblioteca con aquellos primeros 41 libros recolectados. Además, como puntualizamos arriba, James Pierpont fue, incluso, durante algún tiempo profesor en funciones de filosofía moral en el Colegio de New Haven (Yale).[‡]

Jonathan, por su parte, fue el quinto hijo y único varón entre los once hijos de Timothy y Esther Edwards. Creció en una atmósfera de piedad puritana, afectos, y aprendizaje.[110] Su padre, su madre y sus hermanas mayores fueron sus educadores. Estos fueron los nombres de sus hermanas, en orden de su nacimiento de mayor a menor: Esther, Elizabeth, Anne, Mary,[¤] *Jonathan*, Eunice, Abigail, Jerusha, Hannah, Lucy y Martha.[111]

La casa en la que crecieron Jonathan y sus hermanas era modesta, pero hermosa y lo que podríamos denominar del tipo de una acomodada clase media. Tenía una chimenea en el centro, y se entraba, como la mayoría de las casas entonces, por una escalinata sobre el umbral.

El teólogo Sereno E. Dwight (quién llegó a ser presidente de Yale), bisnieto de Jonathan Edwards (nieto de Mary Edwards y Timothy Dwight III, hijo del Dr. Rev. Timothy Dwight IV,[†] quien también presidió Yale), en su "Memorias sobre Jonathan Edwards" escribió lo siguiente respecto a la formación familiar de Jonathan Edwards: "Muchas fueron

---

[109] Dodds. P. 26.

[‡] La casa en la imagen de la página siguiente fue fotografiada en septiembre del año 2020. Se trata de la casa de los Porter, construida en 1694, en la misma época y en el mismo estilo en que se construyó la casa de los Edwards en Windsor del Este.

[110] Schafer: https://www.britannica.com/biography/Jonathan-Edwards.

[¤] Mary, su hermana mayor inmediata, sería su amiga y hermana más íntimat.

[111] *WJE*, I: ccix.

[†] Nos referiremos a los Dwight En el Cap. VI de esta obra.

las oraciones presentadas por el afecto paternal, de que su único y amado hijo pudiera ser llenado con el Espíritu Santo; desde su infancia conoció las Santas Escrituras y era grande a los ojos del Señor. Aquellos que ferviente y constantemente lo encomendaron a Dios, manifestaron igual diligencia en entrenarlo para Dios. La oración estimulaba a la diligencia, y la diligencia de nuevo era alentada por la oración. El círculo doméstico era un escenario de súplicas, y era un escenario de instrucción. En la morada de tan ejemplar siervo de Dios, la instrucción abundaba; aquello que el ojo veía, así como aquello que el oído oía, constituía una lección. No había nada en el ejemplo de aquellos que enseñaban que disminuyera la eficacia de la instrucción; no había nada en los hábitos sociales que se opusiera a las lecciones de sabiduría, e infundieran aquellos principios los cuales en los años posteriores producen el fruto de la locura y el pecado. Por el contrario, ahí había todo lo necesario para agrandar, purificar y elevar el corazón, y al mismo tiempo entrenar la mente para aquellos ejercicios del pensamiento de los cuales por sí solos, se pueden esperar logros eminentes. Las fieles y religiosas instrucciones de sus padres lo hicieron desde su infancia un conocedor familiarizado con Dios y Cristo, con su propio carácter y deber, con el camino de la salvación, y con la naturaleza de esa vida eterna la cual, comienza en la tierra, y es perfeccionada en el cielo".[112]

Una placa fue erigida en el lugar donde estuvo ubicada la casa de Timothy y Esther Edwards, donde nació, creció y que sirvió de escuela a Jonathan. Estuvo ubicada en la Main Street (calle principal) del ahora (desde 1845) Windsor del Sur,[§] Connecticut.

## Mary, la preferida de Jonathan entre sus hermanas

Las hermanas de Jonathan eran inusualmente altas, medían alrededor de seis pies de estatura. Es muy probable que su hermana inmediatamente mayor Mary fuera la mejor amiga de Edwards en su niñez. A decir verdad, parece que tenía buena relación con todos en su casa, incluso con los siervos (Mercy Brooks y Timothy Demming). Veremos más adelante su estrecha relación con su padre Timothy. Él hace mención de algunos amiguitos que tuvo en su niñez, pero su hermana Mary era su delirio y amiga de secretos y del alma. Note usted:

[112] Dwight. P. 3.

[§] En los días de Edwards, lo que es ahora Windsor del Este y Windsor del Sur, era todo llamado Windsor del Este, asunto que cambió en 1845.

## CARTA DE J. E. A SU HERMANA MARY[113]
### Wethersfield, March 26, 1719

Querida hermana:

De todas las hermanas que tengo, creo que nunca tuve una que me escuchara por tanto tiempo como tú, puesto que no recuerdo de alguna carta tuya desde la última vez que subiste a la ciudad hasta la semana pasada, vía el Señor [Daniel] Buck, que vino de allá, a quien me alegré de ver porque esperaba recibir una carta tuya a través de él. Pero estando decepcionado (y no poco), estaba dispuesto a hacer eso, ya que esperaba que sería una oportunidad de recibir, lo mismo que enviar. Pues pensé que era una lástima que no pudo suceder la última correspondencia entre nosotros, o la comunicación de uno a otro, [cuando] no hubo mayor distancia.

Con la esperanza de que esto pueda ser un medio de provocar lo mismo en ti, y así ser más caritativo contigo que pensar que estoy un poco loco, de que tú no te interesas por mí, creo que debo decirle algo de mi condición relacionada con la escuela. Supongo que está completamente familiarizada con nuestra salida de New Haven y las circunstancias de la misma, desde entonces hemos estado en una condición más próspera (como creo) que nunca. Pero el Consejo y la Junta directiva, habiendo tenido recientemente una reunión en New Haven sobre el tema, han eliminado lo que fue la causa de nuestro regreso, a saber. El Sr. [Samuel] Johnson, desde el lugar de un tutor, y ha puesto en el Sr. [Timothy] Cutler, pastor de Canterbury, presidente, quien (según oímos) tiene la intención muy rápida de ser residente en Yale, para que todos los académicos que pertenecen a nuestra escuela tengan la expectación de regresar allí, tan pronto como nuestra vacante después de las elecciones haya terminado. Yo soy,

Tu amoroso hermano en buena salud,
**Jonathan Edwards**

P.D. Por favor, da mis saludos al abuelo [Solomon Stoddard], la abuela [Esther Stoddard], al mejor tío [John Stoddard] y mi tía Rebecca [Hawley].

Los especiales afectos de Jonathan por su hermana Mary no se hacen esconder. De hecho, de las cerca de 160 cartas de Jonathan a las que he tenido acceso, solo hay cartas suyas a Mary entre sus hermanas.

---

[113] *WJE Online Vol. 16*, Ed. Claghorn: http://edwards.yale.edu/archive.

Esta carta fue escrita poco después de la remoción de Johnson como tutor y el nombramiento del Reverendo Timothy Cutler como rector. Los estudiantes de Wethersfield, Edwards entre ellos, fueron trasladados a New Haven, en junio de 1719.

No se te ocurra pensar que en aquellos días era todo color de rosas, tipo novelas pastoriles en un ambiente primaveral donde se acentúa alguna escena de amores, y donde el animal más salvaje que aparece en el episodio es un mapache o un coyote. Para nada. De hecho, en el capítulo II ya dimos ciertas pinceladas de la realidad sociopolítica de aquellos días. Fueron días tumultuosos, con terrorismo y guerra a la vuelta de la esquina.

Por ejemplo, cuando Jonathan tenía apenas meses de nacido, aquel negro 29 de febrero de 1704, siendo John Stoddard (tío de Jonathan) un soldado joven, de 20 años, por cierto, si bien llegaría a ser un gran comandante del ejército, en aquella ocasión su pelotón de guardia fue derrotado y el joven Stoddard tuvo que huir de Deerfield aquel abrazador invierno, llegando a duras penas y con dificultades hasta Hatfield. Aquel día fatal, las tropas francesas, acompañadas de guerreros indígenas, asaltaron aquel poblado de Deerfield, que para entonces tenía unos 300 residentes. Aquel poblado colonial era liderado espiritualmente por el Rev. John Williams, el esposo de Eunice [Stoddard] Williams (tíos del pequeño Jonathan, por cierto). Aquel día fatal hubo un lamentable saldo de 39 personas, y otros 112 habitantes fueron tomados cautivos por los franceses y trasladados a Canadá.[114]

Entre los cautivos se encontraban el Rev. Williams y sus hijos sobrevivientes. Lamentablemente, su pequeña Jerusha de seis días de nacida fue asesinada por la furia de un indígena, el cual también asesinó al pequeño John Jr. de seis años frente a sus horrorizados padres. El tétrico episodio no terminaba aún para los Williams-Stoddards, pues la ya sufrida Eunice, dos días después de aquella masacre que le traumatizaría por el resto de sus días, y aquejumbrada del dolor (del alma y del cuerpo), pues hacía apenas una semana que había dado a luz, al externar su dolor (además de los horrores que le embargaban), y sumado a ello porque se había caído mientras cruzaban un río en el trayecto al cautiverio hacia Canadá, un guerrero indígena le alivió todas sus penas al suministrarle un solo golpe con su hacha asesina.[115]

Imagine aquel invierno infeliz para los Williams (tíos de Jonathan, notamos). Sin duda alguna ya los Stoddard sabían la desgracia, de por lo menos los dos pequeños nietos, vulgarmente trozados por la furia de aquel guerrero indígena. Se enterarían más delante de la miseria a la que otro indígena furioso sometió a su hija Eunice. Aunque aquellos no eran los únicos familiares de los Stoddards que habían sido atacados en la guerra,

---

[114] Ver: Marsden, *J. E., A Life*, pp. 14, 15.
[115] *Ibidem*.

la masacre de Deerfield dejaría cicatrices profundas e indelebles en los Stoddards, los Williams y los Edwards para siempre.

Poco más de un año después, Esther Mather Stoddard, la madre de la envilecida Eunice (y de Sarah [Stoddards] Edwards), o sea, la abuela materna del pequeño Jonathan, todavía temblorosa y profundamente dolida por el siniestro en Deerfield en que sus dos nietos habían sido sacrificados por los paganos (indígenas) y los católicos (franceses), y habiendo recibido noticias de otro familiar cercano que había también muerto cautivo en Francia, además de estar cargada con la reciente y repentina muerte de otro de su hijos, escribió apesadumbrada a su hija Sarah [Stoddard] Edwards que vivía en Windsor del Este, cuyas palabras rezan así:

"¿Qué debería decir? Esto me sobrevino cual Aaron al retener mi silencio. Dios me haya concedido el haber hecho cual Job, de salir cual el oro fuera del fuego cuando haya sido probada…

El tiempo es corto, y pueden estar muy cercanos para nosotras tales recuerdos, lo sucedido a tu hermana y a tu hermano. Un día hizo un gran cambio en la condición de mi estimada hija".[116]

Esto último se lo escribió a Sarah encomiándole a estar preparada para morir en cualquier momento.

Se trata de escenas tristes, como aquella en la que los colonos encenderían el poblado de los pequots de la que ya hicimos una breve mención.[*]

Indígenas movidos por la furia de haber sido usurpados de sus tierras. Indígenas alimentados por las estrategias odiosas de los franceses contra los ingleses que prevalecían en la guerra de conquista. Y muchas otras escenas amargas dejaron momentos amargos, traumas severos físicos y emocionales, muertes, pérdidas de toda clase, etc. Esa es la lamentable historia de las conquistas entre conquistadores y conquistados. Estamos hablando de la tétrica historia de muerte, y en las mejores circunstancias, de los dolores y de las horrendas cicatrices que ha clavado el pecado en el mismo corazón de la raza humana. No ha sido fácil, hasta el sol de hoy, borrar el pasado, especialmente para las partes más sufridas, los indígenas americanos y los afroamericanos. Es la misma historia de dolor y amargura que se vive en los pueblos centro y suramericano. En las islas del archipiélago del Caribe, gracias a la mixtura racial que se dio eventualmente, combinada con la total eliminación de las tribus nativas, esas ronchas prácticamente no existen. Y la

---

[116] Marsden. JE, A Life. P. 15.
[*] En la pág. 105.

evangelización no contempla ese tipo de barreras. Pero en los días actuales se izan banderas del pasado, especialmente en la convulsa nación de los Estados Unidos. No solo se erigen banderas como la del arcoíris, sino que se alzan banderas como la *Black Lives Matter*, entre otras más allá de lo interno de tal nación en represalia por sus operaciones en el pasado en todo el mundo. Siempre habrá amarga secuela como consecuencia de las conquistas, las invasiones, las llamadas colonizaciones, las determinaciones imperialistas, etc.

## Un hogar y una sociedad patriarcal en la Nueva Inglaterra del siglo XVIII

Nueva Inglaterra en los días de Edwards era un asentamiento colonial británico en América. En otras palabras, las provincias y colonias de Nueva Inglaterra eran provincias inglesas. El régimen era totalitario con un organigrama social en que el rey estaba a la cabeza, y había una división de poderes parlamentarios, con sus organismos militares y judiciales que servían a los intereses de las esferas poderosas; y un sistema clerical que ministraba al pueblo, pero que se solía ajustar a los intereses del estado. No obstante, en Nueva Inglaterra, contrario a Inglaterra, el poder clerical estaba prácticamente a la par o por encima del poder social que gobernaba. En ambos lados del imperio, el estado sustentaba la iglesia (del estado), y la iglesia servía la Palabra al pueblo.

Desde el inicio de la colonización hubo una regia lucha contra los nativos o indígenas de Norteamérica, a la que casi de inmediato se sumó Francia por su parte. En los días de Edwards siempre hubo guerras por el control territorial. Hubo incluso ocasiones en las que Edwards tuvo que enviar a algunos de sus hijos, especialmente a las jóvenes, a otras demarcaciones por razones del peligro que corría Northampton, que se encontraba en una posición limítrofe y vulnerable por entonces ante los inminentes peligros de asaltos y conquistas. El coronel John Stoddard llegó a comandar tropas y se vio varias veces en estrechas situaciones de peligros. Como en aquel funesto episodio de Deerfield del 29 de febrero de 1704, el cual jamás olvidarían los Edwards, ni los Stoddard, ni los Williams. Como imagino que los indígenas tampoco olvidaron la quema del poblado pequot perpetrada por los colonos ingleses en 1637.

A la vez, Nueva Inglaterra, como el resto del mundo occidental de esa época, era una sociedad esclavista. Los padres de Edwards, que fueron aristócratas en aquella sociedad en la que el ministro solía ocupar una posición de eminencia y privilegios, tuvieron algunos esclavos.

Una familia aristocrática típica de aquellos tiempos solía tener una función social determinada (de gobierno, judicial, militar, clerical, de negocio —incluso del tipo mercante, de producción, de transporte, o agrícola—, educativa, etc.). Por su parte, los Edwards fueron clérigos. Las familias que ocupaban dicha posición social solían tener tierras y alguna productividad a pequeña, mediana o relativamente gran escala. Además, solían tener siervos o esclavos (normalmente negros importados desde África) ya para tareas domésticas, ya para tareas agrarias. La pirámide organizativa era entonces el rey, el parlamento y las familias; entre quienes eran ejercidos los demás poderes.

La familia *per se* era del orden patriarcal, con una estricta sumisión de la esposa, los hijos y los esclavos. A las mujeres se les daba una educación normal, pero no universitaria, y estas solían ser administradoras de los asuntos domésticos, incluyendo las granjas hogareñas, los hijos y los esclavos. En el caso de Jonathan, él era la cabeza del hogar, y Sarah se ocupaba de la administración doméstica cotidiana. Los Edwards tuvieron once hijos, por los menos una esclava, y un negocio de ovejas que Sarah administraba (con algunas reses y demás animales domésticos). Edwards se encargaba de la provisión (aunque Sarah administraba el ganado), la instrucción y los quehaceres del hogar. Sarah era aparentemente también músico (tocaba el laúd), pero en las iglesias congregacionalistas por entonces no se cantaba con música sino en bodas y otros eventos especiales.

Puesto que el oficio de Edwards era predicar y enseñar, como pastor de una iglesia, debido a su carácter puritano (santo e íntegro) por el que honró un gran compromiso con Dios, con su labor y la comunidad, este solía dedicar más de 10 horas diarias al estudio (de hecho, 13 horas regularmente), la meditación y la oración con miras a estar preparado para predicar y enseñar, conforme a las pautas clericales y la piedad puritana.

## La genialidad de Jonathan Edwards

Remontémonos por un momento otra vez al *siglo de las luces*. Si conoces algo de Locke, Smith, Hume, Watts, Tennent, etc., cuando tomas un documento de Edwards, cual sea —dígase, p. ej., "La libertad de la voluntad"—, de inmediato notarás una organización, una lógica y un tratamiento fuera de lo común para sustentar sus argumentos y con un poder mental y lógico suficiente para desarticular —con suficiente gentileza— a cualquier oponente. Su tratamiento, el flujo de las ideas, sus detalles, su abordaje crítico y epistemológico (con una frecuente y

abrumadora cantidad de detalles) y sus conclusiones son sorprendentes. No queremos decir con ello que Edwards fuera llano y sencillo en
su discurso y su pluma. De hecho, el Dr. Perry Miller escribió sobre la
dificultad de Edwards: Un admirador escocés, que introdujo el trabajo
póstumo de Edwards *History of Redemption* (Historia de la redención),
describió tal trabajo como 'el único de los trabajos de Edwards al nivel
de la comprensión promedio'. "Ese individuo del siglo XVIII tuvo que
admitir", continúa diciendo Miller, "que Edwards no fue para el vul-
go... imagínese", replica Miller, "lo difícil que puede parecer para un
americano del siglo XX".[117] ¿Cuánto más para un latinoamericano del
siglo XXI?

Miller termina su análisis sobre Edwards en tal tenor puntualizando que "si bien la teología era el *médium* de Edwards... de hecho,
hasta los teólogos profesionales ven los escritos de Edwards ásperos...
Edwards es un escritor que no puede ser simplificado, así como tampoco
Dante y Milton".[118]

Si nos fijáramos en sus sermones, por ejemplo, a pesar de que
Edwards los tildó de sencillos, notarás de inmediato que la fuerza y el
poder de sus argumentos están intrincados con eficacia en procura de
lograr sus propósitos. En ese sentido, Edwards no solo fue un genio de
la lógica, sino también del discurso, acuñado a un sentido epistemológico del tipo impecable. Cuando Edwards predicó "Dios es glorificado
en la obra de la redención, en la total y absoluta dependencia de los
humanos en Él" (basado en 1 Corintios 1:29-31) en Boston, en pleno rigor del verano, aquel cálido jueves 08 de julio de 1731, frente a
los alumnos de Harvard, los ministros de Boston y zonas aledañas, y
frente a los tutores y los eruditos de aquella alta casa de estudios, de inmediato salió a flote este notable elemento ante el auditorio. Note que
estamos hablando de su ministerio temprano. El resultado inmediato
fue la publicación de aquel sermón, convirtiéndose en el primer material de Edwards que sería publicado. Para qué referirles los elogios de
aquellos eruditos. Y pensar que el tema fue crítico para la mayoría de
los oyentes que comenzaban a acariciar el arminianismo y cierto grado
de liberalismo para entonces. Lo mismo se puede decir de cualquiera
de sus sermones, de algunos de los cuales hablaremos a través de este
trabajo. Si pensamos en "La justificación solo por la fe", que detonó en
un masivo avivamiento en Northampton a partir de diciembre de 1734,

---

[117] Miller. Pp. xv, xvi.

[118] *Ibidem*, p. xvi.

y que se extendería hasta bien entrado el año 1736; o en "Pecadores en las manos de un Dios airado", predicado en Enfield (no tan lejos de Windsor del Este, a unas 15 kms*) en 1741, generando un avivamiento repentino en aquella región de Connecticut, y así sucesivamente; entonces tendremos una idea más acabada de lo que hemos venido diciendo. Pero sucedieron cosas parecidas con sus tratados, narrativas, libros, etc. ¡Simplemente impresionante!

Lo mismo sucedía con sus ensayos, tesis, defensas, etc., a los que solía darle un tratamiento cuádruple, a saber: *empírico, exegético, teológico y filosófico;* así solía ser el formato multiforme en que Edwards abordaba la formulación y defensa de una doctrina.[119]

Por eso el Dr. John H. Gerstner (1914–1996), dedicado estudioso de Jonathan Edwards, escritor de varios libros sobre Edwards y su teología, se atrevió a estimar que "Jonathan Edwards ha sido el más grande genio que ha existido en la historia humana".[120] Podría parecernos algo exagerado, pero no nos precipitemos, no se trata de una simple declaración de un apasionado sin ciencias.

En el mismo orden, el Dr. R. C. Sproul (1939–2017) consideró que el trabajo de Edwards "La libertad de la voluntad" (*Freedom of the Will*) es el trabajo teológico más importante jamás publicado en América.[121] Eso es mucho que decir cuando se sabe que "Los Afectos Religiosos" (*Religious Afections*) del divinista en cuestión es considerado por muchas autoridades como uno de los cinco mejores libros cristianos jamás escritos.

Para el Dr. John Piper (un verdadero *fan* de Edwards), en el campo de la teología no ha existido teólogo alguno más aventajado que Edwards, y con el único teólogo de la historia que quizás tenga algún paralelo (según Piper) es con Agustín. Es bueno recordar aquí que por más de 15 siglos la teología fue considerada como la madre o reina de las ciencias.

---

\* Equivalente a 9 millas.

[119] Ver: Minkema, Bezzant & Caldwell, p. 219.

[120] Gerstner, John: hhtps://youtube.be/rl_ViZgQ72M. El Dr. Gerstner escribió: "The Rational Biblical Theology of JE" (a dos volúmenes); "Jonathan Edwards: A Mini-Theology"; y "Jonathan Edwards on Heaven and Heal"; "Jonathan Edwards Evangelist"; entre otros.

[121] Lawson. P. 3.

En el mismo tenor, el Dr. Steve Lawson, renombrado predicador, erudito y amante del puritanismo (biógrafo de Edwards) puntualizó cinco cosas
sobre aquello que podría catalogar a Jonathan Edwards como un prodigio:

1. Ha sido el más grande pastor que jamás ha pisado la tierra del
   continente americano.
2. Ha sido el más grande predicador en América de los últimos tres
   siglos.
3. Es llamado el más grande teólogo y filósofo que el continente
   americano haya producido jamás.
4. Y se discute si él es el más prolífico autor en la historia de Estados
   Unidos.
5. Predicó el más famoso y extraordinario sermón que se haya predicado jamás en la historia cristiana, a saber, "Pecadores en las manos
   de un Dios airado".[122]

Como usted habrá podido notar hasta aquí, las consideraciones de
los Drs. Lawson, Sproul, etc., parecen concederle cierto grado de razón al pronunciamiento del Dr. Gerstner. Y las probabilidades de que el
Dr. Gerstner tenga razón en su apreciación del divinista en cuestión, se
amplifican si sumáramos la expansión del Gran Despertar a través de toda
Nueva Inglaterra y el territorio británico en Europa (especialmente Escocia e Inglaterra), ya que el Gran Despertar tuvo lugar, humanamente
hablando, gracias a los escritos de Edwards, especialmente "Una narrativa
fiel" y "Las marcas distintivas", las que leyeron Whitefield, los Tennent y
Wesley antes de la ocasión del gran despertar. El Rev. Cooper, en su introducción a "Las marcas distintivas de una verdadera obra del Espíritu
de Dios" plasmó que desde el avivamiento en los días de los apóstoles no
se había vista nada igual al Gran Despertar en la historia cristiana.

Donde quizás quedemos convencidos de la descripción del
Dr. Gerstner, es cuando leemos el análisis que hiciera Sereno E. Dwight
sobre su bisabuelo, Jonathan Edwards, en sus "Memorias":

> "Pocos individuos han aparecido en la iglesia de Dios que hayan ganado
> y actualmente recibido, más renombrados tributos de respeto que Jonathan
> Edwards. Sus poderes intelectuales no eran comunes, y su dedicación al
> perfeccionamiento de esos poderes está señalada fuertemente en esa vasta
> extensión del más importante conocimiento que él poseía. Si comparáse-
> mos a Jonathan Edwards con Hartley, Locke y Bacon, en la escala del inte-
> lecto, comprenderemos mejor este señalamiento y distinción de genialidad.

---

[122] Lawson: https://youtu.be/UtMuaAOecV4.

Su poderosa mente captaba con facilidad los asuntos en los cuales otros vacilaban. Él vio la verdad casi intuitivamente, y era igualmente hábil en la detección del error en todas sus diversas formas. Este distinguido hombre causa admiración, no simplemente en el terreno de la poco común fuerza de los poderes intelectuales, y su intensa aplicación de la mente, galardonado por sus competentes conocimientos, pero también como el más humilde y devoto siervo de Cristo; trayendo todo lo que había recibido para el servicio, y viviendo únicamente para Cristo. Su alma era ciertamente un templo del Espíritu Santo, y su vida manifestaba sin variación, toda la sencillez, pureza, desinterés y elevado carácter del evangelio de Cristo. La gloria de Dios era su objetivo supremo, ya fuera en sus ejercicios devocionales, sus estudios, sus relaciones sociales, en el desempeño de su ministerio público, o en la publicación de sus escritos. Todos sus motivos inferiores parecen no haber tenido una influencia palpable sobre él. Él entró completamente al expresivo lenguaje de Pablo. *El amor de Cristo me constriñe... Para mí el vivir es Cristo...* Su ejemplo personal instruirá, excitará, y alentará grandemente, y sus escritos deberán ser necesariamente, altamente apreciados por tanto tiempo como prevalezca, el amor de la verdad".[123]

Otro bisnieto de Jonathan, Tryon Edwards —esta vez resaltando la vida de su abuelo, Jonathan Edwards hijo (D. D.), en un paralelo con Jonathan Edwards padre—, resalta lo siguiente sobre Jonathan Edwards (padre):[124]

Pocos y distantes entre sí, en cualquier parte del mundo, rara vez han aparecido tales centinelas en el reloj de Sion, de hecho, la iglesia ha sido bendecida con campeones tan altamente dotados por la naturaleza, tan bien equipados con "toda la armadura de Dios" tan hábil en blandir la "Espada del Espíritu" y tan triunfante en cada trimestre...

El talento del [primero]* presidente Edwards para la disquisición filosófica y metafísica, fue de lo más alto. No había ningún tema dentro del campo legítimo de la investigación humana que fuera demasiado alto o demasiado profundo para sus poderes. Vio esas relaciones de las cosas que están mucho más allá del alcance de las mentes ordinarias, con una claridad que ha excitado la admiración de metafísicos más distinguidos de una época posterior; y al trazar analogías remotas; al enderezar y arrojar luz sobre caminos oscuros e intrincados; al señalar de inmediato la sofistería de un argumento y frustrar a sus oponentes con sus propias armas; al golpear y sacar nuevas líneas de pensamiento y seguirlas hasta el punto de una demostración moral completa; anticipar, inventar y responder a las objeciones; y en

---

[123] Dwight. P. 1.

[124] Tryon Edwards citó aquí un artículo publicado en la revista *Christian Spectator*.

\* Esta palabra aparece aquí porque en el escrito citado se está haciendo un paralelismo entre el presidente Edwards (nuestro biografiado aquí) y Jonathan Edwards hijo.

todo lo que pertenece a lo que nos aventuraremos a llamar el álgebra pura de la filosofía mental y la ciencia metafísica, pocos hombres se han igualado alguna vez, y quizás, considerando todas las cosas, ninguno lo ha precedido.[125]

Y si todo esto fuera poco, creo que no se debe pasar por alto aquí el análisis que hizo el Dr. Perry Miller, quien fuera un famoso profesor de Harvard, sobre el genio de Edwards. El juicio de Miller resulta interesante porque este no se definió como creyente, cosa que sí lo fueron los citados anteriormente. Este Dr. Miller, quien enseñó en Harvard en la primera mitad del siglo XX, que se dedicó a comprender a los puritanos y especialmente a Edwards, dándolo a conocer al mundo de nuevo en sus días, dijo de Edwards:

"Edwards fue infinitamente más que un teólogo. Él fue uno de los 5 o 6 grandes artistas [forjadores de la nación americana] que se dispuso a trabajar con las ideas, en vez de con poemas y novelas. Fue más un psicólogo y un poeta que un lógico, y si bien dedicó con devoción su genio a tópicos del *corpus* de divinidad —la voluntad, la virtud, el pecado—, el los trató de una forma digna de los más finos especuladores, cual un Agustín, un Aquino y un Pascal, como problemas no del dogma, sino de la vida…

Edwards habló tan adelantado a su época en asuntos científicos y psicológicos, que en la nuestra difícilmente pueda encontrarse alguien cortado con el mismo cuchillo cual él…

Más allá de su credo, Edwards es un portavoz, casi el primero, y por su profundidad, el más enraizado en la tradición nativa real".[126]

Pudiéramos seguir dando testimonio de expertos e implicados respecto a demostrar la distinción genial que portaba Jonathan Edwards, pero creo que suficientes palabras ha habido, por ahora.

## El esquema del pensamiento de Edwards

Entrar al pensamiento de un genio no es cosa sencilla. Pero en el caso de Edwards, no solo tenemos material de su pluma más que suficiente para evaluarlo, sino que él mismo nos contó sobre estos menesteres. En una ocasión escribió:

"Cuando me siento violentamente acosado por la tentación o no puedo librarme de los malos pensamientos, me involucro en hacer alguna suma aritmética o ejercicio de geometría o algún otro estudio, lo que necesariamente ocupa todos mis pensamientos e inevitablemente impide la divagación".[127]

---

[125] Edwards, Tryon. I: xxxiv.
[126] Miller. Pp. Xvi, xvii.
[127] Piper, Noël. En: Piper & Tylor, p. 58.

Ese fue un claro proceder de Edwards para guardarse puro (o sea, ser un genio resuelto a la pureza), pero también nos da pistas de su esquema de pensamiento, tanto como del porqué de su éxito en su piedad.

Abundaremos más al respecto en el capítulo IX, titulado: "El método de Jonathan Edwards".

## La formación académica normal que recibió Jonathan Edwards y las circunstancias de estas

Montémonos en un transbordador del tiempo y regresemos a Northampton en las primeras décadas del siglo XVIII. "En Nueva Inglaterra, las estrechas relaciones entre la iglesia y el estado llevaron al surgimiento de un sistema de escuela pública diseñado para enseñar letras y religión. Por ejemplo, la Ley de Escuelas Públicas de Massachusetts de 1647 requirió que cada comunidad de 50 familias o más apoyaran una escuela primaria".[128] A parte de la instrucción primaria, existían las preparatorias, que generalmente se conformaban de un profesor que capacitaba a los finalizados de primaria para que adquirieran las habilidades científicas, lingüísticas y religiosas requeridas para ser admitidos en la universidad. Timothy Edwards se desempeñó durante gran parte de su vida como tutor bivocacional de preparatoria. De hecho, él preparó a todos sus hijos y a varios jóvenes de Windsor del Este. Así, Jonathan tuvo el enorme privilegio de recibir preparación académica de parte de su padre (quien fuera también su pastor) y de sus hermanas mayores, tanto como de su madre, por supuesto. Todas las hermanas de Jonathan recibieron excelente educación, según le era permitido a las mujeres entonces. Desde su niñez tuvo un elevado interés en la historia natural, tanto, que cuando apenas contaba con once años, compuso un ensayo extraordinario sobre los hábitos de la "Araña voladora". Corrijo aquí, cual lo hizo el Prof. Marsden, que "La inmortalidad del alma", ensayo que casi todos biógrafos suelen atribuir a Jonathan, y que supuestamente lo compuso a los 10 años, como intentando resaltar su genio, se ha descubierto que fue en realidad escrito por su hermana Esther.[129]

Recordemos que fue "su padre, 'un profesor excelente y de estricta disciplina', quien lo instruyó, junto con otros niños de la ciudad, enseñándole un programa de gramática excelente hasta terminar la preparatoria".[130]

---

[128] Kozlowski. P. 7.
[129] Marsden. *JE, A Life*. P. 18.
[130] Lawson. P. 5.

Timothy se las arreglaba entrenando a Jonathan para el ministerio al enseñarle las Escrituras, el Catecismo, y la teología reformada. Fue de su propio padre que el jovencito recibió instrucciones sobre la vida cristiana, tanto como de los deberes y recompensas del ministerio. Su madre era conocida por su inteligencia innata, quien también era muy demandante. Cuando Timothy fue capellán para el ejército de Connecticut en 1711, dejó a Esther encargada de la instrucción gramatical en latín de Jonathan.[131] Las diez hermanas de Jonathan fueron enviadas a Boston para finalizar la escuela, y las mayores también entrenaban al jovencito a su regreso.[132]

Es obvio observar el fruto de tan especial y particular instrucción. No obstante, la conversión a Cristo de Jonathan no ocurrió durante estos años de su formación normal ni en primaria ni en la preparatoria. Por cierto, su capacitación normal concluyó cuando el jovencito aún no había cumplido los 13 años de edad. En el mundo de hoy sería un niño, para entonces era un tanto distinto. Era habitual esa edad para iniciar los estudios superiores.

## La preparación superior de Edwards

Luego de una escolaridad rigurosa en la escuela de su padre Timothy en su misma casa, cuando aún no había cumplido los 13 años de edad, Timothy matriculó a su hijo Jonathan en la universidad de New Haven (luego Yale), en Connecticut, en el otoño de 1716.

Desde la fundación de Yale en 1701, y durante casi dos décadas después, se produjeron luchas por su ubicación permanente. Cuando la mayoría de los administradores finalmente acordó en New Haven, los de Hartford, sin inmutarse, crearon su propia escuela en Wethersfield, bajo la dirección de Elisha Williams (primo de Edwards).[133]

Jonathan Edwards comenzó la universidad en New Haven en octubre de 1716, pero fue a Wethersfield después de algunas semanas. Permaneció allí hasta la última semana de noviembre de 1718, cuando los estudiantes fueron transferidos de vuelta a New Haven. A principios de enero de 1719, sin embargo, Edwards y sus amigos estaban de vuelta en Wethersfield, con motivo de la insatisfacción con el tutor Samuel

---

[131] Miller. P. 37.
[132] Lawson. P. 5.
[133] *WJE Online Vol. 16*, Ed. Claghorn: http://edwards.yale.edu/archive.

Johnson. Edwards y sus compañeros de clase fueron trasladados de un lado a otro como peones en un juego de ajedrez político.[134]

Samuel Johnson fue despedido como tutor, al mismo tiempo que fue nombrado el reverendo Timothy Cutler como rector.[§] Estas acciones despejaron el camino para el regreso definitivo de los estudiantes desde Wethersfield, Edwards entre ellos, a New Haven, en junio de 1719. El padre de Jonathan, Timothy, estaba complacido con el "buen nombre" que su hijo se había hecho en Wethersfield, "tanto en cuanto a su porte y su aprendizaje". Se forjaba así una base sólida para futuros logros.

Los manuscritos que sobreviven de los días de estudiante de Jonathan Edwards exhiben un notable poder de observación y análisis en Edwards (muy especialmente mostrado en *Of Insects,* De los insectos), temprano en 1715 (aun en preparatoria); su fascinación que las teorías ópticas de Isaac Newton imprimieron en él *Of the Rainbow* (Del arcoíris) y Of Color (Del color);[135] y su ambición de publicar trabajos científicos y filosóficos confrontando el materialismo y el ateísmo lo condujo a escribir *Natural Philosophy* (Filosofía natural). A través de su vida habitualmente estudiaba con pluma en mano, registrando sus pensamientos en numerosas libretas cosidas a mano; una de las cuales, su *Catalogue* (Catálogo) de libros, demuestra la amplia variedad de su interés.[136] Un ensayo de John Locke concerniente al *entendimiento humano Essay Concernían Human Understanding* (publicado en 1690),[137] le causó una profunda impresión y ejerció mucha influencia en su pensamiento. Otros apuntes de Edwards que se conservaron de sus ensayos universitarios fueron *The Mind* (La mente); *Natural Science* (Ciencia natural), que contiene una discusión de la teoría atómica; *The Scriptures* (Las Escrituras) y *Miscellanies* (Misceláneas), que albergaban un gran plan para un trabajo sobre filosofía natural y mental, y le brindaron reglas de composición.

Edwards parece haber sido muy personalizado o solitario en la selección de su método. "El relato de la lectura de Locke de Jonathan se

---

[134] Brooks Mather Kelley, *Yale: A History* (New Haven, Yale Univ. Press, 1974), pp. 9, 21—31; Dexter, *History*, pp. 20—191; Edwin Oviatt, *The Beginnings of Yale, 1701—1726* (New Haven, Yale Univ. Press, 1916), pp. 304—43, 360—75; and Richard Warch, *School of the Prophets: Yale College, 1701—1740* (New Haven, Yale Univ. Press, 1973). pp. 72—95. Puede consultar aquí también la cita anterior.

[§] Rector es equivalente a la posición de presidente en la designación americana actual.

[135] Ver: Miller, p.37.

[136] Schafer: https://www.britannica.com/biography/Jonathan-Edwards.

[137] *The Making of the West.* P. 563.

registra en una carta (1719) en la que Jonathan le pide a su padre que le envíe dicho texto lógico, según puede ser observado en las páginas 31–32 en el volumen I de la edición a diez volúmenes de *The Works of President Edwards*, editado por S. E. Dwight (New York, 1829–30). La peregrinación intelectual de Edwards parece haber sido siempre una aventura esencialmente solitaria. Se le podrían presentar los pensamientos, libros y planes de estudio de otros hombres e instituciones, pero al final se educaría a sí mismo; nunca estaba desesperado por darse a conocer ni le gustaba la innovación por sí mismo, pero seleccionaría y rechazaría sin ostentación, de lo viejo y lo nuevo, de acuerdo con algún principio de gusto personal".[138] Es bueno recordar que él se tomó en serio en su vida como divinista y predicador el principio de '*Sola Scriptura*', y se propuso muy joven no derivar su teología de los sistemas ni de los escritos humanos, sin cometer el error de ignorarlos.

Pero, como bien hace notar Wilson Kimnach: "Lo notable de su educación universitaria es la falta de una impresión clara, ya que ninguna de sus cartas enviadas a casa, ni sus escritos cuando adulto que se refieren a su juventud, ni siquiera las anécdotas reunidas por sus biógrafos sugieren que Edwards estaba teniendo una experiencia educativa vital en el curso formal de sus estudios. El relato de su lectura del 'Ensayo' de Locke y su solicitud del 'Arte del pensamiento' tienen el color de eventos aislados en su vida intelectual privada que se destacan sobre el fondo gris uniforme (no necesariamente desagradable) de su programa colegiado".[139]

De lo que hay pocas dudas es de que, como resalta Marsden: "Locke fue crucial en establecer la agenda filosófica de Edwards y dando forma a algunas de sus categorías".[140] Locke abrió el espectro a una forma enteramente nueva de ver las cosas, especialmente la relación entre ideas y realidades.[141] Y siendo que Edwards se encuentra en el límite entre la salida del clasicismo medieval y la entrada de la era moderna; y que al mismo tiempo la universidad adaptaba su *currículum* a los nuevos cambios, migrando del aristotelismo (que pronto fue denominada como la "lógica antigua" de Petrus Ramus (1515-1572), a la nueva era ilustrada, precisamente añadiendo algo de Locke y de Newton); asuntos que colocaron a Edwards en un punto fundamental en la historia de Nueva Inglaterra.[142]

[138] *JEW Online*, 10:3ss. Ed. Kinmach: http://edwards.yale.edu/
[139] *Ibidem*.
[140] Marsden. *JE, A Life*. P. 63.
[141] Ver: Marsden, *JE, A Life*, p. 63.
[142] Ver: *Ibidem*, p. 63.

Que estas cosas fueron así, especialmente la influencia del "Ensayo" de Locke: "Ensayo concerniente al entendimiento humano" (publicado en 1690), lo refleja claro el primer biógrafo y amigo de Edwards, el Rev. Samuel Hopkins, al registrar en su biografía sobre Edwards lo siguiente:

> "En su segundo año en la universidad, a los trece años de edad, leyó a "El entendimiento humano" de Locke, con gran deleite y provecho… Tomando tal libro en sus manos, en una ocasión, no mucho tiempo antes de morir, dijo a ciertos de sus amigos selectos… que él fue entretenido y estuvo complacido de tal libro, más allá de lo que podía expresar, cuando lo leyó en su juventud en la universidad; que él estuvo tan comprometido y tuvo tanta satisfacción y placer al estudiarlo, que la más codiciosa miseria de colectar con sus manos oro y plata de algún tesoro recién descubierto".[143]

De nuevo, debe quedar fuera de toda duda la influencia de Locke, y podemos enmarcar en un renglón similar a John Smith, a Newton (este último era fijo en *The Spectator*, una revista científica editada por Joseph Addison y Richard Steele, y que llegaba fija a Nueva Inglaterra, la cual Edwards devoraba mientras era estudiante universitario[144]), Descartes y Berkeley.

Jonathan se graduó de Yale en septiembre de 1720 de bachiller en artes como mejor alumno y representante de su clase, unos días antes de su cumpleaños número 17. Para esta época, Edwards luchaba con sus convicciones teológicas. De hecho, impresionantemente a pesar del puritanismo (y por tanto sin lugar a dudas calvinismo) de su padre; y a pesar del catecismo que había sido utilizado en su casa en su formación y de la confesión de fe que se utilizaba en la mayoría de las iglesias congregacionales por esa época (muy probablemente la Profesión de Fe y el Catecismo de John Davenport),[145] además del catecismo de Heidelberg que era muy usual, tanto que según el Dr. Minkema, Stoddard tenía uno en su biblioteca, también el Rev. Williams, tío de Edwards tenía una copia, Yale tenía copias, etc.,[146] y los catecismos y la Confesión de Westminster comenzaba a ser normativos en la generación de Edwards en Nueva Inglaterra, la mentalidad del jovencito era tendiente al arminianismo.

Luego de graduarse de su bachillerato en artes (B. A.) en Yale, de inmediato se matriculó en la misma universidad para cursar su Maestría

---

[143] Marsden. *JE, A Life*. P. 62.

[144] Ver: Marsden, *JE, A Life*, p. 62.

[145] *The Profession of Faith* fue primero impreso en Londres en 1642. *The Catechism Containing the Chief Head of Christian Religion* fue impreso en London en 1659. (https://archive.org/details/catalogueofperso00dave/page/n27/mode/2up).

[146] Ver: Minkema: http://ngtt.journals.ac.za

en Divinidades, cuyo programa duraba dos años, más el tiempo que le tomara escribir y presentar la disertación (normalmente un semestre o dos). En ese ínterin, Jonathan había estado predicando en New York por un lapso de nueve meses luego de terminar el programa de posgrado en New Haven (antes de defenderla y mientras la preparaba), desde agosto de 1722. "En mayo de 1723, Edwards regresó de nuevo desde New York a Windsor del Este, a casa de sus padres, para completar el trabajo de su tesis de maestría, que ese septiembre presentó en su *Quaestio* (defensa pública). En su *Quaestio*, Edwards defendió el entendimiento tradicional de la Reforma de 'la justificación por la fe sola' y criticó a la Iglesia de Inglaterra",[147] básicamente con "el caso Cutler" en mente, controversia que había causado que precisamente un año antes de la presentación de la tesis de Edwards, Timothy Cutler, el rector de New Haven, fuera despedido por abandonar el congregacionalismo. "También completó sus '70 Resoluciones' en agosto de 1723, poco antes de su *Quaestio*".[148]

"Edwards también escribió varios ensayos durante el verano y el otoño de 1723 que esperaba publicar en revistas científicas. Él era intelectualmente ambicioso y quería contribuir a las grandes discusiones académicas de su época. Para dar un ejemplo bien conocido, Edwards escribió un ensayo sobre 'Las arañas' que esperaba publicar en las actas de la *Royal Society* en Inglaterra".[149] La *Royal Society of London* era por cierto la más alta expresión de la publicación de novedades científicas de entonces en el mundo angloparlante. Al momento que Edwards procuró publicar, Isaac Newton era el presidente de tal Sociedad.

Edwards finalmente se graduó de Maestría en Estudios Teológicos (M. A.) en septiembre de 1723. De hecho, fue a Edwards a quien le tocó pronunciar el discurso de despedida en la universidad,[150] cuestión para la que solían seleccionar al más sobresaliente de la promoción.

---

[147] Finn & Kimble. P. 52.
[148] *Ibidem*, p. 53.
[149] *Ibidem*, p. 53.
[150] Schafer: https://www.britannica.com/biography/Jonathan-Edwards

# III

# La conversión, la llamada y el peregrinaje espiritual de Jonathan Edwards

Aquí, como os anuncié brevemente en la introducción, no podremos saber mucho de Jonathan con visitar los lugares donde vivió hasta donde hemos llegado en nuestra aventura, cual Windsor del Este, Ciudad de New York, Wethersfield y New Haven, Bolton, Northampton, Stockbridge y Princeton (yo mismo estuve personalmente allí en mi apasionante aventura). Más bien, aquí hay que apelar por un milagro. Es decir, en nuestra aventura, ahora entraremos a una esfera totalmente nueva. Debemos aquí volvernos diminutos y entrar en el interior del alma de Edwards, donde residen sus emociones, para poder entender este (o estos) evento trascendental en su vida. Por ello, no se asuste, espectamos un milagro transformador porque no será posible tomar ninguno de los medios de transporte habituales, ni modernos ni antiguos, y no nos servirá ningún tipo de atajo ni artificio común. Aquí casi debemos pedirle ayuda a la magia que pretende la nano tecnología para que nos convierta en criaturas bien diminutas para poder entrar al interior de Edwards. O mejor, lo cual recomiendo, pedir la iluminación del Espíritu de Dios para poder lograr este cometido. Así que, alístese para observar el gran milagro.

La mayor parte de este capítulo es información de primera mano, es decir, proveniente de la misma pluma de Jonathan. A lo que me refiero es a que a continuación, plasmaremos una traducción nuestra completa de la "Narrativa personal" escrita por el Rev. Jonathan Edwards, y, claro, traeremos algunas de sus entradas a su "Diario" y haremos conjeturas con algunas de sus "Resoluciones" para resolver las dificultades del caso, e incluso analizaremos un punto que suele ser discordante entre los biógrafos, proveyendo una posible conclusión teológica al asunto. Iremos plasmando su testimonio y haciendo los debidos comentarios al respecto. Los subtítulos que eventualmente pondremos a las diferentes secciones de "Narrativa personal" son míos (si bien los plasmo en primera persona del singular —por lo que parecerán salidos de la pluma de Edwards— por un asunto de estilo). Consideramos que los subtítulos permiten claridad a entender la narrativa. De igual modo son nuestros los énfasis (cursivas, negritas, etc.) que plasmamos para facilitar la comprensión de tan valiosa narrativa que salió del corazón, las experiencias, la reflexión y la pluma del Rev. Jonathan Edwards.

De hecho, os anuncio que en diferentes capítulos y secciones de este libro plasmaremos varias de las narrativas y cartas de Jonathan de forma íntegra, razón por la que esta investigación comprende este volumen. De igual modo, haremos alusiones y comentarios a la gran mayoría de las narrativas de Edwards, a sus tratados más famosos, tanto como a varios de sus sermones más remarcables. Las narrativas, diarios y resoluciones de Edwards no son sus escritos más conocidos (a excepción de "Una narrativa fiel"), por lo general este tipo de documento no se escribe con fines de publicación masiva; no obstante, son estos documentos los que precisamente nos dan la entrada más personal a nuestro personaje, además de que nos permiten observar la realidad pragmática de Edwards y su entorno ministerial. Su "Narrativa personal", sus "70 resoluciones", su "Diario", y por supuesto sus "Cartas", son los escritos más personales y espirituales de Edwards, además de su monumental *Narrative of Communion Controversy* (Narrativa de la controversia sobre la comunión, el documento donde Edwards explica el proceso completo y las razones de su despido de la iglesia de Northampton luego de casi 24 años de ministerio exitoso allí).

Así que para penetrar a la interioridad del genio que aquí nos ocupa, hay que analizar estos escritos. De hecho, como argumenta Claghorn, "las 'Resoluciones' son declaraciones sencillas de propósito; el 'Diario' registra los esfuerzos de Edwards para seguirlos".[151] El Dr. Nathan Finn analiza:

> "Los escritos espirituales autobiográficos de Edwards no son tan conocidos como sus sermones más famosos o sus muchos tratados influyentes. Sin embargo, estos escritos más personales son obras clásicas de espiritualidad que se escribieron en los años en que surgía un movimiento evangélico transatlántico en la intersección del fervor por el avivamiento, el activismo religioso y el compromiso crítico con la filosofía de la Ilustración. Estas obras autobiográficas también brindan una ventana a la vida espiritual personal de un hombre que a menudo se considera únicamente un teólogo, filósofo o *revivalista*".[152]

El Dr. Nathan Finn cita ciertas sugerencias del Dr. Minkema —el actual encargado del *Jonathan Edwards Center* en Yale—, una autoridad en este tema:

> "Kenneth Minkema sugiere que los escritos espirituales autobiográficos de Edwards se pueden dividir en dos grupos, los cuales brindan varios vislumbres del sentido de autocomprensión espiritual de Edwards. Algunos eran documentos

---

[151] Finn & Kimble. P. 58.
[152] *Ibidem*, p. 52.

personales escritos para uso privado de Edwards como una forma de monitorear el flujo y reflujo de su vida espiritual. Otros fueron escritos al menos para consumo semipúblico, destinados a la circulación entre familiares y amigos cercanos con el propósito de edificarlos… Las 'Resoluciones' y el 'Diario' brindan un relato temprano, jugada por jugada, de la naciente experiencia cristiana de Edwards en los años previos a su conversión y al asumir su cargo pastoral más largo, la iglesia Congregacional en Northampton, Massachusetts. La 'Narrativa personal', escrita quince años después, complementa las obras anteriores al ofrecer una reflexión madura y conocimientos adicionales sobre el progreso espiritual de Edwards hasta el comienzo del Primer Gran Despertar".[153]

Ahora bien, penetrar al interior de alguien, a la raíz de sus pensamientos, no es tarea fácil, mucho menos cuando se trata de una mente genial como la de Jonathan Edwards. No obstante, por la providencia divina, el divinista en cierto modo nos puso esa tarea fácil debido a las veces que escribió en su diario, sus "Misceláneas", sus "Resoluciones", muy distinguidamente gracias a su "Narrativa personal", de igual modo gracias a sus numerosas cartas, tanto como a su "Diario" y sus "Resoluciones", como ya habíamos establecido.

"La redacción de resoluciones y aforismos morales similares era común entre los hombres educados o con movilidad ascendente en esta época. Por ejemplo, Benjamín Franklin escribió *trece virtudes* cuando era joven, y George Washington compiló una lista de *110 reglas de civilidad*. Los diarios también eran comunes en la Nueva Inglaterra colonial, y llevar un diario espiritual era una típica práctica puritana en la que se proporciona una evaluación continua de su progreso espiritual.[154] George Marsden[§] sostiene que [el 'Diario' y las 'Resoluciones' de Edwards] 'merecen un escrutinio cuidadoso porque son casi las únicas fuentes de toda su carrera que brindan una ventana directa a la vida interior de Edwards'. Yo propongo en este renglón también la 'Narrativa de la controversia sobre la comunión' de Edwards.

Durante sus meses en New York, Edwards también comenzó a escribir lo que llamó sus 'Misceláneas', una colección de reflexiones inéditas sobre teología, filosofía y ética. Jonathan Seguiría escribiendo 'misceláneas' durante el resto de su vida, a menudo dando cuerpo a sus ideas de esta forma antes de publicarlas".[155]

De hecho, las "Misceláneas" son varios cuadernos escritos a mano con unas 1.500 entradas de diferentes extensiones (desde un párrafo a varias páginas equivalentes). Es bueno notar que "Edwards escribió sus

---

[153] *Ibid.*

[154] *Ibidem, p.* 56.

[§] El Dr. Marsden es una de las más duchas autoridades en el tema puritano y del caso Edwards.

[155] Finn & Kimble. Pp. 52, 53.

'Resoluciones' y casi todo su 'Diario' durante un período de casi cuatro años, una temporada que comenzó con 'su *conversión*' [yo diría aquí mejor 'su primera *convicción*'] y terminó aproximadamente a la mitad de su mandato como tutor en la universidad Yale".[156]

Por cierto, creo vale la pena introducir aquí la primera resolución de Edwards, la más famosa de dichas resoluciones, que marca la pauta para todas las demás y funciona como una especie de preámbulo para la lista completa, reza:

> *Resuelvo*: que *haré* todo lo que crea que sea más *para la gloria de Dios y para mi propio bien, provecho y placer*, durante toda mi duración, sin ninguna consideración del tiempo, ya sea ahora o nunca, dentro de tantas miríadas de edades. *Resuelvo* hacer lo que *crea* que es mi deber, y más por el bien y la ventaja de la humanidad en general. *Resuelvo* hacer esto, cualesquiera sean las dificultades con las que me encuentre, sin importar cuántas y cuán grandes sean.[157]

Teniendo este espectro general, sin más preámbulo, dejemos que sea el Rev. Edwards, de su misma pluma, que nos haga partícipes de su testimonio de conversión y nos ilustre sobre su ministerio y su pasión por Dios. El punto focal, y quizás la sección más citada, de "Narrativas", reza así:

> Desde mi niñez, mi mente estuvo llena de **objeciones contra la doctrina de la soberanía de Dios** respecto a Su escogencia de aquellos que tendría la vida eterna, y rechazar a quien él quisiera, dejándolo eternamente para perdición, y para que sea para siempre atormentado en el infierno. Me parecía una doctrina horrible. Pero **recuerdo muy bien la ocasión cuando yo parecía estar convencido y totalmente satisfecho en cuanto a la soberanía de Dios**, y su justicia en el disponer eternamente del hombre, de acuerdo a su soberano placer... Sin embargo, **mi mente descansaba en ello y eso puso un fin a todas esas cavilaciones y objeciones. Y ahí había acontecido un maravilloso cambio en mi mente con respecto a la doctrina de la soberanía de Dios**, de tal manera que, **desde aquel día hasta hoy**, raramente he encontrado tan siquiera una pequeña objeción contra ello, en el sentido más absoluto, en cuanto a Dios mostrando misericordia a quien el quisiera mostrarla, y endureciéndose con quien el quisiera. **La absoluta soberanía y justicia de Dios con respecto a la salvación y condenación,** es en lo que mi mente parece descansar segura, así como de cualquier cosa que yo vea con mis ojos, por lo menos es así, algunas veces.[158]

[156] *Ibidem*, p. 52.
[157] *Ibidem*, pp. 56, 57.
[158] Edwards, J. *Narrativa personal.*

Señalo este párrafo de entrada puesto que el pensamiento rector de la teología, la vida, las pasiones, la predicación y las obras de Edwards girarán en torno a esta doctrina fundamental, es decir, "la soberanía de Dios". No perdamos esto de vista durante toda esta fantástica aventura.

Sereno E. Dwight (bisnieto de Edwards) reflexiona sobre las experiencias religiosas de Edwards en su niñez como sigue: "En el proceso de su niñez él fue de varias maneras el sujeto de fuertes impresiones religiosas. Esto fue verdad particularmente algunos años antes de que fuera a la universidad, durante un poderoso avivamiento religioso en la congregación de su padre. Él y otros dos muchachos de su misma edad, que tenían los mismos sentimientos que él, construyeron una cabaña en un lugar muy retirado, en un pantano, donde acudían regularmente para orar. Esto continuó por un largo período; pero las impresiones finalmente desaparecieron y sus propias visiones fueron seguidas por efectos no permanentes de una naturaleza saludable.

El período preciso cuando él se recuerda como entrando en una vida religiosa él no lo menciona, ni se ha encontrado ningún récord del tiempo cuando él hizo una profesión pública de la religión. Aun la iglesia con la cual él estuvo relacionado no sería conocida ciertamente, si no fuera porque en una ocasión él se refiere a sí mismo como un miembro de la iglesia en Windsor del Este.

A partir de varias circunstancias, parece que el momento de su encuentro consigo mismo no estuvo lejos del tiempo de su salida de la universidad. De las visiones o sentimientos de su mente, acerca de este importante asunto, hay antes y después de estos eventos un relato muy satisfactorio e instructivo, el cual fue encontrado entre sus papeles manuscritos, los cuales fueron escritos cerca de 20 años después, los que eran para su propio y privado beneficio".

A ese punto, Sereno procede a citar una porción sustancial de aquel documento al que se refiere, es decir, la "Narrativa personal" de Edwards. A continuación, plasmamos en orden una traducción nuestra de "Narrativa personal", escrita por el Rev. Jonathan Edwards, conforme a las pautas explicadas arriba:

### Mientras aún era niño, hasta antes de entrar al colegio

Desde mi infancia he tenido una diversidad de inquietudes y ejercicios en cuanto a mi alma; pero **tengo dos que son las épocas más significativas de avivamiento**, antes de encontrarme con ese cambio por el cual fui traído a esas nuevas disposiciones, y ese nuevo sentido* de las cosas, que había tenido desde entonces. La primera vez fue cuando era un niño, algunos años antes de que fuera al colegio (universidad), en el tiempo de un notable avivamiento en la congregación de mis padres. Fui entonces muy afectado durante muchos meses, y tuve preocupación acerca de las cosas de la religión, y de la salvación de mi alma; y fue abundante en los círculos religiosos. Yo acostumbraba a orar en secreto, cinco veces al día, y pasaba mucho tiempo en conversaciones religiosas con otros niños; y nos juntábamos para orar. Yo **experimenté** no sé qué clase de deleite en mi religión. Mi mente estaba muy comprometida en ello, y tenía mucha justicia propia y placer, y era mi delicia el abundar en deberes religiosos. Junto con algunos de mis compañeros de escuela nos reunimos y construimos una cabaña en un pantano, en un lugar muy apartado, para usarla como lugar de oración. Y además, yo tenía mis propios lugares secretos en el bosque, a donde acostumbraba retirarme; y era de tiempo en tiempo muy afectado. Mis impresiones parecían ser vivas y fácilmente movidas, y me parecía estar en mi elemento cuando me involucraba en deberes religiosos. Y estoy dispuesto a pensar que muchos son engañados con tales emociones y tal clase de deleite, como yo tenía en ese entonces en la religión, y la confundía con la gracia.

Sobre tales momentos en la niñez tardía de Edwards, como él dice, antes de entrar al colegio, hay una carta muy interesante que Jonathan escribió a su hermana Mary que explica un poco más aquella ocasión, la traducción de la cual reproducimos a continuación:

### Windsor, 10 de mayo, 1716[159]

Querida hermana:[160]

A través de la maravillosa misericordia y bondad de Dios, en este lugar ha habido una agitación y un derramamiento muy notables del Espíritu de Dios, y ahora también está, pero creo que tengo

---

\* Por nuevo sentido de las cosas Edwards quería significar que "el objeto inmediato es la belleza suprema y excelencia de la naturaleza de las cosas divinas, como aparecen en sí mismas". "Este nuevo sentido es infinitamente más noble que... todo otro principio de discernimiento que un hombre verdaderamente posea"... y "todo conocimiento experiencial verdadero de la religión" es derivado de este. (Crampton, p. 8) [de *WJE*, 2:273, 271, 275].

[159] *WJE Online Vol. 16*, Ed. Claghorn: http://edwards.yale.edu/archive. (Traducción del autor).

[160] Esta es la primera carta de autógrafos existente de Jonathan Edwards. Fue compuesto cuando tenía doce años y en el último año de instrucción con su padre, el reverendo Timothy Edwards, en Windsor del Este, Connecticut. La destinataria fue su hermana Mary, que era dos años mayor que él. (Trask Library, ALS, una hoja en folio, dirigida al reverso a Mary Edwards en la casa de Samuel Partridge en Hadley. Publicado en Dwight ed., 1, 21—22; Winslow, pp. 48—50).

razones para pensar que en cierta medida ha disminuido, espero que no mucho. Unos trece se han unido a la iglesia en un estado de comunión plena.

Estos son los que por investigación descubro y no he escuchado que se hayan unido a la iglesia, a saber: John Huntington, Sarah Loomis, la hija de Thomas Loomis y Esther Ellsworth. Y hay cinco que han sido propuestos y que no se han unido a la iglesia, a saber: John Loomis, la esposa de John Rockwell, Sergt, la esposa de Thomas Ellsworth, la esposa de Isaac Bissel y Mary Osborn.

Creo que los lunes comúnmente llega por encima de treinta personas para hablar con papá sobre la condición de sus almas.

Es un momento de salud general aquí en este lugar. Han muerto cinco personas en este lugar desde que te fuiste, a saber: el viejo Goodwife Rockwell, el viejo Goodwife Grant y Benjamin Bancroft, que se ahogó en un bote a muchas varas de la orilla, en el que había cuatro mujeres jóvenes y muchas otras del otro sexo, que se salvaron notablemente, y las otras dos que murieron, supongo has oído hablar de Margaret Peck de la Ciudad Nueva, que alguna vez fue Margaret Stiles, quien perdió a su bebé de pecho, que murió de repente y fue enterrado por aquí.

Abigail, Hannah y Lucy[†] contrajeron varicela y se recuperaron, pero ahora la tiene Jerusha,[23] aunque está casi bien. Yo mismo a veces tengo muchos problemas con el dolor de muelas, pero en estos dos o tres últimos días no he tenido muy pocos problemas con eso. Hasta donde yo sé, toda la familia está bien, excepto Jerusha. Hermana, me alegra saber de tu bienestar tan frecuente como me sea posible. Me alegraría saber de ti por carta en la que me cuentan cómo te va, incluso sobre tus torpezas.

Tu amoroso Hermano,
**Jonathan Edwards.**

Papá y mamá te recuerdan sus afectos hacia ti. Igual todas mis hermanas y Mercy y Tim.[‡]

Por cierto, "esta es la primera carta existente escrita por Jonathan Edwards. Fue compuesta cuando tenía doce años".[161] Como puede verse, Edwards le escribe a su hermana cuando aquel avivamiento ya estaba en decadencia, como ha sucedido con todos los avivamientos. De hecho, todos los que acontecieron en vida de Edwards, y de los que él supo que pasaron

---

[†]    Hermanas de Jonathan Edwards.

[‡]    Mercy Brooks y Timothy Demming eran sirvientes de los Edwards.

[161]    Trask Library, ALS, una hoja en folio, dirigida al reverso a Mary Edwards en la casa de Samuel Partridge en Hadley. Publicado en Dwight ed., 1, 21—22; Winslow, pp. 48—50.

en el ministerio de Stoddard, por ejemplo, la curva del avivamiento desde su inicio hasta su cesación iba entre uno y dos años. Edwards le está contando a su hermana Mary entonces (en mayo del 2016), al término de su preparatoria, que el avivamiento estaba cesando.

Edward continúa su historia hacia la conversión en su "Narrativa" como sigue:

> Pero, al pasar el tiempo, mi convicción e impresiones se deterioraron, y yo perdí totalmente todas esas emociones y deleites y abandoné la oración secreta, por lo menos en cuanto a cualquier preferencia constante de ello; y volví como un perro a su vómito, y proseguí en los caminos del pecado.

### Mientras estuve en la universidad

> Ciertamente yo estaba muy intranquilo algunas veces, particularmente en la última parte de mi tiempo en el colegio, cuando le agradó a Dios probarme con una pleuresía con la cual él me trajo cercano a la tumba, y me sacudió sobre el pozo del infierno.
>
> A pesar de ello, no mucho tiempo después de mi recuperación caí de nuevo en mis antiguos caminos de pecado. Pero Dios no me permitiría seguir tranquilamente. Tuve grandes y violentas luchas internas, hasta que después de muchos conflictos con las perversas inclinaciones, *repetidas resoluciones y compromisos bajo los cuales me había propuesto yo mismo, como una clase de votos a Dios,* **fui sanado totalmente para romper con todos los caminos perversos, y todas las formas de pecados carnales exteriores, y para dedicar mi vida a buscar la salvación**, y a realizar muchos deberes religiosos *pero sin esa clase de emociones y delicias que yo anteriormente experimenté*. Mi interés ahora trajo más luchas internas y conflictos y autorreflexión. **Yo hice de buscar la salvación el asunto más importante de mi vida.** Pero, aun así, me parecía, que la buscaba en una manera miserable, la cual me hizo algunas veces preguntarme si alguna vez llegaría a aquello que era salvarse. Estaba listo para dudar si alguna vez esa búsqueda miserable tendría éxito. *ƒFui ciertamente llevado a buscar la salvación, de una forma como nunca antes lo había sido. Sentía un espíritu de romper con todas las cosas en el mundo, y un mayor interés en Cristo*. Mis preocupaciones continuaron y prevalecieron con muchos pensamientos y luchas internas; pero aun así, el expresar esa preocupación por el nombre de terror, nunca parecía ser la forma apropiada.

### Mi primera convicción

> Desde mi niñez, mi mente estuvo llena de **objeciones contra la doctrina de la soberanía de Dios** respecto a escoger a quien tendría la vida eterna, y rechazar a quien él quisiera, dejándolo eternamente para perdi-

ción, y ser para siempre atormentado en el infierno. Me parecía una doctrina horrible. Pero **recuerdo muy bien la ocasión cuando yo parecía estar convencido y totalmente satisfecho en cuanto a** *la soberanía de Dios*, y su justicia en el disponer eternamente del hombre, de acuerdo a su soberano placer. Pero nunca pude contar cómo, o por qué medios, yo estaba convencido, ni siquiera imaginar en aquel tiempo, ni después, *que ahí había cualquier extraordinaria influencia del Espíritu de Dios*, sino solamente que ahora yo veía más allá y mi razón había aprendido la justicia y sensatez de ello. Sin embargo, mi mente descansaba en ello y eso puso un fin a todas esas cavilaciones y objeciones. *Y ahí* **había acontecido un maravilloso cambio en mi mente** *con respecto a la doctrina de la soberanía de Dios*, de tal manera que, desde aquel día hasta hoy, raramente he encontrado tan siquiera una pequeña objeción contra ello, en el sentido más absoluto, en cuanto a Dios mostrando misericordia a quien él quisiera mostrarla, y endureciéndose con quien él quisiera. La absoluta soberanía y justicia de Dios con respecto a la salvación y condenación, es en lo que mi mente parece descansar segura, así como de cualquier cosa que yo vea con mis ojos, por lo menos es así, algunas veces.

Pero, desde *esa* **primera convicción**, frecuentemente he aquietado cualquier otro sentimiento en cuanto a la soberanía de Dios que yo tenía entonces. Aun lo hago frecuentemente, ya que *no solo tengo convicción, sino una deliciosa convicción*. La doctrina con mucha frecuencia aparece excesivamente agradable, brillante y dulce. **Soberanía absoluta** *es lo que yo amo atribuirle a Dios*. Pero *mi primera convicción no fue así*.

**La primera vez** que yo recuerdo de esa clase interior de **gran deleite en Dios y de las cosas divinas**, eso que yo he vivido mucho desde entonces, fue al leer esas palabras en 1 Timoteo 1:17: *Por tanto, al Rey de los siglos, inmortal, invisible, al único y sabio Dios sea honor y gloria por los siglos de los siglos, amén*. Al estar leyendo esas palabras, vinieron a mi alma, y fue como si hubieran derramado en ella, una sensación de la gloria del Divino Ser; *una nueva sensación*, bastante diferente de cualquier cosa que hubiera experimentado anteriormente. Nunca ningunas de las palabras de las Escrituras me habían parecido como estas palabras lo hicieron. Pensé para mí mismo, ¡qué excelente era ese Ser!, y qué feliz debería ser yo, si pudiera gozar a ese Dios y ser arrebatado al cielo hasta él; y estar como si hubiera sido absorbido en él para siempre. Yo continuaba diciéndolo, y como si estuviera cantando estas Escrituras para mí mismo; y me fui a orar a Dios para que pudiera gozar de él; y oré de una manera bastante diferente a la que estaba acostumbrado con una nueva clase de afecto. Pero nunca vino a mi pensamiento, que hubiera algo espiritual, o de una naturaleza salvadora en esto.

Desde ese momento comencé a tener una nueva clase de comprensión e ideas de Cristo, y de la obra de redención, y del camino glorioso de la salvación por medio de él. Un sentimiento interno, dulce de estas cosas, venía por momentos a mi corazón; y mi alma era conducida lejos en visiones placenteras y de contemplación. *Y mi mente estaba grandemente comprometida a pasar mi tiempo en la lectura y meditación acerca de Cristo, en la belleza y excelencia de su persona, y la amorosa forma de salvación por la gratuita gracia en él.* No encontré libros tan deleitosos para mí, como aquellos que trataban acerca de estos temas. Esas palabras de Cantares 2:1 solían estar abundantemente conmigo: *Yo soy la rosa de Sarón, el lirio de los valles.* Las palabras me parecía que representaban agradablemente la dulzura y belleza de Jesucristo. Todo el libro de los **Salmos** siempre me había parecido placentero y en ese tiempo me encantaba leerlo. Y encontré de tiempo en tiempo una dulzura interior que me elevaba en mis contemplaciones. Esto yo no sé cómo expresarlo de otra manera, que como *una quieta y dulce abstracción del alma de todas las preocupaciones de este mundo*; y algunas veces *una especie de visión, o ideas e imaginaciones* de estar solo en las montañas, o en algún paraje solitario, lejos de toda la humanidad, conversando dulcemente con Cristo, y envuelto y absorbido en Dios. El entendimiento que tenía de las cosas divinas, se convertía en *repentino* **avivamiento**; como si fuera un dulce fuego en mi corazón, un ardor en mi alma, lo cual no sé cómo expresar.[†]

Lo que Edwards ha comentado hasta este punto en su "Narrativa", es justamente lo que marcó su vida. De hecho, se convertiría desde entonces en su afán el procurar que aquellos a quienes ministraba buscaran y ansiaran tener este tipo de "experiencia", que a su juicio no tenían paralelo alguno en las aprehensiones, goces y disfrutes del alma. Es decir, "avivamiento". Fijémonos que Edwards habló aquí de "su primera convicción", no se trata de una conversión todavía. De hecho, a partir de esta convicción, Edwards hizo de la búsqueda de su salvación el asunto más importante de su vida. Claramente entendía que no había sido salvo todavía. Otra cosa a notar es que este avivamiento experimentado pasó por desapercibido para el mismo Edwards al principio, o sea, ni sabía que le estaba sucediendo algo espiritual. Discutiremos estas razones en breve en este capítulo.

La narrativa continúa expresando como aquella indescriptible experiencia crecía y se hacía cada vez más abrazadora, como sigue:

No mucho después que comencé a experimentar estas cosas, le conté a mi padre algunas cosas que habían pasado por mi mente, yo estaba muy afectado por la plática que sostuvimos y cuando esta terminó, caminé solo en los pastos de mi padre, por un lugar solitario, para tener un tiempo de contemplación. Y al ir caminando por ahí y mirando hacia arriba el cielo y las nubes, *vino a mi mente una dulce revelación de la gloriosa majestad y gracia de Dios*, ya que no sé cómo expresarlo, me pareció ver las dos en una dulce unión, majestad y mansedumbre unidas; fue dulce y apacible, y santa majestad y también una majestuosa mansedumbre, una maravillosa dulzura, una alta, grande y santa nobleza.

---

[†]   Edwards aquí define lo que él entiende por "avivamiento". ¡Interesantísimo!

Después de esto, mi entendimiento de las cosas divinas creció gradualmente y vino a ser más real, y a tener más de esa dulzura interna. La apariencia de todo lo demás fue cambiada. Parecía que había ahí una calma, una dulce *mirada o apariencia de la gloria divina, en casi todas las cosas.*

La excelencia de Dios, su sabiduría, su pureza y amor, parecían estar en todo: en el sol, la luna, y las estrellas; en las nubes y en el cielo azul; en el cristal, las flores, los árboles; en el agua y en toda la naturaleza; lo cual me ayudaba grandemente a fijar mi mente. Frecuentemente me sentaba y veía la luna durante un largo tiempo; y en el día pasaba mucho tiempo viendo las nubes y el cielo, para contemplar el camino de gloria de Dios en estas cosas, mientras cantaba a gran voz, mis meditaciones del Creador y Redentor. Y difícilmente cualquier cosa entre todas las obras de la naturaleza, era tan dulce para mí como el trueno y los relámpagos: en tiempos pasados, nada había sido tan terrible para mí. Anteriormente, me aterrorizaba en extremo con los truenos, y era sacudido con terror cuando veía levantarse una tormenta de truenos; pero ahora, por el contrario, me regocijaba. Sentía a Dios, si se me permite decirlo así, a la primera aparición de una tormenta de truenos. Y acostumbraba tomar la oportunidad en tales ocasiones, de fijar mi ser de tal manera, de ver las nubes, y ver los relámpagos destellar y oír la majestuosa y terrible voz de Dios en los truenos: lo que muchas veces era grandemente entretenido, conduciéndome a una dulce contemplación de mi grande y glorioso Dios. Estando ocupado en esto, siempre me parecía natural el celebrar y cantar en alta voz mis meditaciones; o, expresar en voz alta mis pensamientos en soliloquios, con cánticos.

Edwards, más allá del estudio del texto Sagrado, el cual estudiaba profusa, amplia, profunda y sistemáticamente, también entendía que Dios se había revelado abundantemente en la natura. No solo acariciaba tales ideas, como quizás hemos venido saboreando en su "Narrativa personal", sino que, entre otros muchos de sus escritos, compuso un cuaderno con 212 entradas de notas en las que interpretaba el entorno como grandes figuras e ilustraciones de lo divino. Esos documentos de Edwards estaban archivados en manuscritos, hasta que en 1948 salieron a la luz en una publicación de Perry Miller titulada *Imágenes o sombras de cosas divinas.*[162] El *Prof.* Simonson nos cita un sorbo del contenido de ese material, el cual plasmo a continuación:

El sol, que de forma tan perpetua, durante tantos siglos, veía sus rayos con tan vasta profusión, sin disminución alguna de su luz y de su calor, es una imagen brillante de la completa suficiencia y de la eternidad de los dones de Dios.

De la misma manera lo son los ríos, que siempre fluyen, que vacían enormes cantidades de agua cada día y sin embargo nunca poseen me-

---

[162] Publicada por Yale University Press.

nos. El Espíritu comunicado y extendido, es decir, la bondad de Dios, se compara en las Escrituras con un río y con los árboles que crecen y florecen en la rivera de aquel, gracias a la bendición del agua, y que representan a los santos que viven en Cristo y florecen gracias a la influencia de su Espíritu.

El gusano de seda es un tipo notable de Cristo. Su mayor obra consiste en producir un tejido para nuestras hermosas prendas, y muere cuando lo ha concluido; debido a ello su vida, acaba y muere (como Cristo fue obediente hasta la muerte, su justicia se perfeccionó en su sacrificio), y luego aparece de nuevo, no cual un gusano como lo fue Cristo en su estado de humillación, sino como una criatura más gloriosa en su resurrección.[163]

Simplemente hermosas sombras de las cosas divinas con un eco ilustrativo agradable en toda su creación. De hecho, Edwards a menudo es presentado, justamente por este tipo de acercamiento, como un poeta o artista de la Palabra. Es cierto que los puritanos ponían un marcado y delicado énfasis en que sus exposiciones fueran una obra de arte de la Palabra, pero Edwards literalmente hacía magia entretejiendo, justamente, el entorno y aplicándolo a sus abstracciones teológicas. Y, sobre esto, no se permitía mejorarlo una segunda vez.

Respecto de los manuscritos no publicados de Jonathan Edwards, Allen cita al Rev. Troy Edwards (D. D.),[†] quien refirió que "varios documentos de gran interés y valor no han sido aún publicados". El Sr. Alexander V. G. Allen también cita que el Rev. A. B. Grosart fue mandado a buscar a Escocia en 1854 con el fin de organizar los manuscritos no publicados de Edwards, con miras a que los editara y publicara. Una vez el que Rev. Grosart estuvo en los Estados Unidos encontró material perfectamente manuscrito, pero nunca publicado hasta entonces, incluyendo, por ejemplo "Tratado sobre la Gracia"; según el mismo Grosart: "documento de raro interés biográfico y valor".[164]

Después de esta mágica parada, sigamos disfrutando de su "experiencia" de conversión y sus chispas de "avivamientos", como nos lo plasmó en su "Narrativa".

---

[163] Simonson. Pp. 106, 107.

[†] Allen (o el redactor de la fuente consultada) parece haber cometido un doble error con este nombre. Casi seguro se refirió a Tryon Edwards, en vez de Troy; y Tryon fue el Rev. Tryon Edwards fue: bisnieto de Jonathan Edwards, nieto del Dr. Jonathan Edwards e hijo de Jonathan Walter Edwards -tutor en Yale y abogado en Hartford, CT.; pero no llegó a ser D. D. (cual su abuelo).

[164] Allen. Pp. 239, 340.

Sentía entonces, gran satisfacción en cuanto a mi buena condición; pero eso no me daba contentamiento. Tenía vehementes anhelos en el alma por Dios y Cristo, e iba tras más santidad, en tal situación mi corazón parecía estar lleno, y listo para quebrantarse; lo cual frecuentemente traía a mi mente las palabras del salmista en el Salmo 119:28 "Se deshace mi alma de ansiedad, susténtame según tu palabra". Mi alma se quebranta por el anhelo que tiene. Muy seguido **experimenté** en mi corazón un gemido y un lamento, por no haberme vuelto más pronto a Dios, para haber tenido más tiempo para crecer en la gracia. Mi mente estaba grandemente determinada en las cosas divinas: casi en perpetua contemplación de ellas. Ocupaba la mayor parte de mi tiempo pensando en las cosas divinas, año tras año, frecuentemente caminando solo en los bosques y lugares solitarios para la meditación, los soliloquios y la oración y para conversar con Dios; y siempre esta era mi manera en estas ocasiones, para cantar mis meditaciones. *Yo estaba casi constantemente en oración con clamor, en dondequiera que iba. La oración me parecía algo natural, como el aliento por medio del cual el fuego interno de mi corazón salía.*

Las delicias que ahora experimentaba en las cosas de la religión, salían de una manera grandemente diferente de aquellas que mencioné anteriormente, que tuve cuando era niño; y que en aquel entonces yo no tenía más entendimiento que uno que ha nacido ciego tiene de los colores agradables y hermosos. Estos eran de una naturaleza más internamente pura, de aliento para el alma y refrescantes. Aquellos deleites primeros nunca alcanzaron el corazón; y no se elevaron de ninguna visión de la divina excelencia de las cosas de Dios; o de cualquier cosa que satisfaga el alma o que sea dadora de vida que pudiera haber en ello.

Todo esto había estado sucediendo en Edwards desde su primer año en el programa de maestría en Yale. Mientras estuvo en New York, en aquella primera experiencia como predicador formal, tales experiencias siguieron aumentando en él. Notemos:

## *Mientras estuve como predicador interino en New York*

Mi **sentido** de las cosas divinas parecía aumentar gradualmente, hasta que fui a predicar a New York; que fue un año y medio después de que esto comenzó. Y mientras estaba ahí las **experimenté** en una forma muy sensible, en un grado mucho mayor de lo que lo había sido antes. *Mi búsqueda por Dios y la santidad* incrementó mucho más. Puro y humilde, santo y celestial, el cristianismo me parecía grandemente agradable. **Sentía** *un deseo quemante de ser en todo un cristiano completo; conformado a la bendita imagen de Cristo; y que pudiera vivir, en todas las cosas de acuerdo al puro, dulce y bendito señorío del evangelio.* Yo tenía una vehemente sed de progresar en estas cosas que me había propuesto perseguir y que presionaba para alcanzarlas. *Era mi lucha continua, día y noche, y un constante inquirir, sobre cómo podría ser más santo y vivir más*

*santamente, y convertirme más en un hijo de Dios y un discípulo de Cristo.*
Ahora *buscaba un aumento de la gracia y santidad, y una vida santa,* con
más denuedo que nunca, *buscaba la gracia antes de tenerla.*[†]

Acostumbraba a examinarme continuamente estudiando y buscando caminos o medios similares de cómo podría vivir con mayor determinación, siendo más diligente y vehemente, aun más de lo que había
sido en la búsqueda de cualquier cosa en mi vida; pero esto lo hacía con
una gran dependencia de mis propias fuerzas,[‡] las que después ocasio-
naron un gran daño en mí. Mi **experiencia** no me había enseñado, como
lo ha hecho desde entonces, mi extremada flaqueza e impotencia, cada
camino y las profundidades sin fondo de la corrupción secreta y del
engaño que había en mi corazón. Sin embargo, *proseguí con mi ansiosa
búsqueda en pos de más santidad y dulce semejanza a Cristo.*

El cielo que yo deseaba era un cielo de santidad, para estar con
Dios y pasar mi eternidad en amor divino y santa comunión con Cristo.
Mi mente se extasiaba en la contemplación del cielo, y los goces que ahí
había; y vivir ahí en perfecta y santa humildad y amor; y acostumbraba
en ese tiempo a **experimentar** una gran parte de la felicidad del cielo, en
donde los santos podrían expresar su amor a Cristo. Me parecía un gran
obstáculo y una carga aquello que yo sentía dentro de mí y que no podía
expresar como yo quería. El fuego interno de mi alma parecía como si
algo lo detuviera y lo mantuviera encerrado y no podía arder libremente
como debería. Yo me ponía a meditar sobre cómo en el cielo este principio debería salir y expresarse libre y completamente. El cielo me parecía
grandemente deleitable, como un mundo de amor y que la felicidad total
consistía en vivir pura, humilde y celestialmente el amor divino.[§]

Recuerdo los pensamientos que solía tener en cuanto a la santidad; y me decía algunas veces a mí mismo: ciertamente sé que amo la
santidad, tal como manda el evangelio. Se me figura que no había nada
en ello sino lo que era encantadoramente adorable; la más grande hermosura y gentileza, una hermosura divina; más pura que cualquier cosa
sobre la tierra y que todo lo demás era como un lodazal y suciedad en
comparación con ella.

**La santidad**, como escribí entonces en algunas de mis meditaciones sobre ella, se me figuraba que era como de una naturaleza, dulce,
agradable, encantadora, serena, pacífica; lo cual traía una pureza, brillantez, paz y éxtasis del alma difícil de explicar. En otras palabras, que
hacía el alma como un campo o jardín de Dios, con toda clase de flores
agradables, disfrutando una dulce calma, y los suaves y vivificantes
rayos del sol.[*]

---

[†]   La frase: "buscaba la gracia antes de tenerla", creo amerita un escrutinio.

[‡]   Edwards pone de manifiesto cuál era el móvil de su búsqueda, a saber, sus propias fuerzas. En otras palabras, no era una búsqueda espiritual aún.

[§]   Note aquí la visión del cielo que tuvo Edwards en su juventud temprana. El cielo
fue un tema siempre favorito para él.

[*]   ¡Wao! Interesante aprehensión sobre la **santidad**.

**El alma de un verdadero cristiano**, como escribí entonces en mis meditaciones, la imaginaba que sería como una blanca florcilla como las que vemos en la primavera, pequeña y humilde en el suelo, abriendo su corola para recibir los agradables rayos del sol de gloria; regocijándose como si estuviera en un sereno arrobamiento; difundiendo alrededor una dulce fragancia; permaneciendo pacífica y amorosamente entre otras flores que la rodean, de igual manera abriendo sus corolas para absorber la luz del sol.[‡]

No había parte alguna de *la santidad de una criatura* de la que yo tuviera tan grande sensación de su belleza, como de su humildad, quebrantamiento de corazón, y poder de espíritu, y *no había nada más que yo anhelara más ardientemente*. Mi corazón anhela fervientemente esto: disminuir de tal manera que no fuera nada, y que Dios fuera el todo, que yo fuera como un pequeño niño.

Mientras estuve en New York, muchas veces fui afectado con *reflexiones de mi vida pasada*, considerando *cuán tarde fue cuando yo comencé a ser verdaderamente religioso*; y cuán perversamente había vivido hasta entonces; y tanto que lloraba abundantemente, y por un tiempo considerable.

**El 12 de enero de 1723**, *hice una solemne dedicación*[§] de mí mismo a Dios y lo escribí, entregándome a Dios sin dejar nada de mí, para no preocuparme de mí mismo en el futuro. Para actuar como alguien que no tiene derecho a sí mismo, en cualquier aspecto. Y *solemnemente juré* tomar a Dios por mi total porción y felicidad, no mirando a nada más como parte de mi felicidad, ni actuar como si hubiere otra cosa. Y su ley como la constante regla de mi obediencia; *comprometiéndome* para luchar con toda mi fuerza contra el mundo, la carne, y el diablo, hasta el fin de mi vida. Pero tenía razón para ser infinitamente humilde, cuando consideraba cuánto había yo fallado en cuanto a responder a mi obligación.

Tuve entonces, abundancia de dulces conversaciones religiosas con la familia con la que vivía, con el Sr. John Smith y su piadosa madre. Mi corazón estaba unido con afectos con aquellos en los que hubiera apariencias de verdadera piedad, y no podía soportar los pensamientos de cualesquiera otros compañeros, sino solo aquellos que eran santos, y discípulos del bendito Jesús.

Tenía *grandes anhelos por el advenimiento del Reino de Cristo en el mundo*. Y mis oraciones secretas solían ser, en gran parte, dejándome tomar en oración por ello. Si yo oía la menor insinuación de cualquier cosa que aconteciera en cualquier parte del mundo, que se me figurara, en una u otra forma, tener un favorable aspecto de interés para el reino de Cristo, mi alma anhelantemente lo tomaba, y me animaba y refrescaba.

---

[‡]   Este método imaginativo y comparativo que usó Edwards, como se puede ver ampliamente en su "Imágenes de las cosas divinas", representó una gran ayuda de fijación y comprensión particular en Edwards. Para él lo espiritual era imaginado con pares concretos que encontramos en el mundo de Dios.

[§]   Se trata de su entrada al diario ese día, igual que de su Resolución No. 44.

Yo solía estar muy ansioso por *leer los periódicos públicos*, principalmente con ese fin; el de ver si podía encontrar algunas noticias favorables para el interés de la religión en el mundo.[†]

Muy frecuentemente acostumbraba apartarme a un lugar solitario, en las orillas del río Hudson, a alguna distancia de la ciudad, para
contemplación de las cosas divinas y conversaciones secretas con Dios,
y tuve allí muchas dulces horas. Algunas veces el Sr. Smith y yo cami-
namos juntos por ahí, para conversar de las cosas de Dios, y nuestra
conversación solía girar en gran parte sobre el advenimiento del reino
de Cristo al mundo y las gloriosas cosas que Dios cumpliría para su iglesia en los últimos días.[‡]

Tenía entonces, y en otros momentos, *el más grande deleite en las
Santas Escrituras*[§] más que cualquier otro libro no importando de lo que
se tratara. Muchas veces al leer cada palabra parecía tocar mi corazón.
Alcanzaba una armonía entre algo en mi corazón y aquellas dulces y
poderosas palabras. Muchas veces yo veía tanta luz emanando de cada
oración, y me proporcionaban un alimento tan refrescante que no podía
continuar leyendo, frecuentemente deteniéndome en una oración, para
observar las maravillas contenidas en ella; de esta manera casi cada
oración me parecía estar llena de maravillas.[*]

## Retirándome de New York a mi hogar en Windsor

Me alejé de New York en el mes de abril de 1723, y tuve la más amarga
despedida de la señora Smith y su hijo. Mi corazón parecía hundirse
conmigo, al dejar la familia y la ciudad en donde había disfrutado tantos dulces y agradables días. Me fui de New York a Wethersfield en barco;
mientras navegaba mantenía la mirada en la ciudad tanto como pude.
Sin embargo, esa noche después de esa dolorosa partida, fui grandemente reconfortado en Dios en West Chester, a donde bajamos a tierra para hospedarnos; y tuve un agradable tiempo todo el viaje hasta
Saybrook. Era para mí muy dulce pensar el encontrarme con queridos cristianos en el cielo, en donde nunca tendríamos que separarnos.

---

[†] Esto permaneció como una constante en el interés de Edwards. Lo notarás más
adelante en algunas de sus cartas que plasmamos en este trabajo.

[‡] Un tema, que corresponde con el del cielo, que apasionó a Edwards hasta su
muerte.

[§] Justamente en esto es a toda costa evidente que Edwards no era un místico y
soñador. Era un divinista con una imaginación poderosa y santificada, totalmente
anclado en las Sagradas Escrituras, y correlacionando las doctrinas con los elementos del mundo de Dios.

[*] Esto nos da una idea de la razón de la profundidad teológica de Edwards. Era
un observador meticuloso, lo que hará una gran diferencia en cualquier tipo de
investigación. Pero a Edwards lo caracterizó por sobre cualquier tipo de investigación, justamente el hecho de tener una visión renovada.

En Saybrook bajamos a tierra para hospedarnos, y ahí guardar el Sabbat,§ en donde tuve tiempo dulce y refrescante caminando a solas en los campos.‡

Después que regresé a casa en Windsor, permanecía mucho en un estado de mente similar a cuando estuve en New York; solamente que algunas veces sentí mi corazón listo para hundirse en los recuerdos de mis amigos de New York. *Mi sostén estaba en las meditaciones en los lugares celestiales.* Como encontré en mi diario del 1ro de mayo de 1723. Fue un consuelo el pensar en ese lugar, en donde hay plenitud de gozo, en donde reina celestial calma y deleitable amor sin mezcla, en donde hay continuamente las más queridas expresiones de su amor, en donde hay el gozo de las personas amadas, sin nunca tener que separarnos. En donde aquellas personas que nos fueron tan amadas en este mundo, serán realmente incomparablemente más amadas y llenas de amor para nosotros. ¡Y cuán secretamente los mutuos amantes se unirán, para cantar alabanzas a Dios y al Cordero! ¡Cuánto nos llenará de gozo el pensar que esta felicidad, este dulce ejercitarse, no terminará nunca, sino que permanecerá por toda la eternidad!

Luego de una transcripción de la porción de la "Narrativa" que hasta aquí hemos citado, Sereno E. Dwight se expresa como sigue sobre su bisabuelo: "Así de profundas, decididas y poderosas eran las obras de la divina gracia sobre la mente de este eminente siervo de Cristo. *Que su entendimiento de las cosas de Dios fue muy iluminado, y su corazón profundamente afectado por ellas, son circunstancias que inmediatamente llamarán la atención de cualquier observador serio.* Había en él una santa ansiedad para alcanzar el más satisfactorio testimonio de un cambio de corazón; para este propósito él se examinaba muy de cerca y diligentemente; no tenía inclinación al lucimiento de su examen personal.

El examen personal parece haber sido considerado por él como un agradarse a sí mismo, algo así como un ejercicio momentáneo…

Haciendo una revisión al testimonio dado por el Señor Edwards en cuanto a su temprana experiencia religiosa, es evidente que él no era una persona que pudiera estar satisfecha en cualquier fundamento insuficiente. Ningún síntoma de descuido o de presunción puede ser discernido en él; él se miraba a sí mismo con un celo santo, él pensaba, leía, conversaba, y sobre todo, oraba que él pudiera ser capacitado más correctamente para buscar en su propio corazón, y así escapar del peligro de la propia decepción y estar convencido mediante pruebas que pasarían el examen

---

§ Sabbat, es decir, domingo.

‡ Una de esas prácticas constantes durante toda la vida de Edwards hasta su muerte, retirarse al bosque a meditar y orar.

del juicio de Dios, que él era un hijo de la luz, un siervo de la santidad y un heredero de la gloria. Y así, *estudiándose a sí mismo bajo la penetrante luz de la Palabra, y las maravillosas influencias del Espíritu de Dios, él adquirió ese exacto conocimiento de los diversos ejercicios internos y las manifestaciones externas del carácter cristiano*, las cuales lo capacitaron después de algunos años, con tal habilidad para separar las apariencias engañosas de aquellas que eran sólidas, y para marcar la fuerte diferencia entre el mero profesar el nombre de Cristo y el verdadero copartícipe del poder del evangelio. Fue en estos primeros años de su vida que esos correctos puntos de vista fueron formados, los cuales mucho tiempo después desarrolló en su admirable tratado sobre 'Los afectos religiosos'".[165]

Como hemos podido notar, resulta un tanto difícil precisar la fecha de la conversión de Jonathan. Hay probabilidad que fuera en la primavera de 1721, como casi todos sus biógrafos estiman. Aquel día Edwards tuvo al menos una iluminación espiritual completamente diferente, según narró, pues al leer 1 Timoteo 1:17 ese día, he aquí el suceso extraordinario:

**La primera vez** que recuerdo haber encontrado algo de ese tipo de dulce deleite interior en Dios y en las cosas divinas, y en el cual he vivido mucho desde entonces, fue al leer esas palabras, 1 Timoteo 1:17: *Por tanto, al Rey eterno, inmortal, invisible, único Dios, a Él sea honor y gloria por los siglos de los siglos, Amén*. Cuando leí las palabras, **entró en mi alma** y fue como si se difundiera a través de ella la sensación de la gloria del Ser Divino; **un nuevo sentido**, muy diferente de cualquier cosa que hubiese experimentado antes.[166]

Pero no hay que precipitarse aquí en dar un veredicto al respecto.

## ¿Cuándo, exactamente, sucedió la regeneración en la vida de Edwards?

El mismo Edwards nos dio la respuesta a tal pregunta en la misma narrativa cuando dijo: "Mi **sentido** de las cosas divinas parecía aumentar gradualmente, hasta que fui a predicar a New York; que fue un año y medio después de que *esto* (lo narrado en la cita del párrafo anterior) comenzó".

Es decir, esa *nueva manera de ver las cosas divinas*, que le producían afectos agradables y dulces, no sin desalientos y un gran sentido de impotencia, como dijo, sucedieron un año y medio (casi seguro la primavera de

[165] Dwight.
[166] Edwards, J. *Narrativa personal.*

1721) antes de mudarse a New York, lo cual hizo en agosto de 1722. O sea, que aquella *nueva visión de las cosas de Dios* le aconteció por primera vez a Edwards al final del invierno nórdico de 1720 (menos probable), o al comiendo de la primavera de 1721, es decir, aproximadamente entre febrero y abril de 1721 (más probable).

Es exactamente la misma aproximación que calculó Storms al decir "esto aconteció, quizás, en la primavera de 1721".[167] Por tanto, debemos ver que la fecha de aquella experiencia —cualquier cosa que fuera— aconteció precisamente cuando Edwards tenía 17 años, mientras cursaba su primer año de Maestría en Divinidad en New Haven.[168] Lo que se debe analizar aquí es si aquello se tratase de la conversión o de alguna otra experiencia espiritual.

Ahora bien, los años que transcurrieron de 1720 a 1726 están parcialmente registrados en su "Diario" y en las "Resoluciones" para su propia conducta, las que redactó en ese tiempo. Había sido por mucho tiempo un buscador entusiasta de la salvación y la santidad y no estaba del todo satisfecho en lo que se refería a su propia "conversión", hasta aquella "experiencia" que tuvo mientras cursaba su maestría en Yale, cuando abandonó sus razones de que "la elección" de algunos a la salvación y la de otros dejados a surte de eterna condenación era una "doctrina horrible"; a partir de aquella "experiencia" comenzó a estimar tal doctrina como "demasiado placentera, brillante y dulce". Como ya vimos, así lo expresó Jonathan:

> Desde ese momento comencé a tener *una nueva clase de comprensión e ideas de Cristo*, y la obra de redención, y el camino glorioso de la salvación por medio de él. Un sentimiento interno, dulce de estas cosas, por momentos, venía a mi corazón; y mi alma era conducida lejos en visiones placenteras y de contemplación. Y mi mente estaba grandemente comprometida a pasar mi tiempo en la lectura y meditación acerca de Cristo, en la belleza y excelencia de su persona, y la amorosa forma de salvación por la gratuita gracia en él.[169]

Aquella "experiencia" que Edwards tuvo en la primavera de 1721, a lo que él llamó en su 'Narrativa' "su primera convicción", se trató sin duda de algo

[167] Storms: https://www.coalicionporelevangelio.org/articulo/10-cosas-deberias-saber-jonathan-edwards/
[168] Lawson. P. 6. Mientras que el Dr. Lawson (junto con otros biógrafos) proyecta que la conversión de Edwards ocurrió en el 2do. año de sus estudios de Maestría, el mismo Edwards escribió que aquel despertar ocurrió un año y medio antes de irse a New York, o sea, cuando cursaba su primer año de maestría (en el invierno de 1721).
[169] Edwards, J. Narrativa personal.

en que *había una extraordinaria influencia del Espíritu de Dios*. Que según sus propias palabras: *ahí había acontecido un maravilloso cambio en mi mente, especialmente con respecto a la doctrina de la soberanía de Dios*, de tal manera que, "desde aquel día hasta hoy, raramente he encontrado tan siquiera una pequeña objeción contra ello, en el sentido más absoluto, en cuanto a Dios mostrando misericordia a quien el quisiera mostrarla, y endureciéndose con quien el quisiera".[170] Pero, cabe la posibilidad de que llamar aquella "experiencia espiritual" como "la conversión" de Edwards, quizás sea un poco precipitado.

Cuando Edwards llegó a New York, había estado envuelto durante casi año y medio en una discusión con sus padres acerca de la esencia de la conversión.[171]

Por otra parte, recordemos que aquel día, cuando ya había vivido por seis meses en New York, según redactó en su "Narrativa":

> **El 12 de enero de 1723**, *hice una solemne dedicación* de mí mismo a **Dios** y lo escribí, **entregándome a Dios** sin dejar nada de mí, para que en el futuro no me preocupara de mí mismo.

Este vocabulario se parece más a la conversión que aquel que utilizó para aquella experiencia de hacía dos años a ese punto, a la que expresamente llamó "mi primera convicción", en la que según él le había acontecido "un cambio de mente", pero no como una *metanoia*, sino que un cambio con respecto a su postura sobre la doctrina de la soberanía de Dios en la elección absoluta divina.

Vayamos un poco más lejos aquí. Esto fue lo que Edwards escribió aquel 12 de enero de 1723:

> "Principalmente, lo que ahora me hace reflexionar acerca de mi condición interior es el **no haber experimentado la conversión** en esos pasos específicos en los que solían experimentarla el pueblo de Nueva Inglaterra, y antiguamente los disidentes de la vieja Inglaterra, por lo tanto, ahora *resolví que nunca dejaría de buscar el fondo del asunto hasta que haya encontrado satisfactoriamente la verdadera razón y fundamento por los cuales se convirtieron de esa manera*".[172]

En otras palabras, Edwards averiguaría por qué él no llegó a experimentar su salvación en la vida de iglesia en la que creció; cual los

---

[170] *Ibidem.*

[171] *JEW*, 10:261-78.

[172] Storms: https://www.coalicionporelevangelio.org/articulo/10-cosas-deberias-saber-jonathan-edwards/

cristianos que le precedieron la habían experimentado, según había sido instruido. Y en estos menesteres, de seguro, se basamentó su discusión con sus padres. Edwards está abiertamente criticando aquí lo que había aprendido de su padre y de sus profesores y libros que había leído, sobre que "la conversión" era un proceso gradual, según la administración de los sacramentos, etc. Edwards se convencería por diferentes fuentes —incluso su experiencia personal— de que la conversión acontece de forma súbita y momentánea.

Por ello, a diferencia de la mayoría de los biógrafos de Edwards, cual el comentario de Sam Storms anterior, el prof. Simonson[173] (un excelente crítico de Edwards y sus trabajos) cree que la experiencia de conversión de Edwards fue justamente en esa ocasión del 12 de enero de 1723, a sus 19 años de edad, mientras estaba en New York ministrando como interino en aquella pequeña iglesia presbiteriana. Simonson creyó que hay una casi incuestionable coincidencia entre lo que anotó en su *"Diario"* ese 12 de enero, y lo que relató sobre *su conversión* en su *"Narrativa"*; e, incluso, la resolución que escribió justamente ese día, la cual reza como sigue:

> **Resuelvo**: que no tendré otro fin excepto la religión, y nada tendrá ninguna influencia en cualesquiera de mis acciones; y que no habrá acción alguna, aún en la más mínima circunstancia, que no sea aquella a la que la finalidad religiosa conlleve.[‡]

Esto es exactamente lo mismo que Edwards redactó en su narrativa sobre los aconteceres de aquel 12 de enero, lo cual recordó con precisión mientras escribía su narrativa 20 años después aproximadamente.

Aquí ayudan en sobremanera el análisis de las demás resoluciones tomadas por Edwards ese mismo día. Por ejemplo, resaltó también el prof. Simonson que "es claro que ese sábado Edwards estaba *consagrándose* al Señor, pues recuerda aquí: (1) la consagración bautismal (la cual le fue administrada cuando recién nacido, según la costumbre congregacionalista), (2) la consagración de cuando fue recibido en la comunión de la iglesia (que era un acto consciente a petición del individuo, quien confesaba de ese modo su fe públicamente, según la tradición congregacionalista por entonces, que generalmente acontecía entre la niñez tardía y la adultez), y consagraba solemnemente esa determinación de ese 12 de enero de

---

[173] Consulte: Simonson, pp. 30, 31.

[‡] Resolución Nº 44 del 12 de enero de 1723. Ese mismo sábado Edwards escribió varias de sus resoluciones; tenemos 4 fechadas ese día, desde la 42 hasta la 45; pero casi seguro la Nº 46 es del mismo día.

1723"; además de haberse referido expresamente a "su primera convicción", en el primer cuatrimestre de 1721. Observe su otra resolución de aquel 12 de enero:

> **Resuelvo**: renovar frecuentemente **la dedicación de mí mismo a Dios**, la que fue hecha el día de mi bautizo, la cual solemnemente renové cuando fui recibido en la comunión de la iglesia, y la que **solemnemente vuelvo a hacer en este día**[†] 12 de enero de 1723.[*]

Más específico, categórico y amplio no pudo ser. Edwards está claramente recordando momentos remarcables en la historia de su espiritualidad.

Las otras resoluciones de ese día nos recuerdan la solemnidad de aquella consagración privada y personal, por lo que las plasmamos a continuación:

> **Resuelvo**: nunca, de ahora en adelante, y hasta que yo muera, actuar como si me perteneciera a mí mismo, sino completa y para siempre a Dios; ya que es agradable ser hallado así.[‡]
>
> **Resuelvo**, nunca permitir por ningún motivo, ningún placer o pena, alegría o pesar, ni cualquier afecto, ni ningún grado de afecto, ni cualquier circunstancia relacionada con ello, sino solo lo que ayude a la religión.[§]

Por lo menos las anteriores resoluciones son enfáticas sobre una cosa: "Ese día Edwards se consagró totalmente al Señor". Se trató de un voto al Señor que se empeñaría en cumplir. Cuando analizamos su diario, a finales del año anterior Edwards había tenido serias complicaciones con guardar sus propias resoluciones, y confiesa que lo había procurado en sus propias fuerzas. Tuvo un sin número de frustraciones por no haber podido vivir como había resuelto. Pero a partir de este 12 de enero, las cosas fueron completamente distintas.

Como se puede notar en la Resolución Nº 42, Edwards no apela a ninguna otra ocasión particular en la que haya hecho algún *voto de consagración*, exceptuando el bautismo cuando niño y la solemne consagración a la membresía de la iglesia (siendo también relativamente un niño o un

---

[†]  Es evidente que Edwards está dedicando solemnemente su vida a Cristo ese 12 de enero de 1723, estando en New York. Y es exactamente el fruto de su meditación reciente que había entendido que su conversión no había acontecido de la forma tradicional que anunciaban los antiguos inmigrantes a Nueva Inglaterra y quienes lo habían precedido en aquella nación –que a ese momento contaba con poco más de un siglo–.

[*]  Resolución Nº 42.

[‡]  Res. Nº 43. Sábado 12 de enero de 1723.

[§]  Res. Nº 45. 12 y 13 de enero de 1723.

preadolescente), de lo cual no debe haber dudas que fue hecha en la iglesia en la que creció en Windsor, donde su padre Timothy era el ministro. Casi sin temor a equivocarnos, entonces, al unísono con el meticuloso análisis del Prof. Simonson, podemos decir que *la verdadera conversión* (o al menos la consagración más consciente) de Jonathan Edwards ocurrió en ese momento aquel 12 de enero de 1723.

El Prof. Marsden, una de las más grandes autoridades de finales del siglo XX y el siglo XXI sobre Edwards, ve tanta ambivalencia en las determinaciones de Edwards, que incluso especula que su conversión de Edwards pudo haber ocurrido después, entre su pastoría en Bolton y su tutoría en Yale. Marsden refiere que Edwards tuvo otra serie de discusiones con sus padres entre el momento de haber regresado desde New York a Windsor y su determinación de pastorear en Bolton, y el profesor no está seguro si esas discusiones fueron sobre la negativa de Edwards de querer quedarse pastoreando en Bolton (pues tenía el anhelo de regresar a New York) —sin data clara aquí sobre este particular—, o aquella discusión sobre los asuntos de la conversión.[174]

Ahora bien, creo pertinente hacer notorio aquí, habiendo traído la aparente controversia, que no existe necesariamente una dicotomía o contradicción entre enfocar el cambio que Edwards mismo dice le aconteció año y medio antes de ir a New York (a saber, en la primavera de 1721), a lo que el mismo llamó "mi primera convicción", y lo que señala el prof. Simonson aquí sobre la *consagración* (o *verdadera conversión*) de Edwards como ocurriendo el 12 de enero de 1723, mientras ministraba en New York (con sobradas evidencias). Creo que debe ser observado que de lo que Edwards habla en esa parte de su "Narrativa" tiene mucho más que ver con su *regeneración* (la iluminación del Espíritu) que con su *consagración* o *conversión*. Aunque el mismo Edwards en su teología no hace una diferencia en ambos eventos de la economía redentora y el *ordo salutis*, si somos precisos, no es lo mismo. Los teólogos más recientes han acentuado la diferencia entre regeneración y conversión, aunque sean eventos salvadores necesarios, pero no necesariamente idénticos en el *ordo salutis*. De hecho, las grandes confesiones muestran una diferencia importante entre ambas doctrinas, aunque sean tratadas en el mismo acápite.

Traigamos de nuevo la cita de lo que Edwards describió que sucedió en aquella primavera de 1721:

*La primera vez* que recuerdo de esa clase interior de *gran deleite en Dios y de las cosas divinas*, eso que yo he vivido mucho desde entonces, fue al

---

[174] Ver aquí: Marsden. *JE, A Life*, pp. 44-58.

> leer esas palabras en 1 Timoteo 1:17… Al estar leyendo esas palabras, ellas vinieron a mi alma, y fue como si hubieran derramado en ella, *una sensación de la gloria del Divino Ser*; **una nueva sensación**, bastante diferente de cualquier cosa que hubiera experimentado anteriormente… oré de una manera bastante diferente a la que estaba acostumbrado con *una nueva clase de afecto.*

Ahora, note la cadencia de ese mismo párrafo al final:

> Pero nunca vino a mi pensamiento, que hubiera algo espiritual, o de una naturaleza salvadora en esto.‡

Notemos lo que el mismo Edwards dice en la última oración del párrafo anterior (resaltado en negrita); es decir, aunque le había asaltado una sensación gloriosa y una luz para saborear y comprender las Escrituras, él mismo relata "pero **nunca vino a mi pensamiento, que hubiera algo espiritual, o de una naturaleza salvadora en esto**". Es lógico ver aquí que hubo una infusión del Espíritu de Gracia, pero eso no es equivalente a la conversión. Creemos que eso es literalmente nombrado en las doctrinas cristianas como la "regeneración".

Ahora bien, "desde su primera entrada en el "Diario", el 18 de diciembre de 1722, Edwards hizo referencia al hecho de que su experiencia de conversión no parecía ajustarse a la morfología dominante de conversión tal como la concebían la mayoría de los puritanos de Nueva Inglaterra. Durante nueve meses, esto seguiría siendo un problema, un tema recurrente en el "Diario". A diferencia de muchos evangélicos modernos, los puritanos abogaban por un relato preparatorio de la conversión. Rechazaron la noción de que la conversión es normalmente un momento de fe profesada que es más o menos simultánea con la regeneración y que normalmente va acompañada de la seguridad de la salvación. Más bien, consideraban que la conversión era un proceso gradual que seguía pasos particulares, tomaba un período prolongado de tiempo e involucraba varios medios de gracia que preparaban a uno para la regeneración, como la lectura de la Biblia, la oración y la asistencia a la adoración. Un paso clave que evidenció que uno podría ser regenerado fue experimentar "terrores legales", o estar tan abrumado por la pecaminosidad que lo lleve a uno a una completa dependencia de la gracia de Dios. Normalmente, la seguridad de la regeneración no llega hasta mucho más tarde".[175]

Edwards creyó que el Espíritu iniciaba haciendo su obra de gracia antes de la experiencia misma de salvación. En una carta explicando los

---

‡ Es decir, él no hizo ningún voto o decisión en ese momento.

175 Finn & Kimble. Pp. 59, 60.

menesteres de la fe salvadora que escribió al Rev. Thomas Gillespie de Escocia, el 02 de abril de 1750, le respondió en un punto (en el que aparentemente Gillespie le había malentendido en una carta previa o en algún libro escrito por Edwards) del siguiente modo:

> Es claramente imposible que la gracia comience a dejar de estar inactiva de otra manera que no sea al comenzar a estar activa. Debe comenzar con los actos renovados de una gracia u otra: y no sé nada de lo que haya dicho en sentido contrario, sino que la gracia que primero comenzará sensiblemente a revivir será la fe, y que esta abrirá el camino hacia los actos de renovación de toda otra gracia, y al actuar ulterior de la fe misma.[176]

## ¿Qué es lo que notamos, entonces, en aquellos eventos en la vida de Edwards?

Lo que creo que se puede notar en aquella "primera experiencia" de que habla Jonathan, es lo que en teología nombramos como "regeneración";[‡] pues es a partir de *ese primer despertar espiritual* que comenzamos a ver el abismo entre la majestad de Dios y nuestra propia bajeza, lo que eventualmente nos llevará a "la conversión".[†] De hecho, Edwards nos deja saber que al regresar a Windsor aún tenía dudas sobre algunos asuntos espirituales. Y claro, no se trata de la misma conversación que había sostenido antes por año y medio con sus padres sobre la conversión.[177] Ahora se trataba de aquella ocasión cuando regresó de New York. Observemos:

> No mucho después que comencé a experimentar estas cosas, le conté a mi padre algunas cosas que habían pasado por mi mente, yo estaba muy afectado por la plática que sostuvimos y cuando esta terminó, caminé

---

[176] Task Library, ALS, six quarto leaves. Published in *Edinburgh Quarterly Magazine* 1 [1798], 337—54; Dwight ed., *1*, 287—97; *Works, 2*, 501—13.

[‡] Regeneración o nuevo nacimiento, que no es en sí ni la conversión, ni la justificación. La regeneración es una operación espiritual en la que el Espíritu Santo ilumina el corazón del pecador. Explico la correlación entre las doctrinas salvadoras en mi libro "Entendiendo la fe y la salvación".

[†] Es necesario apreciar aquí que Edwards nunca vio una diferencia entre la regeneración y la conversión. No obstante, creo que tenemos razones y elementos suficientes para considerar que la regeneración y la conversión, aunque ambas son operaciones espirituales, y ambas son aristas de la obra de salvación, no necesariamente son lo mismo; y a mi juicio, como creo demostrar en mi libro "Entendiendo la fe y la salvación", la regeneración es una obra del Espíritu que antecede en momento a la conversión o el arrepentimiento.

[177] Edwards definió la conversión de la siguiente manera: "El Volverse del hombre entero del pecado a Dios". (Los afectos religiosos, p.71).

solo en los pastos de mi padre, por un lugar solitario, para tener un tiempo de contemplación.

Edwards sigue relatando en el párrafo siguiente:

Después de esto, mi entendimiento de las cosas divinas creció gradualmente y vino a ser más real, y a tener más de esa dulzura interna. La apariencia de todo lo demás fue cambiada.

Es decir, que la experiencia en la primavera de 1721[*] y las determinaciones del 12 de enero de 1723, son dos asuntos diferentes que le sucedieron a Edwards en lo que podemos denominar "el orden de la salvación". Ambas cosas están indefectiblemente conectadas, y ambas son de la misma naturaleza, a saber, espiritual. Pero, se trata, creemos, de la diferencia entre la "regeneración, nuevo nacimiento o llamamiento eficaz, e incluso, iluminación espiritual" (que es una experiencia interna y secreta en el alma) y "la conversión, arrepentimiento y/o consagración" (que además del elemento interior, suele acompañarse con acciones externas de confesión, oración, conversación, votos, bautismo (en el caso de los menonitas y bautistas), etc. Ambas experiencias han de acontecer a los escogidos de Dios. Algunos no notarán ninguna diferencia de tiempo entre un suceso y el otro, otros sí. Unos notarán una brecha breve de horas, días o pocas semanas entre la iluminación y la conversión, otros mucho más de un año, como el caso de Edwards según aparenta. Otros nunca se podrán dar cuenta, especulo, del entorno y el momento precisos en que fueron regenerados. Edwards dijo a esto: "nunca vino a mi pensamiento, que hubiera algo espiritual, o de una naturaleza salvadora en esto"; refiriéndose a aquel nuevo sentido de las cosas que experimentó aquel día cuando estaba cursando su maestría en New Haven.

El vocabulario de Edwards debe ser entendido. Por ejemplo, antes de aquella "primera convicción", en la que le fueron abiertos los ojos para gustar la belleza de las Escrituras, es decir, las excelencias divinas, y comenzar a ver con más intensidad la negrura de sus faltas, Edwards recuerda:

Tuve grandes y violentas luchas internas, hasta que después de muchos conflictos con las perversas inclinaciones, repetidas resoluciones y compromisos bajo los cuales me había propuesto yo mismo, como una clase de votos a Dios, **fui sanado totalmente** para romper con todos los caminos perversos, y todas las formas de pecados carnales exteriores, **y para dedicar mi vida a buscar la salvación**, y a realizar muchos deberes religiosos pero sin esa clase de emociones y delicias que yo anteriormente experimenté.

---

[*] O al final del invierno de 1720.

Notemos que el habla de "dedicar su vida a la búsqueda de la salvación". Evidente es entonces que a lo menos en algún sentido sentía no tener tal gracia por entonces, o que pensaba en ella como un proceso. Pero que sin embargo era claro que alguna obra del Espíritu estaba siendo una realidad en él, si bien al momento que aconteció no se daba cuenta de la influencia y acción del Espíritu en él. ¿O acaso alguien puede gustar de la verdad sin haber sido iluminado por el Espíritu? ¿Podría alguien comenzar a ver y gustar del reino de Dios sin antes haber nacido de nuevo? El mismo Edwards se opuso rotundamente a conceder la mínima posibilidad de que alguien pueda gustar tan solo una chispa de lo espiritual sin haber sido regenerado. En el mismo párrafo que cité anteriormente, a continuación, Edwards escribe:

> Mi interés ahora trajo más luchas internas y conflictos y autorreflexión. **Hice de buscar la salvación el asunto más importante de mi vida.** Pero, aun así, me parecía, que la buscaba en una manera miserable, la cual me hizo algunas veces preguntarme si alguna vez llegaría a aquello que era salvarse. Estaba listo para dudar si alguna vez esa búsqueda miserable tendría éxito. **Fui ciertamente llevado a buscar la salvación, de una forma como nunca antes lo había sido.** *Sentía un espíritu de romper con todas las cosas en el mundo, para un mayor interés en Cristo.* Mis preocupaciones continuaron y prevalecieron con muchos pensamientos y luchas internas; pero, aun así, el expresar esa preocupación por el nombre de terror, nunca parecía ser la forma apropiada.

Sobre su terror, escribiría luego de convertido: "Antes [de mi conversión] solía asustarme descomunalmente con los truenos y con las tormentas de truenos; pero ahora, por el contrario, me gozo en ello, siento a Dios, si puedo expresarme así, cuando suceden las tormentas de truenos; y suelo aprovechar la ocasión, en tales momentos, para repararme con tal de ver las nubes, el espectáculo de los rayos, y escuchar la majestuosa y temeraria voz de los truenos de Dios, que a menudo es extremadamente entretenido, guiándome a contemplaciones dulces de mi Dios".[178]

De hecho, es justamente dos párrafos después del anteriormente citado de su "Narrativa personal" que Edwards relata aquel acontecer interior que le llevó a entender las Escrituras y contemplar a Cristo de una manera que nunca antes había acontecido. Según su relato: **La primera vez** que yo recuerdo de *esa clase interior de* **gran deleite en Dios y de las cosas divinas**, eso que yo he vivido mucho desde entonces, fue al leer esas palabras en 1 Timoteo 1:17… Fue en aquel preciso momento cuando dejó de luchar en su interior respecto especialmente a la doctrina de la

---

[178] Grampton. P. 11.

soberanía de Dios en la salvación y la justicia divina en salvar a unos y endurecerse hacia otros.

El énfasis en la ocasión de aquella "primera convicción" que Edwards experimentó, de la que nos habla abundantemente en su "Narrativa", como hemos recorrido y discutido hasta aquí, lo hemos provisto no porque dicha fecha sea trascendental para nuestros fines en esta obra, sino porque esta "doctrina" y "experiencia" serán caballos de batalla en todo el ministerio de la Palabra del Rev. Jonathan Edwards. Además, creo que ayudará a los investigadores a reducir los ruidos que transmite cualquier data y análisis incorrectos en la que algunos críticos y biógrafos anteriores hayan incurrido respecto de la vida y obra de Jonathan Edwards, quizás sin ninguna intención malsana de fondo.

Entonces, hubo cuatro eventos en la vida de Edwards en este aspecto:

1. *Su bautismo.* El Sabbat 14 de octubre de 1703.[†] De seguro le fue administrado por su padre en Windsor.
2. *Su membresía.* En las iglesias más conservadoras los candidatos habilitados debían dar testimonio público para ser aceptados como miembros. Especulamos que tal suceso aconteció muy probablemente cuando tenía entre 11 y 12 años, durante el avivamiento en Windsor.
3. *La primera convicción*, como él le llamó, le aconteció según su testimonio en la primavera de 1721, mientras se capacitaba a nivel de maestría en Yale. Presuntamente *la regeneración*.
4. Su consagración absoluta a Dios y a la causa de la religión le aconteció el 12 de enero de 1723 (mientras vivía y ministraba en NY). El más específico momento en que le ocurrió una conversión verdadera y definitiva. Presuntamente *su conversión*.

En el capítulo VIII de esta obra, titulado "Un boceto del carácter del Rev. Jonathan Edwards", especialmente en la sección "Edwards, el ser humano",[*] traeremos a colación varias de las entradas de Jonathan en su interrumpido Diario, ligado a varias resoluciones relacionadas con dichas entradas, mayormente tomadas entre 1722 y 1723, que creo nos arrojarán más luz al respecto.

---

[†] La costumbre de la época era bautizar al párvulo a distancia de una semana a partir de su nacimiento, como vimos que Edwards hizo con los suyos. Puesto que Edwards nació el viernes 05 de octubre del año 1703 de nuestro Señor, podemos casi asegurar que tal sacramento le fue administrado el domingo 14 de octubre, según la costumbre de los Congregacionalistas por la época.

[*] Consulte: Cap. VIII de esta obra.

## ¿Cómo evaluamos, entonces, la conversión verdadera a la luz del testimonio y la teología de Edwards?

Edwards entendió la salvación no solo como la justificación legal que corresponde al veredicto federal de Dios sobre sus escogidos (como enfatizaron los reformadores magisteriales), sino que comprendió que había un elemento experimental poderoso que era obrado por la operación y habitación del Espíritu Santo en los justificados, que es el fruto de la conversión. Creyó que la "conversión" acontece de forma súbita y definitiva. Así definió el asunto en cuanto a su naturaleza:

> "La representación de esta concesión en la Escritura fuertemente *implica y significa un cambio de la naturaleza…* Por lo cual si no hay *un gran y notable cambio permanente en las personas* –que piensen que ellos han experimentado una obra de *conversión*–, vanas son todos sus imaginaciones y pretensiones, aunque hayan sido afectados… *La conversión es un cambio grande y universal del hombre, volviéndolo del pecado a Dios.* Un hombre podría abstenerse de pecar; pero cuando se convierte, no solo se abstiene, sino que, *el mismo corazón y naturaleza es vuelto del pecado a la santidad; de allí que sea un hombre santo".*[179]

El cambio o transformación es radical, conduce a la abstinencia del pecado, según comprendió Edwards lo establecido en las Sagradas Escrituras. Parafraseo otra declaración de Edwards sobre este mismo asunto: "El convertido ve nuevas todas las cosas. Ve las cosas de la religión totalmente nuevas; ve la predicación completamente nueva; entiende las historias de la Biblia de una manera nueva a como las entendía antes… es decir, a la ley de esa Nueva Luce".[180] Y al entender todo a la luz de la verdad revelada en las Escrituras, y teniendo al Espíritu de Dios morando en él, entonces vive en vida nueva.

## Concluyendo la "Narrativa personal"

Con el objeto de que tengas el platillo completo, y no solo una selección provista por alguien con algún interés, a continuación, plasmamos el resto de la "Narrativa", la cual sigue arrojándonos mucha luz sobre la vida del pastor Jonathan Edwards:

### Mientras trabajaba como tutor en New Haven

En septiembre de 1725, contraje una enfermedad en New Haven; y tratando de ir a casa en Windsor, estuve tan enfermo en North Village que

---

[179] *JEW*, 2:340-341.
[180] Ver: Grampton, pp. 10, 11.

no pude ir más allá: allí yací enfermo durante aproximadamente tres meses. Y en tal enfermedad, Dios se complació en visitarme nuevamente con las dulces influencias de su Espíritu. Mi mente estaba muy ocupada allí en contemplaciones divinas, agradables y anheladas del alma. Observé que aquellos que miraban conmigo, a menudo estaban vigilantes por la mañana, y parecían desearlo. Lo que me recordó esas palabras del salmista, del que mi alma con dulzura hizo su propio lenguaje: *Mi alma espera al Señor más que los que vigilan la mañana: digo, más que los que vigilan la mañana* (Salmos 130:6). Y cuando llegó la luz de la mañana y los rayos del sol entraron por las ventanas, refrescaba mi alma de una mañana a otra. Me pareció una imagen de la dulce luz de la gloria de Dios.

Recuerdo que, por esa época, *solía desear* **la conversión** *de algunos que me preocupaban*. Me pareció que podría honrarlos gustosamente, y con deleite ser un sirviente para ellos, y postrarme a sus pies, si ellos hubieran sido santos.

Pero en algún momento después de esto, *me volví a desviar enormemente en mi pensamiento*, con algunas preocupaciones temporales,[§] que excesivamente retomó mis pensamientos, tan grandes que hirieron mi alma: y acudí a varios ejercicios, que sería tedioso relatar, pero que me dotaron de mucha más **experiencia** de mi propio corazón que la que nunca antes tuve.

En la parte restante de su "Narrativa", como plasmamos a continuación, Edwards va a repetir, aunque con una mayor convicción, sus innumerables disfrutes, experiencias, sentidos, afectos y anhelos por Dios, las doctrinas del evangelio, por Cristo, por el Espíritu Santo y por la Santísima Trinidad, por las Escrituras, etc. Hará un relato breve de algunas experiencias y visiones, como a menudo tenía. Luego, hará una radiografía contemplativa y experimental de su infinita pecaminosidad y sus sentimientos debido a tal realidad.

## Viviendo y sirviendo en Northampton, ahora con firmes convicciones

Desde que llegué a esta ciudad,[181] a menudo **he tenido una dulce complacencia en Dios en vista de sus gloriosas perfecciones y de la excelencia de Jesucristo**. Dios me ha parecido un ser glorioso y amantísimo, principalmente a causa de su santidad. **La santidad de Dios siempre me ha parecido el más encantador de todos sus atributos. Las doctrinas de la soberanía absoluta de Dios, y la libre gracia**, al

---

[§] Después de una larga convalecencia en Windsor del Este, J. Edwards regresó a principios del verano de 1726 a la tutoría en New Haven y permaneció hasta el final de la sesión en septiembre.

[181] "Northampton", Massachusetts. (Hopkins, p. 33*n*; Dwight ed., *1*, 131).

mostrar misericordia a quien él mostraría misericordia; y la dependencia absoluta del hombre de las operaciones del Espíritu Santo de Dios, a menudo me han parecido como dulces y gloriosas doctrinas. **Estas doctrinas han sido mi gran deleite.** La soberanía de Dios me ha parecido como gran parte de su gloria. A menudo ha sido dulce para mí ir a Dios, adorarlo como un Dios soberano y pedirle misericordia soberana.

Me han encantado **las doctrinas del *evangelio***: han estado en mi alma como pastos verdes. *El evangelio* me ha parecido el tesoro más rico; el tesoro que más he deseado, y anhelaba que pudiera morar en mí. El camino de salvación por Cristo, me ha parecido de manera general, glorioso y excelente, y de lo más agradable y bello. *A menudo me ha parecido que, recibirlo de cualquier otra manera, en gran medida minaría el cielo.* Ese texto –de Isaías 32:2– a menudo me ha afectado y ha sido encantador: *Y será aquel varón como escondedero contra el viento, y como refugio contra el turbión*, etc.

A menudo me ha parecido dulce estar unido a Cristo; tenerlo como mi cabeza y ser miembro de su cuerpo, y también tener a Cristo como mi Maestro y Profeta. Muy a menudo pienso con dulzura, anhelos y jadeos del alma, ser un niño pequeño, abrazar a Cristo y ser guiado por él a través del desierto de este mundo. Ese texto, Mateo 18 al principio, a menudo me ha sido dulce: *A menos que se conviertan y sean como los niños pequeños*, etc. Me encanta pensar en venir a Cristo, recibir la salvación de Él, pobre en espíritu y bastante vacío de sí mismo; humildemente exaltándolo solo; separado completamente de mi propia raíz, y para crecer dentro y fuera de Cristo: tener a Dios en Cristo para ser todo en todos; y vivir por fe en el Hijo de Dios, una vida de confianza humilde e inquebrantable en él. Esa Escritura a menudo me ha sido dulce, Salmos 115:1: *No a nosotros, Señor, no a nosotros, sino a tu nombre da gloria, por tu misericordia y por tu verdad*. Y esas palabras de Cristo en Lucas 10:21: *En esa hora Jesús se regocijó en el Espíritu, y dijo: Te doy gracias, Padre, Señor del cielo y de la tierra, por haber escondido estas cosas de los sabios y de los entendidos, y se la has revelado a los niños: Sí, Padre, porque así te pareció bien a la vista*. Esa soberanía de Dios por la que Cristo se regocijó, me pareció digna de regocijo; y ese regocijo de Cristo, me pareció mostrar la excelencia de Cristo, y el Espíritu del cual era.

Algunas veces solo mencionar una sola palabra, hace que mi corazón arda dentro de mí: o solo ver el nombre de Cristo, o el nombre de algún atributo de Dios. Y Dios me ha parecido glorioso, a causa de **la Trinidad**. Me ha hecho tener pensamientos exaltados de Dios, que **él subsiste en tres personas; Padre, Hijo y Espíritu Santo**.

Las alegrías y placeres más dulces que he experimentado no han sido las que surgieron de la esperanza de mi propio bien; pero *en una visión directa de las cosas gloriosas del evangelio*. Cuando disfruto de esta dulzura, parece llevarme por encima de los pensamientos de mi propio estado seguro. Parece en estos momentos una pérdida que no puedo soportar, quitar la vista del objeto glorioso y agradable que contemplo sin mí, mirarme a mí mismo y a mi propio bien.

Mi corazón ha estado muy enfocado en el avance del reino de Cristo en el mundo. Las historias del avance pasado del reino de Cristo, han sido dulces para mí. Cuando he leído historias de épocas pasadas, lo más placentero en todas mis lecturas ha sido leer sobre la promoción del reino de Cristo. Y cuando he esperado en mi lectura, llegar a tal cosa, lo he sorteado* todo el tiempo mientras leía. *Y mi mente ha estado muy entretenida y encantada, con las promesas y profecías de las Escrituras, del futuro avance glorioso del reino de Cristo en la tierra.*

A veces he tenido la sensación de la excelente plenitud de Cristo, y su encuentro y adecuación como salvador; por lo cual se me ha aparecido, por encima de todo, el Jefe de diez mil. Y su sangre y expiación han aparecido dulces, y su justicia dulce; que siempre va acompañado de una aridez de espíritu y luchas internas, respiraciones y gemidos que no se pueden pronunciar, vaciar de mí mismo y tragar en Cristo. Una vez, mientras salía al bosque por mi salud, *anno* 1737; y habiendo montado mi caballo hacia un lugar retirado, como siempre lo he hecho, con miras a caminar para contemplar y orar divinamente; **tuve una visión**, *que para mí era extraordinaria, de la gloria del Hijo de Dios; como mediador entre Dios y el hombre; y su maravillosa, grande, plena, pura y dulce gracia y amor, y mansa y gentil condescendencia.* Esta gracia, que me pareció tan tranquila y dulce, apareció muy por encima de los cielos. La persona de Cristo parecía inefablemente excelente, con una excelencia lo suficientemente grande como para consumir todo pensamiento y concepción. Lo cual continuó, lo más cerca que puedo juzgar, aproximadamente una hora; lo que me mantuvo, la mayor parte del tiempo, en un torrente de lágrimas y llorando en voz alta. Sentí, sin embargo, una aridez de ser, lo que no sé cómo expresar de otra manera, que ser vaciado y aniquilado; yacer en el polvo y estar lleno solo de Cristo; amarlo con un amor santo y puro; confiar en él; vivir de él; servirle y seguirlo, y estar totalmente envuelto en la plenitud de Cristo; y ser perfectamente santificado y hecho puro, con una pureza divina y celestial. *Muchas otras veces*, **tuve visiones** *de la misma naturaleza, y eso tuvo los mismos efectos.*

Muchas veces he **sentido** *la gloria de la tercera persona en la Trinidad, en su oficio de Santificador; en sus santas operaciones comunicando luz divina y vida al alma.* Dios, en las comunicaciones de su Espíritu Santo, ha aparecido como una fuente infinita de gloria divina y dulzura; estar lleno y suficiente para llenar y satisfacer el alma: derramándose en dulces comunicaciones, como el sol en su gloria, dulce y agradablemente difundiendo luz y vida.

A veces *he tenido un sentido afectivo de la excelencia de la palabra de Dios*, como palabra de vida; como la luz de la vida; una palabra dulce, excelente y vivificante: acompañada de una sed después de esa palabra, para que pueda morar abundantemente en mi corazón.

A continuación, Edwards, en su "Narrativa", se encargará de describir su pecaminosidad, mostrando su asombro de no poder ver más pecados y

---

* P. ej. "confió en él" o "lo buscó".

vileza, y qué sentimientos les causa toda aquella triste realidad, tanto como sus deseos y anhelos sobre este particular.

A menudo, desde que he vivido en este pueblo,[†] **he tenido visiones muy impactantes sobre mi propia pecaminosidad y vileza**; con mucha frecuencia para sostenerme en una especie de fuertes lloros, a veces juntos durante un tiempo considerable: de modo que a menudo me he visto obligado a callarme. *He tenido un sentido mucho mayor de mi propia maldad y la maldad de mi corazón, desde* **mi conversión**, *como nunca antes*. A menudo me ha parecido que si Dios marcara la iniquidad contra mí, yo debería parecer lo peor de toda la humanidad; de todo lo que ha sido desde el comienzo del mundo hasta este momento: y que debería tener, por mucho, el lugar más bajo en el infierno. Cuando otros que han venido a hablar conmigo sobre sus preocupaciones del alma, han expresado el sentido que han tenido de su propia maldad, al decir que les parecía que eran tan malos como el mismo diablo; pensé que sus expresiones parecían excesivamente débiles y serviles, para representar mi maldad. Pensé que debía hacerles saber, que ellos deberían contentarse con tales expresiones, si tuviera alguna razón para imaginar que su pecado tenía alguna proporción con el mío. Me pareció que debía preguntarme, si debería expresar mi maldad en términos tan frívolos cual los de ellos.

Mi maldad, como soy en mí mismo, me ha parecido durante mucho tiempo perfectamente inefable, e ingerí infinitamente todo pensamiento e imaginación; como un diluvio infinito, o montañas infinitas sobre mi cabeza. No sé cómo expresar mejor lo que mis pecados me parecen ser que acumular infinito sobre infinito y multiplicar infinito por infinito. Me he conducido muy a menudo, durante tantos años, con estas expresiones en mi mente y en mi boca, "infinito sobre infinito". Cuando miro a lo interno de mi corazón y veo mi maldad, parece un abismo infinitamente más profundo que el infierno. Y me parece que si no fuera por la gracia gratuita, exaltada y elevada hasta la altura infinita de toda la plenitud y gloria del gran Jehová, y que el brazo de su poder y gracia se extendió, con toda la majestad de su poder, y en toda la gloria de su soberanía; debería aparecer hundido en mis pecados infinitamente debajo del infierno mismo, mucho más allá de la vista de todo, por el ojo penetrante de la gracia de Dios, que puede penetrar incluso hasta tal profundidad y hasta el fondo de tal abismo. Y, sin embargo, *no estoy en absoluto inclinado a pensar que tengo una mayor convicción de pecado que la ordinaria. Me parece que mi convicción de pecado es muy pequeña y débil*. Me parece lo suficiente como para sorprenderme, que no tengo un mayor sentido de mi pecado. Ciertamente, sé que tengo muy poco sentido de mi pecaminosidad. *Que mis pecados me parezcan tan grandes, no me parece que lo sea, porque tengo mucha más convicción de pecado que otros cristianos, sino porque soy mucho peor y tengo mucha más maldad de la que convencerme.*

---

[†] Northampton.

Cuando tuve estos turnos de llorar y llorar por mis pecados, pensé que sabía en ese momento que mi arrepentimiento no era nada para mi pecado.

*Últimamente he deseado mucho, tener un corazón roto y estar postrado ante Dios. Y cuando le pido humildad[†] a Dios, no puedo soportar los pensamientos de no ser más humilde que otros cristianos.* Me parece que, aunque sus grados de humildad pueden ser adecuados para ellos; sin embargo, sería una vil exaltación propia en mí, no ser el más humilde de toda la humanidad. Otros hablan de su anhelo de ser humillados hasta el polvo. Aunque esa puede ser una expresión adecuada para ellos, siempre pienso por mí mismo, que debería ser humillado debajo del infierno. Es una expresión que durante mucho tiempo ha sido natural para mí usar en la oración a Dios. Debería estar postrado infinitamente por debajo delante Dios. Me afecta pensar lo ignorante que era, cuando era un joven cristiano, de las hondas e infinitas profundidades de **maldad, orgullo, hipocresía y engaño que quedaban en mi corazón**.

*Tengo un vasto y grande sentido, de mi universal y absoluta dependencia de la gracia y la fuerza de Dios, y el mero buen placer, de lo que formalmente solía tener antes; y he experimentado más aborrecimiento de mi propia justicia.* La idea de cualquier consuelo o alegría que surja en mí, en cualquier consideración o reflexión sobre mi propia amabilidad, o cualquiera de mis actuaciones o experiencias, o cualquier bondad de corazón o vida, es nauseabunda y detestable para mí. Y, sin embargo, **estoy muy afligido con un espíritu orgulloso y farisaico**; mucho más sensible de lo que solía ser antes. Veo a esa serpiente levantarse y extender su cabeza, continuamente, en todas partes, a mi alrededor.

El Edwards maduro, en contraste con aquel joven orgulloso y arrogante que fue, lo cual le avergonzaba, tuvo un sentido acabado de la doctrina de la "depravación total". De nuevo, asuntos que debió haber estudiado decenas de veces en casa, bajo la tutela de su consagrado y puritano padre; no obstante, hubo un extraño fenómeno en su captación doctrinal temprana. Sus convicciones tempranas, increíblemente, eran del tipo racionalistas y humanistas (por no decir arminianas), pues cual confesó en esta narrativa "odiaba la doctrina de la soberanía de Dios". Y en esta cadencia de su confesión, notamos que en su juventud Edwards fue muy orgulloso. Ambas cosas eran, a comprensión del mismo Edwards, evidencias de un corazón no convertido. No que el orgullo y el fariseísmo le habían abandonado en su adultez, sino que aunque siempre estuvieron presentes y al acecho para emerger, al comprender su pecaminosidad y sus deberes, los mantuvo a raya, bajo la operación del Espíritu de Cristo. En su juventud pensó que su propio esfuerzo y trato tendrían éxito en su santidad; pero cuando comprendió las doctrinas, entonces aprendió qué hacer con su maldad innata.

---

[†] Edwards siempre reconoció su natural orgullo y que este siempre quería emerger desde sus pasiones; a lo procuró sobreponerse.

A continuación, traemos el gran *finale* de esta "Narrativa", donde Edwards hace una comparación entre su estado actual[‡] y el estado anterior, todo visto a partir de su primera conversión.[*] Y plasma cual de todas las Doctrinas estaba por encima de las demás en su experiencia y mente.

> Aunque me parece que, en algunos aspectos, fui mucho mejor cristiano, durante dos o tres años después de **mi primera conversión**, de lo que soy ahora; y viví en un deleite y placer más constantes: aun en los últimos años, he tenido un sentido más pleno y constante de la soberanía absoluta de Dios, y un deleite en esa soberanía; y he tenido más sentido de la gloria de Cristo, como mediador, como se revela en el evangelio. Cierto sábado por la noche, tuve un descubrimiento particular de **la excelencia del evangelio de Cristo, por encima de todas las demás doctrinas;** para que no pudiera sino decirme a mí mismo: **"Esta es mi luz elegida, mi doctrina elegida": y de Cristo: "Este es mi profeta elegido"**. Me pareció dulce más allá de toda expresión, seguir a Cristo, y ser enseñado, iluminado e instruido por Él; aprender de Él y vivir con Él.
>
> *Otro sábado por la noche, enero de 1738/9, tuve la sensación de cuán dulce y bendecida era una cosa,* **caminar en el camino del deber, hacer lo que era correcto y cumplir, y agradable para la santa mente de Dios**; *que me hizo estallar en una especie de llanto fuerte, que me retuvo un tiempo; así que me vi obligado a callar y cerrar las puertas.* No pude, pero por así decirlo, *"¡Cuán felices son los que hacen lo que es justo a la vista de Dios! ¡Son realmente bendecidos, son los felices!"* Al mismo tiempo, **tenía un sentido muy conmovedor de cuán adecuado y apropiado era que Dios gobernara el mundo y ordenara todas las cosas según su propio placer; y me regocijé en eso, que Dios reinó, y que su voluntad fue hecha.**[182]

Como quizás habrás podido notar, "Narrativa personal" es una de esas piezas dulces, bellas y apasionantes que en ese género puedan ser leídas. Edwards amó el género de narrativas relativamente breves. Escribió una sobre el misionero David Brainerd, y varias, y para diferentes fines, sobre los aconteceres en los diversos avivamientos de los que él fue testigo en Northampton (y en otros lugares), trabajos que figuran dentro de sus mejores y más difundidos escritos, como "Una narrativa fiel de la sorprendente obra de Dios en Northampton entre 1734 y 1736" (de hecho, este trabajo fue originalmente más breve que las versiones luego publicadas en

---

‡     Recuerde que Edwards escribe esta 'Narrativa' unas dos décadas luego de haberse convertido, muy probablemente en los años del Gran Despertar.

*     Su "primera conversión" por el contexto parece ser una referencia a aquella "primera convicción" de la que habló al comienzo, si bien aquí sustituye aquel término por "primera conversión". Esto implica, como hicimos notar en nuestros comentarios arriba, que Edwards no hizo ninguna diferencia entre "regeneración o nuevo nacimiento" y "conversión".

182  *WJE Online Vol. 16*. Ed. Claghorn: http://edwards.yale.edu.

Londres y Boston en 1737 y 1738 respectivamente); y "Un relato del avivamiento de la religión en Northampton 1740-42". Hay varias otras en forma de carta de largas extensiones casi como las citadas, como su carta escrita a un reverendo escocés el 20 de noviembre de 1745 (de la que citaremos una buena porción en el capítulo XII sobre el gran avivamiento), o la carta escrita al reverendo escocés Thomas Gillespie, el 02 de abril de 1759, entre otras narrativas. En fin, este tipo de escrito eran el preferido por Jonathan Edwards, en cuyo estilo fue todo un maestro digno de honores tan solo por el estilo. Varios, como los publicados, fueron suficientemente largos para ser publicados como libros.

"Narrativa personal" es una de las más exquisitas piezas de este género que se halla escrito jamás en la historia cristiana. Es un tanto semejante a las "Confesiones" de Agustín, y en cierto modo, del mismo tipo que la "Carta de Calvino al Sacerdote Sadoleto", y que *De Servo Arbitrio* (El siervo albedrío) de Lutero. Lo que diferencia la "Narrativa personal" de Edwards, en gran medida, de las demás es precisamente la ternura de ser una narrativa de la historia del avivamiento de la vida de Jonathan Edwards, que involucra su regeneración y conversión, tanto como algunas de sus experiencias a lo largo de su vida cristiana y ministerial. También se distingue la belleza del lenguaje del tipo poético, mediante el cual quiso expresar sus abstracciones y aprehensiones que eran del tipo inexplicable, para lo cual tuvo que acuñar el recurso de la ilustración abstracta.

Es una pieza digna de ser leída y referida.

# IV

# El matrimonio y los hijos de los Edwards

Después de haber penetrado en las emociones de Edwards, nos es necesario disuadir el efecto de cambio de forma milagrosa que tuvimos que asumir para entrar al alma de Jonathan, y regresar a la normalidad en nuestra aventura. No obstante, regresaremos un tanto en el tiempo hasta poco antes de la colonización, navegando de nuevo por el océano Atlántico, desde Inglaterra a Nueva Inglaterra, y una vez en la tierra de los sueños, atravesar los bosques, pasar por ciudadelas y ciudades y llegar a Windsor y a New Haven, Connecticut.

## Sarah Pierpont[‡] y su familia

Sarah, que nació el 09 de enero de 1710,[¤] fue la séptima hija del matrimonio entre James Pierpont y Mary Hooker. James Pierpont fue un prestigioso clérigo congregacionalista (ordenado el 02 de julio de 1685), nació en Roxbury, Massachusetts,[183] el 04 de enero de 1659, el cual pastoreó la Primera Iglesia de New Haven desde Julio de 1685 hasta su muerte el 22 de noviembre de 1714. James egresó de Harvard en 1681, y fue uno de los fundadores del Colegio de New Haven (luego Universidad Yale, la que en su momento presidirían dos de sus descendientes —por la línea de Sarah y Jonathan—, a saber, Timothy Dwight y Theodore Dwight). De hecho, James Pierpont sirvió como administrador fundador de Yale desde el 16 de octubre de 1701 hasta su muerte. Luego de haber enviudado dos veces, primero de Abigail Davenport (hija del colono y ministro John

---

[‡]   Como ya hemos hecho notar, Pierpont es la forma más reciente del apellido Pierrepont.

[¤]   No hay un consenso total de si fue del año 1710 o del anterior que Sarah nació.

[183]   Consulte: https://archive.org/details/pierrepontgenea00moffgoog/page/n36/mode/2up.

Davenport) con quien se había casado el 27 de octubre de 1691 (quien murió el 03 de febrero del año siguiente); James se casó con Sarah Haynes (hija del Rev. Joseph Haynes) el 30 de mayo de 1694, enviudando también de esta (quien falleció el 27 de octubre de 1696). Bien que James y Sarah procrearon a Abigail Pierpont. Entonces, en 1698, James contrajo nupcias con su ahora tercera esposa Mary Hooker[184] (1663–1740) de Farmington (hija del Rev. Samuel Hooker, y nieta del **Rev. John Hooker**). James y Mary tuvieron 8 hijos, 6 varones y 3 hembras, entre los cuales Sarah Pierpont Hooker fue la séptima. Los Pierpont eran acaudalados. Vivían en una mansión en New Haven.[185]

Sarah Pierpont Hooker combinó una profunda, siempre quieta, piedad con una bondad personal y un gran sentido práctico.[186] Ella era de disposición jovial y alegre, una ama de llaves práctica, una esposa modelo y fue una verdadera madre para sus once hijos. Como hija de una familia aristócrata, recibió la más avanzada educación que podía recibir una fémina entonces (lo equivalente a la preparatoria). En esa época la educación colegiada era exclusiva para el género masculino.

Se escribió de Sarah en el epitafio (en la tumba conjunta en Princeton):

> "Una amiga sincera. Una vecina cortés y complaciente. Una madre judicialmente indulgente. Una esposa cariñosa y prudente. Y una cristiana muy eminente".[187]

Tryon Edwards,* —un bisnieto suyo por la línea de su hijo Jonathan Jr.—, escribió sobre su bisabuela Sarah como sigue:

> "Los poderes innatos de su mente eran de un orden superior, y su educación, para la que disfrutó de todas las ventajas, fue al mismo tiempo

---

[184] Catalogue of the First Church in New Haven de 1685 a 1757. Se puede notar el récord de membresía de Mary en la Primera Iglesia de New Haven el 19 de febrero de 1699 (https://archive.org/details/catalogueofperso00dave/page/n27/mode/2up), o sea, unos meses luego de haber contraído matrimonio con el pastor de aquella congregación, el Rev. James Pierpont.

[185] Pierrepont Genealogies. Pp. 30-37. Puedes consultar este material en línea en: https://archive.org/details/pierrepontgenea00moffgoog/page/n36/mode/2up.

[186] Schafer: https://www.britannica.com/biography/Jonathan-Edwards

[187] Jonathan Edwards Center: http://edwards.yale.edu/archive?path=aHR0cDovL2Vkd2FyZHMueWFsZS5lZHUvY2dpLWJpbi9uZXdwaGlsby9nZXRvYmplY3QucGw/Yy4zODDoxNi53amVv

* Tryon Edwards fue un teólogo y escritor estadounidense, ministro de la Segunda Iglesia Congregacional en New London, Connecticut, desde 1845 hasta 1857, después de haber servido en Rochester, New York.

minuciosa y pulida. En sus modales era amable y cortés, en su porte amable y en todas sus conversaciones y conducta era sumamente amable y atractiva. También fue un raro ejemplo de piedad temprana; habiendo exhibido, de manera notable, la vida y el poder de la religión cuando solo tenía cinco años. Y lo que es más, las entrañables esperanzas que así se excitaban, las confirmó plenamente lo uniforme y la creciente excelencia de su carácter a medida que crecía hasta la juventud y la madurez. Tal era, en verdad, la devoción de su piedad, y tan cálidos y animados sus sentimientos religiosos en cada período de su vida, que tal vez hubieran sido considerados entusiastas, si no hubieran sido controlados por su verdadera delicadeza y sana discreción. Uno que la conocía bien, antes de casarse, la describe como teniendo "una extraña dulzura en su mente y una singular pureza en sus afectos; como la más justa y concienzuda en toda su conducta; como de una maravillosa dulzura, y calma y benevolencia universal". Y en la vida futura, como cristiana y madre cristiana, se la representa como un modelo tan perfecto como se ve a menudo en la tierra.

Como cristiana, "ella era", dijo el Dr. Hopkins, "eminente por su piedad y por la religión experimental. La conversación religiosa era su deleite; y en la medida en que la corrección lo permitía, la promovía en todas las empresas. Su manera de conducirse mostró, a la vez, su clara comprensión de las cosas espirituales y divinas, y la profunda impresión que habían causado en su mente. No era meramente una conversación sobre religión, sino la religión misma, que abundaba en el corazón y fluía espontáneamente en la conversación y la vida diaria. Los cristianos más inteligentes y devotos eran sus amigos y asociados electos. Ella era sagradamente fiel a la oración secreta y a todos los deberes más privados y espirituales de la religión; siempre asistió y apreció mucho el culto social y público de Dios; y en todas las circunstancias buscó y encontró su mayor felicidad en las grandes verdades y deberes del cristianismo, haciendo de su religión el gran objetivo y negocio de la vida. Como madre cristiana, desde sus primeros años, se esforzó por formar a sus hijos para Dios. Ella oraba con regularidad y fervor con ellos y por ellos, y los instruía fielmente en las grandes doctrinas y deberes de la Biblia, y con el ejemplo y el precepto se propuso como objetivo principal prepararlos para la excelencia y utilidad en la tierra y la felicidad sin fin en el cielo".[188]

Se puede comentar de esos dos párrafos que Tryon le dedicó a su bisabuela de elegantes, impecables, híper descriptivos y completos sobre la piedad y calidad de madre, esposa y ciudadana cristiana que fue Sarah. Me parece que sin discusión alguna fue una santa digna de imitar por toda mujer cristiana.

---

[188] Edwards, Tryon. I: xi, xii.

El mismo Jonathan, quien luego de escribir lo siguiente sería su amado esposo, compuso sobre ella, al inicio de su cortejo, cuando Sarah tenía alrededor de 13 años,[189] el siguiente poema:[§]

Dicen que hay una joven en New Haven que es amada por ese Ser omnipotente que hizo y gobierna el mundo, y que hay ciertas estaciones en las que este gran Ser, de alguna manera u otra, invisiblemente viene a ella y llena su mente con tan dulce deleite que ella no se interesa en otra cosa excepto que en meditar en Él. Que ella espera que en algún momento será recibida donde Él está, ascendida de este mundo al cielo donde Él se encuentra, segura de que Él la ama demasiado para dejarla alejada de Él. Allí habitará con Él, y será cautivada con su amor y deleite para siempre. Por lo tanto, si se le presenta el mundo entero ante ella, con las mayores riquezas de sus tesoros, ella los ignora y no se preocupa por ello, y no tiene en cuenta ningún dolor o aflicción. Tiene una extraña dulzura en su mente y una singular pureza en sus afectos; es muy justa y recta en todas sus acciones; y no podrías persuadirla de hacer nada malo o pecaminoso, aunque le dieras todo el mundo, para no ofender a este gran Ser. Ella tiene una maravillosa dulzura, tranquilidad, y pensamiento de benevolencia universal; especialmente después de aquellos momentos en que este gran Dios se ha manifestado a su mente. A veces va de un lugar a otro cantando dulcemente; y parece estar siempre alegre y complacida, y nadie sabe por qué. Le encanta estar sola y pasear por los campos y las montañas, y parece tener a alguien invisible conversando con ella siempre.[190]

Tal poema fue escrito en la tapa en blanco de un libro de gramática griego, cuando parece que se preparaba para enseñar gramática griega, pues entonces era tutor en Yale. Cabría especular si Jonathan estaba pensando en gramática o en la doncella que aparentemente lo tenía fuera de sí. Pero lo muy notorio en ese poema de Edwards es la fama de la piedad de Sarah en todo el condado de New Haven, una inusual piedad para una joven de esa edad. De ahí la cláusula:

---

[189] Storms: https://www.coalicionporelevangelio.org/articulo/10-cosas-deberias-saber-jonathan-edwards/

[§] Según lo que sabemos, Edwards plasmó esta nota (que quizás es parte de una carta que le escribió a Sarah), en una página en blanco de un libro, quizás tan temprano como en 1723.

[190] Humfrey: https://www.reviveourhearts.com/true-woman/blog/sarah-edwards-leaving-legacy-godliness/. Hay varias versiones del texto y las condiciones publicadas en los archivos de Yale sobre J. E. en: http://edwards.yale.edu/archive?path=aHR0cDovL2Vkd2FyZHMueWFsZS5lZHUvY2dpLWJpbi9uZXdwaGlssb y9nZXRvYmplY3QucGw/Yy4zODoxOS53amVu

> Si se le presenta el mundo entero ante ella, con las mayores riquezas de sus tesoros, ella los ignora y no se preocupa por ello, y no tiene en cuenta ningún dolor o aflicción… no podrías persuadirla de hacer nada malo o pecaminoso, aunque le dieras todo el mundo, para no ofender a este gran Ser.

Samuel Hopkins, quien la conoció más tarde (de hecho, vivió una temporada con los Edwards —la familia de Jonathan y Sarah— por nueve meses desde diciembre de 1741), enfatizó su "peculiar belleza de expresión, el resultado combinado de bondad e inteligencia".[191]

George Whitefield, el famoso evangelista y *revivalista* inglés (quien también se hospedó en casa de los Edwards en dos ocasiones), escribió: "No he visto una pareja más dulce hasta ahora… ella… habla con sentimiento y sólidamente de las cosas de Dios, y luce ser tal ayuda idónea para su esposo que me movió… [a orar] a Dios, que se agradara en enviar a una hija de Abraham a que sea mi esposa".[192]

Desde un espectro contemporáneo, Noël Piper, haciendo un paralelismo entre Sarah y Jonathan, ha señalado que: "todos los biógrafos mencionan el contraste entre Jonathan y Sarah. Sarah procedía de una de las más distinguidas familias en Connecticut. Su educación fue la mejor que una mujer de entonces podría obtener. Ella estuvo involucrada en las habilidades sociales de una familia educada. Le encantaba la música y quizás tocaba el laúd".[193] De hecho, para sumar a esta teoría, cabe mencionar que hubo algunos músicos entre los Pierpont. Por ejemplo, James L. Pierpont[194] (hijo del ministro unitario y poeta John Pierpont), un descendiente del reverendo James Pierpont[195] (el padre de Sarah), fue el compositor[‡] del famoso "Jingle Bells".[196]

Por su parte, entonces: "Jonathan era introvertido, tímido e inquieto de conversaciones cortas… Comió con moderación… y no era un

[191] Piper, Noël. En: Piper & Tylor, p. 57.
[192] Dodds. P. ix.
[193] Piper, Noël: https://www.desiringgod.org/messages/sarah-edwards-jonathans-home-and-haven.
[194] WikiTree: https://www.wikitree.com/wiki/Pierpont-113.
[195] WikiTree: https://www.wikitree.com/wiki/Pierpont-70.
[‡] "Jingle Bells" fue compuesta por James L. Pierpont, un tataranieto del Rev. James (por cierto, el tío del famoso financista estadounidense John P. Morgan). La canción, originalmente se tituló: "*The One Horse Open Sleigh*". Publicada por primera vez en 1857.
[196] Hitory: https://www.history.com/topics/19th-century/john-pierpont-morgan.

bebedor. Era alto, desgarbado y torpemente diferente. No estaba lleno de gracias sociales. Escribió en su diario: 'Una virtud que necesito en mayor grado es la gentileza'".[197]

Sarah y Jonathan tenían en común su pasión por la música. "Él se imaginó la música como la forma más perfecta para que las personas se comuniquen el uno al otro".[198] Escribió Jonathan al respecto:

> La mejor, más hermosa y más perfecta manera que tenemos de expresarnos una dulce concordia entre nosotros es a través de la música. Cuando me formaba en mi mente una idea de una sociedad en el más alto grado feliz, pienso en ellos expresando su amor, su alegría y la concordia interior y armonía y belleza espiritual de sus almas cantando dulcemente el uno al otro.[199]

Noël Piper hace un comentario interesante aquí, dice: "Esa imagen fue solo el primer paso mental hacia un salto de las realidades humanas a las realidades celestiales, donde vio la dulce intimidad humana como una simple canción comparada con la sinfonía de armonías de la intimidad con Dios".

El Prof. Marsden nota que "el hogar de los Edwards pronto sería conocido como un lugar para la música y el canto, y la misma Sarah quizás tocaba un instrumento, muy probablemente el laúd, como a menudo solían las mujeres de esa época".[200]

A medida que Sarah crecía y Jonathan se suavizaba un poco, comenzaron a pasar más tiempo juntos. Disfrutaban caminar juntos y hablar, y aparentemente él encontró en ella una mente que igualaba su belleza. De hecho, ella le presentó un libro que era propiedad de Peter van Maastricht, un libro que más tarde influyó en el pensamiento de Jonathan sobre el Pacto.[201]

## Circunstancias del noviazgo, compromiso y matrimonio de Sarah y Jonathan

Es casi seguro que Jonathan, ya desde sus años de estudiante en Yale, supiera de la piedad y del amor casi angelical de Sarah para con Dios, y de la percepción de "su" amor personal por ella, tanto que había escrito sobre

---

[197] Pipier, Noël: https://www.desiringgod.org/messages/sarah-edwards-jonathans-home-and-haven.

[198] Piper, Noël. En Piper & Tylor, p. 57.

[199] *Ibidem, p.* 58.

[200] Marsden. *JE, A Short Life*. P. 34.

[201] Dodds. P. 25.

eso con un entusiasmo espiritual. La piedad de Sarah fue notoria desde su temprana niñez, como hizo constar Tryon Edwards. Difícilmente una niña así hubiera pasado por desapercibida en New Haven.

Ian Murray lo registra del siguiente modo: "Es posible que Jonathan la conociera durante tres o cuatro años antes del cortejo, desde sus días de estudiante en Yale. En esos días de estudiante, cuando él tenía unos dieciséis años, probablemente la habría visto cuando asistió a la Primera Iglesia [de Cristo] de New Haven, donde el padre de Sarah era el pastor".[202]

Aunque aparentemente Jonathan conocía a Sarah, el cortejo inició justamente cuando Edwards comenzó a trabajar como tutor en Yale (a donde se movió desde mayo de 1724). Elisabeth Dodds asevera que Edwards cortejó a Sarah por cuatro años a partir de 1723.[203] Se comprometieron en la primavera de 1725.[204] La boda se realizó el 28[*] de julio de 1727, apenas cinco meses luego de la ordenación de Jonathan como pastor-maestro asociado en Northampton.[205] Para entonces, Sarah contaba con 17 años de edad, y Jonathan con 24 años. Su vestido no fue blanco, sino verde olivo satinado[§] brocado con un patrón atrevido mientras esperaba a su amado. El vistió una peluca nueva empolvada con un set nuevo de banda clerical que su hermana Mary (su favorita en la familia) le había regalado para la ocasión.[206]

Noël hace notar aquí también, citando a Dodds, que "una vez, por ejemplo, Jonathan usó el amor de un hombre y una mujer como una ilustración de nuestra comprensión limitada del amor de una persona hacia Dios. 'Cuando tenemos la idea del amor de otra persona por una cosa, si es el amor de un hombre por una mujer… generalmente no tenemos una idea

---

[202] Murray. P. 91
[203] Dodds. P. 13.
[204] Piper, Noël. En Piper & Tylor, p. 58.
[*] El epitafio en Princeton dice que fue 20 de julio… y de 1727, en vez de 1728. http://edwards.yale.edu/archive?path=aHR0cDovL2Vkd2FyZHMueW FsZS51ZHUvY2dpLWJpbi9uZXdwaGlssby9nZXRvYmplY3QucGw/ Yy4zODoxNi53amVv
[205] Fecha escrita a mano por Edwards en la Biblia de la familia. Muchas de las biografías que leí registran que la boda fue en julio del 1728, pero es una fecha descuidada porque su primogénita Sarah nació precisamente el 5 de agosto de este año, lo cual sería una contradicción. Además, tanto su Biblia anotada como el epitafio en Princeton dicen que fue en julio de 1727. Noel Piper registra que fue el 28 de julio de 1727 (*The Legacy of J. E.*, p. 59).
[§] Durante los días de Martha Washington, una descendiente de Sarah remodeló el vestido, copiando la moda de la Primera dama. (Dodds, p. 27).
[206] Dodds. P. 27.

más amplia de su amor, solo tenemos una idea de sus acciones que son los efectos del amor... Tenemos una idea débil y desvanecida de sus afectos'".[207]

Ahora bien, para la ocasión de su boda, Jonathan había estado por tres años en una profunda baja espiritual. El Prof. Marsden hace notar: "Para el otoño de 1727 [unos tres meses después de la boda], Jonathan había recuperado drásticamente su orientación espiritual, específicamente su capacidad para encontrar la intensidad espiritual que había perdido durante tres años. En una extraña entrada a su Diario escribió: 'Hace alrededor de tres años, que he estado casi en todo en una baja, en una condición y estado de hundimiento, miserablemente sin sensibilidad a lo que solía estar, acerca de las cosas espirituales. Desde hace tres años, la semana antes de la graduación; por alrededor del mismo tiempo este año, comencé a estar de nuevo más o menos como solía ser antes'".[208]

Marsden especula sobre las cosas que pudieron ocasionar aquel profundo grado de frialdad en Edwards. Lo cierto es que sea cual fuere la razón, ya haya sido algún desliz natural en su sexualidad (como algún sueño mojado o incurrir en algún acto de auto gratificación), o alguna conducta en algunos estudiantes (cosa que creo no suficiente para tal nivel de depresión), o algún rechazo parcial de parte de Sarah, o haberse enterado de algún episodio feo de su pasado (como el caso de su abuela Elizabeth Tuttle§ y los desastres en esa ala familiar de sus ancestros), etc. Sea lo que sea, hay que recordar aquí que la sensibilidad de Edwards al pecado era tal que cualquier cosa que a la cristiandad moderna le podría parecer una estupidez o algo insignificante, sin embargo, no era así para los puritanos, y para Edwards. Por ejemplo, era inconcebible para la época de Edwards pensar en hacer cualquier cosa a parte de los servicios de adoración a Dios en el Sabbath (domingo), cosa que a la cristiandad moderna le tiene en general sin cuidado. Hacer cualquier cosa que no fuera adoración pública a Dios el domingo en aquella época era una profanación digna de condenación. Así era la conciencia puritana, y por tanto, la de Edwards.

Cuando Edwards llegó a Northampton, en el otoño de 1726, todavía soltero, quizás vivió un tiempo en la casa de su abuelo. Para esa fecha, su tío el coronel John Stoddard aún vivía en la casa de sus padres, aunque ya constaba con 41 años para entonces (John se casaría y establecería su propia familia en 1731). Todo esto debe ser notorio porque es probable que allí se desarrollara la inquebrantable relación que tuvo Edwards con su tío,

---

[207] Piper, Noël. En Piper & Tylor, p. 59.
[208] Marsden. *JE, A Life*. P. 111.
§   Ver: Cap. I, p. 106 de este tratado.

el cual era el magistrado más poderoso de esa región, y cuya influencia y amistad fue tan importante (y quizás más) al ministerio de Edwards que el empuje que le dio su abuelo Solomon.[209]

En su trabajo biográfico sobre Edwards, el Dr. Perry Miller especuló, entre líneas, que muchos de los logros tempranos de Edwards posiblemente estuvieron ligados más a la influencia local de su tío John Stoddard, quién tenía fuertes vínculos también en Boston, que al empuje que le propinó su abuelo Solomon. Miller sospechó, incluso, que quizás la influencia del coronel John Stoddard (el mencionado tío suyo) tuvo algo que ver con que se escogiera a Edwards para aquel discurso en la graduación en Harvard aquel jueves 08 de julio de 1731, e incluso hasta en que haya sido escogida su ponencia por el comité para ser publicado.

La boda de Jonathan con Sarah fue decorosa, conforme a la aristocracia de la época en aquella región del mundo a la cual ambos pertenecían. El tío de Edwards, John Stoddard se aseguró de que la aristocrática pareja fuese tratada con la merecida dignidad. los regalos propinados por la iglesia y la comunidad se tradujeron en suficientes fondos para que compraran una mansión[§] con su granero de 3 acres (12.000 metros cuadrados) en la ciudad, más 10 acres (40.000 metros cuadrados) más de patio, además de 40 acres (162.000 metros cuadrados) más en las afueras, más un salario sólido[210] (Miller registró que el salario fue ₤ 200.00 al año).[211]

El matrimonio de los Edwards es digno de ser estudiado y admirado. Edwards se dedicó por entero al oficio pastoral. Aunque Edwards hacía rutinas, como cortar leña (especialmente en la época invernal), limpiar el jardín en ocasiones, etc., su concentración eran los estudios y la predicación (siempre con pluma y papel a mano). Mientras no tuvieron hijos, eso les daba cierta ventaja de tiempo a los Edwards, pero fueron viniendo los hijos, y visitas frecuentes que se quedaban varios días y semanas (predicadores y demás), y jóvenes egresados (generalmente de Yale) que se quedaban varios meses (cual el caso de Samuel Hopkins que vivió con los Edwards por 8 meses), hasta año y medio (como en el caso de Joseph Bellamy), para ser entrenado en teología y en el pastoreo práctico; todo lo que implica mucha ocupación y poco tiempo para la pareja.

---

[209] Ver: Marsden, *J. E., A Short Life*, p. 33.

[§] La foto de la casa de los Edwards en Northampton es cortesía de: http://infoshare1.princeton.edu/libraries/firestone/rbsc/mudd/online_ex/edwards/case1.html.

[210] Marsden. *J. E., A Short Life*. Pp. 33, 34.

[211] Miller. P. 43. (200.00 libras equivale a aproximadamente 28.200.00 USD de hoy, año 2020).

Eventualmente fueron once hijos (el último nacido en 1750). Por tanto, como puede notarse, eventualmente las finanzas no fueron suficientes, así que los Edwards tuvieron que hacerse de un aprisco para poder sufragar las demandas de una familia de 13, sin contar los frecuentes invitados. Casi no hubo época en la que no hubiera por lo menos un huésped en la casa de los Edwards. Por ejemplo, cuando le tocó a Samuel Hopkins, que llegó a la casa de los Edwards en diciembre de 1741 (en pleno apogeo del gran despertar), habiendo salido de Yale ese mismo año. Cuando Samuel llegó a la casa, Edwards no se encontraba en la casa por varios días, había siete niños ya en la familia, y la dulce Sarah tuvo que atender al jovencito, y para colmo había llegado con cierto grado de timidez y una especie de depresión,[212] la cual los consejos de Sarah disiparon de inmediato, además de que la Sra. Edwards serviría de inspiración y motivación para el jovencito que sería uno de los más grandes líderes pro avivamiento del siglo XVIII en Nueva Inglaterra.

Todo esto nos da un espectro de las ocupaciones de aquellos padres, particularmente de Sarah. Bien que los Edwards tuvieron a Venus, una sierva joven que Jonathan compró; tuvo también a Tito, un joven esclavo negro, y quizás otra esclava llamada Leah (aunque esta, según algunos, no era una tercera, sino que era el nombre cristiano que le pusieron a Venus, la data es un tanto borrosa aquí). No obstante, en 1740, Edwards y Sarah firmaron conjuntamente una garantía legal de apoyo financiero para dos esclavos liberados en el testamento de la madrastra de Sarah Edwards. Para los habitantes de Nueva Inglaterra de su estatus de élite, la participación de los Edwards en el comercio y la propiedad de esclavos no era la excepción.[†]

Sin embargo, Edwards también condenó la crueldad del comercio de esclavos, invocando las Escrituras para hacerlo. Reconoció que Dios había permitido a los israelitas capturar y esclavizar a los cananeos, pero argumentó que esto representaba solo un caso específico. Los cristianos no podían, sostenía Edwards, transformar una dispensación "especial" en una "regla establecida". El documento revela de manera más general la creencia de Edwards en la igualdad espiritual, pero no terrenal, de europeos y africanos, una actitud reflejada en sus esfuerzos para convertir

---

[212] Piper, Noël: https://youtu.be/WdUKM4-tNWI.

[†] Bien que Edwards reconoció la crueldad del comercio de esclavos, si bien él tuvo al menos una esclava. Consideró a las personas esclavizadas como sus iguales. (Ver el interesante art. Jonathan Edwards Sr.: *Princeton & Slavery*. Por Richard Anderson, en: https://slavery.princeton.edu/stories/jonathan-edwards).

esclavos al cristianismo… En su papel ministerial, Edwards actuó de acuerdo con ese principio al admitir a nueve africanos en la congregación de Northampton como comulgantes plenos, incluida la esclava Leah. La iglesia también admitió miembros nativos americanos.[213] Además, como veremos en varias de las cartas, Edwards se refería a los esclavos en la casa de su padre con afectos familiares. Recordemos que desde niño trató a los siervos que sus padres tenían en su casa (Mercy y Tim[‡]) como familiares.

Sobre este tenor, para no dejar cabos sueltos aquí, Richard Anderson escribió: "Edwards dejó un legado formidable a las generaciones posteriores de teólogos, filósofos y clérigos. Sin embargo, evitó un reconocimiento total de la abolición de la esclavitud, legando una pesada carga moral a sus descendientes, un hecho que el propio hijo de Edwards reconoció. Como Jonathan Edwards Jr. (egresado de Princeton en 1765), siendo él mismo un teólogo estimado, escribió en 1791: *Tú … a quien ha llegado el actual resplandor de luz en cuanto a este tema, no puedes pecar a un precio tan bajo como nuestros padres*".[214]

Era la norma de la época que el cabeza de familia tuviera control y dominio sobre la esposa, los hijos y los esclavos.

## Los hijos de Sarah y Jonathan

Jonathan y Sarah tuvieron 11 hijos.[215] El siguiente es un listado de asuntos apremiantes relacionados a toda la familia. Se trata de "una copia del récord de la familia, de sus propias manos, anotado en la Biblia de la Familia":[216]

† **Jonathan Edwards**, hijo de **Timothy y Esther Edwards** de Windsor, Connecticut.
- **Yo** nací el 5 de octubre de 1703.
- Fui ordenado en Northampton el 15 de febrero, 1727.
- Contraje matrimonio con **Sarah Pierpont**, el 28 de julio, 1727.
- **Mi esposa** nació el 09 de enero, 1710.

---

213 Richard: https://slavery.princeton.edu/stories/jonathan-edwards.
‡ Mercy Brooks y Timothy Demming eran sirvientes de los Edwards. Cuando Edwards, mientras estudiaba en la universidad escribía a su querida hermana Mary, les mandaba saludos afectuosos a Mercy y a Tim.
214 Richard: https://slavery.princeton.edu/stories/jonathan-edwards.
215 En: https://www.britannica.com/biography/Jonathan-Edwards.
216 *WJE*, I: ccxxxii.

1) Mi hija **Sarah** nació un Sabbat,[*] entre las 2 y las 3 de la tarde, el 25 de agosto, 1728.

2) Mi hija **Jerusha** nació un Sabbat, a la conclusión del ejercicio de la tarde, el 26 de abril, 1730.

3) Mi hija **Esther** nació un Sabbat entre las 9 y las 10 de la noche, el 13 de febrero, 1732.

4) Mi hija **Mary** nació el 07 de abril, 1734, siendo Sabbat, a una hora y media de haber salido el sol, por la mañana.

5) Mi hija **Lucy** nació un jueves, el último día de agosto, 1736, entre las 2 y las 3 de la mañana.

6) Mi hijo **Timothy** nació el martes 25 de julio de 1738, entre las 6 y las 7 de la mañana.

7) Mi hija **Susannah** nació el viernes 20 de junio de 1740, alrededor de las 3 a.m.

- Toda la familia mencionada arriba se enfermó de sarampión al final del año 1740.

8) Mi hija **Eunice** nació la mañana del lunes 09 de mayo de 1743, como media hora luego de la media noche, y fue bautizada el sábado de esa misma semana.

9) Mi hijo **Jonathan** nació el Sabbat 26 de mayo de 1745 por la noche, entre las 9 y las 10 p.m., y fue bautizado el sábado siguiente.

- Mi hija **Jerusha** murió el sábado 14 de febrero de 1747, alrededor de las 5 a.m., a la edad de 17 años.

10) Mi hija **Elizabeth** nació el miércoles 6 de mayo de 1747, entre las 10 y las 11 de la noche, y fue bautizada el sábado siguiente.

11) Mi hijo **Pierpont** nació el Sabbat 08 de abril, 1750, entre las 8 y las 9 de la noche, y fue bautizado el domingo siguiente.

- Yo fui despedido de mi relación pastoral en la Primera Iglesia de Northampton el 22 de junio de 1750.
- Mi hija **Sarah** se casó con el **Dr. Elihu Parsons**, el 11 de junio de 1750.
- Mi hija **Mary** se casó con **Timothy Dwight**, esq. de Northampton, el 08 de noviembre, 1750.[§]

---

[*] Sabbat, es decir, domingo.

[§] **Timothy Dwight IV** (1752-1817), S.T.D, LDD., fue el segundo hijo de Mary Edwards Dwight y del Mayor Timothy Dwight III (quien batalló en la guerra revolucionaria independentista). El Dr. Timothy Dwight IV fue tutor en Yale de 1771 a 1777, y en ese año recibió su licencia de predicador, y presidente de la misma institución de 1795 hasta su muerte en 1817. Sereno Edwards Dwight (1786-1811) fue hijo de Timothy Dwight IV y Mary Woolsey Dwight. Este Sereno, bisnieto de Edwards, compiló los trabajos de Jonathan Edwards.

- Mi hija **Esther** se casó con el **Rev. Aaron Burr** de Newark, el 29 de junio de 1752.
- El **Sr. Burr**, antes mencionado, presidente del Colegio de New Jersey, murió en Princeton el 24 de septiembre de 1757, de la fiebre nerviosa. El Sr. Burr había nacido el 04 junio de 1715.
- Yo inicié la presidencia del colegio de New Jersey, el 16 de febrero de 1758.

Aquí la fecha de vida de cada uno de los hijos de **Jonathan y Sarah**: "**Sarah** (25 de agosto de 1728 – 15 de mayo de 1805), **Jerusha** (26 de abril 1730 – 14 de febrero de 1748), **Esther** (13 de febrero de 1732 – 07 de abril de 1758), **Mary** (04 de abril de 1734 – 28 de febrero de 1807), **Lucy** (31 de agosto de 1736 – 18 de octubre de 1786), **Timothy** (25 de julio de 1738 – 27 de octubre de 1813), **Susanna** (20 de enero de 1740 – 02 de mayo de 1803), **Eunice** (09 mayo de 1743 – 09 de septiembre de 1822), **Jonathan Jr.** (26 de mayo de 1745 – 01 de agosto de 1801), **Elizabeth** (06 de mayo de 1747 – 01 de enero de 1762),[†] **Pierpont** (08 abril de 1750 – 05 de abril de 1826)".[‡]

Podemos estar seguros de que Jonathan y Sarah estaban conscientes de la realidad de las promesas de Dios sobre la honra y la prosperidad de la descendencia de los piadosos (como se puede corroborar que sucedió con ellos y sus descendientes) por varias razones:

1) Ambos, Jonathan y Sarah eran descendientes de varias generaciones de piadosos, la mayoría ministros del evangelio, tanto del lado paterno como materno en ambos casos.
2) Jonathan y Sarah habían sido educados en el seno de familias muy piadosas.

Ambos, como era la costumbre para entonces en la piedad puritana, fueron educados a los pies de las Sagradas Escrituras y muy probablemente a los pies del Catecismo de John Davenport y/o el de Westminster, además de quizás la confesión de la Plataforma de Cambridge de 1648. No había necesariamente un consenso en el congregacionalismo sobre la fórmula de fe a ser utilizada, como nos deja saber el Dr. Minkema.[*] En realidad, las iglesias congregacionalistas eran literalmente de administración congregacional.

---

[†] Los apellidos de casadas de las hijas de Jonathan y Sarah fueron: Sarah (Edwards) Parsons, Jerusha Edwards, Esther (Edwards) Burr, Mary (Edwards) Dwight, Lucy (Edwards) Woodbridge, Susannah (Edwards) Porter, Eunice (Edwards) Pollock, Elizabeth Edwards (https://www.wikitree.com/wiki/Pierpont-45).

[‡] Tomado de los epitafios en honor a los Edwards (cementerio de Princeton).

[*] En cuanto al Catecismo y la Confesión de Westminster, aunque no categóricamente, era el que en general usaba el clero de Nueva Inglaterra; mientras que la

Encaja perfectamente aquí traer la narrativa de la crianza de los Edwards que plasmó el Dr. Hopkins en su excelente biografía sobre la vida y el carácter de Jonathan Edwards. Recordar aquí que el testimonio de Hopkins es de suma importancia porque además de ser un amigo de la familia y el teólogo quizás más aventajado entre quienes fueron discípulos de Edwards, fue testigo ocular ya que —entre otras y diversas ocasiones—, el Rev. Hopkins fue huésped estudiante en casa de los Edwards por ocho meses. Miremos sus observaciones en este tenor:

"Conductualmente en su familia, Edwards practicó esas escrupulosas normas precisas que eran perspicuas en todos sus caminos. Mantuvo una gran estima y consideración por su amable y excelente confort. Gran parte de la ternura y amabilidad se expresó en su conversación con ella y se condujo hacia su protección. No la admitía con frecuencia en su estudio, pero conversaba libremente con ella sobre cuestiones religiosas. Y solía orar comúnmente con ella en su Estudio, al menos una vez al día, a menos que se lo impidiera algo extraordinario. El tiempo en el que solía ser frecuentado era justo antes de irse a la cama, después de Oraciones en familia.

Como él mismo se levantaba muy temprano, solía tener a su familia en el mar por la mañana; después de lo cual, antes de que la familia entrara en los asuntos cotidianos, dirigía las Oraciones Familiares. Cuando se leyó un capítulo de la Biblia, comúnmente a la luz de las velas en el invierno; sobre lo cual hizo preguntas a sus hijos según su edad y capacidad; y aprovechó la ocasión para explicar algunos párrafos en él, o hacer cumplir cualquier deber recomendado, etc., que pensó más apropiado.

Fue extremadamente cuidadoso en lo concerniente al gobierno de su familia, en consecuencia, los niños lo reverenciaban y lo amaban. Se ocupó cuidadosamente de la cuestión del gobierno según la temporada de sus hijos. Cuando ellos descubrían cualquier poco de libertad, él los dirigía hasta que entendieran a fondo y se sometieran. Y toda prudente disciplina, ejercida con la mayor calma, y comúnmente sin dar un golpe, repetido una o dos veces, era generalmente suficiente para ese Niño; y estableció eficazmente su Autoridad paterna, y produjo una obediencia alegre permanente.

Mantuvo una estricta supervisión sobre sus hijos, de tal manera que los amonestaría a la primera vez que fallaran, con miras a dirigirlos al camino correcto. Tomaba oportunidades en sus estudios, especialmente

---

Confesión en la que se basaba, de nuevo, en general, era la Plataforma de Cambridge de 1648. (respuesta por correo electrónico del Dr. Minkema a la pregunta sobre el catecismo y la confesión que utilizaban en Nueva Inglaterra a inicios del siglo XVIII). El Dr. Minkema, además, escribió un artículo titulado *"Jonathan Edwards and the Heidelberg Catechism"* (NGTT Deel 54, Nommers 3 & 4, September en Desember 2013) en el que demuestra que Heidelberg aparece con frecuencia en las bibliotecas de los ministros de Nueva Inglaterra, y que Edwards tuvo amplio acceso a tal fórmula de fe.

en lo concerniente al cuidado de sus almas; y darles advertencias, exhortaciones y dirección en la medida que encontraba ocasiones. Se esforzó en sobremanera para instruirlos en los fundamentos de la Religión, en lo cual debió usar el Catecismo Menor Ensamblado (*Assembly's Shorter Catechism*): los guiaba en su aprendizaje y entendimiento doctrinal, le hacía más preguntas en cada respuesta, con explicaciones. El tiempo usual para esto era los sábados por las mañanas. Y como creía que el Sabbat (Domingo) iniciaba a la puesta del sol del día anterior, requería a sus niños que terminaran todo asunto secular el sábado antes de la caída de sol; cuando los reunía, un Salmo era cantado y oraciones realizadas, como una introducción a la santificación del Sabbat. Esto previno la profanación del tiempo Santo evitando atender cuestiones comunes, lo cual era habitual hacer en otras familias con reglas distintas a comenzar la observación del Sabbat el día anterior".[217]

## Westminster en el hogar de los Edwards

Los biógrafos reformados modernos, en su procura de convertir a Edwards en un calvinista puro o alto, conducen a uno a pensar que en Nueva Inglaterra se utilizaba Westminster como la norma de doctrina y enseñanza. Pero eso es algo que debe ser pronunciado con ciencia. Es cierto que Edwards fue un abanderado de Westminster. Pero, sobre Westminster en Nueva Inglaterra, por ejemplo, el Rev. Jonathan Dickinson, un ministro presbiteriano muy amigo de Edwards, probablemente desde los años en que Edwards estuvo en New York,* "había sido el participante más destacado en la 'Controversia de Suscripción' de la década de 1720, objetando el requisito de que los candidatos ministeriales en el Sínodo de Filadelfia se suscribieran a la Confesión de Westminster".[218] Eso es una muestra clara de lo tarde que los presbiterianos (que es mucho que decir) de Nueva Inglaterra terminaron asumiendo Westminster como su norma de fe y práctica. ¿Cuánto más los congregacionalistas?

Aunque Edwards usó y estimó Westminster, tal cosa no implica que automáticamente Westminster era la norma entre los congregacionalistas de América. En realidad, Edwards era en extremo objetivo. De hecho,

---

[217] Hokins. Pp. 43, 44.

* En cuya iglesia en Elizabethtown, New Jersey, Edwards predicó en el verano de 1735, y pareciera que Dickinson predicó en Northampton por la época del gran despertar también. Dickinson fue el primer presidente del Colegio de New Jersey. Defendió el presbiterianismo, atacando el episcopalismo y otros gobiernos eclesiásticos. (http://ngtt.journals.ac.za).

[218] Minkema: http://ngtt.journals.ac.za.

leyó al Dr. Gill (bautista), y hasta le prestó varios libros del famoso doctor a Hopkins. También leyó a John Glass (sandemaniano), y leyó a muchos autores arminianos (incluyendo a Isaac Watts y al Dr. John Taylor). Por lo que Edwards encontró el cuerpo doctrinal de Westminster superior al de Davenport, Heidelberg, etc., y por eso la asumió. Hay que recordar aquí que los congregacionalistas de Nueva Inglaterra veían con cierto desdén el anglicanismo (la cuna de Westminster). Por ejemplo, en New Haven (Yale) hubo un serio incidente porque dos de los miembros de la facultad, entre ellos el rector, Timothy Cutler, y uno de los dos tutores, dejaron el congregacionalismo por el anglicanismo. Por cierto, la tesis de Edwards, aunque fue sobre *la justificación por la fe solamente*, tuvo un fondo del así llamado "el asunto de Cutler",[219] contra el anglicanismo.

La realidad es que Edwards difícilmente se conformaba al *status quo*. Aunque Westminster había sido gestada en el seno de la iglesia de Inglaterra, él sabía cómo había sido diligentemente confeccionada dicha confesión de fe, la había analizado, y la consideró como un documento digno de confianza.

De hecho, a Edwards se le presentó la oportunidad de viajar a Escocia y ministrar en una iglesia presbiteriana. Aunque, por supuesto, finalmente no lo hizo, su respuesta a un colega ministerial en Escocia es quizás la más reveladora:

> Le complace, querido señor, muy amablemente preguntarme si podría firmar la Confesión de Fe de Westminster y someterme a la forma presbiteriana de gobierno de la iglesia; y ofrecerme para usar su influencia para conseguirme una llamada a alguna congregación en Escocia. Sería muy ingrato si no estuviera agradecido por tanta amabilidad y amistad.
>
> En cuanto a suscribirme a la esencia de la Confesión de Westminster, no habría ninguna dificultad; y en cuanto al gobierno presbiteriano, durante mucho tiempo he estado completamente fuera de lugar con nuestra forma inestable, independiente y confusa de gobierno de la iglesia en esta tierra. El estilo presbiteriano me ha parecido siempre más agradable a la Palabra de Dios, y a la razón y naturaleza de las cosas, aunque no puedo decir que pienso que el gobierno presbiteriano de la Iglesia de Escocia es tan perfecto que no pueda en algunos respectos ser reparado.[220]

---

[219] Finn & Kimble. P. 53.
[220] *WJE Online*, 16:355: Ed. Claghorn. https://www.alliancenet.org/placefortruth/column/theology-on-the-go/jonathan-edwards-the-Westminster-standards-and-presbyterian-.

Esto es revelador sobre Edwards. Claramente se adhería, en lo esencial, a Westminster. Y estaba frustrado con la inestabilidad del sistema de gobierno congregacionalista en su época. De hecho, en el valle del río Connecticut, al que pertenecía el oeste de Massachusetts, incluyendo Northampton (región del condado de Hampshire), el congregacionalismo tenía un matiz presbiteriano en cierto grado. Pero como veremos luego, Edwards no comulgaba del todo con una administración eclesiástica congregacionalista. Entendía que la forma sinódica era mejor forma de administrar la iglesia. La carta anterior es en respuesta, por supuesto, a que Edwards le dejó saber a sus amigos de Escocia la frustración que tenía con su congregación, razón por la que terminó eventualmente siendo despedido de Northampton. Y todo tuvo que ver, en el fondo, con su negativa al stoddardismo y a la forma de "El Pacto de Medio Camino". De hecho, sus escritos y esfuerzo, si bien no dieron resultados en vida, sí resultaron en la abolición de tales formatos administrativos poco tiempo después de su muerte, bajo los esfuerzos de sus alumnos de la "nueva divinidad".

En otra parte, Edwards habló del Catecismo de Westminster como "conteniendo *un excelente sistema de divinidad*; y nuestro propósito es predicar de acuerdo con las doctrinas de la Biblia expuestas en él".

La consistencia que lo caracterizó condujo a Edwards (y a Sarah) a usar el Catecismo Menor de Westminster en la crianza de sus hijos. Samuel Hopkins escribió: Edwards "instruyó diligentemente a sus hijos en el Catecismo Menor de Westminster".[221]

En otro lugar, en sus pronunciamientos, Edwards dice que es importante ser "sólido y claro en las grandes doctrinas del evangelio". Luego aclara lo que quiso decir: "Aquí pretendemos las doctrinas que se exhiben en *nuestro excelente Catecismo y Confesión de Fe de Westminster*". Luego dice que es importante "aparecer audaz e imparcialmente en su defensa".[222]

Esto nos debe llevar a la conclusión de que Westminster fue altamente apreciado por Edwards, por sobre las varias confesiones y catecismos que corrían y eran comunes en Nueva Inglaterra. Elogió Westminster y le pareció excelente en varios pronunciamientos tanto como mostró su aprecio y acuerdo en el grueso de sus pronunciamientos. Claro, ello no implica que haya sido de ese modo desde que Edwards tuvo uso de razón.

---

[221] *Ibidem*, p. 277.

[222] *Ibidem*.

Con respecto a sus hijos, quienes vivieron todo tipo de presión posible, debido a ser hijos de un ministro de tanta trascendencia y tantos contrastes, gracias a la eficiencia de Sarah y a la administración impecable de ambos padres, cosa que Edwards había aprendido al pie de la letra en su casa, especialmente con Timothy, sus hijos no solo fueron todos creyentes, sino sobresalientes en la fe y los oficios que ejercieron. Generalmente Sarah, según Hopkins, era la encargada de administrar el castigo, pero aquellos muchachos (que cuando Hopkins vivió con ellos los Edwards tenían ya siete hijos), "las contiendas y los pleitos", normales en la mayoría de los niños, "no eran observados entre ellos"; y sobre eso, Sarah los trataba "con toda calma y con gentileza mental".[223]

Sobre esto, por ejemplo, Jerusha, sque murió en su adolescencia, era conocida como un modelo de piedad, esto así tanto en Northampton como en muchos otros lugares. De hecho, a pesar de excesos de tipo vergonzoso que hubo por todas partes durante el Gran Despertar (como el caso característico de James Davenport), y de algunas "ventajas que Satanás evidentemente había tomado", y a pesar de lo efímero de los resultados del avivamiento anterior que había acontecido en Northampton cinco años atrás; Edwards afirmó más su fe en el avivamiento precisamente porque varios de sus hijos, incluso en su niñez, experimentaron notables avivamientos. Y, por sobre eso, la misma Sarah —criada en la aristocracia, y siempre sobria y serena—, quien aunque siempre fue elogiada por su inusitada piedad (incluso por el mismo Edwards), 'en enero de 1742 experimentó un notorio avivamiento del tipo extático'[224] y renovador, justamente a través de la predicación del Rev. Samuel Buell, un joven predicador de Suffield, quien por entonces contaba con 25 años de edad, a quien Edwards dejó en su púlpito mientras atendía otro compromiso fuera.

Cuando Edwards regresó de su viaje, Sarah le contó detalle a detalle lo que por aquellas dos semanas le había acontecido, que era una sensación de euforia y paz del tipo casi inexplicable. Y al parecer Edwards describió tal experiencia (anónimamente) en su "Algunos pensamientos concernientes al presente avivamiento de la religión en Nueva Inglaterra", publicado en el otoño de 1742.[225]

Debido a la tarea teológica, pastoral, de escritor, conferencista, predicador itinerante, académico, etc., de Edwards, y en virtud de que su salario

---

[223] Ver: Marsden, *JE, A Short Life*, p. 83.
[224] Marsden. *JE, A Short Life*. P. 83.
[225] Ver: Marsden, *JE, A Short Life*, pp. 80-85.

no aumentaba conforme a la inflación (por lo cual se quejó varias veces, según varios de los mejores biógrafos de Edwards, incluyendo a Marsden y Miller), eventualmente ellos no solo tuvieron un jardín, sino también un negocio de crianza de ovejas para venta del codiciado ganado y de la lana. Preciso se hace notar que por lo dicho, sobre la apretada agenda y compromisos de Jonathan, la Sra. Edwards tuvo que administrar los asuntos internos del hogar y de la granja. Además de estar al tanto de sus hijos y del hospedaje de las visitas que sin cesar se quedaban con ellos, incluso algunos por temporadas prolongadas como ya hemos notificado (p. ej. el caso de John Hopkins). Además, debía dirigir los asuntos de sus criados. Sarah era una mujer decorosa, piadosa, laboriosa, etc., que no debe ser pasada por alto como una pieza clave en el incomparable éxito de su esposo y de todos sus hijos.

Es saludable a este punto sacar a relucir que "Sarah podía pasar temporadas prolongadas de melancolía", y que era sensible y vulnerable a las críticas. Por ejemplo, no se permitía que su marido no fuera el más exitoso ministro, y cualquier crítica o muestra contraria le afectaba mucho. Los ciudadanos de Northampton eran muy críticos y duros con los Edwards y rumoraban que eran muy gastadores, a pesar de la moderación de Sarah en su vestir y que apenas usaba joyas con moderación. Debido a su sensibilidad a las críticas, Sarah asumía que los celos de los observadores eran faltas suyas, y oraba que la gracia de Dios le ayudara a sobreponerse a esto.[226]

El amor de Sarah y Jonathan, su modelo de administración familiar, su modelo de crianza, etc., sirvió de inspiración y modelo para muchos en toda Nueva Inglaterra. Hopkins, Whitefield y Bellamy escribirían al respecto. No debemos dejar de remarcar que el citado Dr. Samuel Hopkins fue el primer biógrafo de Edwards, y que, como hemos dejado ver, fue testigo de primera mano.

---

[226] Marsden. *JE, A Short Life*. Pp. 83, 84.

# V

# La historia del separatismo y el congregacionalismo puritano hasta Edwards

En nuestro viaje hacia la vida, obra y pensamiento del divinista Jonathan, aquí haremos una expedición político-religiosa al viejo continente y en especial al archipiélago del Imperio británico. Pero lo utilizaremos como el trampolín que nos conducirá al Nuevo Continente. Entonces zarparemos de regreso a Nueva Inglaterra para seguir en nuestra aventura hacia la vida y obra del divinista Jonathan Edwards, del cual ya hemos contemplado sus ancestros y descendencia inmediata, así como el entorno hogareño, escolar y eclesiástico en que creció. También dimos un viaje al interior del corazón de Edwards captando el momento en que ocurrió su conversión. Aquí retrocederemos unos pocos siglos y seguiremos navegando y cabalgando para conocer la historia denominacional de la religión del *revivalista* desde sus anales. Por ahora aquí solo necesitará una brújula, una pluma y sus libros de historia y geografía para verificar las paradas necesarias.

## Movimientos prerreformistas y reformistas en Europa

Se registran movimientos de reformas de la iglesia y separatistas en toda la historia del cristianismo. Sin embargo, a raíz de la rampante corrupción de la iglesia de Roma, hubo desde el siglo XIV intensos movimientos de reforma entre Inglaterra, Francia, Italia y Moravia. Entre tales movimientos podemos mencionar los Lolardos, los Husitas y los Valdenses.

Debemos aquí recordar brevemente que casi a la par con el descubrimiento del nuevo mundo que se establece para 1492 con el arribo a las islas del Caribe del Almirante genovés Cristóbal Colón, quien comandaba la expedición española en aras de encontrar una nueva ruta hacia las Indias, y coincidiendo con el Renacimiento, estalló en el viejo continente la Reforma protestante. Se le concede el inicio de la Reforma protestante al año 1517, precisamente al día 31 de octubre de tal año, día en que el monje de la orden de San Agustín, Martin Luther, clavó las muy conocidas 95 tesis en la puerta de la capilla de la ciudad de Wittemberg, en el estado de Sajonia, Alemania.

A la par con estos acontecimientos de los inicios del siglo XVI, se desarrollaban en el continente una serie de grupos muy influenciados con el cristianismo de Moravia —o de los hermanos husitas— a los que los historiadores han denominado hermanos y/o anabautistas. Los anabautistas no fueron un fenómeno solo en Alemania, sino en todo el territorio comprendido por los estados germanos y aledaños, incluidos Holanda (o reino de Orange, o Países Bajos), Moravia, Austria, Suiza, Bohemia, y claro, la región vikinga o escandinava.

Todos los grupos mencionados arriba terminaron disidiendo de Roma, debido a la imposibilidad de reformar el catolicismo, que es una organización regia e inquebrantable por su distintiva organización político-secular, heredada del Imperio romano, pero matizada de espiritualidad.

El lolardismo fue rápidamente sofocado en el territorio británico, donde se había originado en el siglo XIV. Su secuela inmediata fue el husismo en Bohemia y Moravia, que tuvo cierto éxito permanente, células importantes de cuyo movimiento permanecen hasta hoy. Pero, en 1534, apenas acabando de detonar el luteranismo en Alemania, y habiendo salido los movimientos anabautistas de la clandestinidad a raíz del poderoso movimiento de reforma magisterial; el rey Henry VIII en el citado año se separó de Roma, no por influencias de los movimientos protestantes del continente ni por antiguas influencias disidentes, sino primero por razones personales, de tipo pasional, y luego por una conveniencia política. La realidad es que Henry VIII (Tudor) nunca dejó de ser católico ni perseguidor de la iglesia verdadera. La razón fundamental de la renuncia de Inglaterra al poder Romano fue una negativa de divorcio de parte del Papa Clemente VII al tal Henry Tudor. El distinguido monarca inglés quería divorciarse de Catalina de Aragón (noble española) para casarse con Ann Bollen, Ana Bolena (inglesa). El Papa no encontró razones, y mucho menos puesto que Catalina era de la casta real española; imagínese usted, tía del emperador del Sacro Imperio Romano Germano, Carlos V, benefactor del Santo Padre y del catolicismo. Con tal muro de retención, no había forma de que Clemente VII encontrara razón alguna para favorecer los lujuriosos deseos de Henry VIII. Un sí a Henry pudo haber destruido el papado. En fin, los insanos deseos de Enrique VIII obraron para que Inglaterra se separara definitivamente de Roma; aunque Mary, la hija de Henry y Catalina, llegaría al trono e intentaría de nuevo anexar Inglaterra a Roma, pero la estructura que Henry y su hijo Edward habían erigido en suelo británico, sumado al relativamente corto reinado de Mary, era una plataforma que no viabilizaría tal retorno a Roma; además que ya la comunidad clerical de corte reformado echaba raíces en la estructura político-religiosa de Inglaterra, a cuya parcela se los denominó eventualmente "puritanos".

## El puritanismo

El puritanismo, lejos de ser una denominación o algún movimiento del tipo universal, fue más bien un movimiento religioso que tuvo lugar en el mundo angloparlante occidental, específicamente en el reino de Gran Bretaña y sus colonias en América. En esencia, la primera generación de puritanos se trató de aquella sección de la iglesia de Inglaterra que favorecía que dicha iglesia fuera controlada y dirigida por el ala reformada o presbiteriana de la reforma, como estaba sucediendo por entonces en Suiza, Escocia, Holanda y varios estados germanos; o sea una iglesia de Inglaterra reformada con forma de gobierno presbiteriano, contrario al formato de gobierno eclesiástico episcopal o anglicano —y contrario a los modelos de gobierno católico y luterano— que caracterizaba al anglicanismo entonces, que a su vez influyera lo suficiente en los asuntos de la corona para que esta fuera dirigida por un parlamento presbiteriano.

La definición que provee Marsden hace mucha justicia al movimiento. Reza: "puritanismo simplemente fue el nombre dado a un grupo de protestantes calvinistas quienes desearon llevar más lejos la reforma mediante "purificar" la iglesia de Inglaterra. Ellos quisieron eliminar toda semejanza "católico-romana" de la iglesia, imágenes, formas y prácticas y establecer una iglesia "pura" en la que solo la Biblia fuese la guía de fe, vida y adoración".[227]

El Prof. Bremer hace notar que el puritanismo estuvo contra algo, el catolicismo y cualquier comportamiento no bíblico en la vida y la religión; y persiguió algo, establecer la cristiandad en la nación, incluso políticamente hablando. Ellos, cual Lutero y Calvino, querían hacer de la sociedad un reino piadoso.[228] De ahí, como hizo notar Lloyd-Jones, "la nota más esencial y característica de los puritanos es que 'la reforma había quedado corta'".[229] El puritanismo procuró despegar todo vestigio romano de la iglesia anglicana, incluyendo su forma de gobierno, su

---

[227] Marsden: *J. E., A short Life*. Pp. 10, 1.
[228] Bremer. P. 3.
[229] Lloyd-Jones. Los puritanos, p. 356.

liturgia y el atuendo clerical. Los anglicanos evangélicos no puritanos —progresistas— se sentían satisfechos con el mero hecho de no pertenecer a Roma (había muchos anglicanos pro-Roma, netamente católicos). Los puritanos (anglicanos) eran del tipo —estáticos—, entendían que ya las Escrituras habían dictado las formas externas del culto inclusive. Para los "progresistas", las cuestiones litúrgicas, el uso de imágenes y de distintivos en la vestimenta clerical eran cuestiones irrelevantes, mientras que para los "estáticos" o "puritanos", aquellos vestigios babilónicos (romanos) eran contrarios a las Escrituras, y respondían que no eran irrelevantes porque eran obligados a proceder de tal modo. Lloyd-Jones demuestra que había una impresionante correlación, o factor común, entre ser del bando "progresista" o del "estático" atendiendo a si tal o cual ministro había estado o no en el continente por cuestiones religiosas, cabe la coincidencia que los "progresistas" nunca habían salido de Inglaterra, y los puritanos o "estáticos", sí.[230] Según Lloyd-Jones es correcto referirnos a puritanos y anglicanos en paralelo. Pero si tal hiciéremos, digo, debemos recordar que los puritanos en suelo inglés eran todos anglicanos.

En tanto que otros movimientos religiosos de los siglos XVI y XVII —el luteranismo, el calvinismo de Ginebra, entre otros— llegaron a estar tan institucionalizados que tuvieron declaraciones de fe oficiales... el puritanismo nunca logró ese tipo de identidad clara. En realidad, fue un movimiento definido en parte por la identificación personal de hombres y mujeres que se definieron a sí mismos como "piadosos" o "profesantes", y en parte por sus enemigos que los encasillaron como "rigoristas" e "hipócritas". De hecho, el término actual fue originalmente uno de oprobio usado por sus enemigos, y eventualmente asumido por los adherentes al movimiento.[231]

En 1534, bajo la asesoría del clero de Inglaterra, con el asesor laico Thomas Cromwell y el arzobispo de Canterbury Thomas Cranmer, en pleno apogeo de la Reforma protestante en el continente, el rey Henry VIII decidió separarse de Roma y declarar independiente y nacional la Iglesia de Inglaterra, de la cual el rey anglosajón sería su cabeza terrenal. La separación no tuvo nada que ver con causas y razones espirituales sino políticas, en esencia tuvo que ver con los caprichos de Henry de divorciarse de Catalina de Aragón y casarse con Ann Bollen (Ana Bolena), como puntualizamos anteriormente, cosa que le fue negada al Tudor por el papa Clemente VII.

---

[230] Ver: Lloyd-Jones, Los puritanos, p. 360.
[231] Bremer. P. 2.

En Inglaterra, Thomas Cranmer, partidario de reformas religiosas, intentó persuadir al rey de reformar la iglesia de Inglaterra, cosa que no le fue concedida. No obstante, en el reinado de Edward VI (1547-1553), hijo de Henry, Cranmer logró introducir una reforma litúrgica que se hizo palpable en el primer "Libro de oración común". Cranmer también logró que Oxford y Cambridge fueran dirigidas por dos reformadores continentales, Peter Martyr y Martin Bucer, respectivamente. Todo se estaba encaminando a una sustancial reforma en la iglesia de Inglaterra. En 1552 se aprobó el segundo libro de oración común, el cual tendía mucho más a los ideales reformados continentales.

No obstante, seguía habiendo en Inglaterra muchos pro-Roma. Y las cosas se complicaron mucho más cuando en 1553, a la muerte de Edward VI, ascendió al trono inglés su hermana Mary, hija de Henry y Catalina de Aragón. Entre intrigas, persecuciones, encarcelamientos y mucha sangre, Mary intentó retornar la iglesia de Inglaterra al control romano. Thomas Cranmer y John Hooper (obispos) con otros 300 fueron quemados como herejes por rehusar abandonar sus ideales protestantes. Otros 800 escaparon al continente, principalmente a Ginebra, Zúrich, Frankfort, Estrasburgo, donde iniciaron iglesias y se codearon con los grandes líderes reformadores del continente.

Por razones convenientes a la causa reformada, Mary murió en 1558 y fue sucedida por su hermana Elizabeth, la que estuvo en el trono desde 1558 hasta su muerte en 1603. Con Elizabeth I cesaría la dinastía de los Tudor y se le daría paso a los Stuart, de origen mixto, escocés e inglés. Elizabeth fue amiga de reformas en la iglesia de Inglaterra. Las reformas en el reinado de Elizabeth tuvieron cuatro frentes: (1) doctrina, (2) liturgia, (3) el ministerio de la predicación, y (4) la causa anti-catolicismo. Como consecuencia, eventualmente se fundó el Colegio Emmanuel, adjunto a la Universidad de Cambridge, para la formación de los ministros; aunque tanto Cambridge, *per se*, como Oxford seguían titulando ministros. Claro está, Elizabeth no se permitiría jamás, como ninguno de sus predecesores y sucesores, dejar la causa de la iglesia en mano de nadie más, cual su padre lo había forjado. Ella seguiría siendo la cabeza de la iglesia de Inglaterra.

Para muchos, Cranmer, Bucer, etc., fueron los primeros puritanos. Para otros, que piensan en el puritanismo como una mentalidad, una actitud y un espíritu[232] (cual Lloyd-Jones), la raíz del puritanismo debe

---

[232] Lloyd-Jones. Los puritanos. P. 354.

rastrearse hasta William Tyndale, tan temprano como en 1524.[233] El Dr. Lloyd-Jones ridiculiza la postura del Prof. Hall respecto de que "los puritanos se definan como anglicanos que permanecieran en la iglesia de Inglaterra (no separatistas), pero que mantuvieron las enseñanzas del puritanismo".[234] Otros proponen que el puritanismo inició con Richard Greenham y Richard Rogers en la década de 1570, que fue desarrollado sobre todo por William Perkins.[235] De ahí que Lloyd-Jones acierte que "en cierto modo, está permitido hablar del puritanismo desde los inicios de la Reforma en Inglaterra".[236]

El puritanismo se comienza a consolidad como un movimiento importante en el reinado de Elizabet. Los puritanos eran fuertemente abanderados del sistema teológico calvinista, tanto como de la liturgia presbiteriana. Entendían y pregonaban que el papado era la causa de todos los errores doctrinales y ceremoniales que habían desviado a la iglesia desde la iglesia apostólica, con lo cual Elizabeth y sus ministros estaban de acuerdo. No perdamos de vista que la división más regia entre los puritanos y los demás ministros de la iglesia de Inglaterra era del tipo ceremonial, especialmente en lo tocante a cierto rechazo al uso de vestimentas lujosas y el uso del libro de oración común en los actos litúrgicos.

Elizabeth era tan anti-católica que sustentaba a los rebeldes protestantes en Holanda, a la vez que sus corsarios propiciaran la causa protestante en las colonias españolas en ultramar.

Elizabeth procuró el control interno de la iglesia de Inglaterra en la disidencia. Incluso ordenó la concepción del libro de Homilías, con tal de evitar que los predicadores hablaran libremente. Aunque los puritanos hacían conferencias para los pro-presbiterianismo, quienes procuraron que el parlamento legislara en favor de una iglesia de gobierno presbiteriano, Elizabeth nunca permitió tal dominio al Parlamento inglés.[237] Esas conferencias de los pro-presbiterianismo no tenían carácter oficial, por lo que carecían de la debida autorización.

A la muerte de Elizabeth, su pariente escocés James I (IV en Escocia) le sucedió y siguió la misma línea de Elizabeth.

---

[233] Ver: Lloyd-Jones, Los puritanos. P. 354.

[234] Lloyd-Jones: Los puritanos. P. 351.

[235] *Ibidem. P.* 352.

[236] *Ibid. P.* 353.

[237] Bremer. Pp. 4-9.

Lo que debe notarse aquí es que cual los reformados magisteriales en Europa, los puritanos ingleses no se permitieron desligar la iglesia del estado y la política tras considerarlo peligroso, riesgoso y aparentemente contrario a la religión. Los puritanos, cual los reformadores magisteriales, veían el tipo de iniciativa separatista como odiosa, prácticamente del tipo herética. De hecho, las tretas puritanas inglesa en toda su extensión tempórea (desde mediados del siglo XVI y la primera mitad del XVII), libraron luchas ideológicas (incluyendo apoyos de causas bélicas), con tal de imponer su eclesiología, amén de su teología calvinista, en todo el dominio británico, con tal que tal causa fuera totalmente anti-separatista.

La procura política puritana consistió mayormente en una larga lucha interna entre los pro-episcopalismo (sistema original de Henry VIII, heredado de Roma) y los pro-presbiterianismo (la propuesta knoxiana escociana —en primera instancia— y calvinista ginebrina, algo como lo que querían lograr los Hugonotes en Francia). Tales batallas, a lo interno de la iglesia de Inglaterra, hicieron que eventualmente algunos vieran lo lejano o imposible de que al final aconteciera una verdadera reforma de la iglesia. Algunos de los puritanos disidieron y comenzaron a formar conventículos o iglesias clandestinas que comenzaron a reunirse en hogares. Estamos hablando de tan temprano como en la década de 1580, o sea, en el dominio de Elizabeth I, siendo todavía la primera generación del puritanismo. De ahí que la reflexión seria de conformar la iglesia a la de las Escrituras surgiera esencialmente en la disidencia, entre los no conformistas, que fueron también puritanos, y que se les podría dejar tal nombre, perpetuándolo hasta la tercera (y quizás hasta los días de la cuarta) generación de congregacionalistas en Nueva Inglaterra, empujando hasta la Revolución o Independencia de Nueva Inglaterra que conformó la nación de los Estados Unidos de América.

A lo interno de Inglaterra, el puritanismo nunca logró sus objetivos, es decir, de ser el partido rector de la iglesia de Inglaterra, no porque sus propuestas de reforma —mayormente del orden litúrgico y de gobierno parlamentario— fueran descabelladas; de hecho, los reyes ingleses y escoceses de la época la entendieron y a algunos les parecía correcto, pero nunca hallaron una avenida política viable. No fue la negativa de la corona que impidió el éxito de la implementación de los ideales del partido puritano en suelo inglés, pues el general Oliver Cromwell que llega a la dirección de Inglaterra en 1649, deponiendo por decapitación al rey Carlos I, era puritano, de hecho, de tendencia congregacionalista. Probablemente la variable más influyente por la que el puritanismo no logró sus objetivos político-religiosos en suelo inglés —ya que sí fueron logrados en suelo americano, por lo menos en las colonias cabeceras de Massachusetts y Connecticut— fue precisamente la diversidad de criterios que hubo entre las facciones puritanas, tanto que casi cada líder influyente tenía una propuesta o modelo distinto, y existió un clima de inflexión entre ellos. Esto impidió en gran medida la conquista puritana de Inglaterra.

## El separatismo inglés

Separatista es el epíteto que se atribuye a todos los que abandonaron la procura de reformar la iglesia de Inglaterra desde adentro, la mayoría puritanos, tras entender que no valía la pena la espera, la cual llegaron a considerar inútil. El primer separatista de que se tenga documentación histórica fue Robert Browne, quien había estudiado en Cambridge en los días de la acalorada controversia sobre la política administrativa de la iglesia establecida librada entre Thomas Cartwright y John Whitgift. Dichas protestas hicieron que el joven Robert Browne se identificara temprano con la causa puritana. Se identificó con la causa presbiteriana de Cartwright, pero su impaciencia frente al episcopalismo imperante lo empujó a dimitir, levantando protestas más concretas que simplemente retóricas y debates.

El separatismo puede ser rastreado entonces hasta los esfuerzos de Browne entre 1580 a 1590, quien "abandonó su visión presbiteriana conformista y se hizo un separatista en 1579".[238] Esta decisión de Browne fue debido al casi nulo progreso que había visto entre los partidos pro-presbiterianismo y pro-episcopalismo, quienes sc disputaban la regencia de la iglesia de Inglaterra. Su convicción fue "si la iglesia ha de reformarse, esto debe hacerse a través de congregaciones formadas por creyentes genuinos salidos de las multitudes del cristianismo nominal, porque de acuerdo a las Escrituras, ellos, y ningún otro, constituyen la iglesia verdadera".[239]

Browne se unió a otro puritano no conformista llamado Robert Harrison, quienes comenzaron a confeccionar sus ideas sobre una iglesia verdadera. Un tiempo después, en 1581, decidieron poner en práctica sus ideas y juntos iniciaron un conventículo (una iglesia "clandestina", que se reúne en casas) en Nortwich. Consiguieron adeptos a sus ideales y emprendieron la primera congregación separada de que se tenga registro, quienes "por mutuo consentimiento decidieron unirse al Señor, en un pacto y compañerismo juntos, y guardar y buscar acuerdos bajo la ley y el gobierno de Cristo, y por tanto huir por completo del desorden y la

---

[238] Von Rohr. P.9.
[239] *Ibidem.*

maldad".[240] La nueva congregación se reunió en casas. De inmediato comenzó la persecución por parte tanto del clero local como de la corona. Browne fue arrestado. Harrison y la congregación decidieron huir a Holanda, a la que luego de su liberación se uniría Browne de nuevo.

Mientras estaban en Holanda, en 1584 la iglesia se dividió, un grupo se quedó con Harrison, mientras que Browne y el grupo que simpatizaba con sus propuestas regresaron al lado escocés del Reino Unido. Debido a las persecuciones enfrentadas también en escocia, perpetradas por la iglesia establecida, Browne regresó a Inglaterra en 1584. Aceptó un pastorado en una pequeña iglesia anglicana, abandonando así sus ideales separatistas, hasta su muerte en 1633.[241]

Browne fue finalmente repudiado por los congregacionalistas tempranos de Nueva Inglaterra por aquel acto de cobardía. No obstante, sus tratados sentaron las bases para lo que sería el congregacionalismo en Nueva Inglaterra. Sus escritos: "Un tratado de reforma sin esperar por nadie", donde sonó su clarín hacia la separación; y "Un libro sobre la vida y modo de todo verdadero cristiano", en el cual establece su visión congregacionalista de la naturaleza de la iglesia, la membresía, el ministerio y los sacramentos, explicando así los ideales separatistas.[242]

Rápido hubo otros disidentes. Casi inmediatamente después de Browne, aparentemente sin conexión con este, surgieron otros grupos separatistas. A mediados de 1580, dos postores de la reforma radical, John Greenwood (un sacerdote anglicano convencido del puritanismo) y Henrry Barrow (un abogado londinense convertido al puritanismo), emergieron en una congregación separatista en Londres, reuniéndose en casas. Igual a lo que pasó en Norwich con el grupo de Browne y Harrison, tal cual pasó en Londres con este nuevo conventículo. La congregación clandestina (o conventículo) fue descubierta por las autoridades en 1587, y se procedió a la represión. La pluma de ambos fue profusa, y mientras estaban en prisión muchos de sus escritos pro-separatismo fueron infiltrándose en el pueblo, página por página. Los escritos de Barrow eran muy duros y sin tapujos. En uno de sus escritos, Barrow denunció lo que él llamó, "Los cuatro abusos monumentales de la iglesia de Inglaterra", a saber: (1) una membresía falsa (de un cristianismo mezclado), (2) un ministerio falso (señalado y ordenado por los hombres, por un obispo), (3)

---

[240] *Ibidem, p.* 9.
[241] Ver: Von Rohr, p. 10.
[242] Von Rohr, p. 10.

una adoración falsa (moldeada por el Libro de Oración Común), y (4) un gobierno falso de la iglesia (que deniega el derecho de la congregación en ambas cosas, la elección de sus ministros y la práctica de la disciplina).[243]

Al ser descubierto el nuevo grupo, el gobierno de inmediato procedió al encarcelamiento de sus líderes y de algunos de los miembros de la congregación. La rudeza de Barrow trajo represalias severas sobre la causa separatista. Barrow defendía una especie de 'teología del martirio', pues creía y pregonaba que los verdaderos creyentes deben sufrir por su fe y ver como bienvenido el testimonio heroico, cuya expresión final es el martirio.[244] Mientras Greenwood y Barrow estaban en prisión se unió al grupo John Penry, otro puritano, que también siguió utilizando la pluma para atacar el episcopalismo. Penry escribió, "es mejor volverse contra el evangelio de Cristo que al mantenimiento de lo mismo".

Lamentablemente, Penry sufrió la misma suerte que Greenwood y Barrow. El grupo siguió reuniéndose en tanto las condiciones se lo permitían. En 1591 eligieron a Francis Johnson como su pastor. Johnson fue encarcelado, mientras muchos de la congregación huyeron al exilio. Tiempo después, Johnson fue liberado y escapó a Ámsterdam, reuniéndose con algunos del grupo. Al mismo tiempo, Henry Aimswoth se unió al grupo en Londres y pasó a ser uno de los maestros de la congregación. Aimswoth luego huyó a Ámsterdam, donde sirvió como líder de la iglesia. Fue debido en gran medida al trabajo intelectual de Aimsworth que dicha iglesia pudo publicar la "Confesión Separatista de 1596".[245] Luego de varios conflictos, en 1610 la congregación se dividió debido al asunto del gobierno de la iglesia. Johnson era partidario de que la autoridad debía estar en manos del liderazgo, mientras que Aimsworth creía que debía estar en manos de la congregación. Cuando murió Johnson, su congregación pensó establecerse en Virginia, pero el grupo fue casi totalmente diezmado en un viaje desastroso. El grupo de Aimsworth quedó mucho tiempo sin pastor luego de la muerte de este, y la congregación fue finalmente absorbida por la Iglesia Reformada de Holanda.[246]

Finalmente, sin abandonar su causa, Greenwood y Barrow no pudieron salir de su encarcelamiento, por el contrario, fueron acusados de ser divisionistas, y de distribuir literatura sediciosa y herética, y bajo tales

---

[243] Ibidem, p. 11.
[244] *Ibid*, p. 12.
[245] *Ibid*, p. 13.
[246] *Ibid*, p. 14.

acusaciones en 1593 fueron condenados a la horca por el poder de la corona y los poderes eclesiásticos de Inglaterra.[247]

Hubo decenas de separatistas, pero en esencia debían reunirse en la clandestinidad o escapar al exilio, so pena de encarcelamiento y hasta de muerte.

## El congregacionalismo no separatista en Inglaterra

Los ideales puritanos no pudieron ser concretadas como había sido soñados por ellos, por lo menos en suelo inglés. Las diferencias particulares y de grupos entre los puritanos generaban cierta inflexión que hacía la propuesta puritana poco atractiva, especialmente a la corona. Por ello, en parte, se engendró el separatismo. No obstante, una vez sembrada la semilla del separatismo, esta siguió siendo esparcida y continuaron surgiendo células separatistas importantes de origen inglés. Casi todos terminaban huyendo y encontrando oportunidad hacia el continente, principalmente a Holanda o a Frankfort. **Así nació el congregacionalismo inglés**. No obstante, el mismo congregacionalismo no fue para nada homogéneo. Hubo de todo tipo de divisiones y tendencias de modelos congregacionalistas. Algunos tendían a un modelo presbiteriano de gobierno representativo, con cierta independencia entre la iglesia local y el estado; otros, como fueron los casos de William Ames y Henry Jacob, quienes se volcaron al congregacionalismo, aunque desde Holanda, abogaban por un congregacionalismo no-separatista, mientras que otros abogaron por un congregacionalismo más separatista. El congregacionalismo no-separatista propuesto y practicado por Ames y Jacob no era un separatismo en sí, sino una procura de una reforma amistosa a lo interno de la iglesia, que evitaba que se generaran las acaloradas divisiones y respuestas de la iglesia establecida. Para ellos, la evidencia bíblica apuntaba a una iglesia de gobierno y orden congregacional. Pero abogaron que la iglesia de Inglaterra era una iglesia verdadera y que el clero de dicha iglesia era verdadero, contrario a las ideas radicales de Browne, Greenwood, Barrow, entre otros.

No obstante, las propuestas de Ames y Jacob fueron eventualmente permitidas, y el libro escrito por Ames "La médula de la divinidad sagrada" (*The Marrow of Sacred Divinity*) se convirtió en uno de los libros de textos fundamentales y obligados del currículo formativo de todos los congregacionalistas ingleses y americanos durante todo el siglo XVII. Edwards leyó suficientemente a Ames. William Ames fue profesor en la

---

[247] *Ibid*, p. 12.

universidad de Franeker, Holanda. Terminando como copastor de la iglesia congregacionalista de Rotterdam. Henry Jacob, egresado de Oxford y ordenado por la iglesia anglicana, después de ser encarcelado por sus ideas separatistas, en 1606 huyó a Holanda donde sirvió como pastor congregacionalista en Middelburg. En 1616, regresó a Inglaterra y estableció la primera iglesia congregacional no-separatista de la historia en suelo inglés. En Holanda hubo una confluencia de puritanos separatistas, entre ellos, y con quienes Jacob tuvo amistad e intercambio, se encontraban William Ames, Robert Parker y William Bradshaw.[248]

"De este tímido comienzo del que se desarrolló en Inglaterra la percepción del modo congregacionalista, fue que se produjo la primera generación de líderes que llevaron el congregacionalismo a Nueva Inglaterra".[249] Además, en sustancia, tanto el puritanismo eficiente en territorio inglés como el congregacionalismo permanente, y casi cualquier otro separatismo que prevaleció en Inglaterra, tuvo mucho que ver con la formación de tales líderes religiosos que huyeron al extranjero. Lloyd-Jones hace notar el detalle que todo líder de la Iglesia de Inglaterra que en cualquier momento abogó por una completa restauración litúrgica en elementos y forma, estaba relacionado con que tal líder hubiera estado en el continente.

Con respecto a tales varianzas, por ejemplo, se pensaba que John Robinson, que ministró en el exilio, en Leyden, Holanda, y parte de cuya iglesia zarpó luego a América en el Mayflower, "los Peregrinos", quienes formaron la primera congregación en la colonia de Plymouth, era de la línea separatista estricta. Pero investigaciones más recientes han mostrado que en realidad Robinson, debido a sus intercambios con Ames y Jacob, ejerció una forma de congregacionalismo no-separatista mientras estuvo en Holanda, el mismo que fue exportado a Nueva Inglaterra.[250] De hecho, es lo que se puede notar en uno de sus últimos escritos "*Tratado sobre la legitimidad de escuchar a los ministros de la Iglesia de Inglaterra*".[251] Luego, John Cotton escribiría que Robinson retrocedió "medio camino" en su tratado, pero que no acordaba con los ministros ingleses sobre la administración de los sacramentos y la disciplina de la iglesia, que es el punto de divergencia o inflexión fundamental entre los congregacionalistas y los anglicanos.

---

[248] Ver: Von Rohr. Pp. 18-20.

[249] Von Rohr. P. 20.

[250] *Ibid*, pp. 20, 21.

[251] *Ibid, p.* 21.

Como es de notarse, la convulsión y el rechazo de los grupos separatistas fueron feroces en tierra inglesa incluso en los días de Elizabeth I, y por tanto, durante toda la regencia dinástica de los Tudor. Elizabeth fue regia en sofocar todo intento de separatismo y disidencia posible en territorio inglés. De todos modos, el congregacionalismo no fue fuerte en Inglaterra sino hasta las victorias de Oliver Cromwell.

A la muerte de la reina Elizabeth (en 1603), con la llegada al trono de los Stuart, iniciando con James I (James IV en Escocia), y puesto que este había venido de Escocia, nación que ya había adoptado el protestantismo del tipo calvinista; el partido puritano acarició la esperanza de que habría un aire favorable al presbiterianismo en el seno de la iglesia de Inglaterra (puritanismo)… ¡infantil error! Fue lógico pensar que James los beneficiaría debido a que había sido criado y educado en la Escocia presbiteriana de John Knox (discípulo entrenado principalmente por Calvino en la causa reformada). Por eso los pro-presbiterianismo en la iglesia de Inglaterra consideraron que su partido tenía la victoria asegurada gracias a tales circunstancias. Pero la realidad fue que el rey James se enamoró de la supremacía que le otorgaba el sistema episcopal de la Iglesia de Inglaterra y rechazó todas las propuestas del abundante partido puritano, que abogaba por una iglesia presbiteriana.

Cuando Carlos I sucedió a su padre James I en el trono de Inglaterra en 1625, este fue más intolerante que su padre e impuso más restricciones a los puritanos. De hecho, escogió a William Laud, un anti-puritano radical, como el Obispo de Londres, luego arzobispo de Canterbury. En el reinado de Carlos I fueron retirados de los púlpitos en Inglaterra los ministros del partido puritano.

## La *Commonwealth*

La administración de los Cromwell sucedió entre 1649 y 1660. Su eficiencia fue medida gracias a que el general Oliver Cromwell sofocó las revueltas irlandesas y anexó Escocia de nuevo a la unión conforme a la famosa "Commonwealth". Tal síntoma de estabilidad mostró la eficiencia de Cromwell en el liderazgo. Por su parte, Oliver fue de preferencia y tendencia congregacionalista. Fue entonces que los congregacionalistas y otros grupos disidentes fueron finalmente permitidos en Inglaterra. Pero aun así el puritanismo no llegó a ser establecido como el modelo litúrgico y eclesiástico en la iglesia anglicana.

La estrategia militar de Cromwell en medio de la Guerra Civil consistió en reclutar un ejército sin restricciones de credos. Al mismo tiempo,

las presiones del partido puritano, aun fuera del poder, llevó a la realiza-
ción del acalorado consenso doctrinal de Westminster ocurrido entre
1644 y 1646, que resultaron en la conformación de la Confesión de fe de
Westminster, denominada hasta hoy como "la reina de las Confesiones".
De igual modo, el Catecismo Menor (para todo el pueblo) de Westminster y el Mayor (para el clero).

En los días de Cromwell, como puede entenderse, al menos se logró
que la norma fuera el calvinismo. Los disidentes del ejército de Cromwell
eran en esencia calvinistas, ya presbiterianos, ya congregacionalistas, ya bautistas, etc. Por tanto, entre los parlamentarios y ministros más influyentes
había, muchos anglicanos, congregacionalistas, presbiterianos y bautistas.
En 1658 se celebró una conferencia libre masiva de ministros congregacionalistas en Saboya, Londres. Allí se produjo la declaración de Saboya. Que
subsecuentemente también endorsó parcialmente el congregacionalismo
americano.[252] Aunque la declaración de fe de Saboya estuvo basada en la de
Westminster, la sección titulada "La Institución de las Iglesias", representaba la forma de gobierno congregacional. Saboya se convirtió en un documento importante al final del siglo XVII. No obstante, a pesar del marcado
favoritismo de Cromwell por el congregacionalismo, la *Commonwealth* no
permitiría que la iglesia congregacionalista saliera de la sombra de la iglesia
de Inglaterra, y evitaría que este prosperara por sí mismo.[253]

A los menos, durante el protectorado de Oliver Cromwell que murió en 1558, y el breve período de menos de un año de su hijo Richard
Cromwell, se robusteció el parlamento que establecería luego que el trono
inglés debía ser protestante.

## El congregacionalismo americano

Entender el puritanismo inglés (tanto en casa y en el exilio), nos conducirá a un mejor entendimiento del puritanismo americano, y por tanto, de
Jonathan Edwards. Así que haremos un breve viaje navegando por el congregacionalismo en Nueva Inglaterra. A Edwards lo han tildado de puritano, de pietista, de evangélico, de empirista, de racionalista, de metafísico
y hasta de místico; pero si se comprende el cuadro del congregacionalismo
en las colonias en los días de Edwards, a lo que los historiadores llaman "la
tercera generación del congregacionalismo americano", podremos juzgar
con más justo juicio los elementos de la religión de Edwards.

---

[252] Ver: Von Rohr, pp. 24, 25.
[253] Von Rohr. 25.

Lo primero que debemos decir aquí es que el congregacionalismo en las colonias desde el comienzo se alejó de lo que era el congregacionalismo inglés, sobre lo cual hemos disertado arriba. Aunque las raíces de la denominación pueden rastrearse en el separatismo inglés, el cual permaneció siendo un movimiento minúsculo y perseguido en Inglaterra por un largo período; por otra parte, hubo concesiones con la facción gestada por Ames y Jacob denominada "congregacionalismo no-separatista". Y es esta facción del congregacionalismo la que imperaría desde el comienzo en Nueva Inglaterra. De hecho, el congregacionalismo del exilio (que al comienzo fue por lo general del tipo separatista), recibía cierta subvención de la corona de Inglaterra (en los días de la gran Elizabeth I); tal subvención la recibían mayormente los frentes de Ginebra, Ámsterdam, Rotterdam, Leyden y Frankfort, lo mismo que sucedía en París.

Aunque el congregacionalismo fue la tendencia religiosa en Nueva Inglaterra, si bien nunca fue del todo homogéneo, pues hubo algunos de tendencia separatistas, otros semi-separatistas, sin duda alguna los no-separatistas habían llegado a ser la tendencia cuajada para la década de 1620, y más para la siguiente década, período en el cual se colonizaron Plymouth, Salem, la Bahía de Boston, entre otros lugares. A lo interno de las congregaciones, hubo algunos de tendencia presbiteriana, si bien dominó la tendencia congregacionalista pura.

Pero lo que diferencia el congregacionalismo en general del puritanismo y las otras facciones del protestantismo (anglicanismo, luteranismo, presbiterianismo, etc.) estuvo más acorde con el elemento del tipo "pietista". El distintivo del "pietismo" americano tuvo que ver con su "énfasis en la experiencia de conversión". Notemos, los congregacionalistas eran de teología calvinista y puritanos de carácter y ética, y aunque muchas veces comulgaron con el anglicanismo (si bien hubo regias diferencias y en ocasiones ciertas enemistades), no obstante, se diferenciaron de aquellos en lo concerniente particularmente a la administración interna de la iglesia. En el anglicanismo, los clérigos eran puestos por la estructura, el obispado; en cambio los congregacionalistas, incluso los no-separatistas, se opusieron acérrimamente a tal estructura. Esto condujo al congregacionalismo americano desde el comienzo, sin ser afectado en por lo menos las dos primeras generaciones, a tener estricto cuidado con a quién aceptaban en su membresía. Aunque se bautizaba a los niños recién nacidos hijos de los miembros, en virtud del Pacto, nadie era aceptado como miembro de la congregación local a menos que diera testimonio público declarativo de su fe. Esto era totalmente distinto a toda otra estructura eclesiástica emanada de la reforma; así, tenía elementos comunes con los bautistas. Los luteranos, presbiterianos y anglicanos tenían en común que la membresía era automática a pertenecer a la comuna donde operaba la iglesia local. Los congregacionalistas *enfatizaban* "la expresión pública de la conversión" de quienes serían sus miembros. Claro, la forma bautista era considerada cual un extremo herético y separatista para muchos congregacionalistas, por lo menos por un tiempo. La administración eclesiástica era del tipo congregacional, incluyendo la elección de sus ministros, cual los bautistas y muy parecidos a los presbiterianos, pero diametralmente opuesto a los modelos episcopales, como el de la Iglesia de Inglaterra, la luterana y Roma.

Hay que poner atención a este hecho, porque precisamente aquí yace el elemento primordial de las luchas de Edwards tanto como de su procura ministerial. Y fue justamente en el asunto discutido antes que se gestaron las grandes diferencias desde temprano en la segunda generación de congregacionalistas de Nueva Inglaterra; llámese, por ejemplo, el "Acuerdo" o "El Pacto de Medio Camino" el liberalismo litúrgico en la iglesia de Brattle Street, el matiz stoddardiano, etc. Esas diferencias se debieron a que en algún grado abolían la necesidad del elemento de las "evidencias de la conversión" que le era requerida a cada candidato a miembro en el congregacionalismo americano temprano. "El Pacto de Medio Camino" permitió concesiones. El stoddardismo eliminó ese requisito por completo. De hecho, ese sería el asunto principal que le costaría el puesto al Rev. Jonathan Edwards en el púlpito de Northampton.

John Von Rohr, profesor emérito de historia del cristianismo e historia de la teología en la *Pacific School of Religion*, Berkeley, California, escritor de uno de los mejores tratados contemporáneos de la historia del congregacionalismo americano, resumió como sigue el congregacionalismo americano:

"Los líderes de la primera generación del congregacionalismo americano estuvieron comprometidos con el establecimiento de una santa *Commonwealth*. Eran *calvinistas* en su visión del orden social, vieron dicha meta como realizable a través del esfuerzo cooperativo entre la iglesia y el estado. Ambas entidades (la iglesia y el estado) fueron designadas por Dios con la meta final de purificar y dirigir la sociedad humana.

*Primero*, por tanto, este fue el asunto que dirigió a los forjadores de Nueva Inglaterra en su procura de forjar *una iglesia pura*. Su congregacionalismo los guio a localizar tal *pureza* primariamente en las congregaciones locales. Cada iglesia individual debía ser una comunidad de personas que testificara a través de la *"experiencia de conversión" por el poder de la gracia de Dios*. Estos son los elegidos en el plan de Dios, elegidos en la eternidad para permanecer en Dios a través del Pacto de Gracia. Unidos bajo el principado de Cristo, ellos pactaron caminar juntos como una iglesia en obediencia a los caminos de Dios. Adoraban fielmente a través de (a) la oración, (b) el canto de Salmos y (c) la predicación. Ellos elegían y ordenaban sus clérigos y, bajo la guía de sus clérigos, *administraban la disciplina para mantener la pureza en la vida de la iglesia*. Los dos sacramentos (bautismo y la cena del Señor) eran administrados exclusivamente por los clérigos como un sello posterior de la relación de pacto que ellos y sus hijos tienen con Dios.

Pero, su ciudadanía es tanto terrenal como celestial. Por lo que organizan y administran el estado como un medio adicional de establecer la voluntad de Dios. Para lograr ese fin, la franquicia en Nueva Inglaterra al principio estuvo limitada solo a miembros de la iglesia, y elegían sus oficiales [seculares y religiosos] bajo la premisa de que sus cualificaciones les eran dadas especialmente por Dios. Entre las funciones de los oficiales [estatales] estaban la protección de la iglesia y la preservación de la fe, por lo cual la coerción estatal fue usada contra otros teístas tras la conformidad religiosa, y en casos extremos envolvía disrupción social, aunque el castigo fue desvaneciéndose [en el tiempo]. La libertad religiosa soñada por los congregacionalistas en Nueva Inglaterra fue solo para ellos, y no para ningún otro cuya fe y práctica disintiera de la de ellos.

Creyendo en la providencia especial de Dios, tales satélites congregacionales estuvieron convencidos que su Nueva Inglaterra fue elegida por Dios para reemplazar la vieja Inglaterra en el plan final de Dios. Dios, afirmaron, estuvo pactando con este nuevo paraíso para establecer las diferencias con aquellos que le habían sucedido antes. Su esperanza fue que Nueva Inglaterra sería fiel, una iglesia pura protegida por un estado gobernado por Dios".[254]

En este magistral resumen, como de hecho sucedió, pueden notarse virtudes exclusivas, que nunca pudieron ser en Inglaterra, como fue el sueño puritano; a saber, una iglesia puritana estatal, o sea, un estado o nación puritano. Es notoria su teología del pacto o federal. Y es distintiva y única la separación entre la iglesia y el estado, a lo interno de la iglesia, que luego cambiaría por aceptar el sustento del estado al clericato, que degeneraría en una iglesia en proceso de secularización y en su eventual desaparición.

Pero, el gran éxito en lograr su cometido pleno en la primera generación, pues comenzó a degenerarse tan temprano como en la segunda, fue "mantener la pureza de la iglesia", cosa que se lograría especialmente por al menos tres requisitos distintivos: (1) *Exigir testimonio de la "experiencia de conversión" como requisito obligatorio para la membresía*. Esto era revolucionario, muy parecido a la causa bautista, pero con otro tenor. Los puritanos ingleses enfatizaban la conversión, pero no necesariamente procuraron pruebas de esta para que alguien perteneciera a sus

---

[254] Von Rohr. Pp. 113, 114.

congregaciones. Mucho menos lo hicieron los reformadorcs. Se esperaría que un no-separatista, aunque fuera congregacionalista, tampoco exigiera dicho elemento. Pero tal elemento sí llegó a ser una marca oficial del congregacionalismo americano desde sus inicios. (2) *Permitir solo a los miembros en plena comunión en la participación de la Santa comunión.* (3) *Administrar la disciplina eclesiástica para garantizar tal pureza de la iglesia local.*

Esto hizo que el puritanismo, a juicio nuestro, haya sido quizás el movimiento más piadoso en la historia eclesiástica desde los tiempos post apostólicos.

## Los credos en Nueva Inglaterra desde sus inicios

Hay varios errores que al presente se suelen tener respecto a los comienzos de Nueva Inglaterra. Uno de ellos es que desde el comienzo las colonias fueron protestantes. Eso es predominantemente así, pero no del todo. Al principio, las colonias tenían cierto vínculo con la corona, pero no se trataba de una dependencia absoluta de la corona inglesa. De hecho, la forma de religión oficial de Nueva Inglaterra no fue la anglicana. Lo fue el congregacionalismo no-separatista. Eventualmente sí hubo un control inglés sobre las colonias de Nueva Inglaterra, pero eso sucedería muchas décadas después del establecimiento de las colonias. Pero detrás de la realidad religiosa colonial, el error consiste en pensar que los asentamientos colonialistas iniciaron en el 1620 cuando el Mayflower atracó en el Cabo Cod, en Plymouth. Hay que recordar que ellos originalmente se dirigían a Virginia porque hacía más de una década que a la llegada del Mayflower había actividad económica allí. Además, había habido excursiones desde los días de Elizabeth I, a finales del siglo XVI a las costas de Carolina. Y mucho antes de eso (desde inicios de tal siglo), los españoles habían explorado toda la costa sur y oeste de lo que hoy es Estados Unidos.

Por otra parte, el puritanismo no era homogéneo, y nunca hubo unidad religiosa en la colonización del Norte de América —como suele ser el protestantismo, de un carácter libre—, como sí la hubo (a lo menos en lo externo) en Suramérica y el Caribe, debido al carácter del catolicismo romano. Los bostonianos oficializaron el congregacionalismo no-separatista en la bahía de Massachusetts y todo el valle de Connecticut particularmente (las colonias cabeceras). Pero, desde su fundación Nueva Inglaterra fue una mezcla de credos cristianos y protestantes. En tal sentido:

> La colonia de Virginia (con su primer asentamiento en Jamestown), no tuvo un origen religioso, pues aunque hubo allí comunidades de colonos

desde 1607 (habiendo sido la primera colonia inglesa habitada propiamente dicho), la primera iglesia de cualquier tipo en territorio colonial inglés fue la iglesia en Plymouth, Massachusetts, fundada en 1620. De hecho, ellos eran Puritanos brawneanos. Pero los colonos de Virginia habían venido con intereses puramente económicos.

Por otra parte, Rhode Island fue fundada por Roger Williams, el primer bautista en suelo colonial, quien luego renunciaría a la fe bautista, aunque no a los principios bautistas.

La colonia de Pennsylvania fue fundada por William Penn, un cuáquero. De hecho, como en esa colonia se podían practicar los credos libremente, entonces allí arribaron los huteritas, los menonitas, los amish, etc., a parte de los cuáqueros *per se*.

Y la colonia de Maryland era de tendencia católico-romana, por su origen francés de fondo.[255]

Aquí no hemos rastreado las ya conocidas comunidades de, por ejemplo, hugonotes que se supone arribaron varias décadas antes que los ingleses a las tierras americanas, especialmente a las tierras que hoy nombramos las Carolinas y Florida.[256] Y tampoco hemos abundado mucho sobre los asentamientos españoles en las regiones del sur y del oeste, luego conquistadas por los ingleses.* Extender la investigación hasta entonces no ajusta con los propósitos de esta obra.

No obstante, a pesar de la diversidad y la amalgama de propósitos de los colonizadores, igual que la mezcla de sectas que desde el mismo comienzo llegaron a Nueva Inglaterra, lo cierto es que los asuntos gubernativos su ventilaron desde Massachusetts, especialmente desde Boston y alrededores, donde los congregacionalistas tenían un monopolio. En tal sentido, hubo un gobierno puritano por algunas generaciones en Nueva Inglaterra.

## Libertad en América, persecución en Inglaterra

Cromwell, y por tanto el partido puritano en el poder en Inglaterra, no fue capaz de puritanizar la unión, precisamente debido a la *Commonwealth*. El partido de Cromwell que depuso a los Stuart con la decapitación de Carlos I tenía demasiados frentes. En el ejército de Cromwell

---

[255] Ver: Conferencias de historia del Dr. Ryan M. Reeves (en el Gordon-Comwell Seminary): https://youtu.be/udN6XLWNpKU y https://youtu.be/WV17mlmGnnc.

[256] Ver comentarios del Dr. Ryan M. Reeves: *Huguenots and the French Reformation*, en: https://youtu.be/1wOgMLZlF1Y.

* Ver aquí: Cap. I de este libro: "El mundo en el entorno de Edwards".

había integrantes de toda la disidencia, además de muchos anglicanos. De hecho, entre los soldados estuvo uno que terminó con el rango de sargento, llamado John Bunyan, entre otros íconos y personalidades sobresalientes que eran o serían de la disidencia. Las grandes filas del partido puritano estaban conformadas por congregacionalistas, presbiterianos y bautistas. Por lo menos, aunque nunca se pudo imponer el puritanismo en Inglaterra y la Unión, se legislaría que la corona sería protestante, lo cual evitaría que James II, eminentemente católico-romano, que sería rey a partir de 1685, lograra cualquier intento de anexión de Inglaterra a Roma. De hecho, en 1668 los protestantes que conformaban la mayoría parlamentaria, y por tanto mayoría en la iglesia de Inglaterra, legislarían que "el trono inglés sería siempre protestante" y exiliarían al rey James II. Y a partir de entonces, los disidentes (congregacionalistas, presbiterianos y bautistas) serían tolerados, pero no se les daría categoría oficial, evitándoseles inclusive el derecho a sus adeptos de poder estudiar en Oxford y Cambridge.[257]

Como puede observarse entonces, mientras que en América había ciertas libertades, y por lo menos el congregacionalismo era la religión de las colonias cabeceras de Massachusetts y Connecticut. Y los anglicanos, bautistas, presbiterianos y hasta los cuáqueros tenían sus espacios en las colonias medias y sureñas. Claro está, el marcado colonialismo inglés de las provincias cabeceras no se permitiría prescindir de una religión estatal, y aunque en la primera generación de congregacionalistas los no congregacionalistas serían perseguidos hasta con el destierro, y en casos de reincidencia, con la pena capital; ya para la segunda generación, en los días de Increase, Eleazar, Cotton y Stoddard, llegaría a haber suficiente tolerancia para los disidentes, excepto para los cuáqueros. En tal sentido, Harvard —fundada en la primera generación— despediría a su primer presidente formal, Dunster (pres. 1640-1654), por el único pecado de mostrar una tendencia bautista, oponiéndose al bautismo de su hijo; pero el propio Increase asistiría y ministraría en la ordenación de un ministro bautista en Boston, tan temprano como en 1683. Por cierto, a pesar de que Roger Williams fundó la colonia bautista de Rhode Island tan temprano como en 1631, de hecho, luego de haber dimitido de la iglesia como ministro adjunto de la iglesia de Plymouth. No obstante, la primera iglesia bautista de Boston vio sus inicios en 1665, justo haciendo su entrada la segunda generación de puritanos en Nueva Inglaterra. Por cierto, su fundador fue Thomas Gould, el amigo de Dunster y quien convenció a este último de ser bautista.

---

[257] Ver: Marsden, *JE, A Short Life*, p. 11.

## Dos generaciones de congregacionalismo en América previo a Jonathan Edwards

El congregacionalismo americano durante todo el siglo XVII se suele dividir en 1ra y 2da generación. La primera generación se trata del congregacionalismo pastoreado por los clérigos que vinieron de Inglaterra y del continente entre las tres primeras décadas desde los inicios de la religión en las colonias en 1620. La segunda generación es aquel congregacionalismo liderado por los ministros egresados de Harvard, colegio que se fundó en 1636, con la intención primaria de entrenar ministros. La tercera generación es aquella que entra al siglo XVIII, y correspondía a un liderazgo mixto, entrenado mayormente en Harvard y Yale. Dentro de este grupo entra eventualmente Jonathan Edwards, egresado de Yale.

El congregacionalismo americano antes de Edwards fue puritano y congregacional (del tipo no-separatista), pero para nada integracionista, como el que provocó Cromwell a mediados del siglo XVII en Inglaterra. El congregacionalismo de Nueva Inglaterra fungió cual el anglicanismo en suelo inglés, no en su estructura ni eclesiología, pero sí en el sentido de que este fue la única religión oficial en las Colonias durante, prácticamente, casi todo el siglo XVII, particularmente en las colonias cabeceras del Norte.

Aunque hubo otras creencias entre los disidentes, la gran mayoría era congregacionalista, de corte puritana. El movimiento que tuvo relativo poco progreso en Inglaterra, en Nueva Inglaterra era el hegemónico. El movimiento eclesiástico brutalmente perseguido durante las primeras décadas en Inglaterra, ahora tenía la sartén agarrada por el mango en Nueva Inglaterra. De hecho, los congregacionalistas americanos se convirtieron en los persecutores de los inmigrantes que albergaban otras creencias, cual los bautistas, y los cuáqueros, e hicieron tributarios incluso a los anglicanos. Pero aun así, tales denominaciones comenzaron a proliferar relativamente temprano en Nueva Inglaterra. De hecho, Roger Williams, era ministro adjunto en la congregación de Plymouth para 1631. Pero su vuelco a la fe bautista le costó, obviamente, su puesto allí. Y, de hecho, tuvo que retirarse y fundar la colonia de Rhode Island. En todo Massachusetts y Connecticut había que ser congregacionalista, o tendrías consecuencias, por lo menos durante las primeras décadas de la colonización.

La teología del congregacionalismo anterior a Edwards era calvinista, sin ninguna traza de arminianismo. La religión era puritana en sus principios. Y del ala congregacionalista no-conformista, salida del anglicanismo.

Aunque todos los primeros inmigrantes a las Colonias vinieron cual peregrinos en busca de respiro de la persecución religiosa, el nombre de "Peregrinos" —como hemos hecho notar— se debe con exclusividad a aquel grupo de hermanos ingleses procedentes de Leyden, Holanda, de la congregación pastoreada por John Robinson, que arribaron a América y fundaron tanto la colonia como la primera iglesia de Plymouth en 1620. Fueron llamados peregrinos por William Bradford, uno de los miembros del grupo, quien pronto fue su primer gobernador, y eventualmente el primer historiador de esa comunidad. Eventualmente, Plymouth fue incorporada a la colonia más grande de Massachusetts, pero la plantación inicial del congregacionalismo americano se debe a tales "peregrinos".[258]

Todas las iglesias en Massachusetts a partir de tal primicia, fueron, sin excepción alguna, congregacionalistas. Los colonos tuvieron en la nueva tierra un concepto como sigue: "Sabed que este es el lugar donde el Señor creará cielo nuevo y tierra nueva en nuevas iglesias y una *Commonwealth* juntos".[259] Más tarde el mismo Edwards tendría una concepción semejante que moldearía sus convicciones escatológicas, a lo menos por un tiempo.[260]

Ya desde 1617, aquel grupo exiliado en Holanda, debido a las persecuciones religiosas en su patria (Inglaterra), tuvo que conseguir el documento real que les permitiría ser colonizadores en el Nuevo Mundo, que les facultara para ser "Gobernantes supremos de todas las personas y causas en el dominio colonizado". Pronto fueron hechos los arreglos de aquellos nuevos colonos con un grupo de 70 comerciantes que zarparían para establecer una industria pesquera en Virginia. Los hermanos de Leyden serían trabajadores y los comerciantes serían financistas. Así se pactó por siete años. Luego de los arreglos, estaban listos para zarpar. En el primer viaje, puesto que pocos hermanos decidieron ser pioneros, a Robinson se le pidió que no viniera, sino que Brewster, uno de los ancianos de la congregación, sería el que vendría como líder. Cuando en noviembre de ese año el grupo de 101 pasajeros a bordo del Mayflower llegó a la costa, no llegaron a Virginia, como era lo esperado, sino a Nueva Inglaterra, y el barco atracó en el fuerte del Cabo Cod. Los 41 adultos de la tripulación, no hicieron esperar el acto de juramentación colonial, comandados por los hermanos de Leyden, y en el nombre del Señor, mutua y solemnemente hicieron los votos y establecieron la colonia conforme a lo dictado por el rey James I.

---

[258] Von Rohr. Pp. 53, 54.
[259] Von Rohr. P. 53.
[260] Ver más detalles sobre esto en las pp. 85-87 de: Marsden, *J. E., A Short Life.*

Finalmente, un ministro anglicano de nombre John Lyford fue enviado a la colonia en 1624, pero mostró no estar por los intereses del puritanismo y la iglesia lo despidió. Luego, cuando finalmente Robinson estaba dispuesto a venir, murió. En 1629 pudieron finalmente adquirir a Ralph Smyth, a quien dos años después se le unió como asociado el ministro Roger Williams, quien resultó ser un radical que trajo desasosiego a la colonia. Por casi nueve años, el congregacionalismo en América estuvo representado solo por estos peregrinos de Plymouth. Pese a los mitos sobre la expansión del congregacionalismo en América, lo cierto es que los congregacionalistas de Salem y de la bahía de Massachusetts ya eran congregacionalistas a su arribo a fundar tales colonias.

En la década de 1630 se fundaron otras iglesias en Plymouth. Sobresale la de la Villa de la Scituate, que fue fundada al inicio de esa década por personas que salieron de la iglesia congregacionalista no separatista pastoreada por Henry Jacob, que había sido fundada en 1616 en Londres. En 1634 otras 30 personas que salieron de la congregación que pastoreaba John Lathrop, fueron forzados a escapar de Londres debido a la regia persecución de William Laud, el arzobispo de Canterbury por entonces. Estos se unieron a la iglesia de Scituate, junto a otros de la congregación de Plymouth que también se unieron. Cinco años luego, un grupo salió de Scituate hacia Barnstable, en el cabo de Cod, tras mejores tierras para sembrar y formaron otra congregación allí. Similarmente y por el mismo tiempo, satélites llegaron a Duxbury, Taunton, Sandwish y otros lugares, y formaron otras iglesias congregacionalistas no-separatistas en esos lugares. De modo tal que en la colonia de Plymouth las iglesias no-separatistas se unieron con el temprano "semi-separatismo" de los Peregrinos y desarrollaron el cuerpo de iglesias congregacionales allí. Una migración mayor de congregacionalistas no-separatistas estaban por llegar a la colonia de la bahía de Massachusetts.[261]

Pese a que en la década de 1620 no hubo una representación sustanciosa entre los migrantes que venían de Inglaterra a América, mayormente interesados en la industria pesquera; no obstante, al final de la década hubo mucho interés de parte de los puritanos, debido a las regias persecuciones del régimen de Carlos I contra los separatistas y puritanos en territorio inglés, combinado con las noticias de progreso de los peregrinos que habían llegado a Plymouth. Un nuevo grupo de comerciantes y congregacionalistas arribaron a la colonia de Salem en 1628 y formaron allí una congregación en 1629. Samuel Skelton y Francis Higginson fueron

---

[261] Von Rohr. P. 54-57.

señalados como los pastores de aquella congregación. El carácter no separatista era marcado en aquel grupo.[262]

Más y más inmigrantes siguieron arribando a la bahía de Massachusetts y a Salem. Una de las figuras líderes en el plan de progreso fue el ministro John Winthop, abogado y de fuerte simpatía puritana y un gran talento político. La Compañía Massachusetts Bay lo invitó formalmente a venir a Nueva Inglaterra para fines directivos, con el marcado fin de 'construir una nueva sociedad' en vez de preservar la vieja. Winthrop vio la invitación como la llamada de Dios, convencido de que si incluso si no aceptaba, sus talentos debían ser sepultados, si no se ponían en uso. Se unió a la compañía, firmó el proyecto, y una vez allá fue electo como el primer gobernador de la bahía de Massachusetts.[263]

Bajo el liderazgo de Winthrop hubo planes acelerados para la fundación de otras colonias. En 1630, 11 barcos fueron equipados en unos pocos meses, y rápido fue puesta en marcha la gran migración. En ese mismo año, 17 barcos procedentes de Inglaterra, con unos 1.000 tripulantes, atracaron en la bahía de Massachusetts. Temprano en la década de 1640, ya había más de 20.000 habitantes en la bahía de Massachusetts. La gobernación central estuvo en Boston, desde donde fueron engendradas numerosas colonias con propósitos civiles y religiosos. Entre los colonizadores hubo muchos clérigos y muchos con educación universitaria en otras áreas del saber, pero casi todos de convicciones puritanas y congregacionalistas, ahora sin persecuciones ni luchas para ejercer libremente sus convicciones puritanas.

Entre los ministros embarcados a América encontraremos a John Cotton, entrenado en Cambridge, en el colegio Emmanuel, influenciado por los puritanos. Fue llamado a ser el pastor de la Primera Iglesia de Boston, junto al ya ordenado pastor allí, John Wilson. También llegó a Nueva Inglaterra Thomas Hooker[‡] de la misma academia que Cotton y compañero de estudios de aquel. En 1635 llegó a la Bahía Thomas Shepard,[§] educado igualmente en Emmanuel College, y que había seguido a Hooker como pastor en Cambridge; este sirvió como Capellán no oficial del Colegio

---

[262] *Ibidem, p.* 57.

[263] *Ibidem, p.* 59.

[‡] Hooker sería uno de los tatarabuelos maternos de Jonathan Edwards (como hicimos notar en el capítulo anterior -IV- de este libro).

[§] Thomas Shepard (5 de noviembre de 1605 - 25 de agosto de 1649) fue un ministro puritano inglés (luego neo-inglés), y una figura significativa en la Nueva Inglaterra colonial temprana. Un escritor prolijo a quien Edwards leería posiblemente más que a cualquier otro.

Harvard, luego de la fundación de dicha escuela en 1636. Thomas Shepard fue pastor y escritor, y le dio más forma al congregacionalismo. En
el mismo año que Shepard, también arribó a América, Richard Mather,[†]
egresado de Oxford. Recibió la orden santa y fue clérigo de la iglesia establecida de Inglaterra por quince años. Fue luego convencido de la teología
puritana. En América fue tanto un gran predicador y escritor. Su principal
misión fue interpretar la naturaleza del camino congregacionalista. Como
vivió hasta los 73 años, 50 años de ministerio activo e ininterrumpido y
hombre de robusta salud, transmitió más que ningún otro la esperanza de
los fundadores a las nuevas congregaciones en Nueva Inglaterra.

Igual de importante entre los clérigos fundadores de la Colonia de
New Haven fue John Davenport. Davenport había sido vicario de la iglesia de St. Stephen de Londres, pero su conciencia convencida del puritanismo le trajo serias dificultades. John Davenport llegó a la conclusión
de que debía dejar Inglaterra para practicar sin restricciones sus convicciones congregacionalistas. Emigró a Holanda en 1633, donde sirvió en
una iglesia de habla inglesa por cuatro años, al final de los cuales tanto
él como su congregación emigraron a América. Cuando en 1637 llegaron a Boston, recibieron una calurosa bienvenida de parte de las autoridades de Massachusetts, quienes lo aceptaron como residentes de dicha
colonia. Como los nuevos inmigrantes deseaban más independencia, al
año siguiente se movieron más al sur, donde fundaron la Colonia de New
Haven. Davenport fue un hombre de fuertes principios conservadores
por la causa congregacionalista. Fue amigo cercano de John Cotton, y en
su último año, fue llamado a ministrar a Boston, a la iglesia que Cotton
había pastoreado antes. Estos son algunos de los clérigos que arribaron a
América en la Gran Migración, quienes dieron forma al congregacionalismo americano.

Así continuaron las cosas. En esa primera generación de ministros,
entre 1630 y 1641, arribaron a Massachusetts 60 ministros, de los cuales casi todos fueron de postura congregacionalista no-separatista. La
posterior determinación de ellos de separarse por completo de la iglesia de Inglaterra fue más una cuestión teológica que práctica, como

---

[†]  Richard Mather se casó en 1624 con Katherine Hoult (fallecida en 1655), y en
segundas nupcias en 1656 con Sarah Hankredge (fallecida en 1676), viuda del
reverendo John Cotton. De sus cinco hijos varones (todos de su primera esposa), cuatro serían ministros de renombre, de los que los dos que se quedaron en
Nueva Inglaterra (pues dos de ellos servirían en Irlanda y Londres), liderarían la
tendencia teológica congregacionalista en Nueva Inglaterra en toda la segunda
generación desde Northampton hasta Boston.

puede apreciarse, lejos del control de un arzobispo que les cohibiera de practicar sus convicciones bíblicas en asuntos litúrgicos y regulatorios, además de portar libertades políticas junto a John Winthop, con libertades de aportar y desarrollar reglas y principios nuevos bajo una nueva forma de gobierno, trabajando tanto en la iglesia como en el estado con el cometido de crear una sacra *Commonwealth*.[264]

Ya para la segunda generación de congregacionalistas en América, encontramos iglesias sólidas y bien establecidas, mayormente en Massachusetts, pero también en Connecticut.

Edwards sería ministro en el periodo que los historiadores y eclesiología coloniales denominan "la tercera generación", que se extiende más o menos desde finales del siglo XVII, por alrededor de la época de Cotton Mather hasta la época del Gran Despertar. De hecho, El ministerio de Edwards apenas coincide con los últimos años del Reverendo Cotton Mather (que falleció en 1728), uno de los más grandes líderes que tuvo Nueva Inglaterra jamás.

## Corrupción en la procura original del congregacionalismo americano

Como puede notarse, en la primera generación y casi toda la segunda generación de congregacionalistas americanos, aunque el bautismo de niños era la norma, ellos no incluían en la membresía de la iglesia a nadie antes de que esa persona pudiera dar cuenta en público de su conversión —incluso en un testimonio por escrito—. Esto comenzó a cambiar en el nombrado "El Pacto de Medio Camino"† resoluto en 1662, al cual se opusieron tajantemente muchos, incluyendo a John Davenport, pastor de la 1ra iglesia de Boston e Increase Mather —hijo de Richard, padre de Cotton—, pastor de la 2da. Iglesia de Boston; luego en la determinación

---

[264] Ver: Von Rohr, pp. 60-63.

† **"El Pacto de Medio Camino"** proponía que se eliminara el exclusivismo de la necesidad del testimonio personal de conversión como requisito para la membresía en una Iglesia de Cristo (congregacionalista), y se circunscribiera a un testimonio privado o bien la confirmación eventual del o los padres de la persona (adulta). La propuesta fue gestada en base al Pacto, con la misma idea presbiteriana. Los partidarios de la propuesta entendían que había una contradicción entre la doctrina del Pacto y la práctica de la necesidad del testimonio personal de conversión de cara a la membresía. La teología del pacto, y con toda razón, obliga a que la membresía de la iglesia fuera tanto por fe como por derecho de nacimiento. Y debido a tal defensa teológica, el acta fue votada por mayoría en el sínodo de 1662.

tomada por la iglesia de la Calle Brattle en 1699, que propiciaba un bautismo menos discriminatorio; así como la forma adoptada tardíamente por Solomon Stoddard en Northampton,[‡] a la que eventualmente Jonathan Edwards se opondría. Aquel rechazo de Edwards al stoddardismo le causaría serias fisuras entre algunos de los líderes locales de la iglesia, y por supuesto, tretas con líderes nacionales de la denominación. Edwards entendía que el elemento distintivo de la exclusividad de la membresía mediante el testimonio público de "la experiencia de la conversión" era vital para preservar una iglesia saludable.

## El carácter del pueblo de Northampton

Northampton, ciudad del condado de Hampshire, Massachusetts, corresponde a la región occidental del Estado (antes Colonia) de Massachusetts. Está ubicado en el valle de Connecticut (en el trayecto del río de ese nombre). Desde el liderazgo de Solomon Stoddard, Northampton representó el Polo cabecera de todo el valle del río Connecticut, es decir, la región occidental de Massachusetts y todo Connecticut.

Cuando en 1662 se constituyó el condado original de Hampshire, incluía un territorio que ahora se encuentra en los actuales condados de Hampden, Franklin y Berkshire, así como pequeñas partes del condado de Worcester actual. Originalmente comprendía un territorio que consistía

---

No obstante, la aplicación era voluntaria como derecho congregacionalista. Eso hizo que desde entonces comenzara a haber fisuras en la denominación. La propuesta no era nueva, había surgido desde 1634, pero debido a casos individuales. La moción también fue objeto de consideración en el sínodo de Cambridge, Massachusetts, en 1640. En 1650 se intensificó el asunto en base a que muchos de los que habían crecido en la iglesia no podían proveer un testimonio de conversión. En consecuencia, en 1657 la corte de Massachusetts instó a que se reuniera un grupo adecuado de ministros para deliberar sobre el problema, y después de varias consideraciones desde entonces, y en el sínodo de las iglesias de Massachusetts de 1662, concurrido por 70 clérigos y laicos en la 1ra iglesia de Boston, se resolvió la controversia con lo que fue posteriormente estigmatizado con el nombre burlesco de "el Pacto (o Acta) de Medio-Camino". Medio camino porque se les daba el privilegio a los niños de disfrutar del Pacto "siendo miembros de la iglesia", por petición paternal; pero se les negaban los derechos tanto de tomar decisiones como de participar de la Santa Cena. Y la cancelación del pacto ocurría si tal persona renunciaba voluntariamente. (Ver: John Von Rohr, pp. 118, 119, 150, 151).

[‡] Ver más adelante: "El stoddardismo en Northampton".

en toda la parte occidental de la colonia de la bahía de Massachusetts. Incluía las ciudades originales de Springfield, Northampton y Hadley.[265]

Northampton, originalmente llamada Nonotuck, fue fundada por colonos de Springfield, Massachusetts en 1654. La compra original de los colonos a los indios de Northampton incluía el territorio ahora conocido como Northampton, Easthampton, Westhampton, Southampton y partes de Hatfield y Montgomery. La tierra comprada a los indios costó unos 200 dólares y tenía una extensión aproximada de 100 millas cuadradas. La compra fue organizada y completada por John Pynchon, Elizer Holyoke y Samuel Chapin.[266]

Ahora bien, desde sus inicios Northampton fue una ciudad tumultuosa. Marsden comenta que "En los días en que Solomon llegó a la ciudad, esta constaba con, probablemente, unos 1000 ciudadanos, y que la había podido controlar casi como quiso, puesto que él había sido por largo tiempo un disertador en el gobierno colonial en favor del oeste de Massachusetts, y durante las últimas décadas había solidificado la influencia familiar política y judicial, especialmente puesto que su hijo John era el escudero de aquella comarca, siendo John un líder militar, judicial y un pilar de la iglesia".[267] De hecho, en el aspecto moral de la ciudad, comenta Marsden, era difícil distinguir los límites entre la iglesia y lo civil.[268] El mismo Edwards, describiendo Northampton en su "Narrativa fiel" en 1736, dice sobre la ciudad:

> La ciudad de Northampton tiene aproximadamente 82 años de existencia y ahora tiene alrededor de 200 familias, que en su mayoría habitan de manera más compacta que cualquier ciudad de tal tamaño en estas partes del país. Esta ha sido, probablemente, una de las causas por la que nuestras corrupciones y reformas se han propagado de vez en cuando con mayor rapidez de una persona a otra a través de la ciudad. Considere la ciudad en general, y por lo que puedo juzgar, son personas tan racionales e inteligentes como la mayoría de las que he conocido. Muchos de ellos se han destacado por su religión; y particularmente notable por su conocimiento distintivo en las cosas que se relacionan con la religión del corazón, y la experiencia cristiana, y su gran respeto por ello.[269]

---

[265] Consulte: http://genealogytrails.com/mass/hampshire/

[266] Consulte: https://www.familysearch.org/wiki/en/Northampton,_Hampshire_County,_Massachusetts_Genealogy.

[267] Marsden. *J. E., A Short Life*. Pp. 42, 43.

[268] *Ibidem, p.* 43.

[269] Edwards, J. *Una narrativa fiel*.

En materia de la espiritualidad de los ciudadanos de Northampton en su historia hasta el avivamiento de 1734 al 1736, Edwards escribe:

> Soy el tercer ministro que se ha instalado en el pueblo. El reverendo Eleazer Mather, que fue el primero, fue ordenado en julio de 1669. Era alguien cuyo corazón estaba mucho en su trabajo y abundante en labores para el bien de las almas preciosas. Tenía gran estima y gran amor por su pueblo, y fue bendecido con un éxito no pequeño. El reverendo Stoddard, que lo sucedió, llegó primero a la ciudad en noviembre después de la muerte de su predecesor; pero no fue ordenado hasta el 11 de septiembre de 1672 y murió el 11 de febrero de 1729. De modo que continuó en la obra del ministerio aquí, desde su primera venida al pueblo, cerca de 60 años. Y como era eminente y famoso por sus dones y gracia; por eso fue bendecido, desde el principio, con un éxito extraordinario en su ministerio, en la conversión de muchas almas. Tenía cinco cosechas,* como él las llamaba. La primera sucedió hace unos 57 años; la segunda, alrededor de 53; la tercera, alrededor de 40; la cuarta alrededor de 24; la quinta y última hace unos 18 años [o sea alrededor de 1718]. Algunas de estas épocas fueron mucho más notables que otras, y las almas ganadas más abundantes. Las cosechas de hace 53, 40 y 24 años fueron mucho mayores que la primera o la última: "pero en cada una de ellas", escuchaba decir a mi abuelo, "la mayor parte de los jóvenes del pueblo parecían estar preocupados principalmente por su salvación eterna".[270]

Pero, las cosas no eran siempre color de rosa. Edwards termina su comentario así: "Después del último de estos, llegó una época mucho más degenerada (al menos entre los jóvenes), supongo, que nunca".[271]

El clan Stoddard era sólido y dominante no solo en el oeste de Massachusetts, sino en todo el valle de Connecticut. Solomon no solo era el más grande líder religioso en todo el valle, sino que en su momento básicamente en todo Massachusetts y Connecticut. Además, los Stoddard se habían casado con los Williams (sobresale Christian quien se casó con el Rev. William Williams de Hatfield), Esther se había casado con Timothy Edwards, y, por ejemplo, el Rev. Elisha Williams (hijo de William Williams padre), quien llegó a ser rector de Yale, había sido tutor de Edwards en Yale (y eran primos), luego Edwards fue tutor en Yale junto con su primo. De hecho, Elisha comenzó a ser rector de Yale precisamente cuando Edwards renunciaba para moverse a Northampton. El poder ministerial, es decir, los púlpitos más importantes del valle estaban bajo el

---

* Una "cosecha" era un período en el que hubo conversiones masivas y una muestra refrescante de la gracia de Dios. Era el término de Stoddard para referirse a algo parecido a un avivamiento.

[270] Edwards, J. *Una narrativa fiel.*

[271] *Ibidem.*

control de los descendientes de Stoddard, igual el dominio académico, e incluso el poder comercial (una de las hijas de Solomon se casó con el comerciante más poderoso de la región, Joseph Hawley). Aunque la mayoría de los hijos de Solomon eran mujeres, ellas se casaron con los Williams, etc. Recordemos aquí que por lo general los ministros congregacionalistas pertenecieron a la aristocracia. Por ejemplo, el Rev. Elisha Williams (primo del rector Elisha Williams), egresado de Princeton, hijo de Ephaim Williams, llegó a ser el terrateniente más poderoso de Stockbridge en su momento. Por su parte, el coronel John Stoddard era una autoridad militar y judicial con influencias hasta en Boston. Eso fue clave para el control de un pueblo tan tumultuoso como Northampton. Eso no necesariamente le facilitó el camino a Edwards del todo, aunque ministró entre tíos y primos. De hecho, hubo suficiente rivalidad, Miller saca a relucir algo de eso en su biografía. Pero, por otro lado, la fama de su abuelo, lo benefactor que resultó especialmente su tío John, el sitial de su padre, su trayectoria académica y su notoriedad ministerial le sirvieron de mucho a Jonathan. No solo era tutor en Yale cuando fue invitado a Northampton, sino que la primera vez que fue invitado a disertar en Boston, en la graduación de Harvard de 1731, fue tan exquisita su exposición que inmediatamente fue ordenada su publicación, a pesar del riguroso filtro que implicaba dicha selección. Por cierto, esa fue la primera publicación del joven predicador. Y sucedió nada más que en la colonia cabecera.

Sobre el asunto del ala familiar que más que beneficiar, desfavoreció el ministerio de Edwards en la región, persistía el carácter de aquel pueblo. No solo había tres tabernas[272] en Northampton cuando Edwards llegó allí (las tabernas eran una especie de club social para un trago, para los puritanos en américa no era un problema el trago social), sino que el pueblo era tumultuoso, encima de ser una ruta militar, además de que había varios alistados de todo rango en la iglesia de Northampton. Northampton era políticamente descontento.[273] De hecho, asevera Miller, "la política en Northampton era tumultuosa. La política tenía dos décadas dividida entre el partido "Cortesano" (los que tenían la autoridad principal y las riquezas); y el partido de la "Ciudad" (aquellos que representaban la mayoría, y que eran celosos de los anteriores, aptos para envidiarlos, y con el temor de que tanto poder influenciara la ciudad y en lo eclesiástico)".[274]

Desde sus inicios Northampton fue excepcionalmente explosivo. Las diferencias partidarias llegaron en una ocasión "a los golpes", tanto que el

---

[272] Marsden. *J. E., A Short Life*. P. 43.
[273] *Ibidem*.
[274] Miller. P. 43.

coronel Stoddard "no supo qué hacer con ellos" en esa ocasión.[275] Sobre todo ello, para la época en que Edwards llegó a la ciudad "la edad promedio en que los jóvenes se casaban había aumentado a 29 años para los varones y 25 para las mujeres. La limitante de la tierra fue la principal razón para ello".[276] Eso había creado una cultura juvenil controladora de sus padres. Edwards tuvo que batallar fuertemente con eso. Además, como describió el mismo Edwards, era una ciudadela empaquetada, lo cual hacía más fácil la transmisión de los vicios persona a persona.

## El stoddardismo en Northampton, una postura eclesiástica más allá de los límites establecidos en "El Pacto de Medio Camino"

Northampton estuvo dentro de las iglesias que endorsaron "El Pacto de Medio Camino", siendo Eleazar Mather (hermano de Increase Mather) el pastor en ese entonces, solo meses antes de que Solomon Stoddard (el abuelo materno de Edwards), asumiera su pastorado allí. Stoddard encontró allí el renombrado Pacto. Durante ocho años, Stoddard bautizaba según dicho requerimiento, y mantuvo los roles de membresía distinguiendo entre quienes sí y quienes no podían expresar públicamente sus "experiencias de conversión". En 1677 se desilusionó de dicha práctica, y lo reemplazó con "un sistema más abierto". Por una razón, decía: "que había personas buenas en la comunidad que si bien negaban el bautismo, bien podían ser incorporadas a la vida de la congregación". Ofrecía a partir de entonces bautismo a adultos de "moralidad sincera" que hacían profesión de fe cristiana y también a sus niños.

En la práctica clásica de los congregacionalistas de Nueva Inglaterra, antes de "El Pacto de Medio Camino", el bautismo debía ser administrado estrictamente a los hijos de los creyentes en plena comunión. Y aquellos, no por ello serían miembros de la congregación, ni necesariamente participantes de la Santa Comunión. La membresía y la participación en la Santa Comunión se le otorgaba solo a quienes de su propia boca y por escrito dieran fe y testimonio distinguible de su conversión. Solía haber un comité de ancianos renombrados y de intachable piedad —incluidos los ministros— que evaluaban las solicitudes. Ninguna solicitud, a parte de ese filtro, era aceptada.

Por otra parte, la "modificación" en "El Pacto de Medio Camino" consistió en eliminar la necesidad del testimonio para ser aceptado en la

[275] Ver: Miller. P. 44.
[276] Marsden. *J. E., A Short Life*. P. 43.

membresía, la recomendación de un miembro en comunión era suficiente; y cual los presbiterianos, los hijos de los creyentes serían automáticamente miembros de la congregación, en virtud del pacto, aunque no tuvieran el privilegio de participar de la Santa Comunión. Pero se preservaba el privilegio de participar de la Santa Comunión, no a los miembros de la congregación, sino a aquellos miembros quienes fueran aprobados por el comité, en base al testimonio del miembro y la observancia del comité. Ellos se habían tomado en serio lo de una iglesia local y visible pura. En el sentido de la participación en la Santa Comunión o Santa Cena, las cosas seguían como antes, a pesar de "El Pacto de Medio Camino".

A Stoddard le chocaba que solo uno de cada ocho de los miembros de Northampton hasta entonces (1667) calificaba para tomar la Santa Cena. Se propuso establecer que la Cena del Señor estuviese disponible para todos los adultos que fueran miembros de la Congregación. †El único requisito sería que tal persona no tuviera rumores de escándalos públicos en su testimonio. El sacramento no sería más limitado a los pocos regenerados, sino, incluso, para personas en el peregrinaje hacia la regeneración.[277] A esto se conoce como "*stoddardismo*".

La premisa de Stoddard era, según decía, que 'es imposible que alguien en esta vida, a parte del mismo Dios, llegue a tener certeza de su regeneración'. Y señalaba que la cena abierta a todo miembro podía, de hecho, ser un medio de conversión. Decía "esta es una ordenanza que convierte" (o dicho de otro modo: "todas las ordenanzas son para el bien salvífico de todos aquellos para quienes se administran"[278]). La mayoría de los clérigos, con los Mather a la cabeza, vigorosamente objetaron dicha práctica, so aseguranza de que tal práctica comprometía la pureza demandada a la iglesia.[279] La eventual oposición de Edwards a tales ideas de su abuelo le propinaría un vulgar despido de Northampton.

Cuando Increase escuchó la postura y procura de Stoddard, "alzó sus manos al cielo y dijo 'Stoddard está privando a las iglesias de Nueva

---

† Para aquella época aun los no creyentes tenían la práctica de asistir a la congregación con cierta frecuencia. En el congregacionalismo temprano, un miembro de la iglesia debía calificar, mediante exámenes o entrevistas, para estar aptos para participar de la santa comunión. Stoddard notó que solo uno de cada ocho miembros de la iglesia no eran miembros. Eso lo preocupó en gran medida, a la vez que lo movió a sus determinaciones del tipo eclesiásticas en discusión en este capítulo.

277 Von Rohr. P. 128.
278 Miller. P. 11.
279 Ver: Von Rohr. P. 129.

Inglaterra de la gloria de ellas'; a lo cual Stoddard secamente enfatizó: 'El Sr. Mather todo el tiempo entremezcla comentarios apasionados con sus argumentos', y procedió a enlistar a las iglesias del oeste en su programa".[280]

La posición de Stoddard ganaría tanto partido que eventualmente sería la norma de todas las iglesias del valle de Connecticut, es decir todo el oeste de Massachusetts y todo Connecticut, con Northampton como su capital. El principado del stoddardismo iba desde Deedfield hasta Sound, o sea: Hedley, Hatfield, Springfield, Westfield, Longmeadow, Suffield y Northampton.[281] Eso creó una rivalidad del tipo de la práctica eclesiástica, no del todo teológica, entre el Este y el Oeste de las provincias del norte de Nueva Inglaterra. Solomon Stoddard literalmente había despegado el occidente del oriente. Los Mather que lideraban Boston y zonas aledañas (el este), mantuvieron esas comarcas líderes fieles al Pacto de Medio-Camino. Había, además, lo que Miller llamó "una diferencia emergente de temperamentos entre el este y el oeste".[282]

Stoddard, por su parte, seguía regio en su defensa del calvinismo congregacionalista. Miller nota que Solomon "defendió el caso de un Dios absoluto que escoge soberanamente a un hombre en vez de a otro solo porque le place", mientras que por su parte los Mather había suavizado su discurso en este respecto".[283]

Miller comenta que "los historiadores han reverenciado la creatividad de Stoddard de 'democrática'".[284] Pero que fue exactamente lo contrario. Perry analizó que Stoddard "estaba conduciendo a las iglesias de su región a tal punto que se le puede tildar como el más grande 'autócrata' eclesiástico de Nueva Inglaterra".[285] Su posición, tipo presbiteriana fue: "los ancianos deben gobernar sobre la iglesia, y nunca al revés".[286] Mather denominó el semi-presbiterianismo de Stoddard de "usurpación".[287] De hecho, contrario a la regla de Massachusetts, Stoddard organizó las iglesias en la conocida Asociación de Hampshire para regir las iglesias del valle.[288] Y el resultado fue que "en 1705, al adoptar su plan, la asociación

---

[280] Miller, p. 11
[281] *Ibidem*, p. 9.
[282] *Ibid, p.* 10.
[283] *Ibid.*
[284] *Ibid, p.* 11.
[285] *Ibid.*
[286] *Ibid.*
[287] *Ibid.*
[288] Ver: Miller. P. 11.

tomó legalidad en la forma de la Plataforma de Saybrook. Así el congreso de Connecticut, fue transformado en un semi-presbiterianismo".[289]

Por su parte, "los Mather siguieron pregonando que las iglesias de Nueva Inglaterra eran autónomas, fundadas en el pacto de la iglesia, mientras que Stoddard calmadamente respondió que no existe tal cosa como un pacto en la Biblia, y que en el oeste de Nueva Inglaterra 'tampoco había tal necesidad'".[290]

Con todo y eso, Stoddard era renombrado no solo en el valle de Connecticut, sino en toda nueva Inglaterra, incluyendo Boston. Era quizás el predicador más poderoso de Nueva Inglaterra en sus días.

Pero, como es de esperarse, Increase Mather murió en 1723. Su hijo Cotton también murió en 1728. Y Solomon Stoddard murió también en 1727. Algunos esperaban que hubiera un cese de la rivalidad.

No obstante, aquí justamente hay que observar la importancia de la descendencia en cumplir un legado y un propósito. Un aspecto importante en la supremacía de Stoddard, que eventualmente terminó imponiéndose en toda Nueva Inglaterra, tiene mucho que ver con su descendencia. Tuvo 12 hijos con Esther Warham, todos renombrados, más otros 3 (Eunice [Mather] Williams, Warham Mather, Eleakim Mather), los que Solomon heredó al casarse con Esther, la viuda de su predecesor Eleazar Mather. Para que tengamos una idea de a qué me refiero con ello, seis de las siete hijas de Stoddard (si incluimos a Eunice Mather) se casaron con ministros: Eunice Mather (adoptiva) que se casó con el Rev. John Williams (egresado de Harvard), profesor en Dorchester y escritor, luego ordenado y pastor en Deerfield; Cristhian que se casó con el también venerable Rev. William Williams de Hatfield; y Esther, quien contrajo nupcias con Timothy Edwards (egresado de Harvard) —estos son los padres de Jonathan—; Mary, quien se casó con el Rev. Stephen Mix (egresado de Harvard), quien pastoreó la Primera Sociedad Eclesiástica de Wethersfield hasta su muerte en 1738; Sarah que contrajo nupcias con el Rev. Samuel Whitman; Hannah, quien contrajo nupcias con el Rev. William Williams (hijo). Así, además de Jonathan Edwards, varios de sus nietos fueron renombrados ministros: Los Williams, los Mix y los Whitman. Solomon había dejado toda una dinastía, asunto que no sucedió con Increase y su hijo Cotton Mather. En el caso de Cotton, "de 15 hijos que tuvo con sus

[289] Miller. Pp.11, 12.
[290] *Ibid. P.* 12.

tres sucesivas esposas, solo le sobrevivieron dos".[291] Recordar aquí que todos los casos mencionados antes son descendientes de Solomon y Esther Stoddard, por tanto, tíos y primos de Edwards. Note también que hay varios Williams-Stoddard en el grupo, muchos de los cuales fueron ministros. Téngalo pendiente, porque tales detalles son de suma importancia en esta historia. Puede consultar los apéndices para comprender la matriz familiar de Edwards, con un diagrama especial respecto de Edwards y su parentesco con los Williams. Los ministros congregacionalistas por todo el valle del río Connecticut, e incluso algunos en la zona de Boston, eran familiares de Jonathan Edwards. Los Williams fueron abundantes, y sustituyeron por paternidad el apellido Stoddard. Téngalo pendiente.

Además, muchos de los egresados de bachillerato en artes (B. A.) de Yale eran enviados a ser entrenados en teología y pastorado a la casa de Solomon, lo que seguiría sucediendo con Edwards.[292]

Todo esto nos da fe de que la elección que hizo Stoddard de Jonathan Edwards como su sucesor no fue por falta de opciones. Claro, al punto que se activó el comité para buscar un maestro con miras a ser entrenado como el que ocuparía la posición de Stoddard en Northampton, Jonathan era uno de los reducidos tutores de Yale. Y en febrero de 1727, el escrutinio en Northampton decidió por el nieto de Solomon, Jonathan Edwards.

El stoddardismo estaba tan arraigado en las iglesias del valle, incluyendo su matrona de Northampton, que luego de décadas de reflexiones de Jonathan sobre la cuestión eclesiológica de la Membresía y la aptitud para participar de la Santa Comunión que debía tener una persona; luego de 24 años de ministerio de Jonathan en Northampton, dicho sea de paso, fue "vilmente" despedido del pastorado de aquella congregación por externar —luego de su largo silencio al respecto— que el stoddardismo no era lo que él entendía como bíblico. Y que su reflexión le había llevado a una convicción de que no se sentía bien con la comunión abierta, ni siquiera con la posición de "El Pacto de Medio Camino".

## La generación post Mather-Stoddard en Nueva Inglaterra

Muertos los grandes líderes del congregacionalismo polarizado del este y el oeste de las provincias del norte de Nueva Inglaterra, naturalmente emergieron otros líderes.

---

[291] Encyclopedia Britannica: https://www.britannica.com/print/article/369261.
[292] Ver: Miller, p. 14.

En Boston se conformó la Iglesia congregacional de Brattle Street, que se escapaba de la regencia que habían sustentado los Mather y emergía en el formato que había legado el Rev. Solomon Stoddard.

Benjamin Colman,[§] con una tendencia más presbiteriana y más conciliatoria,[293] fue aclamado por la iglesia Brattle Street para que fuera su pastor. Tiempo después, Colman mostró interés por William Cooper, al cual llamó como colega ministerial a Brattle Street. Cooper era un tanto más conservador y quiso hacer una confesión de fe que se alejara de la actitud *catholick* (conciliadora), pero Colman no permitió la prosperidad de tal plan.[294]

Así, los pastores de las iglesias más influyentes de Massachusetts fueron: Colman y Cooper (de Brattle Street); Toxcroft (de la 1ra Iglesia de Boston); Thomas Prince y Joseph Sewell (de Old South)… e incluso el frío Joshua Gee (de la 2da Iglesia de Boston), quien a pesar de su rigidez, estuvo de acuerdo con Colman.[295]

En la década de 1720, por otra parte, la educación en Harvard estuvo liderada por Leverett, y luego por Wadswoth en la rectoría de aquella universidad en Cambridge, Nueva Inglaterra.

"El viejo calvinismo", como hace notar Miller, "en un nuevo y más sólido estado de ánimo, conscientemente reaccionario, estaba tomando un nuevo contrato en la vida, por razones que eran oscuras para la generación de Colman".[296]

La gran mayoría de estos hombres ansiaban ver un despertar en Nueva Inglaterra.

En ese caldo de cultivo, Miller sospecha que también con la influencia de su tío (el coronel John Stoddard), Edwards fue invitado a ocupar el lugar de su abuelo en los acostumbrados discursos anuales que se celebraban en Harvard para la graduación, al principio de julio de cada año.

---

[§] Colman, egresado de Harvard en 1712, fue un racionalista completamente desarrollado y un ultra conciliador. Odiaba los extremos. Muy conocido, además de su fuerte liderazgo en las décadas de 1720 y 1730 en Boston, por ser quien modeló el hábito de ornamentar los sermones con citas literarias. (Ver: Miller, pp. 17-22).

[293] Miller utiliza aquí el término *catholik*.

[294] Miller. Pp. 20, 21.

[295] *Ibid*, pp. 21, 22.

[296] *Ibid, p.* 22.

Solomon había ocupado aquel lugar, generalmente el discurso del jueves por la mañana, desde 1719 por varios años seguidos.

De hecho, Edwards había estado en ese evento, si bien no era egresado de Harvard, dos veces con anterioridad, en 1723 y en 1729. Pero en esas ocasiones fue un simple asistente más.[297]

Lo cierto en todo esto es que se trataba de una nueva generación en ausencia de quienes solían decidir todos los asuntos mayores y ocupar los lugares de renombre y preeminencia en todos los eventos de la denominación, los Mather y los Stoddard.

Especialmente Colman, Cooper y Prince llegaron a ser grandes amigos de Edwards. En el discurso que Edwards dictó en Harvard, del cual hablaremos en otro capítulo, Colman era uno de los mayores entre los ministros y el divinista de más reputación por aquel entonces. Miller analizó que Colman fue el "responsable de cambiar el tono social de la pedantería y las quejas de los Mather a una piedad genial".[298]

## Una anticipación del conflicto a lo interno del congregacionalismo en Nueva Inglaterra

El análisis del Dr. Perry Miller sobre las circunstancias en la vida y el ministerio de Jonathan Edwards se presenta como en una trama conflictiva entre bandos. Pero, un momento, Miller no estaba escribiendo una novela. Más aún, Miller era un catedrático de Harvard, que si hubiera estado escribiendo una novela de conflicto, habría, suponemos, redimido a Sion y condenado a Sodoma. Pero, lo que vemos es que Miller discierne con mucha agudeza y con abundante y confiable información lo que bien puede ser denominado un conflicto interno en el congregacionalismo de Nueva Inglaterra a partir de la segunda generación, y que cambia de tono en la tercera y subsiguientes generaciones, donde Edwards entra en el escenario.

El conflicto inicia por razones eclesiológicas, no solo litúrgicas, sino algo más profundo, una teología eclesiológica, que removía los mismos cimientos de la "teología del pacto" que del calvinismo habían heredado los congregacionalistas. Las circunstancias, a partir de la década de 1670, pocos años después que Solomon Stoddard asume el principado de uno

---

[297] *Ibid, p. 14.*
[298] *Ibid, p. 17.*

de los Mather, Eleazer, en Northampton, parecieran apuntar a un mero conflicto de personalidades y de estilos de liderazgo entre los Mather en Boston y Stoddard en Northampton. Pero hay varios matices del tipo teológico que engendran y alimentan el conflicto que degeneraría en una lucha feroz en la próxima generación.

No se trata de meras circunstancias y de una simple forma de liderazgo que la creatividad y personalidad de Stoddard había infiltrado, por no decir, usurpado en el valle; en realidad tocan fondo en materia de las inconsistencias de las propuestas de la "teología del pacto", modeladas en rechazo a los grupos "semi-heréticos", como los bautistas en este caso, que sí habían resuelto el conflicto de la membresía que presenta el hueco de la teología del pacto en ese tenor. Pero los puritanos de Nueva Inglaterra no beberían aguas turbulentas ni con sabores heréticos, pensaban; pues así caricaturizaban los congregacionalistas a los bautistas, por ejemplo.

En la primera generación, los congregacionalistas de América mantuvieron el concepto "separatista" original respecto de la membresía, las cualidades del clero, etc., como los vislumbraron Brawne, Barrow, Johnson y otros; quienes entendieron que justamente ahí yacía la clave de la corrupción de la Iglesia de Inglaterra que ellos procuraban combatir. En otras palabras, "para que una iglesia sea pura, es menester que tanto la membresía como el clero sean regenerados". En los grandes grupos forjados por los reformadores magisteriales persistió el mismo problema que luego se observó en la Iglesia de Inglaterra, a saber "una iglesia corrompida". Los separatistas razonaron que tenía que ver con no aplicar filtros a la membresía, de donde surgía el clero. Pues para los magisteriales, en las iglesias de Escocia y de Inglaterra, la pertenencia a la iglesia es una cuestión, no de regeneración ni testimonio, sino una mera cuestión geopolítica.

Ubicado el craso error, cosa que no vieron los puritanos del todo, emprendieron su consigna. Muchos puritanos perseguidos, especialmente a partir del reinado de Mary Tudor, pero que en cierto modo continuó con su hermana Elizabeth I, emigraban al continente. Al llegar a Holanda, Alemania y Suiza se mezclaron con los separatistas y se gestó el movimiento "separatista-conformista", que propugna que la iglesia sea de regencia local, pero que reconoce la hermandad con la Iglesia de Inglaterra. O sea, una especie de 'no nos molesten y no los molestaremos, consideramos que ustedes tienes ciertos errores no graves, y no nos satisfacen'. De esa amalgama entre separatistas radicales (no conformistas), y puritanos en el exilio (conformistas), se gesta, primariamente desde Holanda, lo que sería el congregacionalismo americano. Y esa amalgama discernía la necesidad de que la membresía de la iglesia local fuera regenerada, tanto como su clero. En este caldo de cultivo se forjó la conciencia de Edwards en Windsor. Pero, lógicamente este caldo presentaba un conflicto con la "teología del pacto" de los presbiterianos que sustentaba igualmente la iglesia de Inglaterra, y —con otro nombre—, igualmente Roma y los luteranos.

"El Pacto de Medio Camino" intenta resolver tal conflicto teológico. Abre la membresía, pero no totalmente. Todavía era menester una evaluación *sui generis* que no tire por el suelo los ideales de los padres fundadores del congregacionalismo. El brillante y creativo Stoddard sigue concibiendo inconsistencias en tal pacto, a la vez que reusándose a conceder razón a cualquier "disidente" o separatista regio, como a los bautistas. Entonces surge el "stoddardismo", sistema que abre la membresía para casi cualquiera. Pero da un paso más arriesgado aún, abre igualmente la Santa Comunión sin restricción alguna, salvo las mismas que le podían evitar la membresía a alguien, a saber, "escándalos públicos groseros". Stoddard vio en su "brillante idea" el problema resuelto. Su nieto Jonathan Edwards vería luego en ello una vulgar degeneración.

Ahora bien, Stoddard no estaba asintiendo con que esas multitudes que se hacían parte de la iglesia y que podían "comulgar" eran creyentes; simplemente creyó que esa aceptación era una vía salvadora. O, digamos, cual él creía, "esas gracias empujaban a la salvación".

Eso fue un escándalo para los Mather y toda su comarca oriental. Pero el occidente de Massachusetts (Hampshire), Connecticut y todo aquel valle, decidirían esencialmente por la fórmula de Stoddard.

En esto consistió el conflicto de la segunda generación de congregacionalistas de Nueva Inglaterra. Pero, por increíble que parezca, Stoddard era un calvinista de la línea dura, mientras que los Mather, especialmente Cotton, era calvinista de una línea suave, incluso con bastante apertura a la tolerancia de ciertos pecadillos y una cierta apertura a la propuesta del racionalismo. Boston y Harvard ya no toleraban el radicalismo original. La Ilustración y su doctrina estaba penetrando con presteza a dicha *Alma Mater*.

El carácter de Harvard, incluso en los días de los Mather, era más o menos así: "Leverett, el Doctor Wigglesworth, y Wadsworth (el rector para la fecha que Edwards disertó en Boston), con varios de sus tutores como Nathaniel Appleton (quien cometió inmoralidades), Peter Clark (racionalista), Edwards Holyke (de quien dijo Johnny Barnanrd: 'Creo que el señor Holyke es tan calvinista como cualquier otro hombre, pensaba que lo veía como demasiado caballero y de temperamento demasiado católico (amigable) como para aplastar sus principios en la garganta de otro hombre'; Ebenezer Gay de Hingham (un conciliador); y Charles Chauncy‡ (de la clase de 1721, y ordenado en 1727, cual Edwards), quien sería el archi oponente de Edwards. Pastor de la gran primera iglesia de Cristo de Boston. Por cierto, Chauncy haría un viaje al oeste, a Hatfield, ya que Nathaniel Chauncy era el predecesor de William Williams (el presidente de la asociación de Hampshire y primo de Edwards) allí; y también visitó Wallingford Connecticut, ya que el reverendo de aquella ciudad, Samuel Whittelsey, era el esposo de su prima Sarah Chauncy".[299] Así que entre Edwards en Northampton, Chauncy en Boston (quien pastoreaba la iglesia más renombrada allí, la primera), y Chauncy Whittelsey (hijo de Samuel y Sarah, tutor de Yale, en Connecticut), habría una importante rivalidad ministerial. De hecho, Whittelsey se atrevería a afirmar que "si el plan de Edwards fuera recibido por ortodoxia, el hombre se volvería deísta y más ateo sustituyendo en las mentes 'la necesidad en el Salón de un Gobernador Moral Inteligente'".[300] A ese punto, Clap era el rector de Yale, en cuya administración fue despedido de Yale el gran David Brainerd,[301] literalmente por razones de las controversias de los 'Nuevas luces' vs. "Viejas Luces".

El genio intelectual del Dr. Miller conduce la rivalidad ministerial entre Edwards y sus oponentes a niveles novelescos (aunque existen algunas pruebas para especular). Dispara la rivalidad al grado de que el lector especule que cuando Edwards fue seleccionado para la graduación en Harvard para el otoño de 1731, sea comprendido como la razón de una visita de Chauncy Whittelsey unos meses antes a Boston.[302] El nivel de tensión novelesca del Dr. Miller incluso hace resaltar su sospecha, como caracterizaba su genio especulativo, de que justamente cuatro meses antes de que Edwards agotara su invitación a ocupar el lugar de su fallecido abuelo Stoddard, en la graduación de aquel 08 de julio de 1731, en

---

‡ **Charles Chauncy** (1705 - 1787) fue un clérigo congregacional de Nueva Inglaterra. Es conocido por haber sido el ministro de la 1ra. Iglesia Congregacional (de Cristo) de Boston por seis décadas, y por su regia oposición al grupo de los 'Nuevas luces', a Edwards y al primer Gran Despertar. Fungió como el padre de la "Vieja Luz". Terminó siendo Unitario y promovió el racionalismo en el protestantismo (la médula que dos siglos más tarde engendraría el liberalismo teológico), en particular su insistencia en la religión racional y la defensa de la salvación universal.

[299] Miller. Pp. 24, 25.

[300] *Ibidem. P.* 26.

[301] Ver: Miller, p. 26.

[302] Ver: Miller, pp. 24-27.

donde dictaría su discurso aquel jueves; Charles Chauncy había invitado a Samuel Whittelsey a predicar en su iglesia y luego el mismo Chauncy publicó dicho sermón de Whittelsey, que endorsaron él y Foxcroft, en el que sobraron los elogios a Whittelsey.[303] No obstante, no era algo inusual la publicación de sermones, y alguien con deberes de catedrático sería regularmente un candidato para publicar.

Es de cierto valor aquí que el lector sepa que Charles Chauncy era contemporáneo de Edwards e incluso ordenado en la 1ra. Iglesia de Boston para la misma fecha que Edwards en Northampton. Chauncy pastorearía en aquella parroquia por 60 años hasta su muerte. Siendo Chauncy Whittelsey tutor en Yale, David Brainerd hizo críticas fuertes contra aquel, asunto que forzó su despedido de Yale, por cierto, en pleno apogeo del Gran Despertar. George Whitfiel también vería elementos de mucha impiedad en muchos de los bostonianos contemporáneos de Chauncy.

En realidad, aquella rivalidad llegaría al punto que una década después de la muerte de Jonathan Edwards, Chauncy Whittelsey diría contra este: "Si el plan de Edwards fuera recibido por la ortodoxia, muchos se convertirían en deístas y más ateos".[304]

Edwards era de la viaja guardia en su concepción eclesiológica. Era de la línea conservadora de la primera y segunda generaciones de congregacionalistas en América que persistiría en los fundamentos, cual lo vio modelado en el liderazgo de su padre Timothy, un congregacionalista puro. Thomas Shepard fue su teólogo favorito. Edwards no cruzaría la línea, no se prestaría a la insensatez de cruzar la luz roja. Sufriría el conflicto internamente, solo compartiría su postura con su amada Sarah. Pues Northampton era liberal en esto. Para aquella vieja guardia que había migrado a Nueva Inglaterra en 1620:

> "El teólogo de la forma congregacional había matizado esta afirmación al declarar que la relación entre Dios y el hombre fue transformada, por los propios designados por Dios, en la forma de un "pacto". En el momento de la conversión, corría su doctrina, el santo es recibido en un pacto con lo divino, y luego depende de su seguridad del hecho de que la transacción está registrada. Los sacramentos se le entregan luego como 'sellos del pacto', dando testimonio de lo que había sido designado en el vínculo. La ventaja de esta 'Teología Federal', como se la llamaba, era que al concebir la regeneración como la redacción de un pacto, que requería el asentimiento de ambas partes, el clero podía, incluso mientras profesaba la predestinación

---

[303] Ver más en: Miller, pp. 26, 27.

[304] Miller. P. 26.

absoluta, ofrecer a los hombres racionales ciertos incentivos, por intentar abrir negociaciones".[305]

Ahora, cuando la conciencia de Edwards maduró el conflicto, y su fidelidad a Dios no le permitió aguantar más, y habiendo leído varios volúmenes —incluso los del Dr. John Gill (bautista) —, lo cual creo que le ayudó a decidir en su crisis, en realidad no explotó porque le caracterizaba el suficiente comedimiento. Pero, llegado el momento traería su causa a consideración.

## Una observación obligada

Creo que no debemos cambiar de capítulo sin hacer la pertinente observación de la calidad de los fundamentos de la religión que llegó a Nueva Inglaterra.

Los padres del congregacionalismo americano, y por qué no, del cristianismo americano en general, fueron casi sin excepción hombres altamente entrenados en divinidades. El principado elizabethiano así se lo había propuesto desde el inicio de su coronación al trono de Inglaterra, mucho antes que fuera gestada Nueva Inglaterra. Cambridge y Oxford fueron máquinas productoras de cerebros, especialmente de ministros bien entrenados en las ciencias divinistas. En lo concerniente al ala puritana, Cambridge lo fue más que Oxford.

Los ingleses, incluso los que disidían, entendieron siempre que el clericato debe estar ocupado por sus mejores y más entrenados hombres. Nueva Inglaterra fue colonizada en uno de los momentos de mayor gloria que tuvo Inglaterra jamás en ese respecto.

Como hemos plasmado, los forjadores de la conciencia religiosa en Nueva Inglaterra fueron nada más y nada menos que hombres del talaje de John Cotton, Thomas Hooker, Thomas Shepard, Richard Mather y John Davenport. Es decir, de los más grandes predicadores y divinistas de su época y de todos los tiempos. Los escritos de Shepard ocuparían el primer lugar entre los escritos leídos, estudiados y citados por Edwards, astronómicamente más que los del reformador Juan Calvino, y que los del empirista John Locke y que los del platónico de Cambridge John Smith. Eso debe servirnos como suficiente testimonio de la importancia de los escritos de Shepard.

---

[305] Miller. P. 30.

Creo que la clara lección es que el pueblo de Dios necesita que sus mejores hombres, los llamados, sean bien entrenados, a los mejores niveles posibles, para forjar las conciencias cristianas en el camino de la piedad y la doctrina; así como para ser eficientes y sustanciales en el legado que aportemos a las próximas generaciones. El Señor mismo elogia la sabiduría, la piedad y la diligencia.

En cuanto a los conflictos que sucedieron entre los congregacionalistas, que hemos introducido hasta aquí, debemos ver literalmente el fruto de una excelente preparación. Tales conflictos no fueron ni ligeros ni sin ciencia. Pero, además, la longevidad de los conflictos no disuadió la denominación. El congregacionalismo terminó básicamente sucumbiendo, avanzado el siglo XIX, precisamente por las sospechas y la predicción de Edwards (heredada de los padres puritanos) de que el carácter de una iglesia pura demanda una membresía pura, tanto como un clero permeado por la misma pureza. Y como ha quedado establecido, estimo, esa no fue una invención de Edwards, sino la razón misma del congregacionalismo.

# VI

# La herencia ministerial de Jonathan Edwards

Hasta este punto en nuestra aventura hemos navegado solo por los entornos y fondos de la vida de aquel divinista que lo condujeron a ser y ejercer el oficio de su destino. Pero sería casi un suplicio procurar entender la vida, la obra y el pensamiento de una mente tan brillante y eficientemente dotada por la divinidad, cual la de nuestro personaje en este tratado, sin un escrutinio suficiente como el que hemos hecho hasta aquí de los entornos de Jonathan Edwards. Debemos movernos entonces a lo fáctico en nuestra aventura.

Hasta aquí hemos procurado mostrar las circunstancias de la época en que vivieron los Edwards, tanto como las realidades ancestrales de ellos. Ambos, Jonathan y Sarah procedían de familias de una larga trayectoria de buena formación académica y ministerial. De más está decir que los Edwards eran acomodados, lo cual no es extraño para el clericato en la cultura anglosajona, mucho más aquellos que tienen mayor renombre. También consideramos todo lo relacionado al testimonio de conversión de Edwards, a la vez que plasmamos y analizamos sus afectos piadosos durante toda su vida, según él mismo los narró.

"Aunque la reputación de Jonathan Edwards es apropiadamente multifacética y es reconocido como un teólogo, filósofo y psicólogo pionero, la concepción popular de él como predicador es esencialmente correcta. En la perspectiva de su vida y obra, su carrera en el púlpito y el cuerpo de sermones que produjo constituyen el centro de sus diversos intereses y actividades. Todas las cosas, como los muchos radios de una rueda, se encontraron y se estructuraron a través de su uso en los sermones. Una meditación en un cuaderno, una breve disertación o un extenso tratado pueden constituir la elaboración más completa o la mejor definición de un aspecto del pensamiento de Edwards, pero solo en los sermones se sintetizan y armonizan artísticamente muchos aspectos diversos de su pensamiento y vida en obras de arte literario".

Es necesario recordar que "Edwards vivió en una época en la que, a pesar de todos los cambios que habían tenido lugar en Nueva Inglaterra desde los días de los puritanos, el ministerio seguía siendo el lugar adecuado para un hombre que deseaba llevar la "vida de la mente" y el sermón seguía siendo el vehículo literario común para los mejores frutos de su pensamiento. El sermón de la época de Edwards estaba en el apogeo de su desarrollo formal y la combinación de sustancia intelectual, forma artística y circulación popular en una amalgama distintiva rara vez igualada por una sola forma literaria en la historia posterior de la literatura estadounidense. Además, particularmente en pueblos rurales como Windsor del Este, Connecticut, el sermón celebró el campo cultural de la comunidad, aunque solo sea por defecto, ya que el ministro era la voz de autoridad en la mayoría de los asuntos de la comunidad".[306]

En cuanto a la vida ministerial de Jonathan Edwards, de forma resumida, podemos hacer notar que sirvió en el ministerio pastoral desde muy joven, desde que tuvo 19 años. Y sirvió como ministro y erudito durante alrededor de 35 años, hasta su muerte.

El ministerio congregacional en las provincias cabeceras de Nueva Inglaterra era el liderazgo de la opinión pública. En un ministro congregacionalista convergía el liderazgo primario de la opinión pública, y generalmente el ministro era un aristócrata de mucho poder socio-político y religioso. El ministerio era un oficio poderoso, tanto o mayor que el de un juez, un gobernador o un congresista.

Cuando Jonathan llega a Northampton, Stoddard da la orden de que él y Sarah (con quien se casaría a pocos meses de haber asumido su posición de maestro y ayudante de su abuelo en Northampton) fueran bien tratados. Y para que tengamos una idea del lugar de preeminencia que podía ocupar un ministro en aquellos días, cuando Edwards es escogido como el pastor principal de Northampton, poco más de un año luego de su boda, cuando su amado abuelo fallece en la primavera de 1729, estas fueron las condiciones ofrecidas de inmediato al joven ministro:

> "Jonathan y Sarah recibieron, además de un salario sólido, fondos suficientes para comprar 'un lote de tres acres con una mansión que poseía un granero y una casa' en la ciudad, 10 acres adicionales de patio, más 40 acres en el campo que podía ser utilizada para ingresos adicionales".[307]

---

[306] *JEW Online*, 10:3ss. Ed. Kimnach: http://edwards.yale.edu/
[307] Marsden. *J. E., A Short Life*. P. 34.

De hecho, eventualmente los Edwards tuvieron un aprisco como negocio, además, como era común, de un jardín que producía hortalizas y demás. Tuvieron 11 hijos que había que alimentar y educar bien.

Edwards también sirvió de maestro (más un receptor de pasantes) a los egresados del programa de licenciatura de Yale, además fue una especie de tutor que ayudaba a los niños de la comunidad (cuando podía y ameritaba el caso), lo que regularmente hizo de forma voluntaria.

## Influencias que recibió Edwards en su formación ministerial y en el oficio pastoral

Quizás las dos influencias más importantes sobre el estilo de predicación de Edwards fueron su padre y su abuelo materno, Timothy Edwards y Solomon Stoddard respectivamente. El primero como un ejemplo viviente del predicador durante los años formativos desde su niñez, el segundo como mentor de pastoría y modelo de predicador para el joven que compartió su púlpito y ministerio en Northampton desde 1726 hasta la muerte de Stoddard en 1729. Por cierto, Solomon Stoddard fue un hito en su generación, en todo el mundo congregacionalista de sus días e incluso trascendió a generaciones posteriores. Cual lo sería su nieto, él recibía estudiantes egresados del bachillerato, mayormente de Yale, para entrenarlos en la pastoría y la teología, como era la costumbre congregacionalista. Edwards sin duda recibió su concepción fundamental de la forma del sermón de su padre, aunque Stoddard, un crítico publicado de la predicación, ciertamente habría sugerido algunos golpes maestros al predicador que todavía estaba desarrollando su voz distintiva a mediados de la década de 1720.[308]

Recordemos aquí que "la educación temprana de Edwards fue, por supuesto, primero en el hogar, en las rodillas de su madre y, más tarde, en la escuela de tutoría de su padre".[309] Eso implica que de algún modo "su educación allí se centró, directa e indirectamente, en el plan de estudios del Harvard College a fines del siglo XVII"[310] —de donde había egresado Timothy—, que a su vez era prácticamente una herencia inglesa de Cambridge y Oxford. Entonces, este asunto tuvo mucho que ver con la formación ministerial de Jonathan. Ya hicimos notar que "el padre de su madre, Solomon Stoddard, se había graduado de Harvard en 1662, su padre en 1691, y su hogar, intelectualmente vital, debe haber estado dominado por

---

[308] *JEW Online*, 10:3ss. Ed. Kimnach: http://edwards.yale.edu/.

[309] *Ibid.*

[310] *Ibid.*

el aura cultural de la universidad, aunque había eliminado muchas millas en el espacio y más de una generación en el tiempo".[311]

El otro factor influyente en esto fue que "cuando, a la edad de doce años (a días de cumplir sus 13), Edwards ingresó al Colegio de New Haven (Yale), fue nuevamente puesto bajo la tutela de los hombres de Harvard. Esto sugiere que Edwards estuvo expuesto temprano a los clásicos latinos, pero tuvo un ligero contacto con las bellas letras modernas, que sus estudios en retórica estuvieron dominados por la filosofía de Peter Ramus, probablemente en la forma del libro de texto de William Dugard, *Rhetorices Elementa*... Porter Gale Perrin, en su disertación: 'La enseñanza de la retórica en los colegios estadounidenses antes de 1750',* enumera la retórica de Dugard y Talon como 'los dos textos ciertamente utilizados en Harvard y Yale' (cap. III, 77-78), aunque en el análisis final, no puede identificar un texto retórico 'estándar' o requerido en Yale en este período. Cotton Mather, escribiendo su *Manuductio ad Ministerium, ca.* 1725, se refiere de manera informal a 'su Dugard... en la escuela', lo que sugiere que la reducción de Dugard estuvo tan cerca como cualquier texto de ser 'estándar' en los primeros años del siglo XVIII; y que su educación formal, en última instancia, se dirigió al gran ritual *Ramístico* de la tesis de finalización universitaria, un *tour de force* lógico y retórico de una manera extremadamente formal y artificial en latín".[312]

Ahora bien, respecto a la educación de Jonathan referimos algunos asuntos acerca de las influencias sobre Jonathan en materia de su pensamiento y método. Quizás el siguiente comentario de Kimnach nos ayude en este respecto: "Aunque es difícil y no siempre gratificante intentar rastrear influencias sobre un escritor tan inquieto, creativo y ecléctico como Edwards, hay algunos autores a los que se les ha prestado gran atención debido a su supuesta influencia intelectual sobre él, por ejemplo, John Locke y Nicholas Malebranche. Perry Miller se centró en Locke hace una generación y más recientemente Norman Fiering ha defendido la influencia contraria de Malebranche, debatiendo si la perspectiva de Edwards es más parecida al empirismo inglés o al racionalismo continental. Sus debates esenciales se presentan en la biografía de Miller, 'Jonathan Edwards',† y en el estudio de Fiering, 'El pensamiento moral de Jonathan Edwards y su contexto británico'.§ En cuestiones de retórica como en ideas, hay

[311] *Ibid.*

* Pub. por: Univ. de Chicago, 1936.

[312] Kimnach. *JEW Online*, 10:3ss.: http://edwards.yale.edu/.

† Pub. Por: New York, William Sloan Associates, 1949.

§ Pub. Por: Chapel Hill, Univ. Carolina del Norte Press, 1981.

elementos en el vocabulario de Edwards que pueden identificarse como pertenecientes a más de una facción o partido, sin mencionar a una persona".[313] El Dr. Klassen sugiere que no debe ser desestimada aquí la influencia de Petrus Maastricht[§] sobre Edwards.

Las cosas en este tenor se complican mucho más debido a la limitada práctica de parte de Edwards de citar a otros autores, especialmente en sus sermones y conferencias; no porque fuera un problema en Edwards *per se*, sino porque ha sido regularmente la norma en la práctica de escribir sermones entre los ortodoxos. Y la mayoría de las conferencias de Edwards eran del tipo exegéticas, que guardaba estrecha relación con lo que eran sus sermones, por no llamarles también sermones. En sus defensas citaba los autores, libros y pensamientos, etc. Pero resulta casi inverosímil encontrar algún autor que cite incluso las fuentes de sus términos y recursos retóricos. Eso se complica en Edwards y en cualquier otro autor habido y por haber. No es una práctica habitual ni usual.

## La herencia de Timothy Edwards

Ahora bien, como con mucha fuerza hace notar Kimnach: "Timothy Edwards fue un predicador poderoso y exitoso, en todos los sentidos. Al discutir los avivamientos de 1735–36, Benjamin Trumbull comenta que 'Ningún ministro en la colonia había sido favorecido con mayor éxito que [Timothy Edwards], y ahora... su espíritu era enormemente refrescado por una reunión extraordinaria de almas para Cristo...'" Aunque sus sermones existentes revelan que fue un escritor bastante peatonal, aunque inteligente y correcto. La forma ilustrada en su sermón publicado *All the Living Must Surely Die, and Go to Judgment* (Todo viviente debe indefectiblemente morir y comparecer a juicio),[†] un sermón electoral entregado ante la Asamblea General de Connecticut en Hartford, el 11 de mayo de 1732. Y en los cuatro sermones manuscritos transcritos por Stoughton en Windsor Farmes, están impresos juntos en la parte posterior de tal volumen, págs. 121–145. Estos sermones, además de otros sermones manuscritos en la colección de la familia Edwards en la Biblioteca Beinecke de

---

[313] Kinmach. *JEW Online*, 10:3ss.: http://edwards.yale.edu/.

[§] Petrus van Maastricht (1630–1706), fue un teólogo reformado que nació en Colonia de un refugiado de Maastricht durante la revuelta holandesa.

[*] Historia de Connecticut [New Haven, 1818], 2: 140.

[†] New London, 1732.

Libros Raros y Manuscritos de la Universidad de Yale, tenderían a calificar, si no refutar, la declaración de Dwight§ de que Timothy Edwards
'siempre predicó extemporáneamente y, hasta que cumplió más de setenta
años, sin anotar los encabezados de su discurso'. Los cuatro sermones impresos por Stoughton están fechados en 1694, 1709, 1712 y 1741, solo
el último de los últimos años de Timothy Edwards, y los cuatro parecen
estar escritos en un ochenta por ciento. Parecería que Timothy predicó
*memoriter* en lugar de *extempore*. Si Dwight no está simplemente en un
error, es una forma conservadora (al menos, para fines del siglo XVII), que
tiene las tres divisiones básicas de *Texto, Doctrina y Aplicación*, cada una
desarrollada a través de una sucesión de encabezados o guías breves y enu-
merados. En un sermón de duración moderada sobre Isaías 26:9, Windsor
Farmes, págs. 121–132; Timothy Edwards emplea no menos de veintitrés
encabezados numerados en Doctrina y cuarenta y cuatro en la Aplicación;
además, muchos de estos encabezados (con un promedio de menos de
cien palabras cada uno) contienen subtítulos numerados dentro de ellos.
Uno no se mueve lejos sin un '2do' o un '3ro'. El argumento es abstracto
y sin cargas de imágenes o metáforas; está recargado de citas bíblicas; el
lenguaje es tan 'simple' que casi no se nota; el tono es directo y serio, y
la fuente más obvia de vitalidad son las frecuentes referencias explícitas
a hombres y eventos en la ciudad. En general, es una forma puritana del
puritano, y lo que le falta de imaginación y belleza en la superestructura, lo
compensa en la solidez de su fundación. El joven Edwards podría haber
hecho peor que sentarse debajo del púlpito de su padre si hubiera querido aprender los fundamentos de la forma tradicional del sermón, ya que
las virtudes clásicas de Perkinsean se encarnan en los sermones predicados
allí, sin adulteración a través de la innovación imaginativa".[314]

## La herencia de los Platónicos de Cambridge, especialmente de Smith

No obstante, me parece muy trabajado el análisis de Kimnach † aquí sobre la influencia visible que los Plantónicos de Cambridge tuvieron sobre

---

§   Life, p. 17.

[314]   *JEW Online*, 10:3ss. Ed. Kimnach: http://edwards.yale.edu/.

†   El *Dr. Wilson H. Kimnach* es una autoridad erudita en Edwards. Su disertación
    doctoral, presentada al Dr. Theodore Homberger en la Universidad de Pensil-
    vania en 1963 fue sobre "Las técnicas literarias de J. E.": https://www.english.
    upenn.edu/people/wilson-h-kimnach. Kimnach es autor de algunos de los tomos
    de WJE de Yale, especialmente el tomo 10 de sermones y ensayos de sermones
    de Edwards, además de otros escritos suyos sobre sermones de Edwards.

Edwards, especialmente, John Smith. Refiere: "'Una' luz divina 'o un' sentido del corazón son propiedad común de los puritanos tradicionales, los pietistas, los Platónicos de Cambridge, los moralistas seculares y otros, aunque cada facción puede atribuir significados radicalmente diferentes a dichos términos (como en el uso de "personas" en la retórica política moderna)". Pero un vocabulario retórico común, especialmente cuando los términos se distribuyen entre varios argumentos discretos, bien puede considerarse que representan rastros de influencia. En este sentido, apenas hay un caso más interesante que el de la posible influencia retórica del Platónico de Cambridge, John Smith (1618–1652). Smith (al ingresar en Emanuel College) estudió junto a Benjamin Whichcote (líder espiritual del grupo finalmente conocido como los Platónicos de Cambridge), incluidos Henry More (1614–87) y Ralph Cudworth (1617–88), quienes también influyeron mucho en Jonathan Edwards. Smith no era del área de divinidades sino filósofo y, posteriormente, profesor de matemáticas en el Queens College. Un amigo particular de Henry More. Smith era conocido como una "biblioteca ambulante" que también encarnaba la humanidad de corazón cálido y la verdadera humildad cristiana. Citado y señalado ampliamente por Edwards en su extraordinario *Tratado sobre los afectos religiosos*, muestra que la expresión de Smith de conceptos cruciales claramente atrajo a Edwards. El pasaje que diferencia los *Afectos carnales* de la verdadera elevación espiritual tiene una extensión de más de una página, pero Jonathan "no puede dejar de transcribir todo" de este "notable pasaje"... Aunque la única publicación de Smith, los póstumos *Discursos Selectos*, es mencionado en el "Catálogo de libros" de Edwards, la referencia es poco más que un listado superficial en una serie de libros recomendados como un libro fuente y no revela nada de Edwards, ni siquiera si él ya estaba familiarizado con el libro. Sin embargo, es cierto, que Edwards tuvo acceso al libro en un período crucial de su desarrollo, ya que el Sr. Newton "le regaló una copia de la segunda edición a Yale College", en 1714, presumiblemente como parte de la colección Dummer de quinientos volúmenes, y todavía está allí. Así, Edwards pudo haber leído el libro durante su último año en New Haven o durante los dos años siguientes de estudios de posgrado antes de su breve pastorado en New York.

Cualquier lector familiarizado con el idioma de Edwards, y en particular con ciertas imágenes y metáforas de control de una amplia variedad de sus escritos, debe ser sorprendido por las similitudes de concepto, terminología y fraseología con las del pequeño volumen de los escritos impresos de John Smith. Así, la idea de que Dios se comunique *ad extra* en la creación y la de contener la creación dentro de sí mismo anticipa las meditaciones de Edwards, desde las primeras especulaciones filosóficas hasta su tardío *El fin por el cual Dios creó el mundo*. Y luego la idea de que 'el pecado pesa como plomo a los hombres', llevándolos al infierno "con el movimiento más rápido y directo", (razonamiento de Smith), sin duda encierra la metáfora central del famoso sermón de Edwards, *Pecadores en las manos de un Dios airado*.

Del mismo modo, 'la araña como emblema del pecador' aparece en otro discurso de Smith. De hecho, hay ecos aparentemente interminables, desde la necesidad del santo de convertirse en nada en sí mismo, ante Dios manifestándose a Sí mismo "en estampillas claras y encantadoras" a través de la creación, *stamp* (sello, impresión), es probablemente el equivalente inglés más preciso del griego *typos* que indica la marca dejada por un golpe, cuando un anillo de sello deja su huella en el sello de cera. La profundidad de Smith en la filosofía clásica es impresionante a lo largo de sus escritos, hasta la reflexión de que el hombre puede ser verdaderamente deificado a través de la unión con Dios en *Afectos*, *Voluntad* y *Fin*.

Pero tales ecos, por sorprendentes que sean en sí mismos, son considerablemente menos significativos, tanto para Smith como para Edwards, que una amplia gama de correlaciones verbales relacionadas con la definición de la religión misma. Aquí, ya sea que uno identifique el lenguaje con el platonismo de Cambridge o con la sensibilidad de la Nueva Luz de la Nueva Inglaterra del siglo XVIII, las correlaciones retóricas entre Smith y Edwards son tan sugerentes, incluso cuando no son tan estrictas y literales, como para constituir una intrincada estructura de filamentos alusivos. Un vistazo a algunos de los dictados de Smith indicará los contornos de esta relación.

Primero, Smith insiste en que 'el Pacto del Evangelio' difiere de 'la Antigua Ley' en que, si bien la Ley era *externa*, el Evangelio es *interno*. John Smith, "Un discurso sobre el tratamiento de la justicia jurídica, la justicia evangélica..." en *Discursos Selectos*".[315] La Ley implicó primero una ideología comunal; el Evangelio comienza en una experiencia subjetiva. O, dicho de otra manera, Smith observa que los antiguos hebreos inventaron *el concepto de libre albedrío* como compensación por la inspiración religiosa fallida.[†] Como los modernos que predican el mérito son fríos, iliberales, serviles, pródigos y no aman a Dios.[316] ¡Demasiado para

---

[315] Edit. por J. Worthington (1660; 2ª ed., Londres, 1673), p. 303.

[†] Smith. "*Evangelical Justice*", pág. 284.

[316] Smith. "Un descubrimiento de la brevedad y la vanidad de una justicia farisaica ...", Discursos. Pp. 354-58.

el arminianismo, viejo y nuevo! Por otro lado, el verdadero cristiano encuentra a Dios a través de la exploración de su propia alma en la que
puede encontrar lo divino reflejado en las percepciones personales de la
virtud.[317] Esto es posible porque Dios visita a los santos como un "flujo
divino que atraviesa nuestras almas", como "un sentimiento interno y una
sensación".[318] De hecho, "la verdad divina no debe discernirse tanto en el
cerebro de un hombre como en su corazón... Hay un sentido divino y espiritual que solo es capaz de conversar internamente con la vida y el alma
de la misma verdad divina, como mezclándose y uniéndose con Él"...[319]
Por lo tanto, "el verdadero hombre metafísico y contemplativo... disparado
por encima de su propia... vida auto-racional... busca la unión más cercana
que pueda ser con la esencia divina... este conocimiento divino... nos hace
amar la belleza divina... y esta belleza divina, el amor y la pureza exaltan
recíprocamente el conocimiento divino"...[320] Toda la religión es, entonces,
una especie de proceso sobrenatural y natural: ningún artificio o construcción de los hombres, aunque en el fondo esté totalmente en consonancia
con la razón que, después de todo, es "un rayo de luz Divina".[321]

Es muy notoria la similitud con Edwards en la fraseología y las ideas
de Smith. No hay duda de ello.

Smith llega a la conclusión de que "si realmente definiera la *divinidad*, preferiría llamarla una *vida divina*, que una *ciencia Divina*; es algo
más que ser entendido por una *sensación espiritual*, luego por cualquier
descripción verbal, pues todas las cosas del sentido de la vida es mejor conocido por las facultades conscientes y vitales"...[322] Y sin tal "sentido viviente" de los atributos de la verdadera religión, uno no puede ser
informado de ellos "por una demostración desnuda, entonces los colores
se pueden percibir de un ciego por cualquier definición o descripción
que pueda escuchar de ellos".[323] Sin embargo, "cuando la Razón es una
vez levantada por la poderosa fuerza del Espíritu Divino para conversar
con Dios, se convierte en Sentido: Lo que antes era solo Fe bien construida sobre Principios seguros, (tal puede ser nuestra Ciencia) ahora se

---

[317] Smith. "Un discurso que demuestra la inmortalidad del alma", Discursos. P. 57.
[318] *Ibidem, p.* 143.
[319] Smith. *Evangelical Justice.* P. 278.
[320] Smith. "Del verdadero camino o método para alcanzar el conocimiento divino",
Discursos. P. 20.
[321] Smith. "La Excelencia y La nobleza de la verdadera religión", Discursos. P. 378.
[322] Smith. *Divine Knowledge.* P. 1-2.
[323] *Ibidem. P.* 15.

convierte en Visión".[324] Y el resultado de esta transformación espiritual es nada menos que "una nueva Naturaleza que informa a las Almas de los hombres; es un marco de Espíritu divino, descubriéndose a sí mismo sobre todo en Mentes serenas y claras, en profunda humildad, mansedumbre, abnegación, amor universal a Dios y toda bondad verdadera, sin parcialidad y sin hipocresía; de este modo, se nos enseña a conocer a Dios y a saber que Él lo ama y conformarnos tanto como sea posible a toda esa perfección que brilla adelante en él".[325]

"'El consentimiento del Ser, al Ser', la revelación de la grandeza de Dios tal como se relata en la *Narrativa personal*, la meditación temprana sobre el carácter de Sarah Pierpont, o los últimos argumentos relacionados con la naturaleza de la *Verdadera virtud*: gran parte del lenguaje característico de Edwards, por no mencionar gran parte de su agenda intelectual general, está esbozado en *Discursos* de John Smith de que es imposible no reconocer el impacto formativo de dicho volumen sobre Edwards al principio de su carrera. Esto no quiere decir que Edwards no hizo "uso" de otros autores en sus muchos estudios; por ejemplo, se ha demostrado que el estimado colega de Smith, Henry More, es uno de los Platónicos de Cambridge más útiles para Edwards, pero el lenguaje de More no es sugestivo a Edwards. Wallace E. Anderson ha demostrado la importancia de Henry More para el joven Jonathan Edwards en su introducción y notas a los *The Scientific and Philosophical Writings, The Works of Jonathan Edwards* (p.6).[‡] Edwards tomó materiales de construcción intelectual de varios autores cuando los necesitaba y reaccionó a ideas o teorías particulares de una amplia variedad de fuentes en el desarrollo de sus propios conceptos; sin embargo, en ningún caso existe una correlación tan amplia de estilo, particularmente de metáfora y símbolo, como entre Smith y Edwards. Esto no quiere decir que Edwards se convirtió en un discípulo estilístico de Smith, ya que, por lo menos, un abismo de cultura y sensibilidad separó a los dos escritores: Smith es, en comparación, sutil, fluido y está estructurado orgánicamente en pensamiento y argumento, su inclinación por las metáforas reveladoras del proceso-biológico según el molde latitudinario de su mente; Edwards es el más arquitectónico, dicotómico y abstracto en el desarrollo de su pensamiento, su preferencia por las metáforas del proceso-físico que involucran fuerzas antitéticas es un reflejo de la forma tradicional del sermón puritano, así como de la doctrina calvinista. Pero tales diferencias no impiden la

[324] Smith. *Divine Knowledge.* P. 16.
[325] Smith. "Justicia de Fariseo". P. 364.
[‡] Los escritos filosóficos y científicos de J. E. Impreso en: New Haven, Yale Univ. Press, 1980.

influencia de una naturaleza profunda y dominante; más bien, resaltan tanto la receptividad creativa de Edwards como la independencia artística lo cual resultó de su confianza en la adecuación de la Escritura a toda clase reflexión humana, y su confianza en la vital tradición homilética de Nueva Inglaterra.

Si el joven Edwards no tomó nada más del Platonismo de Cambridge que la noción de que las operaciones de la mente (espíritu) y los sentidos son completamente análogos,[326] debe haberlo preparado para su curioso papel mediador entre opuestos teóricos como el *idealismo* y el *empirismo*, o el *racionalismo* y el *sensacionalismo*, lo que ha ocasionado mucho debate entre sus seguidores clericales inmediatos y sus posteriores intérpretes académicos. Personalmente creo que Miller demostró con suficientes razones que Edwards era más un empirista que un racionalista, es decir que superponía la "experiencia" que los dictámenes de la razón.[327] Además, sus esfuerzos y escritos dan fe abundante de la inclinación empirista de Edwards. Edwards, como todo buen puritano, se rehusó a sustentar una religión del tipo no pragmática o que estuviera basada solo en credos. Creyó y persiguió, como hemos ido modelando, que la verdadera religión se vive tanto en el corazón, como en la experiencia, en cuyas realidades actúa la razón en su justa medida. Hay que entender que un empirista no es un mero artesano, es más bien un ingeniero bien capacitado que comprende y utiliza con eficiencia la teoría, las leyes y la debida experimentación.

Contra el contexto de la cultura y las formas educativas del siglo XVII, entonces, Edwards despertó gradualmente a su llamado al ministerio y al arte de la predicación. Cuando emprendió la preparación para el púlpito, comenzó asimilando una rica tradición de la oratoria inglesa y la literatura de sermones. Esta tradición, derivada en última instancia de las convenciones del púlpito puritano inglés, sigue siendo la mejor discusión de la tradición del púlpito puritano inglés, incluidas las comparaciones completas entre los estilos del sermón puritano, anglicano y anglo-católico (entre otros), es de la *English Pulpit Oratory from Andrewes to Tillotson*,[‡] de W. Fraser Mitchell. Tal tradición había sido moldeada por un siglo de desarrollo en Nueva Inglaterra y las producciones literarias de muchos predicadores eminentes".[328]

---

[326] Smith. *True Religion*. P. 405.

[327] Ver: Miller. P. 43ss.

[‡] Londres, 1932.

[328] *JEW Online*, 10:3ss. Kimnach: http://edwards.yale.edu/.

## La herencia de Solomon Stoddard

En el mismo tenor, y apelando a la misma pluma, "Solomon Stoddard fue probablemente el hombre más grande que Edwards haya conocido en su juventud, y las piedades familiares habrían mejorado la visión, por lo que su traslado a Northampton para servir en el púlpito con Stoddard debe haber sido una de esas experiencias casi traumáticas que obligan a la postura final de jóvenes que maduran rápidamente. Stoddard fue uno de los grandes predicadores de los últimos días de la teocracia de Massachusetts, y fue en gran parte debido a sus esfuerzos en el púlpito y la política eclesiástica, que la atmósfera de la teocracia permaneció un poco más en el valle de Connecticut que en el Este. El 'Papa Stoddard', como lo llamaban de manera medio irreverente, predicó en grande. Por supuesto, la forma externa de sus sermones es la misma que la empleada por Timothy Edwards, la única diferencia notable es un número reducido de encabezados y subtítulos, lo que permite un desarrollo más completo dentro de cada encabezado. Aun así, en comparación con los sermones de Jonathan Edwards, los de Stoddard son muy estructurados y formalmente conservadores.

Sin embargo, dentro de la estructura formal, Stoddard se alineó libremente con una postura estilística de confianza sublime. Él infundió el 'estilo sencillo' con una tintura fuerte de su propia personalidad y, dotado de una capacidad de expresión picante y epigramática, creó, sin depender ampliamente de las gracias de las imágenes y la metáfora, un idioma coloquial que aún es vital. Uno de sus dispositivos favoritos es el cabezal de preguntas y respuestas, que es apto para emplear en cualquiera (o en todas) de las divisiones principales del sermón. En manos de Stoddard, este dispositivo convencional, que fácilmente podría ser la estrategia más aburrida y pedante, se convierte en una potente herramienta retórica. Habla con la brusquedad magisterial de un profesor ante un grupo de estudiantes admiradores, manteniendo el espíritu de investigación dentro de los límites del ejercicio pedagógico. El impulso de las respuestas sucesivas a la pregunta planteada lleva las mentes de los presentes en el auditorio de etapa en etapa del argumento, mientras que el simple dispositivo de la pregunta retórica se manipula para producir un poder forense impresionante".[329] Por ejemplo:

> P. ¿En qué términos ofrece Dios la liberación de este cautiverio?
> R. 1. No con la condición de que establezcan el precio de su liberación...
> 2. Ni a condición de que Dios se vuelva a recompensar después...

---

[329] *JEW Online*, 10:3ss. Ed. Kimnach: http://edwards.yale.edu/.

> *3. Pero con la condición de aceptarlo como un regalo gratuito a través de Cristo...*[330]

Una parte sustancial del argumento está tan estructurada, no por lógica sino por el patrón de la retórica; sin embargo, una serie de aserciones estructuradas en un patrón de preguntas y respuestas tiene la inevitabilidad de la lógica. Además, muy a menudo, la conclusión o declaración de tesis en un encabezado se propone vigorosamente en un clímax aforístico, que corresponde en tono a la conclusión de una demostración silogística:

> Si estuvieran completamente asustados, serían más serios en sus esfuerzos; la insensatez engendra lentitud.
>
> La pretensión que hacen de su aburrimiento es que tienen miedo de que no haya esperanza para ellos... pero la verdadera razón no es que quieran esperanza, sino miedos.[§]
>
> Pero si tuvieran miedo del infierno, le tendrían miedo al pecado. Cuando sus deseos eran como espuelas para incitarlos a pecar, este miedo sería como una brida para frenarlos...[†] sus corazones serán tan duros como una piedra, tan duros como un pedazo de la piedra de molino inferior, y estarán listos para reírse de la sacudida de la Lanza.[331‡]
>
> Los hombres deben estar aterrorizados y tener las flechas del Todopoderoso en ellos para que puedan convertirse.[332]
>
> Tampoco es digno de mención su manejo de la repetición retórica.
>
> Es posible que tengan una gran comprensión del Evangelio, pero no se sienten en libertad por él. Los hombres pueden verse afectados con él, pero no por ello se establece en libertad. Los hombres pueden ser motivados para reformar sus vidas, pero no pueden establecerse en libertad. Por lo tanto, solo unos pocos se establecen comparativamente en libertad, por lo tanto, examine.[333]

En general, Solomon Stoddard era un predicador formalmente ortodoxo, pero inusualmente poderoso e incluso pontificio; él era un maestro del

[330] Stoddard. "El beneficio del Evangelio, para aquellos que están heridos en espíritu". (Boston, 1713), pp. 116–17.

[§] Stoddard: "The benefit of the Gospel, for those who are wounded in spirit". (Boston, 1713), p. 181.

[†] Stoddard. *The efficacy of the fear of hell in restraining men from sin* –Boston, 1713, p. 5.

[331] Stoddard. *The Defects of Preachers Reproved* –Boston, 1724, p. 13.

[‡] Puedes encontrar el sermón "*The Defects of Preachers Reproved*" en: https://quod.lib.umich.edu/e/evans/N02171.0001.001/1:3?rgn=div1;view=fulltext

[332] Stoddard. *The Defects of Preachers Reproved* –Boston, 1724, p. 14.

[333] Stoddard. "*The benefit of the Gospel, for those who are wounded in spirit*". (Boston, 1713), pp. 175-176.

tono controlado y fue más allá de la claridad, precisión y sinceridad sin perderlos en su camino.

Además de ser un excelente ejemplo de la predicación puritana tardía, Stoddard fue un crítico de la predicación y un teórico en el "arte de la profecía". Así, en 1724, publicó: *The Defects of Preachers Reproved (Los defectos de los predicadores reprobados)*, un sermón que aclara la doctrina paradójica: "Puede haber una gran predicación en un país y, sin embargo, una gran falta de buena predicación". Lo que encontramos en este sermón es una ecuación de buena predicación con predicación de avivamiento, una insistencia en la predicación del ministro desde la experiencia personal más que desde una mera comprensión teórica, y una ferviente defensa de la predicación del "fuego del infierno".

> Cuando los hombres no predican mucho sobre el peligro de la condenación, hay falta de buena predicación.
>
> Los hombres necesitan estar aterrorizados y tener las flechas del Todopoderoso en ellos para que puedan convertirse. Los ministros deben ser Hijos del Trueno...[334]

Insta a los predicadores a tratar "rotundamente" con sus congregaciones y "reprender con dureza" a los que necesitan reproche. Finalmente, defiende el sermón mientras lo predicaba de las acusaciones de una nueva facción que surgía en el Este: Se puede argumentar que es más difícil recordar sermones retóricos que simples discursos racionales; pero puede responderse que es mucho más seguro predicar en la demostración del Espíritu que con las palabras tentadoras de la sabiduría del hombre.[335]

El "cristianismo racional" y el sermón tipo ensayo pueden haber estado fluyendo con las mareas hacia el puerto de Boston a principios del siglo XVIII, pero no avanzarían hacia el valle de Connecticut si Solomon Stoddard pudiera. El viejo sermón puritano reteniendo la forma externa de la lógica, pero en manos de Stoddard y sus predecesores, se había convertido en un instrumento de manipulación psicológica perfectamente afinado, y Stoddard no estaba dispuesto a cambiarlo por lo que veía como un modo psicológicamente superficial e intelectualmente simplista, aunque elegante, del discurso. Para Stoddard, la "retórica" era poder.

Que Solomon Stoddard, a través de su presencia pedagógica, sus escritos y su ejemplo, en general causaron una gran impresión en Edwards

---

[334] Stoddard: *The Defects*. Pp. 13–14.
[335] Ibid. Pp. 24-25.

está fuera de toda duda. Porque sin desviarse realmente de la forma de sermón que empleó Timothy Edwards, Stoddard descubrió recursos retóricos ocultos en el "estilo simple" al insistir en la evaluación de la retórica en términos psicológicos que eran más completos y sutiles que la vieja lógica *Rameana* o la nueva Razón... Ciertamente, Edwards luchó la mayor parte de su vida con problemas retóricos y artísticos, sin mencionar los eclesiásticos, que fueron motivados por Stoddard.

Algo divergentes en talentos y personalidades, Timothy Edwards y Solomon Stoddard se complementaron fortuitamente como influencias sobre Edwards durante los años de su adopción de las artes de la predicación. En un punto significativo hubo una virtual confluencia de sus influencias: Trabajemos de una manera muy particular, convincente y que despierte para dispensar la Palabra de Dios, por así decirlo, ya que tiende a alcanzar y perforar los Corazones y las Conciencias, y humillar a las Almas de los que nos escuchan...[336]

Timothy Edwards aconseja a los ministros que prediquen de la conversión hasta el final, tal como Stoddard los haría predicar. Al instar a este objetivo, se alinea con una tradición que atraviesa a los grandes predicadores del valle de Connecticut: Hooker, Stoddard y Jonathan Edwards, en una corriente tan clara y continua que no parecería inapropiado hablar de la Escuela de Predicación del valle de Connecticut. Pero estos predicadores son distintos de la mayoría de los grandes predicadores de Boston, particularmente los de la segunda y tercera generación, en que continuaron otorgando una importancia abrumadora a *la experiencia de la conversión*. De hecho, la atención que prestaron a las estrategias homiléticas que promoverían esta experiencia en sus congregaciones fue tan intensa como la de los primeros puritanos ingleses para promover una religión más activista.

Es a toda costa evidente que más influencias —aparte del inusitado genio de Edwards—, difícilmente tenga paralelo sobre predicador alguno en la historia de la predicación cristiana. Estos hechos dan suficiente luz para especular las razones humanas del genio de Jonathan Edwards en la predicación y en las divinidades. Las escuelas de fondo, Cambridge y Harvard; y la academia en la que se formó Edwards, Yale; a parte del testimonio viviente de un padre ministro exitoso, incluso en el tema de los avivamientos; y un abuelo tutor en sus inicios en la predicación, a quien Jonathan admiraba, respetaba y estimaba, que era uno de los más

---

[336] Stoddard. *All the Living Must Surely Died* (Todo lo viviente debe ciertamente morir), p. 25.

grandes predicadores de las colonias en sus días; y como si todo esto fuera poco, un tatarabuelo reconocido como el gran Hooker precisamente por su poder en el púlpito; además de varios otros ancestros y ministros de renombrada competencia. Esas circunstancias difícilmente converjan jamás en otro hombre llamado al sagrado ministerio como sucedió en el gran Jonathan Edwards. Simplemente impresionante. Así seguiría un legado en otros como en su hijo el Dr. Jonathan Edwards y su nieto el Dr. Timothy Dwight IV y varios bisnietos cuales Sereno Dwight y el Dr. Tryon Edwards. Es un trasfondo, una vida y un legado simplemente glorioso y extraordinario de divinistas puritanos y de la "nueva divinidad".

Simplemente quiero decir aquí: ¡Gloria a Dios que llama, arregla las circunstancias, capacita y utiliza a sus siervos! No tengo la menor duda en especular aquí que, a parte de la gloriosa e insistente motivación a la capacitación académica y a la vida piadosa que caracterizó a los puritanos de Nueva Inglaterra, detrás de los éxitos gloriosos de tales divinistas deben pesar miles de horas de oración de sus ancestros en línea recta, quienes modelaron con sus vidas hogares píos ejemplares.

# VII
# La vida laboral de Jonathan Edwards

Jonathan Edwards fue básicamente un asceta escapado de la vida conventina, inmerso en la cotidianidad familiar, sociopolítica, ministerial y laboral. De hecho, tuvo una familia bastante numerosa de por lo menos quince integrantes, la cual tuvo que mantener. ¿Cómo pudo mantener una familia tan numerosa, viviendo en un contorno citadino en el nuevo mundo, a sabiendas de que fue básicamente un predicador?

Acompáñanos en este capítulo en la respuesta a esta cuestión. Te retroalimento que la vida laboral (en esencia ministerial) de Edwards se circunscribió al pastorado eclesial. Ejerció como tutor universitario (en Yale) e incluso como presidente de Princeton, pero tales trabajos no suman siquiera tres años de sus más de tres décadas de labores. Sigamos esta aventura juntos a continuación.

## La experiencia laboral de Jonathan Edwards

Habiendo disertado sobre el carácter y las obras de Edwards, creemos acertado iniciar esta sección trayendo a colación antes que nada, que el *primer* trabajo u oficio de Edwards fue ser pastor interino en una iglesia presbiteriana en Ciudad de New York por unos ocho meses (desde agosto 1922 hasta abril 1923). *Segundo*, trabajó como pastor nombrado en la iglesia congregacional de Bolton, Connecticut (desde noviembre de 1723 hasta mayo 1724).[337] *Tercero*, fue tutor en la Universidad de Yale (donde obtuviera su Licenciatura en Educación y su Maestría en Artes) durante unos dos años (desde septiembre de 1724 hasta agosto de 1726). *Cuarto*, pastoreó durante 23 años la iglesia congregacional de Northampton, Massachusetts, una de las congregaciones más

---

[337] Lawson. P. 8.

importantes e influyentes de sus días (desde febrero 1727 hasta 1750[§]). En Northampton, Edwards sustituyó a su abuelo el Rev. Solomon Stoddard, un clérigo de mucho renombre en sus días. *Quinto*, fue misionero y pastor entre las tribus indígenas americanas (específicamente los Mohawk y los Mohegan) en Stockbridge, Massachusetts, entre 1950/1 y 1957.[338] *Finalmente*, fue Rector del Colegio de New Jersey (hoy Universidad de Princeton) por poco menos de dos meses, debido a su fallecimiento. Su yerno, Aaron Burr (esposo de Esther Edwards), le había precedido en tal posición.

En esto consistió el *Resumé* de Jonathan Edwards en materia laborar (o ministerial).

## Breves pastoreos interinos de Edwards en New York y en Bolton

Hemos de enfatizar que fue justamente en este período que Edwards escribió tanto sus "70 resoluciones" como casi todas las entradas de su "diario". En el intermedio entre aquella 'primera convicción' que Edwards experimentó, siendo estudiante de maestría en New Haven, y lo que creemos fue su 'dedicación definitiva' (quizás su 'conversión') a Dios (aquel 12 de enero de 1723), el joven teólogo se encontraba en New York (desde agosto de 1722 hasta abril de 1723[339]), sirviendo como maestro (predicador interino) en aquella pequeña iglesia presbiteriana que recientemente se había separado de la iglesia presbiteriana escocesa que estaba ubicada entre Wall Street y Broadway, ubicándose el nuevo grupo que Edwards atendería en la calle Williams;[340] allí escribió el jovencito Jonathan prácticamente el total de sus 70 resoluciones.[341, 342]

---

[§] Aunque después de haber sido despedido en junio de 1750, se quedó sirviendo en aquella iglesia por varios meses hasta que la iglesia contrató un nuevo pastor en 1751. Por eso notaréis que algunos biógrafos ubican su ministerio en Northampton hasta 1750 y otros hasta 1751.

[338] Bennett. P. 51.

[339] Lawson. P. 7.

[340] Marsden nos deja saber que en las colonias centrales (incluyendo New York) hubo cierta rivalidad entre los presbiterianos de origen escocés-irlandés y los de origen inglés. Tenían una misma teología, pero diferentes tradiciones de estilo y liturgia. Y justamente eso fue lo que sucedió en la iglesia que Edwards pastoreó brevemente en New York. Su facción fue la de tradición inglesa que se separó de la escocesa. (Ver: pp. 46, 47 de Marsden: Jonathan Edwards, A Life).

[341] Lawson. P. 8.

[342] *Ibidem. Pp.* 6, 7.

La 70ª y última resolución la escribió el 17 de agosto de 1723,[343] justamente un mes antes de su graduación de Maestría en Yale.

Edwards habló ampliamente sobre aquel dulce, aunque breve, tiempo en que fue interino en New York. Aquella experiencia marcó su vida. Ya lo plasmamos en el capítulo III de esta obra sobre la conversión de Edwards.

Poco tiempo después de haber regresado a casa de sus padres en Windsor, en noviembre de 1724 Edwards firmó un contrato de trabajo para pastorear la 1ra. iglesia congregacional (de Cristo) de Bolton, Connecticut.[344] No pretendió ser una posición pastoral interina, sino un trabajo pastoral estable si no hubiera venido otra oferta que Edwards consideró, por el momento, más útil, a saber, un ofrecimiento de una tutoría en la Universidad de Yale que le vino en mayo de 1724,[345] y que debía ocupar con inmediatez a partir de la oferta. Claro, el corazón de Edwards se disputaba entre la pastoría y la tutoría. No hay duda alguna que prefería el ministerio pastoral por sobre el de instructor universitario. Pero Bolton era una pequeña iglesia rural, y Edwards tenía cierta ambición citadina. Por cierto, anheló y acarició por un tiempo, hasta que le negaron tal anhelo, pastorear en New York, en la misma iglesia donde había estado.

La tutoría en Yale le daba cierto prestigio, pero no llenaba sus aspiraciones ministeriales. Además, para la época, ser ministro era de mucho más valor y prestigio social que ser incluso un rector universitario. Es más, muchos de los ejecutivos y tutores de las universidades de entonces (Harvard y Yale) eran pastores en alguna iglesia comunitaria, generalmente una iglesia prestigiosa. Los pastores más renombrados y exitosos solían ser invitados a los discursos en las graduaciones, y a otros eventos de renombre en las altas casas de estudios. Por cierto, una tradición corriente de que los presidentes de universidades fueran pastores pasó hace menos de un siglo en los Estados Unidos. Si buscaras los récords de universidades como Virginia, Chicago, Union, Harvard, Yale, etc.,, te toparás con dicha realidad. Fue la usurpación del liberalismo y la posterior modernidad quienes se entrometieron y provocaron que las universidades tendieran al mero secularismo malsano de hoy.

---

[343] Storms: https://www.coalicionporelevangelio.org/articulo/10-cosas-deberias-saber-jonathan-edwards/

[344] El Prof. Marsden especula que Edwards aceptó esta posición pastoral en Bolton quizás por presión de sus padres. (Consulte, Marsden: Jonathan Edwards, A Life. Cap. 3; ver esp. p. 55).

[345] Lawson. P. 8.

No obstante, Dios le tenía un regalo a Edwards, en materia del ministerio que Dios había implantado en su corazón, que él mismo quizás jamás soñó.

## Tutoría en Yale

Tras agotar seis meses de pastorado en Bolton, en mayo de 1724* el todavía no ordenado cual reverendo, Jonathan Edwards, comenzó a ser uno de los dos tutores en Yale, ganándose incluso la nominación de "tutor pilar", por su firme lealtad a la universidad y su enseñanza ortodoxa, en un momento en que la rectora de Yale, Cutler, y uno de sus tutores, se habían marchado a la Iglesia Episcopal, dejando a la joven institución en seria crisis. En algunos aspectos, los tutores fungían como rector en ese período. Los [tres] tutores tenían unos 60 alumnos a su cargo.[346] Por cierto, un historiador de Yale hizo notar: "El Hno. W. Smith, el Hno. Samuel Edwards (tío de Edwards) y el Rev. Presidente Edwards fueron los tutores pilares y la gloria de esa universidad en el período crítico… prácticamente toda la regencia como la instrucción recayeron sobre tales hombres".[347]

Los años en que Edwards fue tutor en Yale, debido en mucho al desequilibrio que había causado el recién abandono de Cutler y otro tutor, habían puesto mucha presión en los hombres de los tutores, que tenían que encargarse de labores administrativas, docentes y de control del estudiantado en sentido general. La cuestión fue tan notoria que en 1725 el consejo le agregó 5 libras al salario a cada tutor.[348] No obstante, Edwards comenzó a sufrir de una especie de depresión que no se le quitó hasta un año después de haber abandonado las puertas de Yale. También sufrió de una gravedad física tan severa, de hecho, una terrible pleuresía, que pensó que moriría esta vez. Intentó llegar a East Windsor (que estaba relativamente cercano), pero no había pasado Haven del Norte cuando colapsó, teniendo que quedarse en la casa de su amigo Isaac Stiles.[349] Su madre tuvo que llegar en su auxilio, sirviéndole como enfermera cabecera en tal momento de dolor, en el que literalmente pensó que moriría. Ambas cosas estuvieron combinadas, su depresión o dolor profundo por algo que había sucedido justamente en la graduación de 1724 (septiembre) lo cual nunca

---

* Desde el 21 de mayo de ese año.
[346] Ver: Miller. P. 39.
[347] Dodds. P. 24.
[348] Ver: Dodds, p. 24.
[349] *Ibid.*

expresó (abundamos un tanto de esto en otra parte), y la enfermedad grave; y coincidieron con su período de noviazgo, como ya hicimos constar en el capítulo IV de esta obra. Edwards le diría adiós a su trabajo de tutor en Yale en el otoño de 1726.

De repente el Señor respondería sus oraciones más profundas con creces, como veremos a continuación.

## Pastoreo prolongado de Edwards en Northampton

El 15 de febrero de 1727 Edwards fue nombrado maestro asociado en Northampton,[350] y asistente de su abuelo Solomon Stoddard (quien para entonces constaba con 83 años de edad). Para esa fecha, Edwards ya tenía cuatro meses[351] viviendo en Northampton, casi seguro había sido invitado a quedarse en la casa del abuelo Stoddard, por cierto, estrechando los lazos de una amistad inquebrantable con su tío el poderoso coronel John Stoddard (hermano de su madre). Su ministerio era de estudiante, no de pastor titular, siendo su deber principal dedicar todo el día (entre once y trece horas diarias) al estudio de las divinidades y de las Escrituras. El plan de la iglesia al reclutar al joven predicador en Northampton fue precisamente que su abuelo lo entrenara, puesto que se veía venir la partida del afamado anciano.[352]

A la llegada de Edwards a Northampton, la ciudad contaba con apenas 73 años de fundada. En su "Narrativa de conversiones sorprendentes", redactada en 1736 como un reporte de los aconteceres del despertar en Northampton, originalmente una carta dirigida al ministro Benjamin Colman de Boston,[353] Jonathan escribió el siguiente relato sobre la historia ministerial en Northampton:

> "Soy apenas el tercer ministro que ha sido colocado en la ciudad de Northampton desde su fundación hace 82 años.[†] El Rev. Sr. Eleazar Mather fue el primero, habiendo sido ordenado en 1669... El Rev. Sr. Stoddard le sucedió en noviembre de 1671... fue ordenado... el 11 de septiembre de

[350] Ver historia breve de la 1ra. Iglesia de Northampton en: http://www.congregationallibrary.org/nehh/series1/NorthamptonMAFirst5314.
[351] Dever: https://www.desiringgod.org/messages/how-jonathan-edwards-got-fired-and-why-its-important-for-us-today.
[352] Ver: Lawson. P. 9.
[353] Lawson. P. 11.
[†] Para entonces Northampton contaba con unas 200 familias, según el reporte de Edwards.

1672, y murió el 11 de febrero de 1729. Así que él continuó en la obra del ministerio aquí, desde que vino la primera vez a la ciudad, por casi 60 años. Y puesto que él fue eminente y renombrado por sus dones y gracia; entonces fue bendecido, desde el comienzo, con un éxito extraordinario en su ministerio, en la conversión de muchas almas".[354]

Ahora bien, no cometamos el error de pensar que, puesto que Edwards tenía dotes de genio, por ello su abuelo le extendió la invitación a su nieto. No puede haber nada más lejos de la realidad que eso. La elección de Edwards fue un proceso riguroso y relativamente prolongado entre muchos candidatos potenciales. Por cierto, Solomon tenía varios descendientes sobresalientes que eran ya ministros e incluso instructores universitarios (por ejemplo, el primo de Edwards y nieto de Solomon —por adopción—, Elisha Williams, hijo del gran Rev. William Williams[‡] de Hatfield, quien después de enviudar de Elizabeth [Cotton], la madre de Elisha, contrajo nupcias con Christian Stoddard). Elisha,[†] quien fue dado a luz el 26 de agosto de 1694, y cuya madre murió cuando él tenía apenas cinco años de edad, era nueve años mayor que Edwards, egresado de Harvard de la clase de 1711, y tutor en Yale ya para cuando Jonathan Edwards se matriculó en dicha academia;[355] pero igual pudo haber sido escogido Solomon, hermano de Elisha (también primo de Edwards por el lado de su tía Christian), el cual era dos años menor que Jonathan; entre muchos otros, pudo haber sido seleccionado cualquiera por la iglesia de Northampton y por el Rev. Stoddard. Pero debemos recordar que los planes y la agenda de la historia son divinos y Cristo tiene el control y el señorío de su iglesia.

---

[354] Jonathan Edwards on Revival. Pp. 8, 9.

[‡] El **Rev. William Williams** (1665-1741), fue un renombrado líder congregacionalista. Sus padres fueron Isaac Williams y Martha Park. Nació el 02 de febrero de 1665. Se casó con Elizabeth Cotton (hija del Rev. Seaborn Cotton) el 08 de julio de 1686, con la que procreó cinco hijos (incluyendo el presidente Elisha Williams), de los cuales el primogénito murió recién nacido. El Rev. Williams enviudó de Elizabeth en mayo de 1698. Contrajo segundas nupcias con Christian Stoddard (hija del Rev. Solomon Stoddard y Esther Mather) en agosto de 1699, con la que engendró cuatro otros hijos para un total de nueve (3 hembras). Su muerte cerró un ministerio de casi 56 años –"trabajando", como escribió William Buell Sprague en *Annals of the American Pulpit*: "Con gran celo y ejerciendo una amplia influencia hasta el final".

[†] Elisha Williams (hijo de William Williams), que había sido tutor de Edwards, coincidió en el oficio con el mismo Edwards mientras este estuvo en el oficio en Yale. Cabe destacar que precisamente en 1726 cuando Edwards renuncia a su tutoría en Yale, Elisha fue instalado como Rector (lo que es hoy presidente) de Yale, en cuya posición duraría precisamente hasta 1739.

[355] Ver: Miller, pp. 36, 37.

Por cierto, la búsqueda de un ayudante y eventual sustituto para el Rev. Stoddard fue votado por la iglesia de Northampton en abril de 1725. A Edwards le tocó el turno de predicar en la renombrada parroquia en agosto de 1726, cuando la iglesia tenía más de un año evaluando candidatos. Edwards llenó las expectativas de Solomon y de la congregación y se mudó a Northampton en noviembre de ese mismo año.[356]

Aconteció que al fallecer del Rev. Stoddard, su nieto Jonathan quedó con la difícil tarea del cargo pastoral en aquella iglesia, que era una de las congregaciones más grandes y de más recursos en la colonia de Massachusetts por esos días. Entonces, Jonathan Edwards fue nombrado pastor de uno de los púlpitos de más prestigio en toda Nueva Inglaterra, cuando apenas contaba con 25 años de edad, con apenas siete meses de haber contraído matrimonio con su amada Sarah.

La soberanía de Dios orquesta y opera conforme a sus muchas riquezas en gloria. Sucedería que aproximadamente una docena de décadas después, en otra latitud, en Londres, a otro jovencito le pasaría algo un tanto similar, quien todavía soltero para el momento que fue invitado a pastorear, igualmente ocuparía un púlpito que había tenido mucha fama (aunque en este caso, aquel púlpito languidecía al momento del reclutamiento de dicho joven cual su pastor), pero en la providencia de Dios, dicho púlpito resurgiría avivado y con mucha fama en la capital inglesa; nos referimos a Charles Spurgeon. En los días de Charles H. Spurgeon también sucedió un poderoso avivamiento en New Park Street (luego Tabernáculo Metropolitano de Londres). De hecho, no por un breve período, sino por varias décadas, desde los inicios hasta la muerte de Spurgeon.

De igual modo, Edwards rápido se distinguiría como predicador en todo el valle del Connecticut, en Massachusetts, en toda Nueva Inglaterra, y en todo el mundo angloparlante. Sus sermones estaban estampados con una fascinante habilidad expositiva. Así la describió el Dr. Lawson:

> "Los sermones de Edwards, domingo tras domingo contenían un amplio rango temático, una gran cantidad de pensamiento evangélico, una conciencia penetrante de los asuntos eternos y un flujo lógico convincente para hacerlos llamativos, inquisitivos, devastadores y doxológicamente centrados-en-Cristo hasta el último grado".[357]

---

[356] Ver: Miller, p. 40.
[357] Lawson. P. 9.

Ahora bien, como bien señaló Tracy: "Edwards fue quizás el predicador más eficiente en Nueva Inglaterra, incluso si lo juzgaban por el efecto inmediato de sus sermones. De hecho, muchos piensan en él como un gigante intelectual, pero como un gigante totalmente compuesto de intelecto, y suponen que su poder consistía enteramente en la fría conclusión de su lógica no apasionada. Un error mayor es apenas posible. Además de su lógica, estaba su fuerte y consciente fe. *Dios, el cielo, el infierno, la pecaminosidad del pecado, la belleza de la santidad, la gloria de Cristo y las pretensiones de su evangelio*, eran realidades sustanciales para su mente y corazón, tanto como lo eran el valle de Connecticut o las montañas de Berkshire. Habló de ellos en consecuencia, y los hizo parecer reales para sus oyentes. Quizás fue tan notable por su poder y hábito de sentimientos profundos, fuertes y tiernos, como por sus poderes de argumentación. Pero las exhibiciones más maravillosas de su imaginación fueron presentadas al describir el peligro inminente de los malvados y las terribles escenas que esperan a los enemigos de Dios. No hay nada de eso en los grandes maestros de la poesía inglesa, o de cualquier otra poesía sin inspiración, que iguale, en poder imaginativo, y muchos pasajes en sus sermones. Lea [p. ej.] su sermón sobre 'El castigo de los malvados', o el de 'La eternidad del infierno'; o más bien, lea ese titulado 'Pecadores en manos de un Dios enojado'",[358] y de inmediato notará lo antes descrito por Tracy sobre Edwards.

Pastorear Northampton nunca fue tarea fácil para Edwards. Recibió críticas desde su inicio en aquella comarca. Pero, la principal causa de sus dificultades como pastor en Northampton tuvieron que ver con el indeleble legado de su abuelo Stoddard. Stoddard había conducido a la congregación a varios períodos de cosecha (avivamientos), y había impuesto un sistema eclesiástico que se extendió por todo el valle del río Connecticut, y terminaría imponiéndose incluso en Boston. Pero ese sistema sería madurado y discernido por Edwards como pernicioso para la salud de la iglesia y la denominación. El stoddardismo, como hemos analizado antes, propuso que la iglesia fuera totalmente abierta a la comunión, algo más novedoso que "El Pacto de Medio Camino" (el cual daba concesiones a la membresía, pero seguía siendo regio en la comunión). Eventualmente tal teología rechinaría en la percepción teológica de Edwards. Y llegando el momento oportuno, en 1748, expone su parecer a los líderes de Northampton. Edwards había esperado, por delicadeza y alto respecto que su adorado tío, amigo y benefactor, el coronel John Stoddard, falleciera, para hacer su propuesta. Al exponer Edwards su punto de vista, los ancianos de Northampton vieron la propuesta de Edwards como algo inconcebible.

---

[358] Tracy. Pp. 240, 241.

Una cantidad considerable de los miembros y líderes de la iglesia eran familiares de Edwards, por el lado de Stoddard, por tanto, de su madre; pero nunca tolerarían una intromisión como la que proponía Edwards de volver a los fundamentos congregacionalistas de sus padres fundadores en materia de la membresía y la comunión. ¡Eso nunca!, sostendrían.

Entre otros inconvenientes de falta de tacto en ciertas correcciones de Edwards a unos jóvenes parlanchines, y muy especialmente la cuestión se agravó debido a que Edwards calificó de iguales (es decir, en el mismo expediente) a todos los involucrados (los parlanchines y los engañados) que en tal incidente incurrieron en la observación morbosa de unos libros de medicina que exponían los órganos sexuales, el caso es denominado "el libro prohibido". Pero sin duda alguna el gran problema consistió en procurar recuperar la posición original del congregacionalismo americano en la cuestión de los sacramentos y la membresía (que dio como fruto el tratado "Una investigación humilde", pub. en 1749); "El anuncio público de su cargo en 1749 precipitó una violenta controversia que resultó en su destitución. El 1 de julio de 1750, Edwards predicó su "Sermón de despedida" digno y comedido. En el curso de esta controversia, escribió dos libros: *Qualifications for Communion* (Calificaciones para participar de la comunión) —Pub. 1749— y *Misrepresentations Corrected, and Truth Vindicated* (Corrección de la interpretación errónea y la verdad vindicada) —Pub. 1752—, este último en respuesta al libro del reverendo Solomon Williams; el primero para convencer a su congregación, el otro para corregir lo que él consideraba tergiversaciones de sus puntos de vista por parte de un pariente, pastor en Lebanon, Connecticut. Aunque el propio Edwards fue derrotado, su posición finalmente triunfó y proporcionó al congregacionalismo de Nueva Inglaterra una doctrina de la membresía de la iglesia más apropiada para su situación después de la disolución[359] (o sea, el modelo de los padres congregacionalistas americanos). Nuestro querido Jonathan sería rechazado y despedido por la inmensa mayoría de la iglesia en las votaciones del 22 de junio de 1750.

Edwards pudo haberse retractado y dejar las cosas como antes, al fin y al cabo solo se trataba de una cuestión "eclesiológica" (no teológica), como razonan muchos. Pero, note usted, Edwards no era de ese estilo ni forma de proceder, no veía las cosas de ese modo; mas bien, en su procura eclesiástica presagiaba la desgracia por la que atravesaría la iglesia de Northampton y toda la denominación congregacionalista (puritana) de Nueva Inglaterra, si persistían en tal grotesco sacrilegio.

---

[359] Encyclopedia Britannica: https://www.britannica.com/biography/Jonathan-Edwards /Dismissal-from-Northampton.

La madurez de Edwards, como lo expresó el Dr. Klassen en una observación que me envió mientras leía el manuscrito de esta obra, razonó que se trató de "la prueba de fuego de la madurez y la espiritualidad de Edwards", no solo el hecho de quedarse por espacio de más de un semestre como pastor interino de Northampton luego del vulgar rechazo que hicieron de su persona y ministerio, sino predicarles amablemente en su despedida. De hecho, Edwards seguiría enviándoles cartas dulces a la iglesia y de alerta a ciertos síntomas graves de declive que veía.

## Un extraño despido de Northampton

No hay duda que Northampton era una iglesia amada por Edwards y su familia. Muchas razones había para ello. Muchos de los miembros de Northampton eran familiares de Edwards (primos, tíos, etc.). Muchos de los Williams, todos los Stoddard, etc., incluyendo a su entrañable tío y benefactor, el coronel John Stoddard, eran muy amados por los Edwards. John Stoddard fue siempre uno de los mejores confidentes de Edwards. Además, esta iglesia era una de las más poderosas de toda Nueva Inglaterra y había sido pastoreada por su abuelo por más de 55 años.

Northampton fue catapultada al estrellato universal como iglesia local precisamente con la publicación de "Una narrativa fiel de la sorprendente obra del Dios", publicada en Londres en 1737 (y en subsecuentes publicaciones), y en Boston en 1738. Se trató de un relato del avivamiento local que tuvo lugar desde finales de 1734 y llegando a su decadencia en 1736. Tal avivamiento fue precursor del Gran Despertar en muchos aspectos. Y quizá el más importante tuvo que ver con el impacto y la inspiración que tal tratado causó en predicadores como George Whitefield y John Wesley de Inglaterra, y en los Tennent, de Pennsylvania.

Luego, en los años del *Primer gran despertar* (1741 y 1742), Northampton volvió a ser escenario de otra sorprendente obra del Espíritu de Dios y Edwards publicó varios trabajos, incluyendo otra narrativa sobre el avivamiento, etc. Este nuevo despertar en Northampton comenzó como fruto de la predicación del joven predicador inglés George Whitefield, que había sido invitado expresamente por Edwards a Nothampton. Lo mismo sucedió por el mismo período en varios lugares de las colonias debido principalmente, aunque no únicamente, al ministerio itinerante de Whitefield y la amplia cobertura que le dio Benjamin Franklin en su periódico *Pennsylvania Gazette*. Benjamin Franklin fue un admirador de Whitefield, y a parte de catapultarlo al estrellato con sus artículos sobre Whitefield y los sermones que publicaba del famoso *revivalista*, cooperó ampliamente con las causas sociales que propició Whitefield, especialmente un Orfanato que construyó en Georgia.[360]

Pero las cosas no eran todas color de rosa en Northampton. En un artículo suyo, el Dr. Minkema relata lo siguiente respecto de tales circunstancias adversas que fueron intensificándose en Northampton que fueron agravando la pasión de Edwards por aquella comunidad y congregación.

En 1748, por lo tanto, Edwards estaba hablando en su discurso sobre Deuteronomio 1 acerca de "este día oscuro", refiriéndose a la desaparición del Gran Despertar. Pero sin duda también tenía en mente el curso perturbador y preocupante de la Guerra del rey George (el nombre de la versión estadounidense de la Guerra de Sucesión de Austria), cuyo impacto se sintió en Northampton, donde los indios habían asaltado aldeas cercanas y matado a granjeros en sus tierras, campos, y la casa de Edwards fue "fortificada" y acuartelada con soldados para protegerse contra ataques. A nivel local, también, una serie de otros eventos portentosos incluyeron la muerte del coronel Stoddard, principal confidente y aliado de Edwards; el incendio del palacio de justicia de la ciudad; y, lo que es más dramático, el tumultuoso "Caso del Libro Malo" de 1744, en el que se descubrió que un grupo de hombres jóvenes leían y maltrataban a mujeres jóvenes con los conocimientos adquiridos en un manual ilustrado de parteras adquirido ilícitamente. En este evento, evidencia para Edwards del declive de la moral de los jóvenes, exigió públicamente que todos los culpables fueran disciplinados severamente, pero la iglesia se ofendió por la manera despótica en que manejó lo que ellos consideraron un "asunto privado" y votó solo para que dieran una confesión pública bastante liviana: una simple palmada en la muñeca.

El resentimiento entre el pastor y la gente se agravó. A principios de 1748, en lo que parece haber sido el ímpetu inmediato para la llamada de Edwards para la formación de un comité de la iglesia, una hija de la congregación tenía gemelos ilegítimos del hijo de una familia prominente local (parientes cercanos del pastor); Edwards fue tras la pareja, tratando de obligarlos a casarse, a pesar del deseo de sus padres de que no lo hicieran. Al final, la familia del padre proporcionó a la madre una suma de dinero para ayudar a criar al niño, con la aprobación tácita de la iglesia.

En este punto, la frustración de Edwards con el procedimiento congregacional era palpable; a su modo de pensar, se había vuelto desordenado, engorroso y confuso. Peor aún, en lo que a él respectaba, habilitaba y perdonaba la inmoralidad. Buscó formas de adaptar o cambiar la política congregacional para hacerla más eficiente, más propicia, se puede decir, para obtener los resultados que deseaba. Su expresión posterior de frustración a un corresponsal escocés sin duda se remonta al menos a esta época: "Hace mucho que me he vuelto completamente loco con nuestra forma inestable,

---

[360] Ver: Marsden, *J.E., A Short Life*, pp. 54, 55.

independiente y confusa de gobierno de la iglesia en esta tierra". Como persona que comenzó y terminó su carrera dentro de los contextos presbiterianos, primero como ministro y luego como presidente del College of New Jersey, estaba dispuesto a cruzar las líneas eclesiásticas. En secreto, estaba considerando una salida de Northampton; una de sus hijas, resumiendo en una carta todas las disputas entre su padre y su congregación, admitió, "estas cosas por las que soy pecadora han hecho mucho para que mi Padre esté dispuesto a dejar a su pueblo si se presenta una oportunidad conveniente".[361]

Pero, la razón final de la despedida de Edwards de Northampton luego de casi 24 años como pastor allí, aparte de todas las glorias y victorias del Señor que fueron libradas allí, fue teológica. Por cierto, Nichols bien hace notar que "para entender la razón por la que Edwards fue despedido de Northampton hay que hurgar tanto en las determinaciones formadas por su abuelo Stoddard, como un poco más atrás, hacia los puritanos".[362]

Un puritano procuraba la santidad personal, vivir para la gloria de Dios y el disfrute de Dios, pero pregonaba que la santidad debía ser vivida en todos los aspectos de su vida; en la iglesia, el trabajo, la vida política, etc., pero, puntualiza Nicholas de nuevo, para el puritano la santidad no era una cuestión ideológica o metafísica, tenía que ver con santos concretos o visibles. De igual modo, la iglesia debe ser una institución visible, conformada por santos visibles.

El hecho de que Edwards fue un puritano, en vida y pensamientos, queda demostrado en su formación y en su vida; pero ello le costaría mucho en sus días, a mediados del *siglo de las luces*. El Dr. Nochols trae a la luz una cita de Edwards en su "Misceláneas", como sigue:

> "*Por cristiano visible* debe entenderse de alguien siendo cristiano en lo que se ve, en lo que aparece, o en lo que es externo en un cristiano; es realmente tener fe y santidad y obediencia de corazón. Ser cristiano en lo externo es tener en lo que es externo una profesión de fe, y santidad externa en la fe visible y la conversión".[363]

Esa visión de Edwards le costó, haciendo una evaluación horizontal sencilla, su puesto como ministro en la 1ra. Iglesia de Cristo de Northampton aquel 22 de junio 1750, luego de algo más de 23 años como ministro ordenado en esa congregación local.

---

[361] Minkema. Art. "Jonathan Edwards and the Heidelberg Catechism". Pp. 3, 4: http://ngtt.journals.ac.za.

[362] Nichols. Pp. 125, 126.

[363] *Ibidem*. P. 26.

La visión de Edwards de lo que debe ser una iglesia visible puritana y como debe ser liderada la membresía y quienes deben participar de
la comunión de los santos es la tesis desarrollada precisamente en "Una
investigación humilde" (*An Humble Inquity*). Esa visión de Edwards quedó sencillamente plasmada en el Pacto de la iglesia de Northampton. Por
cierto, el pacto de Northampton fue confeccionado durante el avivamiento, al final de este en 1742. La visión de Edwards con esto fue procurar
que se perpetuara el avivamiento. El anterior avivamiento (1734-1736)
había sido glorioso, pero caducó y a pesar de la secuela positiva de crecimiento masivo de la iglesia, había conducido a cierta depresión ministerial
gracias a la frialdad que siguió al período de avivamiento de casi dos años.
Edwards haría todo lo que estuviese a su alcance para evitar que la curva del avivamiento de cayera de nuevo. El ministerio se facilita en épocas
de avivamientos. ¿Y qué mejor que un compromiso hacia la santidad y la
obediencia a modo de un pacto? A continuación, una copia de aquel pacto.

## PACTO DE NORTHAMPTON

Entrado y suscrito por el pueblo de Dios en Northampton, y tenido delante de Dios en su casa como su voto al Señor, por la congregación en
general que hizo un acto solemne de adoración pública entre quienes
tenían catorce años de edad en adelante, realizado un día de ayuno y
oración por la continuación y el aumento de la presencia de gracia de
Dios en ese lugar.

16 de marzo de 1742.

Reconociendo la gran bondad de Dios para con nosotros, un pueblo
pecaminoso e indigno, en las benditas manifestaciones y frutos de su
presencia misericordiosa en esta ciudad, tanto antes como últimamente,
y particularmente en el avivamiento espiritual tardío; y adorando la
gloriosa majestad, el poder y la gracia de Dios, manifestados en el presente y maravilloso derramamiento de su Espíritu, en muchas partes de
esta tierra, y en este lugar; y lamentando nuestros retrocesos pasados
e ingratos alejamientos de Dios, y rogando humildemente a Dios que
no tenga en cuenta nuestras iniquidades, sino, que por amor a Cristo
venga a las montañas de nuestros pecados, y nos visite con su salvación, y continúe las señales de su presencia con nosotros, y aún más
gloriosamente derrame su bendito Espíritu sobre nosotros, y nos haga
partícipes de sus bendiciones divinas, en este día, otorgando aquí, y en
muchas partes de esta tierra; hoy nos presentamos ante el Señor, para
renunciar a nuestros malos caminos, quitamos nuestras abominaciones
ante los ojos de Dios y, de común acuerdo, renovamos nuestros compromisos para buscar y servir a Dios; y particularmente ahora solemnemente prometemos y hacemos voto al Señor de la siguiente manera:

En todas nuestras conversaciones, preocupaciones y tratos con nuestro vecino, respetaremos estrictamente las reglas de honestidad, justicia y rectitud, para no excedernos o defraudar a nuestro prójimo en cualquier asunto, y voluntariamente o por deseo de cuidado, lastimarlo en cualquiera de sus posesiones o derechos honestos, y en toda nuestra comunicación tendrá un respeto tierno, no solo por nuestro propio interés, sino también por el interés de nuestro prójimo; y nos esforzaremos por hacer todo lo posible para hacer a los demás lo que deberíamos esperar, o pensar razonablemente, que deberían hacernos si estuviéramos en su caso y ellos en el nuestro.

Y particularmente nos esforzaremos por hacer que cada uno lo merezca, y prestaremos atención a nosotros mismos, para que no dañemos a nuestro prójimo, y le demos la causa justa de la ofensa, voluntariamente o por negligencia, evitando pagar nuestras deudas con honestidad.

Y en el que cualquiera de nosotros, tras un examen riguroso de nuestro comportamiento anterior, podamos ser conscientes de nosotros mismos, de que hemos tratado injustamente a cualquiera de nuestros vecinos en su estado exterior, no descansaremos hasta que hayamos hecho esa restitución o dado esa satisfacción, que las reglas de equidad moral requieren; o si somos, en una búsqueda estricta e imparcial, conscientes de nosotros mismos que en cualquier otro aspecto hemos herido considerablemente a nuestro prójimo, nos esforzaremos verdaderamente por hacer lo que en nuestra conciencia suponemos que las reglas cristianas requieren, para una reparación de la lesión, eliminando la ofensa dada por eso.

Y, además, prometemos que no nos permitiremos la murmuración; y que tomaremos gran atención a nosotros mismos para evitar todas las violaciones de esas reglas cristianas. Tito 3:2: "No hablar mal de nadie"; Santiago 4:11: "No murmuren los unos de los otros"; 2 Corintios 12:20: "Que no haya pleitos, murmuraciones, contiendas"; y que no solo no calumniaremos a nuestro prójimo, sino que tampoco alimentaremos un espíritu de amargura, mala voluntad o rencor secreto contra nuestro prójimo.

Y prometemos que haremos todo lo posible para evitar hacerle algo a nuestro prójimo con un corazón vengativo. Y que tendremos mucho cuidado de que no por interés privado o nuestro propio honor, o para mantenernos contra los de un bando contrario, o para obtener nuestras voluntades, o para promover cualquier plan en oposición a otros, hacer esas cosas que de la consideración más imparcial somos capaces de hacer, pensar si nuestra conciencia tenderá a herir la fe y los intereses del reino de Cristo.

Y, particularmente, que en la medida en que cualquiera de nosotros, por la Divina Providencia, tenga alguna influencia especial sobre otros, para guiarlos en el manejo de un asunto público, no perseguiremos nuestra propia ganancia mundana, honor o interés en los afectos de otros, o de obtener lo mejor de cualquiera de una parte contraria, que son, en todo sentido, nuestros competidores, o el traer o mantener bajo nuestro objetivo de gobierno, en perjuicio del interés de la religión y el honor de Cristo.

Y en la gestión de cualquier asunto público, donde exista una diferencia de opiniones, concerniente a cualquier posesión, privilegio, derecho o propiedad externa, no violaremos voluntariamente la justicia por interés privado: y con la mayor severidad y vigilancia evitará a todos los no cristianos, amargura, vehemencia y acaloramiento de espíritu; sí, aunque deberíamos pensar que estamos heridos por una parte contraria; y en el tiempo de la gestión de tales asuntos nos cuidaremos a nosotros mismos, a nuestros espíritus y a nuestras lenguas, para evitar todos los incrédulos reproches, amargos reflejos, y juzgar y ridiculizar a los demás, ya sea en reuniones públicas o en conversaciones privadas, ya sea cara a cara de los hombres o a sus espaldas; pero nos empeñaremos mucho, en lo que a nosotros respecta, en que todos deben ser manejados con humildad cristiana, gentileza y quietud.

Y, además, prometemos que no toleraremos el ejercicio de la enemistad y la mala voluntad, o la venganza en nuestros corazones contra cualquiera de nuestros vecinos; y a menudo estaremos estrictamente buscando y examinando nuestros propios corazones con respecto a ese asunto.

Y si alguno de nosotros descubre que tenemos un viejo resentimiento secreto contra cualquiera de nuestros vecinos, no lo incentivaremos, sino que lo mortificaremos, y nos esforzaremos al máximo para erradicarlo, clamando a Dios por su ayuda; y que haremos de nuestro verdadero y fiel esfuerzo, en nuestros lugares, que el espíritu de división no se mantenga entre nosotros, sino que pueda cesar por completo; que para el futuro, todos podamos estar unidos en paz inalterable y amor no fingido.

Y aquellos de nosotros que estamos en la juventud prometemos nunca permitirnos diversiones o pasatiempos, en reuniones o en compañías de jóvenes, que nosotros, en nuestras conciencias, tras una seria consideración, juzguemos que no es bueno o que pecamos o tiendan a obstaculizar el espíritu más devoto y más comprometido en la fe, o desaniman la mente para esa asistencia devota y provechosa en los deberes de la fe, lo cual es más agradable a la voluntad de Dios, o que nosotros, en nuestro juicio más imparcial, podemos pensar que tiende a privar a Dios de ese honor que espera, por nuestra asistencia ordenada y seria al culto familiar.

Y, además, prometemos que evitaremos estrictamente todas las libertades y familiaridades en compañía, por la cual tendríamos la intención de provocar o satisfacer un deseo de lascivia que en nuestra conciencia no podemos pensar que será aprobado por el ojo infinitamente puro y santo de Dios, o que podemos pensar, con consideración seria e imparcial, que deberíamos temer practicar, si pensáramos que en unas pocas horas habríamos de comparecer ante ese Dios santo, darnos cuenta de nosotros mismos, porque tememos que sean condenados por él como malhechores e impuros.

También prometemos con gran vigilancia cumplir con los deberes relativos requeridos por las reglas cristianas, en las familias a las que pertenecemos, según nos relacionamos respectivamente, con padres e hijos, esposos y esposas, hermanos y hermanas, maestros o prometidos y sirvientes.

Y ahora nos presentamos solemnemente ante Dios, dependiendo de la gracia y ayuda Divinas, para dedicar nuestras vidas enteras, para dedicarlas laboriosamente en los asuntos de la religión; convirtiéndolo siempre en nuestra mayor empresa, sin reincidir en esa forma de vida, sin prestar atención a las solicitaciones de nuestra pereza, ni a otras inclinaciones corruptas, o las tentaciones del mundo, que tienden a alejarnos de él; y particularmente que no vamos a abusar de una esperanza u opinión que cualquiera de nosotros pueda tener, de que estemos interesados en Cristo, de consentirnos en la pereza, o de ceder más fácilmente a las solicitudes de cualquier inclinación pecaminosa; pero "correremos con perseverancia la carrera que se nos presenta, y nos esforzaremos en nuestra salvación con temor y temblor".

Y debido a que somos conscientes de que mantener estos votos solemnes en el futuro, en muchos casos, puede ser muy contrario a nuestras inclinaciones corruptas e intereses carnales; por lo tanto, ahora nos presentamos ante Dios para entregarle todo, y para hacer un sacrificio de toda inclinación e interés carnal, para el gran asunto de la religión y el interés de nuestras almas.

Y siendo sensibles a nuestra debilidad y el engaño de nuestros propios corazones, y nuestra propensión a olvidar nuestros votos más solemnes y perder nuestras **resoluciones**, prometemos a menudo examinarnos estrictamente a nosotros mismos por estas promesas, especialmente cuando estemos delante del sacramento de la cena del Señor; y le rogaremos a Dios que, por Su amor, nos impida disimular perversamente en estos nuestros solemnes votos; y que aquel que escudriña nuestros corazones y reflexiona sobre el camino de nuestros pies, de vez en cuando nos ayude a tratarnos a nosotros mismos mediante **este pacto**, y nos ayude a mantener el pacto con Él, y no nos deje a nuestros propios necios, perversos y traicioneros corazones.

Es trascendental a este respecto oír al mismo Edwards aquí otra vez refiriéndose a como decidió, por recomendación del liderazgo de Northampton, traer al público en general y a su numerosa congregación aquella doctrina sobre la membresía de la iglesia que había encontrado en la congregación; que su propio abuelo había forjado y establecido allí (el stoddardismo), sobre lo cual también había escrito y publicado con amplia difusión. El prefacio a aquel trabajo "Una investigación humilde" que fue dado a la imprenta, saliendo a la luz en 1749, reza así:

## PREFACIO DEL AUTOR[364]

Probablemente sorprenda a muchos que yo aparezca de esta manera pública en ese lado de la cuestión, que se defiende en las hojas siguientes; como es bien sabido, el Sr. Stoddard, un divinista tan grande y eminente, y mi venerable predecesor en el oficio pastoral de la iglesia en Northampton (y mi propio abuelo), aparecieron pública y enérgicamente en oposición a la doctrina aquí sostenida.

Sin embargo, espero que no se tome a mal que pienso como lo hago, simplemente porque en esto difiero de él, aunque sea tanto mi superior, y alguien a cuyo nombre y memoria tengo obligaciones distintivas, en todos los aspectos, para tratar con gran respeto y honor. Especialmente puedo esperar justamente, que no se me acusará de crimen el que no piense en todo como él, ya que nadie más que él mismo afirmó esta máxima escritural y protestante, que no deberíamos llamar el hombre en la tierra amo, o hacer de la autoridad del más grande y más santo de los simples hombres el fundamento de nuestra creencia en cualquier doctrina en religión. Ciertamente, no estamos obligados a considerar infalible a ningún hombre que él mismo niegue por completo la infalibilidad. Muy justamente el Sr. Stoddard observa en su *Appeal to the Learned* (Apelación a los eruditos), p. 97, "Todos los protestantes están de acuerdo en que no hay infalibilidad en Roma; y sé que nadie más pretende tenerla desde los días de los apóstoles".* Insiste, en el prefacio de su sermón sobre el mismo tema, que no argumenta que no nos falta el debido respeto a nuestros antepasados, el hecho de que examinemos sus opiniones. Algunas de sus palabras en ese prefacio contienen una buena disculpa para mí, y merecen ser repetidas en esta ocasión. Son los siguientes:

> "Posiblemente sea una falta (dice el Sr. Stoddard) apartarse de los caminos de nuestros padres; pero también puede ser una virtud, y un acto eminente de obediencia, apartarse de ellos en algunas cosas. Los hombres están acostumbrados a hacer un gran ruido, que estamos introduciendo innovaciones y nos apartamos del camino antiguo; pero no puedo averiguar dónde está la iniquidad. Podemos ver motivos para alterar algunas prácticas de nuestros padres, sin despreciarlas, sin enorgullecernos de nuestra sabiduría, sin apostasía, sin abusar de las ventajas que Dios nos ha dado, sin un espíritu de conformidad con los hombres corruptos, sin inclinaciones a la superstición, sin causar disturbios en la iglesia de Dios; y no hay razón para que se vuelva como oprobio sobre nosotros.

---

364 *WJE Online Vol. 12*. Ed. Hall.

* [Stoddard, S. Appeal. Stoddard defendía su posición contra los Mathers, que habían invocado la autoridad de los "antepasados"].

Seguramente es encomiable para nosotros examinar las prácticas de nuestros padres, no tenemos razón suficiente para tomar prácticas confiando en ellos. Que tengan un carácter tan elevado como les pertenece; sin embargo, no podemos considerar sus principios como oráculos.

El mismo Natán se perdió en su conjetura sobre la construcción de la casa de Dios. El que cree en los principios porque los afirma, los convierte en ídolos. Y no sería humildad, sino bajeza de espíritu, juzgarnos incapaces de examinar los principios que nos han sido transmitidos.

Si de alguna manera estamos en condiciones de revelar los misterios del evangelio, seremos capaces de juzgar estos asuntos: y no sería bueno que nos permitiéramos disfrutar de la comodidad y descuidar el examen de los principios recibidos. Si las prácticas de nuestros padres en cualquier particular estuvieran equivocadas, conviene rechazarlas; si no es así, soportarán un examen. Si se nos prohíbe examinar su práctica, se cortará toda esperanza de reforma".[365]

Así, en estos dichos muy apropiados y oportunos, el señor Stoddard, aunque muerto, sin embargo habla: y aquí (para aplicarlos a mi propio caso), me dice que no soy en absoluto reprochable, por no tomar sus principios en confiar; que a pesar del elevado carácter que le pertenece justamente, no debería considerar sus principios como oráculos, como si él no pudiera perderlos, así como el propio Natán en su conjetura sobre la construcción de la casa de Dios; es más, seguro que soy digno de elogio por examinar su práctica y juzgar por mí mismo; que no me conviene hacer otra cosa; que esto no sería una manifestación de humildad, sino más bien una bajeza de espíritu; que si no soy capaz de juzgar por mí mismo en estos asuntos, de ninguna manera soy apto para abrir los misterios del evangelio; que si yo creía en sus principios, porque él los adelantó, sería culpable de convertirlo en un ídolo. También les dice a su rebaño y al mío, con todos los demás, que no les conviene, de modo que se complazcan en su comodidad, como para descuidar el examen de los principios y prácticas recibidos; y que es apropiado que los errores en cualquier particular deben ser rechazados: que si en algunas cosas difiero en mi juicio de él, sería muy irrazonable, por este motivo, hacer un gran ruido, como si estuviera introduciendo innovaciones y saliendo de la manera antigua; para que yo vea motivos para alterar algunas prácticas de mi abuelo y predecesor, sin despreciarlo, sin enorgullecerme de mi sabiduría, sin apostasía, sin despreciar las ventajas que Dios me ha dado, sin inclinación.

Puedo declarar seriamente, que una afectación de hacer un espectáculo como si yo fuera algo más sabio que esa excelente persona, está muy lejos de mí, y muy lejos de tener la menor influencia en mi apariencia de oponerme, de esta manera a la prensa, una opinión que

---

[365] [Stoddard, *Inexcusableness*, sig. A2, r., v.]

mantuvo y promovió con tanta seriedad. Claro que lo soy, no he fingido apartarme de su juicio, ni he estado gobernado en lo más mínimo por un espíritu de contradicción, ni me he entregado a un humor burlón, al comentar ninguno de sus argumentos o expresiones.

Anteriormente he sido de su opinión, que he absorbido de sus libros, incluso desde mi niñez, y en mis procedimientos me he ajustado a su práctica; aunque nunca sin algunas dificultades en mi opinión, que no pude resolver; sin embargo, la desconfianza de mi propio entendimiento y la deferencia a la autoridad de un hombre tan venerable, la aparente fuerza de algunos de sus argumentos, junto con el éxito que él tuvo en su ministerio, y su gran reputación e influencia, prevaleció durante mucho tiempo para derribar mis escrúpulos. Pero las dificultades y la inquietud en mi mente aumentaban a medida que estudiaba más la divinidad y mejoraba en experiencia; esto me llevó a una mayor diligencia y cuidado para escudriñar las Escrituras, y más imparcialmente a examinar y sopesar los argumentos de mi abuelo y de los otros autores que pude obtener de su lado de la cuestión. De ese modo, después de una larga búsqueda, ponderación, observación y revisión, obtuve satisfacción, me sentí completamente asentado en la opinión que ahora mantengo, como en el discurso que aquí se ofrece al público; y no se atrevió a seguir adelante en una práctica y una administración incompatibles con ella: lo que me llevó a circunstancias peculiares, colocándome bajo la inevitable necesidad de declarar públicamente y mantener la opinión en la que así estaba establecido; como también hacerlo desde la imprenta, y hacerlo en este momento sin demora. Está lejos de ser una circunstancia agradable de esta publicación, que está en contra de lo que mi honorable abuelo mantuvo enérgicamente, tanto desde el púlpito como desde la imprenta. Realmente puedo decir, debido a esta y otras consideraciones, que es en lo que me comprometo con la mayor desgana, que jamás haya realizado ningún servicio público en mi vida. Pero el estado de cosas para mí está tan ordenado, por disposición soberana del gran Gobernador del mundo, que el hacer esto me pareció muy necesario y del todo inevitable. Soy consciente, no solo de que el interés de la religión está involucrado en este asunto, sino que mi propia reputación, utilidad futura y mi propia subsistencia, todo parece depender de mi libre apertura y defensa, en cuanto a mis principios, y conducta agradable en mi cargo pastoral; y al hacerlo desde la imprenta: solo de qué manera puedo expresar y justificar mi opinión, a cualquier propósito, ante el país (que está lleno de ruido, tergiversaciones y muchas censuras sobre este asunto) o incluso ante mi propia gente, como todos serían plenamente sensatos, si supieran el estado exacto del caso.

He sido llevado a esta necesidad en la divina providencia, por tal situación de asuntos y coincidencia de circunstancias y eventos, sobre lo que elijo guardar silencio en este momento; y que no es necesario ni conveniente que lo publique al mundo.

Una cosa entre otras que me hizo emprender este asunto con tanto atraso, fue el temor de una mala aplicación que algunas personas mal

244 ■ Biografía de Jonathan Edwards

intencionadas podrían estar dispuestas, en este día, a hacer de la doctrina aquí defendida: particularmente ese tipo salvaje y entusiasta de personas, que últimamente han entrado en separaciones injustificables, incluso renunciando a los ministros y las iglesias del país en general, con el pretexto de establecer una iglesia pura. Es bien sabido que hasta ahora he protestado públicamente, tanto desde el púlpito como desde la imprenta, contra muchas de las nociones y prácticas de este tipo de personas: y lamentaré mucho que lo que ahora ofrezco al público sea alguna ocasión de alentarse o fortalecerse en esas nociones y prácticas suyas. Para evitar lo cual, quisiera ahora declarar, todavía tengo la misma opinión acerca de ellos que he manifestado anteriormente. Tengo la misma opinión sobre la religión y las experiencias internas principalmente en boga entre ellos, que tenía cuando escribí mi 'Tratado sobre los afectos religiosos' y cuando escribí mis 'Observaciones y reflexiones sobre la vida del Sr. Brainerd'.[§] Yo no tengo mejores opiniones sobre la noción de ellos de una iglesia pura por medio de un espíritu de discernimiento, sus gritos de censura contra los ministros permanentes y las iglesias en general, sus ordenaciones laicas, sus predicaciones laicas, exhortaciones públicas y administración de los sacramentos; su espíritu separatista presumido, seguro de sí mismo, contencioso y poco caritativo; su andar por el país, como enviado por el Señor, para hacer prosélitos; con sus muchos otros caminos extravagantes y perversos. El hecho de que sostenga la doctrina que se defiende en este discurso, no es argumento de ningún cambio de opinión sobre ellos; porque cuando escribí esos dos libros antes mencionados, tenía la misma opinión con respecto a las calificaciones de los comulgantes en la Mesa del Señor, que tengo ahora.

Sin embargo, no es improbable que algunos todavía se quejen de mis principios, por ser de la misma tendencia perniciosa que los de los separatistas: a tales personas solo puedo afirmar con una protesta solemne la sinceridad de mis propósitos y el gran cuidado que he ejercitado para evitar todo lo que sea erróneo, o que pueda ser malicioso en cualquier aspecto. Pero en cuanto a mi éxito en estos objetivos y esfuerzos rectos, debo dejar que cada lector juzgue por sí mismo, después de haber leído detenidamente y considerado imparcialmente el siguiente discurso: el cual, considerando la naturaleza e importancia del tema, considero que esperamos que todos los lectores serios lo acompañen con sus fervientes oraciones al Padre de las Luces, por su amable dirección e influencia. Y a Él sea gloria en las iglesias por Cristo Jesús. Amén.

***Jonathan Edwards.***

---

§   [La manera en que J. E. dirigió los Afectos Religiosos (1746) y la Vida de David Brainerd (1749) contra los Separatistas se describe en la Introducción, págs. 46-51. J. E. fue especialmente señalado en la sección final de la Vida, "Un apéndice que contiene algunas reflexiones y observaciones sobre las memorias anteriores del Sr. Brainerd". Obras, 7, 500—41.].

Respecto a tan solemne y delicado prefacio, el Dr. Nichols comenta que "llegar a esa posición y modo de expresión tanto en el púlpito como en la página impresa no solo requirió una gran cantidad de tiempo e investigación de parte de Edwards, sino que también fue algo a lo que se mostró bastante reacio en realizar".[366]

El trasfondo de aquel episodio que algunos biógrafos de Edwards califican de "tragedia" (yo no lo veo así), está ligado, increíblemente, al stoddardismo, y a resentimientos de varios de los familiares de Edwards en Northampton, muchos de los Stoddard se habían emparentado con los Williams de Northampton.[367]

De hecho, Edwards tuvo que escribir otro libro para responder la refutación a su postura y publicación que su primo Solomon Williams escribió.[368] Aquel tratado de Edwards fue publicado en 1752 bajo el título *Missrepresentations Corrected and the Truth Vindicated* (Malentendido corregido y la verdad vindicada). Por cierto, dicho tratado fue publicado por el mismo impresor que el anterior en Boston.

El impresor también publicó una carta de Edwards a su congregación de Northampton. En ella está expuesta la posición de Edwards, y también muestra su profundo cuidado por la iglesia.[369]

Escribió el Dr. Martin Lloyd-Jones que "Jonathan Edwards fue literalmente expulsado de Northampton, luego de haber estado pastoreando allí desde 1727 hasta 1750".[370] Lloyd-Jones sigue comentando: "Esta fue una de las cosas más espantosas que hayan ocurrido, y debe servir como una palabra de aliento para los ministros y predicadores. Allí estaba ese genio imponente, ese poderoso predicador, ese hombre que estaba en el centro del gran avivamiento, y aun así, fue derrotado en la votación de su iglesia por 230 votos contra 23, en el año de 1750".[371]

Storms señala que: "El 22 de junio de 1750 Edwards fue despedido del pastorado en Northampton. Entre las razones más citadas figuran: las peticiones de aumento de salario (tenía 11 hijos); su denuncia a la práctica entre jóvenes de compartir una cama sin tener contacto físico;

---

[366] Nichosl. P. 129.
[367] Ver: Biografía de Edwards de I. Murray.
[368] Nichols. P. 130
[369] *Ibidem*, pp. 130, 131
[370] Lloyd-Jones. Los Puritanos.
[371] Lloyd-Jones. Los Puritanos (Diario de Avivamiento). P.2

sus sermones sobre los "libros malos" y la identificación pública de los inocentes junto a los culpables (jóvenes de 20 años, miembros de la iglesia, habían obtenido un manual de parteras que contenía imágenes de la anatomía femenina, y se burlaban de las jóvenes de la ciudad), y quizá lo más importante, su oposición a la doctrina de Stoddard sobre la Cena del Señor como "sacramento de conversión" (junto con su determinación de revocar el "Pacto del medio camino", ya que afectaba el bautismo). De los 230 hombres que votaron, solo 23 estuvieron a su favor.

Predicó su sermón de despedida el 2 de julio de 1750, sobre 2 Corintios 1.14. Cuatro días más tarde, escribió a John Erskine:

> "No estoy preparado para otro oficio que no sea estudiar; seré incapaz de conseguir un empleo secular. Estamos en las manos de Dios, y lo bendigo. No me aflige que nos hayan despachado".

Edwards continuó usando el púlpito en Northampton de julio a noviembre, en varias ocasiones, después de su despido.

En junio de 1751 se instala en Stockbridge, Massachusetts, como pastor y misionero a los indígenas. Durante su estancia allí termina cuatro tratados teológicos importantes: *Una investigación cuidadosa y estricta de las nociones modernas predominantes sobre el libre albedrío*; *Disertación sobre la razón por la cual Dios creó el mundo*; *La naturaleza de la verdadera virtud*; y *La gran doctrina cristiana del pecado original defendida*.[372]

No hay duda de que se trata de un extraño caso el que una iglesia haya despedido a alguien, que le había sido de tanto bien, de tal modo. Aunque se quiera maquillar, creo que la cuestión de la membresía y las ordenanzas fueron el campo de batalla y a la vez la excusa de aquellos que no simpatizaban con Edwards. Especulo que el asunto tuvo más que ver con una procura de larga data, y que precisamente el coronel Stoddard había sido el muro de contención.

El problema allí es que un porciento abrumador de los miembros de Northampton era familiares directos de Jonathan, y se puede ver entre líneas un cierto sinsabor del tipo envidioso. La familia de Edwards era acomodada y aristocrática, no porque había llegado a Northampton, lo era de nacimiento. Incluso, Sarah era de más rango social que el mismo Edwards. Pero Edwards procedía de una historia acomodada y aristocrática. Su abuelo paterno era rico, y los ancestros de su madre eran aristocráticos

---

[372] Storms: https://www.coalicionporelevangelio.org/articulo/10-cosas-deberias-saber-jonathan-edwards/

igualmente. Los nothampteños (familiares cercanos) criticaban a los Edwards de gastar mucho, etc. No podían ver que a parte de la granja de los
Edwards, que tenían un aprisco de tamaño considerable, e incluso vendían
lana y carne, además tenían también algunas reses; sobre eso, Jonathan era
un escritor prolijo y llegó a ser un *best seller* relativamente temprano; entre otros asuntos que beneficiaron que Jonathan y Sarah pudieran levantar
y educar una familia de por lo menos 15, incluyéndoles (recuerde que tuvieron por lo menos dos esclavos, a quienes trataban como hijos, más que
como siervos).

Al final, debemos ver en todo este episodio, no una tragedia, Edwards mismo vio la guía y la providencia de Dios en todo esto, según sus
pronunciamientos. Le ofrecieron ministerio en Escocia y en otros lugares,
y seleccionaría aquello que sin dudas había estado en su corazón, a juzgar
incluso por su participación temprana en Stockbridge y por el abordaje
de sus *best seller* "El diario de David Brainerd", y "La vida del Rev. David
Brainerd". Decidieron por un oficio pastoral y misional en Stockbridge.
Allí Dios lo usó en gran manera, especialmente para poder poner juntos
muchos de sus libros y tratados soñados, pero también para el bien de
aquella comunidad de indígenas mayoritariamente.

¡Oh profundidad de las riquezas, de la ciencia y la sabiduría de Dios;
cuan insondables son tus obras e inescrutables tus caminos!

## Misionero en Stockbridge

Siendo Edwards pastor en Northampton, literalmente en el año en que
aquella iglesia experimentó el primer avivamiento durante su pastorado,
precisamente cinco años después de la muerte del gran Stoddard, su hijo
el coronel John Stoddard, protector y benefactor de su apreciado sobri-
no Jonathan y quien estaba familiarizado con Stockbridge, propuso que
se apoyara la misión en aquella comarca, lo cual efectivamente comenzó
a suceder ese mismo año, 1734 para ser precisos.[373] Para tal año trabajos misioneros en Stockbridge habían apenas iniciado y tuvo muchos pa-
trocinadores, incluyendo a Northampton, por la procura del coronel John
Stoddard,[374] además de su cuñado el Rev. William Williams de Hatfield,
quien encabezaba el esfuerzo; por lo que se trataba de una comunidad
con la que Edwards tuvo cierta familiaridad. Básicamente todos los involucrados en la misión en Stockbridge tuvieron una familiaridad con el

---

[373] Consulte: Gerstner Edna, p. 21.
[374] Gerstner, Edna. P. 21.

clan Williams-Stoddard;[375] por cierto, Edwards participó en la compra
de un terreno que había pertenecido anteriormente a un asentamiento
holandés.[376] Por ejemplo, John Sergeant,[§] el primer pastor-misionero en
Stockbridge (quien por cierto había cortejado a Hanna, una de las hermanas de Jonathan sin éxito), finalmente se casó con Abigail, una de las hijas
de Ephraim Williams (el hermano menor de William Williams), quien
vino como una de las primeras cuatro familias neo-inglesas a Stockbridge
en 1737, si bien Sergeant ya estaba en Stockbridge desde inicios de esa
década, e incluso ya había construido una casa allí. Benjamin Colman de
Boston era también uno de los benefactores de aquella misión, a través de
quien daban su apoyo los 'Comisionados de Massachusetts para la Propagación del Evangelio entre los Indígenas'. También ayudó a la causa y la
visión del Rev. Sargeant 'la Compañía' ubicada en Londres 'para la Propagación del Evangelio en Nueva Inglaterra', entre otros benefactores. Debido a todo ese esfuerzo, además de la capilla construida allí, se pudo construir y sostener una escuela para la alfabetización y formación de los niños
indígenas, la que inició en un pueblo cercano, pero que eventualmente se
trasladó a Stockbridge, pocos meses antes de la muerte de Sergeant,[377] el
cual murió en 1749 de cáncer en la garganta.

En ese año, a poco menos de dos años del arribo de los Edwards a
Stockbridge, aquel asentamiento tenía 10 familias blancas y 53 casas de
indígenas (de la etnia Mahican). Los indígenas para entonces ya cons-
truían sus casas como los neoingleses. La estadística exacta en 1749 era:
218 indígenas, 125 de los cuales se habían bautizado, y 42 eran miembros
en plena comunión de la congregación. Y la escuela, que para entonces estaba dirigida por Timothy Woodbridge, tenía 55 estudiantes.[378]

O sea, que el Rev. Sergeant y la causa Williams-Stoddard habían
hecho un extraordinario trabajo allí. Entre los indígenas mohicans había
para entonces distinguidos líderes militares, por ejemplo, en 1739 pueden
renombrarse el teniente John Kunkapaut y el teniente Paul Umpeechea-

---

[375] Marsden. *EJ, A Life*. P. 375.

[376] Ibidem, p. 376.

[§] *John Sergeant* fue el primer misionero entre los indígenas señalado por los Comisionados de Massachusetts para la Propagación del Evangelio entre los Indígenas
de Nueva Inglaterra. Sergeant egresó de Yale y fue señalado para tal labor en
1730, cuando se condujo a Stockbridge. Hizo una obra monumental entre los
indígenas en Stockbridge. (Marsden, *JE, A Life*, p. 375).

[377] Consulte: Marsden, *J. E., A Life*. Pp. 375-378.

[378] Marsden. *J. E., A Life*. P. 278.

nah[379] (los nombres anglos de estos militares indígenas tienen que ver con una tradición indígena de cambiarse el nombre nativo a uno bíblico cuando se convertían a Cristo, es decir que estos militares eran cristianos, entre la mayoría de los otros en Stockbridge).

Stockbridge, Massachusetts, era en su gran mayoría, tierra de indígenas. De hecho, era la tierra de varias tribus indígenas, quienes por cierto no estaban bajo el control de los franceses. Las dos mayores etnias allí fueron los Mohicans (Housatonicos, Housatonnuck o Muhhakaneok),[380] que representaba a la mayoría del gran clan Mahican. Los colonos se referían a estas tribus como "los indígenas de Stockbridge". No obstante, casi coincidiendo con la llegada de los Edwards allí (en junio de 1751), los neoingleses (en agosto de 1751) hicieron un tratado con la tribu Mohawk (en Albany, que se ubica a unos 50 kilómetros de Stockbridge) para que estos a lo menos enviaran a sus hijos a la escuela en el fértil valle de Stockbridge. El sábado 10 de agosto de 1751, llegaron a Stockbridge un grupo de las autoridades de Massachusetts del Oeste, comandados por el general de brigada Joseph Dwight (un admirador de Edwards de Brookfield). El jueves 15 de agosto fueron citados a Stockbridge a una reunión (concerniente al tratado) varios jefes de los mohawks, quienes arribaron al lugar con una representación de 92 indígenas en total. La propuesta original del tratado era que los mohawks se ubicarán en Nueva Inglaterra y que enviaran a sus niños a la escuela en Stockbridge. Después de las consideraciones de lugar, en dicho encuentro se acordó darle una franja en Wampum. Los Mohawks terminaron amistando en buenos términos con los Mahicans, aunque tenían un dialecto diferente.[381]

Estos nuevos inmigrantes eran parte de la gran nación (de hecho, imperio) Iroquoes. Los Iroquoes eran una gran confederación de cinco (y desde 1722, seis) etnias o naciones, a saber, los mohawks, los oneidas, los onondagas, los senecas, los cayugas y los tuscaroras, a quienes se les solía llamar "las Seis Naciones", y cuya capital era Onondaga (que estaba ubicada en el estado de New York, si bien dicha capital cambiaba de locación en el tiempo), y hablaban dialectos del algonquino (que era el principal idioma de los indígenas de Norteamérica). Los indígenas de la confederación Iroquoesa eran fieros guerreros, que por cierto en días de Edwards la confederación continental estuvo bajo el liderazgo del gran

---

[379] Marsden. *J. E., A Life.* P. 376.
[380] Ibid. P. 375.
[381] Consulte: Marsden, *JE, A Life*, pp. 375, 376.

jefe Hiawatha.[*] Solo los mohawks y los oneidas de aquel gran imperio Iroquoe (de las Seis Naciones) se asentado en Stockbridge a partir de 1751. Luego de la revolución emigrarían a New York. Cada tribu de las Seis Naciones (o imperio Iroquoe) se componía de varios clanes: los mohawks y oneidas, tres clanes cada una, los cayugas, diez clanes, y los onondagas y senecas, nueve clanes cada una. Por ejemplo, "la división oneida estaba conformada por los lobos, los osos y las tortugas".[382] Los indígenas de aquella región desde 1730 habían pedido la protección de los ingleses. Y era clave para los propósitos de los británicos mantener como amigos a estas poderosas seis naciones confederadas, cosa que procuraban también los franceses y los holandeses.

Las tribus indígenas estaban conformadas en familias matriarcales. En una casa cualquiera vivían muchas mujeres relacionadas con la matrona. Los hijos pertenecían al lado materno, y por tanto al clan del lado materno. La agricultura era manejada por las mujeres y los hombres eran muy desordenados.

Por otra parte, eran muy supersticiosos, adoraban los espíritus buenos y temían a los espíritus malvados.[383]

En los días de Edwards, los indígenas mohicanos de esas regiones tenían un gran interés en el idioma inglés y en la educación de sus hijos. Por eso el proyecto Stockbridge llegó a ser muy atractivo para los indígenas. Pero los Iroquoes eran suspicaces al plan educativo, pensando que al educar a sus hijos, serían hechos esclavos de los ingleses.[384] Además, los indígenas tenían en alta estima a algunos hombres blancos, en su paganismo algunos les veían como dioses. Los conversos al cristianismo generalmente se ponían un nombre bíblico.

A estos indígenas Edwards les ministró afectivamente. Edwards predicaba bajo un intérprete para el servicio a los Housatonnuks llamado John Wonwanonpequunnonnt.

Algunas familias mohawks (y oneidas), del gran imperio Iroquoe, se habían mudado a Stockbridge. El momento del solemne tratado, arreglado el 15 de agosto, fue santificado al día siguiente con un poderoso

---

[*] El historiador Francis Parkman los llamó "los romanos del nuevo mundo". (Gerstner, Edna, p. 7).

[382] Gerstner, Edna. P. 8.

[383] *Ibidem.*

[384] Marsden. *J. E., A Life.* P. 388.

sermón de Edwards. Les predicó un resumen del evangelio ilustrando los poderes de la luz y las tinieblas. En ese sermón, Edwards les habló al corazón a los Mohawks, recordándoles que ellos eran iguales que los europeos para Dios, y así lo veía Edwards de corazón. También les abrió los ojos del por qué, aunque los ingleses y los holandeses querían enseñarles su religión, no querían educarlos, "para mantenerlos en tinieblas", les dijo, con tal de que no pudieran leer las sagradas Escrituras. Les dijo que muchos ingleses eran contrarios a que ellos fueran educados igual que los franceses y holandeses para "hacer tratados comerciales favorables a ellos a costa de los indígenas". En fin, aparte de mostrarle los macabros planes de muchos europeos, y mostrarles por qué los indígenas eran tan indignos y pecadores como la mayoría de los europeos, les refirió el poder de la luz del evangelio, que era lo que ellos necesitaban para ser aceptos ante Dios.[385]

Edwards se refirió a lo beneficioso de aquel tratado para la causa de la evangelización de los indígenas, tanto como para su bienestar.

De hecho, Edwards elogió el plan de educación de los Stockbridge como de gran valor estratégico para la causa del evangelio y de los fines políticos estratégicos de Inglaterra, que, si habían sido menos eficaces que los de Francia en algunos aspectos, a lo menos auguraba un mejor futuro político y evangélico, además de que los ingleses habían sido más eficaces para consolidar a los indígenas, aunque Francia había usado una mejor estrategia para ganar el espacio geográfico hasta el momento. En el análisis de Edwards, "los franceses se reían de las ineptitudes de los ingleses". El análisis y las propuestas de Edwards impresionaron a Joseph Pice, tanto que le envió una copia de una de las cartas en tal respecto de Edwards al obispo de Canterbury, aunque Pice pidió disculpas por una referencia de Edwards en esa carta catalogando a los misioneros anglicanos de "fanáticos", quienes desarraigarían a todos los disidentes y "se edificarían aquí sobre las ruinas del interés protestante y británico".[386]

Ahora, no todo fue color de rosa. El clan de los Williams, es decir, Ephraim y sus hijos, incluyendo a Abigail, que enviudó teniendo apenas 26 años, tenían el control económico y ministerial de la ciudad. Marsden resalta que los Williams "estaban haciendo una fortuna a costa de los indígenas". Poco tiempo después de la partida del Rev. Sergeant, los Williams (principalmente Abigail) comenzaron a planificar su reemplazo. Por cierto, en 1750, Ezra Stiles, un joven de 23 años, egresado de Yale (y

---

[385] Ver: Marsden, *J. E., A Life*. Pp.380-87.

[386] Marsden. *J. E., A Life*. Pp. 387, 388.

quien luego fue un distinguido presidente de tal prestigiosa universidad), había venido a predicar varios domingos y se quedaba (incluso durante semanas) en la casa de la viuda. Por cierto, para la época que visitaba Stockbridge, batallaba con la pureza de su fe, coqueteando con ideas arminianas y deístas, y hasta tuvo sus dudas acerca de la Biblia. En las abundantes conversaciones de Ezra con Abigail, este observó que ella tenía también ideas liberales. De hecho, Edwards llegaría a decir que la efectividad misionera de Sergeant sufriría luego de su matrimonio. Por cierto, Sergeant fue un abanderado del partido de Chauncy de las Viejas Luces, incluso llegando a contender con algunos de sus familiares (los Williams), cuestionando el calvinismo tradicional.[387]

Ahora, la noticia de que Edwards reemplazaría a Ezra en aquella comunidad como pastor-misionero causó una conmoción a los Williams. Abigail no lo aceptó de entrada. De hecho, le escribió a Ezra que "estaba muy decepcionada por la determinación de no haber aceptado la oferta ministerial allí". El mismo padre de Ezra, Isaac Stiles (amigo de Edwards, en cuya casa inclusive Edwards se hospedó cuando enfermó de gravedad mientras era tutor en Yale), le recomendó a su hijo que se retirara.

Edwards visitó Stockbridge durante el invierno de 1750 a 1751, y los Williams se opusieron; pero para febrero de 1751, cuando la ciudad lo invitó a ser su pastor, sus primos (incluyendo Abigail y su padre) aparentemente habían cedido un tanto. Literalmente Abigail cambiaría su postura respecto a Edwards, tanto que llegó a elogiarlo y a admitir su prejuicio. En otra carta a Ezra, por cierto, ella escribió: "El Sr. Edwards está ya con nosotros. Él se ha conducido con sabiduría y prudencia… él es enseñable, cortés, suelto en conversaciones, y más *católico*§ de lo que yo había supuesto".[388]

Por su parte, el capitán Ephraim Williams Jr., hermano de Abigail, no cedió a su negativa contra Edwards. Escribiría una carta a su primo el Rev. Jonathan Ashley de Deerfield, exponiendo las razones por las que no aceptaba a Edwards ni sería conveniente, según Ephraim Jr., por lo siguiente:

(1) J. Edwards no es sociable, por lo cual (citando las Escrituras) "no es apto para enseñar".
(2) J. Edwards es muy intolerante ya que no permite la entrada al cielo a nadie que no concuerde totalmente con él en sus sentimientos y doctrinas, que son muy cerca de las católico-romanas.

---

[387] Ver: Marsden, *EJ, A Life*, p. 379.
§ O sea, capaz de hacer concesiones, etc.
[388] Marsden. *JE, A Life*. P. 230.

(3) J. Edwards es muy viejo para aprender alguna lengua indígena.
(4) Yo no comulgo con su postura sobre los sacramentos.

En fin, Ephaim Jr., escribió a su primo que por tales razones Edwards no sería práctico y que tampoco haría ningún bien a la ciudad. El capitán Ephraim William Jr. concluye sus razones diciendo que "una mente llena de divinidad debe estar vacía de política".[389]

A fin de cuentas, como quizás hayas observado hasta aquí, los Williams —dispersos por todo el valle del río Connecticut— estaban divididos respecto de los aconteceres. Mire lo que sucedía con Abigail y su hermano, que terminaron con posiciones totalmente contrarias. Sobre el movimiento 'Nuevas luces', sucedía igual, algunos eran abanderados de los 'Nuevas luces', otros de los Viejas Luces. Aunque era sincero el interés de los Williams en la causa misional entre los indígenas, fue el gran William Williams el de la idea original de abrir este campo en Stockbridge, la cual apoyaron el coronel John Stoddard, y el mismo Edwards, como hicimos notar arriba. William Williams era abanderado de la 'Nuevas luces'. Edwards lo elogió por su sabiduría y excelencia en la predicación y su capacidad exegética.[†] Pero Ephaim (padre) y sus descendientes mezclaron la causa misional con los intereses financieros; si bien terminaron adhiriéndose y apoyando la causa de las 'Nuevas luces'. Pero ellos aprovechaban las oportunidades y compraban grandes porciones de terreno en Stockbridge. Por ejemplo, Elisha Williams, el hijo menor de Ephraim (padre), al cual había enviado a Aron Burr en Princeton para que lo ayudara a afianzar su calvinismo, llegó a ser el hombre más rico de todo ese entorno en los días de la Revolución Americana.

Cuando el Rev. Sergeant y Abigail se casaron, este tenía una casa modesta, y ella lo motivó a construir una más grande y digna, lo cual hizo. La antigua casa de Sergeant que fue ampliada y remodelada para los Edwards, quienes se movieron de Northampton a Sotckbridge en junio de 1751.

Finalmente, así se expresó Jonathan Edwards sobre su trabajo como misionero en Stockbridge:

> Mi esposa y mis hijos se sienten muy contentos con la situación presente. Les gusta el lugar mucho más de lo que espectaban. Aquí, al momento, vivimos en paz; lo cual por largo tiempo ha sido una cosa inusual para nosotros. Los indígenas lucen satisfechos con mi familia,

---

[389] *Ibidem*, pp. 380, 381.
[†] Señalado en la breve semblanza de William Williams en el acápite anterior, pp. 300, 301.

especialmente con mi esposa. Ellos son en general más sobrios y serios que lo que solían ser. Alrededor de los indígenas de Stockbridge, aquí se encuentran más de sesenta de las Seis Naciones, los cuales viven aquí por el beneficio de la instrucción.[390]

Para que tengamos una mejor comprensión de la dinámica de los Edwards en Stockbridge, el mismo Jonathan Edwards Jr., que al llegar allá era apenas un niño de ocho años, luego nos cuenta sobre las circunstancias de su estatus en Stockbridge, las que expone en su prefacio de sus "Observaciones sobre la lengua de los indios mohawks", publicado en 1788.

"Cuando yo tenía solo seis años, mi padre se trasladó con su familia a Stockbridge, que en esa época estaba habitada casi exclusivamente por indios, ya que en el pueblo no había más que doce familias de blancos o angloamericanos, y quizás ciento cincuenta familias de indios, siendo los indios los vecinos más cercanos, me asociaba constantemente con ellos; sus hijos eran mis compañeros de escuela y compañeros de juego cotidiano. Fuera de la casa de mi padre, rara vez oía hablar otro idioma además del indio. De esta manera adquirí el conocimiento de ese idioma y una gran facilidad para hablarlo, creo, más que mi lengua materna. Sabía los nombres de algunas cosas en indio que no sabía en inglés. Incluso todos mis pensamientos corrían en indio; y aunque la verdadera pronunciación del idioma es extremadamente difícil de entender, no obstante, ellos mismos reconocieron que lo había adquirido perfectamente, lo que, como decían, nunca antes lo había hecho ningún angloamericano. Debido a mi habilidad en su idioma en general, recibí de ellos muchos elogios y aplausos por mi sabiduría superior. Esta habilidad en su idioma, la he conservado en buena medida hasta el día de hoy".[391]

Los Edwards disfrutaron aquella estación en Stockbridge, y tal parece que los indígenas también.

Los mohikans habían sido ministrados por Brainerd, esto quizás ayudó a Edwards en su causa. Edwards, por cierto, se llegó a reunir con el jefe de los Mahicans, Hendrick, quien era un gran cristiano y muy leal. De igual altura era su hermano Abraham Conaughstansey, del cual Edwards llegó a decir que "vio en él un hombre de renombre".[392]

Lo obvio y evidente aquí, como bien analiza el Prof. Marsden, es que "Edwards, quien al dejar Northampton tenía la fama de tener su cabeza en las nubes (o sea llena de divinidades, como lo había acusado

---

[390] *Ibidem*, p. viii.
[391] Edwards, Tryon. I: xii – lx.
[392] Marsden. *J. E., A Life*. P. 385.

Ephraim Jr.), no obstante, durante sus seis años y medio en Stockbridge él no solo contendió con adversarios formidables sobre asuntos prácticos, sino que prevaleció".[393]

El Jonathan Edwards maduro también de edad, que no solo había cuajado su *praxis* con tres décadas de ministerio en la pastoría, la predicación y la enseñanza, es ahora un analista de fina pluma y cuajado tacto. No se daría el lujo de cometer errores infantiles como aquellos que empujaron su despido de Northampton. De hecho, los últimos cinco años en Northampton fueron traumáticos. Mucha crítica grosera hacia su persona y su familia, la cuestión del incidente "libro prohibido", la controversia por dos años de la cuestión sobre los sacramentos y la membresía, entre otros sinsabores. Pero no es anormal que así sea, que en el crisol del tiempo en la práctica ministerial, combinado con una mente tan poderosa en el pensamiento como la de Edwards, los resultados sean tan cuajados como los que vemos en estos años del ministerio de Edwards en Stockbridge. No solo convenció y transformó el escepticismo sobre su persona de la sabia y analítica Abigail y de su adorado padre; sino que fue todo un misionero eficiente. Además, fue en aquel productivo período que Edwards escribió sus más consolidados y sobresalientes trabajos, varios de los cuales ocupan un lugar entre las piezas maestras de la literatura evangélica de todos los tiempos, cuales: "La libertad de la voluntad", "la naturaleza de la verdadera virtud", "El fin por el cual Dios creó el mundo", e incluso, "Pecado original". No es para menos. Y gloria a Dios por darle este espacio y cambio de entorno a Edwards.

Aunque los Edwards tuvieron algunos esclavos, creo que no es difícil ver que los trataban como hijos. El nombre era esclavos, había que pagar por ellos, pero véalo más como adoptivos. Los esclavos podían ser miembros en Northampton, y en este acápite puede respirarse su postura de alta estima y normal aceptación acerca de los indígenas y las "razas"; puede notarse en el testimonio del Dr. Jonathan Edwards Jr. Luego se verá al Dr. Samuel Hopkins (el discípulo más aventajado de Edwards) entregando su vida por la causa de la libertad de los esclavos negros en América.

Luego de seis años y medio en aquella comarca, a fines de 1757, Edwards aceptaría la presidencia de la Universidad de Princeton, ubicada en New Jersey, donde vivía su hija Esther desde que contrajo nupcias (la que para ese momento había enviudado recientemente, y su esposo era el

---

[393] Marsden. *J. E., A Life*. Pp. 388, 389.

rector de dicha universidad). Timothy era también estudiante en Princeton para entonces. A inicios 1758 Edwards se trasladó a New Jersey para su propósito de asumir la presidencia del colegio. El resto de su familia planificaba trasladarse a Princeton unos meses después. Pero ocurriría lo inesperado que aguardaremos para contarte en el último capítulo de esta obra y que titulamos "Una muerte inesperada".

# VIII

# Un boceto del carácter del Reverendo Jonathan Edwards

Habiendo navegado hasta aquí por el entorno, los orígenes, los ancestros, la conversión, la familia, la formación y la vida ministerial de Jonathan Edwards; eso nos guio hacia sus labores, logros, éxitos, decepciones, tribulaciones, legados, etc. En este capítulo queremos detenernos de la aventura haciendo un cambio. Tomemos una canva, carboncillos, pinceles y colores acrílicos, en busca de un retrato del "artista" Jonathan Edwards. Es decir, haremos el esfuerzo aquí de pintar paso a paso un boceto del pío divinista.

## Una imagen de Edwards

Permítanme dibujarles un cuadro del consagrado divinista cuando ya estaba en el punto más cuajado de su vida.

Los fideicomisarios del Colegio de Princeton consideraron que Edwards era el mejor hombre para arrear los corceles que tiraban de la carroza de la joven academia.[†] En ese momento el humilde divinista ya llevaba unos seis años predicando a una comunidad reducida y rural entre las tribus indígenas de los Mohawk y los Mohegan, en Stockbridge, Massachusetts. Recordemos que Jonathan había sido tutor en Yale (tres décadas antes). De Yale, Edwards había pasado a ocupar uno de los más poderosos y prestigiosos púlpitos de Nueva Inglaterra, sino del mundo entero por entonces (por casi un cuarto de siglo). Al ser solicitado cual el candidato ideal para presidir Princeton, este respondió a los fideicomisarios con las siguientes razones por las que se sentía incapaz para ese delicado, noble y sagrado oficio:

---

[†] Para tal ocasión el Colegio de New Jersey (hoy Princeton Univ.) apenas cumpliría una docena de años desde su fundación oficial.

> Tengo una constitución peculiarmente infeliz en muchos aspectos, acompañada de un cuerpo flácido, apagado, de escasa fluidez, y de espíritu abatido, ocasionando a menudo una especie de debilidad infantil y una despreciable oratoria, presencia y comportamiento; soy de una monotonía y una rigidez desagradables, incapacitándome para la conversación, pero más concretamente, para el gobierno de una universidad.[394, 395]

Edwards también citó lo que creía que era su deficiencia "en algunas partes del aprendizaje, particularmente en álgebra, y en los conceptos superiores de las matemáticas".[396]

El prof. Marsden reflexionando sobre sus incontables horas dedicadas al estudio de Jonathan Edwards, encontró que la persona del divinista en cuestión es muy compleja. Y lo definió como siendo "una persona multilateral y un pensador que como respuesta a la pregunta sobre qué yo pienso sobre él, dependerá del aspecto particular sobre el cual hablemos de él".[397] A continuación el distinguido prof. Marsden se explayó definiendo a Edwards por su carácter, antes que por sus dotes y oficios, así:

> "Encuentro que Edwards fue una persona de una inmensa *integridad* personal. Él fue intensamente *piadoso* y *disciplinado*, admirable, pero desalentadoramente así para aquellos de religión más ordinaria. Su implacable *intensidad* lo condujo a seguir la lógica de su fe hacia sus conclusiones. La *seriedad* que le acompañaba lo hizo una persona no descuidada al invertir tiempo con alguna casualidad conocida, aunque habría sido una persona fascinante con quien hablar sobre las cosas que le concernían. Su valor cual lógico hizo de él alguien excesivamente *segura de sus opiniones,* a veces conduciéndolo al *orgullo,* la confianza excesiva, la falta de tacto, y una inhabilidad para dar crédito a diferentes puntos de vistas que los suyos. A la vez que estuvo consciente de su orgullo y estuvo constantemente tratando —y aparentemente a menudo continuando— de someter su espíritu arrogante y *a cultivar virtudes cristianas cual la mansedumbre, la gentileza y la caridad.* Como fue común en los líderes del siglo XVIII, él fue *autoritario*; aunque al mismo tiempo fue *extremadamente cuidadoso.* Fue muy amado por aquellos cercanos a él. Sus oponentes lo encontraban distante, obstinado e intolerante. Por un tiempo ganó el corazón de casi todos en la parroquia de Northampton, luego los perdió en una disputa amarga, un pleito de antiguos amantes".[398]

---

[394] § *WJE*, 16:726.

[395] Storms: https://www.coalicionporelevangelio.org/articulo/10-cosas-deberias-saber-jonathan-edwards/

[396] *Ibidem.*

[397] Marsden. *J. E., A Life.* P. 5.

[398] *Ibidem. Pp.* 5, 6.

Marsden no pudo ser más equilibrado al describir el carácter de Edwards. Si yo hiciera un intento de hacer un tan breve boceto del carácter de Edwards, estoy seguro que quedaría corto ante el arriba presentado por el prof. Marsden.

Edwards casi siempre estuvo consciente de su orgullo. Ya lo hicimos notar en el cap. III de este trabajo, apelando a la misma pluma de Edwards. Esto fue lo que cuando hubo madurado (aproximadamente 20 años después de su conversión) el mismo reflexionó respecto a su pasado juvenil:

> Me afecta pensar lo ignorante que era, cuando era un joven cristiano, de las hondas e infinitas profundidades de maldad, orgullo, hipocresía y engaño que quedaban en mi corazón.
>
> *Tengo un vasto y grande sentido, de mi universal y absoluta dependencia de la gracia y la fuerza de Dios… y he experimentado más aborrecimiento de mi propia justicia…* cualquiera de mis actuaciones o experiencias, o cualquier bondad de corazón o vida, es nauseabunda y detestable para mí. Y, sin embargo, *estoy muy afligido con un espíritu orgulloso y farisaico*; mucho más sensible de lo que solía ser antes. Veo a esa serpiente levantarse y extender su cabeza, continuamente, en todas partes, a mi alrededor.[399]

Aunque el orgullo (y un espíritu farisaico) siempre estuvo al acecho y presto a emerger, la diferencia ahora era que Edwards estaba muy consciente de dicha tendencia pecaminosa en su vida. Había dejado de luchar con sus propias fuerzas, pero bajo la dependencia de la gracia divina, y no se daba tregua en su continuada mortificación de la carne y del pecado.

A continuación, les muestro cual fue la principal arma que Edwards siempre utilizó contra su arrogancia e intransigencia:

> **Resuelvo:** esforzarme hasta lo máximo para negar todo aquello que no sea sumamente agradable para un bien universal, dulce y benevolente, quieto, pacífico, satisfecho y tranquilo, compasivo y generoso, humilde y manso, sumiso y servicial, diligente y laborioso, caritativo y aún paciente, moderado, perdonador y sincero, con templanza, y hacer en todo tiempo aquello a lo que el carácter mengüe; y a examinar estrictamente, al final de cada semana, si lo he hecho así.[†]

Como creo que ha sido notorio, el divinista utilizó sus resoluciones como armas contra el pecado.

---

[399] Edwards, J. *Narrativa personal.*

[†] Edwards, J. Resolución No. 47, hecha la mañana del sábado 05 de mayo de 1723.

Ya referimos en el prólogo de esta obra lo que dice el epitafio que rindió a Edwards el Colegio de New Jersey en la tumba de los Edwards. Impresionantes palabras que dejan a cualquiera sin aliento. Difícilmente exista una composición más acertada, elegante y breve acerca del consagrado divinista en cuestión aquí que la que aparece en aquel epitafio en el cementerio de Princeton.

Pero, permitidme plasmar a continuación el prefacio de la biografía que escribió el Dr. Samuel Hopkins (el primer biógrafo de Edwards, siendo un testigo ocular suyo).

> El presidente Edwards, en la estima de todos los juiciosos que lo conocieron bien, ya sea personalmente o por sus escritos, fue uno de los hombres más grandes, más valiosos y útiles que han vivido en esta época.
>
> Se descubrió a sí mismo como uno de los más grandes teólogos, por su conversación, predicación y escritos: Uno de notable fuerza mental, el más claro de pensamiento y profundidad de penetración, que entendía bien y era capaz, por encima de la mayoría de los demás, de vindicar las grandes doctrinas del cristianismo.
>
> Y quizás ha sido en nuestros días más universalmente estimado y reconocido como un cristiano brillante, un hombre eminentemente bueno. Su amor a Dios y al hombre; su celo por Dios y su causa; su rectitud, humildad y abnegación, y despegue del mundo; su estrecho caminar con Dios; su obediencia concienzuda, constante y universal, en todos los actos y modos de vivir santos: En una palabra, la bondad y santidad de su corazón ha sido tan evidente y conspicua, como la extraordinaria grandeza y fuerza de su entendimiento.
>
> Y que esta luz distinguida no ha brillado en vano, hay una nube de testigos, Dios que le dio sus grandes talentos, lo condujo a un camino para mejorarlos, tanto por la predicación como por la Escritura, que sin duda ha demostrado ser el medio de convertir a muchos del error de sus caminos; y de promover enormemente el interés de la Iglesia de Cristo, tanto en América como en Europa. Y hay motivos para esperar que, aunque ahora está muerto, hablará durante mucho tiempo, para el gran consuelo y ventaja de la iglesia de Cristo; que sus publicaciones producirán una cosecha aún mayor, como una adición a su gozo y corona de regocijo en el día del Señor.[400]

Aquí solo puedo decir: "Palabras ha habido". Y es de interés que en estos elogios de Hopkins al entonces ya extinto divinista que había sido su maestro y amigo, a petición de Sarah, él entendió que lo que había expresado sobre Edwards estaba empapado de tinieblas e incluso de algunos posibles errores. En otras palabras, el Dr. Hopkins nos expresa que él no

---

[400] Storms: https://www.coalicionporelevangelio.org/articulo/10-cosas-deberias-saber-jonathan-edwards/

era ni digno ni suficiente para tal tarea de exponer al público la vida y el carácter del Rev. Jonathan Edwards.

Creo que puedo exponer con cierta propiedad que al Rev. Edwards le caracterizaron tres asuntos neurálgicos en su vida: (1) Procurar la gloria de Dios en todo, lo cual establece, según Edwards, la felicidad de las criaturas envueltas en dicha gloria, lo que lo convierte en *un divinista*; (2) procurar vivir en santidad continuada e intencionalmente hasta su muerte, cual la cara externa de la realidad ulterior obrada por la investidura del Espíritu Santo en los santos, lo cual lo convierte en *un consagrado purita-no* (es precisamente esto lo que él plasma en sus 70 Resoluciones); y (3) procurar conducir a cuantos pueda a la búsqueda de esas dos realidad anteriores, como el mayor bien que debe ser buscado, lo cual lo convierte en *un pastor congregacionalista puro*. Todo esto es solo posible, es decir, está indefectiblemente conectado con "la doctrina de la absoluta soberanía de Dios", y con la realidad de la salvación, en el sentido de que solo quienes han "experimentado la conversión" pueden verdaderamente conocer a Dios y vivir para Dios. "Creía en una obra instantánea y radical del Espíritu, y en la conversión repentina y dramática. No quiso saber nada de la enseñanza del *preparacionismo*,* mostrando alineamiento más con el grupo de John Cotton que al de Thomas Hooker".[401]

Edwards describió así su postura: "Todo en el planteamiento cristiano defiende que el derecho del hombre al cielo y su aptitud para llegar allí dependen de una gran influencia divina que produce un inmenso cambio instantáneo, no como ese cambio gradual que se supone pueden producir los hombres mediante el ejercicio de su propio poder".[402]

Un asunto evidente es que la temprana e innegociable determinación de Edwards en procurar la gloria de Dios en su vida y ministerio está estrechamente ligada a su crianza, como hemos hecho notar en los primeros capítulos de este libro, tanto como a las circunstancias que le rodearon, bajo la sombrilla de la gloriosa operación soberana de Dios. Es determinante en la visión espiritual del divinista que nos ocupa aquí, la fascinación que desde niño tuvo Edwards (mientras crecía a los pies de su padre y pastor) con aquel elemento que diferenciaba el congregacionalismo,

---

* El *preparacionismo* es el punto de vista en la teología cristiana de que las personas no regeneradas pueden tomar medidas para prepararse para la conversión, y deben ser exhortadas a hacerlo. Propone que: al hacer uso de estos medios de gracia, una "persona que busca la conversión puede disponerse a recibir la gracia de Dios".

[401] Lloyd-Jones. Los puritanos. P. 104.

[402] *JEW*, 2:557.

especialmente americano, con todas las demás variantes del protestantismo, a saber "un marcado énfasis en la experiencia de conversión", o lo que es lo mismo "experiencia religiosa".

Lloyd-Jones hace notar que "Edwards era calvinista y congregacionalista, y que hacía mucho hincapié —como el resto (de los puritanos)— en los elementos morales y éticos de la fe cristiana. Sin embargo, me atrevo a decir que con Edwards llegamos a la cima o el *summum* del puritanismo, ya que en él encontramos todo lo que en los demás puritanos y también ese espíritu, esa vida y esa vitalidad adicional".[403]

Casi indefectiblemente una cosa lleva a la otra. Es extraño pensar en un consagrado divinista y ministro que extasiado por la belleza de Cristo, consumada en Su santidad, no sea al mismo tiempo y continuadamente avivado. ¿Pues qué más y mejor podría definir la experiencia de avivamiento que una contemplación prolongada de la gloria de Dios? ¡Esto caracterizó la visión, la pasión y por tanto la búsqueda del divinista puritano que aquí nos ocupa!

Edwards no solo estaba interesado en estos asuntos experimentales y palpables de la espiritualidad debido al marcado avivamiento de que fue testigo en la congregación donde creció, en Windsor del Este, Connecticut, donde precisamente pastoreaba su padre; sino, y por sobre esto, a su propia 'experiencia de conversión' (que ya plasmamos en el cap. III de esta obra), en la que claramente estuvo muy interesado desde su infancia, y que tuvo lugar entre aquella primavera de 1721 (a sus 17 años de edad), cuando cursaba su maestría en Yale, según nos deja ver en su "Narrativa", pasando por la entrada a su diario el 18 de diciembre de 1722, y la entrada a su diario aquel 12 de enero de 1723, a sus 19 años de edad, mientras ministraba en New York.

Entre los altibajos emocionales de que padecía Jonathan, su piedad, cual aparece sumariado en su Resolución Nº 63;[§] entremos aquí brevemente a su diario para ver su espiritualidad y dependencia de Dios, y su compromiso con la experiencia religiosa:

> En la mañana... He estado delante de Dios, y me he dado a Él con todo cuanto tengo y soy; de tal manera que yo no soy, en ningún aspecto, mío mismo...[‡, 404]

---

[403] Lloyd-Jones: Los puritanos. P. 105.

[§] En el apéndice C.

[‡] Entrada del sábado 12 de enero de 1723.

[404] Lawson. Pp. 54, 55.

Lo que en este tratado hemos hecho notar del aventajado teólogo puritano, con tal de comprender lo mejor posible a Edwards y su teología, ha sido plasmar y/o resumir, poniendo en correcta perspectiva: (1) Sus 70 resoluciones (de la que proveemos una copia íntegra en el apéndice C de esta obra); (2) El diario de Edwards (del que hemos plasmado varias entradas en este mismo cap.); (3) sus más sobresalientes tratados, a saber: (4) su "Narrativa personal" (la cual hemos plasmado y analizado completa en el cap. III); (5) "Una narrativa de las conversiones sorprendentes"; (6) "Las marcas distintivas de una operación del Espíritu de Verdad" (sumariadas y discutida en el cap. XII);[405] (7) "Un relato del avivamiento religioso en Northampton de 1740 a 1742" (plasmada en el cap. XII de este tratado), (8) su "Tratado sobre los afectos religiosos" (resumido y explicado en el cap. XIII); así como también sus tratados: (9) "La libertad de la voluntad", (10) "La razón por la cual Dios creó el mundo", (11) "Pecado original", (12) "Una investigación humilde", (13) "Historia de la obra de la redención", (14) su "Tratado sobre la Gracia" (obviamente fuera del alcance de una obra como esta, pero de los cuales ofrecemos un breve sorbo en el cap. XI titulado: "El pensamiento teológico de Jonathan Edwards). Procurando hacer cierta mención de algunos de sus sermones más sobresalientes: (a) "La Trinidad", (b) "La justificación por la fe (serie)", (c) "La naturaleza del hombre en su estado caído está totalmente corrompida", (d) "Una luz divina y sobrenatural", (e) "La caridad y sus frutos" (serie), (f) "Dios es glorificado en la dependencia del hombre", (g) "Pecadores en las manos de un Dios airado"; (h) "La gracia tiende a la santidad", (i) "El amor eterno de Dios", (j) "El amor es la suma de toda virtud", (k) "La sabiduría de Dios en la sustitución de Cristo", (l) "La agonía de Cristo", (m) "El Altísimo, un Dios que escucha la oración"; etc.

Existen también las "Misceláneas", otros tantos cuadernos, uno de los cuales Perry Miller transcribió y dio a la estampa bajo el título "Imágenes y sombras de las cosas divinas" (*Images and Shadows of Divine Things**).[406, 407]

Storms nota que en octubre de 1722 escribe su primera anotación de lo que se conocería como las "Misceláneas". Estas anotaciones, de las que hay más de 1,400, variaban en longitud, desde un párrafo corto hasta varias páginas.

---

[405] Puede encontrarlas estos dos tratados juntos en el libro: *Jonathan Edwards on Revival*, de *The Banner of* Truth Trust. Impreso en 1999.

[*] Se trata de un cuaderno privado que fue publicado por primera vez en 1948.

[406] Editado por Perry Miller (New Haven: Yale Univ. Press, 1948).

[407] Simonson. P. 106

# Los hábitos del Rev. Jonathan Edwards

Los hábitos de una persona son un vivo reflejo de su carácter. Aquí haremos un esfuerzo por registrar los hábitos más estridentes de Jonathan Edwards que definieron su persona.

El Dr. Samuel Hopkins escribió acerca del Rev. Edwards, su mentor y amigo, lo siguiente:

"Aunque era de constitución frágil, sin embargo, pocos estudiantes son capaces de una dedicación similar o más prolongada que él. Normalmente pasaba trece horas, todos los días, en su estudio. Su recreación habitual en verano era montar a caballo y caminar. Normalmente, a menos que fuera impedido por invitados, cabalgaba dos o tres millas después de la cena a alguna arboleda solitaria, donde desmontaba y caminaba un rato. En esas ocasiones llevaba consigo su pluma y tinta para anotar cualquier pensamiento que pudiera surgir, y que aportase alguna iluminación sobre cualquier tema importante. En el invierno, casi todos los días acostumbraba tomar un hacha y cortar madera, moderadamente, por espacio de media hora o más".[408]

*La meta de Jonathan Edwards fue siempre perseguir la gloria de Dios, la santidad y la felicidad personal.*

He aquí sus firmes resoluciones:

**Resuelvo**: que haré lo que piense que sea para la mayor gloria de Dios y para mi propio bien, ganancia y placer, en todo mi tiempo; no teniendo ninguna consideración del tiempo, ya sea ahora, o nunca, ni por millares de edades desde hoy. Resuelvo, hacer todo lo que considere mi deber, sobre todo para el bien y la ganancia de la humanidad en general. Resuelvo, por tanto, hacerlo, no importando las dificultades con que me encuentre, ni cuántas, ni cuán grandes sean.[a]
**Resuelvo**: nunca hacer ninguna clase de cosa, ya sea en el alma o en el cuerpo, menos o más, sino aquello que sea para la gloria de Dios, no ser, no permitirlo, si yo pueda de alguna manera evitarlo.[b]
**Resuelvo**: vivir así en todo tiempo, como piense que es lo mejor en mis formas más devotas y cuando tenga la más clara noción de las cosas del evangelio y del otro mundo.[c]

---

[408] Storms: https://www.coalicionporelevangelio.org/articulo/10-cosas-deberias-saber-jonathan-edwards/
[a] Edwards. 1ª. resolución. (Ver apéndice C).
[b] Edwards. 4ª. resolución. (Ver apéndice C).
[c] Edwards. 18ª. resolución. (Ver apéndice C).

Es obvio que Edwards, cual vemos en sus resoluciones, persiguió con todas sus fuerzas la gloria del Dios de las Escrituras y la santidad personal.

## La meditación en la vida de Edwards

En esencia, la vida de Edwards consistía en orar, meditar, estudiar y escribir. Las 13 horas que Jonathan dedicaba diario al estudio, debe verse
como una combinación intermitente entre estos cuatro oficios. Más adelante en este capítulo desarrollaremos un poco más este vital asunto de la
vida de oración de Edwards.

## Devociones familiares

Edwards catequizaba a sus hijos, cada día en la tardecita le dedicaba una
hora a la instrucción espiritual de sus hijos.

## Dieta, tiempo, diligencia, etc., de Edwards

Edwards fue toda su vida literalmente un asceta en lo concerniente a sus
hábitos alimentarios y recreativos. Nunca fue comilón y mucho menos
bebedor. En la cultura puritana, por ejemplo, tomarse unas cuantas co-
pas de licor era absolutamente normal y común. Lo mismo era para los
jóvenes y adultos concurrir por largas horas a las cantinas, que en aquel
entonces eran un lugar de encuentro y de socialización, particularmente
para los hombres.

En este sentido, cualquiera podría pensar que Edwards fue básicamente un asceta porque la sociedad en la que creció modeló tal sentido de
vida en sociedad. Pero, para que tengan una idea de lo errado que pudiera
ser tal premisa, les cuento que "el propio padre de Edwards producía sidra
del cultivo que poseía justo en el huerto detrás de su casa".[409]

En los festines citadinos comunes, "Edwards observaba en un rincón
durante toda la noche, tomando un solo vaso mientras la cantina era re-
llenada. Los jóvenes a su alrededor se sonrojaban, le daban palmadas en la
espalda, mientras contaban juegos deportivos".[410] Así fue Edwards.

Edwards llegó a escribir las razones por las que desde su juventud
temprana se propuso una dieta que lo restringieron a vivir como un asceta
—en este renglón—. Acorde al testimonio de Dwight, Edwards entendió

---

[409] Dodds. P. 14.
[410] *Ibidem.*

que debido a su delicada y débil consistencia física, la dieta estricta le ayudaría en varios renglones:

"Con una dieta moderada y comiendo todo lo que sea ligero y fácil de digerir, sin duda podré pensar con más claridad y ganaré tiempo: (1) Alargando mi vida; (2) Necesitaré menos tiempo para la digestión, después de las comidas; (3) Podré estudiar más de cerca, sin dañar mi salud; (4) Necesitaré menos tiempo para dormir; (5) Rara vez me veré afectado por el dolor de cabeza".[411]

La siguiente fue la resolución de Edwards al respecto:

**Resuelvo**: mantener la estricta sobriedad en el comer y el beber.[d]

Edwards fue muy serio respecto a redimir el tiempo. Vea lo que resolvió al respecto:

**Resuelvo**: nunca perder ni un momento de tiempo, sino perfeccionarlo de la forma más provechosa que yo pueda.[e]

Como puede notarse, Edwards se esforzó al extremo en ser anti-negligente. Cito otras dos de sus resoluciones confirmativas a continuación:

**Resuelvo**: que no daré ocasión a que la negligencia que yo encuentro en mí, afloje y haga a mi mente dejar de anhelar estar completamente llena y firmemente colocada en la religión, cualquier excusa que pueda yo buscar, que mi descuido me incline a hacer, es mejor hacerlo, etc.[f]

**Resuelvo**: en el supuesto de que no hubiera sino un individuo en el mundo, al mismo tiempo, que fuera apropiada y completamente un cristiano, en todo aspecto, ya sea de un temple correcto, teniendo al cristianismo siempre brillando con su verdadera brillantez y siendo excelente y amable, desde cualquier punto de vista y carácter: Resuelvo: Actuar así como lo haría si luchara con toda mi fuerza para ser ese uno, quien viviera en mi tiempo.[g]

Otra vez apelo al Dr. Hopkins para que nos traiga un vistazo amplio de los hábitos que literalmente consagraron a Edwards a ser el exitoso hombre de Dios que fue. A parte de tratarse de un testimonio en mucho de primera mano, por un testigo ocular, en forma de un periodista, si se quiere, la biografía temprana del Rev. Hopkins sobre su admirado Jonathan

---

[411] *WJE*, I: xxxv.
[d] Edwards. 20ª. resolución. (Ver apéndice C).
[e] Edwards. 5ª. resolución. (Ver apéndice C).
[f] Edwards. 61ª. resolución. Del 21 de mayo y 13 del julio de 1723. (Ver apéndice C).
[g] Edwards. 63ª. resolución. Del 14 de enero y 13 del julio de 1723. (Ver apéndice C).

Edwards (publicada en 1765), reluce en importancia porque tal encomiable trabajo de Hopkins, precisamente, pone en perspectiva el carácter de Edwards al enfatizar sus hábitos. Abajo plasmamos un sumario de tales hábitos que definen en la práctica el carácter de Jonathan.

1. Edwards fue puntual, constante y habitual en su vida de oración; y con frecuencia separaba días para ayunar y orar; consagrando espacio para la meditación en las cosas espirituales y eternas, como parte de sus ejercicios religiosos en secreto.

2. De acuerdo a sus resoluciones, fue muy cuidadoso (muy estricto y exacto) en su dieta. Tal asunto fue necesario debido a lo tierno y delicado de su consistencia física, tuvo que ser así para sentirse confortable y útil.

3. Comúnmente pasaba 13 horas al día en sus estudios.

4. La diversión que más disfrutaba era montar a caballo en el verano. Solía cabalgar tres millas casi todos los días hasta una sección del bosque conocida y al desmontarse caminar un rato a pie. Solía llevar tinta y pluma para anotar cualquier pensamiento sugerido. En el invierno solía tomar un hacha y cortar madera casi todos los días por espacio de media hora o más.

5. Edwards tenía un apetito inusual por conocimiento, en procura de lo cual no reparaba ni costo ni esfuerzo. Leía todos los libros que adquiría, especialmente los de teología, con miras a ganar más conocimiento. Y no discriminaba la secta o denominación particular del autor; bien que se esforzaba en escudriñar los escritos de los teólogos más notables, para avanzar en los esquemas que no iban acorde a sus principios. Estudiaba la Biblia por encima de estudiar a los divinistas, y sin duda más que todos ellos. Su entendimiento de la escritura aflora en sus sermones y en sus publicaciones.

6. Sus principios religiosos fueron obtenidos directamente de la Biblia y no de los cuerpos de divinidades desarrollados por los hombres. Aunque sus principios eran calvinistas, rehusó llamar padre a cualquier hombre.

7. Pensó y juzgó por sí mismo y fue muy original. Todo lo cual se hace evidente en sus escritos.

8. La lectura no fue su único método hacia el conocimiento; sino que aprendía mediante la escritura, sin la cual casi ningún estudiante puede realmente avanzar.

9. Todo esto lo vemos en su resolución Nº 11 donde él dice que buscaba la sabiduría y el entendimiento como a la plata y a tesoro. Así fue toda su vida como una abeja ocupada buscando en cada flor

abierta y almacenando el conocimiento, que fue más dulce para él que la miel, y que la que destila del panal.[412]

De manera obligada seguiremos insistiendo aquí y allí en estos hábitos que describen con amplitud el carácter de Edwards, con miras a ampliar nuestro espectro de ello, con tal de que podamos corregirnos en nuestros propios inadecuados hábitos, a la luz de los de Edwards, para la gloria de Cristo.

## La vida de oración de Edwards

Hasta este punto hemos adelantada bastante sobre el hábito y la vida de oración de Edwards. Volveremos a traerlo a colación en el capítulo X sobre "la predicación de Edwards". Recordemos que en su niñez, estimamos entre los nueve y los once años de edad, Edwards tuvo una infusión del Espíritu, sin haber experimentado la conversión aún a ese punto de su vida, y oraba hasta cinco veces al día. De ahí en adelante, aunque pasarían entre diez a doce años para su conversión, la oración continuó siendo parte de sus hábitos.

Pero, a partir de aquella ocasión en la que experimentó aquella primera convicción, la espiritualidad de Edwards cambió, y a pesar de sus altibajos, sus caídas, su lamentable y elevado orgullo, el cual cuenta que nunca lo abandonó, y con el que tuvo que batallar toda su vida, sumando a ello lo difícil que le resultó abandonar su vocabulario no apropiado; la vida de oración de Jonathan fue, según nos contó, como sigue:

> Ocupaba la mayor parte de mi tiempo pensando en las cosas divinas, año tras año, frecuentemente caminando solo en los bosques y lugares solitarios para la meditación, los soliloquios y la oración y para conversar con Dios; y siempre esta era mi manera en estas ocasiones, para cantar mis meditaciones. *Yo estaba casi constantemente en oración con clamor, en dondequiera que iba. La oración me parecía algo natural, como el aliento por medio del cual el fuego interno de mi corazón salía.*[413]

Orar, increíblemente, no representó una lucha para Edwards, sus experiencias y sus dulces contemplaciones de la divinidad lo habían persuadido de lo dulce que es estar en la presencia de Cristo. La oración, confiesa, le fue natural; tanto como el canto y el parafraseo audible de sus contemplaciones y meditaciones de Cristo.

---

[412] Hopkins. P. 39-41.

[413] Edwards, J. *Narrativa personal.*

Ya citamos el acercamiento del Dr. Hopkins sobre Edwards en este respecto, cito de nuevo: "Edwards fue puntual, constante y frecuente en su vida de oración; y con frecuencia separaba días para ayunar y orar…".

No creo que sea sorpresivo ni que parezca mágica esta realidad de la vida de Edwards. Los que conocen los caminos y las operaciones de Dios sabrán que es del todo imposible encontrar registros históricos, inspirados y regulares, de alguna operación divina de avivamiento y conversiones masivas, alejadas de la oración o con un acercamiento mediocre a la oración. Ernest Klassen saca a relucir que cuando Edwards predicó el sermón más famoso de la historia del nuevo mundo (y cuidado), es decir "Pecadores en las manos de un Dios airado", en el pueblo de Enfield, Connecticut, que detonó aquel gran despertar allí, "Edwards había pasado dos días en ayuno y oración".[414]

Por ejemplo, de la vida de Spurgeon sabemos que oraba constantemente tres horas al día, a parte de los encuentros de oración en la iglesia y los días exclusivos apartados para el sagrado oficio que caracteriza a los grandes siervos del Señor. Recordar este aspecto de la vida de George Müller, del pastor Charles Spurgeon, del Rev. Rober Murray McChayne, del Rev. David Brainerd, del Dr. Martin Luther, de los Apóstoles del Señor, de nuestro Gran Señor y Salvador, de Juan el Bautista —y la lista se extiende—, es ver las operaciones del gran poder de Dios siendo manifestado. ¿Cómo entonces podría ocurrírsele a alguien que un hombre de Dios de tan marcado éxito espiritual haya sido tímido o descuidado en el santo oficio de la oración?[†]

A continuación traigo las resoluciones de la disposición y sustancia de Edwards al orar.

> **Resuelvo**: nunca permitir el considerar que una oración, ni algo que se considere como una oración, ni una petición en oración, la cual es hecha así, no pueda yo confiar en que Dios la contestará; ni una confesión en la cual no pueda yo esperar que Dios la aceptará.[h]
> **Resuelvo**: ejercitarme mucho en esto, toda mi vida, con la mayor apertura de que soy capaz, el declarar mis caminos a Dios y mantener mi alma abierta para él, todos mis pecados, tentaciones, dificultades, penas, temores, esperanzas, deseos, todas las cosas, y todas las circunstancias, de conformidad con el sermón sobre el Salmo 119 del Dr. Manton.[i]

---

[414] Nota tomada del material del curso sobre Edwards del Dr. Ernest Klassen.

[†] Vea más sobre la vida de oración del Rev. Edwards en el acápite: "El secreto detrás de la eficiencia en la predicación de Edwards". En el cap. X de esta obra).

[h] Edwards. 29ª. Resolución. (Ver apéndice C).

[i] Edwards. 65ª. Resolución. Del 26 de julio y del 10 de agosto de 1723. (Ver apéndice C)

> **Resuelvo**: confesarme francamente a mí mismo, todo lo que encuentro en mi ser ya sea enfermedad o pecado; y si ello fuera algo concerniente a la religión, también confesarle todo el asunto a Dios e implorarle que necesito su ayuda.[j]

A resumidas cuentas, creo que siempre será infructuoso buscar un ministro exitoso en su oficio divino aparte de una consagrada vida de oración. Y no habrá atajos aquí, a menos que se trate de un ministerio mundanal. Como escuché a J. I. Packer preguntar: "¿Cómo puede alguien que no conoce a su Dios, que se conoce en la intimidad, darlo a conocer a otros?" O cual Spurgeon predicó en una ocasión: "Mucha oración, mucho poder; poca oración, poco poder".

Debe ser considerado como inconsistente que alguien que no conoce a su Dios en lo secreto, pueda alguna vez tener alguna habilidad para desentrañar y deliberar los misterios del reino a los corazones de aquellos a quienes sirve.

## La espiritualidad de Jonathan

Uno suele asociar la espiritualidad al misticismo y a la meditación trascendental. Nada que ver en realidad. Por ejemplo, un gran amigo, que a la vez es pastor y muy buen teólogo me dijo que incurrió en el error de tomar en sus manos "El fin por el cual Dios creó al mundo" como el primer libro que leería de Edwards. Me contó que fue toda una frustración para él, primero porque se estaba encaminando por entonces en sus estudios personales de la teología, segundo porque el libro estaba en un inglés clásico (y su idioma materno es el español), y tercero, por la profundidad del pensamiento vertido en ese libro. Estoy casi seguro que cualquiera que inicie por ese libro de Edwards, podrá quedar igual de frustrado como mi amigo. De hecho, mi amigo se desinteresó de los escritos de Edwards por un tiempo. Ese amigo me dijo, 'ten cuidado con Edwards es extremadamente místico'. Otro amigo teólogo, entre los más finos y versados que conozco, me refirió el mismo epíteto sobre Edwards.

A decir verdad, Edwards, mal juzgado, parecería un místico cualquiera, pero a juzgar por el puño y la letra de Jonathan raramente vemos trazas de misticismo, mucho menos cuando nos adentramos en su teología y pensamiento. Lo que si nos queda claro al leer a Edwards es que tenía un inusitado asombro por la gloria de Dios, que podríamos tildar

---

[j] Edwards. 68ª. Resolución. Del 26 de julio y del 10 de agosto de 1723. (Ver apéndice C)

casi de tipo profética. Es más bien algo como lo que vemos en muchos Salmos, como los Salmos 16, 19, 84, etc.

El misticismo no se caracteriza por el asombro en la contemplación de lo espiritual y de las perfecciones del ser divino, sino en hacerlo a modo personal, alejados de la revelación bíblica. Y cabe la posibilidad de que pocos teólogos de la historia manejaran las Escrituras con la retención mental y la pericia con que lo hizo Edwards, a juzgar el resultado de su pluma. Además, puesto que el mismo Edwards no confiaba en su memoria, tenemos cientos y cientos de sus anotaciones bíblicas, incluyendo su "Blank Bible" (Biblia en blanco), como veremos un poco más abajo. Lo que Edwards tuvo, quizás por sobre cualquier otro teólogo o divinista de la historia fue un poderoso e inusitado alcance en su 'renovada visión' e 'imaginación espiritual'. Él, por ejemplo, imaginaba 'el cielo cual hermoso jardín' y 'el alma regenerada como una florecilla blanca en dependencia absoluta de la nutrición y de los rayos del Espíritu'.

De hecho, algo que Edwards escribió en su "Narrativa personal", nos pondrá en claro de primera mano respecto de si él era o no un místico:

> Me han encantado *las doctrinas del evangelio*: han estado en mi alma como pastos verdes. El evangelio me ha parecido el tesoro más rico, el tesoro que más he deseado, y anhelaba que pudiera morar en mí. El camino de salvación por Cristo me ha parecido de manera general, glorioso y excelente, y de lo más agradable y bello. A menudo me ha parecido que, recibirlo de cualquier otra manera, en gran medida minaría el cielo.

O sea, que lo que vemos en realidad en la contemplación de Edwards es a un ser extasiado y asombrado con las perfecciones divinas y la gloria de su Palabra bendita, y de su Señor. Para nada una imaginación o contemplación mística, sino un deguste de las descripciones de Cristo según lo contemplado en las Sagradas Escrituras, tipificando las realidades espirituales en paralelo con las bellezas creadas del mundo físico que rodeaban su entorno conocido.

Su exégesis fue siempre totalmente bíblica. De hecho, aunque leyó asiduamente a los más grandes de los reformadores y de los puritanos, tanto que se puede percibir en sus discursos, no obstante, apenas los citaba puntualmente. Y es muy probable que esa práctica fuera más debido a su visión de la gloria de Dios y lo extraordinario, perspicuo y suficiente de las Escrituras, puesto que como hemos hecho notar fue un académico prominente, y en sus cientos de anotaciones misceláneas vemos su abundantes notas y citaciones. Pero al mismo tiempo entendía que los sermones no deben estar cargados de citaciones de las palabras de los hombres, por consagrados que fuesen.

Por cierto, no solo captamos su ortodoxia apartada de cualquier chispa de misticismo (y liberalismo, por supuesto) en sus centenas de sermones —los cuales se concentraron abundantemente en demostrar las doctrinas que exponía a través no solo del genio de su poderosa visión y capacidad imaginativa, tanto como su inusitada capacidad para ilustrar, abundantemente anclados y entrelazados a través del texto sagrado—, sino que también encontramos otra prueba sólida de ello que enarbola en alto su bandera en rechazo tanto al misticismo como 'el racionalismo' en su magistral obra: "Los afectos religiosos". Esta pieza que figura como única en su género, trabajo que se disputa dentro de los mejores tres tratados del teólogo en cuestión aquí; refiere exactamente qué elementos nos relatan las escrituras que definen y diferencian la verdadera de la falsa religión, atendiendo a la manifestación o no de sus afectos o emociones. Tal tratado contiene cada menos que unas 1.200 citas bíblicas.

Era normativo en Edwards que en cualquier sermón de su pluma (puesto que su método consistió en la demostración de la doctrina o el asunto en cuestión, a través de las Escrituras y de la razón común), la constante y profusa citación puntual de decenas de textos y pasajes a través de toda la Escritura. Es decir, que Edwards escapó abruptamente de los elementos del racionalismo, del liberalismo temprano y del misticismo. Más bien creyó y probó que la verdadera religión es poderosa y viviente. Por algo Jonathan Edwards figura dentro de los 10 teólogos ortodoxos y evangélicos más grandes de todos los tiempos. Sus centenas de sermones son densamente teológicos en el rango de lo inigualable como tales. Además de que lideró el más grande avivamiento de que la humanidad haya sido testigo en la historia del cristianismo post apostólico. Y, por cierto, se le tilda como "el hombre más piadoso de que tengamos memoria en la historia post Reforma protestante". Y por lo que he copiado de Edwards, me temo que no solo se mantuvo estrictamente apegado a las Escrituras como su única norma de fe y práctica de la verdadera religión, la vida y la piedad (cual reza Westminster sobre el particular), sino que aparentemente dominaba el grueso del texto bíblico de memoria, aunque no confiaba en su memoria.

No me queda ninguna duda de que Edwards fue un regalo de Dios a la cristiandad para humillar cualquier tipo de orgullo religioso, o de cualquier reclamo de sabiduría o piedad que pueda albergar o erosionar de cualquier ministro o laico cristiano. Basta con escuchar su sermón, por ejemplo "La naturaleza del hombre en su estado caído", basado en Romanos 3:10-19; o: "La verdadera nobleza de la mente", basado en Hechos 17:11; o su tratado: "Todo sobre la gracia". ¡Magistrales! El consagrado divinista no se permitía ni la ambigüedad, ni los cabos sueltos, ni la dosificación a cucharadas de la verdad. Lo podrás notar en cualquiera de sus escritos. Sus acérrimos críticos no toleraron (y creo que jamás tolerarán) esa extraordinaria capacidad dada por Dios a Edwards que lo acercaba al rango de lo casi irrefutable en sus afirmaciones doctrinales.

## La notoria piedad de Edwards

En mis investigaciones de Edwards hasta el momento, no he sabido de ningún biógrafo, y dudo que algún biógrafo serio o conocedor de Edwards haya puesto jamás en duda la remarcada piedad de Edwards.

Más aun, su consagrada vida de oración, estudio y reflexión, como hemos puntualizado, fue remarcable. Su crianza y matrimonio, para qué volverlos a mencionar. Su impecable apego a las Escrituras ha sido mencionado (lo ampliaremos más abajo). Su religión interior, del corazón, reflejada en los aspectos prácticos de su religión en público y en privado, que aquí han sido ampliamente mostrados, nos dejan sin aliento; tanto en lo concerniente a su procura congregacional, como su impecabilidad en guardar el Sabbat, etc. Un verdadero ejemplo universal de piedad. Tales y otros aspectos serán desarrollados al respecto en adelante de este trabajo.

Para sumar a ello, basta con echar una mirada a la descendencia inmediata de los Edwards, eso nos dará una panorámica más enfocada de la vida de piedad de Jonathan. Cuando analizamos la vida de alguien es muy sencillo discernir tanto la piedad como la eficiencia en la administración familiar de tal persona.

La manera como Jonathan afrontaba las crisis nos da fe de la piedad de aquel hombre de Dios. Él contrajo una enfermedad grave en el otoño de 1725 que duró tres meses: "En esta enfermedad Dios se complació en visitarme de nuevo con las dulces influencias de su Espíritu. Mi mente estaba muy ocupada en ello, en las divinas y agradables contemplaciones y anhelos del alma".[415] Ello sumado a que en septiembre de 1724 inició una crisis espiritual no identificada que lo lleva a una depresión que dura tres años.

La carta de Edwards a su entrañable amigo el Rev. Joseph Bellamy, cuando murió su hija Jerusha Edwards, nos muestra un tanto lo que hemos dicho arriba.

---

[415] Edwards, J. *Narrativa personal.*

## CARTA DEL REV. EDWARDS AL REV. JOSEPH BELLAMY[†] EN LA OCASIÓN DE LA MUERTE DE JERUSHA EDWARDS
### Northampton, 4 de abril de 1748

Rev. y querido hermano:

Aquí envío un par de bolsas para poner nuestra lana, para ser enviadas a Hartford a casa del Sr. [John] Potwine, deseando que se encargue de ese asunto como muy amablemente se ha manifestado dispuesto a hacer. Confío completamente en su amistad y fidelidad en ese asunto.

Probablemente hayas oído hablar antes de nuestra dolorosa aflicción por la muerte de nuestra hija, Jerusha, quien murió después de cinco días de enfermedad, el 14 de febrero. Tengo una gran satisfacción con respecto a su estado, por lo que sé de ella en vida y lo que se mostró en ella al morir. El señor David Brainerd, quien la conocía mucho, habiendo estado constantemente con él como su enfermera, diecinueve semanas antes de su muerte, expresó gran satisfacción por el estado de su alma, y que él la miraba no solo como una santa, sino como una santa muy eminente. Deseo tus oraciones por nosotros para que Dios compense nuestra gran pérdida en bendiciones espirituales.

Por favor acepte uno de mis libros sobre la oración por el avivamiento de la religión,[‡] que aquí le envío. Y envíeme un mensaje si la propuesta de oración unida se cumple por tu parte.

Le escribí hace algún tiempo desde que le informé que estaba a punto de publicar "La Vida del Sr. Brainerd" a partir de sus escritos privados, deseando que me enviara cartas suyas dignas de ser incluidas;[§] pero no he tenido respuesta. Ahora renovaría esa solicitud, y también que me envíe un mensaje si me permitirá mencionar su nombre en las propuestas impresas de suscripción, como una que aceptará suscripciones en sus partes. Esto con respetuosos saludos a la Sra. [Frances Sherman] Bellamy, querido señor, es de,

Su afectuoso amigo y hermano,
**Jonathan Edwards.**

---

[†] A lo largo de 1748, Edwards escribió dos libros, "La vida de David Brainerd" (*The Life of David Brainerd*) y "Una investigación humilde" (*Humble Inquiry*), que se publicaron al año siguiente. No existe ningún registro de comunicación de Bellamy después de mediados de 1747. Edwards busca una respuesta de él con respecto a los materiales para el libro de Brainerd, las suscripciones al mismo y la noticia de su participación en el Concierto para la oración. (Biblioteca Beinecke, una hoja en cuarto, dirigida al revés al Reverendo Sr. Joseph Bellamy en Belén. Publicado en NEQ 1 [1928], 235—36). *WJE Online Vol. 16*. Ed. Claghorn.

[‡] Es decir: "Un intento humilde" (*JEW*, 5:309—436).

[§] Bellamy habría tenido acceso a las cartas de Brainerd (DEX, 1, 525, 743).

Para no ampliar la historia, Edwards era muy sensible al dolor, el sufrimiento, la pobreza, las condiciones sociales marginales, etc. No fue un divinista en una torre aislada, sobre un pedestal de cristal, fue uno que se volcó a usar sus dones para el beneficio de todos y volcó a su parroquia a la compasión. De hecho, su iglesia tuvo un almacén de provisión para los más necesitados, y disponía de diáconos para tales menesteres. Además, explotó eficazmente su más evidente talento en favor de los muchos, a saber, la predicación, la enseñanza y la escritura.

Cuán refrescante y esperanzador es estudiar caracteres cual el de Edwards, a sabiendas de que son el reflejo de la operación de Dios en ellos de que nos da fe Efesios 1 y 2, a saber, vidas selladas por el Espíritu Santo por la fe en Jesucristo, transformados por la poderosa gracia de pecadores a nueva criatura, hechos de nuevo por Dios en Cristo para andar en buenas obras. Mas de esto es lo que hemos de esperar en todo verdadero hombre y mujer de Dios.

## Jonathan Edwards, el ser humano

En diciembre de 1722 Jonathan Edwards comenzó un diario espiritual en el que escribió intermitentemente hasta 1725, con cuatro anotaciones adicionales en 1734-35.[416] Aquellas primeras entradas del diario de Edwards coinciden con los días cuando escribió sus famosas 70 resoluciones.

Durante este período también comienza el "catálogo" de libros que había leído o deseaba leer. En el cap. tercero de esta obra ya nos hemos referido al interesante hecho de que cuando Edwards llegó a New York, había estado envuelto durante casi dieciocho meses en una discusión con su padre y su madre (quienes habían sido sus únicos mentores y pastores hasta llegar a la universidad) acerca de la esencia de la conversión. Expresa algo que podríamos llamar su frustración respecto de la conversión, como ya discutimos, en su entrada a su Diario del 12 de agosto de 1723 (en el cap. III de este trabajo). Nótelo de nuevo:

> Principalmente, lo que ahora me hace reflexionar acerca de mi condición interior es *el no haber experimentado la conversión* en esos pasos específicos en los que el pueblo de Nueva Inglaterra, y antiguamente los disidentes de la vieja Inglaterra, solían experimentarla, por lo tanto, ahora resolví que nunca dejaría de buscar el fondo del asunto hasta que haya encontrado satisfactoriamente la verdadera razón y fundamento por los cuales se convirtieron de esa manera.[417]

---

[416] Storms: https://www.coalicionporelevangelio.org/articulo/10-cosas-deberias-saber-jonathan-edwards/

[417] *Ibidem.*

En esta confesión Edwards estaba reconociendo la indiscutible piedad de los puritanos de Nueva Inglaterra y que habían dado frutos dignos de arrepentimiento. Pero que aparentemente se había perdido en su época la clave hacia la "poderosa experiencia de conversión" que experimentaron aquellos padres del puritanismo en América. Está, en cierto sentido, frustrado porque ni siquiera sus padres, que eran muy piadosos, supieron responder sus interrogantes respecto a "la verdadera conversión". Por lo que ahora invertiría toda su vida en comprender aquel glorioso fenómeno espiritual para su propia felicidad y la de todo el pueblo de Dios.

Ahora bien, alguien que solo lea la "Narrativa personal" y las "70 resoluciones" de Jonathan Edwards, pensará que aquel hombre, luego de aquella "primera conversión", fue una pieza de museo o un cuerpo embalsamado en un campo santo, es decir, un creyente *cuasi* glorificado. Por eso es menester hacer algunas entradas en su diario personal, y tal quizás sea de mucha ayuda leer algunas de sus cartas, donde expresa ciertos temores, algunos desalientos y hasta se le puede notar llorando, no de gozo como expresó en su "Narrativa", sino de incertidumbre y aridez, como hacemos notar en esta obra al analizar los pormenores de los avivamientos, especialmente el Gran Despertar. Edwards terminaba frustrado y con suficiente desánimo luego de la curva de cada glorioso avivamiento espiritual que experimentó junto a los santos, especialmente en Northampton.

Por ahora entremos en sus propias declaraciones en su "Diario" para que contemplemos los desánimos de que fue reo nuestro biografiado.

Entrada del martes 18 de diciembre de 1722:

La razón por la cual yo, en la última pregunta, tengo interés en el amor de Dios y su favor es:

1. Porque yo no puedo hablar a boca llena en **mi experiencia** de ese trabajo preparatorio, del cual hablan los teólogos.
2. Yo no recuerdo haber experimentado la **regeneración**, exactamente conforme a esos pasos, que los teólogos puntualizan que en general ocurre.
3. Yo no siento la gracia cristiana con suficiente sensibilidad, especialmente la fe. Me temo que solo son afectos externos tan hipócritas, que pueden ser sentidos por los pecadores, así como los otros. No parecen ser suficientemente de adentro, pleno, sincero, completo y saludable. No parecen muy sustanciales, y que así se arraiguen en mi naturaleza, como desearía yo.
4. Porque yo mismo soy culpable de pecado de omisión o de comisión. Últimamente he dudado, si tengo dudas de si he cometido transgresión incluso con expresiones malvadas. Hoy, resuelvo... N° 35.

*Resuelvo*: cuando yo tenga muchas preguntas en cuanto a si he realizado mi deber, de tal manera que mi reposo y serenidad estén por ello perturbadas, acallarlas y también ver la manera en que tales preguntas puedan ser resueltas.[§]

Al día siguiente:[*]

Últimamente he estado muy perplejo, por estar viendo la doctrina en diferentes grados en gloria cuestionadas; pero ahora casi me he sobrepuesto a tal dificultad.

Al día siguiente de la entrada anterior:[¤]

Este día he cuestionado algo, si ayer fui culpable de negligencia, u hoy por la mañana; y resolví, N° 36.

**Resuelvo:** inquirir cada noche, al ir a dormir, en donde he sido negligente —qué pecado he cometido— y en qué me he negado a mí mismo también al final de cada semana, mes y año.[k]

El viernes 21 de diciembre:

Hoy y ayer, he estado en exceso aburrido, seco, y muerto.

El sábado 22 de diciembre:

Hoy he sido avivado por el Espíritu de Dios; después de lo cual la sensación de la excelencia de la santidad; sentí más ejercicio de amor en Cristo que lo casual. También he sentido sensibilidad de arrepentimiento del pecado, porque fue cometido de nuevo muy misericordioso y buen Dios. Esa noche hice la Res. N° 37.

El Sabbath 23 de diciembre:

Hice la res. #38.

**Resuelvo,** nunca publicar nada que sea demasiado festivo, o asunto de risa, sobre el día del Señor.[l]

Lunes 24 de diciembre:

He tenido pensamientos elevados, más de lo común, sobre la excelencia de Cristo y su Reino…

---

[§] Resolución N° 35. Hecha el 18 de diciembre de 1722.

[*] Miércoles 19 de diciembre de 1722.

[¤] Jueves 20 de diciembre de 1722.

[k] Resolución N° 37. Hecha el 22 y 26 de diciembre de 1722. (Ver apéndice C).

[l] Resolución N° 38. Hecha la tarde del Sabbat (domingo) 23 de diciembre de 1722. (Ver: Apéndice C).

El último sábado de diciembre:

> Hoy, como a la caída del sol, me sentí aburrido y sin vida.

El martes 01 de enero, 1723:

> He estado aburrido por varios días. Examiné si he sido culpable de negligencia hoy...

El miércoles 02 de enero 1723:

> Aburrido. He encontrado, por experiencia, que, hacer resoluciones, todo eso es nada, y sin propósito del todo, sin el impulso del Espíritu de Dios; porque si el Espíritu de Dios pudiera ser alejado de mí, como la semana pasada, no importa lo que yo pueda hacer, no crecería, sino que, languidecería, y miserablemente desvanecería. Yo percibo que si Dios alejase su Espíritu un poquito más, yo no vacilaría en romper mis resoluciones, rápido retrocedía a mi antiguo estado. No hay decencia en mí mismo. Nuestras resoluciones pueden estar en el punto más elevado un día, y el otro día, podríamos estar en una miserable condición de moribundez, para nada cual la persona que antes había resuelto. De tal manera que no hay propósito alguno en resolver, excepto que dependemos de la gracia de Dios. Entonces, si no fuera por su gracia uno pudiera ser un muy buen hombre un día, y un gran pecador, el próximo...

En estas palabras de Edwards, aquel 02 de enero de 1723 en su diario, encontramos el meollo del asunto que queremos comunicar respecto a la humanidad del divinista. Aquí, precisamente hay una perfecta afinidad y congruencia con el preámbulo a las resoluciones de Edwards que reza:

> Estando apercibido de que *soy incapaz* de hacer cosa alguna sin la ayuda de Dios, yo humildemente *le ruego que por su gracia, me capacite* para mantener estas **Resoluciones**, *tanto como sean agradables para su voluntad*, por Cristo.

Vemos a un genio resuelto, pero incapaz. Las emociones que describe en su diario son parecidas a las olas del mar. Por eso Edwards aprendió a no descansar en sus emociones. Nunca fue distinto en toda su vida, ni en la vida de cualquier ser humano que ha existido jamás, aunque haya sido el más piadoso del mundo. El apóstol Pablo, que estaba persuadido de la voluntad de Dios, e incluso tenía nociones de la agenda inmediata de Dios en su vida, expresó "hasta el punto de haber perdido toda esperanza de vivir"; claro, no murió. Pero es evidente, incluso en el más santo de los santos, que las emociones no deben dirigir nuestras vidas.

En la entrada de Edwards a su diario aquel 02 de enero de 1723, él comprendió la inutilidad y el despropósito de escribir resoluciones como un fin en sí mismo o confiando en las propias fuerzas. En el preámbulo a sus resoluciones, rogó al Padre, en el nombre de Cristo, que lo capacitara por su gracia para cumplir todo aquello que había resuelto que abundara en la gloria de Dios. Esto da fe de la absoluta dependencia de Edwards en la disposición y capacitación divina hacia él.

Entrada del Sábado 05 de enero en la mañana:

Una pequeña redención de una larga sequía aburrida, respecto de la lectura Bíblica. Esta semana ha sido tristemente lenta en la rendición de cuenta semanal: ¿y cuáles son las razones de eso? Abundancia de languidez y pereza, y, percibo, que si permaneciera así por mucho tiempo, eso significaría que descubriría otros pecados. Suele aparecerme que no tengo muchos recuerdos de pecados; pero ahora, percibo que hay grandes recuerdos de pecados. ¿Cómo podría esto no venirme, si Dios me dejara? El pecado no es suficientemente mortificado... **Resuelvo**: que he sido negligente en al menos dos cosas: en no haber hecho el esfuerzo suficiente en mi deber; en no forzarme a mí mismo en mis pensamientos religiosos.

En su introducción a la edición crítica del "Diario" de Edwards, Claghorn identifica cinco temas recurrentes: (1) el peligro de la tentación; (2) la necesidad del cuerpo de sustento y descanso; (3) gestión del tiempo; (4) emociones, con énfasis en cómo se relacionan con los asuntos espirituales; y (5) la relación a veces tensa de Edwards con sus padres. La imagen general que emerge en el "Diario" es la de un joven que está atravesando tentaciones espirituales y está luchando, a veces sin éxito, para lograr un mayor progreso en su vida. Vida cristiana.[418]

Si continuaras leyendo el diario de Jonathan Edwards, notarás más de lo mismo. A saber, un hombre de resoluciones, pero con un estado de ánimo cambiante (aburrimientos, decaimientos, días de mucho ánimo... días de gloria y felicidad, etc.). De hecho, Marsden observa que "el "Diario" nos muestra que el joven Edwards era un hombre que periódicamente vacilaba entre "altibajos espirituales"; mientras que Minkema agrega que el "Diario" era "clínico" en el sentido de que Edwards diagnosticaba los mínimos y ofrecía remedios para defectos espirituales".[419]

La siguiente anotación en su diario tiene como fecha el 26 de septiembre de 1726 (todavía tutor en Yale, a menos de un año de su boda y a dos meses de su traslado a Northampton):[§]

---

[418] Finn & Kimble. Pp. 58, 59.
[419] Finn & Kimble. P. 158.
[§] *WJE*, 16:788.

*Hace apenas unos tres años que he estado mayormente en un estado y una condición de tristeza y depresión, miserablemente insensible con respecto a quien yo solía ser espiritualmente. Eso fue hace tres años, la semana antes del inicio de clases; casi al mismo tiempo este año empecé a ser, de cierta manera, como solía ser.* [420]

No tenemos ninguna duda de que Jonathan Edwards fue un fiel calvinista o agustiniano, apegado a las doctrinas de la gracia, según se expresó por su pluma, como hemos demostrado; por tanto, un abanderado de "la gloriosa doctrina de la Soberanía de Dios" (como la denominó por cierto Edwards). Esa fe no es una garantía para sostener un estado de ánimo estable, ni garantiza un escape a las frustraciones por la justicia. Los santos llorarán por el estado decadente del pueblo de Dios, cual lo hizo Cristo "al ver las multitudes como ovejas que no tenían pastor". Uno de los hombres de más éxito evangélico de todos los tiempos y cuyo ministerio permaneció ampliamente avivado fue Charles Spurgeon,[†] no obstante, no he sabido (y dudo que haya existido) alguien que se frustrara y desanimara más que el tal reconocido "príncipe de los predicadores".[*]

A pesar de lo analizado, con todo y eso, Edwards siempre sostuvo que la gloria de Dios y la felicidad están atadas indivisiblemente. Dijo que "la una está contenida en la otra". Esto fue exactamente los que Edwards quiso significar en su siguiente explicación:

Dios se glorifica en sí mismo de estas dos maneras: 1. Apareciéndose a sí mismo en su propia idea perfecta [de sí mismo], o en su Hijo, quien es el resplandor de su gloria. 2. Al disfrutar y deleitarse en sí mismo, fluyendo en el infinito… deleite hacia sí mismo, o en su Espíritu Santo…
Entonces Dios se glorifica a sí mismo hacia las criaturas también de dos maneras: 1. Apareciendo para… su comprensión. 2. Al comunicarse a sus corazones, y al regocijarse, deleitarse y disfrutar de las manifestaciones que Él hace de sí mismo… Dios es glorificado no solo por su gloria, sino también por su alegría. Cuando aquellos que ven se deleita en ello, Dios está más glorificado que si solo lo vieran. Su gloria es recibida por toda el alma, tanto por la comprensión como por el corazón. Dios hizo el mundo para que pudiera comunicarse, y la criatura reciba

[420] Storms: https://www.coalicionporelevangelio.org/articulo/10-cosas-deberias-saber-jonathan-edwards/
[†] Vea: De la Cruz, Juan. Biografía de Charles H. Spurgeon. CLIE. © 2021.
[*] Puedes consultar más sobre las profundas tristezas de Edwards en el capítulo XII, referente a "el Gran Despertar", donde analizamos "el ciclo de un avivamiento", y lo que esto significó para Edwards respecto a sus emociones, especialmente en los valles áridos luego del período que entraba dentro de la curva de los avivamientos que experimentó en Northampton.

su gloria; y que podría ser recibido tanto por la mente como por el corazón. El que testifica su idea de la gloria de Dios [no] glorifica a Dios tanto como el que testifica también su aprobación y su deleite en ella.[421]

No obstante, "aunque Edwards persiguió el gozo desde temprano con todas sus facultades, terminó concluyendo* que 'no es posible tener esa caridad brillando perpetuamente en la vida de los santos mientras andemos es este mundo'".[422]

En suma, lo que nos muestra el retrato de Jonathan Edwards es que los santos hemos de procurar la gloria de Dios y la piedad con todas nuestras fuerzas, como conviene a santo. Hemos de procurar esa gloria, tanto en nuestra contemplación (en la visión renovada) como en nuestra modelación (andando en toda piedad y honestidad, como se propuso en sus 'Resoluciones'). Y puesto que la procura de la gloria de Dios está ligada a la felicidad, cual dos caras de la misma moneda, procurar el deleite (ser felices) en Dios es procurar vivir para la gloria de Dios, por tanto, procurar la gloria misma. Ahora bien, tal procura constante, independientemente del número de resoluciones hechas y cumplidas, como de hecho debe ser, no garantiza que tengamos un perpetuo regocijo externo y circunstancial, y tampoco "es posible tener esa caridad brillando perpetuamente en los santos". Así, de todos modos:

El fin principal del hombre es 'glorificar a Dios y gozar de él para siempre'.

Nuestras circunstancias indefectiblemente afectarán nuestro estado externo, hasta el punto de las constantes lágrimas y el posible dolor, incluso de la muerte; pero ello no debe disuadirnos ni por un instante la constancia ininterrumpida de la procura de esa gloria de Cristo, viéndole en la hermosura de su santidad, viviendo nosotros entonces santamente hasta que el retorne.

## El carácter de Edwards en un solo trazo

Hasta este punto creo que tenemos una imagen de un hombre de Dios, *puritano* con un matiz *pietista* y netamente *congregacionalista* en su concepción de la iglesia, aunque le habría gustado una conformación interna de su denominación con cierto matiz *presbiteriano*. Un hombre de resoluciones rígidas, sobrio y profundamente reflexivo, comprometido con la

---

[421] Piper & Taylor. P. 24.

* Ver última carta de Edwards a su hija Esther, cap. XV de este trabajo.

[422] Murray: https://youtu.be/ZhZI-pOW36k.

verdad, que no se permitiría negociar sus convicciones, independientemente de su costo, como bien lo estableció en su resolución Nº 1.[†] Su
cuerpo de divinidades (su doctrina) se ajustaba en general a la Confesión
de fe de Westminster, es decir, a la ortodoxia protestante; quien admiró las
doctrina de la soberanía de Dios y las doctrinas del Evangelio de Cristo,
conforme a las doctrinas de la gracia, cual excelsas; y de igual modo consideró por sobre todos el atributo de la santidad de Dios, el cual consideró
cual "la suma de la hermosura divina". En la visión de Edwards, "el amor"
era la suma de la gracia, o al menos la mayor de todas, al punto de igua-
larla al Espíritu Santo. Edwards fue un pastor industrioso, un misionero
de tacto, un pensador sobresaliente con una pluma prolija, un esposo excelente, un padre impecable y muy cariñoso y sin dudas un amigo fiel. En
el brilló la pasión por la gloria de Dios, la cual entendió se percibía en la
hermosura de la Santidad de Dios.

---

[†]    Ver: Resoluciones en el "Apéndice C" de esta obra.

# IX

# El método de Jonathan Edwards

continuamos con nuestra aventura. Si has llegado a este punto es porque, supongo, el viaje ha sido fascinante. Ahora indagaremos un poco en la forma de Edwards de organizar sus pensamientos.

Ya navegamos allende los mares, bosques y pueblos conociendo el entorno de Edwards. Ya dijimos lo que debíamos sobre la educación normal y la preparatoria de Jonathan Edwards; recuerda que fue educado por su padre Timothy, en la escuela de su padre (su casa) en Windsor, como era la costumbre de la época. Edwards, al ser el único hijo varón en su casa, y haber nacido en el medio de once, tuvo ciertas ventajas en su educación, tuvo como tutoras a algunas de sus hermanas mayores, y claro, algo de su bien instruida madre. También hicimos un breve análisis de la época de estudio superiores de Edwards en New Haven. Antes de haber obtenido su maestría trabajo unos meses en New York, e inmediatamente luego de su graduación de Maestría en Artes (mención teología) en New Haven (Yale), fue contratado como tutor en la misma universidad. Había sido, por supuesto, un estudiante meritorio y brillante, tanto que dio el discurso de graduación que le correspondía al mejor estudiante.

Mientras estuvo en New York, regresó a Windsor por unos meses, se movió a Bolton como predicador y seis meses luego fue tutor en Yale (entre sus 17 y sus 20 años) escribió sus 70 resoluciones (de las que proveemos una copia en los apéndices de esta obra), y en esa misma época hizo varias entradas en lo que fue el proyecto de su diario, el cual aparentemente no consideró útil y abandonó para siempre.

El método favorito de registro de Edwards fueron sus notas contables, en donde escribía en papel para guardar, todo lo que tenía que ver con sus entradas, salidas, etc., tanto de dinero, libros, etc. También anotaba en esa especie de "Agenda Contable" sus compromisos por cumplir y cumplidos, como bodas, bautizos, salarios recibidos, préstamos, etc. Observemos una muestra de esto a continuación:

## EJEMPLOS DE REGISTRO DE CUENTAS
## DE EDWARDS[423]

o Julio 1733 Prestado al Sr. Billing de sunderland "The Church History of Geneva" (La historia de la iglesia de Ginebra).
o Casé a Lieut Jospeh King y Mindwell Porter (Agosto 30, 1733).
o Presté a Elisha Marsh de Hadley (4 de oct. 1733) "D[ ]ds Rhetorick".

Una descripción de un par de terneros que me pertenecen, octubre, 1733. El más grande, en su mayoría rojo, pero el más blanco debajo de su vientre, su cola en su mayoría blanca, pero algo moteada de marrón y tiene [una] mancha blanca en la columna cerca de la cola, algo de blanco en el interior de cada una de sus patas delanteras y una pequeña mancha de blanco en [] de cada una de sus patas traseras y dos pequeñas motas [¿rayas?] de blanco en su espina dorsal cerca de sus hombros
    El [último] principalmente de un color más oscuro y blanquecino atigrado debajo de su vientre, algo de blanco en cada borde de su cola. Manchas blancas en el interior de cada pata trasera.

o 15 de noviembre de 1733. Se casó con John Summers, Elizabeth Alexander, Calen Pumroy y Thankfull Phelps.
o [4] Recibí mi salario de Gideon Lyman Constable March. 1734. 3£-0-0.
o Recibido de Daniel King Constable el 15 de marzo de 1734. 35£-0-0 de mi salario.
o Recibido de Daniel King el 15 de abril de 1734. 15 libras en billetes de 3 libras de Road Island, última emisión. Que después cambió y dio tanto en notas de mercadería.
o David Webster fue por el condado a las elecciones el miércoles y regresó el sábado de la semana siguiente.
o Pagado a la prima Rebecca Micks 37£-0-0 sep. 25. 1734.
o Entregados cuatro de los libros del sr. Marshfields. Febrero de 1736 Jth. Strong & Jth. Rust. Cada uno de ellos debe por uno de ellos.
o Dejé que el Sr. Williams de Hatfield tenga ½ Doz. de esos libros. & el sr. Ashley dos & Ebenezer Pumroy 12. quienes dijeron que serían acreditados por ellos al sr. Marshfield.
o Recibido de Benjn Alvord Constable, pagué en Boston los últimos 13 chelines de mi salario.

---

[423] Tomado de: *WJE Online Vol. 40*, Ed. Jonathan Edwards Center: (http://edwards.yale.edu/research/browse). Titulado: Account Books.

- o Los soldados salieron de nuestra Casa Nov. 3. 1746. Otros dos llegaron el mismo día por la noche y se fueron al día siguiente, pero uno después de la cena y llegó la noche. Peter Downer se fue el sábado 8 de noviembre y volvió el miércoles siguiente antes de la cena.
- o Enviado 18£ vía el Sr. John Hunt a Connecticut por azúcar y muselina.
- o 20 de octubre le prestó al señor [¿hermana?] Lyman, mi pequeño Buxtorf y el salterio hebreo.

El trato hecho con Caleb Pomroy Respetando mi tierra en Pomroys Meadow 4 de abril de 1748 para este año era que me traería la mitad del lino en la gavilla [¿rosted?] Y un tercio de los productos del resto de la tierra y dejar la tierra bien vallada según el pacto anterior.

Puntualizar que esto es una pequeña muestra tomada apenas al azar de los cientos y cientos de entradas anotadas por Edwards en sus libros de cuentas. Anotaba todo, asunto, cosa, lugar, costo, fecha, testigos, etc. Ese nivel de control y cuidado lo aprendió Edwards precisamente de sus padres. Lo notamos en algunas de las cartas de su padre, especialmente aquella que le envió a su esposa Esther sobre los asuntos de la casa cuando estuvo de capellán con el ejército en Canadá.

A parte de estos registros, caracterizaron a Edwards tomar notas varias de diversos asuntos, pero muy concentradas en cuestiones de sus estudios, etc., en lo que se conoce como sus "Misceláneas". En esos documentos, que eran cuadernos hechos a mano, cosidos, plasmó más de 1.500 entradas. Vealos en el archivo *online* de Yale: "The Works of J. E." (Las obras de J. E.).

Sus sermones y notas de sermones fueron en general y continuadamente, los objetivos primarios de todo el haber intelectual de Edwards. Pero de esos sermones salieron casi todos los tratados y libros que hoy tenemos de la pluma de Edwards. Y de sus "Misceláneas" y otros cuadernos manuales han seguido saliendo publicaciones asombrosas del renombrado divinista.

La otra manera por excelencia de Edwards de escribir fueron sus cartas, reportes y narrativas, de las cuales surgió su primer libro publicado: "Una narrativa fiel". Otras publicaciones más fueron el fruto de sus tantas notas.

De hecho, si Edwards puede ser llamado un genio de la predicación teológica, también merece el título de ilustre narrador; y para que contarles que fue un prolijo escritor. Es precisamente por sus varias narrativas que tenemos una imagen impecable de como fueron los avivamientos en Northampton y otros lugares de Nueva Inglaterra. Y por la misma causa, tenemos un reporte fiel y detallado de la razón y forma de su despido del pastorado en Northampton. Podemos decir que Edwards fue un genio de la narrativa. Hicimos notar algunas cosas que se dicen de su magistral trabajo "Narrativa personal", y se han dicho cosas mayores de su "Un recuento de la vida de Rev. David Brainerd, misionero entre los indígenas", que es una narrativa en el mismo estilo. Ese diario ha sido uno de los *best seller* de Edwards de todos los tiempos.

En suma, el método de Edwards consistió en anotar todo y guardarlo para su debido uso en registros localizables y seguros. Anotaba en su Biblia al margen, en cuadernos de anotaciones, en papeles sueltos, etc.

## El método de estudio de Edwards

Con respecto al método de análisis de Edwards, el siguiente trozo de una carta dirigida a los ejecutivos de Princeton cuando ellos lo invitaron a ser presidente de esa alta casa de estudio nos revela algo sobre este particular:

> **Mi método** de estudio, desde el comienzo de mi trabajo en el ministerio, ha sido mayormente por escrito; aplicándome de esta manera a mejorar cada indicio importante; persiguiendo la pista al máximo, cuando alguna inspiración en mi mente, algo en la lectura, la meditación o la conversación, pareciese prometer la iluminación de cualquier tema importante. Escribiendo así lo que me parecían mis mejores pensamientos sobre innumerables temas, para mi propio beneficio. Cuanto más proseguía mis estudios en este método, más habitual se hacía, y más agradable y provechoso lo encontraba.[424]

Respecto al método de su bisabuelo, Tryon Edwards interesantemente nos deja saber lo siguiente:

> "Ninguno de los Edwards parece haber confiado en absoluto en su genio; pero ambos fueron infatigables en sus estudios. También en estos, y en su ejercicio y descanso, fueron lo más sistemáticos posible. Se levantaron temprano y vivieron según las reglas, como todo hombre debe gozar de una mente despejada y lograr mucho en poco tiempo. No temían dar a conocer que tenían sus horas sagradas para el estudio y la meditación. De esta manera evitaban interrupciones innecesarias, como la mayoría

otros hombres en el oficio sagrado podían hacer, y así lograr mucho más de lo que generalmente se logra".[425]

## Pluma y papel en mano

"Sin una pluma no puedo ver como la mayoría no puede ser superficial en sus lecturas y estudios", razonó Piper en una conferencia precisamente sobre Edwards. Anotar era habitual en Edwards. Nunca confió en su memoria, ni siquiera al predicar. Durante la mayor parte de su ministerio iba al escritorio (el púlpito congregacionalista americano) con todas sus notas en mano, como nos dejó saber el Dr. Hopkins en su biografía sobre Jonathan, si bien no era totalmente dependiente de ellas, pero si leía casi todo lo anotado al predicar. Al final recomendaría que era mejor aprenderse los sermones.

Edwards era tan adicto al papel, que incluso cuando salía a sus acostumbradas caminatas por las tardes, e incluso en sus frecuentes viajes a otros poblados, solía llevar pedazos de papel consigo para anotar sus reflexiones, observaciones e ideas. En pocas palabras, siempre tuvo papel y pluma consigo. Nunca confió en su memoria futura. Esto es lo que Sereno Dwight escribió sobre la disciplina de Edwards en este respecto.

> "Incluso siendo niño comenzó a estudiar con la pluma en la mano; no con el propósito de copiar los pensamientos de los demás, sino con el propósito de anotar y preservar el pensamiento sugerido a su propia mente... Esta práctica de lo más útil... prosiguió constantemente en todos sus estudios a lo largo de la vida. Su pluma parece haber estado siempre en su mano. De esta práctica... obtuvo las grandes ventajas de pensar continuamente durante cada período de estudio; de pensar con precisión; de pensar en conexión; de pensar habitualmente en todo momento... de seguir cada tema de pensamiento dado en la medida de lo posible... de preservar sus mejores pensamientos, asociaciones e imágenes, y luego ordenarlos bajo sus debidos encabezados, listos para su uso posterior; de fortalecer regularmente la facultad de pensar y razonar, mediante un ejercicio constante y poderoso; y sobre todo de moldearse gradualmente en un ser pensante..."[426]

Dwight nos cuenta cómo utilizó los días que le llevó a caballo llegar de un pueblo a otro. "Pensaría en una cosa hasta llegar a una conclusión y luego

---

[425] Edwards, Tryon. I: xxxvii.
[426] *JEW*, I: xviii.

fijaría un trozo de papel en su abrigo y cargaría su mente para recordar la secuencia de pensamientos cuando se quitara el abrigo en casa".[427]

Edwards tenía una pluma y papel en cada lugar donde estaba. Leía y pensaba con pluma y papel en mano.

## Lectura regular

La biblioteca de Edwards a su muerte tenía apenas unos 300 libros, aparte de una cantidad inaudita de manuscritos en sus gavetas. Había varios de sus libros, además, en manos de sus amigos. Pero, de más está repetir que Edwards fue un asiduo lector, un devorador de libros, y que tuvo la Escritura como su libro de lectura y meditación por excelencia. Así lo expresó:

> Mi corazón ha estado muy enfocado en el avance del reino de Cristo en el mundo. Las historias del avance pasado del reino de Cristo, han sido dulces para mí. Cuando he leído historias de épocas pasadas, lo más placentero en todas mis lecturas ha sido leer sobre la promoción del reino de Cristo. Y cuando he esperado en mi lectura, llegar a tal cosa, lo he sorteado todo el tiempo mientras leía. Y mi mente ha estado muy entretenida y encantada, con las promesas y profecías de las Escrituras, del futuro avance glorioso del reino de Cristo en la tierra.
>
> A veces he tenido un sentido afectivo de la excelencia de la Palabra de Dios, como palabra de vida; como la luz de la vida; una palabra dulce, excelente y vivificante: acompañada de una sed después de esa palabra, para que pueda morar abundantemente en mi corazón.[428]

Esperaba ansiosamente que quienes viajaban o venían de Boston le trajeran periódicos y revistas. Quería estar enterado de todo. Registró cada movimiento, incluso si prestaba un libro, o si necesitaba un libro. Anotaba en sus cuadernos lo que le interesaba en sus lecturas, así como los lugares donde los encontraba. Sus meditaciones eran registradas del mismo modo. Cuando salía al campo a cabalgar, o iba de viaje, solía llevar pedazos de papel adheridos a su ropa para anotar sus reflexiones, y Sarah le ayudaba a organizarlas en su lugar cuando este regresaba a casa.

Como comentó Tryon Edwards, Edwards no se permitía confiar en su memoria ninguna cosa. Todo lo anotaba. De ahí sus misceláneas, sus notas de anotaciones varias, sus decenas de manuscritos aún nunca

---

[427] *Ibid*, I: xxxviii.
[428] Edwards. *Narrativa personal*.

Retrato del Reverendo Jonathan Edwards por el pintor Mauricio Brito de
Bonao, RD. 2020.

Retrato de Sarah Pierpont Edwards, esposa del Rev. Edwards. Hija del Rev. Pierpont y Mary Hooker. Este retrato es una mejora artística del retrato de los Edwards en el museo de la Universidad de Princeton, NJ, USA. Tomada de: https://nathanclaybrummel.blog/2020/10/07/jonathan-edwards-part-7-an-uncommon-union-with-sarah-pierpont/.

Fotografía del retrato del matrimonio Edwards que yace en el museo de la Universidad de Princeton. Cortesía de: TheoMagazine https://theomagazine.net/all-events/los-piadosos-tambien-subren-en-las-pestilencias-2/.

Retrato del Reverendo James Pierpont (1659/60-1714), padre de Sarah Edwards. Pastor en New Haven, Connecticut. Esposo de Mary Hooker Pierpont. Cortesía de: www.artgallery.yale.edu/.

Esther Edwards Burr, hija de los Edwards, esposa de Aaron Burr (predecesor de Jonathan en la presidencia de Princeton University). Cortesía de: Yale University Art Gallery (wikimedia commons).

Dr. Jonathan Edwards hijo, hijo de los Edwards. Fue doctor en teología y Presidente de Union College en Nueva York.

Pierpont Edwards (1750-1826), el hijo menor de Jonathan y Sarah-Pierpont fue juez. Cortesía de: Yale University Art Gallery (wikimedia commons).

El autor de este libro junto al letrero ubicado en el solar donde estuvo erigida la casa paterna de Jonathan Edwards, en South Windsor, CT, USA.

La casa de los Potter en South Windsor, erigida en 1694. Una casa casi idéntica a la casa en la que creció Jonathan Edwards.

La iglesia en South Windsor que inició y pastoreó hasta su muerte Timothy Edwards el padre de Jonathan. Este templo fue erigido en el lugar donde se encontraba el anterior en 1848. El anterior no era muy diferente a este.

El cementerio de South Windsor se encuentra en el patio de la iglesia. Esa era la práctica general en Nueva Inglaterra y toda USA todavía hoy es igual en ciudades pequeñas. Los padres de Edwards yacen en él.

La *Trinity Wall Street Church*. Edificio ubicado en el mismo lugar donde quedaba la congregación en la que Edwards pastoreó en Nueva York, en Wall Street con Brodway.

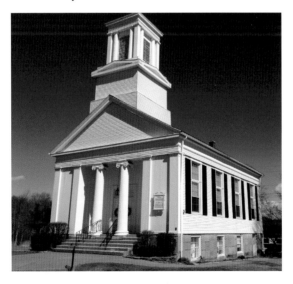

Templo actual de la primera Iglesia de Cristo en Bolton (CT) erigido en 1848. Edwards fue pastor en aquella congregación por menos de un año, antes de ser contratado como tutor en Yale. Foto cortesía de la web de BoltonUCC.

Vista frontal *del colegio Yale y la capilla de New Haven* en 1786, tal cual era en los días que Edwards enseñó. Cortesía de Yale Art Gallery. (https://artgallery.yale.edu/collections/objects/54778).

*Campus de Yale* por la cara norte en 1906. Acuarela de Richard Rummell. Cortesía de: Rummell,_Richard_Yale_University_cropped.jpg (imágenes Wikipedia).

Fachada frontal actual de la *Universidad Yale*.

Fotografías del *Colegio Edwards* en la Universidad Yale. Facultad erigida en honor a Jonathan Edwards quien fuera estudiante sobresaliente y luego tutor en dicha prestigiosa casa de estudios.

Fotografía actual de los alrededores de la *Universidad Yale* en el centro de la ciudad de New Haven. Foto cortesía de Juan de la Cruz, octubre 2020.

Facultad Benjamin Franklin (en Yale University) quien fuera contemporáneo de Jonathan Edwards.

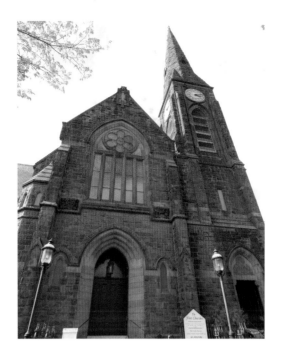

Templo actual de la *Primera Iglesia de Cristo* en Northampton. Se trata del tercer inmueble construido en 1877. Bajo la administración de J. Edwards fue erigido el segundo edificio.

Fotografía actual del ayuntamiento en Northampton, erigido en 1850, muy semejante al que estuvo en el mismo lugar en los días que los Edwards vivieron en esta localidad.

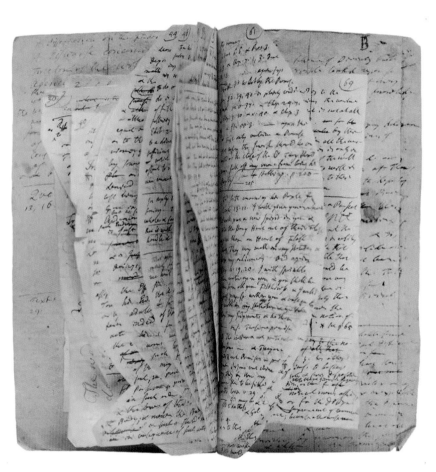

Fotografía de uno de los cuadernos manuscritos de Jonathan Edwards.

El Nassau Hall, en la Universidad de Princeton, en los días que Edwards fue presidente. El dibujo es de 1776. Cortesía de: Princeton (https://www.princeton.edu/news/2017/11/06/princeton-research-project-explores-past-ties-slavery)

Panorámica del Nassau Hall en 1836. Cortesía de Princeton (https://blogs.princeton.edu/mudd/2015/06/a-brief-history-of-the-architecture-of-nassau-hall/)

Retrato frontal de Princeton en la actualidad.

La tumba de Jonathan y Sarah Edwards en el cementerio de la ciudad de Princeton, NJ.

Homenaje a los Edwards, en Bridge Street Cemetery, Northampton, Condado de Hampshire, Massachusetts, EE. UU. Fuente: https://es.findagrave.com/memorial/22277192/eunice-edwards.

Fotografía de la *Blank Bible* (Biblia en blanco) de Jonathan Edwards.

Una página de las notas de Edwards en la Biblia en blanco.

Escritorio personal de Jonathan Edwards

Representación en yeso de Jonathan Edwards. Exhibido en el museo de la Universidad de Princeton, NJ.

Foto de un Sermón de Edwards exhibido en el Bible Museum en Washington DC. Foto cortesía de Juan C. de la Cruz, octubre 2020.

publicados, algunos en impecable forma listos para ser enviados a la imprenta, etc. Consulte, p. ej., la muestra de su "REGISTRO DE CUENTAS DE EDWARDS" (*Account Book*), del cual ya os entregamos una muestra al comienzo de este capítulo.

## La Biblia (y la Biblia en Blanco) para Edwards

Mientras Edwards vivió y ministró en New York, por el año 1722 resolvió:

> **Resuelvo**: estudiar las Escrituras tan firme, constante y frecuentemente como pueda, de tal manera que pueda encontrar y sencillamente percibir en mí el crecimiento en el conocimiento de ellas.[m]

Cierto es que el haber resuelto de tal modo no era una garantía de que Edwards así actuaría. Por cierto, luego, en su "Narrativa", declararía que tales resoluciones fueron procuradas al principio, con cierta dependencia perniciosa en sí mismo. Pero no existe duda alguna de que tal cual sus resoluciones, así procedió Edwards toda su vida.

De hecho, Stephen J. Stein nos deja ver lo que sucedió en la práctica en los primeros años de la vida de Edwards respecto de la anterior resolución:

> Sin embargo, las dificultades que encontró Edwards para lograr esa resolución se hicieron evidentes desde el principio. A fines del invierno de 1723 se reprendió a sí mismo, escribiendo en su diario: "Últimamente he sido negligente en la lectura de las Escrituras".[429] Dos meses después, señaló: "He perdido el gusto por las Escrituras y otros buenos libros, que tenía hace cinco o seis meses".[430] Años más tarde, mirando hacia atrás a tal período, recordó: "Entonces, y otras veces, tuve el mayor deleite en las Sagradas Escrituras, que en cualquier otro libro. A menudo al leerla, cada palabra pareció tocar mi corazón". Recordó que "cada oración" parecía comunicar "una comida refrescante y encantadora" de tal manera que "no podía llevarse bien con la lectura".[§] Era ese tipo de lectura lo que esperaba recuperar y mantener, y no se dio por vencido en su objetivo. En diciembre de 1723, después de aceptar establecerse como ministro en Bolton, Connecticut, resolvió nuevamente en su diario: "Al final de cada mes, examinar mi comportamiento, estrictamente, por algún capítulo del Nuevo Testamento, más especialmente compuesto de las reglas de la vida. Al final del año, examinar mi

---

[m]  Edwards. 28ª. resolución.

[429]  *WJE*, XX:349–503.

[430]  *Ibidem.* 478-79.

[§]  JE to Rev. William Hobby, June 1751 (*JEW, 16*:371).

comportamiento según las reglas del Nuevo Testamento en general, leyendo muchos capítulos. También sería conveniente, en algún momento al final del año, leer, para este propósito, en el libro de Proverbios".[431] El año que cerró, 1723, había sido una época de expansión de la inversión de Edwards en el estudio bíblico. Escribió las primeras páginas de un nuevo comentario sobre el libro de Apocalipsis, "Notas sobre el Apocalipsis". También continuó escribiendo constantemente en las "Misceláneas", muchos de los cuales se enfocaban en temas bíblicos. Y poco después del comienzo del nuevo año, lanzó otro cuaderno dedicado a reflexiones generales sobre la Biblia, "Notas sobre las Escrituras".[432]

Es de suma importancia que sepamos que el más grande pensador de todos los tiempos no llegó a componer lo que pudiéramos denominar su 'cuerpo de divinidad'.

Por su parte, Edwards rehusó que lo enmarcaran como un seguidor de cualquier cosa aparte de Cristo y la Biblia. Él nos alentó a estudiar para la adoración pura y la obediencia práctica. Tanto Hopkins como Dwight hacen notar vibrantemente que Edwards no derivó su teología de los teólogos, sino de su Biblia.

La determinación temprana de Edwards a vivir por las Escrituras, independientemente de las dificultades que haya presentado, le guiaron en sus noches grises y en sus días sombríos. En noviembre de 1723, Edwards decidió aceptar el pastorado en Bolton. Pero dicha pastoral duraría apenas unos seis meses, pues aceptaría una posición de tutor a Yale, como ya hemos notificado en este escrito. Su tiempo en Yale fue emocionalmente miserable, tuvo la crisis emocional más profunda y longeva que experimentó jamás, que incluso se extendió a su primer semestre en Northampton. Sin embargo, como puntualiza Stephen Stein:

> Pero Edwards no estaba destinado a continuar como ministro en Bolton. En mayo de 1724 fue invitado a convertirse en tutor en la universidad Yale. En la primera semana de junio comenzó sus responsabilidades en la universidad. Esa semana, según escribió, fue "notable ... con respecto a los desalientos, los miedos, las perplejidades, las multitudes de preocupaciones y la distracción mental". Reconoció que sus circunstancias exigían "una fe, una esperanza y un amor mucho más fuertes y permanentes" para hacer frente a los desafíos a los que se enfrentaba. Sin embargo, incluso durante esos meses exigentes, el joven tutor se dedicó a la tarea de interpretar las Sagradas Escrituras. Al comentar sobre las "dificultades en la religión" en las

---

[431] *WJE*, 3:134.
[432] *WJE Online Vol. 24*. Es. Stein. The "Blank Bible".

"Misceláneas", a fines de 1724, declaró: "Estoy convencido de que hay muchas cosas en la religión y las Escrituras que se dificultan a propósito para probar a los hombres, y para ejercer su fe y escrutinio, y para obstaculizar a los orgullosos y autosuficientes".[433] Unas pocas entradas más adelante en el mismo cuaderno, comentando sobre la institución del Sabbat en el Antiguo Testamento, afirmó que la Escritura "es la única regla de nuestra fe y práctica".[434] Durante sus años como tutor, Edwards escribió una serie de entradas en "Misceláneas" bajo el título "La religión cristiana", muchas de las cuales dependían de verdades que veía expresadas de manera única en la Biblia. Una entrada típica, que evoca el tema del carácter distintivo de las Escrituras, es: "Y la forma en que Dios tiene comunión con los hombres que supone la religión cristiana, es la más congruente que se puede pensar hacia los hombres en un estado y en un mundo caídos, es decir, tener su 'palabra escrita' en un volumen: donde el asunto es tan variado, tan amplio y diversificado, y adaptado a cada circunstancia; los textos tienen tantos aspectos, aptitudes y sentidos diferentes, como se contempla en diferentes luces y comparado con las providencias de Dios u otras partes de su Palabra".[435] Pero Edwards no tenía suposiciones ingenuas con respecto a la facilidad para entender la Biblia. Su declaración, de hecho, subrayó el desafío interpretativo que enfrenta el ministro. Por esa misma razón continuó su estudio intensivo de las Escrituras.[436]

El editor de la *Blank Bible* (Biblia en blanco) escribió en su introducción a este esfuerzo de Edwards en "*The Works*" de Yale:[437]

"Observaciones diversas sobre las Sagradas Escrituras" es el manuscrito más inusual de todo el *corpus* de los escritos de Jonathan Edwards. Es distintivo en virtud de su origen, composición física, historia notable, relativa oscuridad y centralidad en su pensamiento religioso. El manuscrito también es excepcional entre los documentos religiosos estadounidenses del siglo XVIII. Este gran comentario bíblico intercalado es conocido por el nombre peculiar, si no paradójico, que le dio Edwards, quien llamó a este manuscrito su "Biblia en blanco". Pero la "Biblia en blanco" es cualquier cosa menos en blanco; contiene más de 5.500 notas y entradas de Edwards relacionadas con textos bíblicos.[†]

[433] *WJE*, 15:87-88.
[434] *WJE*, 14:441-43.
[435] *JEW*, 15:99-10.
[436] *WJE Online Vol. 24*. Ed. Stein. The "Blank Bible".
[437] *Ibidem*.
[†] MS, Beinecke Rare Book y los manuscritos bibliotecarios, Universidad Yale, New Haven, Conn. A menos que se indique lo contrario, todos los MSS mencionados aquí están en la Biblioteca Beinecke.

Edwards heredó este manuscrito encuadernado en cuero, parecido a un libro, que incluye una pequeña edición impresa intercalada de la versión King James de la Biblia, de su cuñado Benjamin Pierpont, quien abandonó su intento al ministerio cristiano en 1730.[438] Edwards posteriormente adaptó la "Biblia en blanco" para sus propios fines de estudio, coordinando su uso con sus manuscritos previamente existentes, así como con sus otras actividades intelectuales complementarias y responsabilidades profesionales.[439] Después de su muerte, el manuscrito, entregado a sus herederos tanto biológicos como teológicos, sobrevivió dos cruces del Atlántico antes de aterrizar finalmente bajo la custodia de la Biblioteca de la Universidad de Yale.[440] Solo algunas de las entradas de la "Biblia en blanco" han aparecido alguna vez impresas, ninguna en una edición crítica. De esta primera edición completa es evidente que la "Miscelánea".

Las observaciones sobre las Sagradas Escrituras "funcionaron de manera central en el programa teológico de Edwards, y es doblemente evidente que la Biblia fue parte integral de su pensamiento y actividad religiosa como ministro, teólogo y apologista".

El enfoque bíblico del pensamiento religioso de Edwards no es un descubrimiento nuevo. Compartió ese principio fundamental de las Escrituras con otros ministros y teólogos de la tradición reformada y del mundo protestante.[441] Los primeros volúmenes de esta edición de *Edwards' Works* han demostrado la presencia e influencia de la Biblia en sus cuadernos privados, su predicación, sus tratados y sus publicaciones. Pero el alcance de su inversión en estudios bíblicos y la magnitud de la evidencia escrita que documenta su preocupación por las Escrituras son mucho más evidentes con la publicación del texto completo de la "Biblia en blanco".

La "Biblia en blanco" fue concebida como un complemento en función e intención de las "Notas sobre las Escrituras".[442] También se cruza directamente con las "Notas sobre el Apocalipsis", las "Imágenes de las cosas divinas", la "Armonía de lo Antiguo y el Nuevo Testamento", el cuaderno "Tipos", el cuaderno sobre el "Pentateuco" y las extensas entradas en las "Misceláneas" que se ocupan principalmente de la exégesis bíblica, incluidos los "Tipos del Mesías", "Profecías del Mesías" y "Cumplimiento de las Profecías

---

[438] Ver: Stein, Stephen: "The Biblical Notes of Benjamin Pierpont", *The Yale University Library Gazette* 50 (1976), 195–218.

[439] Ver: *WJE, 13:a—500*, Ed. Schafer; *WJE*, 5:95-305. Ed. Stein; y *WJE, 15.* Ed. Stein. Después de la cita inicial, todos los volúmenes de la Edición Yale se denominarán Obras con el número de volumen.

[440] Ver: Dexter, Franklin. *"The Manuscripts of Jonathan Edwards"*, *Proceedings of the Massachusetts Historical Society*, Ser. 2da, 15 (1901–1902), 2–16.

[441] La centralidad del principio bíblico en la Reforma Protestante es evidente en S. L. Greenslade, ed., *The Cambridge History of the Bible*, vol. 3, *The West from the Reformation to the Present Day* (Cambridge, Inglaterra, At the University Press, 1963)... Etc.

[442] *WJE, 15:*49–613.

del Mesías", así como indirectamente con las porciones expositivas de sus más de mil doscientos sermones manuscritos existentes y las secciones exegéticas de sus tratados publicados.[443] En contraste con estos otros manuscritos, la "Biblia en blanco" sigue siendo un rompecabezas cronológico que solo se ha resuelto parcialmente; Edwards escribió las entradas aleatoriamente durante un período de casi tres décadas. Cuando se toman en cuenta todos estos escritos, la inmensidad del compromiso intelectual y religioso de Edwards con la tarea de leer, comprender e interpretar la Biblia se vuelve aún más asombrosa. En la América colonial, su producción exegética fue quizás rivalizada o superada en cantidad solo por la de Cotton Mather, quien escribió un enorme comentario bíblico titulado "Biblia Americana". El comentario de Mather, que consta de varios miles de páginas en seis grandes manuscritos, trata de todas las secciones de la Biblia y también incluye ensayos que se centran en problemas y cuestiones relacionadas con la interpretación.[444]

Esta publicación del texto de la "Biblia en blanco" arroja 'Nuevas luces' sobre el mundo intelectual y cultural más amplio de Edwards. La dimensión bíblica de su actividad ha sido pasada por alto, menospreciada o descartada durante demasiado tiempo en muchas evaluaciones de su vida y obra. Estudios anteriores han identificado y destacado a Edwards como el observador perspicaz de la naturaleza, el predicador talentoso, el filósofo erudito, el teólogo piadoso y el polémico entusiasta.[445] Cada una de estas representaciones ha contribuido a su reputación y prominencia como líder en el movimiento evangélico emergente del siglo XVIII. Colectivamente,

---

[443] Ver: *JEW*, 5:95–305; *WJE, 11:49-142*, Eds. Anderson, Lowance, Jr. y Watters, 49–142); *"The Harmony of the Genius, Spirit, Doctrines and Rules of the Old Testament and the New"* (MS, f. 1210); *WJE*, 11:145–53; *"Defense of the Authenticity of the Pentateuch as a Work of Moses"* (MS, f. 1204); *WJE*, 11:191–328; *"Prophecies of the Messiah"* ("Miscellanies", nº 1067, Trask Library, Andover coll.); *"Fulfillment of the Prophecies of the Messiah"* ("Miscellanies", no. 1068, Trask Library, colección de Andover); y los manuscritos de sus sermones tanto en la colección de Yale como en la de Andover.

[444] Está en planes una edición de diez volúmenes de la "American Bible" de Mather como parte de una nueva serie en las Colecciones de la Sociedad Histórica de Massachusetts con Reiner Smolinski como Editor General. Los manuscritos se encuentran en la Sociedad Histórica de Massachusetts.

[445] Ver, por ejemplo: Perry Miller, *Jonathan Edwards* (New York, William Sloane Associates, 1949); Douglas Elwood, *The Philosophical Theology of Jonathan Edwards* (New York, Columbia Univ. Press, 1960); C. Conrad Cherry, *The Theology of Jonathan Edwards: A Reappraisal* (Garden City, N. Y., Doubleday, 1966); Roland André Delattre, *Beauty and Sensibility in the Thought of Jonathan Edwards: An Essay in Aesthetics and Theological Ethics* (New Haven, Yale Univ. Press, 1968); Clyde A. Holbrook, *The Ethics of Jonathan Edwards: Morality and Aesthetics* (Ann Arbor, Univ. of Michigan Press, 1973); Harold P. Simonson, *Jonathan Edwards: Theologian of the Heart* (Grand Rapids, William B. Eerdmans, 1974); Norman Fiering, *Jonathan Edwards's Moral Thought and Its British Context* (Chapel Hill, Univ. of Carolina del Norte Press, 1981); etc.

han establecido su estatus como uno de los intelectuales más talentosos de Estados Unidos. Desde la década de 1990, se ha prestado nueva atención a su interés en la Biblia.[446] Aunque diversos puntos de vista informan estos esfuerzos académicos, juntos confirman que Edwards se sumergió en lo que se ha llamado una "tradición concéntrica de lectura" que implicó el estudio detenido de un texto sagrado primario, a saber, la Biblia, así como comentarios sobre ella y textos satelitales relacionados.[†] Estaba consumido por el texto bíblico y la literatura relacionada. El no entender esta preocupación ha llevado a algunos en el pasado a ignorar, si no descartar, el lado bíblico del pensamiento de Edwards.[‡] Esta publicación de la "Biblia en blanco" promete ayudar a rectificar ese descuido y contribuir a una reevaluación del lugar de la Biblia en su ministerio.

Este volumen[447] permitirá a las personas juzgar por sí mismas la naturaleza del compromiso de Edwards con la interpretación del registro bíblico. Su comentario es un claro producto de la cultura religiosa evangélica del siglo XVIII. En el siglo XXI, algunas partes del texto de la "Biblia en blanco" pueden tener un impacto mixto en algunos círculos sobre la reputación de Edwards como intelectual y pensador religioso.[448]

El apego de Edwards a las Escrituras, lo condujo a resolver su eterno compromiso con la verdad, cual vemos en su trigésima cuarta "Resolución":

**Resuelvo**: en las narraciones, nunca hablar cualquier cosa sino la pura y simple verdad.

Y a parte de tales monumentales trabajos de Edwards, que de seguro comprenden decenas de miles de citaciones de Jonathan del Texto sagrado,

---

[446] Las obras que tratan con los intereses bíblicos de Jonathan Edwards incluyen: John H. Gerstner, *The Rational Biblical Theology of Jonathan Edwards* (3 vols. Powhatan, Vir., Berea Publications, 1991–93); Kenneth P. Minkema, *"The Other Unfinished 'Great Work': Jonathan Edwards, Messianic Prophecy,* y *"The Harmony of the Old and New Testament"*, en: *Jonathan Edwards's Writings: Text, Context, Interpretation*, ed. Stephen J. Stein (Bloomington, Indiana Univ. Press, 1996), pp. 52–65; *WJE, 15*:1–46; etc.

[†] La frase "tradición de lectura concéntrica", tal como la usa George Steiner, hace referencia al "tejido textual" en la vida de un comentarista. Ver Marc H. Ellis, *Unholy Alliance: Religion and Atrocity in Our Time* (Minneapolis, Fortress Press, 1997), p. 26.

[‡] Entre las pocas referencias a la Biblia en la importante biografía de J. E. de Perry Miller se encuentra el siguiente comentario: "Al fijarse en los textos que los arminianos citaban constantemente, Edwards los argumentó de manera literal —y para nosotros sin recompensa—vanal" (¿Qué es esta palabra? (*Jonathan Edwards*, p. 297).

[447] *WJE* Online, Vol. 24.

[448] Para juicios contrastantes, ver Charles H. Cohen, *"The Post-Puritan Paradigm of Early American Religious History"*, *William and Mary Quarterly*, 3rd ser., 54 (1997), 705–6; y Bruce Kuklick, *"Review Essay: An Edwards for the Millennium"*, *Religion and American Culture: A Journal of Interpretation 11* (2001), 109–17.

para que tengamos una idea amplia de tal fundamento para él, precisamos mencionar que "hay 1.167 referencias bíblicas identificadas en el texto de 'Los afectos religiosos' [considérese que este es un tratado de una extensión relativamente breve] en el índice bíblico de '*The Works of President Edwards*' (4 vols. New York, 1843 [en adelante Worcester, ed. revisada]), 4, 684–710. Vol. 2, ya que la edición de Yale no tiene índice bíblico".[449]

## El rigor de lectura y de análisis de Edwards

Es obvio que un graduado de Yale y un teólogo tan renombrado como Edwards fuera un distinguido investigador, y por tanto, un gran lector. Aquí queremos esencialmente navegar, a vuelo de pájaro, por la literatura que Edwards consumió. El breve análisis a continuación no es para nada nuestro, es una traducción de la edición de Paul Ramsey que puede encontrarse en JEW Online en el portal de Yale que hemos citado abundantemente en esta obra.

Thomas Shepard estaba destinado a ejercer una inmensa influencia sobre la vida y el pensamiento de Nueva Inglaterra. Él nació en Northamptonshire y huyó a Nueva Inglaterra en 1635. Como muchos otros predicadores y teólogos puritanos, fue educado en Emmanuel College, Cambridge.

Edwards citó más de Shepard que de cualquier otro escritor, dependiendo principalmente de "La parábola de las diez vírgenes". J. A. Albro notó este hecho e hizo la siguiente observación:

> "Nuestro propio Edwards, un hombre cuya experiencia religiosa fue tan genuina y profunda como la de cualquier teólogo que haya producido Nueva Inglaterra o el mundo, estaba más en deuda con los sermones de Shepard sobre "La parábola de las diez vírgenes", en la preparación de su "Tratado concerniente a los afectos religiosos", que a cualquier otra producción humana, como lo demuestra el hecho que *de ciento treinta y dos citas de todos los autores, más de setenta y cinco son del Sr. Shepard*".[‡]

La descripción de **Thomas Shepard** del verdadero creyente muestra la similitud entre su problema principal y el discutido por Edwards en "Los afectos". Su relato de la fe como la relación suprema entre Cristo y el alma nos proporciona instructivos paralelos a los puntos de vista de Edwards. Se dice que la visión de Cristo es de naturaleza anterior (si no siempre en el tiempo) al acto de fe. Y esta visión no es posible solo

---

[449] *WJE* Online, Vol. 24. Nota 7 (segunda).

[‡] Se cita: Albro, Life, pp. 318-319.

para el entendimiento ordinario. En pasajes notablemente similares a aquellos en los que Edwards describió su idea de comprensión espiritual, Shepard contrasta el conocimiento adquirido a partir de informes históricos, de la Biblia y los credos, con un conocimiento vivo que también es un conocimiento salvador.[450]

El *Sincere Convert* (Convertido sincero) fue abundantemente citado por Edwars en los *Afectos* y en las *Misceláneas*.

El *Sound Believer* (Creyente saludable) de Shepard,[§] y un sentido del pecado que encuentra su asiento en "los afectos y la voluntad". Shepard sostiene que es posible tener la convicción sin el remordimiento, pero que "en los elegidos" uno siempre acompaña al otro. Excepto por el hecho de que Edwards no aceptó la idea de etapas en el trabajo del Espíritu, sus puntos de vista son los mismos en este punto.[451]

Si las obras de Shepard, al menos en lo que respecta a "los Afectos", ejercieron la mayor influencia teológica sobre Edwards, Stoddard ciertamente debe haber ejercido la influencia más poderosa en la vida personal de Edwards. No es necesario contar aquí la historia completa de la relación ministerial entre Edwards y su abuelo. Sin embargo, obtenemos una idea de las relaciones teológicas entre los dos a partir del uso que hizo Edwards en las obras de Stoddard, los "Afectos".

Con la excepción de Shepard, **Solomon Stoddard** aparece con mayor extensión en las notas de Edwards que cualquier otro escritor. El comentario más explícito a "los Afectos" se produce en relación con el primer signo de afecto misericordioso y el testimonio del Espíritu.

Edwards señala que Stoddard en una época más joven… sostuvo la opinión de que la piedad puede ser revelada inmediatamente en casos particulares a través del testimonio del Espíritu, pero que más tarde rechazó esta opinión… Edwards cita, a este respecto, algunos párrafos de *A Treatise Concerning Conversion* (Un tratado concerniente a la conversión), que apareció por primera vez en 1719.

Aparte de este comentario, las citas de Stoddard se dan con aprobación implícita y no van acompañadas de comentarios adicionales. Es obvio que a Edwards le complació contar con el apoyo que le otorgaba el nombre de Stoddard. En la declaración y defensa, por ejemplo, del

---

[450] JWE Online, Vol. 2. Ed. Ramsey: www.edwards.yale.edu.
[§] Publicado en Boston, 1742, p. 34 (*cf.* p. 49).
[451] JWE Online, Vol. 2. Ed. Ramsey: www.edwards.yale.edu.

duodécimo signo de los afectos bondadosos: "los afectos bondadosos y santos tienen su ejercicio y fruto en la práctica cristiana". Edwards cita varias páginas del sermón de Stoddard "La manera de conocer la sinceridad y la hipocresía" (de 1719), encuadernado con el "Tratado sobre la conversión". Este sermón hace de la obediencia o la práctica, lo que entonces se llamaba "carruaje", el principal signo de gracia; en consecuencia, proporcionó a Edwards un poderoso apoyo para su propia opinión. La tesis de Stoddard es que la hipocresía se revela en "el curso de la vida", mientras que la sinceridad solo puede conocerse en "actos particulares". Esta es una posición muy diferente a la de Edwards. Sin embargo, de manera característica, no presta atención a estas distinciones especiales, porque estaba más interesado en el curso de su propio argumento; necesitaba apoyo para su tesis general de que la obediencia y la práctica cristianas representan la perfección de la humildad; tal sermón de Stoddard le brindó ese apoyo...

El uso final que hizo Edwards de *The Way to Know Sincerity* (La vía para entender la sinceridad) de Stoddard proporciona una excelente ilustración del "empirismo" o "religión experimental" en uno de sus sentidos más precisos. Edwards argumentó que los actos de gracia manifestados en la práctica conducen a una mayor seguridad cuanto más a menudo y regularmente ocurran... Cita la doctrina de Stoddard de la "renovación repetida" de los ejercicios visibles de la gracia como un medio de seguridad más confiable.

El punto de vista de Edwards era más crítico que el de Stoddard, pero también asignaba una mayor responsabilidad a los hombres para discernir los espíritus mediante la aplicación de criterios. En general, la visión de Stoddard se inclinó más en la dirección de la aprehensión inmediata sin signos. A Stoddard le gustaba decir que la gracia es su propio signo o que brilla con su propia luz, siendo una transformación objetiva del yo que el individuo puede llegar a conocer por sí mismo. Edwards, por otro lado, buscó una doctrina de signos según la cual se requirieran criterios explícitos, cuya presencia, en las condiciones adecuadas, podría interpretarse como la presencia del Espíritu.

El uso que hace Edwards de "La guía de Cristo" de Stoddard, publicada por primera vez en 1714 (pero citada por él en la edición de 1735), es singular; muchos de los pasajes son en realidad paráfrasis de diferentes partes del libro... El tema principal es la necesidad de la humillación y la convicción del pecado como prioridad a la fe; fue a esto que Stoddard llamó "preparación". Que Edwards no sostuvo este mismo punto de vista no es aclarado en la referencia a Stoddard en "Los afectos".[452]

---

[452] Ver: *WJE* 20: 350-51 ("Misceláneas", n. 1019).

Y nuevamente tenemos una excelente ilustración del uso que hace Edwards de una obra para sus propios fines; cuando encuentra algo en Stoddard para apoyarlo, lo usa, pero no hay compromiso ni discusión.[453]

Jonathan Edwards estaba familiarizado con muchos de los libros de **John Falvel**,[454] a quien se refirió como "el santo señor Flavel", y citó cinco de sus obras: *Husbandry Spiritualized* (La crianza espiritualizada), 1669; *Sacramental Meditations* (Meditaciones sacramentales, 1679; *The Touchstone of Christian sincerity* (La roca de la sinceridad), 1679; *Facing Grief* (Enfrentando el dolor: consejo para los sufridos), 1681; *A Blow at the Root* (Un golpe en la raíz), un discurso sobre las causas y curas de los errores mentales, 1691.[455]

**John Smith**, uno de los filósofos ingleses, junto con Cudworth y More, a quienes conocemos como los "Platónicos de Cambridge", es el único escritor citado por Edwards que no era en sentido estricto un teólogo o divinista.

De sus escritos tenemos muy poco, aparte de los *Discursos selectos*, editado por Worthington en 1660… reimpreso en 1673, tenemos "Comentarios sobre los Profetas" (1731) y la impresión separada en 1745 de su noveno discurso "La excelencia y nobleza de la religión verdadera". "The Select Discourses" (Discursos selectos) contiene diez piezas, la octava de las cuales, "Un descubrimiento de la brevedad y la vanidad de una rectitud farisaica", fue utilizada por Edwards, quien tomó de ella uno de los extractos individuales más largos citados en "Los afectos". Este discurso se basa en Mateo 19:20-21, y elabora aún más el tema que recorre todos los ensayos y se formula en el noveno título, "La excelencia y nobleza de la religión verdadera": cuatro puntos en los que se induce falsamente a los hombres a creer que tienen una fe religiosa genuina cuando no la tienen. Es interesante que Edwards, al presentar el pasaje citado, lo describa como "notable" y tan claramente expresivo de su propia opinión que, como él dice, "no puedo dejar de transcribirlo en su totalidad".

Es imposible estimar el verdadero impacto del pensamiento de Smith en la filosofía de la religión de Edwards. Solo hay una mención del nombre de Smith en el "Catálogo", en una cita que recomienda los "Discursos" como un trabajo para ser leído y que tiene el poder de elevar "los puntos de vista de uno por encima del mundo".

---

[453] JWE Online, Vol. 2. Ed. Ramsey: www.edwards.yale.edu.

[454] Para un tratamiento reciente de Flavel, véase: Miller, The Nueva Inglaterra Mind: From Colony to Province, pp. 404–405.

[455] JWE Online, Vol. 2. Ed. Ramsey: www.edwards.yale.edu.

Por su parte, Edwards cita una de las obras de **William Perkins**, "Un discurso sobre el estado de un cristiano".

**Philip Doddridge** fue uno de los clérigos inconformistas del siglo XVIII; existen interesantes paralelos entre su carrera y la de Edwards. El "Catálogo" de Edwards contiene muchas entradas que citan trabajos teológicos y académicos del Dr. Doddridge, llamando su atención; p. ej., su *Family Expositor* (Expositor familiar). Las "Misceláneas" también contienen referencias a otras de sus obras,[†] aunque varios usos de Doddridge en las "Misceláneas" vienen indirectamente a través de referencias a entradas en la "Biblia en Blanco", donde Jonathan Edwards cita su trabajo más de 300 veces (este tenía gran confianza en el comentario bíblico de Doddridge).[456] El trabajo de Doddridge que Edwards cita en "Los afectos", es "La doctrina bíblica de la salvación" (pub. en 1741), trabajo que consta de dos breves sermones sobre este tema.[457]

Los escritos de **William Ames** fueron bien conocidos en Nueva Inglaterra desde el principio; "La médula" y "Los casos" eran muy familiares tanto para los estudiantes como para los predicadores en los días de Edwards. Ames nació en Ipswich en 1576 y recibió su educación en Christ's College, Cambridge, donde fue alumno de Perkins. Su fama como teólogo se basa en su *Medulla Theologiae* (Médula teológica), pub. en 1631, traducción al inglés 1642; y *De Conscientia* (La conciencia) pub. en 1631, traducción al inglés en 1643. Este último trabajo es el que utiliza Edwards; él lo cita como "Casos de conciencia" (en inglés). Una gran parte del valor de este trabajo para la teología de Nueva Inglaterra radica en su explicación de "la idea del pacto", especialmente su énfasis en el carácter voluntario del tipo de acuerdo del pacto. Sin embargo, Edwards estaba más interesado en él por la luz que arrojaba sobre la interpretación de la 'experiencia individual', como lo demuestra el hecho de que los pocos pasajes citados se extraen de la discusión de los signos de sinceridad y humildad en el creyente.

Mientras que Doddridge era un calvinista "amplio" en la línea de Baxter, **John Owen** fue generalmente descrito por sus contemporáneos como uno de los "doctores demasiado ortodoxos". Muchos eclesiásticos conocieron a Owen después de su ruptura con los presbiterianos como un riguroso independiente y como uno de los calvinistas menos flexibles. En el ámbito

---

[†] Por ejemplo: *WJE*, 20:269, 366, 369, 474 y 23: 28, 432
[456] Ver: *WJE*, 24:64-66.
[457] *WJE*, 26:223.

temporal, Owen fue una figura de considerable influencia. Ocupó el puesto de capellán de Cromwell, se convirtió en decano de Christ Church y se desempeñó como vicecanciller de Oxford hasta la Restauración.

La obra de Owen citada por Edwards, *A Discourse Concerning the Holy Spirit* (Un discurso sobre el Espíritu Santo), pub. en 1674, es una de sus principales y más maduras obras. En este trabajo Owen quiso mostrar la diferencia entre moralidad y religión; la diferencia, en lenguaje puritano, entre vivir una vida justa y sobria y experimentar la gracia especial de Dios a través del Espíritu Santo. Los extractos de Edwards están relacionados internamente con el propio argumento de Owen, así como con el tema de "Los afectos". Los pasajes citados se refieren a la diferencia entre una obra común del Espíritu que opera "sobre los afectos" y una operación espiritual en el sentido propio. Edwards se encontró totalmente de acuerdo con el argumento de Owen de que una operación amable debe "reparar" los afectos y "llenarlos". Los pasajes señalados por Edwards explican el significado de estos criterios para juzgar una obra del Espíritu.

En el "Catálogo" de Jonathan Edwards hay la siguiente entrada: "El Dr. Owen es recomendado por el Sr. Halyburton a los jóvenes estudiantes de teología en la Universidad de St. Andrews, sobre todo a todos los escritos humanos, para una visión verdadera del misterio del evangelio".[458]

De **John Preston**, Edwards cita el "Tratado sobre la conversión de Pablo", (pub. en 1637); "El carruaje de la Iglesia", (pub. en 1638); y el "Tratado del amor divino de Cristo", (pub. en1640). De **Jean Calvin**, Edwards hace solo breves menciones de "La Institución" en "Los afectos", y la citar de manera extraña, pues no indica ninguna edición; tampoco proporciona el libro, el capítulo y la sección en cada caso, excepto en la obra de Calvino. Eso es muy extraño en Edwards.

Edwards también leyó y/o citó a **Richard Sibbes, Theophilus Gale, Anthony Burgess, Samuel Rutherford, Francois Turretin,** a **Jeremiah Jones**. Incluso, leyó a **John Gill**, un bautista; a **John Glass**, prácticamente el padre del sandemanianismo; a **Isaac Watts**. Además, citó varios trabajos científicos y filosóficos de **Isaac Newton, John Locke,** y otros; sin contar las muchas gramáticas y demás libros y trabajos académicos que leyó y citó, como cualquier académico regular.

En los días de Edwards no había bibliotecas con cientos de miles de volúmenes. Recordemos los humildes inicios de las bibliotecas en Harvard

---

[458] *WJE*, 26:189.

y Yale con unos pocos cientos de volúmenes, de lo que ya hemos hablado en esta obra. Los aproximadamente 300 libros que Edwards tuvo en su biblioteca personal era poco común. Una ventaja de no tener tantos libros es que permite mucho más tiempo para el análisis. Lo contrario es propio a nuestros días en que cualquier biblioteca personal tiene varios miles de volúmenes y hay miles de bibliotecas con entre medio millón y 25 millones de volúmenes alrededor del mundo. Por ejemplo, Harvard, que tiene varias bibliotecas en lo interno de su campus en Cambridge, Massachusetts, albergando alrededor de 20 millones de documentos distribuidos en más de 400.000 manuscritos, unos 10 millones de fotografías, alrededor de un millón de mapas, etc. Y para qué hablar del acceso digital a la información hoy.

En los días de Edwards (incluyéndolo), el investigador estaba ansioso por información que saliera a la luz en la página impresa (especialmente procedente de Boston, Londres y Filadelfia). Hoy es necesario discriminar entre información e información. Se trata de mundos totalmente distintos en este sentido.

## El don de Edwards para escribir

*En la medida en que he podido evaluar los talentos que poseo para obras en beneficio de las personas, creo que puedo ESCRIBIR mejor que lo que puedo HABLAR.*[459]

Edwards no solo fue entrenado por su padre a ser un meticuloso profesional del uso del lenguaje (en las lenguas de la divinidad, griego y latín especialmente), y en inglés (como hemos dicho, esa era la meta de la preparatoria, gramática y retórica) —las universidades por entonces hacían un esfuerzo mayúsculo en este renglón también—, sino que fue un aventajado lector, pensador y escritor, todo un erudito y académico.

En referencia a su método de estudio, Edwards escribió:

Mi método de estudio… ha sido en gran medida escribir; aplicarme a mí mismo, en esta vía, mejorar cada sugerencia importante; persiguiendo la pista hasta lo más externo de mis sentidos, cuando al leer, o en meditación, o en conversación, algo ha sido sugerido a mi mente, y eso luce prometer luz en mi punto; encierro esos que me perecen mis mejores pensamientos, en temas innumerables, para mis propios beneficios.[460]

---

[459] Crampton. P. 4.
[460] *Ibidem, pp.* 7, 8.

Demasiado específico de parte de Edwards respecto a como lo hizo para llegar a ser la máquina productora de pensamientos por escrito que observamos.

A continuación, citaré y adaptaré un artículo que se escribió en la revista *Christian Spectator* en 1829, citada por Tryon Edwards en su trabajo "Las obras de Jonathan Edwards D. D.", abuelo suyo. La adaptación la hago porque el artículo es un paralelo del impresionante parentesco entre los Jonathan Edwards (padre e hijo), y para mis fines aquí eliminaré el paralelismo (o sea la segunda persona del plural y lo adaptaré al singular, de tal manera que solo refiera a Jonathan Edwards padre). La cita nos conduce a ver con detalles la fuerza del pensamiento de Edwards, por sobre su meticulosidad al escribir, disertar, predicar, criticar o debatir.

"El talento del [...] presidente Edwards para la disquisición filosófica y metafísica, fue de lo más alto. No había ningún tema dentro del campo legítimo de la investigación humana que fuera demasiado alto o muy profundo para sus poderes. Vio esas relaciones de las cosas que están mucho más allá del alcance de las mentes ordinarias, con una claridad que ha excitado la admiración de los metafísicos más distinguidos de una época posterior; y al trazar analogías remotas; al enderezar y arrojar luz sobre caminos oscuros e intrincados; al señalar de inmediato la sofistería de un argumento y *frustrar a sus oponentes con sus propias armas*; al golpear y sacar nuevas líneas de pensamiento y seguirlas hasta el punto de una demostración moral completa; **anticipar, inventar y responder a las objeciones**; y en todo lo que pertenece a lo que nos aventuraremos a llamar *el álgebra pura de la filosofía mental y la ciencia metafísica*, pocos hombres se han igualado alguna vez, y quizás, considerando todas las cosas, ninguno lo ha precedido.

No tomó prestada su pluma del ala del águila; hasta donde sabemos, nunca pasó una hora mirando con ilusión las alturas de Parnaso.[†] Era el 'monte de Sion', que amaba. Era el santo 'monte de Dios', hacia el cual sus ojos encendidos se dirigían a menudo; y era para sentarse allí y gritar amor redentor, al que ardientemente aspiraba. No fue para hacer un vano alarde de su destreza que se involucró en la controversia, sino para defender lo que creían que era una verdad importante; y *nunca entró en el campo, hasta que hubo reconocido cuidadosamente cada posición y probado a fondo su propia armadura*. Jamás intentó asustar o pisotear a su antagonista con un ataque furioso, ni tomar un lugar fuerte mediante un asalto. Todo lo de este tipo era completamente ajeno al temperamento de este distinguido campeón de la verdad. Pero una vez que se abrochaba la armadura, no pensaba quitársela hasta que el enemigo estuviera efectivamente desconcertado.

En el manejo de una controversia, su método era el siguiente: primero se establecía claramente el punto en disputa; lo probado o refutado

---

[†] Es decir, no gastó su tiempo en secularismo.

se colocaba por sí mismo en una luz fuerte, y luego eran examinados cuidadosamente los términos principales a usar después de eso, el oponente generalmente se encontraba en su propio terreno. Sus declaraciones y argumentos fueron comparados y analizados. A menudo se demostró que el oponente no estaba familiarizado con el tema, que no era concluyente e incluso absurdo en su razonamiento, y que era evidentemente inconsistente consigo mismo. Una vez hecho eso, *el siguiente paso* era sacar a relucir su propia fuerza y demostrar con muchas líneas de argumentación separadas y casi independientes que el plan al que se oponía era contrario a la razón, en guerra con el sentido común y, sobre todo, contradictorio con las declaraciones más claras de la Escritura. Para la exactitud de esta declaración, solo necesitamos referirnos a los tratados del presidente Edwards sobre la 'Voluntad' y el 'Pecado original'...

Además, Jonathan Edwards casi *nunca se contentó con simplemente probar su punto*; de modo que a menudo, cuando parece que todos deben estar ya convencidos, encontramos de cinco a quince razones poderosas que aún deben aducirse, además de sugerencias, en muchos otros que podrían presentarse en caso de necesidad. Y lo que debe haber sido extremadamente mortificante, por no decir provocador para un oponente en los escritos de Edwards, es que anticiparían más objeciones de las que él jamás soñó, y luego, les respondía de tal manera que desalentaría todo intento de respuesta. A menudo, desde nuestro corazón, hemos sentido lástima del teólogo postrado; y hemos estado dispuestos a pedir cuartel en su favor, cuando descubrimos que estaba demasiado perdido para hablar por sí mismo".[461]

Jonathan Edwards no se permitía la mediocridad en el trato de ningún tema. Él no estaría jamás satisfecho con una presentación y/o defensa trivial o general de un tema, ni para predicar, y tampoco para disertar, refutar o contender. Eso puede notarse en cualquiera de sus tratados, pero sobresalen en ese sentido: "Las marcas distintivas", que fue una defensa del avivamiento ante los escolares de Yale y los pastores y líderes cristianos de New Haven y todo Northampton, sobre el *avivamiento*; "El pecado original"; "La libertad de la voluntad", que es una defensa del calvinismo contra los argumentos del arminianismo que muy fieramente Chuncy defendía, aunque la defensa fue contra el Dr. John Taylor de Inglaterra, quien se pronunció en un escrito suyo que ya circulaba ampliamente en Nueva Inglaterra sobre las razones del arminianismo, el cual se tituló: *The Scripture-Doctrine of the Freedom of the Will* (La doctrina-bíblica de la libertad de la voluntad); "Una humilde inquisición", que fue la defensa que escribió de su posición (teológica) sobre la membresía y la cena del Señor, lo cual se le pidió exponer ante su iglesia cuando aquellos resolvieron despedirlo del pastorado en Northampton.

---

[461] Edwards, Tryon. I: xxxv – xxxvii.

304 Biografía de Jonathan Edwards

Cualquier sermón, tratado o libro de Edwards exhibe el mismo método y similares propósitos. Casi cualquiera que se acerque de forma crítica a sus escritos, a menudo se enfrentará a mucha frustración por la dificultad de penetrar a tales niveles de profundidad.

La siguiente expresión de Edwards, tomada del prefacio de su libro *An Humble Inquity* (Una investigación humilde), nos da fe tanto del método de Edwards, como de su carácter, quien detestó sobresalir, igual que ser un mero bufón:

> Puedo declarar seriamente, que una afectación de hacer un espectáculo como si yo fuera algo más sabio que esa excelente persona, está muy lejos de mí, y muy lejos de tener la menor influencia en mi apariencia de oponerme, de esta manera, a la prensa, una opinión que mantuvo y promovió con tanta seriedad. Claro que lo soy, no he fingido apartarme de su juicio, ni he estado gobernado en lo más mínimo por un espíritu de contradicción, ni me he entregado a un humor burlón, al comentar ninguno de sus argumentos o expresiones.
>
> Anteriormente he sido de su opinión,[§] que he absorbido de sus libros, incluso desde mi niñez, y en mis procedimientos me he ajustado a su práctica; aunque nunca sin algunas dificultades en mi opinión, que no pude resolver; sin embargo, la desconfianza de mi propio entendimiento y la deferencia a la autoridad de un hombre tan venerable, la aparente fuerza de algunos de sus argumentos, junto con el éxito que él tuvo en su ministerio, y su gran reputación e influencia, prevaleció durante mucho tiempo para derribar mis escrúpulos. Pero las dificultades y la inquietud en mi mente aumentaban a medida que estudiaba más la divinidad y mejoraba en experiencia; esto me llevó a una mayor diligencia y cuidado para escudriñar las Escrituras, y más imparcialmente a examinar y sopesar los argumentos de mi abuelo y de los otros autores que pude obtener de su lado de la cuestión. De ese modo, después de una larga búsqueda, ponderación, observación y revisión, obtuve satisfacción, me sentí completamente asentado en la opinión que ahora mantengo, como en el discurso que aquí se ofrece al público; y no se atrevió a seguir adelante en una práctica y una administración incompatibles con ella: lo que me llevó a circunstancias peculiares, colocándome bajo la inevitable necesidad de declarar públicamente y mantener la opinión en la que así estaba establecido; como también hacerlo desde la imprenta, y hacerlo en este momento sin demora. Está lejos de ser una circunstancia agradable de esta publicación, que está en contra de lo que mi honorable abuelo mantuvo enérgicamente, tanto desde el púlpito como desde la imprenta. Realmente puedo decir, debido a esta y otras consideraciones, que es en lo que me comprometo con la mayor desgana, que

---

[§] Refiriéndose a su abuelo Stoddard en cuanto a la posición de aquel respecto a la Santa Comunión y la Membresía de la iglesia.

jamás haya realizado ningún servicio público en mi vida. Pero el estado de cosas para mí está tan ordenado, por disposición soberana del gran Gobernador del mundo, que el hacer esto me pareció muy necesario y del todo inevitable. Soy consciente, no solo de que el interés de la religión está involucrado en este asunto, sino que mi propia reputación, utilidad futura y mi propia subsistencia, todo parece depender de mi libre apertura y defensa, en cuanto a mis principios, y conducta agradable en mi cargo pastoral; y al hacerlo desde la imprenta: solo de qué manera puedo expresar y justificar mi opinión, a cualquier propósito, ante el país (que está lleno de ruido, tergiversaciones y muchas censuras sobre este asunto) o incluso ante mi propia gente, como todos serían plenamente sensatos, si supieran el estado exacto del caso.[462]

En este prefacio no solo vemos la delicadeza de Edwards en la crítica, sino que el santo divinista necesitaba una cuajada convicción antes de proceder con sus conclusiones y con la divulgación de sus ideas. Se resistió a ser un bufón, se resistió a ser un irreverente, se resistió a ser un simplista, se propuso a obrar en todo en lo que entendía que glorificaba más a Dios.

Así que en él vemos un predicador consagrado, lógico, polemista y disertador que además de su genio y delicada preparación, decidió usar sus talentos con mucha exclusividad en lo que entendió era la más sublime causa, la de Cristo y del evangelio, potenciando aquel que supo siempre que era su mayor gracia, la escritura.

## El carácter y el método del discurso de Edwards

Respecto de la teología, tanto como al producto final (su discurso), combinado con el carácter del divinista en cuestión aquí, el Dr. Allen refirió:

"Edwards no hizo distinción entre la teología científica y la práctica... *Una de las características peculiares que distingue la predicación de Edwards es su marcada tendencia a hacer la teología más aceptada a ser consistente consigo misma mediante una aplicación completa del principio en el cual se ha originado, o lo que constituye su razón y justificación.* Cierta salud mental lo retiene de empujar su principio a alguna conclusión absurda o fantástica. Ninguna aplicación aterriza hasta que la vida y su interés fuera interpretado a la luz de alguna idea abstracta.

Pero aparte del defecto de su método, o de la severidad que representa el tono dominante de su predicación, es mostrado también en su momento una maravillosa ternura. Él tuvo el poder inspirado de apelar una exhortación. Se percibe en todas sus notas un refinamiento, una dignidad y una fortaleza, y un fresco e intenso interés en su tema, de tal forma que fuese

---

[462] *WJE Online Vol. 12*. Ed. Hall.

claro, algo como si el predicador estuviera parado en medio nuestro. Mientras más profundizas en sus pensamientos, más discernible es que Edwards tuvo una misión en su generación. Su carga profética es muy notoria en la segunda mitad de su ministerio. Su expresión deja clara su consciente carga desde el principio de su ministerio; una forma certera y autoritativa, como de alguien hablando de su interior directamente o por autoridad divina. Por sobre el predicador, por sobre el pensador, por sobre la majestuosa pureza de un hombre, completamente sincero y devoto, y un carácter que lucía casi impecable; a tal nivel que en su propia época él fue, si es posible, el más reverenciado como cristiano que como intrépido e incansable campeón de la teología puritana".[463]

El anterior análisis del Dr. Allen combina tanto el método como la procura de Edwards como divinista y predicador; lo que mostró consistencia con su carácter y vida cristiana.

En esencia, Edwards no se permitiría ser un mero metafísico o teórico, en sacrificio de su llamado pastoral y como teólogo. Se negaba a deliberar un discurso (hablado o escrito) que se despegara de la práctica cristiana. Lo procuró durante todo su ministerio, a pesar de lo complicado que pudiera parecer aterrizar en la "experiencia" de la vida cristiana algunos tópicos de la fe. Y eso define en gran medida el método de Edwards al predicar, a saber, su exégesis debía tener sentido práctico. Tal asunto es muy evidente en temas como la doctrina del Espíritu Santo y la Santísima Trinidad. Edwards se rehusó a dejarlos en la esfera de lo abstracto. Y su especialidad estuvo en hacer encajar "los afectos" con la religión, a lo que pocos, si alguno, le habían hecho frente. Igual notamos en su tratado y enseñanza de la gloria de Dios.

Por increíble que parezca, sus grandes dificultades fueron del tipo pragmático. Sostuvo luchas irreconciliables en el asunto de la vida de iglesia, especialmente porque cuando él entra a la escena, el congregacionalismo en América, como hemos explicado, había desvirtuado la propuesta puritana original, que consistía en la procura de una iglesia y un estado puros. La propuesta de su propio abuelo de una membresía y una participación de la comunión liberal (incluso para no regenerados), igual que las inconsistencias de "El Pacto de Medio Camino", que daba concepciones a esa idea original, constituyeron un abierto frente de batalla para Edwards. Él seguía creyendo y procurando demostrar que "la membresía de la iglesia debe ser regenerada", y por tanto, "el clero debe ser regenerado",

---

[463] Allen: https://babel.hathitrust.org/cgi/pt?id=coo1.ark:/13960/t7np2nc8x&view=1up&seq=35.

y la santa comunión debe ser exclusiva para "regenerados". Eso le costó el puesto como pastor en Northampton.

Fue exactamente la misma procura, que respondía tanto a su metodología como a su carácter como predicador y divinista que condujo a Edwards a procurar los avivamientos en la iglesia. Para él, personas regeneradas, en quienes habita el Espíritu del Señor, deben vivir en consecuencia, y sus afectos deben ser correspondientes.

Todos estos asuntos representaron serios retos para Edwards desde su juventud temprana, y por la providencia divina, esos problemas llegaron a un ser tan meticuloso y dotado, dando respuesta bíblica a tales dilemas pragmáticos.

# X

# La predicación de Jonathan Edwards

En su oficio como predicador, arribamos en lo que podríamos denominar la médula de todas las actividades ministeriales de Jonathan Edwards. Hemos navegado ya, con vientos a babor y a estribor, por varios
océanos hacia comprender la vida de Jonathan Edwards, incluyendo su
aventajada habilidad o don para escribir, que mostró desde su infancia.
Hemos intentado meternos en su pensamiento y carácter, lo cual tiene
un cierto grado de dificultad. Pero Edwards modeló su carácter en sus
hábitos (que eran del tipo asceta en medio de un mundo real y como
cabeza de una familia verdadera y grande, y como ministro de una de
las iglesias protestantes más sobresalientes del Nuevo Mundo para entonces); y por su parte, escribía hasta durmiendo, por ilustrarlo de alguna manera, y ordenaba todo de forma extremadamente meticulosa. Todo
ello ha resultado una gran ayuda al momento de dibujar un boceto claro
y colorido de la vida del divinista en cuestión. En nuestra jornada aún
nos faltan aquellas cosas fácticas de la vida de Jonathan, a saber, su predicación, su teología y sus escritos. La siguiente mitad de este libro (a
partir de este cap. X), la concentraremos en tales realidades de la vida de
nuestro teólogo en análisis. Continuemos nuestra aventura, ya no yanto
con brújula o tomando diversos medios de transporte, sino penetrando
en sus oficios.

Cuando nos acerquemos a Edwards, es absolutamente necesario
que nos acerquemos a él observándolo ante todo como un predicador.
Jonathan Edwards fue en esencia un predicador congregacionalista, de
corte puritano, con un marcado matiz pietista, comprometido con la
proclamación de la verdad divina para la conversión de los pecadores y
el avivamiento espiritual del pueblo de Dios; lo cual entendió constituía
la mejor manera de traer gloria a Dios y procurar la felicidad personal
del cristiano.

Pero, existe una peligrosa trampa al acercarnos a Edwards, especialmente en aquello de procurar buscar el secreto de su eficacia. La trampa es querer acercarnos a Edwards en busca de la técnica y el método. La eficacia de Jonathan Edwards en el púlpito no debe ser buscado en término de su consagrado calvinismo, como de hecho lo fue; tampoco en su consagrado congregacionalismo, como en efecto lo fue (con sus varianzas originales); y tampoco en término de su exquisita y profunda teología reformada, como también lo fue (aunque con un sentido pietista). Resulta también del todo inútil intentar encontrar los rasgos de su eficiencia espiritual en su retórica y forma de predicar. Cualquiera podría quedar sorprendido en este aspecto con respecto a Edwards.

## ¿Cómo entendió Edwards la predicación?

Para Edwards, "predicar es imprimir las cosas divinas en los corazones y afectos de los hombres, y esto a través de la aplicación viviente de la Palabra de Dios; [pues] es en la predicación que Dios edifica su iglesia".[464]

Edwards también dijo: "Quien pretenda encender los corazones de otros hombres con el amor de Cristo, es necesario que él mismo arde en amor".[465]

Edwards, apuntando a la predicación, se expresó de la siguiente manera en los días en que el gran avivamiento era una realidad en Nueva Inglaterra:

> Dios se complace en ocasiones en suministrar bendiciones espirituales a su pueblo, en algunos respectos excediendo la capacidad de sus vasijas en su precioso semblante, de tal manera que Él no solo llena, sino que hace que ese vaso se rebose. Ha sucedido con los discípulos de Cristo por una temporada larga, un tiempo de gran vacuidad de los asuntos espirituales, han estado hambrientos y han andado en vanidades durante la oscura noche de la iglesia… Pero, ahora la mañana ha llegado en que Jesús se ha aparecido a sus discípulos y les ha dado tal abundancia de alimento que ellos no son suficientes para sacar sus redes; sí, sí, hasta que la red se rompe y los cestos son rebosados.[466]

La imagen que sale de la boca de Edwards sobre el avivamiento es 'Dios creando una profunda sed de Dios en los corazones y moviendo a los ministros a satisfacer esa sed a través de la fiel predicación de la Palabra

---

[464] Murray: https://youtu.be/ZhZI-pOW36k. (Min. 29).

[465] *Ibidem.*

[466] *Ibid.* (Mins. 26-28).

Divina'. Dios edifica su iglesia a través de predicadores fieles haciendo su trabajo con fidelidad.

Hicimos una leve mención de esto anteriormente, pero no olvidemos que en días de los puritanos, incluso se extendió dicha idea hasta los albores de la edad moderna, se entendía que el sermón era la forma más autoritativa del pensamiento, a parte de la Revelación escrita. Esa es, de hecho, una de las razones por la que los puritanos fueron tan intensos y perfeccionistas en preparar y deliberar sus sermones. Un sermón nunca fue una especie de artículo en aquella época dorada de la fe evangélica, era dirigido por esa premisa e intención de que "Dios estaba hablando a su pueblo por boca del predicador", y así era visto igualmente por las congregaciones. En tal sentido, la publicación de sermones fue "pan caliente" por excelencia al pueblo de Dios en materia de la literatura que consumían en primer lugar. Los investigadores y escritores de la época igualmente preferían la citación de sermones en sus escritos regulares, por sobre libros, tratados, etc. Usted verá tal realidad en abundancia en los escritos puritanos, como ya lo hemos saboreado en los escritos de Edwards. Ya hablamos de la inmensa cantidad de veces que citó los sermones, por ejemplo, de Shepard y Stoddard.

Por cierto, considero una desgracia de proporciones mayúsculas, que tal premisa sobre el sermón se haya esfumado hasta de la mente del predicador en general. Creo que una de las razones de la eficacia en la predicación de los puritanos en general, de Stoddard, de los Mather, de los Williams, de los Edwards, de Whitefield, de Wesley, de los Tennent, y de hombres más distantes como Gill, Spurgeon, etc., está estrechamente ligado al fundamento en tal premisa que tanto ellos como sus audiencias albergaban en sus corazones. ¡Concédanos el Señor regresar a tiempos tales! Y sin duda alguna, desentenderse de tal premisa es una fatalidad para un predicador por razones que no tenemos tiempo ni espacio aquí de demostrar.

## La manera de predicar de Jonathan Edwards

Creo pertinente aquí iniciar con el testimonio del testigo de primera mano que hemos estado consultando en varios aspectos cruciales de la vida de Edwards, a saber, el Dr. Hopkins. El también aventajado divinista, *revivalista* y reverendo describió la predicación de Edwards en los siguientes términos. Primero nos deja saber cómo debemos encajar a Edwards como predicador, según sigue:

"Sr. Edwards tuvo un carácter universal como buen predicador, por sobre el resto de los predicadores de sus días. Hubo muy pocos que le oyeron que no lo llamaran un buen predicador, aunque no le gustaran sus principios religiosos; o ser muy ofendidos por la misma verdad predicada por otros: la mayoría lo admiró por sobre los demás predicadores que habían escuchado. Su eminencia como predicador parece haber estado ligada a lo siguiente: *primero*, el gran esfuerzo que tomaba al componer sus sermones, especialmente en la primera parte de su vida. Durante unos 20 años escribió todo el contenido de sus sermones, aunque los deliberaba sin apego necesario a las notas.

*Segundo*, su gran conocimiento teológico, y su fluidez en las escrituras. Su extenso conocimiento y su claridad de pensamiento le habilitaron para manejar muchos tópicos con gran propiedad y juicio, y sacar de su cofre del tesoro cosas nuevas y viejas. En cada tema que manejó fue fructífero, sencillo, entretenido y profundo; lo cual se debió en gran parte a que era maestro del tema tanto como a su gran habilidad para tratarlo de la manera más natural, fácil y provechosa. Ninguno de sus temas fue especulativo, o con arengas infructíferas o palabras sin ideas. Cuando lidió con temas y doctrinas controversiales, que fue con frecuencia el caso, los manejó con tanta facilidad y luz, y cada sentimiento paso a paso saldría de sus labios, atendido con tal claridad y franqueza evidente, ambos de la Escritura y la razón, al punto de forzar el asentimiento de los oyentes.

*Tercero*, su excelencia en la predicación fue en mucho el efecto de su gran conocimiento de su propio corazón, su sentido interior y su gusto de la verdad divina, y el alto ejercicio de la verdad de la religión experimental. Esto le proveyó un gran entendimiento de la naturaleza humana: Supo lo que había en el hombre, sean santos o pecadores.

Esto lo ayudó en su habilidad de poner la verdad ante la mente, para no solo convencer al Juicio, sino tocar el corazón y la conciencia; y le permitió hablar de la abundancia de su corazón, lo que sabía, y testificar lo que había visto y sentido. Esto le dio tacto y discernimiento, sin el cual no habría podido llenar sus sermones, como lo hizo, con sentimientos tan impactantes y conmovedores, todos destinados a solemnizar, conmover y rectificar el corazón del oyente. Sus sermones estaban bien conectados, por lo general no eran largos y, por lo general, una gran parte se ocupaba de la manera que estaba estrechamente relacionado con el sujeto y consistía en sentimientos que fluían naturalmente de él".[467]

Luego, el Dr. Hopkins nos explica lo concerniente a la manera o la mecánica de Edwards al predicar:

Su aparición en el escritorio[§] (púlpito) fue de buena gracia, y su entrega fácil, natural y muy solemne. No tenía una voz fuerte y tronante; pero aparecía con tanta gravedad y solemnidad, y hablaba con tanta distinción, claridad y precisión; sus palabras estaban tan llenas de Ideas, ambientadas

---

[467] Hopkins. Pp. 46, 47.

[§] Los puritanos, especialmente de Nueva Inglaterra, utilizaban un mesa o escritorio al lado o debajo del púlpito.

en una luz tan clara y llamativa, que pocos oradores han podido exigir la atención de una audiencia como él. Sus palabras descubrieron a menudo un gran grado de fervor interior, sin mucho ruido o emoción externa, y cayeron con gran peso en la mente de sus oyentes. Hizo muy poco movimiento con la cabeza o las manos en el escritorio, pero habló de modo que disimulara el movimiento de su propio corazón, que tendía de la manera más natural y efectiva a moverse y afectar a otros.

Como escribió sus Sermones en general durante muchos años, y siempre escribió una parte considerable de la mayoría de sus Discursos públicos; de modo que llevó consigo sus notas al escritorio y leyó lo más que había escrito; sin embargo, no estaba tan confinado a sus notas, en cuanto a lo que había escrito en general, sino que, si algunos pensamientos se escapaban mientras hablaba, lo que no ocurría al escribir, y aparecía a él pertinente y llamativo, se los entregaría; y que con tanta propiedad y fluidez, y a menudo con mayor patetismo, y acompañado de un más sensible efecto sobre sus oyentes, que todo lo que había escrito.

Aunque, como se ha observado, solía leer una parte tan confiable de lo que decía, sin embargo, estaba lejos de pensar que esta era la mejor manera de predicar en general y consideró que usar sus notas tanto como lo hacía, era una deficiencia y un mal hábito. Y en la última parte de su vida se inclinaría a pensar que habría sido mejor si nunca se hubiera acostumbrado a utilizar sus notas. Le pareció que la predicación sin notas, agradable a lo acostumbrado en la mayoría de los pueblos protestantes, y lo que evidentemente parece haber sido la manera de los apóstoles y los ministros primitivos del Evangelio, era con mucho la forma más natural; y tenía la mayor tendencia, en general, a responder al final de la predicación: y suponía que nadie que tuviera talentos iguales al trabajo del ministerio, era incapaz de hablar de memoria, si se tomaba los dolores adecuados para este logro desde su juventud. Quería que el joven predicador escribiera todos sus sermones, o al menos la mayoría de ellos, en general, y en lugar de leerlos a sus oyentes, se debía esforzar por memorizarlos. Lo cual, aunque requeriría una gran cantidad de trabajo al principio, pronto se volvería más fácil de usar y le ayudaría a hablar con mayor fluidez y libertad, y le sería de gran utilidad durante todos sus días.[468]

Si pudiste notar, lo que Hopkins acaba de decirnos es que Edwards fue prácticamente el más aventajado y agradable predicador de sus días. La pluma de Hopkins nos muestra que, aunque durante casi todo su ministerio como predicador, Edwards predicó esencialmente ceñido a sus notas, no obstante, en la última parte de su ministerio reconoció (lo cual también recomendó) que hubiera logrado mejor trabajo si hubiera hecho ambas cosas, escribir sus sermones completos (como casi siempre hizo) y

---

[468] Hopkins. Pp. 48, 49.

luego memorizarlos y predicarlos de memoria; lo cual recomendaba a sus alumnos y lectores.

Esto no es lo que en sentido general estamos acostumbrados a escuchar por ahí sobre Edwards como predicador. De hecho, impresionantemente, por razones que desconozco, lo potente y excelente que fue Edwards como predicador se suele esconder detrás de su capacidad como divinista, a veces hasta el punto de sepultarla en su oficio de teólogo. Pero, de nuevo, como primero debe ser observado Edwards es precisamente como predicador, rectifico, como un gran, poderoso y eficiente predicador. Creo que su aventajado alumno nos ha ilustrado lo suficiente sobre Edwards el predicador.

En la misma retórica, Joseph Tracy (1793 – 1874), un historiador de los grandes avivamientos (el primero y el segundo), escribió del siguiente modo respecto del poder del pensamiento y la predicación de Jonathan Edwards, cito:

> "Aun así, fue quizás el predicador más eficiente en Nueva Inglaterra, incluso si lo juzgaban por el efecto inmediato de sus sermones. Muchos piensan en él como un gigante intelectual, de hecho, pero como un gigante totalmente compuesto de intelecto, y suponen que su poder consistía enteramente en la fría conclusión de su lógica no apasionada. Un error mayor es apenas posible. Además de su lógica, estaba su fe fuerte y consciente. Dios, el cielo, el infierno, la pecaminosidad del pecado, la belleza de la santidad, la gloria de Cristo y las pretensiones de su evangelio, eran realidades sustanciales para su mente y corazón, como el valle de Connecticut o las montañas de Berkshire. Habló de ellos en consecuencia, y los hizo parecer reales para sus oyentes. Quizás fue tan notable por su poder y hábito de sentimientos profundos, fuertes y tiernos, como por sus poderes de argumentación. Tome un espécimen de su propia *Narrativa personal*".[469]
>
> "A veces, solo mencionar una sola palabra, hacía que mi corazón ardiera dentro de mí; o solo viendo el nombre de Cristo, o el nombre de algún atributo de Dios. Las alegrías y placeres más dulces que he experimentado no han sido las que surgieron de la esperanza de mi propio bien; pero en una visión directa de las cosas gloriosas del evangelio. Cuando disfruto de esta dulzura, parece llevarme por encima de los pensamientos de mi propio estado. Parece, en esos momentos, una pérdida que no puedo soportar, quitarme el ojo del glorioso objeto agradable que contemplo sin mí, poner mi ojo en mí y en mi propio bien.
>
> Una vez, mientras cabalgaba por el bosque por mi salud, en 1737, después de haberme bajado de mi caballo en un lugar retirado, como siempre lo

---

[469] Tracy. Pp. 240, 241.

he hecho, para caminar tras la contemplación divina y la oración, tuve la opinión de que para mí fue extraordinario, la gloria del Hijo de Dios, como mediador entre Dios y el hombre, y su maravillosa, grande, plena, pura y dulce gracia y amor, y mansa y gentil condescendencia. Esta gracia, que parecía tan tranquila y dulce, apareció también muy por encima de los cielos. La persona de Cristo parecía inefablemente excelente, con una excelencia lo suficientemente grande como para tragarse todo pensamiento y concepción, que continuó, lo más cerca que puedo juzgar, aproximadamente una hora; lo que me mantuvo la mayor parte del tiempo en un torrente de lágrimas, llorando en voz alta. Sentí una aridez de alma, lo que no sé cómo expresar, vaciar y eliminar; mentir en el polvo y estar lleno de Cristo solo; amarlo con un amor santo y puro; confiar en él; vivir de él; servirle y seguirlo; y ser perfectamente santificado y hecho puro, con una pureza divina y celestial. Muchas otras veces tuve puntos de vista muy similares, y que tuvieron los mismos efectos".[470]

Pero, Tracy da un paso más en referencia al pensamiento de Edwards, al decir: "Pero las exhibiciones más maravillosas de su imaginación fueron presentadas al describir el peligro inminente de los malvados y las terribles escenas que esperan a los enemigos de Dios. No hay nada de eso en los grandes maestros de la poesía inglesa, o de cualquier otra poesía sin inspiración, que iguale, en poder imaginativo, muchos pasajes en sus sermones. Lea su sermón 'El castigo de los malvados', o 'La eternidad del infierno', o bien, lea el titulado 'Pecadores en manos de un Dios airado', de cuya predicación y efectos tenemos cuenta".[471] Registra Tracy, sobre la exposición y los efectos de aquel sermón que fue predicado en Enfield aquel 8 de julio de 1741, en "Pecadores en las manos de un Dios airado", lo siguiente:

"Mientras que las personas en los pueblos vecinos estaban muy angustiadas por sus almas".

Replicó el famoso historiador:

"Los habitantes de ese pueblo estaban muy seguros de sí mismos y vanidosos.

Se había designado una conferencia en Enfield (Conneticut) y la gente vecina, la noche anterior, se vio tan afectada por la desconsideración de los habitantes, y por tales temores de que Dios, en su justo juicio, los pesaría, mientras las lluvias divinas cayeran a su alrededor, como para postrarse delante de él una parte considerable de ella, suplicando misericordia por sus almas. Cuando llegó el momento señalado para la conferencia, asistieron varios ministros vecinos, y algunos desde la distancia. Cuando entraron en la casa de reunión, la apariencia de la asamblea fue irreflexiva y vana.

---

[470] Tracy. P. 249.
[471] Tracy. P. 241.

La gente apenas se condujo con una decencia común. Edwards predicó de manera simple y sin pretensiones, tanto en lenguaje como en entrega, y su reputación establecida de santidad y conocimiento de la verdad, prohibió la sospecha de que cualquier truco de oratoria se usaría para engañar a sus oyentes. Comenzó con el estilo claro, cuidadoso y demostrativo de un maestro, solícito por el resultado de su esfuerzo y ansioso de que cada paso de su argumento se entendiera clara y completamente. Su texto era, Deuteronomio 32:35: *Su pie se deslizará a su debido tiempo.*

A medida que avanzaba en el desarrollo del significado del texto, la lógica más cuidadosa lo llevó a él y a sus oyentes a conclusiones tales que las imágenes más tremendas podían expresarlo de manera inadecuada. Sus descripciones más terroríficas de la fatalidad y el peligro de los impenitentes, solo les permitieron comprender más claramente las verdades que les había obligado a creer. Parecían ser, no producto de la imaginación, sino, lo que realmente eran, una parte de la discusión. El efecto fue como podría haberse esperado. Trumbull nos informa que 'antes de que terminara el sermón, la asamblea pareció profundamente impresionada y se inclinó con una terrible convicción de su pecado y peligro. Hubo tal respiración de angustia y llanto, que el predicador se vio obligado a hablar con la gente y pedir silencio, para que pudiera ser escuchado. Este fue el comienzo de la misma grande y prevaleciente preocupación en ese lugar, con el que fue visitada la colonia en general'".[472]

No se trata de una mera especulación de Tracy el hecho de refutar a quienes han comentado que Edwards fuera un predicador un tanto frívolo y desapasionado. Es lógico pensar que no es posible comunicar emociones y afectos a través de una narrativa y/o exposición desapasionada. Y no creo que alguien llegue a ocupar el estrellato como un gran predicador, cual Edwards, a menos que sea un comunicador eficiente y apasionado en aquello en lo que amerita pasión. El mismo Edwards lo dijo del siguiente modo en su "Marcas distintivas", cuando exponía su defensa al evidente avivamiento del conocido Gran Despertar a la facultad, invitados y alumnado de Yale en 1741 (en pleno apogeo del Gran Despertar):

> Si realmente hay un infierno con tan terribles y eternos tormentos, como es generalmente supuesto, del cual multitudes se encuentran en peligro –y dentro del cual efectivamente, de generación en generación, caen la mayor parte de hombres en los países cristianos, por falta de una conciencia de su severidad, y por lo tanto, por no tomar el debido cuidado para evitarlo– entonces, ¿por qué no es apropiado que aquellos, que tienen el cuidado de las almas, tengan grandes aflicciones por hacer a los hombres sensibles a ello? ¿Por qué no debe decírseles tanto de la verdad como sea posible? Si yo estuviera en peligro de ir al infierno,

[472] Tracy. 242, 243.

estaría feliz de saber, tanto como sea posible, acerca de lo terrible de ello. Si tiendo a olvidar el cuidado que debo tener para evitarlo, me haría el mayor bien quien hiciera lo mejor por representar para mí la verdad del caso, de tal manera, que muestre mi miseria y el peligro en la forma más vívida...

Cuando los ministros predican acerca del infierno de una manera fría, advierten a los pecadores sobre cómo evitarlo –aunque digan en palabras que es infinitamente terrible– ellos se contradicen. Porque las acciones, como observé antes, tienen un lenguaje tanto como las palabras.

Si las palabras de un predicador representan el estado de un pecador como infinitamente terrible, mientras su comportamiento y manera de hablar lo contradice, mostrando que el predicador no piensa así, este frustra su propio propósito, por el lenguaje de sus acciones; en tal caso, es mucho más efectivo que la simple significación de sus palabras. No es que piense que solamente la Ley debe ser predicada: los ministros pueden predicar otras cosas de menor importancia.

El evangelio debe ser predicado tanto como la Ley, y la Ley está para ser predicada solamente para hacer camino al evangelio y a fin de que este pueda ser predicado más eficazmente. La tarea principal de los ministros es predicar el evangelio: "Cristo es el fin de la Ley para justicia". Así que un ministro perdería mucho si insistiera demasiado en los terrores de la Ley, como para olvidar a su Señor, y descuidar la predicación del Evangelio; aunque se debe insistir mucho en la Ley, ya que la predicación del evangelio resultaría vana sin ella.[473]

Si Edwards era pasivo y frío en su exposición, palabras suyas como las anteriores serían una simple contradicción o falacia.

En aquella ocasión de 1741 en que Edwards tuvo que defender la causa del avivamiento frente a la facultad y el alumnado de Yale, su conferencia fue "Las marcas distintivas de un avivamiento del Espíritu de Verdad" (publicado en noviembre de aquel mismo año en Boston, un mes después de la conferencia). Observe lo que escribió el Rev. Cooper de Boston sobre la predicación de Edwards, por cierto, en el prefacio de "Las marcas distintivas":

"Los señalamientos en sus predicaciones son principalmente esos de gran importancia cual la culpabilidad del hombre, la corrupción y su importancia; la regeneración sobrenatural del Espíritu de Dios, la justificación gratuita por la fe en la justicia de Cristo y las señales del nuevo nacimiento.

La forma de su predicación no es con el distintivo de la sabiduría humana; aunque hablan sabiduría entre los perfectos. Sino que Dios los ha hecho espíritus activos, una llama de fuego en su servicio y su Palabra en

473 Klassen. Un verdadero avivamiento. Pp. 94-96.

la boca de ellos ha sido como un fuego y como un martillo que rompe las rocas en pedazos".[474]

Pero si esto fuera poco, miremos lo que Edwards resolvió en su juventud temprana, a los 19 años, sobre como promovería la voluntad de Dios:

> **Resuelvo**: que cuando halle esos "gemidos indecibles" (Rm 8:26), de los que el apóstol habla, y esos "quebrantamientos del alma por el deseo de tus decisiones", de los que habla el salmista, Sal 119:20, **que los promoveré con lo sumo de mi poder**, y que no me cansaré de **fervientes intentos de desahogar mis deseos**, ni de las repeticiones de esta clase de fervores.[n]

Otra vez, Tracy termina señalando a este respecto que "los rasgos ya mencionados implican una imaginación poderosa y a este respecto rara vez ha tenido un superior. El cielo y la santidad eran demasiado celestiales y santos, en su aprehensión, para ser expuestos por imágenes terrenales; sin embargo, nos ha dejado algunos especímenes brillantes de lo bello:

> *La santidad*, cuando escribí algunas de mis reflexiones al respecto, me pareció de naturaleza dulce, agradable, encantadora, serena y tranquila; que trajo una pureza inexpresable, brillo, tranquilidad y deslumbramiento al alma.

En otras palabras, imaginó el alma como un campo o jardín de Dios, con todo tipo de flores agradables; disfrutando de una dulce calma y los suaves y vivificantes rayos del sol.

> *El alma* de un verdadero cristiano, cuando escribí mis meditaciones, parecía una pequeña flor blanca como la que vemos en la primavera del año; bajo y humilde en el suelo, abriendo su seno para recibir los agradables rayos de la gloria del sol; regocijándose, por así decirlo, en un rapto tranquilo; difundiéndose alrededor de una fragancia dulce; de pie en paz y amorosamente en medio de otras flores alrededor, todo de la misma manera abriendo sus senos para beber la luz del sol.

¡Qué delicadas imágenes hay aquí! ¡Qué exquisita personificación de las flores del jardín, dándoles vida, consciencia y belleza moral! ¡Cuán naturalmente estas hermosas reflexiones 'mueven números armoniosos', de modo que sus mismas palabras fluyan dulcemente mientras las pronuncia!"[475]

---

[474] *Ibidem*, p. 79.
[n] Resolución N° 64. Hecha el 23 de Julio y 10 de agosto de 1723. (Ver apéndice C)
[475] Tracy. P. 241.

Edwards fue llamado a menudo a predicar más allá de los límites de su propia parroquia; y "dondequiera que fue", parece haber prosperado. En el invierno de 1742, pasó algunas semanas, por invitación, en Leicester, de las cuales solo sabemos que sus labores fueron atendidas con gran éxito.[476]

Ahora bien, al catalogar a Edwards como lo han hecho Hopkins, Cooper, Tracy, Gerstner, Piper, Lawson entre otros, cual uno de los más grandes predicadores de todos los tiempos, con ello no estamos hablando de un hombre que derrochó las técnicas del arte de la retórica. De hecho, Edwards mismo se opuso a ello. Creyó que un poderoso predicador debe ser sencillo en su expresión, y debe abandonar la retórica artística. Miremos como se describió a sí mismo en este sentido:

> Tengo una constitución peculiarmente infeliz en muchos aspectos, acompañada de un cuerpo flácido, apagado, de escasa fluidez, y de espíritu abatido, ocasionando a menudo una especie de debilidad infantil y una despreciable oratoria, presencia, y comportamiento; soy de una monotonía y una rigidez desagradables, incapacitándome para la conversación, pero más concretamente, para el gobierno de una universidad.[477]

Pero, no nos dejemos engañar al pensar que Edwards está diciendo con ello que era un predicador frívolo y aburrido. Más bien, literalmente, está rehusando conformarse a la retórica académica y artística, como demanda una entidad académica. Está siendo sincero sobre el particular. Está rechazado conformarse al *statu quo* sobre el arte de hablar en público. Quería seguir con su legado de la Nueva Teología, como había instruido a varias decenas de predicadores jóvenes de forma directa, y a miles de forma indirecta.

Entonces, Edwards fue un predicador poderoso, apasionado, eficiente, con resultados difícilmente alcanzables; pero que rehusó adecuar su predicación al discurso y la retórica artística o académica, según demandaba el esquema secular. Si alguien entonces gozó de semejante prestigio quizás lo fue Whitefield.

No perdamos de vista que Edwards fue ante todo un gran y poderoso predicador. Es verdad, ordinario; pero altamente eficiente, reverente, e inigualable en eficacia en sus días.

---

[476] Tracy. P. 243.

[477] *WJE*, 16:726. Citado en: https://www.coalicionporelevangelio.org/articulo/10-cosas-deberias-saber-jonathan-edwards/

## Distintivos en la predicación de Jonathan Edwards

Aunque es lógico pensar que Jonathan tuvo su método y estilo al predicar, cuidado con irnos por la tangente al hurgar sobre la predicación de Edwards. De hecho, tenemos más de mil sermones y notas de sermones de Edwards en el portal de Yale* donde podemos tratar de discernir su método, pero lo creo inútil. Además, sus libros y tratados fueron esencialmente sermones.

El Rev. Samuel Hopkins, quien le escuchó muchas veces, dijo sobre la predicación de Edwards que "sus palabras descubrían una gran dosis de fervor interno, sin mucho ruido o movimientos externos, y seguida de mucho peso en los corazones de sus oyentes; hacía algunos movimientos con su cabeza y sus manos, pero exponía con tal de descubrir la emoción de su corazón".[478]

La eficiente predicación de Edwards no debe ser buscada en su forma y su método sino en su propósito. Murray nota que había 3 elementos distintivos en la predicación de Edwards:

1. Él tenía un mejor entendimiento de la condición humana. Creía que la evangelización debe iniciar donde Dios inicia. Y eso de iniciar donde Dios inicia quiere decir, con la "convicción de pecado". El temor del Señor es el inicio de la Sabiduría.
2. Un énfasis en la maravilla del amor de Dios. Esa maravilla del amor de Dios corría a través de la predicación de Edwards.
3. La evidencia que venía con la predicación de la unción de la autoridad del Espíritu Santo.

## El secreto detrás de la eficacia en la predicación de Edwards

Lo que nunca se ve en la predicación y los ministerios eficaces, espiritualmente hablando, es lo que está detrás del telón o detrás de cámara. Aunque los sermones de Edwards suelen producir un tremendo impacto todavía hoy, cuando la gente escucha del impacto inmediato que ocasionó cuando Edwards predicó su famoso sermón "Pecadores en las manos de un Dios airado" en Enfield, Connecticut, el 08 de julio de 1741, a menudo desconoce, como es normal, lo que pasó detrás del telón. Registra el Dr. Klassen aquí:

---

* www.edwards.yale.edu
[478] Murray: https://youtu.be/ZhZI-pOW36k. (mins. 26-28).

"Durante tres días Edwards no había tomado ningún alimento, y por tres noches no durmió. Había rogado a Dios sin cesar: '¡Dame a Nueva Inglaterra!' Después de levantarse de orar, cuando se dirigía al púlpito, uno de los allí presentes dijo que "su semblante era como de quién, por algún tiempo, había estado contemplando el rostro de Dios". Aun antes de abrir la boca para pronunciar la primera palabra, la convicción del Espíritu Santo cayó sobre el auditorio".[479]

El Dr. Klassen extrae la siguiente cita, demostrando que Edwards estaba claro en materia de la dependencia del Espíritu y del lugar que ocupaba la oración en el divino oficio de la predicación, por lo que escribió:

> *Nosotros que somos ministros* no solo necesitamos alguna verdadera experiencia de la influencia salvífica del Espíritu de Dios en nuestros corazones, sino que necesitamos una doble porción del Espíritu de Dios en tiempos como estos; tenemos la necesidad de ser llenos de luz como un cristal que es colocado ante el sol; el estado de los tiempos requiere extremadamente una llenura del Divino Espíritu en los ministros, y *nosotros no hemos de darnos a nosotros mismos descanso hasta que la hallamos obtenido.*[480]

Aquella comunidad se había vuelto reacia e indiferente a la predicación. Pero Dios usó la espiritualidad y el poder mental de aquella vasija, sacando de su boca poder y sabiduría de Dios que convierte a los pecadores.

Al analizar la eficacia de Edwards, es necesario ir a aquella primavera de 1721 en New Haven. Luego, tome un tren y haga un recorrido por aquellas resoluciones entre 1722 y 1726 mientras ministró en New York, trasladándose a Yale donde duró dos años como tutor. A continuación, acerquémonos con nuestras cámaras, cual los *paparazzi* para observar de cerca a aquel hombre que dedicaba 13 horas entre estudios, reflexiones, ruegos y contemplaciones cada día. Finalmente hay que montarse en un caballo e ir a espiar a ese esposo y padre amoroso y eficaz, que dedicaba una hora diaria para dedicársela a las tareas y estudios de sus hijos. Quien también cabalgaba a solas o con su amada Sarah al bosque un tiempo diario por las tardes. Aquel hombre, además del tiempo de almuerzo juntos, entre otros momentos, dirigía a su familia todas las mañanas y todas las noches en adoración familiar a Dios; sin juegos de cartas, ni muchas horas de entretenimiento dañino como el de la televisión y los celulares inteligentes de hoy.

---

[479] Klassen. La predicación que aviva. P. 92 (versión digital).
[480] *WJE*, 4:507. Ed. Goen.

Solo hay que considerar como sus hijos —todos—, sus nietos —todos— y generaciones seguidas, siguieron fielmente el legado de sus padres, Jonathan y Sarah, quienes fueron los emuladores de aquel magnífico modelo, que a su vez habían arrastrado de sus ancestros. Bastaría echar un vistazo a la vida y ministerio de Jonathan Edwards hijo. Sus padres lo mandaron por espacio de cuatro meses a ser misionero entre los indígenas y a aprender las lenguas de esas tribus a las que fue con el señor Hawley. Pero además de ser un eficiente ministro por más de un cuarto de siglo en New Haven, también fue un académico y dirigió el Unión College.ᴵᴵ Así reza el póster sobre el Dr. Edwards colgado en la página web de aquel Colegio:

> "El edificio de la Old Schenectady Academy, que aún albergaba el colegio, se iluminó la noche en que Edwards, el hijo del famoso teólogo, llegó a fines de julio de 1799. La mayor necesidad de la institución en ese momento era financiar la finalización de un nuevo edificio de piedra...
>
> En la primavera de 1800, presumiblemente por recomendación de Edwards, se reforzaron las reglas contra el billar o los juegos de azar, y se prohibió mantener vino o licores espirituosos en las habitaciones. Para permitir exámenes más completos, el período de exámenes de primavera se amplió de tres a cuatro días".[481]

En el segundo aniversario de su llegada a Union, el Dr. Edwards se enfermó de una "fiebre intermitente del tipo regular". Murió unos días después. Está enterrado en el cementerio de la Primera Iglesia Presbiteriana de Schenectady.

## Entrando al corazón de la predicación de Edwards

Habiendo visto hasta aquí suficiente información sobre la vida y ministerio de Edwards, creo que sería un tanto injusto y frívolo el haberles informado sobre la actividad ministerial que representó el gran oficio de Edwards, a saber, la predicación, sin dejarles aquí a lo menos un sorbo de como lucía su predicación propiamente dicha. Hay mucho que escoger y por donde cortar en este respecto. Pero nos aventuraremos a dejarles aquel que es considerado como el sermón que más hace justicia al cuerpo de divinidades del renombrado divinista, a saber: "Una luz divina y sobrenatural".

---

ᴵᴵ  Union: https://www.union.edu/admissions/union

[481] Union: https://www.union.edo/about/history-and-trations/jonathan-edwards/

Sobre tal sermón tanto Miller como Marsden (dos de los mejores biógrafos de Edwards) coinciden en que quizás sea el más grande sermón jamás predicado por Edwards.[482]

De hecho, fue motivado por los hermanos de Northampton a que lo publicara, lo que hizo en 1734. Lo único que hasta entonces se había publicado de Edwards era precisamente aquel predicado en Boston el jueves 08 de julio en la graduación en Harvard, es decir: "Dios es glorificado en la obra de la redención, en la total y absoluta dependencia de los humanos en Él" (basado en 1 Corintios 1:29-31).

El Prof. Marsden comentó que: "Una luz Divina y Sobrenatural" presenta un sumario conciso de los años de reflexión teológica de Edwards, y su respuesta a la pregunta más importante de la vida: ¿Qué significa tener un corazón transformado en una experiencia verdadera de conversión?[483] El Dr. Miller lo expresó del siguiente modo: "No es una exageración decir que el sistema completo de Edwards está contenido en miniatura en las diez a doce páginas de tal trabajo".[484]

Para tener tal experiencia, una persona necesita tener "ojos para ver" y "oídos para oír", como las Escrituras lo reflejan, algo como un sexto sentido. Ese sentido espiritual transformador es un regalo del Espíritu Santo.[485]

Miller comenta que el carácter puritano de Edwards junto a su regio compromiso personal "no le permitía ser de aquellos que incurrían en un largo desarrollo o que se permitiera dividir su trabajo en 'períodos'. Su inspiración interior le era dada en una ocasión, sobrenaturalmente temprano, y el no cambiaba: el solo dependía. Lo que sea que sufriera y cualquier error que cometiera, bien que se criticaría a sí mismo inmisericordemente… él alteró muy poco desde su adolescencia en Yale hasta su muerte en Princeton. Sus trabajos son declaraciones y redeclaraciones de una concepción esencial estática, trabajó encima una y otra vez, como sobre un plato fotográfico, en el que se trabaja capa sobre capa hasta conseguir los detalles que guiarán a una impresión clara".[486] Miller pensó (o especuló) sobre la posible razón por la que Edwards era así del siguiente modo: "quizás esto es porque, siendo la apoteosis del puritanismo, él es-

---

[482] Consulte: *Jonathan Edwards: A Short Life*, de Marsden, pp. 46, 47; y Jonathan Edwards, de Miller, p. 44, 45.

[483] Marsden. *JE, A Short Life*. P. 46.

[484] Miller. P. 44.

[485] Marsden. *JE, A Short Life*. P. 47.

[486] Miller. Pp. 45, 46.

tuvo comprometido a la rigidez, y no pondría sus pensamientos a merced de las circunstancias cambiantes, biográficas o sociales… hay simplemente mucho en el pensamiento y el comportamiento de Edwards que es irrefutable".[487]

Sin más preámbulos remontémonos al púlpito de la 1ra. iglesia de Cristo de Northampton en 1733, y probemos un sorbo de aquel renombrado sermón.

## UNA LUZ DIVINA Y SOBRENATURAL, DIRECTAMENTE IMPARTIDA AL ALMA POR EL ESPIRITU DE DIOS, MUESTRA SER AMBAS, CONFORME A LA ESCRITURA Y UNA DOCTRINA RACIONAL[488]

*Entonces, respondiendo Jesús, le dijo: Bienaventurado eres, Simón, hijo de Jonás; porque no te lo reveló carne ni sangre, sino mi Padre que está en los cielos. (Mateo 16:17)*

CRISTO le dice estas palabras a Pedro al profesar este su fe en Él como el Hijo de Dios. Nuestro Señor estaba averiguando, a través de sus discípulos, quién decían los hombres que Él era; no porque necesitara ser informado sino solo para introducir y dar ocasión a lo que sigue. Ellos responden que algunos decían que Él era Juan el Bautista y otros Elías, y otros Jeremías o uno de los Profetas. Así, habiéndose dado cuenta de quién decían los otros que Él era, Cristo les pregunta quién decían ellos que era Él. Simón Pedro, a quien hallamos siempre entusiasta y precipitado, fue el primero en responder la pregunta en forma presta: "Tú eres el Cristo, el Hijo del Dios viviente".

En esta ocasión, lo que Cristo habla se lo dice a Pedro, y lo dice de él en el texto, en el cual podemos observar:

1. Que Pedro es declarado bienaventurado a causa de esto. "Bienaventurado eres": "Eres un hombre feliz al no ignorar esto, que yo soy el Cristo, el Hijo del Dios viviente. Eres distinguidamente feliz. Otros están cegados y tienen percepciones oscuras y extraviadas, como tú has dicho ahora, algunos pensando que soy Elías, y otros que soy Jeremías, unos una cosa y otros otra; pero ninguno de ellos piensa correctamente, todos están mal orientados. Feliz eres tú, que eres tan distinguido como para saber la verdad en este asunto".

---

[487] *Ibidem, p.* 46.

[488] Este es un sermón publicado por Publicaciones Andamio llamado "Jonathan Edwards: La pasión por la Gloria de Dios" escrito por José Moreno Berrocal.

2. Que es declarada la evidencia de su felicidad; es decir, "que Dios, y solamente Él, se lo había revelado". Esto es una evidencia de que él era bendito. *Primero*, al mostrar cuan particularmente favorecido por Dios era él sobre otros; como diciendo, "cuán altamente favorecido eres tú, que mientras otros hombres sabios y grandes, los escribas, fariseos, y gobernantes, y la nación en general, son dejados en oscuridad para seguir sus propias percepciones, tú fuiste seleccionado, si se quiere, siendo hombre para que mi Padre Celestial estableciera así su amor sobre ti, Simón, hijo de Jonás. Esto te señala como bendito, que hubieras de ser así objeto del particular amor de Dios". *Segundo*, evidencia también su condición de bendito al dar a saber que este conocimiento está sobre cualquiera que carne y sangre puedan revelar. "Semejante conocimiento puede ser dado solo por mi Padre que está en el cielo: es demasiado alto y excelente para ser comunicado a través de los mismos medios que otro conocimiento. Tú eres bendito, que sabes lo que solo Dios puede enseñarte".

El origen de este conocimiento es declarado aquí tanto positiva como negativamente. *Positivamente* en cuanto Dios es declarado su autor; *negativamente* en cuanto se declara que carne y sangre no lo han revelado. Dios es el autor de todo conocimiento y comprensión, sean cuales fueren. Él es el autor del conocimiento que se obtiene a través del aprendizaje humano: es el autor de toda prudencia moral y del conocimiento y destreza que los hombres emplean en sus negocios seculares. De este modo, fue dicho acerca de todos los sabios de corazón y dotados para bordar, en Israel, que Dios les había llenado con espíritu de sabiduría (Éxodo 28:3). Dios es el autor de dicho conocimiento, pero de manera tal que únicamente carne y sangre lo revelan. Los hombres mortales son capaces de impartir el conocimiento de las artes y ciencias humanas, así como destreza en asuntos temporales. Dios es el autor de tal conocimiento a través de aquellos medios: carne y sangre son empleadas como la causa mediata o segunda de Él; Él lo da a conocer mediante el poder y la influencia de medios naturales. Pero este conocimiento espiritual, del cual se habla en el texto, tiene como autor a Dios y a nadie más: Él lo revela, y carne y sangre no lo revelan. Él imparte este conocimiento directamente, no haciendo uso de causas naturales intermedias como sí lo hace con otro conocimiento.

Lo que había pasado en el discurso precedente naturalmente ocasionó que Cristo observara esto porque los discípulos habían estado contando cómo otros no lo conocían, pero, en general, estaban equivocados sobre Él, y divididos y confundidos en sus opiniones al respecto: pero Pedro había declarado su fe segura de que Él era el Hijo de Dios. Ahora, era natural observar cómo no había sido carne ni sangre lo que se lo había revelado, sino Dios, porque si este conocimiento dependiera de causas o fuentes naturales, ¿cómo vino a suceder que ellos, un grupo de pobres pescadores, y gente de baja educación, alcanzaron el conocimiento de la verdad, mientras los escribas y fariseos, hombres mucho más aventajados y de mayor conocimiento y sagacidad en otras materias, permanecieron en ignorancia? Esto solo podía deberse a la gratuita y distintiva influencia y revelación del Espíritu de Dios. A continuación, lo que haré en materia de mi presente discurso a partir de estas palabras, es esto:

## DOCTRINA

Que hay algo semejante a una luz espiritual y divina directamente impartida al alma por Dios, de una naturaleza diferente a cualquiera que sea obtenida por medios naturales. Y sobre esta materia me dispongo a:

I. **Mostrar qué es esta luz divina.**
II. **Mostrar cómo es dada directamente por Dios y no obtenida por medios naturales.**
III. **Mostrar la verdad de la doctrina**
IV. **Concluiré con una breve aplicación.**

## APLICACIÓN DE LA DOCTRINA

**Concluiré con una muy breve aplicación de lo que ha sido dicho**. *Primero*, esta doctrina puede guiarnos a reflexionar en la bondad de Dios, que ha ordenado así que una evidencia salvadora de la verdad del evangelio sea tal que pueda ser obtenida por personas de medianas capacidades y ventajas, así como aquellos que son del más grande origen y entendimiento. Si la evidencia del evangelio dependiera olo de la historia, y tales razonamientos de lo que olo los grandes hombres fuesen capaces, estaría por encima del alcance y lejos de la mayor parte de la humanidad. Sin embargo, las personas con apenas un grado corriente de conocimiento son capaces, sin un dilatado y agudo entrenamiento de razón, de ver la excelencia divina de los asuntos religiosos: son capaces de ser enseñadas por el Espíritu de Dios al igual que los entendidos. La evidencia que es así obtenida, es vastamente mayor y más satisfactoria que todo lo que pueda ser obtenido mediante los argumentos de aquellos que son más doctos y más grandes maestros de la razón. Y los niños son tan capaces de conocer estas cosas como los sabios y prudentes; ellos están generalmente separados de aquellas cosas tal como los sabios y prudentes, pero cuando son reveladas a ellos, estos últimos son excluidos. 1 Corintios 1:26-27: *Pues mirad, hermanos, vuestra vocación, que no sois muchos sabios según la carne, ni muchos poderosos, ni muchos nobles; sino que lo necio del mundo escogió Dios....*

*Segundo*, esta doctrina bien puede hacer que nos examinemos a nosotros mismos con respecto a si ya hemos recibido en nuestra alma esta luz divina que ha sido descrita. Si hubiera en nosotros semejante cosa en verdad, y no fuera solo una noción o rareza de personas con cerebros débiles y destemplados, entonces sin duda es una cosa de gran importancia, sea que hayamos sido así enseñados por el Espíritu de Dios, o que la luz del glorioso evangelio de Cristo, quien es la imagen de Dios, haya alumbrado sobre nosotros, dándonos la luz del conocimiento de la gloria de Dios en el rostro de Jesucristo, o que hayamos visto al Hijo, y creído en Él, o tengamos esa fe de las doctrinas del evangelio que surge de una visión espiritual de Cristo.

*Tercero*, todos podemos de aquí ser exhortados seriamente a buscar esta luz espiritual. Para influir e impulsar a ello, deben considerarse las siguientes cosas:

1. Esta es la sabiduría más excelente y divina que criatura alguna sea capaz de poseer. Es más excelente que cualquier aprendizaje humano; es con creces más excelente que todo el conocimiento de los más grandes filósofos u hombres de Estado. Aun el menor vistazo de la gloria de Dios en el rostro de Cristo exalta y ennoblece más el alma que todo el conocimiento de aquellos que tienen la más grande comprensión especulativa de la divinidad sin la gracia. Este conocimiento tiene el más noble objeto que haya o pueda haber, es decir, la divina gloria o excelencia de Dios y de Cristo. El conocimiento de estos objetos es aquello en lo cual consiste el más excelente conocimiento de los ángeles, aun de Dios mismo.

2. Este conocimiento es aquel que está sobre todos los otros que son dulces y deleitosos. Los hombres pueden tener una gran medida de placer en el conocimiento humano y en estudios de cosas naturales, pero esto es nada comparado con ese gozo que surge de esta luz divina brillando en el interior del alma. Esta luz da una vista de aquellas cosas que son inmensamente las más exquisitas, hermosas y capaces de deleitar al ojo del entendimiento. Esta luz espiritual es el amanecer de la luz de gloria en el corazón. No hay nada tan poderoso como esto para sostener personas en aflicción y dar a la mente paz y brillantez en este tormentoso y oscuro mundo.

3. Esta luz es tal que, efectivamente, influencia la inclinación y cambia la naturaleza del alma. Asimila la naturaleza divina, y transforma el alma en una imagen de la misma gloria que es contemplada. 2 Corintios 3:18: *Por tanto, nosotros todos, mirando a cara descubierta como en un espejo la gloria del Señor, somos transformados de gloria en gloria en la misma semejanza, como por el Espíritu del Señor.* Este conocimiento desligará del mundo y desarrollará la inclinación a las cosas celestiales. Tornará el corazón a Dios como la fuente del bien y para escogerle como única porción. Esta luz, y solo esta, traerá el alma a una salvadora cercanía con Cristo. Conforma el corazón al evangelio, y mortifica su enemistad y oposición contra el esquema de salvación así revelado: lleva el corazón a abrazar las deleitosas nuevas, a adherirse enteramente a ellas, y a consentir en la revelación de Cristo como nuestro Salvador: lleva el alma completa a concordar y armonizar con ella, admitiéndola con entero crédito y respeto, adhiriéndose a ella con total inclinación y afecto; y dispone efectivamente al alma para rendirse enteramente a Cristo.

4. Esta luz, y solo esta, tiene como su fruto una universal santidad de vida. Ninguna comprensión meramente imaginaria o especulativa de las doctrinas religiosas encaminará hacia esto. Pero esta luz, en cuanto alcanza el fondo del corazón, y cambia su naturaleza, orienta así efectivamente hacia una obediencia universal. Muestra la dignidad de Dios

para ser obedecido y servido. Dirige el corazón hacia un sincero amor a Dios, que es el único principio de una obediencia verdadera, llena de gracia y universal; y convence de la realidad de aquellos gloriosos galardones que Dios ha prometido a quienes le obedecen.

A pesar de que no es posible saborear un sermón escrito al nivel de lo expuesto por su autor para la audiencia planificada, a lo menos aquí creo que pudimos tomar un sorbo de tal ocasión de Edwards en su púlpito en Northampton aquel invierno de 1734-1735, a inicios de aquel avivamiento allí.

Por tanto, me parece a mí que no debe quedar duda alguna hasta aquí de que Jonathan Edwards fue un divinista eficiente en el púlpito, eficiente en la pluma, eficiente en su administración hogareña, un esposo fenomenal y un padre extraordinario. Es decir, un puritano de remarcada piedad. De sus tres hijos varones, Jonathan hijo fue también pastor, divinista, académico y notable filósofo, polemista y escritor; de hecho, Jonathan hijo tuvo impresionantemente una historia casi idéntica a la de su padre. No se deben separar el púlpito y el hogar a la hora de evaluar la eficiencia en la predicación. Hablaremos un tanto más del Dr. Jonathan Edwards Jr., en nuestro próximo libro sobre Jonathan Edwards, sobre "su pensamiento y teología".

No hubo secretos ni magia en la eficacia ministerial de Jonathan Edwards, más que un hombre consagrado a los oficios piadosos y a la causa del Evangelio, con su familia como primer frente ministerial.

Lo que no se debe perder de vista al considerar a Edwards es que, por sobre todo otro don, este fue un poderoso y exquisito predicador del evangelio. Uno de los mejores predicadores de todos los tiempos.

# XI

# La teología de Jonathan Edwards

*luce que una mente verdaderamente virtuosa, estando como debe bajo el dominio soberano del amor de Dios, definitivamente busca la gloria de Dios por sobre todas las cosas, y hace de esa búsqueda el fin supremo, gobernante y último.[489] (J. Edwards)*

A este punto de nuestra aventura tendremos que ponernos el traje de bucear y sumergirnos en las profundidades de la mente de Edwards. Lo reitero, esto no es tarea sencilla, las aguas son muy profundas. Pero haremos nuestro mejor intento, aunque estamos seguros aquí de que varios especímenes no serán ni siquiera vistos ni discernidos. En nuestro próximo trabajo sobre Edwards "su pensamiento y su teología", daremos más detalles que en este mapa breve, precisamente por razones de espacio. Entre tanto, trataremos de bajar, en plena luz del día, lo más profundo posible a las aguas del pensamiento de nuestro genio puritano. Lamento anunciar que en algunos departamentos tendré que ser crítico de lo que observo, especialmente en el departamento trinitario y el soteriológico. Sí, sí, lo sé… esos son los departamentos más delicados de todos los tiempos del pensamiento teológico. ¡Precisamente por ello, cuate! Lo crítico no tiene que ver con la dificultad en discernir lo que el principal *revivalista* del siglo XVIII quiso significar porque se vea borroso o con sombras, sino porque al ser tan claro y enfático, Edwards rozó, observamos, en algunos aspectos, el límite de la ortodoxia. Aunque os adelanto que no creemos que tocara la heterodoxia (aunque hubo ruidos rondantes en pleno siglo XVIII al respecto), pero en su creatividad, fue muy elástico, y su verborrea nos hace un poco de ruido. ¡Quizás o a vos!

---

[489] Crampton. P. 3.

Vamos, hombre, póngase su traje de bucear, y acompáñenos en este tramo de nuestra aventura.

A pesar de los muchos escritos de Edwards, no es del todo sencillo discernir entre ellos un cuerpo de divinidades, más que nada debido a que Edwards no fue solo un divinista, sino una propuesta teológica. El mundo no cuenta con un cuerpo de doctrina expresamente escrito como tal de la pluma de Jonathan Edwards. Bien que Edwards tuvo la expresa intención de escribir "Intento de un recuento racional de las doctrinas principales de la religión cristiana" (regularmente referida como *Rational Account*),[490] de hecho, había iniciado el proyecto y su intención era terminarlo mientras dirigía Princeton; pero en ese punto fue sorprendido por la muerte.

La cuestión resulta de mucho más interés cuando comprendemos los diferentes frentes de batalla que convergieron a la vez mientras Edwards ponía en marcha su ministerio y su actividad teológica. *El primer frente* fue "la Ilustración", que se erigía hasta su cúspide en su procura de forjar una religión "racionalista", donde "la razón" fuera la jueza del hombre y su destino. Lo interesante, al final de la historia, es que muchos de los extraordinarios pensadores y padres de la Ilustración fueron creyentes ortodoxos, y a lo menos deístas cristianos; me refiero al mismo John Locke, el cual fue un Anglicano Ortodoxo, que aunque criticó algunas doctrinas anglicanas, murió creyendo en Jesucristo, en la revelación especial, creyendo en los milagros, etc., contrario a algunos de sus discípulos, cual Anthony Collins, que terminó siendo un deísta puro, negando los milagros.[491] Ya nos referimos a muchos de los padres de la "Ilustración" al principio de esta obra, y puntualizamos que muchos fueron, incluso, biblistas, como este mismo Locke, que escribió "Paráfrasis y notas sobre las epístolas de San Pablo a los Gálatas, Romanos, Corintios y Efesios", escrito con el cual Edwards tuvo contacto, acorde al Dr. Gerstner; además del escrito de Locke que impresionó a Edwards desde sus días en la universidad "Ensayo concerniente al entendimiento humano". Newton, quizás el que debe ser coronado como el primer "padre de la Ilustración" aunque terminó siendo un unitario al final de sus días, igual que el Dr. Chauncy, por su parte tuvo fascinación con las Sagradas Escrituras y la reconoció como infalible, intentó una historia de la redención, además de sus conocidos comentarios sobre Daniel y Apocalipsis.

*El segundo frente* corresponde al "arminianismo". Una de sus piezas maestras, para algunos la más importante más sobresaliente de todas, "La

---

[490] Gerstner, John. *JE: A Mini-Theology*. P. 9.
[491] Ver: Gerstner, John, *JE: A Mini-Theology*, pp.16, 17.

libertad de la voluntad", es precisamente una obra monumental, que corresponde a una apología o polémica contra la obra del Dr. John Taylor, "The *Scripture-Doctrine of Original Sin*" (La Doctrina del pecado original), pub. en 1738, en la que el doctor egresado de Edimburgo expuso sus razones pro arminianas. Edwards literalmente destrozó las razones pro arminianas, como haría luego Edwards Jr., con las razones de Chauncy. Esa obra de Edwards literalmente asfixió las razones arminianas, aunque la profundidad de sus razones y modo de defensa fue poco accesible a la mente promedio, y a mi juicio al final no empujó la causa agustiniana al común, dejando camino al eventual triunfo del arminianismo en las academias y en el púlpito.

*El tercer frente* consistió en la lucha intradenominacional (que luego se extendió a una lucha interdenominacional) con respecto a los 'Nuevas luces' o la "Nueva Teología" como se le bautizó, que comprende el gran aporte de Edwards tanto al protestantismo como al evangelicalismo universal. La guerra aquí fue fiera. Y aunque por alguna razón difícil de comprender, generalmente Edwards no figura entre los pensadores que definieron el pensamiento y la práctica cristiana, cual Agustín, Lutero y Calvino, Spencer, entre otros; lo cierto es que el protestantismo evangélico probablemente le debe más a Jonathan Edwards que a cualquier teólogo de la historia. No obstante, hombres como el Dr. John Gerstner, el Dr. John Piper, el Dr. R. C. Sproul, el Dr. Martin Lloyd-Jones, entre otros, lo han considerado como alguien sin paralelo en la historia del pensamiento cristiano. Gerstner lo propone como el más grande pensador que haya existido jamás en la historia cristiana. Piper expresa que, si acaso existió algún otro divinista semejante, debió ser Agustín de Hipona. Y Lloyd-Jones lo ve como el más sobresaliente y la cúspide del puritanismo, el cual inyectó en tal movimiento el elemento climático que lo hizo el más grande e influyente movimiento protestante de todos los tiempos.

Aunque en el sentido técnico de la designación, Edwards es un calvinista neto; no obstante, en este trabajo quizás haya sido notorio —hasta aquí— que no he seguido la línea regia de catalogar a Jonathan Edwards como un calvinista alto, como han hecho la mayoría de los biógrafos modernos, que lo encasillan forzadamente en una designación injusta, creo, de haber sido un calvinismo puro. ¿Por qué he rehusado tal encasillamiento? Porque el mismo Edwards, de su misma pluma, se desligó de toda designación semejante en lo personal. Por cierto, la "nueva divinidad" era calvinista, pero no era ni calvinismo ni presbiterianismo y tal designación se debió a una cuestión de énfasis, no de sistema teológico. Además, registrado abundantemente ha quedado, que uno de los más grandes exponentes del calvinismo de todos los tiempos, Charles Hodge (e incluso Archivald Hodge, su hijo), los más famosos de todos los tiempos del Seminario Teológico de Princeton, fueron acérrimos opositores a la teología de Edwards, tanto como a sus ideas *revivalistas* y a la "Nueva Teología", que conste. Paul Ramsery expresó que "resulta un hecho sorprendente que Edwards citase tan poco a Calvino en sus escritos"; que por cierto solo aparece una cita a "La institución" en "Los afectos religiosos", mientras que de Thomas Shepard aparecen más de 65 citas,* entre alrededor de 130 citas diversas. Yo sí creo saber. Edwards simplemente no veía las cosas como Calvino, y persiguió objetivos distintos. De hecho, y ya nos referimos a esto en el cap. III, mientras que la causa material de la reforma protestante fue "la justificación por la fe", y aunque Edwards predicó varias veces sobre este tópico; de hecho, fue su tema cuando se detonó el primer avivamiento en Northampton en diciembre de 1734. Pero si pudiéramos extrapolar el vocabulario y encontrar una "causa material" de la Nueva Teología, deberíamos encontrarla en "el nuevo nacimiento". Pareciera lo mismo, porque el nuevo nacimiento es una de las aristas de la doctrina de la salvación, cual la justificación por la fe; o mejor, "el nuevo nacimiento" (que para Edwards era lo mismo que "la conversión", es la doctrina salvadora enfatizada por Edwards, en vez de "la justificación por la fe". Es decir, que se trata de una cuestión de "énfasis". Enfatizar el nuevo nacimiento apunta a una operación sustancial, un principio de cambio de naturaleza; por otro lado, la justificación por la fe es un decreto divino. Ambas doctrinas son redentoras, pero el campo que comprenden es completamente distinto en cuanto a sus efectos, y engendran diferentes afectos en la práctica cristiana. De hecho, la justificación por la fe opera más en el campo del intelecto, incentivando primariamente el entendimiento; mientras que doctrina de la regeneración trabaja más en el campo del corazón, incentivando más los afectos que el intelecto, y moviendo a la piedad, el nuevo nacimiento tiende más a los afectos que al entendimiento *per se*.

Ahora bien, la revelación divina, con respecto a "la doctrina de la salvación", que dicho sea de paso es *la gran procura o meta de la revelación*, tenderá a cierta deficiencia en la práctica si es descuidada su comprensión como un todo (holística). Sus partes están diseñadas por Dios mismo para operar en uno de los departamentos del alma —si cabe la designación— y los énfasis provocan tendencias tanto en el departamento del entendimiento como el departamento del corazón. No debería sorprendernos

---

* Para ampliar en esto, consulte los capítulos VII, VIII, IX y X de esta obra

entonces que "la causa material" de la Reforma Magisterial provocara una sed de saber, pero que al mismo tiempo puede tender a descuidar la cuestión de los afectos religiosos y que la "causa material" de la Nueva Teología irrumpiera en los afectos, y por tanto en los avivamientos espirituales. En Nueva Inglaterra en los días de Edwards, la "Vieja Luz" enfatizó la causa magisterial y por tanto generó tendencias al "racionalismo", en cuyo regazo pernicioso terminó el Dr. Charles Chauncy (el cabecilla principal de estos); y por su parte, la 'Nuevas luces', de la que el Rev. Jonathan Edwards fue el líder, movimiento que enfatizó "la experiencia" o la "religión del corazón", tendió a los afectos o sentimientos en la práctica, generando incluso tendencias del tipo "carismáticas", y no debo dudar que provocó degeneraciones del tipo "mística" —a mi juicio sin razón para esta degeneración—, pero no descabellada debido a la poco llana de la abundante producción literaria de Edwards y del tipo "Neo Ortodoxa", por la misma razón anterior. O sea, en algún grado, el Misticismo matizado de ortodoxo del tipo de Søren Kierkegaard, la Neo Ortodoxia barthiana y brunneriana, encontraron elementos en la Nueva Teología, tanto como el carismatismo en los 'Nuevas luces' y en la "Nueva Escuela"; aunque sin intención de fondo.

Al preguntarnos entonces: ¿Quiénes eran más calvinistas, los Mather o Stoddard? La respuesta es muy sencilla: ambos eran calvinistas y puritanos. De igual modo, si nos preguntásemos: ¿Quién era más calvinista o cuál más puritano, Chauncy o Edwards? La respuesta es: ambos lo eran. El Dr. Charles Chauncy, lamentablemente, abandonaría la ortodoxia eventualmente y, penosa y desgraciadamente, su racionalismo lo conduciría al unitarismo. Pero su caso tan temprano debe verse como aislado y fruto de su tendencia al "racionalismo". No sucedió igual con los otros de la "Vieja Luz". Es la misma lucha que se libraría luego (en los días de los Hodge) entre los presbiterianos de Estados Unidos.

Tales asuntos no deben ser descuidados. Una teología sana de la salvación procurará integrar todas las "imágenes" de la salvación[492] —en palabras del Dr. John Stott—. Al desplegar los tesoros de esta doctrina, el teólogo, el maestro, el predicador y el pastor deben procurar ser holísticos. El énfasis al que se tenga tendencia, generará precisamente tendencias. Esto creo que no fue percibido ni por los Magisteriales ni por los de la "nueva divinidad". Las imágenes de la salvación son: el nuevo nacimiento o regeneración, la redención, la justificación, la propiciación, el perdón, la santificación, el arrepentimiento, la conversión, entre otras. Cada una puede ser estudiada y comprendida de manera aislada. Pero el análisis en

---

[492] Consulte al respecto: Stott, John. La Cruz de Cristo.

conjunto, como un todo, tenderá a eliminar toda traza de confusión y a producir un equilibrio en el entendimiento y en el corazón.[†]

El análisis anterior puede parecer extraño a primera vista; porque (siguiendo en el mismo orden), es a todas luces ciertísimo que Edwards abandonó una especie de arminianismo (como hicimos notar en el cap. III), que no fue más que un abandono de su racionalismo innato. Al mismo tiempo, Edwards terminó considerando el sistema teológico arminiano cual un absurdo apartado de toda lógica consistente, lo cual automáticamente lo designa como calvinista.[§]

Es también sabido que su primer ministerio fue como pastor interino en una iglesia presbiteriana en New York, donde estuvo dispuesto a quedarse como pastor, como señala Marsden: "Edwards quiso que la pequeña iglesia presbiteriana donde sirvió como interino en Ciudad de New York lo llamara como su pastor, pero no hubo apertura para Edwards".[493] También, su último trabajo (ministerial) fue como presidente del Colegio de New Jersey (que era una escuela reformada), a la vez que fue un abanderado de la Confesión y los Catecismos de Westminster;[‡] entre otras cosas; todo lo cual indefectiblemente lo ata al calvinismo. No obstante, para hacer justicia a la teología de Jonathan Edwards, en este respecto, es necesario que lo honremos como él se definió a sí mismo. Sobre el calvinismo dijo:

> No debería para nada tomar a mal, ser llamado un calvinista, por cuestiones distintivas; aunque absolutamente niego una dependencia de Calvino, o de creer las doctrinas que sostengo, porque él las creyó y las sostuvo, *y no es justo que me atribuyan como que creo todas las cosas tal cual él las pensó.*[494]

Entonces, Edwards fue calvinista, pero no quiso que le atribuyeran una dependencia de Calvino, ya que hubo muchas cosas que no las vio como Calvino ni como las veían los reformados. Se debería a tales diferencias que el gran teólogo princetoniano, Charles Hodge, rechazaría la "nueva divinidad", y por tanto a Edwards, en la discusión conocida como "la Controversia entre la Vieja Escuela y la Nueva Escuela", que consistió en

---

[†] Consulte aquí el libro del autor de este trabajo titulado: Entendiendo la fe para comprender la Salvación.

[§] Ver aquí especialmente el tratado de Edwards: "La libertad de la voluntad", en el que con una lógica irrefutable deja sin razones las asunciones del arminianismo.

[493] Marsden. P. 2.

[‡] "Sobre si me suscribo a la sustancia de la Confesión de Fe de Westminster, no habrá dificultad" (*WJE*, I: xxi).

[494] *JEW*, 1:131. (Citado por: Crampton, p.7.)

el mismo asunto que se presentó en los días de Edwards y que fue denominado "Viejas Luces vs. 'Nuevas luces'", con la diferencia que ahora (casi un siglo después) la controversia se daba a lo interno del presbiterianismo en América. La controversia se extendió por dos décadas, terminó lamentablemente en una división del presbiterianismo en 1837.

Para los de la "Vieja Escuela", liderada por Charles Hodge —un líder presbiteriano y reconocido profesor en el Seminario Teológico de Princeton—, los de la "Nueva Escuela", abanderados de la "nueva divinidad" y matizados por la euforia del segundo Gran Despertar en boga entonces, según los princetonianos, aquellos se alejaban de la ortodoxia; los de la "Vieja Escuela" acusaban a la "Nueva" de no ajustarse al estándar de Westminster (obviamente una falacia de palanca). ¿No es acaso una extraña situación que ahora Princeton estuviera reclamando una especie de paternidad literaria de "Westminster" y utilizándola como arma de ataque, cuando el acervo debe inclinarse a los tendientes al congregacionalismo? ¿No fue acaso de las entrañas de la Iglesia de Inglaterra que surgió Westminster, precisamente en el protectorado de Oliver Cromwell, puritano de la línea congregacionalista? Además, ¿no se opusieron los presbiterianos con regias luchas a conformarse a Westminster en Nueva Inglaterra por más de un siglo anterior a Hodge? Parece ahora extraño que Princeton entonces estuviera reclamando una especie de paternidad de tal Confesión de Fe y la utilizara como técnica de yudo contra sus supuestos "oponentes". ¡Que extraña es la historia! A mi juicio todo ello no fue más que falta de tacto y el lamentable resultado de los siglos cuando se segrega una doctrina plural, como la salvación, y los grupos se avocan a énfasis, lo que indefectiblemente creará tendencias.

Por otra parte (y esto le puede chocar a muchos), por increíble que parezca, Edwards tampoco asintió con el "federalismo" o la "teología del pacto" que caracterizó a los "puritanos" ingleses y a los de Nueva Inglaterra.

El congregacionalismo de Nueva Inglaterra desde su fundación fue forjado en la "Teología Federal", es decir, eran "teólogos del pacto". De ese modo, como interpretó Miller, "la relación entre Dios y el hombre fue emitida por el 'señalamiento' divino en la forma de un 'pacto'".[495] En otras palabras, "al momento de la conversión, el santo es recibido en un pacto con la divinidad, y a partir de entonces queda en dependencia de la seguridad bajo el hecho de que la transacción está en el 'récord'",[496] que

---

[495] Miller. P. 30.
[496] *Ibidem.*

posee el Tribunal Supremo. Para aquellos federalistas, los "sacramentos" habían sido dados como "sellos del pacto", en satisfacción de lo que ha sido nominado en dicha unión.[497] De ahí que en el stoddardismo, por ejemplo, los "sacramentos", como hemos hecho notar anteriormente en este trabajo, eran básicamente "medios de gracia". Para los federalistas, la regeneración era algo como "la firma del pacto", requiriendo asentimiento de ambos lados; por ello el ministro podía, aun profesando la predestinación absoluta, ofrecer al hombre racional ciertos incentivos para que intentase iniciar tal negociación. P. ej., podía predicar con vigor, bajo la asunción de que tales sermones energéticos se convirtieran en "medios de gracia" por operar en el corazón y en la voluntad del receptor. Bien que aquella gracia era todavía en regalo gratuito de Dios, y no una recompensa por méritos humanos.[498]

En el siglo XVII, Nueva Inglaterra había encontrado una fórmula para deshacerse de lo todavía "legalista" de aquella propuesta "federalista", como lo puntualizó Miller, "hallaron un camino para la empresa humana en medio de tal sistema determinista".[499]

Discernió Miller que "Edwards expuso la doctrina pura sin la más ligera migración. La 'teología federal' brillaba totalmente por su ausencia en sus sermones". Así que, para Edwards: "La naturaleza y 'estrategia' de nuestra redención es tal, que los redimidos son en todo directa, inmediata y enteramente dependientes de Dios: ellos son dependientes de Él en todo, y en todas las maneras".[500]

Respecto a la afirmación edwardsiana anterior, Miller razona: "Nadie en Nueva Inglaterra se atrevió a contender contra esta 'declaración' tal cual fue dada: pero algunos quizás pudieron notar la omisión, la insistencia sobre 'la *estrategia*', en vez de 'pacto', y el énfasis sobre 'directo' e 'inmediato'".[501] Dijo: "Es de parte de Dios que tenemos las ordenanzas, y su eficacia depende de la influencia 'inmediata' del Espíritu".[502] Por esto algunos han acusado a Edwards de "precursor de la Neo Ortodoxia". Pero en realidad, el asunto con Edwards es su énfasis en la religión "experimental", de los afectos.

---

[497] Ver: Miller, p. 30.
[498] Ver: Miller. P. 30.
[499] Miller. P. 30.
[500] *Ibidem.*
[501] *Ibidem. P.* 31.
[502] *Ibidem.*

En la cuestión de la doctrina de la iglesia, que correspondería al *cuarto frente de batalla* de Edwards, el énfasis de Edwards contrastaba mucho con el de su abuelo Stoddard, quien había predicado, cual federalista, las ordenanzas como medios de gracia hacia la salvación.

Los de Nueva Inglaterra veían un peligro en aquello de 'inmediatez'. Precisamente porque los antinomianos y cuáqueros enfatizaban la dependencia de la influencia inmediata del "Espíritu", contra cuyos excesos y herejías había luchado ardientemente el norte de Nueva Inglaterra; y el mismo Edwards siempre denunció a dichos grupos, por nombre y con mucho énfasis, como herejes. En otras palabras, el temor venía por el hecho de que personas dependieran de tales influencias inmediatas, los tales podían fácilmente perder su confianza en esos medios (las ordenanzas), hasta que llegasen a un punto de no ser más necesarios.

Por un siglo, la retórica en Nueva Inglaterra fue que mientras que la gracia es enteramente divina, no obstante, los medios deben ser usados. Todo el orden eclesiástico en Nueva Inglaterra, lo que es lo mismo que el orden social en aquellos días, estaba fundamentado en tal retórica. Mientras que el énfasis de Edwards fue notoriamente distinto. Decía:

> El Espíritu es de Dios y la gracia es el regalo de Dios, y Dios no está bajo ninguna obligación con ningún hombre: Él es el soberano, y tiene misericordia de quien quiere.[503]

Eso es a todas luces muy distinto a decir que Dios tendrá misericordia de aquellos que pacten.

Incluso, los teólogos de Nueva Inglaterra habían enseñado que una vez el pacto era firmado, sellado y enviado, los firmantes eran salvos. Stoddard en su *Safety of Appearing* (La seguridad de aparecer) lo había dicho así: "una vez dentro del pacto, los santos tienen garantía de su salvación".[504]

Aún quizás más revelador, Jonathan Edwards había crecido en un ambiente "puritano", pero con un matiz "pietista". Al preguntarle al Dr. Minkema[*] si en su prolongada revisión y análisis de la vida de Edwards él entendía que Edwards tenía vínculos con el pietismo, respondiéndome por correo del siguiente modo:

---

[503] *Ibidem, p.* 31.

[504] *Ibidem.*

[*] El Dr. Minkema es el actual (feb., 2020) presidente del Edwards Center (con sede en Yale).

Edwards fue influenciado por una mezcla interesante de pensamiento, devoción y práctica reformadas y pietistas. Sabemos que su padre tenía varias obras pietistas inglesas en su biblioteca. Durante los avivamientos, Jonathan Edwards implementó la "religión de grupos pequeños" de Spener como lo que él llamó "conferencias religiosas", generalmente segregadas en reuniones de hombres y mujeres.

Al inquirir sobre el mismo asunto, en virtud de la poca data con que hasta entonces poseía al respecto, al Dr. Joel Beeke —un historiador erudito del puritanismo—, este me refirió al Dr. Adriaan Neele —el director del programa de PhD del Seminario Teológico Reforma—, quien es un experto en Jonathan Edwards, el cual me respondió (por correo) como sigue:

La piedad de Edwards fue inculcada por el puritanismo de Nueva Inglaterra, y la ortodoxia reformada continental (teólogos del siglo XVII como *Petrus van Maastricht (1630-1706), el teólogo favorito de Edwards.* Además, el pietismo en Nueva Inglaterra fue informado por el pietismo alemán (por ejemplo, la correspondencia de Cotton Mather con August Herman Francke, los misioneros moravos en Nueva Inglaterra, etc.). Sobre todo, la piedad de Edwards fue moldeada por las Escrituras.[§]

Me encanta como Marsden resumió la visión teológica de Edwards:

"Edwards predicó y defendió que los seres humanos fuimos creados para una relación de amor y amistad fiel con Dios; y tal cosa es lo más importante en la vida. Además, todo otro amor debe estar subordinado a tal amor divino".

## La postura teológica de Edwards

Edwards predicó y enseñó el cuerpo de doctrinas puritanas, especialmente conforme los padres del puritanismo inglés y americano, como hemos puntualizado. Thomas Shepard fue el teólogo más citado por Edwards. Casi no citó a Calvino, pero estuvo de acuerdo con la Confesión de Westminster en general. Utilizó mucho el vocabulario de John Smith, el platónico de Cambridge, y es obvio que los escritos de Smith, tanto como los de Locke causaron impresiones permanentes en Edwards. Algunos lo tildan de neo-agustiniano, y en realidad utilizó mucho la fraseología de los padres, especialmente la fórmula del credo Niceno y de Agustín.

---

[§] Ver, por ejemplo, la obra de Don Withney: *Finding God in Solitude: The Personal Piety of Jonathan Edwards and Its Influence on His Pastoral Ministry.* Ver también: *Jonathan Edwards Spiritual Writings.*

La creatividad de Edwards le impedía confirmarse a lo establecido en aquellas cosas que entendió diferentes. Ya pusimos de manifiesto que rechazó la postura federalista clásica de la teología del pacto. Desafió los matices eclesiológicos de "El Pacto de Medio Camino" y el stoddardismo; bien que en esto no fue novedoso, sino que apeló a las sendas antiguas, al modo en que lo concibió su padre Timothy, acorde al congregacionalismo de la primera generación en Nueva Inglaterra. Desarrolló la teología de los afectos, que algunos denominan "psicología de la religión", a niveles nunca antes vistos y difícilmente superados después; de hecho, este desarrollo definió en mucho los alegatos del movimiento de los 'Nuevas luces', hasta el punto de casi definir el avivamiento y el movimiento. Edwards entendió que "el Ser de Dios" es el conocimiento más importante que debe ser procurado, pero lo segundo debe ser "la cuestión de la religión", es decir "la manera como los hombres debemos relacionarnos y adorar a ese Ser Supremo". Y ello definió tanto su comprensión de Dios como de la conversión y la práctica religiosa.

Debido a que dedicaremos otro tratado al tema de la teología de Jonathan Edwards, cerraremos este capítulo con un acercamiento breve a la doctrina de Dios y a las doctrinas salvadoras. Por cierto, le daremos un abordaje analítico y crítico, en virtud de que, justamente, en estas doctrinas Edwards no encajó exactamente con la postura reformada, de hecho, aunque tendió al agustinianismo, Edwards desarrolló a tales niveles estas doctrinas que difícilmente alguien le haya alcanzado también en esto.

## Teología de Nueva Inglaterra o "nueva divinidad", hopkinsismo, edwardsismo

Joseph Bellamy y Samuel Hopkins fueron egresados de Yale, y entre muchos otros, fueron también discípulos de Edwards en teología (práctica), según la costumbre congregacionalista de la época.* Edwards y sus pupilos, mayormente Hopkins, Bellamy, incluyendo aquí a su hijo Jonathan, quien estuvo bajo la tutoría de Bellamy al salir de Yale, según la costumbre (pues su padre a ese punto ya había muerto), crearon juntos, quizás sin intención predeterminada, el esquema teológico que a veces lleva el nombre de Hopkins, es decir, "hopkinsismo", pero también se conoce como la "nueva divinidad", la "Teología de la Nueva Escuela" (como la bautizarían los presbiterianos del siglo XIX), la "Teología de Nueva Inglaterra",

---

* La costumbre congregacionalista era que los teólogos recién graduados recibieran entrenamiento práctico con ministros de experiencia. Edwards fue un favorito para los egresados de Yale.

o incluso "edwardsismo" (como yo prefiero en este trabajo). Este sistema religioso es una forma de calvinismo al que los adherentes posteriores llamaron "calvinismo consistente".

La "Nueva Teología" en esencia consistió en predicar las doctrinas calvinistas al modo puritano neo-inglés original, pero con un marcado énfasis en "la experiencia religiosa o espiritual", es decir, "la experiencia de conversión". En cierta medida bebió del pietismo de Spencer, pero tuvo ese elemento pragmático de la experiencia. Era común oír a un predicador del nuevo movimiento acusar de no convertido al clero del *establishment*, al estilo de George Whitefield y William Tennent. Creyeron fielmente que la actividad regenerativa y santificadora del Espíritu es imposible de dormir en la pasividad durante toda la vida de un cristiano. No era requerido que hubiera manifestaciones del tipo corporal (al estilo cuáquero), pero no se evitaban; es más, casi eran aclamadas.

La visión se convirtió en una teología distinta que dominó el pensamiento teológico en Nueva Inglaterra, e incluso en Escocia y parte de Inglaterra. Por ejemplo, en la Academia de Bristol, que era la escuela de formación para pastores bautistas en Inglaterra, fueron abanderados apasionados de Edwards.

El movimiento teológico 'Nuevas luces' fue importante —por no decir imponente— también en el Segundo Gran Despertar.

## La visión y la imaginación renovadas de Edwards de cara a su teología

Personalmente, creo que el centro en el que orbitaba toda la teología de Edwards era precisamente su comprensión, aprehensión y sensación del Dios hermoso y santo. La contemplación de la belleza de Dios extasiaba y aturdía al renombrado divinista. Y para el aventajado puritano, la contemplación de la belleza no era una mera meditación trascendental del tipo mística, sino que era algo concreto, como teniendo sustancia o materia, como hemos expresado antes en este trabajo. Tampoco es que fuera un panteísta, ni mucho menos; pero Edwards contemplaba a Dios en la creación. El entendía que un sorbo de la belleza de Dios puede ser contemplada en Sus Obras.

Para él, las expresiones del salmista como *los cielos cuentan la gloria de Dios* (Salmo 19:1), no eran meros poemas, sino concretas y sustanciales realidades. Claro, esas realidades yacen veladas a los hombres naturales, quienes están desprovistas tanto del "sentido espiritual", como de la "visión renovada" y de la "imaginación santificada". En su sermón "Una luz divina y sobrenatural" expresó: "A menos que la doctrina esté firmemente asentada en la mente, no es posible conocer la luz espiritual del mundo, ni su verdadera excelencia y significado".[505] No que el hombre natural no pudiera tener ninguna comprensión de Dios (como luego acentuaría Barth, en oposición al liberalismo de Schleiermacher), pero que el grado de comprensión que este podía obtener mediante escuchar la palabra predicada o leer la palabra escrita o expuesta, sería solo del "tipo conceptual", o de "la razón" natural; por lo que tal comprensión serviría de poco al hombre, por lo que este necesita "el sentido de la excelencia divina de ellas en el corazón".[506]

La avenida del pensamiento de Edwards ha tenido pocos rivales en la historia humana en el campo de la divinidad. Él poseía un don particular de navegar por las intrincadas avenidas, caminos y hasta por los bosques tupidos del pensamiento. Tal y como un conquistador se interna en las tierras salvajes hasta someterla y mapearla completamente. O como un investigador hídrico inicia en la desembocadura de un río y lo atraviesa hasta ubicar todos los arroyos, venas y las fuentes de los efluentes que conforman tal río. Edwards a la vez poseía una habilidad erudita y dominaba como nadie la epistemología, abriéndose camino hasta tocar fondo en las cuestiones que se proponía sacar a la luz.

En tal sentido fue un genio de la epistemología y comprendió y manejó profunda y excelentemente el lenguaje y sus diferencias. Distinguió entre lenguaje artístico (corriente) y lenguaje santificado. Entendió que el teólogo y predicador debe discernir la diferencia y no caer en la trampa de verlos como homólogos.

Para notar estas habilidades de Edwards solo bastaría con revisar algunas de sus obras más sencillas como "Los afectos religiosos", o algunos de sus sermones como "Luz divina y sobrenatural", "La caridad y sus frutos", "El amor es la suma de toda virtud", "La gracia tiende a la piedad", y entrar en algunas de sus trabajos complicados cual "Una disertación sobre el pecado original", "Una disertación sobre la razón por la que Dios creó al mundo", o su ensayo crítico "La libertad de la voluntad" (la primera y

---

[505]  Ver: Simonson, p. 142.
[506]  Edwards, J. "Una luz divina y sobrenatural".

la última que hemos referido en este párrafo son dos obras maestras de la literatura cristiana de todos los tiempos). Notarás enseguida la genialidad de Edwards como pensador y epistemólogo.

En tal sentido, por ejemplo, refutó la exposición del Rev. John Taylor en "La Doctrina del pecado original", publicada por Taylor en 1738, el cual le atribuía solo un significado cognitivo a la jerga teológica como "muerte", "desnudo", "luz", "corazón", "descubrimiento", "sentido", las cuales para Edwards tienen un segundo significado de naturaleza espiritual.[507] Fue justamente en ese respecto que Edwards se alejó del sentido epistemológico de John Locke y sus teorías del lenguaje, y de Isaac Newton en el sentido de la apreciación de las sustancias físicas y del mundo natural. Edwards lo expresó de modo muy elegante en "Los afectos religiosos" como sigue:

> Hay una gran diferencia entre conocimiento doctrinal y conocimiento espiritual. El conocimiento doctrinal involucra únicamente el intelecto. El conocimiento espiritual es un sentir del corazón por el cual vemos la hermosura de la santidad de las doctrinas cristianas. El conocimiento espiritual siempre involucra el intelecto y el corazón juntos. Una persona puede tener doctrina y conocimiento intelectual, y sin embargo, no saborear el gusto de la belleza de la santidad en esas doctrinas. El mero conocimiento doctrinal es semejante a una persona que ha visto y tocado la miel. El conocimiento espiritual es más como la persona por cuyos labios ha corrido el dulce sabor de la miel.
>
> Un entendimiento espiritual de las Escrituras no es conocer las parábolas, tipos y alegorías. Una persona puede saber cómo interpretar todas estas cosas sin tener ni un rayo de luz espiritual en su alma, 1 Corintios 13:2. El significado espiritual de la Biblia es la dulzura divina de sus verdades, no la interpretación correcta de sus pasajes simbólicos.[508]

De hecho, lo que hace que Edwards superase la media de la comprensión y la expresión teológica no fue su intelecto (en cuya gracia aventajó a muchos de los mejores en la historia), sino su inusual capacidad imaginativa, su "imaginación santificada", que era inducida por una "visión renovada".[509] En otras palabras, su corazón y su cabeza estaban en equilibrio. Toda esta realidad del teólogo lo llevaron a escribir su obra —recién publicada por primera vez (en 1948), editada por el Dr. Miller— "Imágenes y sombras

---

[507] Ver: Simonson, pp. 142, 143.

[508] Edwards, J. Los Afectos Religiosos. P. 61.

[509] Ver: Simonson, p. 115.

de las cosas divinas".‡[510] Para Edwards, en su concreta contemplación de la gloria o la belleza de Dios en las cosas creadas, "el sol, los ríos, los árboles, las aves, los montes, la luna", etc., no debían ser considerados como meros y simples "tropos" retóricos... sino que deben ser considerados como "tipos" que imaginaban o presagiaban sus "anti-tipos" espirituales.[511]

Creo que Edwards expresa la suma de su comprensión de Dios en uno de sus tratados más sobresalientes, si bien dicho tratado es el más filosófico de todos los tratados de Edwards, lo que complica un tanto su comprensión. Me refiero a "Una disertación sobre el fin por el cual Dios creó al mundo". Cito a continuación, el corazón de la tesis de Edwards en tal tratado:

> Parece razonable entender que *esto era lo que Dios tenía como un fin último al crear el mundo*: **comunicar su propia plenitud infinita de bien**; o más bien, *era su último fin que haya una emanación gloriosa y abundante de su plenitud infinita de bien 'ad extra'*, y la disposición de comunicarse a sí mismo o difundir su propia plenitud, lo cual debemos concebir como estando originalmente en Dios como una perfección de su naturaleza que le movió a crear el mundo...
>
> Así, si Dios tanto estima y se deleita en sus propias perfecciones y virtudes, no puede sino deleitarse en la valoración de las propias expresiones y efectos genuinos de ellas.[512]

En tal sentido entonces, lo que hace a Edwards extremadamente diferente de casi cualquier otro teólogo es tanto su "visión renovada" como su "imaginación santificada", que lo condujeron a la contemplación de Dios en el mayor esplendor posible que el divino Ser puede ser aprehendido en este estado de las cosas. Su cuerpo de divinidades tiene su mayor deuda precisamente con estos aspectos de la vida espiritual de Edwards, por sobre su lógica y don de exposición.

No obstante, aquello que define la "nueva divinidad" o el "edwardsismo" tiene que ver esencialmente con los énfasis de Jonathan Edwards.

---

‡ Imágenes y sombras es una obra puesta en circulación por Perry Miller (un especialista en Jonathan Edwards), bajo el sello de *New Haven: Yale University Press.* Y se trata de un cuaderno manuscrito de Edwards (tipo Misceláneas) en el cual tuvo 212 entradas (anotaciones). El título surge de lo que Miller discernió que refleja la tesis de dicho cuaderno.

510 Ver: Simonson, p. 106.
511 Simonson. P. 106.
512 Edwards, J. El fin por el cual Dios creó el mundo.

## Los énfasis de la teología de Edwards, y por tanto de la "nueva divinidad"

La teología, y por tanto la predicación de Edwards, presentó varios énfasis generales que le despegaron del típico énfasis puritano clásico, no necesariamente por ser novedad, sino por esfuerzo y énfasis. En tal sentido, la teología de Edwards es atípica en varios respectos, pues muy a pesar de ser de corte puritano y por tanto un defensor del calvinismo, no obstante, en el sentido de sus énfasis no tuvo paralelo ni entre los reformadores ni en el puritanismo que le precedieron.

Edwards estuvo consciente de dos realidades que deben primar en el conocimiento de la religión. Lo expresó de forma breve y clara en su prefacio al libro escrito por su gran amigo, el Rev. Joseph Bellamy, titulado *True Religion Delineated* (La verdadera religión delimitada), como sigue:

> **El Ser de Dios** *se encuentra en el primer, gran y más fundamental de todas las cosas que son el objeto del conocimiento o el creer.* Y a continuación de esto debe figurar **la naturaleza de esa religión** *que Dios requiere de nosotros,* y que debe ser hallada en nosotros, para nuestro disfrute de los beneficios de Dios: o más bien esto debe ser estimado de igual importancia con la otra; porque eso de esa misma manera nos debe concernir, el saber cómo debemos honrar y agradar a Dios, y ser aceptado por Él, así como debe concernirnos saber que Él es un Ser.
>
> Este es el punto de infinita consecuencia a cada persona en particular; cada una teniendo que ver con Dios cual juez supremo, quien dispondrá su estado eterno, de acuerdo a como lo encuentre con o sin *verdadera religión.* Y este es también un punto que ampliamente concierne al interés público de la iglesia de Dios.[513]

De ahí tanto la gran preocupación que siempre acompañó la vida y ministerio de Edwards, como los énfasis que se desprenden de tal actitud en su ministerio.

Edwards mencionó la frase "las doctrinas de la gracia", en el mismo sentido que se sigue utilizando hasta hoy, es decir, como haciendo uso del calvinismo en la exposición de Dios y su redención de pura gracia. Dijo: "Nuestra esperanza es que estas doctrinas nunca pasen de moda entre nosotros: porque estamos bien seguros de que, si aquellas llamadas las doctrinas de la gracia llegasen a ser relajadas o despreciadas, en la misma proporción la piedad vital languidecerá y desaparecerá".[514]

---

[513] Nichols. P. 108.
[514] Nichols. P. 85.

En materia del conocimiento de Dios, como ya hicimos notar en el relato de la conversión del divinista, su expresión es del tipo: "Ninguna doctrina es más esencial que la de la soberanía de Dios en la obra de la redención".[515] O sea, Edwards estaba muy consciente de la subordinación gradual de las doctrinas, quizás algo como el *triage* que nos ha presentado el Dr. Albert Möhler sobre el orden de importancia de las doctrinas.

Ahora bien, a continuación enumeraré los énfasis que entiendo fueron los que definieron tanto la teología de Edwards como la Teología de Nueva Inglaterra.

El *primero* de estos énfasis tuvo que ver con la piedad práctica, lo que Edwards llamó 'la práctica cristiana' (o 'la práctica de la religión' o bien 'la práctica de la piedad'). Se sabe que este asunto era un rasgo muy puritano; pero las enseñanzas de Edwards en este tenor, que ocuparon un volumen importante de sus trabajos que incluyen sus diferentes 'narrativas' y 'recuentos', los que ya hemos mencionado y citado aquí, sus tempranas resoluciones, y decenas de sermones en este orden, nos dejan ver con claridad el lugar que ocupaba este énfasis en la mente de Edwards, tanto que superó los intentos de sus predecesores puritanos y reformadores.

Es decir, el consagrado y contemplativo divinista entendía que no debe haber lugar para el misticismo en la verdadera religión, pero una búsqueda resuelta de la santidad práctica en público y en lo más recóndito de la privacidad personal. No pensaba como luego haría Søren Kierkegaard, para quien la vida cotidiana fue casi del tipo repugnante. El Prof. Simonson casi deja entrever en su excelente obra "Jonathan Edwards, un teólogo del corazón", una especie de paralelismo entre Edwards y el citado teólogo escandinavo; pero creo que es una comparación muy romántica e injusta. La familia fue central en la vida y la piedad de Edwards, cosa que despreció voluntariamente Kierkegaard. Tampoco es justa la estela de paralelismo que aparenta haber dejado entrelíneas el estimado profesor Simonson entre Edwards y Barth.

Para los puritanos fue central, aparte de las grandes *Cinco Solas* y la doctrina rectora de la Soberanía de Dios, la práctica de una correcta eclesiología, centrada en la procura de un clero y una membresía evidentemente regenerados.

En este sentido Edwards y la "nueva divinidad" *enfatizaron la obra de la* "conversión" (para Edwards, regeneración y nuevo nacimiento); más que

---

[515] Nichols. P. 85.

la "justificación por la fe", que fue (y sigue siendo) el marcado énfasis de la predicación netamente reformada (la causa material de los Magisteriales en su reforma). Igualmente, la eclesiología de Edwards giró alrededor de su énfasis en la conversión. De hecho, esa convicción de la absoluta necesidad de la regeneración era lo que debía regir la vida de iglesia, su clero y su membresía, que aterrizaba en quienes debían comulgar o participar tanto de la membresía de la iglesia local como de la Santa Cena o Comunión.

Note aquí que me refiero a énfasis. No es que los reformados no predicaban y definieran la doctrina del 'nuevo nacimiento' y 'la conversión', de hecho, lo hacían en profusión. Pero los púlpitos reformados orbitaban en torno a la gloriosa doctrina de la "justificación por la fe sola", de nuevo, su causa material.

Entonces, ¿cuál es la diferencia entre el énfasis reformado clásico y el de los puritanos de Nueva Inglaterra, y muy especialmente de Edwards y los nuevos divinistas? Que el énfasis de Edwards estaba en la arista experimental de la doctrina de la salvación, más que en la arista legal; o sea, que Edwards y sus seguidores enfatizaron la doctrina del "nuevo nacimiento". Para Edwards, la regeneración, el nuevo nacimiento y la conversión hacían alusión a la misma operación divina. Lo mostraremos más adelante en este mismo capítulo. Este énfasis hace una gran diferencia porque "el nuevo nacimiento" indefectiblemente incentiva la santidad personal, en tanto que tal operación del Espíritu se percibe sustancial y tangiblemente. Mientras que enfatizar la "justificación por la fe", puesto que ilustra una disposición de carácter legal, no necesariamente incentiva la santidad práctica. No podemos detenernos aquí, porque tomaría gran volumen demostrar esta tesis.

El *segundo* notorio énfasis *edwardsiano*, al que sirve de fundamento y soporte el anterior, lo encontramos en sus exposiciones sobre 'el discernimiento (entre la religión verdadera y la falsedad)'. De nuevo, esto también era una manifiesta herencia puritana en Edwards. Los magisteriales predicaron abundantemente sobre el discernimiento igualmente. Pero su exposición en tratados como "Las 5 señales de un avivamiento" o "Cinco marcas por las cuales puede ser reconocido un auténtico trabajo del Espíritu", que expuso en Yale, y cuyo trabajo fue publicado un mes después de su exposición pública en 1741[516] bajo el título *The distinguishing marks of a work of the True Spirit* (Las marcas distintivas de una operación del Espíritu verdadero), deben mostrarnos la gran preocupación de Edwards en este respecto, que de hecho excedió con creces los esfuerzos aquí del puritanismo clásico. Por cierto, la esencia de "Marcas distintivas" serviría luego de fundamen-

---

[516] Lawson. P. 13.

to para el más aplaudido trabajo de Edwards, *Treatise Concerning Religious Affections* (Tratado sobre los afectos religiosos), pub. en 1746.

Este es exactamente el mismo motivo que condujo los grandes tratados de Edwards titulados "La libertad de la voluntad", que es una refutación de las flacas razones arminianas expuestas por el Dr. John Taylor (un ministro presbiteriano de Inglaterra); "Una investigación humilde", en la que refutó el stoddardismo y "El Pacto de Medio Camino". En todos esos grandes tratados de Edwards su preocupación era el error. Creía que la verdad discernida y explicada en refutación del error en las cuestiones o doctrinas fundamentales de la fe, era asunto vital para la conversión y la seguridad de la salvación.

Hay varios sermones de Edwards en este respecto, cual "Falsa luz y verdadera luz"; recordando aquí que los tratados antes mencionados fueron sermones antes que tratados. Como vimos en la cita sobre el prólogo de Edwards al libro de Bellamy, discernir el asunto de la religión verdadera, y por supuesto, vivirla, es uno de vida o muerte eterna, que definirá el destino eterno de parte del Juez justo. Por lo tanto, no debemos permitirnos el descuidado de la religión verdadera.

El *tercer* énfasis edwardsiano, tema en el que superó todo esfuerzo cristiano anterior a él, incluso el esfuerzo de Agustín, fue 'la doctrina del Espíritu Santo': por supuesto, en el marco de la doctrina de la Trinidad. La mayoría de los tratados arriba mencionados, tanto sus varias "narrativas" como "Marcas distintivas" y "Los afectos religiosos", exponen ampliamente su doctrina del Espíritu Santo. En "Marcas distintivas", por ejemplo, escribió "Las operaciones ordinarias del Espíritu Santo como son el convencimiento, la conversión, la iluminación y la santificación de las almas, así como las operaciones extraordinarias que tienen que ver con sus milagros y el derramamiento de dones, no tienen comparación en la historia".[517] Pero hay un tratado titulado "La Trinidad", y otro titulado "Tratado sobre la gracia", en los cuales expone ampliamente su entendimiento doctrinal del Espíritu Santo. Expondremos más adelante en este capítulo algunas particularidades edwardsianas de esta persona de la divina Trinidad.

Los énfasis anteriores están muy estrechamente ligados a este que proponemos como **cuarto**, al cual ya nos hemos referido arriba, a saber, 'la doctrina de la conversión', que se basaba en dos doctrinas bien difundidas por Edwards, a lo que él llamó *las dos premisas o entendimientos necesarios en el emprendimiento cristiano (la doctrina de Dios, concentrada en su Santidad y su soberanía; y la doctrina de la incapacidad o depravación humana, que debe*

---

[517] Edwards, J. Marcas distinticas. Cap. 1. Intro.

*liderar la antropología cristiana).* En realidad, esta doctrina es expresada en las diversas narrativas de Edwards. El habló, abundantemente, como ya vimos (Cap. III) en su "Narrativa personal", de su propia conversión. Y en los relatos "Una narrativa fiel" y "Un relato del avivamiento religioso en Northampton" son tratados que procuran enfocar las formas, circunstancias y modos en que las personas experimentan la conversión y los avivamientos. Predicó decenas de sermones sobre este particular, entre ellos: "La manera de Dios convertir a los hombres", "El nuevo nacimiento, una obra divina", "El arrepentimiento es requerido", "La justificación por la fe", etc. Para Edwards la conversión y el Nuevo Nacimiento, significaban un cambio radical, no moral, sino del tipo sustancial, un principio enteramente nuevo que cambia los afectos y los actos del convertido. Una nueva creación, un nacimiento (nuevo). Hacemos notar de nuevo que para Edwards, el 'arrepentimiento' y el 'nuevo nacimiento' eran términos equivalentes y sinónimos.

El *quinto* énfasis edwardsiano fue 'la doctrina de la gracia'; que para Edwards la gracia era la caridad divina, que se trata de la materialización o aplicación del amor. Aquí figuran varios tratados y sermones enfocados casi exclusivamente en esta doctrina. Salen a relucir su "Tratado sobre la gracia"; y sus sermones "La verdadera gracia", "La gracia tiende a la santidad", "Las gracias entrelazadas", "La gracia gloriosa", "El amor eterno de Dios", "El amor es la suma de toda virtud", entre otros.

Edwards definió la gracia como "un principio de acción santa. Es un principio de vida que actúa".[518]

El *sexto* énfasis de Edwards, que también fue una pasión para él fue la segunda venida de Cristo, es decir que tuvo un marcado 'énfasis escatológico'. Bien que su doctrina escatológica tendió a un postmilenialismo en la que un avivamiento universal de la verdadera religión acontecería previo al retorno visible de nuestro Señor. Llegó incluso a tomar las ocasiones de los avivamientos que acontecieron en su iglesia, y especialmente el Gran Despertar como el inicio de ese gran avivamiento universal que debía suceder antes de la venida de Cristo, pretendiendo estar en el comienzo de tal despertar universal. Eventualmente, y con razón, abandonó tal idea. O sea, como suele pasarle a los escatólogos de todos los tiempos, incluso al gran Agustín, interpretaron conforme a los eventos circunstanciales que le rodeaban en una especie de situacionismo escatológico.

El otro énfasis de Edwards (*séptimo*), fue la 'predicación imprecatoria' concentrada en el juicio y el castigo del infierno. Edwards fue

---

[518] Edwards, J. "La caridad tiende a la piedad".

intencional y recurrente, a propósito de la escuela de su abuelo Stoddard en la predicación, en predicar con *un énfasis imperativo* en materia del juicio divino y del infierno. El más aclamado sermón de Edwards de todos los tiempos ha sido "Pecadores en las manos de un Dios airado"; del que se dice que ha sido el sermón más famoso y ampliamente difundido en toda la historia de América. Pero era normativo en la predicación puritana predicar del infierno y la condenación, y la línea conservadora en días de Edwards aún conservaba razones para ese énfasis.

Estos énfasis prácticos y teológicos combinados propiciaron que Edwards no solo añorara, sino que dirigiera toda su vida ministerial en procura del 'avivamiento de la religión', y por supuesto, personal.

El fruto unificado sobre como convergen todas las operaciones divinas (por el Espíritu Santo) que resultan en la 'conversión' de una persona, opera: 'iluminándola', 'regenerándola', dándole 'un nuevo sentido' y 'engendrando los correctos afectos' en esa persona; y en la práctica en suma se vislumbran en 'el amor', lo cual se corresponde con, y resulta ser el fruto de 'la morada del Espíritu' en dicha persona (que para Edwards fue equivalente al Espíritu en sí mismo).

En otras palabras, *el extraordinario bien de una vida avivada o de un cristianismo fervoroso, que se traduce como 'la práctica cristiana', que en sumatoria es 'vivir en amor'* —tanto a nivel personal como eclesial—, si bien descansa en la soberanía y disposición divina solamente, al mismo tiempo existe un deber de los predicadores y de los cristianos de atizar las brasas y procurar vehementemente tan sumo bien, y todo hombre, como bien predicó Edwards debe "hacer todo lo que pueda tras su salvación". Para Edwards, quien ha tenido el mayor éxito conocido en este sentido en la historia del cristianismo, el deber de los predicadores ha de centrarse en los énfasis anteriores, rigiéndose por la doctrina de la Soberanía de Dios. Sumariando los énfasis tenemos entonces:

1. La práctica cristiana.
2. El discernimiento (entre la verdadera religión y la falsedad).
3. La doctrina del Espíritu Santo (en el marco de la doctrina de la Trinidad).
4. La doctrina de la conversión (por encima de la justificación).
5. La doctrina de la gracia.
6. El énfasis escatológico (contrario a los reformadores)
7. La predicación imprecatoria (o con un énfasis imperativo).

Al ponerlo en este orden no estamos implicando que el grado de énfasis imprimido tenga algo que ver con la posición del orden.

## El terreno de los énfasis de Edwards

Los énfasis de Edwards, por supuesto, deben ser ejercidos en el fondo de *una eclesiología correcta*. La procura de Edwards de propiciar este aspecto de una correcta eclesiología en su propia iglesia en Northampton le costó que lo depusieran como pastor de aquella grandiosa congregación cristiana, luego de 23 años de ministerio ininterrumpido y altamente eficiente allí. De hecho, "Una humilde indagación[§]" es precisamente el resultado de las reflexiones y convicciones de Edwards sobre este asunto. En dicho trabajo Edwards expone sus firmes convicciones sobre las condiciones para la membresía y la participación en la Cena del Señor que debe cumplir una persona. Al oponerse en este acercamiento tanto "El Pacto de Medio Camino", como a la posición mucho más flexible que la anterior, se opuso también a la posición que sostuvo y estableció su abuelo Stoddard (su predecesor) en Northampton; y en tal sentido, se opuso a la práctica casi universal en las iglesias congregacionalistas en Nueva Inglaterra. Resulta lógico entender entonces la increíble decisión mayoritaria de la deposición de Edwards como pastor de Northampton en 1750. "Una investigación humilde" es el resultado del pedido de los líderes y hermanos de Northampton de que pusiera por escrito sus puntos y postura sobre los dos aspectos de la eclesiología (la Santa Comunión y las cualificaciones para la membresía). Aquella gente quería estar segura de que estaban entendiendo bien las implicaciones que molestaban la conciencia de Edwards en este sentido, con las que la iglesia no estaba de acuerdo. Al cerciorarse que no estaban equivocados de la misma pluma del teólogo, procedieron a su deposición.

A continuación, haremos varias entradas a la pluma de Edwards tocante a las doctrinas principales que predicó.

# I. La doctrina de Dios

## La esencia de la teología de Edwards

> "La absoluta soberanía y justicia de Dios con respecto a la salvación y condenación, es en lo que mi mente parece descansar segura…". (J. Edwards)

Remarcamos que Jonathan Edwards se pronunció del siguiente modo sobre el orden de prioridad de la teología: "*El Ser de Dios se encuentra en el primer,*

---

[§] Título completo: (*A Humble Inquiry in to the Rule of the Word of God, Concerning the Qualifications Requisite to a Complete Standing and Full Communion in the Visible Christian Church*).

*gran y más fundamental de todas las cosas que son el objeto del conocimiento o el creer.* Y a continuación de esto debe figurar **la naturaleza de esa religión** *que Dios requiere de nosotros*".[519] Cualquier teólogo estaría simplemente enfocado si se ajustare a un orden distinto. Dios y la verdadera religión verdadera son los tópicos más importantes de la religión cristiana. Calvino llamó a su teología, con razón, "La institución de la Religión cristiana".

Al Rev. Jonathan Edwards se le acuña no la invención de la visión que tuvo de Dios, sino 'la gracia de articular una visión de Dios sin precedentes'. Para ilustrar el sabor y los contornos de su visión, escuche las palabras de Edwards mientras predicaba a su congregación de Northampton sobre la belleza de Dios y nuestro disfrute de él:

> El disfrute de Dios es la única felicidad con la que nuestras almas pueden estar satisfechas. Ir al cielo, para disfrutar plenamente de Dios, es infinitamente mejor que las acomodaciones más placenteras aquí. Padres y madres, esposos, esposas o hijos, o la compañía de amigos terrenales, no son más que sombras; pero Dios es la sustancia.[520]

John Piper citó el trozo anterior al disertar sobre la necesidad de recuperar el peso de la gloria de Dios a través de la visión de Edwards de que "Dios es glorificado no solo al ser contemplada Su gloria, sino también al regocijarnos en ella".[521]

En el mismo sentido, Edwards plasmó lo siguiente en sus "Misceláneas":

> Por tanto, hemos de buscar la gloria de Dios cual una cosa que realmente complace a Dios.[522]

En "Narrativa personal", Edwards nos abre su corazón sobre aquellas doctrinas o perfecciones de la divinidad que le eran más dulces y anheladas. Dijo:

> A menudo he tenido **una dulce complacencia en Dios** en vista de *sus gloriosas perfecciones* y de *la excelencia de Jesucristo.* Dios me ha parecido un ser glorioso y amantísimo, principalmente a causa de su santidad. *La santidad de Dios* siempre me ha parecido el más encantador de todos sus atributos. *Las doctrinas de la soberanía absoluta de Dios,* y la libre gracia, al mostrar misericordia a quien él mostraría misericordia; y *la dependencia absoluta del hombre de las operaciones del Espíritu*

---

[519] Nichols. P. 108.
[520] Piper y Taylor. P. 15.
[521] Piper y Taylor. P. 15.
[522] Crampton. P. 3.

> *Santo de Dios*, a menudo me han parecido como dulces y gloriosas doctrinas. Estas doctrinas han sido mi gran deleite.[523]

Edwards da fe de que la doctrina de Dios (especialmente Su Soberanía) es la que más deleite le produjo jamás a su alma, tanto que nunca más encontró, a partir de "su primera convicción" como él la llama, "ni una minúscula objeción a ella". Igual admiraba la "excelencia de la persona de Jesucristo", la doctrina de la "santidad de Dios", y la doctrina de la "absoluta dependencia del hombre de las operaciones del Espíritu Santo". O sea, que dentro de lo que podemos denominar existe un mar de doctrinas dentro de ese gran tema.

Mas adelante también escribió:

> Me han encantado *las doctrinas del evangelio*: han estado en mi alma como pastos verdes. El evangelio me ha parecido el tesoro más rico; El tesoro que más he deseado, y anhelaba que pudiera morar en mí.

Edwards luego expresó:

> Algunas veces solo mencionar una sola palabra, hace que mi corazón arda dentro de mí: o solo ver el nombre de Cristo, o el nombre de algún atributo de Dios. Y Dios me ha parecido glorioso, a causa de **la Trinidad**. Me ha hecho tener pensamientos exaltados de Dios, que **él subsiste en tres personas; Padre, Hijo y Espíritu Santo**. Las alegrías y placeres más dulces que he experimentado no han sido las que surgieron de la esperanza de mi propio bien; pero *en una visión directa de las cosas gloriosas del evangelio*.[524]

La doctrina de Dios en todas sus aristas era el deleite de Edwards. De ese modo se corrobora que Edwards vivió en armonía con su fe, ya en sus pensamientos, en sus afectos y en la práctica cotidiana y ministerial.

Así, en la imaginación y visión santificadas del gran divinista bajo estudio en este tratado:

1. Dios es Trino, tres personas iguales en un solo Dios.
2. El más excelso atributo de Dios es su Santidad.
3. La doctrina más necesaria es la Soberanía de Dios en el otorgamiento de su libre gracia.
4. Las doctrinas del Evangelio son el tesoro más excelente que pueda desear poseer el hombre.

---

[523] Edwards, J. *Narrativa personal*.
[524] Edwards, J. *Narrativa personal*.

# Un abordaje crítico breve del discurso de Edwards sobre la Santísima Trinidad

## EL HIJO ES LA PERFECTA IDEA DEL PADRE

Edwards comprendió que puesto que Dios tiene una reverberación perfecta de sí mismo, esa perfecta-Idea es otro igual a Él. O sea:

> La Idea que Dios tiene de Sí mismo es absolutamente Sí mismo. **Y esta Persona es la segunda persona de la Trinidad, el Unigénito y Amado Hijo de Dios**. Él es la Idea eterna, necesaria, perfecta, trascendental y personal que Dios tiene de Sí mismo.

Edwards refiere que esa segunda persona es la cara o el rostro de Dios, y tal rostro es la Idea de Dios. Y Dios se ve a sí mismo, como si un hombre mirara su rostro en un espejo. Igual, sigue disertando Edwards:

> Es un asunto que está expresamente revelado en la Palabra de Dios, que el Hijo de Dios sea la perfecta y eterna Idea de Dios mismo. En Ella, *en primer lugar, Cristo es llamado "la sabiduría de Dios"*… quiere decirnos que Él es igual que **la Idea eterna y perfecta de Dios**. Ellos son lo mismo… (1 Corintios 1:24, Lucas 11:49, comparado con Mateo 23:34) y en cuánto Cristo, en Proverbios, nos habla bajo el nombre de Sabiduría, especialmente en el octavo capítulo.

## EL PADRE Y EL HIJO ENGENDRAN EL ESPÍRITU

De la Deidad siendo de este modo unigénita por la Idea de Dios amándose a Sí mismo y desplegado en una materia o persona distinta en esa Idea, procede el más puro acto, una energía infinita y santa que nace entre el Padre y el Hijo, en un amor y deleite mutuos del uno por el otro, porque su amor y gozo son mutuos (Proverbios 8:30: *Yo era Su delicia diariamente, deleitándome siempre ante El*). Este es el eterno y más perfecto y esencial acto de la Divina naturaleza, en que la Deidad actúa a un grado infinito y en la más perfecta forma posible. La Deidad se vuelve todo acto. La mismísima esencia Divina fluye y es como si fuera inspirada en amor y gozo. Es así que la Deidad permanece en lo sucesivo y en otra forma de existencia. Y **desde allí procede la tercera Persona de la Trinidad, el Espíritu Santo**. A saber, la Deidad en acción, porque no existe otra acción que la acción de la voluntad.

## LA TERCERA PERSONA DE LA DIVINIDAD ES EL AMOR

Podemos aprender por la Palabra de Dios que la Deidad o Divina naturaleza y esencia subsiste en amor (1 Juan 4:8: "*El que no ama, no ha conocido a Dios; porque Dios es amor*"). Y en ese contexto, pienso, es claramente cercano a nosotros, que **el Espíritu Santo es ese Amor**, como se indica en los versículos 12 y 13: *"Si nos amamos unos a otros, Dios permanece en nosotros"... "porque Él nos ha dado Su Espíritu".*

## UNA CRÍTICA A LA CONCEPCIÓN TRINITARIA DE EDWARDS

Es en esta doctrina que encuentro el empleo de una lógica sustitutiva lineal de Edwards, sin considerar, creo, el significado de las cláusulas intercambiadas. Es por tal razón que basado especialmente en 1 Juan 4, Edwards concluye que "el Espíritu Santo es 'El Amor'". Note que su conclusión no es que el Espíritu Santo 'es Amor', sino que 'es El Amor'.

Esta es su lógica:

Las cláusulas:

1. *Dios es amor.*
2. *El Espíritu Santo es Dios.*
3. *Dios nos ha dado [de] su Espíritu (en esto conocemos que permanecemos en Él y Él en nosotros).*
4. *Si nos amamos unos a otros, Dios permanece en nosotros.*

Lógica de sustitución:

Dios = amor = Espíritu Santo.

Por tanto, por sustitución Edwards llega a la siguiente conclusión "lógica": 'Nosotros tenemos el Espíritu Santo, que es lo mismo que el amor".

La cuestión con esta sustitución, en la cual también veo un problema en el punto de la idea sustituta de Cristo siendo la "sabiduría de Dios", y es precisamente que se equipara "la cosa" o "la substancia" (la gracia o la virtud) con "la persona divina" misma. No creo que la Escritura aguante semejante formato de lógica. ¿Por qué? Porque si bien es cierto que Cristo es "Sabiduría de Dios" (que Edwards sustituye por "la Idea de Dios" —siguiendo la terminología agustiniana— para darle forma a su argumento), al mismo tiempo Cristo es también "el Poder de Dios" (1 Corintios 1:24). Es decir, la Sabiduría de Dios, el Logos de Dios, la Idea de Dios no es la única imagen bíblica que se acuña a la persona de Cristo.

Es decir, Edwards está sugiriendo que en el caso hipotético de que Cristo no fuera, entonces Dios carecería de Su Idea (o de Sabiduría); y del mismo modo, el Espíritu Santo que es el fruto de los afectos propios entre el Padre y el Hijo, a saber, el amor, no existiría si fuera posible el 'imposible' anterior supuesto. En otras palabras, tal postura, pareciera, implicaría que el Espíritu Santo cesó o dejó de ser en el momento que el Padre aborreció al Hijo por decidir cargar con el pecado nuestro en la Cruz, a la vez que el Padre careció de su Idea; lo cual puede calificarse de absurdo.

Aquí creo que se presenta la idea trinitaria de Edwards que debe ser observada (que para mí, a lo menos en el lenguaje, tiene un matiz heterodoxo), cito:

> En lo relativo a todas las Personas de la Trinidad, en consecuencia, podría decirse que el Padre está en el Hijo y el Hijo en el Padre, el Espíritu Santo está en el Padre, y el Padre en el Espíritu Santo, el Espíritu Santo está en el Hijo y el Hijo en Espíritu Santo; y que el Padre entiende porque el Hijo, que es el entendimiento Divino está en Él. El padre ama a causa del Espíritu Santo que mora en Él y así el Hijo ama porque el Espíritu Santo está en Él y procede de Él. De esa forma el Espíritu Santo o la Divina esencia subsistiendo es Divina y entiende porque el Hijo que es la Idea Divina está en Él.

Un razonamiento de ese tipo podría bien ser catalogado, a lo menos, de ser especulativo. Ningún concilio, ni confesión, hasta donde sé, ha planteado jamás algo así; y no creo que sea seguro decir que las Escrituras lo presentan de ese modo. A mi juicio, suena un poco a un tipo de 'modalismo integrado', si se me permite usar tal designación.

Por otra parte, cuando la Biblia dice "Dios es amor", ¿estará tal expresión diciendo que la sustancia o naturaleza divina consiste en amor?, que es aparentemente la premisa asumida por Edwards. ¿O que el carácter de Dios es amor?, que es a lo que creemos que apunta la fraseología bíblica. Para el Espíritu Pablo, p. ej., utiliza el concepto de "simiente", y, como bien señala Edwards, el Salmista, Ezequiel, Daniel y Juan perpetúan el concepto de río (una substancia) respecto al Espíritu. Pero los árboles y los frutos que producen esos árboles que el río baña no son el río, aunque son inducidos y proceden del río. En el concepto de "simiente" de Pablo, el fruto santo que produce esa simiente santa, que en suma dicho fruto es el amor, debemos descartar la idea de que la simiente se esfuma o se transforma en el fruto; por el contrario, el fruto santo procede de la simiente santa. Una cosa no es la otra, aunque esté en perfecta armonía y consonancia con la otra. El Espíritu posee e imparte el amor divino, con el cual se encuentra en perfecta armonía. Pero de ahí a decir que el Espíritu 'es el Amor', eso es otra cosa.

Para llegar a una conclusión como la de Edwards, a saber "que el Espíritu Santo es El Amor", (no que es Amor), entonces tendríamos que hacer de todas las gracias y dones cual departamentos o partes del amor. Así, la fe sería una parte o una emanación del amor, el gozo por igual, y así las demás gracia y virtudes. Y, las Escrituras son claras respecto de que el Amor es la mayor de todas las gracias, pero tanto 1 Corintios 13, como Gálatas 5:20-22, igual que 1 Corintios 12:8-9, y Santiago 2.:18ss, entre otros textos, nos muestran la fe y el amor como complementarias y no subordinada la una a la otra. Santiago 2 es enfático aquí (vea en ese texto las obras como equivalentes a las obras de misericordia o de amor), no se pueden entender de otro modo. Y aunque la fe sin el amor está muerta (Santiago 2:26), en el v. 22 dice "la fe actúa junta con las obras"; e, incluso, Santiago presenta que es posible tener fe, sin obras (como el caso de los demonios). Pero esta fraseología no es exclusiva de Santiago, pues es el caso en 1 Corintios 13:2, donde aparentemente es posible tener una fe gigantesca (procedente del Espíritu, sin dudas), y al mismo tiempo no tener el amor. El mismo Edwards creyó que una persona puede recibir dones del mismo Espíritu de Dios sin haber sido regenerada, como bien dan fe las Escrituras. Para equiparar el Espíritu con el Amor, tendríamos que sustituir la cosa por el Ser, y eso no es seguro. No veo ningún problema con llamar al Espíritu "el Amor", si simplemente se estuviera queriendo enfatizar su carácter, como cuando uno dice "mi madre es todo amor". Lo mismo de Cristo, solo aguanta ser llamado "la Idea de Dios" si con ello se quisiera estar enfatizando su mayor virtud o su carácter, pero nunca de otro modo.

## OTRAS RAZONES HACIA LA IDEA TRINITARIA DE EDWARDS

Edwards sigue dando otras razones por las que cree que el Espíritu Santo es el Amor. Procede a la promesa del Hijo y la omisión del Espíritu en lo que él entiende es la fórmula trinitaria sustituta de la tercera persona, es decir: el Padre, el Hijo y el Amor.

> Cristo promete que Él y el Padre amarán a los creyentes (Juan 14:21, 23) pero no hace ninguna mención al Espíritu Santo. El amor de Cristo y el amor del Padre, en forma muy frecuente, son mencionados inequívocamente, pero nunca se hace mención alguna al amor del Espíritu Santo. *(Yo supongo que esta es la razón del porqué no tenemos ningún registro del amor del Espíritu Santo, tampoco del amor del Padre o del Hijo, o del amor del Hijo o del Padre por el Espíritu Santo, o del amor del Espíritu Santo a los santos. Aunque estas cosas sean tan a menudo predicadas sobre las dos Personas de la Trinidad).*
> Y esa, supongo, es **la bendita Trinidad que se nos muestra en las Santas Escrituras**. El Padre es la deidad subsistiendo en una suprema, no creada y más absoluta forma, o la Deidad en su directa existencia. El Hijo es la Deidad generada por el conocimiento de Dios o la idea de Sí mismo y subsistiendo en esa idea. El Espíritu Santo es la Deidad subsistiendo en los actos, o la Divina esencia fluyendo o inspirándose en

el infinito amor de Dios y deleite en Sí mismo. Yo creo que la esencia divina completa subsiste verdadera e inequívocamente en ambos, en la Idea divina y en el Amor divino y que cada una de ellas son personas propiamente distintas.

## TERMINOLOGÍA CONFUSA UTILIZADA POR EDWARDS EN ESTA DOCTRINA

No pretendo explicar completamente cómo son estas cosas y soy completamente sensible de otras objeciones que puedan *lejos de pretender explicar la Trinidad como algo que no es un misterio.* Pienso que continúa siendo el más alto y profundo de todos los divinos misterios, a pesar de cualquier cosa que se haya dicho o concebido acerca de ella. *No pretendo explicar la Trinidad.* No obstante, las Escrituras pueden conducirnos con fundamento a decir algo más de lo que se ha dicho. Hay aún muchas cosas pertinentes a la Trinidad que son incomprensibles.

¡Gracias Edwards por tales aclaraciones!

Edwards, entonces, está procurando avanzar en el misterio de tal doctrina. Por ello procura sincronizar la divinidad con la filosofía, especialmente con el "idealismo" de Berkeley, en un intento de forjarse una imagen, como le caracterizaba en su método, de las tres divinas personas.

## EL MOTIVO DE EDWARDS AL PROCURAR RESOLVER EL MISTERIO DE LA TRINIDAD

El motivo de Edwards era evidentemente honrar las Escrituras y honrar la ortodoxia, según creyó. Veamos:

> *Me parece a mí* que lo que he supuesto aquí relativo a la Trinidad es excesivamente análogo al esquema del Evangelio y concuerda con el tenor completo del Nuevo Testamento, y que abundantemente se ilustra en las doctrinas del Evangelio, como podría ser demostrado en detalle si ello no excediera la extensión de este discurso.
>
> Solo mostraré brevemente que las muchas cosas que han sido dichas por teólogos ortodoxos sobre la Trinidad, se ilustran aquí…
>
> Aquí se ilustra la doctrina *del Espíritu Santo. Proveniente (de) ambos, del Padre y del Hijo.*§ Aquí vemos cómo es posible que el Hijo sea

---

§ Esto es una cita directa del Credo Niceno. Así: "Creo en el Espíritu Santo, Señor y dador de vida, que procede del Padre y del Hijo, con el Padre y el Hijo recibe una misma adoración y gloria, y que habló por los profetas".

> Engendrado del Padre,‡ y como el Espíritu Santo proviene del Padre y el Hijo, y como todas las Personas son Coeternas. Aquí podemos entender más claramente la igualdad de las personas entre sí y que ellas son en su forma iguales en la sociedad o familia de los tres.

La última cláusula es impecablemente ortodoxa. De hecho, es básicamente una paráfrasis del Credo Niceno.

Por lo menos hay una nota concluyente de Edwards en su discurso, a mi juicio bastante equilibrada conforme al filtro de la ortodoxia, cuando se refiere a la cuestión de la honra y la igualdad personal del ser divino.

> Por esto, también podemos comprender completamente la igualdad de *la preocupación de cada persona en la obra de la redención*, y la igualdad de la preocupación de los redimidos con ellos y su dependencia de ellos; y la igualdad y el honor y la alabanza debida a cada uno de ellos. La gloria pertenece al Padre y al Hijo porque ellos amaron tan profundamente al mundo. La gloria al Padre porque amó tanto que entregó a su Unigénito Hijo; al Hijo que amó tanto al mundo que se dio Sí mismo.
>
> Sin embargo, hay una Gloria similar debida al Espíritu Santo porque es el Amor del Padre y del Hijo al mundo. Así tanto como las dos primeras personas se glorifican a Sí mismas al mostrar la sorprendente grandeza de su amor y gracia, así tanto es ese maravilloso amor y gracia glorificados en quien es el Espíritu Santo.

## EL MAYOR APORTE DE EDWARDS EN SU ESTUDIO TRINITARIO

La siguiente sección del discurso trinitario de Edwards es de gran profundidad, valor y peso. Difícilmente encontremos una explicación de la realidad redentora yaciendo totalmente en Dios que en esta pieza de Edwards. Observemos:

---

‡ El mismo Credo reza respecto del Hijo: "Creo en un solo Señor, Jesucristo, Hijo único de Dios, nacido del Padre antes de todos los siglos: Dios de Dios, Luz de Luz, Dios verdadero de Dios verdadero, *engendrado, no creado*, **de la misma naturaleza del Padre**; por quien todo fue hecho;".

La palabra traducida como "naturaleza" es literalmente "substancia", y fue comúnmente utilizada por los padres en referencia a la "naturaleza divina". Por ejemplo, la cláusula anterior, en latín reza del siguiente modo: "Et in unum Dominum Jesum Christum, Filium Dei unigenitum. Et ex Patre natum ante omnia saecula. Deum de Deo, lumen de lumine, Deum verum de Deo vero. *Genitum, non factum*, **consubstantialem** *Patri: per quem omnia facta sunt*". Y la última cláusula en griego (del credo niceno-constantinoflino del 381) reza: "γεννηθέντα οὐ ποιηθέντα, ὁμοούσιον τῷ Πατρί, δι' οὗ τὰ πάντα ἐγένετο".

Dependemos igualitariamente de cada uno de estos oficios. El Padre señala y provee al Redentor, quien, –en Sí mismo– acepta el precio y garantiza la cosa comprada; el Hijo es el Redentor que se ofrece a Sí mismo y es el precio; y el Espíritu Santo inmediatamente comunica a nosotros la cosa comprada al comunicarse a Sí mismo. Y Él es la cosa comprada. La suma de todo es que la cosa que Cristo compró para los hombres es el Espíritu Santo (Gálatas 3:13-14): *Él fue hecho maldición por nosotros... para que pudiéramos recibir la promesa del Espíritu por fe.*

**Lo que Cristo compró para nosotros fue que tuviéramos comunión con Dios** (lo cual) es Su bien; bien que consiste en tener comunión con el Espíritu Santo. Como hemos mostrado, toda la bendición del Redentor consiste en su comunión con la llenura de Cristo, que a su vez es la comunión con el Espíritu que nos es dado sin medida.

Por cierto, a Edwards se le intentó acusar de heterodoxo en esta doctrina póstumo a su muerte.[525] Pero sus defensores lograron disuadir tales especulaciones. No obstante, noto una fraseología y unas ilustraciones que a mi juicio no ayudan la causa ortodoxa.

Es obvio que Edwards creyó en el Cristo encarnado, en su vida obra y resurrección, lo cual abrazó con todas sus fuerzas y significaron mucho para él. Pero, y quizás debido a los campos de batalla con que se enfrentaba en este aspecto (contra el unitarismo y el deísmo del tipo racionalista que negaba los milagros), como hace notar el Dr. Gerstner en el cap. 3 de su traba "Jonathan Edwards: Una mini-teología", y el lenguaje especulativo de Cristo siendo la Idea perfecta de Dios y el amor mostrado como un acto sustancial, quizás le haya hecho parecer heterodoxo, y hasta 'un tanto unitario' en su parafraseo.[526] Pero, concluye Gerstener, "en realidad Edwards fue un ortodoxo".

Lamentablemente si bien el "idealismo" de Edwards no concluye en la heterodoxia (cual concluyó el racionalismo de Newton y de Chauncy), la fraseología filosófica berkeleyana (berkeleyanismo) acuñada por el divinista, en cuestión, no lo ayudó para nada en su intento de concretar la más delicada y sensible doctrina de todo el cuerpo de teología cristiana. Lo que puedo percibir es que en su intento de procurar impresiones mentales que tomasen formas respecto a la trinidad (donde incluso puso el ejemplo del sol como una ilustración de la Trinidad), y al acuñar una fraseología filosófica idealista (ver págs. 52, 53, del cap. I de esta obra), lamentablemente las conclusiones de Edwards en este punto son más confusas que claras. Y si, sus conclusiones quizás no suenan a

---

[525] Ver: Gerstner, John, p. 29.
[526] Gerstner, John. Pp. 29, 30.

"Unitarismo" cual sugiere el Dr. Gertner;[527] pero las conclusiones de Jonathan Edwards, en su fraseología e imágenes, emanan cierto aroma a "minimalismo" con respecto a la segunda y tercera personas de la Trinidad. Por ejemplo, la expresión "el Padre es la más absoluta forma", tiene un matiz heterodoxo. Sin duda el Padre es "la más absoluta forma", y de igual modo lo son el Hijo y el Espíritu. Y, lamentablemente, utilizar el lenguaje de Cristo siendo "la Idea" de Dios (según la epistemología del idealismo de Berkeley, el que aparentemente acuñó Edwards), engendra más confusión que la idea de "eternamente engendrado por el Padre" de los padres Nicenos[528] y de Agustín.

Sus referencias a las personas de la trinidad en sus narrativas adolecen de tales matices idealistas. El Idealismo, en tal sentido conceptualizó que "todo lo existente consiste en mentes y sus ideas". El idealismo propuesto por Berkeley, del tipo teísta, en el cual combinó las supuestas consecuencias ateas de *la doctrina de John Locke sobre la substancia material*, y el concepto de que los objetos poseían un conjunto de cualidades primarias y secundarias. Edwards, entonces, procuraría dar sustancia a la Idea y al amor, que es el Espíritu.

En sumatoria, la propuesta de la Trinidad de Edwards fue definida cual sigue.

## Un resumen de la visión que Edwards tuvo de Dios

Edwards comprendió que el Dios de las Escrituras es un Dios en tres personas, Padre, Hijo y Espíritu Santo, cuya substancia es el Amor, que es el Espíritu. Tal substancia espiritual, el Amor, emana de la relación apasionada entre el Padre y su Idea Perfecta, a saber, el Hijo.

> **El Padre** es la deidad subsistiendo en *una suprema, no creada y más absoluta forma*, o la Deidad en su directa existencia. **El Hijo** es la Deidad generada por el conocimiento de Dios o *la Idea de Sí mismo y subsistiendo en esa Idea*. **El Espíritu Santo** es *la Deidad subsistiendo en los actos*, o la Divina esencia fluyendo o inspirándose en el infinito amor de Dios y deleite en Sí mismo. Yo creo que *la esencia divina completa* subsiste verdadera e inequívocamente en ambos, en la Idea divina y en el Amor divino y que cada una de ellas son personas propiamente distintas.

---

[527] *Ibidem, p.* 30.

[528] Consulte aquí el sitio informativo de la Iglesia de Pueblo Nuevo: https://www.iglesiapueblonuevo.es/index.php?codigo=historiap76

A lo menos, Edwards vio "la esencia divina existiendo en ambos, la Idea (Cristo) y el Amor (el Espíritu)", tanto como personalidad distintiva individual en el Hijo y el Espíritu, tanto como en el Padre.

Para Edwards, la doctrina dominante respecto de las acciones divinas era la "Soberanía absoluta de Dios" sobre todo lo existente, la que rige el "Plan Redentor" de los siglos y el atributo rector de tal divinidad es "la Santidad", que de facto es su hermosura y la perfección de su gloria.

La perfecta Idea de Dios de Sí mismo que es el Hijo, eventualmente se hizo carne —conforme al plan redentor divino —, que es "el glorioso Evangelio de salvación", para concretar la Redención. Y el Espíritu Santo, que es en esencia el Amor, viene al hombre en la regeneración y hace a esa criatura completamente nueva o renovada en su naturaleza completa y por tanto en sus afectos, su visión y sus ideas, gracias a la comunicación por el Espíritu de todos sus atributos al regenerado, incluyendo la santidad y el amor de Dios. Esto hará que en la práctica el regenerado ame y sea santo. Y esto explica la "experiencia" en la verdadera religión.

Creo equilibrado y atinado terminar este análisis con la respuesta del Dr. Minkema a nuestra pregunta[†] sobre su apreciación (en virtud de ser quizás el mayor experto sobre Edwards en la actualidad), respecto del grado de ortodoxia que él ha observado en Edwards en esta doctrina en particular, nos respondió así:

> "Su pregunta sobre el punto de vista de J. E. sobre la Trinidad es muy complicada y hay una lista sustancial de monografías que se han escrito sobre el tema. Pero para ser breve, J. E. era neo-agustiniano, que es en parte de donde derivó el lenguaje de *la forma, la idea y el amor*. Esto también refleja la influencia de Malebranche, Berkeley y, como era de esperar, de los Platónicos de Cambridge. Desarrolló un modelo tanto social como psicológico

---

[†] Mi pregunta por correo al Dr. Minkema (hecha el 10 de nov., 2020): "Sé y siento que J. E. era totalmente ortodoxo, pero su definición trinitaria me parece un poco "idealista", hasta el punto de ver un olor a "modalismo integrado" de alguna manera. Eso es particularmente cuando él dice:
"El Padre es la forma más perfecta de la deidad... el Hijo es la Idea del Padre mismo ... y el Espíritu es el Amor ".
Veo que Edwards reconoció que los tres son una persona cada uno. Y en su "Narrativa Personal" no hay sonido de ningún grado de heterodoxia. Pero en su sermón sobre "la Trinidad" y en algunas otras pronunciaciones de J. E., como en sus Misceláneas, su definición trinitaria, especialmente sobre la Tercera Persona de la Trinidad me hacen un poco de ruido.
¿Usted tiene alguna observancia particular sobre esto?

de la Trinidad, así como una "economía" de la Trinidad. En lo que respecta al Espíritu Santo y la pneumatología, J. E. prestó mucha más atención a estos temas que los teólogos de las generaciones anteriores, y desarrolló una visión muy sólida de la Tercera Persona no solo como la energía divina sino también como el "principio que habita en nosotros", que nos es dado en la conversión. Quizás esto no sea sorprendente dado su interés en la naturaleza sobrenatural de la regeneración y en los avivamientos. Si algunas de sus declaraciones en las "Misceláneas" le conciernen, recuerde que ese cuaderno contenía sus pensamientos privados que a veces eran experimentales. Aun así, no lo veo alejado demasiado del pensamiento reformado, aunque ciertamente prueba los límites".

## II. Las doctrinas salvadoras

*La gracia, la iluminación espiritual, el nuevo nacimiento y la conversión*

> La conversión es "el volverse del hombre entero del pecado a Dios".[529] (J. Edwards)

Como hemos intentado hacer notorio y hasta cierto grado demostrado ya, hubo algunos asuntos que ocuparon el pensamiento de Edwards por sobre el resto de las realidades teológicas, en materia de lo que tiene que ver con la Religión Verdadera, a parte, por supuesto, del "conocimiento del Ser de Dios", que acabamos de abordar; a saber: (1) lo concerniente a la conversión, y por tanto la experiencia de conversión, que define su teología del avivamiento o despertar; (2) cuáles eran esas expresiones experimentales o afectos que definían la verdadera religión, sobre lo que escribió varios tratados, quedando en el salón de la fama de la literatura "Los afectos religiosos".

Las razones por lo que estos temas perturbaron la mente del divinista desde su infancia, tiene mucho que ver con lo que habían establecido los divinistas puritanos hasta ese momento. Sucede que Edwards vio una incongruencia con su propia experiencia y lo que figuraba en los escritos normados, en incluso en lo que oía desde los púlpitos (escritorios) y los salones de clases. De ahí que sus grandes esfuerzos en tales plataformas, desde su prolija pluma, se enfocaron específicamente en tales asuntos. Y de ahí surgen tanto el movimiento de los 'Nuevas luces' como la Nueva Teología.

---

[529] Edwards, J. Los afectos religiosos. P. 71.

## El principio de la gracia

A continuación, os traigo los trazos gruesos del sermón de Edwards "La caridad tiende a la piedad", en la que establece la relación entre el amor y la santidad.

> *La llamada eficaz, o sea la conversión salvífica,* es para que sean ejercidos en prácticas santas (Efesios 2:10).
>
> *La voluntad* es la facultad del hombre donde se asienta la caridad y todas las otras gracias, y esta dirige todos los poderes ejecutivos del hombre, conforme la naturaleza del que lo creó.
>
> *La gracia* es un principio de acción santa. Es un principio de vida que actúa.
>
> *Los principios y las acciones* se complementan los unos con las otras. Un principio es aquello de donde surgen los actos. Por ejemplo, con un principio de odio se quiere decir aquel principio de donde surge el odio. Un principio de amor es un principio de donde fluyen los actos de amor. Y un principio de gracia, por tanto, es uno de donde fluyen acciones de gracia.
>
> Los PRINCIPIOS tienden a LA ACCIÓN. Los PRINCIPIOS se asientan en la facultad de la VOLUNTAD. Un principio de gracia tiene tanto una relación con la práctica, como lo es una raíz a la planta. Así, cual es absurdo hablar de una raíz de nada, tan absurdo es hablar de una gracia que no tiende a la práctica.
>
> Una imagen o sombra se discierne de las cosas reales por su ineficacia. Del mismo modo la sustancia y realidad de una cosa se discierne por su eficacia. Así es con aparece en los corazones de los hombres, que por más eminente y grande que parezca una "gracia" vana o sombra, o no verdadera, no será eficaz... no producirá los frutos de aquello que es sombra o imitación.
>
> En las Escrituras se representa a quienes tienen gracia como estando vivos, y de igual modo muertos a quienes carecen de ella (Efesios 2:1ss). La vida es un principio de acción continua.
>
> Así entonces, la gracia no es solo un principio de vida y acción eficaz, sino poderoso... de ahí que el apóstol hable de "el poder de la piedad".[530]

## Las gracias cristianas

Atendiendo a este particular, Edwards predicó un sermón titulado: "Las gracias entrelazadas", en el que correlaciona magistralmente las gracias tanto cual las define. A continuación las líneas gruesas de dicho sermón, proveniente de la misma pluma de Edwards:

---

[530] Edwards, J. "La caridad tiende a la piedad" (sermón): https://youtu.be/-Lvt5R-Gw2A.

En el sermón sobre "Las gracias cristianas entrelazadas",[531] Edwards argumentó: "La naturaleza operativa de la fe es el amor (la caridad), como el alma es la naturaleza operativa del cuerpo y del ser. Es decir, la confianza se encuentra en absoluta dependencia de la caridad". De hecho, sobre la misma tesitura, predicó otro sermón titulado: "Solo la fe que obra en el amor tiene valor ante Dios". Edwards, en "Las gracias cristianas" siguió argumentando:

> Es por eso que vemos que la Fe, la Esperanza (confianza) y la Caridad (el amor) van juntas y entrelazadas y en dependencia mutua la una de la otra, aunque con un orden de mayor a menor, siendo la caridad la mayor, es decir, de la que se alimentan o agarran las demás, como los eslabones de una cadena. Como en Romanos 5:1-5; 1 Corintios 13.
>
> *El arrepentimiento* es el vuelco del alma a Cristo. Por eso, *la fe y el arrepentimiento, aunque sean llamados por nombres diferentes, son la misma moción del alma.*
>
> La fe, el amor y la humildad son los ingredientes en la paciencia y el contentamiento cristiano.
>
> *El temor verdadero*, reverente, humilde, infantil (de hijo a Padre), se diferencia del temor servil, en que el verdadero surge tanto de la fe, como del amor y la reverencia, que son dadas por el Espíritu.

## RAZONES

(1) Todas proceden de la misma fuente, a saber, el Espíritu de Dios. (1 Corintios 12).

(2) Todas son engendradas de la misma fuente y en el mismo acto, a saber, la conversión; un cambio de corazón que sostiene que todas las gracias están unidas y juntas.

(3) *Todas las gracias* tienen una misma raíz, el conocimiento de Dios.

(4) *Todas estas disposiciones de Dios* tienen la misma regla, a saber, la ley de Dios.

(5) Todas ellas tienen el mismo fin, a saber, Dios; pues provienen de la misma causa, tanto como surgen de la misma fuente y tienen el mismo principio y la misma regla. Así que el fin es la gloria de Dios y el bien y el disfrute nuestro.

(6) Están todas relacionadas con una gracia como la suma de todas ellas, a saber, la Caridad (el Amor). Por eso vemos que siempre aparecen juntas, dependientes y relacionadas la una de la otra.

Como puede notarse, Edwards razonó que las Escrituras muestran que las gracias proceden de la misma fuente, el Espíritu Santo, del mismo

---

[531] Edwards, J. "Las gracias cristianas entrelazadas" (sermón): https://youtu.be/2SR17I_5UN4.

modo que procuran el mismo fin, a saber, la gloria de Dios y nuestro gozo al mismo tiempo. Las tres gracias mayores están subordinadas en orden, siendo el Amor o la Caridad la mayor de ellas. Y la vía de posesión de las gracias es, para Edwards, indefectiblemente "el arrepentimiento". Y como ya argumentamos arriba, en esto nosotros y Edwards tenemos una diferencia, no de efecto, resultado o inclinación, sino de orden. Puesto que Edwards consideró que la regeneración o nuevo nacimiento y la conversión y arrepentimiento eran una misma cosa que ocurrían juntas. No obstante, si se analiza de cerca esta moción, creo que no es complicado ver un desfase en la postura de Edwards, pues al establecer que: "*la fe y el arrepentimiento, aunque sean llamados por nombres diferentes, son la misma moción del alma*"; o sea, la fe y el arrepentimiento son inclinaciones que acontecen en el mismo lugar y a la vez. Pero habría que preguntarle a Edwards, ¿cómo sin tener posesión de la fe una persona pudiera arrepentirse? Simplemente es un imposible. ¿Cómo podría alguien arrepentirse si está ciego y muerto?, ¿no debería primero ser despertado o renacido? En pocas palabras, nosotros creemos, a la sazón con la erudición reformada contemporánea, que en la cuestión del *Ordo Salutis* (el orden de la salvación), junto a teólogos como el Dr. Sproul, el Dr. Grudem, el Dr. Murray, etc., que "la regeneración acontece antes del arrepentimiento y la conversión". Así, "la regeneración" y "el nuevo nacimiento" son la misma cosa en diferentes imágenes, y, de igual modo, "el arrepentimiento" y "la conversión" son la misma cosa; pero la regeneración acontece primero que la conversión, si bien la morada del Espíritu es posterior a "la justificación", que es el resultado de "la conversión".

Reiteramos que la diferencia no altera los resultados en la práctica o la experiencia, pero puede empujar tendencias, además de eliminar contradicciones.

## La caridad es la mayor de las gracias

Edwards predicó un sermón titulado: "El Amor divino: Todo sobre la gracia",[532] en el que demostró la preeminencia del amor. A continuación, las pinceladas gruesas del argumento de Edwards.

> El Amor [divino] 'es el deleite del alma por la naturaleza suprema divina, que inclina el corazón a Dios como el bien mayor'... de ahí que la base principal del verdadero amor a Dios es la excelencia de su propia naturaleza, y no ningún beneficio recibido o por recibir debido a su bondad hacia nosotros.

532 Edwards, J. "Todo sobre la gracia" (Sermón): https://youtu.be/tP9fiKqpwQg.

En este tratado Edwards demuestra su tesis con abundantes y suficientes argumentos e imágenes bíblicas del siguiente modo:

(1) Que la gracia salvadora es poseída solo por aquellos que han sido regenerados.

(2) Que los no regenerados, sin duda pueden exhibir influencias, dotes y efectos espirituales que son denominados 'gracia común', pero no tienen ni una gota ni ningún grado de la gracia salvífica. O sea, que los hombres naturales pueden tener, como tienen, gracia común, incluso convencimiento de pecado (Juan 16:8), afecciones comunes, dones comunes, iluminaciones comunes, por lo que se dice que el Espíritu de Dios incluso contiende con ellos (Génesis 6:3), y que incluso ellos resisten al Espíritu (Hechos 7:51), y que entristecen y contristan al Espíritu Santo (Isaías 63:10; Efesios 4:30); y se dice que el Espíritu de Dios se aparta, así como se apartó de Saúl (1 S 16:14).

(3) Que la distinción entre la gracia salvadora y la común es que la gracia salvífica, puesto que procede del Espíritu, participa de la naturaleza del Espíritu, mientras que ningún don común lo hace.§

(4) Que *la naturaleza espiritual*, que es engendrada en un momento por el Espíritu en los hombres (del mismo modo como de una piedra puede engendrar hijos a Abraham), es diametralmente opuesta a la naturaleza carnal, y que ellos *se refieren a una naturaleza, un carácter y un principio de vida opuestos*, como bien es explicado por Pablo en Gálatas 5:17ss. La diferencia entre los hombres espirituales y los carnales es que los carnales están totalmente desprovistos del Espíritu.

(5) Que del mismo modo que en el amor divino (que es el que se llega a tener y expresar tanto por Dios como por los hombres) convergen todas las virtudes, gracias y dones espirituales; las expresiones sobre la regeneración espiritual (llamado, nuevo nacimiento, resurrección, conversión, etc.) no son sino diferentes expresiones de una misma cosa que tienen una fuente común. Y que inclusive, los milagros de Cristo, a parte de los términos encontrados en las Escrituras, son un ejemplo de que tal acción divina de la regeneración, justamente acontecen en un momento.‡

(6) Que el amor, que es *el deleite del alma por la naturaleza suprema de la divinidad, inclinando el corazón a Dios como el bien mayor, es la suma de todas las virtudes cristianas y la expresión esencial de la Palabra de Dios.*

---

§ En otras palabras, la gracia salvadora es del Espíritu y está vinculada a la sustancia divina; mientras que las gracias comunes son infusiones dadas sin que el espíritu tenga que habitar en sus receptores.

‡ Como hemos disertado, esta convergencia de todas las acciones salvíficas como imagines distintas de un mismo asunto que aconteció en el mismo instante, es muy marcado en la teología de Edwards. Es una premisa en su doctrina salvadora. Lo cierto del caso es que hasta Edwards, poco se había profundizado en esta materia.

## La iluminación

En su sermón: "Dios hace a los hombres conscientes de sus miserias antes de revelarle su misericordia y amor",[533] sobre la iluminación del Espíritu a las conciencias, Edwards escribió:

> La luz de Dios (revelaciones espirituales directas al alma) opera desde sus primeras convicciones hasta la conversión. La manera regular de Dios es, antes de Dios mostrar sus misericordias y gracias espirituales. Edwards, en el sermón citado, se pronunció del siguiente modo en este respecto:
>
> 1. Despierta sus conciencias para que vean sus miserias y su absoluta dependencia de Dios.
>    La conciencia natural, sin haber sido despertada, tiene un poder triple, a saber: Una enseñanza, una acusación y un poder condenatorio. Aunque la conciencia natural permanece, igual que la razón, el pecado, en un buen grado, las aturdió. La convicción de pecado es por la obra del Espíritu de Dios.
> 2. La misma revelación de sus miserias les hará convictos, culpables y reos del infierno.
>    Esto sucede en un hombre natural, por la acción de Dios en sus consciencias, igual que tienen esta convicción quienes ya están en el infierno.
> 3. El medio externo que Dios utiliza para traer tal convicción y terror a los y despertar las conciencias de otros es LA LEY. El espíritu opera por la Palabra, y la ley es la parte de la Palabra que utiliza para traer convicción a los pecadores.

Dios suele crear ese estado de crisis en los hombres, antes de rendirlos a la conversión. Cuando sus conciencias han sido cargadas con tal convicción, antes de Dios rendirlos a su amor y misericordia, ellos suelen hacer todo tipo de intento propio de alejarse de sus pecados, utilizar sus propias estrategias y recursos, incluso "se arrepienten" y tratan ejercicios piadosos, etc. Cuando han agotado todos sus propios recursos y ya están cansados, agotados y desesperados en sus tratos, y ven que todo esfuerzo propio es inútil; entonces Dios libera sus bondades, su abundante gracia y los convierte.

Hay otras ocasiones en las que Dios asiste de una forma rápida a los hombres, trayéndolos a conversión rápidamente.

Es la manera común de Dios, antes de revelarle y hacerles conscientes de Sus misericordias, hacer que estén conscientes de sus pecaminosidades y corrupciones y peligros y merecimiento de la ira de Dios, y de la impotencia en ellos mismos.

---

[533] Edwards, J. "Dios hace a los hombres conscientes de sus miserias antes de revelarle su misericordia y amor", sermón basado en Oseas 5:15. También titulado "La manera de Dios convertir a los hombres: https://youtu.be/taEBb5y6Oz4

Esta es la obra que Cristo habla como una parte de la obra del Espíritu Santo, Juan 16:8.

## El nuevo nacimiento o conversión

En la teología de Edwards, el 'nuevo nacimiento', el 'llamamiento eficaz', era equivalente o sinónimo a 'la conversión' y al 'arrepentimiento'; todo lo cual representaba para el divinista un *cambio total de naturaleza*. El Dr. Gerstner lo expresa del siguiente modo: "Llamamiento eficaz, conversión, arrepentimiento y regeneración fueron términos aproximadamente sinónimos para Edwards".[534] Por cierto, en "Pecado Original", Edwards se refirió a la identidad de esta terminología:

> Yo pongo el **arrepentimiento** y la **conversión** juntos, cual la Escritura los pone juntos (Hechos 3:19), y porque ellos llanamente significan básicamente la misma cosa. La palabra (griega) *metanoia* (arrepentirse) significa un cambio de mente; la palabra *conversión* significa un cambio o vuelco del pecado a Dios. Y que este es el mismo cambio que ocurre cual aquel llamado **regeneración** (esperando que este último término específicamente significa el cambio, pues la mente es pasiva en esto).[535]

Desafortunadamente Edwards no vio ninguna diferencia aquí, salvo lo de la pasividad de la mente en la regeneración y la actividad de esta en el arrepentimiento y la conversión. Bien que vio todo esto en conjunto como "el cambio de un pecador a un santo". Edwards no entendía tal transformación cual un cambio moral, sino como un cambio de naturaleza. Tampoco debía entenderse como un cambio de hábitos y comportamiento como los que se logran por la educación. Por el contrario, lo entendió como el cambio de un pecador a un santo, a saber, un cambio físico. De hecho, definió la conversión como: "El volverse del hombre entero del pecado a Dios".[536]

> Las facultades del hombre consisten en *principios*. Y estos son o de percepción o de acción. Un amor a lo que me causa placer y odio al dolor, son principios.
> En la *conversión* es infundido un principio de percepción espiritual y de acción espiritual que está muy por encima de cualquier cosa que comprendía y hacía antes. Es como si se le dieran ojos al alma para ver.
> El *amor*, y aquello en lo que se deleita el hombre espiritual, es celestial y espiritual. El estado en el que se nace es como el de los humanos que nacemos niños, imperfecto (1 Pedro 1:23-25), por lo que se está en

---

[534] Gerstner, John. P. 61.

[535] *Ibidem.*

[536] Edwards, J. Los afectos religiosos. P. 71.

crecimiento (1 Pedro 3:1, 2). Son, por ende, llamados "hijitos". De este modo se convierten en miembros de la familia de Dios (Efesios 2:19).

Es como si Dios le da al hombre un corazón y un espíritu nuevo (Ezequiel 36:26). Es como entrar a un nuevo mundo (2 Corintios 5:17).

La analogía es con el nacimiento, más que con una creación inmediata.[537]

Como puede notarse entonces, desde la primera luz hasta la conversión, el hombre natural es influenciado por Dios, una luz divina y sobrenatural comienza por despertar sus conciencias y revelarse al alma de esa persona, hasta que lo conduce a creer en Jesucristo o a la conversión. Y no es sino en el momento que el hombre se convierte que es transformado de pecador a santo.

Edwards y los divinitas de Nueva Inglaterra enfatizaban la conversión. Eran calvinistas, como ya hemos hecho notar, solo que con un énfasis distinto al de los magisteriales, y con matices distintos a los puritanos propiamente dicho.

En su sermón "El nuevo nacimiento" Edwards nos revela su teología sobre esta doctrina. Como establecimos en el análisis de su conversión, que fue una discusión de "Narrativa personal", el teólogo no hacía diferencia entre la regeneración o nuevo nacimiento y la conversión, siempre utilizó el término de forma intercambiable. Aunque habló de la salvación como un proceso que inicia con "la iluminación del Espíritu", entendió el nuevo nacimiento y la conversión como la misma operación. A continuación, les entrego un resumen de dicho sermón.

### Sobre el nuevo nacimiento

Lo que presento a continuación es un resumen del sermón de Edwards así titulado: "El nuevo nacimiento".

### I. EN EL NUEVO NACIMIENTO SE RECIBE UNA NATURALEZA TOTALMENTE NUEVA CON SUS PRINCIPIOS

En el nacimiento el hombre deja de ser mero polvo inconsciente e inactivo. Es por eso que el hombre recibe vida, recibiendo tanto su naturaleza sensible como la racional.

El cambio no es como un mero cambio moral, sino como un cambio físico. Tampoco es un cambio de hábitos y comportamiento como los que

---

[537] Ver sermón de Edwards: El nuevo nacimiento: https://youtu.be/otWsbl6M6Ns

se logran por la educación. Tampoco es un mero cambio moral, sino en cambio a una naturaleza enteramente nueva, un cambio físico.

Un cambio moral es forjado por los hombres y sus instituciones, el gobierno, la educación, por el hombre en sus resoluciones y esfuerzos, pero dichos esfuerzos no pueden Renovar la naturaleza.

Las facultades del hombre consisten en principios. Y estos son o de percepción o de acción. La naturaleza del hombre por la cual difiere de un animal o un árbol consiste en principios, sus facultades del hombre con principios, sus apetitos naturales, son principios.

Un amor a lo que me causa placer y aversión al dolor, son principios.

Pero cuando el hombre es cambiado de un pecador a un santo tiene principios nuevos de percepción y acción. Tales principios son enteramente diferentes, y no surgen por una mera disposición de los principios naturales.

Es tan imposible que los nuevos surjan de los viejos, tanto como es imposible que con animal sea racional sin que se opere en ellos un cambio físico radical, o como que un principio de la razón surja del poder de la sensación.

En la conversión es infundido un principio de entendimiento espiritual y de acción espiritual que está muy por encima de cualquier cosa que comprendía y hacía antes. Tal cambio de naturaleza es tan distinto al que tenía que no solo actúa por encima de como actuaba antes, sino contrariamente. Los principios desordenados y desgobernados (sin señor) que tenían antes ahora son pecaminosos y contrarios a los nuevos.

Es como si se pusieran ojos al alma para ver.

## II. EL CAMBIO ES UNIVERSAL Y DEL HOMBRE ENTERO

Se trata de una hechura nueva. Renovación total. (Efesios 4:22; 1 Tesalonicenses 5:23-24). Así en la conversión hay un principio nuevo de entendimiento. Un principio por el cual el alma CONOCE A DIOS y ENTIENDE SU GLORIA Y EXCELENCIA, y la verdad y excelencia de cosas espirituales, las grandes de la Palabra de Dios, las gloriosas doctrinas del Evangelio y cosas pertenecientes a Cristo el Salvador, las cuales el alma no tenía poder para entender anteriormente.

Es como si se pusieran ojos al alma para ver, la cual antes estaba ciega, sin ojos (Deuteronomio 29:4). Hay un principio de inclinación nuevo. El hombre ahora AMA a Dios y AMA a Cristo, lo cual le era imposible antes, se deleita en la santidad y las cosas celestiales, en los cuales no podía deleitarse antes. No podía encontrar estas cosas en su corazón antes, de modo que es como si Dios le diera al hombre un corazón nuevo (Ezequiel 36:26). Incluso el cuerpo es en un sentido nuevo: "y todo vuestro ser, espíritu, alma y cuerpo"…

### III. EN ESE CAMBIO DE UN PECADOR A UN SANTO, EL HOMBRE RECIBE EXISTENCIA AL SER, SON CONCEBIDOS, NACIDOS Y CAMBIADOS

El amor, y aquello en lo que se deleita el hombre espiritual es celestial y espiritual. El estado en el que se nace es como el de los humanos que nacemos niños, imperfectos (1 Pedro 1:23-25), por lo que se está en crecimiento (1 Pedro 3.1, 2). Son, por ende, llamados "hijitos". De este modo se convierten en miembros de la familia de Dios (Efesios 2:19). Es como si Dios le da al hombre un corazón y un espíritu nuevo (Ezequiel 36:26). Es como entrar a un nuevo mundo (2 Corintios 5:17). La analogía es con el nacimiento, más que con una creación inmediata.[538]

Si usted se fija, a parte de la premisa de la asunción edwardsiana de todas las imágenes de la salvación apartada de un orden (*ordo*), además asumió, como ya se mencionó en su tratado trinitario, que el Amor (la Caridad) no es solo la mayor de todas las gracias, sino que la suma de todas. Con tal premisa y afirmación tampoco nos sentimos satisfechos en el exquisito cuerpo de divinidades de Edwards. No creemos que pueda ser demostrada tal afirmación en las Escrituras, como tampoco la postura de Edwards de que "el Amor es el Espíritu Santo mismo", o que "la sustancia espiritual es el Amor". En esto no necesariamente percibimos heterodoxia, pero si elasticidad en los límites de la ortodoxia. De hecho, debido a esta tesitura edwardsiana, el aventajado teólogo hace resonar las implicaciones de esta postura aseverando (en el mismo sermón en cuestión aquí) lo siguiente:

Y como ya hemos probado, toda la santidad de las criaturas consiste esencialmente en amor a Dios y amor a las demás criaturas. De igual modo la santidad de Dios consiste en su amor, especialmente en la perfecta e íntima unión que existe entre el Padre y el Hijo. El Espíritu que procede de Ambos es el vínculo de esta unión, como lo es de toda unión santa entre el Padre y el Hijo, y entre Dios y las criaturas, y entre las criaturas mismas.

En materia de los resultados, cual comentó Iain Murray, los poseedores de la gracia no podremos llegar a una experiencia plena del gozo salvador. Notó Murray que "aunque Edwards persiguió el gozo desde temprano con todas sus facultades, terminó concluyendo (ver su última carta a su hija Esther) que 'no es posible tener esa caridad brillando perpetuamente en la vida de los santos mientras andemos es este mundo'".[539] A continuación un trozo de esa carta:

---

[538] Edwards, J. "El nuevo nacimiento" (sermón): https://youtu.be/otWsbl6M6Ns.
[539] Murray: https://youtu.be/ZhZI-pOW36k.

> Es imposible para cualquier persona estar dispuesta a ser perfecta y finalmente miserable por causa el amor de Dios, porque esto supone que el amor por Dios es superior al amor-propio en el más general y extensivo sentido del amor-propio, el cual entra en el sentido del amor de Dios... Amor a Dios, si este es superior a cualquier otro principio, haría de un hombre eternamente reacio, y a estar privado total y finalmente de esa parte de su felicidad la cual él tiene cuando Dios es bendecido y glorificado, y mientras más él ama a Dios, lo más miserable que sería... Mientras un hombre ama a Dios, lo más reacio que él estará de ser privado de esta felicidad.[540]

Edwards explotó sustancial y abundantemente el tema del amor. No solo fue un campeón y epistemólogo en el delicado tema de "Los afectos religiosos", sino que le dedicó mucho estudio al tema, según creyó, de "la suma de todas las gracias", a más de ser "la mayor de todas", el amor. Edwards predicó una serie de sermones basado en 1 Corintios 13 conteniendo 15 sermones que fueron publicados bajo el título: "La caridad y sus frutos".[541] Jonathan expresó su tesis en ese material así: "La caridad es la vida y el alma de toda la religión, y todas las otras cosas son vacías y vanas sin ella". Y también "El total de todo deber y el total de toda virtud es el amor. Por eso debe ser la cosa más esencial en el verdadero cristianismo, la suma de todo deber y virtud verdaderos". Es una de las mejores series predicadas por Edwards de todos los tiempos.

Remarcamos que en nuestro próximo trabajo sobre "la teología de Jonathan Edwards", daremos un tratamiento más amplio a las doctrinas anteriores, incluyendo una sección sobre "la relación entre la fe y el amor", igual que abordaremos el resto de las doctrinas que abarcarían lo que sería "el cuerpo de divinidades" de Jonathan Edwards, es decir, su cuerpo doctrinal más o menos completo.

# El lamentable abandono de la visión de Edwards en la teología contemporánea

John Piper cita al historiador eclesiástico de Mark Knoll, así:

> "Knoll descubrió que en los 250[+] años post Edwards, trágicamente 'los evangélicos norteamericanos no han pensado desde un inicio acerca de la vida como cristianos porque la cultura se los ha impedido. La piedad de

---

[540] Crampton. P. 4.

[541] Edwards, J. "La caridad y sus frutos" (sermón): https://youtu.be/4YqXRdcG6C8. (De hecho, la Editorial: Teología para Vivir, publicó esa serie de Edwards en español, un trabajo fenomenal).

Edwards continuó en una cultura de avivamiento, a su teología siguió un calvinismo académico, mas no hubo sucesor para la visión universal de su poderoso Dios o de su profunda filosofía teológica. La desaparición de la perspectiva de Edwards en la historia de la cristiandad norteamericana ha sido una tragedia'".[542]

Piper también nos muestra que Charles Colson llegó exactamente a la misma convicción de Knoll.[543]

Así que, entre procuras, presagios, deseos, esfuerzos y ruegos, esperamos que nuestro buen Dios nos anime a ver una generación de hombres centrados en "la Gloria de Dios", cual Edwards, que amen predicar la gloriosa doctrina de la "Soberanía de Dios" en los púlpitos, las diversas plataformas de comunicación masiva de hoy, la pluma, las redes, la radio, etc. Tanto que no solo oigamos los clamores de Lloyd-Jones, de Piper, etc., por un avivamiento; sino que seamos testigos y amantes de tal derrame extraordinario de la gloria visible de Dios en medio de su pueblo en esta generación. Ah, y no solo en el mundo anglo, sino en el mundo hispano y en otros lugares allende los mares.

¡El Señor Dios Todopoderoso tenga a bien en escuchar nuestras súplicas!

Esta obra tiene el propósito de que el lector se familiarice con la vida y el pensamiento de Edwards y sopese lo excelente y lo bueno de aquellos años de gloria. De hecho, en el capítulo siguiente analizaremos los avivamientos, ya que Edwards debe ser considerado algo como el padre de los avivamientos americanos. Procuraremos hacer un análisis reflexivo de los pros y contras de los avivamientos, además de presentar los hechos. La vida, obra y pensamiento de Edwards quedaría mutilada sin un entendimiento de los avivamientos en la vida y ministerio de Edwards. Además de que los avivamientos están intrínsecamente ligados a la visión teológica de Edwards.

---

[542] Piper, John. *La supremacía de Dios en la predicación*. P. 10.
[543] *Ibidem*, p. 11.

# XII

# Los avivamientos y su significado en la vida y ministerio de Jonathan Edwards

AQuí, a pocas leguas del puerto final, navegaremos un poco en el lago de la gran motivación de Edwards, a saber, procurar que en la práctica, el pueblo de Dios fuera viviera la piedad de modo visible, lo cual se vislumbra en una vida avivada. Navegando en estas aguas, para nada reposadas, entonces podremos llegar al mismo puerto que alimentó tanto la gran procura pragmática edwardsiana, como a la causa de su movimiento denominado los 'Nuevas luces'. La causa de la Nueva Teología será el objeto de estudio en nuestro próximo trabajo sobre Edwards, lo cual quisimos plasmar en este, pero el espacio no nos lo permitió. Edwards fue conocido, lo cual ha resurgido de nuevo, por varios asuntos, a saber, por ser uno de los más grandes teólogos de la historia cristiana, tanto como por ser uno de los más grandes predicadores de todos los tiempos, como hemos hecho notar en este trabajo. Pero su dote de escritor superó las dos realidades anteriores, y se le llama "el arquitecto o la principal figura del Gran Despertar", a saber, que cuando George Whitefield y William Tennent emergieron en este campo como figuras prominentes: Ellos ya habían leído la publicación de Edwards sobre "La sorpresiva obra del Espíritu Santo en la conversión de cientos de personas en Northampton" que se había publicado en Inglaterra en 1737 y en Boston un año posterior. O sea, que ya Edwards había conducido un gran despertar de proporciones regionales, además del que había vivido en carne propia en Windsor del Este en su niñez, conducido por su padre, el Rev. Timothy Edwards.

Naveguemos aquí entonces en las generales de los avivamientos a la luz de las vivencias y los escritos de Edwards. En nuestro próximo trabajo sobre Edwards, como os he anunciado, seremos más exhaustivos en esta materia, a lo que dedicaremos dos largos capítulos. Entre tanto, espero que deguste el siguiente bocadillo. Espero que tenga excelente sabor.

# El avivamiento en Northampton (1734 – 1736)

Sospecho que en virtud del sentido práctico de la aprehensión que de Dios y de la religión verdadera poseía Edwards, si en su vida ministerial no hubiera experimentado, a lo menos, un breve tiempo de avivamiento; con mucha probabilidad hubiera terminado sus días al menos desanimado, si no frustrado, a pesar de su cristalizado calvinismo y su absoluta confianza en la Soberanía de Dios. Especulo de ese modo no porque lo lea directamente de su pluma, sino como habiendo hecho una lectura subyacente detrás de la tinta plasmada del teólogo, que se puede interpretar en sus mayúsculos esfuerzos en su vida y ministerio, o sea "tras una vida y una religión avivadas". Para Edwards Dios era real y cercano, y la religión era una verdadera expresión de la voluntad de Dios entre los hombres, de como quería que estos lo adoraran. Por lo tanto, si no hubiera tenido los resultados esperados, habría creído que estaba haciendo las cosas muy mal, es decir, que no estaba viviendo la religión como debía.

Estas realidades condujeron al teólogo, como ya hemos hecho notar en esta obra, a no albergar ninguna duda de la realidad de la divinidad, descansando a merced de Su soberanía, belleza y gracia, expresadas en suma en la santidad de Dios y el amor piadoso. Por ellos, el Dios de Edwards mostraba gracia a sus criaturas, impartía su Espíritu —transformando totalmente al converso—, y era un Dios que respondía las oraciones de su pueblo. Y "avivamiento" era una petición (como ya hicimos notar que expresó el Rev. Cooper) que estaba en la boca de los santos en Nueva Inglaterra por décadas (incluyendo aquí las agendas políticas); además de ser una de las pasiones de Edwards.

La doctrina de la Soberanía de Dios era cristalina y congruente para Edwards, por lo que el puritano no daba su brazo a torcer en ese respecto. Ya vimos en su testimonio, según su "Narrativa personal" (Cap. III), que Jonathan "nunca más dudó de esa realidad soberana de Dios, a partir de aquella *primera convicción*". Pero, ese Dios soberano es un Dios de gracia y amor, fiel y verdadero, y se hace presente en medio de su pueblo.

Edwards estuvo persuadido toda su vida de que *un ministro santo* (ver sus 70 Resoluciones) en las manos del Dios santísimo (la suma de la belleza de Dios, según creyó), siendo conducido por Dios en la predicación fiel, necesariamente conducirá a *una religión vibrante y avivada*. Esto encima de que Edwards había sido testigo presencial de al menos un avivamiento eclesiástico en Windsor del Este; y tenía reportes vívidos de parte de su mismo abuelo y de los santos que lo habían experimentado en varias ocasiones en Northampton, previo a su llegada allí. Esto definía la teología práctica del divinista.

Si armamos el rompecabezas, y ponemos las piezas juntas, entonces creo que cabe mi especulación del grado de desánimo, desaliento o frustración que hubiera experimentado el reverendo Edwards si no hubiera sido testigo de algún grado de avivamiento en su ministerio. No creo que la dedicada piedad de Edwards, tanto como su incansable y mayúsculo esfuerzo tras la investigación y exposición de la verdad divina, hayan fungido como fines en sí mismos; más bien, entendemos que esa 'obsesión' apasionada de Edwards por la piedad y la práctica de la verdadera religión, respondían al fin del disfrute de ese adelanto divino de un cristianismo vibrante, digno de un Dios vivo y santo. De ahí que escribiera:

> Así, si Dios estima tanto y se deleita en sus propias perfecciones y virtudes, no puede sino deleitarse en la valoración de las propias expresiones y efectos genuinos de ellas.[544]

Por otra parte, no solo varios de los tratados de Edwards tienen que ver con las realidades de la conversión y el avivamiento, sino que el más importante trabajo de Edwards "Los afectos religiosos", es precisamente una defensa teológica de la legitimidad de los afectos y las experiencias religiosas, que eran justamente los asuntos que se criticaban de las olas *revivalistas* que se aglomeraban para entonces por doquier. Es menester recordar que el Gran Despertar, que bien tuvo su pretérito en Northampton a partir de diciembre de 1734, del que se puede decir que en cuanto a sus efectos comenzaba a decaer ya para finales de la primavera de 1736; cuya aura se extendió por todo el valle del río Connecticut y otros lugares de Nueva Inglaterra bajo la dirección de Edwards; la que luego regresó en el invierno de 1740, extendiéndose hasta comienzos del verano de 1742, habiendo sido activado mayormente por las prédicas del reverendo inglés George Whitefield. Tal aura espiritual no volvió a aparecer desde entonces y durante el resto de ese siglo en Nueva Inglaterra, a pesar de que un grupo considerable de iglesias estaban a favor de los avivamientos y lo procuraron con ahínco.

"El Rev. Ezra Stiles (quien luego llegó a ser presidente de la Universidad Yale), estimó que en 1743, de 420 iglesias establecidas en Nueva Inglaterra, 120 estaban a favor del avivamiento, y aunque esto era la

---

[544] Edwards, J. El fin por el cual Dios creó el mundo.

minoría, era la representación de las iglesias y ministros líderes de tal momento".[545] Esto para decir, que cuando Edwards escribe su tratado "Los afectos religiosos", en 1746, hacía ya varios años que las olas de avivamiento no ocurrían en Nueva Inglaterra. De hecho, el Rev. George Whitefield, regresó a Nueva Inglaterra en 1744 para otra agenda itinerante. Whitefield no había perdido su poder retórico. Se esforzó como hiciera anteriormente. Y no hubo señal alguna de avivamiento. De hecho, por el contrario, Whitefield regresó a Inglaterra totalmente desprestigiado, no porque hubiera cometido alguna fechoría ni mucho menos, sino porque para esa fecha los clérigos no toleraban su estilo acusatorio. "La facultad de Harvard emitió un testimonio, en cuyos documentos declararon su repudio del Rev. Whitefield y su conducta; y de igual modo, la autoridad de Yale emitió una declaración contraria a sus métodos evangelísticos".[546] Edwards apenas entendía tal repudio. No veía ninguna cosa en Whitefield por la cual le rechazaban.

Este modo crítico de iniciar esta sección no implica una reprimenda en contra de los avivamientos, para nada. Pero la experiencia histórica se inclina a que los períodos que pueden ser llamados de 'avivamientos', han sido relativamente locales y de predecible brevedad en toda la historia cristiana. Los avivamientos verdaderos, del modo inesperado (casi de manera súbita) como han aparecido, y sin una causa humana definida; del mismo modo, inesperado y acelerado se esfuman. Pero toda la evidencia apunta a que los períodos de avivamientos son legítimos y transformadores.

En un tratado de esta naturaleza no podemos dejar de lado, bajo ninguna circunstancia, las generales y las principales particularidades de los avivamientos en que Edwards estuvo involucrado; pues estos definen en gran medida el ministerio pastoral de Edwards. Edwards, como hemos señalada ya, no solo figura como una de las celebridades del Gran Despertar, junto a George Whitefield y los Tennent, sino que quedó bajo los hombros de Jonathan Edwards la tarea de definir lo que es un verdadero avivamiento; tanto como de discutir estos asuntos a nivel académico y en circuitos pastorales. Pero, por sobre ello, Edwards escribió varios tratados de relatos verídicos y sobre la teología de los avivamientos. Y ya hemos referido que en su iglesia, Northampton, se registró, posiblemente, el mayor avivamiento de que se sepa en esos tiempos y en la historia de los avivamiento en la cristiandad. Todo lo cual está abundantemente registrado en varios escritos de Edwards.

---

[545] Von Rohr. P. 186.
[546] *Ibidem. P.* 191.

Edwards, a pesar de su juventud, era un predicador penetrante y poderoso. Eso se hace evidente en, por ejemplo, un sermón que predicó al alumnado de Harvard en 1731 titulado *God Glorify in Man's Dependance* (Dios es glorificado en la dependencia humana), basado en 1 Corintios 1:29-31. Comenta el Dr. Lawson que "el poder del joven predicador fue tal que impresionó a los alumnos de Harvard, tanto que el comité del alumnado decidió publicar dicho sermón".[547] Bien que era la costumbre publicar los mejores sermones que se predicaban en dicho evento, a saber, la graduación de Harvard. De hecho, aquella fue la primera publicación que de la pluma de Edwards se pusiera en circulación. Es *de facto* así al considerar el hecho de que el sermón más corriente y conocido que se haya predicado en la historia del cristianismo, "Pecadores en las manos de un Dios airado", también surgió de la pluma y voz del pastor Jonathan.

Aunque algunos de los mejores trabajos publicados de Edwards ocurrieron mientras estuvo entre los indígenas en Stockbridge (o sea, en la última década de su vida), lo cual es lógico esperar. Pero considerando que su *best seller* "La vida del Rev. David Brainerd", tanto como uno de sus más importantes trabajos de todos los tiempos atendiendo a su importancia eclesiológica, "Una investigación humilde", fueron gestados durante la etapa más difícil de su vida, mientras defendía su doctrina de la iglesia frente al comité de Northampton; interrogatorio que provocó el despido de Edwards de aquella iglesia. Desde allí iría a Stockbridge como pastor-misionero. No obstante, resulta un hecho, como comentó el Dr. Lloyd-Jones, que "lo que sobresalió en la vida de Jonathan Edwards fue el sorprendente avivamiento que se desató en su ministerio en Northampton, iniciado en diciembre de 1734, extendiéndose durante todo el año 1735 y gran parte del año siguiente. Y luego, su participación en la llamada Gran Despertar, en conexión con el ministerio itinerante de George Whitefield, a partir de 1740".[548] Y aunque quizás yo no esté del todo de acuerdo con dicho pronunciamiento del Dr. Lloyd-Jones, lo cierto es que "los avivamientos" marcaron la vida y el ministerio de Jonathan Edwards.

Ahora bien, el tema del avivamiento no fue algo tardío en la vida de Edwards. Ya hemos analizado (Cap. III) que en su niñez Edwards había sido testigo de al menos un gran despertar en Windsor del Este, en la parroquia que pastoreaba Timothy, su padre.

---

[547] Lawson. P. 10.
[548] Lloyd-Jones. Los Puritanos. P. 505.

Lo que se conoce como el avivamiento en Northampton inició justamente a finales del mes de diciembre del año 1734; como puede ser observado, poco más de cinco años luego de la ordenación de **Jonathan Edwards** como el pastor de aquella comunidad, tras la muerte de su abuelo, que había sido el ministro allí por sobradas décadas. Iniciando aquel remarcable invierno, el Espíritu Santo visitó a Nueva Inglaterra, asunto que se extendió por un período de año y medio aproximadamente. Y el reporte escrito por el mismo Edwards, dirigido al Rev. Dr. Benjamin Colman de Boston, señala que "aquel movimiento inició en ocasión, y debido a una serie de sermones que Edwards predicó sobre 'la justificación por la fe'. Su intención primaria fue derogar la creciente tendencia arminiana por aquella época".[549] Que Edwards fue una de las figuras principales del avivamiento queda bien definida en la introducción de los Drs. Isaac Watts y John Guyse de Inglaterra en su edición de "Una narrativa de conversiones sorprendentes" (de la pluma de Edwards), impresa en Londres en 1737, al haber recibido tal manuscrito de Edwards de mano de Colman. Cito:

> "La correspondencia breve que hemos sostenido con nuestros hermanos de Nueva Inglaterra, que nos dan tanto ahora como entonces el placer de escuchar ciertos remarcables momentos de la gracia divina en la conversión de los pecadores, y algunos eminentes ejemplos de piedad en la parte americana del mundo. Pero nunca habíamos ni oído ni leído, desde la era primitiva del cristianismo, ningún evento como este del tipo sorprendente, cual la presente "Narrativa" presentada frente a nosotros. El Rev. y digno Dr. Colman, de Boston, nos ha provisto de ciertas imitaciones breves de esto en sus cartas; pero respecto de nuestra petición de algún recuento más largo y particular, el Sr. Edwards, el feliz y exitoso ministro de Northampton, quien fue uno de los escenarios principales en estas maravillas, dibujó esta historia en una epístola al Dr. Colman".[550]

El avivamiento se extendió hasta 1736. Fue entonces cuando Edwards escribió: *A faithful Narrative of the Surprising Work of God in the Conversion of Many Hundred Souls in Northampton* (Una narrativa fiel de la sorprendente obra de Dios en la salvación de varios cientos de almas en Northampton). Un año luego de su publicación en Londres (en 1737), fue también publicada en Boston, bajo un título más corto: *A Narrative of Surprising Conversions* (Una narrativa de las conversiones sorprendentes). Como pudiste notar en la cita anterior, dicha narrativa fue literalmente una carta que le escribió Jonathan Edwards a su amigo el Dr. Colman,

---

[549] Lawson. P. 10.
[550] Jonathan Edwards on Revival. P. 1.

pastor en Boston.[551] A continuación ponemos en perspectiva tal fantástico escrito de Edwards.

## ¿A qué se le está denominando aquí un avivamiento?

Cito lo que los reverendos Watts y Guyse están significando a los lectores de su edición de "Una narrativa de conversiones sorprendentes", cuando se refieren a "avivamiento":

> "Hay una porción de tierra, según hemos sido informados, donde hay 12 de 14 ciudades y aldeas, principalmente situadas en [New][§] Hampshire, cerca del banco del río de Connecticut, en un radio de unos 50 kilómetros, donde *a Dios le agradó, hace dos años (1735), desplegar su libre y soberana misericordia en la conversión de multitudes de almas en un breve espacio de tiempo, volviéndolas de una formal, fría y descuidada profesión del cristianismo, al ejercicio viviente de toda gracia cristiana, y a la práctica poderosa de nuestra santa religión*".[552]

Watts y Guyse siguen describiendo a lo que se están refiriendo con avivamiento como sigue:

> "Ha habido una gran y justa queja entre los ministros de la Vieja Inglaterra, y en la Nueva (excepto por el tiempo del último terremoto acaecido aquí —en Inglaterra—), que la obra de la conversión marcha muy lentamente, que el Espíritu de Dios en su influencia salvadora se ha retirado bastante de las ministraciones de su Palabra… nuestro ascendido Salvador, ahora y entonces, tomó una ocasión especial para manifestar la divinidad de este evangelio por una efusión plena de su Espíritu donde este es predicado: entonces los pecadores son convertidos y santificados en cantidades, y hay una nueva cara de las cosas esparcidas en una ciudad o campo… y claramente concerniente a este instante debemos añadir, que *ellos han visto la gloria del Señor* allá, *y la excelencia de nuestro Dios;* ellos han *visto la manifestación de Dios nuestro Rey en su Santuario*".[553]

Es claro lo que se está significando con el término "avivamiento" o "despertar". Es mucho más claro aún, el medio que Dios utiliza para avivar, el mismo evangelio de Jesucristo que predicaron los apóstoles, y que "está contenido en las Sagradas Escrituras",[554] como dijeron en su comentario

---

[551] *Ibidem.*

[§] New debido a un descuido del tipo geográfico de los editores. En realidad el condado era Hampshire, no New Hampshire.

[552] Jonathan Edwards on Revival. P. 2.

[553] *Ibidem, p.* 2.

[554] *Ibidem, p.* 3.

los doctores Watts y Guyse en el mismo documento que estamos citando. ¿Y el resultado? Conversiones masivas de almas en el espacio donde se dice que hay un despertar.

A estas alturas, creo que es momento de escuchar al mismo Edwards describiendo lo que él mismo entendió, fueron las causas y los efectos de aquel despertar o avivamiento en Northampton. Pero permítanme primero hacer un esbozo general de las circunstancias previas al avivamiento mismo.

Cuando Edwards inició su pastoral en Northampton, en general, la religión, la moral y la piedad del pueblo eran bastante aceptables. Pero, muchos de los jóvenes estaban mostrando conductas consideradas indecentes. El gobierno familiar había decaído grandemente en aquellos días.[555] El mismo Edwards textualmente señaló: "Era la costumbre entre los jóvenes a menudo juntarse en conversaciones y *clúster* de ambos sexos para alegrarse y festejar, algo a lo que ellos llamaban *frolics*[§] (fiestas) en lo que a menudo pasaban la mayor parte de las noches de los sábados y los domingos, sin consecuencias mayores en sus hogares".[556] En la teología puritana, estaban quebrantando el Sabbat. Eso fue razón suficiente para que Edwards, recién instalado como ministro de la ciudad, fuera conducido a: "predicar varios sermones sobre dichos males y sobre los deberes del gobierno familiar". Entonces, "increíble y repentinamente los jóvenes comprendieron y comenzaron a abandonar los *frolics*".[557] Notamos que las cantinas y la bebida no eran prohibidas entre los puritanos, tampoco los bailes. De hecho, a la llegada de Edwards a Northampton había tres cantinas en la ciudad. Tales negocios eran utilizados para socializar, generalmente de modo sano, incluso se hacían reuniones políticas y de otro orden en esas cantinas.

Edwards relata que "en esos mismos días hubo *marcas* de un *despertar religioso* y un *movimiento salvador* en el pueblito de Pascommuck, situado a unos 5 kilómetros en las afueras de la ciudad [de Northampton]". Luego sucedieron algunas muertes que conmocionaron a la comunidad, en especial a los jóvenes, que contribuyeron a la reflexión espiritual en los jóvenes y hubo más interés religioso entonces en las personas.[558] En su reporte al Dr. Colman, el Sr. Edwards narra más sobre los aconteceres que sucedieron antes del avivamiento; escribió:

---

[555] Ver: Jonathan Edwards on Revival, p. 9.
[§]   *Sign. fiestas.*
[556] Jonathan Edwards on Revival, p. 9.
[557] Ver: Jonathan Edwards on Revival, p. 10.
[558] *Ibid*, pp. 10, 11.

> Por el mismo tiempo apareció en esta región del país el gran *ruido* del *arminianismo*,* el cual lucía con un aspecto muy amenazante para el interés religioso aquí. Algunos amigos de vigorosa piedad temblaron de terror por el asunto; así parecía, contrario al temor de ellos al respecto, estar fuertemente desautorizado para la promoción de la religión. Algunos que lucían estar sin Cristo, pareció que esto los avivó, con el temor de que Dios estaba por abandonar la ciudad, y que nosotros podríamos ser entregados a la *heterodoxia* y a principios corruptos, y que entonces sus oportunidades para obtener la salvación, pasaría. Muchos que estaban un tanto en deuda con las *verdades doctrinales* que hasta el momento habían recibido, parecían tener un tipo de temor y temblor con sus deudas, para que les fueran pasadas por alto, en sus ruinas eternas; y lucían, con mucho interés y prontitud mental en inquirir cual debía ser el camino en el que debían ser encaminados para ser aceptados por Dios. Hubo varias cosas dichas en público en tal momento sobre la cuestión de *la justificación por la fe solamente*.[559]

Edwards sigue narrando los asuntos externos que favorecieron aquel avivamiento en Northampton:

> Aunque representó una gran falta de tal individuo [el predicador del arminianismo] el entrometerse con tal controversia desde el púlpito, y para tal ocasión —y aunque fue ridiculizado por muchos otros— todavía eso probó ser una palabra hablada a tiempo aquí; y fue más evidentemente confirmado con una bendición muy notable del cielo a las almas de la gente de la ciudad. Recibieron entonces una gran satisfacción… de que sus almas habían sido aceptables ante Dios, y salvas a la manera del evangelio, el cual evidenció ante ellos ser el verdadero y único camino.[560]

---

* Casi sin dudas una referencia al caso del Rev. Robart Breck. Edwards "había sido pastor en Northampton durante seis años cuando el valle del río Connecticut se escandalizó en 1734 por la llamada de Robert Breck, un graduado de Harvard sospechoso de arminianismo, como pastor de la iglesia en Springfield, río abajo de Northampton. Los ministros de la Asociación de Hampshire intentaron que se rescindiera la ordenación. Pero no pudieron persuadir ni a la iglesia de Springfield ni a las autoridades civiles de Boston para que lo interfirieran, y Breck quedó debidamente instalado.

   Como pastor de la iglesia más grande del Valle de Connecticut, Edwards jugó un papel principal en la controversia, escribiendo la Carta de protesta de la Asociación de Hampshire y aprovechando la ocasión para predicar contra el arminianismo. Esto le valió la reputación de "entrometerse en la controversia en el púlpito", sin mencionar la duradera enemistad con Robert Breck. (https://www.christianitytoday.com/history/issues/issue-77/northampton-eviction.html).

[559] Jonathan Edwards on Revival. P. 11.

[560] *Ibidem*, pp. 11, 12.

Lo cierto es que los ciudadanos de Northampton nunca habían oído razones arminianas y las encontraron maléficas y dignas incluso de que Dios los castigase a ellos por haber permitido tales blasfemias.

Luego de este conjunto de sucesos, Edwards narra:

> Y entonces sucedió al final del mes de diciembre, que el Espíritu de Dios inició *extraordinariamente* a posarse, y maravillosamente a obrar entre nosotros; y rápidamente sucedió que uno tras otro, cinco o seis personas las cuales, a toda consideración, fueron genuinamente convertidas y algunas de ellas fueron forjadas de una forma muy notable.[561]

El avivamiento no inició con la conversión de cientos o de miles, sino de unos pocos; pero había elementos en esas conversiones que dejaban evidencias de un despertar espiritual.

## Los resultados o efectos de aquel despertar en Northampton

La respuesta a la pregunta ¿cuáles fueron los resultados y efectos de aquel despertar?, nos ayudará a afinar la aquello que los americanos e ingleses entendieron que era un avivamiento, que nos debe guiar a nosotros a comprender mejor tan apremiante y deseada situación espiritual.

En sus relatos, Edwards se da la tarea de explicar muy detallada y ampliamente lo que significó el avivamiento en Northampton. El Sr. Edwards pone el ejemplo de una mujer joven que tenía fama de ser la más parlanchina de todo el pueblo, que un día se acercó a hablar con él. Su conversación fue tan convincente que Edwards quedó admirado de la obra del Señor en ella, y "sin albergar duda alguna de que se trataba del obrar del Señor en ella". Varios otros ciudadanos pudieron confirmar los cambios al conversar con ella.

Edwards pensó que aquello causaría comentarios reprochando la religión. Pero increíblemente el evento ocasionó lo contrario. "Dios hizo de esto, creo yo, la *mayor ocasión de avivamiento* para otros, de todo lo que jamás sucediera en la ciudad. Y del mismo modo tuve abundantes oportunidades de conocer el efecto que tuvo, al conversar en privado con muchos. La noticia de esto parece haber sido como *rayos de luz*".[562]

Aquí proveo una lista de algunos de los más notables efectos que provocó aquel despertar, según el reporte de Edwards:

---

[561] *Ibidem, p.* 12.
[562] *Ibidem, p.* 12.

- Aquellos entre nosotros de escasa seriedad, y que yo temía que ellos harían un uso enfermizo de ellos, fueron avivados.
- Un gran y serio concepto de las grandes cosas de la religión y la Palabra Eterna, vinieron a ser universales en cada lugar de la ciudad, y entre personas de todos los grados y edades.
- Todas las conversaciones, en todas las compañías y sobre toda ocasión, eran exclusivamente sobre estos aconteceres.
- La mente de la gente fue maravillosamente apartada del mundo... de hecho, la tentación era negligir las responsabilidades cotidianas.
- La gente se apartó tanto de las cosas mundanales que se entregaron por entero con rigurosidad a la vida de lectura, la oración y cosas semejantes de la religión.
- Lo único en el horizonte de la gente era alcanzar el reino de los cielos, y todos parecían apresurarse a ello.
- Era algo muy serio entre nosotros lo de caer del camino de Cristo, en peligro constante de caer en el infierno; y lo que estaba en el interés de la mente de la gente era *escapar por sus vidas*, y *escapar de la ira venidera*.
- El deseo nuestro, era estar constantemente reuniéndonos por las casas; cuyas reuniones fueron grandemente bendecidas.‡
- La admiración por la obra de la conversión acrecentaba más y más; las almas se acercaban como si fueran las ovejas del rebaño de Cristo. Día tras días y mes tras mes juntas. Era evidente a todos que los pecadores *escapaban de las tinieblas a la luz admirable*, y eran *libradas del horrible fango, y del suelo arenoso; y yaciendo firmes sobre la Roca*, con *un nuevo canto de alabanzas en sus bocas*.[563]

Esta obra de Dios, según acontecía, y se multiplicaba el número de los santos, rápido ocasionó una gloriosa alteración en la ciudad: tanto que en la primavera y el verano que siguieron (del año 1735), la ciudad lucía estar llena de la presencia de Dios; nunca había habido antes *tal plenitud de gozo y amor*, y también repleta de angustia, como fue entonces. Hubo *marcas características de la gloria de Dios* en casi cada hogar.[564]

En "Conversiones sorprendentes", Edwards sigue puntualizando las siguientes características que enmarcaban el panorama avivado en Northampton, ahora en el ambiente eclesiástico *per se*:

- Las operaciones de Dios fueron observadas en el *santuario*, el *día de Dios* era un verdadero *deleite*, y su *tabernáculo* era amable.¤

---

‡ Este asunto de las reuniones de grupos pequeños, se parecía a las propias del pietismo en Alemania.

563 Ver: Jonathan Edwards on Revival, pp. 12-14.

564 Jonathan Edwards on Revival, p. 14.

¤ El día de Dios es una referencia al Sabbat (el domingo); y el tabernáculo, una referencia a la reunión en el templo.

- Cada reunión era hermosa, la congregación estaba viva, con almas sedientas de beber del agua de la vida.
- La asamblea se tornaba de tiempo en tiempo en lágrimas, mientras era expuesta la palabra del Señor.
- En la adoración pública, Dios era servido en nuestra *salmodia*, en alguna medida, *en la hermosura de su santidad*. Buenos hombres entre nosotros levantaban sus voces en alabanza.
- Nuestra congregación excedió todo aquello de lo que yo había sido jamás testigo en su forma externa del servicio. Los hombres hacían sus partes correspondientes en la música, y las mujeres su parte correspondiente; pero la elevación de sus voces y corazones era inusual, lo que hacía sus deberes muy placenteros.[†]
- En todos los negocios y lugares, Cristo era escuchado día tras días.
- Cuando los jóvenes se reunían, no querían gastar su tiempo sino en la excelencia y el amor mártir de Jesucristo; la maravillosa, gratuita y soberana gracia de Dios, y su gloriosa obra en la conversión de las almas, las verdades y grandes temas de la bendita palabra de Dios, la dulzura de la contemplación de sus perfecciones.
- Incluso las bodas, que antes solían ser festines, ahora eran discursos sobre religión, y no había asomo sino de *festines espirituales*.[565]

Se nota que apenas había palabras para describir la gloriosa manifestación de Dios que debe ser observada cuando acontece un avivamiento. Con razón Watts, Guyse y el mismo Coleman dijeron que no había habido nada igual desde los días de los apóstoles.

Es lo que suele suceder cuando uno es expuesto a una gloria inusual y la extasiante presencia del Espíritu Santo. He leído que aquello puede compararse con lo que les aconteció a los descubridores del Nuevo Mundo al ver la belleza virgen y salvaje de las Américas. Por ejemplo, las cartas y diarios de Colón están repletos de descripciones tan sublimes para las cuales no había palabras.

## La descripción y definición provistas por Edwards sobre el avivamiento

Lo que hacemos a continuación es narrar, de la pluma de Edwards, algunos asuntos descriptivos que él refirió en "Una narrativa de conversiones sorprendentes"[566] (*A Narrative of Surprising Conversion*), según la edición

---

[†] Los puritanos no usaban instrumentos en los cultos desde sus inicios hasta bien entrado el siglo XIX.

[565] Ver: Jonathan Edwards on Revival, pp. 14, 15.

[566] Titulada por Edwards: "Una narrativa fiel de la sorprendente obra de Dios en la conversión de varios cientos de almas en Northampton".

de 'El Estandarte de la Verdad', que conjuga tres trabajos de Edwards en un libro titulado *"Jonathan Edwards On Revival"*.[567]

"Cuando al final del mes de diciembre, que el Espíritu de Dios inició extraordinariamente a posarse, y maravillosamente a trabajar entre nosotros", Edwards señala las siguientes descripciones:

1. Un baño de la bendición divina con la lluvia de Dios.[568]
2. Sobrecogimiento con intención profunda por los asuntos de la religión.[569]
3. La bendición salvadora traída por Dios.[570]
4. Un remarcable derramamiento del Espíritu de Dios.[571]
5. Una muy grande cosecha de almas para Cristo en un lugar.[572]
6. Una muy extraordinaria dispensación de la Providencia... con un remarcable efecto salvador.[573]
7. Esto también parece ser una dispensación extraordinaria en la que el Espíritu de Dios ha extendido no solo su avivamiento, sino también sus influencias salvadoras, tanto a los viejos como a los jóvenes.[574]
8. Dios mostrándose en una manera inusual, en la presteza de su obrar y en el rápido progreso que su Espíritu ha realizado en los corazones de muchos.[575]
9. El extraordinario obrar de Dios en grados de su influencia; tanto en el despertar, como en la luz salvadora, amor y gozo que muchos han experimentado.[576]
10. Un noble derramamiento del Espíritu Santo de Dios, que se muestra en un forjamiento salvador en muchas personas.[577]

*Edwards escribió que:* "Las diferentes formas de las conversiones, dan como fruto una gran analogía común",[578] *a saber:*

(1) Las personas son despertadas con *un gran peso y sentimiento de su miserable condición que tienen por naturaleza, con la sensación de es-*

---

[567] Jonathan Edwards on Revival, pp. 14, 15.
[568] *Ibidem, p.* 15.
[569] *Ibidem.*
[570] *Ibidem, p.* 16.
[571] *Ibidem.*
[572] *Ibidem.*
[573] *Ibidem, p.* 19.
[574] *Ibidem, p.* 20.
[575] *Ibidem, p.* 21.
[576] *Ibidem.* (Se remarca que: "También ha sido extraordinario en la extensión de esto, de ciudad en ciudad").
[577] *Ibidem.*
[578] *Ibidem, p.* 23.

*tar en peligro de eterna condenación*, lo que les parece urgente el poder escapar a una condición mejor.[579]

Sobre los rasgos físicos y emocionales que solían acontecer a los que estaban siendo despertados Edwards relata que "algunos fueron despertados repentinamente en una sola ocasión, otros de forma gradual… otros fueron despertados de una nueva manera; pues tenían antes una correcta actitud hacia la religión".[580] Y en cuanto a lo que les sucedía, Edwards puntualiza:

- ○ Algunos sufren trastornos del sueño, incluso algunos fueron despertados esa misma noche.[581]
- ○ Otros han tenido (y esto es muy común) una dolorosa influencia corporal, con disturbios del tipo animal.[582]
- ○ Otros han tenido la sensación de que el Espíritu Santo los abandonó, sintiéndose sin sentimientos; deseando profundamente tener convicción [de pecado] de nuevo.[583]
- ○ Otros han tenido muchas angustias innecesarias en sus pensamientos, en lo que quizás Satanás metió su mano, para enredarlos y obstruirles sus caminos.

(2) El obrar del Espíritu en los corazones parece ser, según las evidencias, que *trae una convicción de su absoluta dependencia en su poder soberano y de su gracia, y una necesidad universal de un Mediador*.[584]

Como consecuencia común, Edwards siguió describiendo:

Esto los ha guiado a *una continuada convicción* más y más de su excesiva pecaminosidad y culpabilidad ante Él; su contaminación y la miseria de su propia rectitud; que no hay forma alguna 'que ellos se puedan ayudar a ellos mismos', y 'que Dios es totalmente justo y recto al rechazarlos' junto con todas sus malas obras, y abandonarlos por siempre. Este pesar crece más y más en ellos, viéndose a ellos mismos como lo peor de todo.[585]
   Cuando el avivamiento empieza, sus conciencias comienzan a ver sus pecados externos, pero luego viene esa sensación de la culpabilidad del corazón, la implacable corrupción de su naturaleza, la enemistad de

---

[579] *Ibidem.*
[580] *Ibidem.*
[581] *Ibidem.*
[582] *Ibidem, p.* 24.
[583] *Ibidem, p.* 25.
[584] *Ibidem, p.* 26.
[585] *Ibidem, pp.* 25, 27.

ellos contra Dios, el orgullo de sus corazones, su incredulidad, su rechazo de Cristo, la obstinación de sus voluntades, y así.

Al comienzo del avivamiento, a menudo sus pecados pasados son traídos a sus memorias, y a veces tienen un sentido terrorífico de la ira de Dios, que entonces se alistan para caminar en rectitud, con tal de apaciguar esa ira de Dios contra ellos.[586]

Con frecuencia sus emociones (afectos) suelen ser tan conmovidos que irrumpen en lágrimas en sus confesiones y oraciones; y teniendo sensación de la expiación del Señor y la capacitación del poder divino; sus expectativas crecen, sus convencimientos de paz con Dios y que en el dolor se convertirán a Dios. Pero eso es momentáneo, y rápido comienzan a sentirse como se sentían antes, y comienzan a verse de nuevo más y más alejados de Dios. Y en esa decepción, renuevan sus intenciones una y otra vez. Y sigue el mismo círculo.

A veces sus afectos religiosos se levantan contra Dios, porque Él no tiene piedad de ellos, y parece tener poco cuidado e interés en ellos y sus penas. Al comparar la liberación que Dios dio a otros que son peores y fueron más rápidamente liberados, comienzan a tener pensamientos blasfemos en tales circunstancias... Llegan incluso a pensar que cometieron el pecado imperdonable... Llegan a pensar que son tan pecadores que no podrán ser perdonados. Siempre piensan que les falta hacer algo para obtener la gracia para su conversión, lo cual nunca han hecho hasta el momento.

Si se les dice que ellos confían demasiado en sus propias fuerzas y justicia propia, ellos no pueden desaprender estas prácticas de un golpe, y no encuentran la apariencia de ningún bien, sino que todo queda oscuro para ellos. Cambian de un refugio a otro.[587]

En algún momento a algunos de ellos Dios les da convicción de Su suficiencia frente a la necesidad de ellos. Otros continúan en ese círculo sin la convicción que produce el Espíritu diez veces más tiempo, y así.

Con esto Dios muestra que no hay un patrón en su obrar, pues en algunos el avivamiento es en un momento, y en otros, toma largo tiempo en el proceso de convencerlos de sus insuficiencias y de la absoluta y única suficiencia divina.[588]

En algunos se puede discernir el método utilizado por el soberano, en otros no se puede encontrar huellas y trazos de su camino.[589]

Para nada existe una gran diferencia en personas diferentes, a parte del tiempo que ellos permanecen en crisis; algunos duran unos pocos días, mientras que otros meses y hasta años.[590]

---

[586] *Ibidem, p. 27.*
[587] *Ibidem, p. 28.*
[588] *Ibidem, p. 29.*
[589] *Ibidem, p. 30.*
[590] *Ibidem.*

> Algunos, incluso, cuando no hay una efusión especial del Espíritu (avivamiento), lidian por años y hasta décadas interesados (buscando) la salvación, y si viene un avivamiento, a pesar de su genuino interés en la salvación, y habiendo visto tantas evidencias, pueden ser de los últimos en ser finalmente iluminados y rendidos.[591]
>
> Otros viven licenciosamente y continúan así hasta poco antes de su conversión; y rápido crecen a un gozo que Dios les otorga.[592]

Como puede ser observado, en el resumen de tan magnífica narrativa de los sucesos en Northampton entre 1734 y 1736, avistados por el propio Edwards, precisamente se trata de un recuento de las cosas que son visibles y palpables en tiempos de avivamientos religiosos. En otras palabras, en los momentos de avivamiento espiritual se observarán proporciones inusuales de "experiencias genuinas de la conversión", independientemente de que tales experiencias sufran también falsificaciones y sean vistas en personas no regeneradas. Pero tal realidad —sucesos falsos— no tiene por qué anular la otra realidad "sucesos y experiencias verdaderamente y espirituales". En su discurso sobre "Marcas distintivas", que dictó en Yale en 1741, habiendo sido convocado allí para que diera razones de su apoyo al avivamiento, Edwards abundaría en las señales falsas.

Edwards relataría también los sucesos en el Gran Despertar que arropó a toda Nueva Inglaterra entre 1740 y 1742, cuyo avivamiento también fue grande en Northampton, en el cual incluso Sarah Pierpont Edwards, la amada esposa del predicador, tuvo experiencias sublimes de avivamiento.

# El *Primer gran despertar* (1740 – 1742)

Edwards era un *revivalista* de corazón y muy experimentado. Le había fascinado aquello de lo que fue testigo en su niñez en la 1ra. Iglesia de Cristo de Windsor del Este, que pastoreaba su padre. Luego, como dilucidamos en el Cap. III de esta obra, Edwards mismo experimentó la conversión que verdaderamente le avivaría de por vida.

Para colmo, había venido (y sido avisado por boca de su mismo abuelo) a pastorear la 1ra. Iglesia de Cristo de Northampton, la que durante el pastorado del abuelo Stoddard había experimentado varias cosechas (avivamientos, cual lo nombraba Stoddard).

Y sucedió que, a poco más de cinco años a partir de que su abuelo Solomon Stoddard le había dejado solo en el púlpito de Northampton,

---

[591] Ver: Edwards, J, A Narrative of Surprising Conversion, p. 30
[592] Edwards, J. A Narrative of Surprising Conversion. P. 30.

precisamente en diciembre de 1734… ¡bum!, el Espíritu Santo descendió con poder transformador que sazonó las palabras del joven predicador, y cientos de personas fueron convertidas y avivadas por el glorioso Espíritu del Señor. Era lo último que le faltaba ver a Edwards para confirmar su tesis experimental.

Alrededor de la misma fecha, por las inmediaciones del valle del río Raretan en Jersey, había algunas iglesias reformadas holandesas. Eran pocas y pequeñas, de unos veinte miembros cada una. La mayoría no tenían pastor. Pero por entonces había llegado a aquellas a esa zona un pastor de Holanda llamado Theodorus Jacobus Frelinghuysen,† que era de tradición pietista. Frelinghuysen predicaba en cuatro de esas pequeñas iglesias del valle. Les decía que recitar el credo, o pertenecer a la tradición reformada, etc., no los hacía cristianos; les anunciaba "el nuevo nacimiento"… "Ustedes deben nacer de nuevo", era su prédica.

## *Nueva Inglaterra y la preparación para el Gran Despertar*

Veamos algo del trasfondo inmediato que activó cierta efervescencia que en algún modo preparó el terreno al avivamiento. En una conferencia de historia sobre Nueva Inglaterra, Tom Nelson puntualiza algunas razones hacia la necesidad de la migración y/o que proveen el fondo que demandaba un avivamiento de la religión en Nueva Inglaterra. Nota que para cuando se conformaron las trece colonias originales en Nueva Inglaterra, se hablaban dieciocho idiomas europeos a través del río Hudson. Los europeos salían de los sistemas opresivos a tierra de libertad. Sus razones principales para salir eran:

1. El principal motivo era de índole económico (materialista). Los colonos buscaban principalmente "tierra".
2. Desde relativamente temprano después de la reforma, en Europa prevalecía la frialdad espiritual —una religión prácticamente muerta—. Los inmigrantes buscaban vitalidad espiritual, detrás de las libertades religiosas.
3. La tercera razón de fondo hacia la migración era "la muerte del sueño puritano", hacia finales del siglo XVII.

El mundo de entonces afrontó "el reto del deísmo". La "Ilustración" había ya abonado el suelo europeo, lo cual tan rápidamente como surgía se

---

† **Theodorus** (c. 1691 – 1747) tuvo un hijo al que también nombró Theodorus Jacobus Frelinghuysen (su madre fue Eva Terhune). Theodorus J. Frelinhuysen Jr. Estudió en la Universidad de Utrecht (Holanda) y fue ordenado ministro en octubre de 1745. Su primera asignación fue en la Iglesia Reformada Holandesa en Albany, New York.

trasladaba a América. Harvard, al comienzo de la era ilustrada, era como cualquier universidad de Inglaterra. Los jóvenes allí se autonombraban cual "Rousseau", "Voltaire", etc. Jonathan Edwards llegó a decir que había una "muerte no común de la religión".[593]

Desde finales del siglo XVII, según predicó Gilbert Tennent, en su sermón "El peligro de ministros no conversos", era una plaga en Nueva Inglaterra el mar de ministros apegados a los credos, pero no convertidos.

En la década de 1740 sucederá algo anormal en las colonias del medio (Jersey y Pennsylvania); un grupo llamado los reformados holandeses "Dodge Reformed" (entre los presbiterianos), especialmente con William Tennent; entre Massachusetts y Conneticut, Jonathan Edwards; y en las Carolinas, los bautistas.

Luego del ministro holandés Theodorus Frelinghuysen, aparece William Tennent, un ministro presbiteriano de Pennsylvania que también ministró en Jersey, el cual sigue el curso del avivamiento.

George Whitefield predicó su primer sermón a los 21 años, tras haber sido ordenado en la Crypt Church de su ciudad natal. Mientras estudiaba en Oxford formó parte del *Holy Club*, al que también pertenecían los Wesley. En ese período Whitefield parece haber tenido una genuina conversión, lo que lo volcó a vivir en una vida muy piadosa.

En 1738, Whitefield se embarcó como una especie de trabajador social a Savannah, Georgia, fundando el orfanato Bethesda. A la vez que predicó en una serie de avivamientos por aquel Estado. Al año siguiente regresó al Reino Unido, reiniciando sus actividades evangelísticas. Tuvo que predicar al aire libre[§] debido a la gran cantidad de personas que asistían a sus servicios; pero en especial porque las iglesias establecidas empezaron a rechazar su vehemente oratoria. Multitudes experimentaban la conversión. Esos convertidos comenzaron a trastornar el reino.

En ese mismo año, 1739, Whitefield y los Wesley presentaron un serio desacuerdo con la doctrina de la predestinación. John Wesley se declaró abiertamente arminiano predicando un sermón en contra de la predestinación. Whitefield siguió siendo un partidario del calvinismo. No

---

[593] Consulte; Nelson: https://youtu.be/xVhYHa-Cjcg.
[§] Fotografía cortesía de BITE PROJECT: https://biteproject.com/gran-despertar-origen-y-consecuencias/

obstante, debido a que Whitefield debía partir para Estados unidos, dejó a John Wesley como dirigente del movimiento en el Reino Unido. No obstante, el movimiento metodista se dividió en favor de los wesleyanos o arminianos o de los calvinistas. Las iglesias metodistas calvinistas fueron más populares en Gales y regiones aledañas.

Desde el Reino Unido, Whitefield realizaría siete tours evangelísticos a las colonias de Nueva Inglaterra, lo que le costó realizar trece travesías trasatlánticas en total. Entre sus muchos viajes realizó quince a Escocia, dos a Irlanda, uno a las Bermudas, uno a Gibraltar y uno a los países Bajos.

Whitefiel era "una persona de un carisma casi abrumador, Whitefield también intuyó algo sobre las circunstancias cambiantes de su época. El atractivo dramático de Whitefield para los individuos representó una adaptación cristiana del viejo evangelio al tipo de sociedad libre que se estaba desarrollando rápidamente en el comercio y las ideas. Fue al individuo (no como posicionado en una jerarquía tradicional, no encasillado por las limitaciones denominacionales, no como miembro de una congregación local) al que Whitefield hizo su llamado".[594]

Ese aspecto apasionó a Benjamín Franklin, el cual se convirtió en un admirador, publicador y benefactor de tal distinguido predicador. Su forma novedosa y su clara, apasionada, poderosa y directa predicación encantó a Franklin. El inventor y empresario contribuyó a dar a conocer y hacer famoso a Whitefield gracias a su periódico de amplia difusión; sumado a los movimientos y la cantidad astronómica de sermones que predicó Whitefield en un período relativamente corto de tiempo. El joven predicador inglés llegó a predicar a multitudes de 30.000 congregados (algunos estiman multitudes de hasta 80.000). Se estima que Whitefield predicó unos 18.000 sermones formales, y quizás otra cantidad semejante de sermones informales; y que unos 10 millones de personas lo oyeron predicar en vivo. En Bristol fueron sus reuniones más famosas en suelo inglés, llegando a reunir hasta 20.000 trabajadores de la minería, logrando miles de conversiones.

Whitefield fue el primero en predicar al aire libre con tal éxito tanto en suelo inglés como en suelo americano. Y casi sin duda alguna fue el predicador más famoso en el mundo angloparlante en el siglo XVIII.

---

[594] BITE: https://biteproject.com/gran-despertar-origen-y-consecuencias/

## *¿Qué fue entonces el Gran Despertar?*

Se denomina Gran Despertar al avivamiento espiritual ocurrido en Nueva Inglaterra a partir del otoño de 1740, detonado originalmente por la predicación de George Whitefield. En tal ocasión, Whitefield estuvo por 45 días en Nueva Inglaterra, con una cargada agenda itinerante, predicaría en templos, lugares públicos, casas, etc. En esos 45 días predicaría 175 sermones. Lo cierto es que Whitefield dejó en llamas de avivamiento una parte importante de Nueva Inglaterra, incluyendo Northampton, donde Edwards pastoreaba; pues allí predicó Whitefield por invitación de Edwards.

El despertar entre 1734 y 1736 que había sucedido particularmente en Northampton, había sido registrado por Edwards en su "Una narrativa fiel". Tal tratado dio a conocer a Edwards en toda Nueva Inglaterra y en todo el Reino Unido, incluyendo de seguro a Whitefield entre sus lectores.

Ahora, al cesar el *Gran avivamiento*, Edwards también publicó una narrativa de los sucesos especialmente en Northampton que tituló: "Un relato del avivamiento de la religión en Northampton 1740-1742", que corresponde, igual que "Una narrativa fiel", a una carta tipo reporte que Edwards le escribió a un ministro amigo en Boston.

Durante el avivamiento, en 1741, Edwards fue citado por Yale (su *Alma Mater*) a disertar sobre el asunto del cual él era visto como cabeza. Aquello estaba causando roncha controversia que acabarían en una inminente división de los congregacionalistas en dos partidos, a saber: los 'Nuevas luces' (los de acuerdo con el avivamiento), y los Vieja Luz (que no aprobaban el avivamiento). Los de la Vieja Luz serían atisbados y dirigidos por el Dr. Charles Chauncy de la 1ra. Iglesia de Cristo de Boston. En aquella ocasión entonces, Edwards dictó su conferencia titulada: "Las 5 señales de un avivamiento", basada en 1 Juan 4:1-6; donde identificó: "Cinco marcas por las cuales puede ser reconocido un auténtico trabajo del Espíritu", a saber:

1. Se produce una elevada estima del pueblo por Jesús el Hijo de Dios y Salvador del mundo.
2. Conduce al pueblo a volverse de sus corrupciones y pecados a la justicia de Dios.
3. Eleva el interés del pueblo por las Sagradas Escrituras.
4. Fija sus mentes en las verdades objetivas de la religión verdadera.
5. Eleva amor genuino por Dios y por los hombres.

Las cinco marcas, creyó Edwards, deben estar presentes en un verdadero avivamiento. Esta conferencia, por cierto, fue publicada un mes después, aquel mismo año (en noviembre), bajo el título: *"The Distinguish Marks of a Work of the True Spirit"* (Las marcas distintivas de una obra del Espíritu de verdad).

Edwards no solo dictó esta conferencia, creyó firmemente que los cinco elementos deben aparecer juntos si nos encontrásemos en presencia de un verdadero avivamiento espiritual. En nuestro próximo volumen sobre "la teología de Jonathan Edwards", analizaremos más de cerca este documento, a la par con otros escritos relacionados de Edwards. Como habrás podido notar, tales luchas y defensas estaban aconteciendo en el preciso momento del conocido Gran Despertar.

Por cierto, motivado por dicho tratado surgiría (cinco años más tarde) el libro más sobresaliente de Edwards de todos los tiempos, "Los afectos religiosos". Ambos tratados comprenden en gran medida la teología de Edwards sobre el avivamiento (la esencia de la denominada Nueva Teología).

En el prefacio de tal publicación —"Marcas distintivas"—, realizado por William Cooper (un renombrado pastor de Boston por entonces), se explica casi todo el movimiento *revivalista*, e incluso se mencionan los niveles de la arremetida opositora en honor al *statu quo*. Luego que Cooper en su prólogo hace un breve recorrido histórico por los movimientos poderosos de Dios en la historia de la revelación, escribió:

> "Y ahora, 'He aquí que el Señor en quien hemos pensado ha, súbitamente, venido a su templo'. La dispensación de gracia en la que ahora estamos inmersos, es ciertamente tal que ni nosotros ni nuestros padres han visto; y en ciertas circunstancias muy maravillosas, que creo que no ha sucedido nada igual desde el derramamiento del Espíritu Santo inmediatamente luego de la ascensión del Señor".[595]

Cooper también hizo notar en su prefacio que a pesar de que el gobierno por mucho tiempo había establecido un 'día nacional de ayuno y oración', a parte de las constantes programaciones de ayuno y oración de las iglesias, aun así, dijo, no había habido una época como aquella (del Gran Despertar).[596]

Cooper pudo también discernir que en el último siglo que había precedido en la historia de Nueva Inglaterra, no obstante, Dios le había dado a aquel país un grupo de hombres "cuya doctrina era la

---

[595] Jonathan Edwards on Revival. P. 77.
[596] Ver: Jonathan Edwards on Revival, p. 77.

reformada y que estaban bajo la influencia del poder de la piedad muy evidentemente".[597] Y resalta:

> "Los señalamientos en sus predicaciones son principalmente esas de gran importancia cual la culpabilidad del hombre, la corrupción y su importancia; la regeneración sobrenatural del Espíritu de Dios, y la justificación gratuita por la fe en la justicia de Cristo; y las señales del nuevo nacimiento.
> La forma de su predicación no es con el distintivo de la sabiduría humana; aunque hablan sabiduría entre los perfectos. Sino que Dios los ha hecho espíritus activos, una llama de fuego en su servicio; y su Palabra en la boca de ellos ha sido 'como un fuego y como un martillo que rompe las rocas en pedazos".[598]

Cooper sigue disertando de la inmensa cantidad de toda clase de "grandes pecadores que estaban siendo súbita y evidentemente transformados en santos", incluso en medio de expresiones físicas de lloros, gritos, temblores... y eso estaba sucediendo con gente de toda clase social (gobernantes, profesores, gente ruda, borrachos, niños, etc.). "Eran sacudidos y transformados", dice.

Ese impacto del Espíritu fue tan motivador que la vigorosidad en la enseñanza dejó de ser frívola y las reuniones en las iglesias se intensificaron hasta varias por día, tanto en el Sabbat (domingo), como los jueves y viernes por la tarde (cayendo la noche).

Cooper también es objetivo, sacando a relucir que a pesar de las tantas y claras evidencias, muchos permanecían escépticos, o críticos y hasta hostiles en arremetidas contra el claro mover de Dios.

Cooper entonces recomienda el trabajo de Edwards del siguiente modo:

> "Es con gran satisfacción y placer que puedo recomendarles las siguientes páginas, en las que encontrarán las 'marcas distintivas' de tal operación, tal cual se encuentran en la Sagrada Escritura, aplicada a la operación poco común que ha acontecido en medio de muchos estos días".[599]

Sobre Edwards, Cooper escribió lo siguiente:

> "El reverendo y autor es conocido por ser 'un escriba docto en el reino de los cielos'... El lugar donde él ha sido llamado a ejecutar su ministerio, ha sido famoso por *experimentar la religión*; y él ha tenido oportunidad de

---

[597] Jonathan Edwards on Revival, p. 78.
[598] *Ibidem*, p. 79.
[599] *Ibidem*, p. 80.

observar esta operación en muchos lugares más donde ha acontecido, y conversado con muchos que han sido objeto de esto. Estas cosas lo cualifican por ser entendido sobre la mayoría. Sus argumentos sobre el asunto son altamente extraídos de las Sagradas Escrituras, la razón y la experiencia".[600] (Boston. Nov. 20, 1741).

En esencia, veremos los mismos sucesos en el Gran Despertar que en aquel despertar que hubo en Northampton entre 1734 y 1736; e incluso que lo que vivió Edwards en su niñez en Windsor del Este, según lo que nos ha llegado. La diferencia será a razón de volumen, más que de hechos.

Podemos notar entonces que cuando el Espíritu sobreabunda en gracia, en eso que solemos llamar avivamientos espirituales, como leemos en varios lugares en el libro de los Hechos y en Northampton en los días de Edwards, y, de seguro en Londres en los días de Spurgeon; entonces, es muy sencillo entender el grado de gozo, amor y desprendimiento que suele caracterizar a las personas en tales circunstancias. No es necesario, en tal atmósfera o aureola de gracia, convocar a los creyentes ni motivarlos a la congregación, a la evangelización, a realizar los cultos familiares ni a la oración pública y privada; sobran las ocasiones.

Por el contrario, en tales circunstancias especiales, a la gente mejor hay que alentarla a cumplir con sus deberes cotidianos regulares como el trabajo, los estudios, cumplir con los deberes maritales, etc., porque tenderán a descuidarlos. No son situaciones normativas y cotidianas, son influjos extraordinarios de la gracia salvadora divina. Ojalá siempre y en todo lugar los tuviéramos, pero vemos que por lo menos a ese grado o nivel de gracia es relativamente escaso que el Espíritu se manifieste; y por lo general, regional.

De ahí que, considerando la indiscutible gloria y el grado del avivamiento del puritanismo en la Nueva Inglaterra de Edwards, Martin Lloyd-Jones se atreve a decir:

"Me aventuro a aseverar que en Edwards llegamos al zenit o al ápice del puritanismo, pues en él tenemos lo que vemos en todos los demás, pero, en adición, este espíritu, esta vida, esta vitalidad adicional. No es que en los demás haya una completa falta de eso, pero es una característica tan sobresaliente que afirmo que **el puritanismo llegó a su más completo florecimiento**, en la vida y ministerio de Jonathan Edwards".[601]

---

[600] *Ibidem*, p. 84.
[601] Lloyd-Jones. Los Puritanos.

Y brindando su opinión en este sentido, dijo:

> "Mi opinión es que el elemento del Espíritu Santo es más prominente en Edwards que en cualquier otro puritano... Edwards creía en una directa e inmediata influencia del Espíritu, y en una conversión súbita y dramática".[602]

En lo que hemos visto hasta este punto, no queda duda de que "un avivamiento" es un fenómeno social provocado por una efusión extraordinaria del Espíritu Santo, y que sus resultados son literalmente "la conversión de los pecadores en santos" de forma masiva en un período determinado de tiempo, en una región señalada y una demarcada demografía. Al mismo tiempo nos vemos impelidos a señalar que parece que la pérdida de la pasión por Dios (frialdad de la religión), las depravaciones humanas, el orgullo y las infidelidades de la cristiandad, literalmente retienen un posible avivamiento divino.

Si fuéramos a definir lo que significa un avivamiento en términos sencillos, deberíamos decirlo del siguiente modo: 'un avivamiento espiritual es una operación divina en la que el Espíritu Santo dirige a sus siervos para predicar de tal manera el evangelio de Cristo, que masivamente los hombres de una región delimitada se convierten de sus muchos pecados, dejando de vivir impíamente, y volviéndose a la práctica piadosa de la verdadera religión'.

Eso es exactamente lo que Edwards describió en "Una narrativa fiel de la sorprendente obra de Dios en la conversión de varios cientos de almas en Northampton" y en su "Relato del avivamiento en Northampton"; cuya verdad teológica y necesidad discutió Edwards en sus trabajos "Las marcas distintivas de una obra del Espíritu Santo de Dios", y "Tratado sobre los afectos religiosos"; a la vez que mostrará el gozo, el placer, la dulzura y la gracia de 'la experiencia de conversión', la cual antecede a toda expresión de un alma avivada, en su "Narrativa personal". Y creo que también da fe de su genuina pasión por 'la práctica de la verdadera religión' en sus "70 Resoluciones", las que fueron escritas justamente en el período que le aconteció su conversión, según testifica en "Narrativa personal".

Por cierto, nuestro objetivo al describir bien estas cosas aquí es que nunca se nos ocurra pensar, bajo ninguna consideración, que Jonathan Edwards o George Whitefield son los responsables de tales avivamientos de la religión. Pues los avivamientos son enteramente provocados por la

---

[602] *Ibidem.*

divinidad sola. Además de que, aunque Edwards claramente es el principal líder del despertar de los años 1734 al 1736, y del Gran Despertar de los años 1740 al 1742, a lo menos en Northampton; no obstante, él no fue el único responsable, humanamente hablando, de aquellas efusiones del Espíritu Santo en aquellos días.

Lo que sí observamos es que indefectiblemente la operación de Dios, Él primero capacita a uno o un grupo de ministros suyos (cual describió Cooper en su prefacio a las "Marcas Distintivas"), los santifica y los capacita antes que a la comunidad en la que ministran, para que sea el o los instrumentos de la gracia de Dios que lidera(n) tal efusión espiritual que trastorna y transforma a los hombres en instrumentos piadosos y de justicia de esa manera tan especial que hemos descrito, para la sola gloria de Dios.

En este orden, podemos establecer que sin un Ezequías no hubiera habido un poderoso avivamiento en Judea en sus días. Sin los apóstoles, tampoco hubiera habido un glorioso avivamiento en aquellos días. Y, sin duda alguna, sin un Edwards no hubiera habido aquel despertar en Northampton en los años 1734 a 1736; y sin un Spurgeon no hubiera habido un glorioso despertar en New Park Street Church (luego Tabernáculo Metropolitano) en los días de tal príncipe. Sin un John Hamilton Moore no hubiera acontecido "el avivamiento de 1859 en Estados Unidos,[603] (mayormente entre los presbiterianos irlandeses -Ulster- PCI) que luego se extendió a Irlanda del Norte, y a ciertos lugares del Reino Unido".[604] Y sin un Evan Robert, tampoco hubiese habido un glorioso despertar en Gales entre 1904-05. ¿Te estará preparando Dios a ti —al leer este tratado— para traer un despertar en tu vida, tu congregación, tu entorno y tu familia en estos días?

Claro está, la publicación de Watts y Guyse, como es de esperarse, hizo que la influencia de Edwards se extendiera por toda América e Inglaterra, y el próximo despertar trascendiera las fronteras de Northampton. Pues Dios además que capacita, utiliza a sus siervos para que utilicen los debidos y necesarios instrumentos que activarán la causa de Dios.

Por sobre las narrativas (que son irrefutables pruebas de lo que Edwards estaba procurando imprimir en su generación, a saber, la necesidad y obligatoriedad de 'la experiencia de conversión', según creía, que bien

---

[603] Ritchie: https://www.cambridge.org/core/journals/irish-historical-studies/article/1859-revival-and-its-enemies-opposition-to-religious-revivalism-within-ulster-presbyterianism/CE32152A3071C1241531D6F6994ACA0D

[604] Lloyd-Jones. Avivamiento. P. 18.

había también plasmado en su propia "Narrativa personal"), Edwards dio a luz (en 1746) su indiscutible *opus magna*, a consideración de casi todos sus biógrafos y críticos, su tratado sobre "Los afectos religiosos". Esta magistral obra, que tiene detrás veinte años de ministerio y ejercicio pastoral, más de tres décadas de investigación constante, abundante e innegociable, las "Resoluciones", su propia 'experiencia de conversión', y sus narrativas 'de los varios avivamientos en su congregación y en toda Nueva Inglaterra (incluyendo a su esposa), entre otros tantos *inputs*', sin duda, viene a cerrar con broche de oro su afán constante detrás de que los creyentes experimentaran la belleza de las excelencias de Dios en sus vidas, como evidencia de una conversión verdadera y un testimonio verdadero de la religión verdadera.

"Los afectos religiosos", explican la operación espiritual de Dios en el corazón del regenerado, en virtud de lo cual se engendran las señales irrefutables que distinguen el cristianismo verdadero, de las cuales el amor y el gozo son las principales. En este tratado, Edwards desarrolla catorce señales distintivas de los verdaderos afectos o emociones del corazón de una persona espiritual; a la vez que refuta otras doce señales de afectos y experiencias no válidas o engañosas que son meramente fruto de nuestra realidad natural humana, si bien pueden ser confundidas con experiencias espirituales.

Con este tratado, Edwards rebate las supuestas razones de los ministros de las Viejas Luces o anti-revivalistas, quienes solían refutar la verdadera experiencia del alma en la conversión con un racionalismo del tipo escolástico. La procura de los anti-revivalistas, claramente anti-edwardsianos, era que los "supuestos avivamientos", según se expresaban ellos, tenían muchas señales sospechosas que tendían a lo emocional, contrario a lo racional. Algunas de esas señales, decían, eran del tipo de las que se veían entre los cuáqueros, e incluso entre los espiritistas, lo cual, según ellos, era evidencia de que eran señales anti-racionales, y, por tanto, falsas.

De hecho, el Rev. Charles Chauncy, pastor de la 1ra Iglesia de Boston por entonces, y nieto del segundo presidente de Harvard, tan solo tres años antes de que Edwards sacara a la luz su "Afectos religiosos", había publicado *Thoughts on the State of Religion in Nueva Inglaterra* (Pensamientos sobre el estado de la religión en Nueva Inglaterra), pub. en 1743; justamente en procura de mostrar la falacia de los reclamos de los revivalistas. Chauncy, era un líder de influencia en Nueva Inglaterra. Y fue uno de los críticos más severos del movimiento revivalista, bajo alegato de que empleaban métodos de manipulación para provocar el avivamiento.

Chauncy no rechazaba todas las emociones, pero decía, que "así como la fuerza es al cuerpo, lo es el razonamiento a la mente", y que por tanto "la razón debe tener superioridad sobre las emociones".[605]

Cuando Whitefield estuvo en Nueva Inglaterra, en la ocasión en que se detonó el gran avivamiento (1740), este fue recibido y aclamado por unanimidad por los ministros de Massachusetts —incluyendo los alumnos de Harvard—, tanto como por los ministros de otras partes de Nueva Inglaterra. La única reticencia la representó Charles Chauncy.[606] Cuando Whitefield predicó en Northampton, el mismo Edwards amonestó a Whitefield por enfatizar demasiado las respuestas emocionales de sus escuchas.[607] Es luego de este libro, ampliamente difundida para entonces, que Edwards sale en defensa de las procuras de los 'Nuevas luces', movimiento del cual el propio Edwards tenía el liderazgo con este irrefutable tratado.

Precisamente la tercera parte de "Marcas distintivas" es utilizada por Edwards para explicar y/o refutar las diversas objeciones.

## Algunas diferencias sustanciales entre el avivamiento de 1734-36 y el Gran Despertar en Northampton

En la última parte de "Marcas distintivas", Edwards refiere algunas importantes diferencias entre los avivamientos que habían ocurrido en Northampton. Aquí a continuación las pongo en su conocimiento:

> La providencia me puso en un lugar donde este obrar de Dios había tenido lugar anteriormente. Tuve el gozo de establecerme en ese lugar por dos años con el venerable Stoddard; entonces conocí a muchos que, durante aquel tiempo, experimentaron ese obrar de Dios bajo su ministerio. Conocí muy de cerca también las experiencias de muchos otros que fueron alcanzados bajo su ministerio antes de ese período, de acuerdo con la doctrina ortodoxa.
> Y últimamente un obrar de Dios ha tenido lugar allí, con muchas operaciones poco comunes; pero es, evidentemente, el mismo obrar que ha habido allí en diferentes periodos, pero ahora de manera nueva y diferente. Y ciertamente, tendríamos que abandonar el tema de la conversión y de la experiencia cristiana; y no solo eso, sino que tendríamos que tirar nuestras Biblias y renunciar a la religión revelada, si aquella no es en general una obra de Dios. No es que yo suponga que el grado de

---

[605] Consultar: Von Rohr, pp. 189, 190.
[606] Von Rohr. P. 184.
[607] Von Rohr. P. 184.

influencia del Espíritu sea determinado por el grado de su efecto sobre el cuerpo de los hombres, o que las experiencias de mayor influencia corporal sean siempre las mejores experiencias.

Y en cuanto a las imprudencias, irregularidades, y una mezcla de engaño que han sido observadas; cuando el avivamiento es nuevo, no es de sorprenderse en absoluto que un despertar después de una larga, continuada y casi universal inercia, tenga al principio que ser acompañado de estas cosas. En el principio de la creación, Dios no hizo un mundo completo de una vez; sino que había una gran cantidad de imperfección, oscuridad, y mezcla de caos y confusión; después dijo Dios, "Sea la luz", antes de que todo quede en perfecta forma.

Cuando Dios comenzó su gran obra de liberación de su pueblo, después de su larga y continua esclavitud en Egipto, hubo falsos milagros mezclados con la verdad por un tiempo; lo cual endureció a los incrédulos egipcios, y los hizo dudar de lo divino de toda la obra. Cuando los hijos de Israel fueron por vez primera a traer el arca de Dios, después de que esta había sido descuidada, y estado por largo tiempo ausente, ellos no buscaron al Señor según la debida ordenanza.

En el tiempo en que los hijos de Dios vinieron a presentarse ante el Señor, Satanás vino también entre ellos. Y los barcos de Salomón, cuando trajeron oro, plata y perlas, también trajeron monos y pavos reales.

Cuando la luz del día recién aparece después de una noche de oscuridad, es de esperar que tengamos oscuridad mezclada con luz por un tiempo, y no tener perfecto el día, ni la salida del sol al momento.

Los frutos de la tierra son primero verdes antes de madurar, y vienen gradualmente a su adecuada maduración; y así nos dice Cristo cómo es el reino de Dios (Marcos 4:26-28): "Jesús decía también: El reino de Dios es como un hombre que echa semilla en la tierra, y se acuesta de noche y se levanta de día, y la semilla brota y crece; cómo, él no lo sabe. La tierra produce fruto por sí misma; primero la hoja, luego la espiga, y después el grano maduro en la espiga".

Las imprudencias y errores que han acompañado esta obra no han de sorprendernos en lo mínimo, si se considera que principalmente personas jóvenes los han cometido; y que ellos tienen menor estabilidad y experiencia, y que estando en el calor de la juventud son mucho más propensos a caer en extremos. Satanás mantendrá a los hombres atados tanto como pueda, pero cuando no pueda hacerlo más, a menudo se esfuerza en llevarlos a extremos, y así deshonrar a Dios y dañar el testimonio de esa forma. Y, sin duda, esta ha sido ocasión para mucha conducta inapropiada, tanto que en muchos lugares la gente, al ver claramente que sus pastores tienen una pobre opinión de este obrar de Dios, con justa razón no se atreve a dirigirse a ellos como sus guías en este asunto; de tal modo que se encuentra sin guías.

No sorprende, entonces, que cuando un pueblo está como ovejas sin pastor, estas se extravían del camino. Un pueblo en tales circunstancias está en gran y continua necesidad de guías, y sus guías están en continua necesidad de mucha más sabiduría de la que tienen. Y si una iglesia tiene pastores que favorecen la obra, y se regocijan en ella, aun así, no debe esperarse que el pueblo o los pastores sepan muy bien cómo conducirse en tan extraordinaria situación, mientras esta sea algo nuevo, y de la cual nunca antes se ha tenido experiencia, ni tiempo para ver su naturaleza, consecuencias y resultado.

La feliz influencia de esta experiencia es muy manifiesta hasta estos días en el pueblo entre el cual Dios ha establecido mi residencia. La obra que ha tenido lugar allí este año ha sido mucho más pura que la que fue operada allí seis años antes; me ha parecido más puramente espiritual; libre de mezclas naturales y corruptas, y de cualquier cosa con sabor a fanatismo desenfrenado y extravagante. Ha sido operada mayormente a través de una profunda humillación ante Dios y los hombres; y ha estado mucho más libre de imprudencias e irregularidades.

Y particularmente, ha habido una notable diferencia en este aspecto, pues muchos, en ocasiones anteriores, sintiendo tanta bendición y gozo, se olvidaban de toda reverencia a Dios y hablaban con demasiada ligereza de las cosas de Dios y de sus propias experiencias; pero ahora, ellos no parecen tener esa actitud, sino que se regocijan con un gozo más solemne, reverente y humilde, tal como Dios guía (Salmo 2:11).[608]

Edwards fue partícipe de tales avivamientos, como quizás ya hayas notado. Y no porque el gozo, en esta ocasión no sea grande, pues en muchos casos fue mucho más grande. Muchos, de entre los que fuimos objeto de la obra en esa ocasión anterior, hemos tenido ahora más cercana comunión con el cielo de lo que tuvimos entonces. El regocijo de la gente se manifiesta de otra manera; los humilla, quebranta su corazón, y los lleva al polvo.

Cuando hablan de su gozo, no lo hacen con risas sino con un derramamiento de lágrimas. Así que, aquellos que rieron antes, lloran ahora, y sin embargo, por el testimonio de todos, su gozo es mucho más puro y dulce que el que antes elevaba sus espíritus carnales. Ahora son más como Jacob, cuando Dios se le apareció en Betel, que vio la escalera que llegaba al cielo y dijo "¡Cuán terrible es este lugar!". Y como Moisés, cuando Dios le mostró su gloria en el monte, que apresuradamente se "postró en tierra".

Acudamos de nuevo a la pluma de Edwards narrando lo que fue el Gran Despertar en su "Relato del Avivamiento", el cual, según se podrá notar, no refiere tanto los detalles como en "Una narrativa fiel". Además de transcribir íntegramente, claro, una traducción, el relato que produjo Edwards del Gran Despertar en Northampton, analizaremos, también acudiendo a la pluma de Edwards, sus análisis posteriores, en 1743, 1745 y 1750, según narró en sus cartas a algunos amigos, especialmente a un amigo en Escocia.

---

[608] Edwards, J. Las marcas distintivas.

## UN RELATO DEL AVIVAMIENTO EN NORTHAMPTON
## ENTRE 1740 – 1742[609]
### Northampton, MA, 12 de diciembre de 1743

Rev. y querido señor:

Desde la gran obra de Dios que se llevó a cabo aquí hace unos nueve años, ha habido una gran y duradera trasformación en esta ciudad en muchos aspectos. Ha habido mucha más fe en la ciudad, entre todo tipo de personas, en ejercicios religiosos y en una conversación común; ha habido una gran trasformación entre los jóvenes de la ciudad, con respecto a la juerga, el juego, la conversación profana y licenciosa, y las canciones lascivas; y también ha habido una gran trasformación, tanto entre los viejos como los jóvenes, con respecto a la obsesión de la borrachera.

Supongo que la ciudad nunca había sido, en ninguna medida, tan libre de vicio en estos aspectos, durante tanto tiempo en sesenta años, como lo ha sido estos últimos nueve años que pasaron. También ha habido una trasformación evidente con respecto a un espíritu de caridad hacia los pobres; aunque creo que con respecto a esto, nosotros en esta ciudad, así como en la tierra en general, estamos muy lejos de las reglas del Evangelio.

Y aunque después de ese gran trabajo de hace nueve años, ha habido una decadencia muy lamentable de los afectos religiosos y la participación del espíritu popular en la fe; sin embargo, muchas reuniones de oración y de culto social se mantuvieron en todo momento, y hubo algunos pocos casos de despertar y profunda preocupación por las cosas de otro mundo, incluso en el tiempo más muerto.

En el año 1740, en la primavera anterior a la llegada del Sr. Whitefield a esta ciudad, hubo una trasformación visible: hubo más seriedad y conversación religiosa, especialmente entre los jóvenes; aquellas cosas que eran de mala tendencia entre ellos fueron perdonadas; y era muy frecuente que las personas consultaran a su pastor sobre la salvación de sus almas; y en algunas personas particulares apareció una gran atención sobre ese momento.

Y así continuó hasta que el Sr. Whitefield llegó a la ciudad, que fue a mediados de octubre siguiente: predicó aquí cuatro sermones en la casa de reuniones (además de una conferencia privada en mi casa), uno el viernes, otro el sábado y dos en el día de reposo. La congregación fue extraordinariamente derretida por cada

[609] Como se comunicó en una carta al reverendo Thomas Prince de Boston, MA. Evidentemente destinada a la publicación, esta carta se tituló "El estado de la religión en la ciudad de Northampton" del condado de Hampshire, a unas 100 millas al oeste de Boston. Fue publicada en *The Christian History* I (14, 21, 28 de enero de 1743) y también en *Dwight's, Life of President Edwards*. (Tomado y revisado de: https://cristianoreformado7.wordpress.com/2018/02/13/jonathan-edwards-avivamiento-en-northampton-1740-1742/).

sermón; casi toda la asamblea estuvo llorando durante gran parte del tiempo del sermón. Los sermones del Sr. Whitefield fueron adecuados a las circunstancias de la ciudad; conteniendo una justa reprensión de nuestras reincidencias, y de la manera más conmovedora y afectuosa que nos hace de nuestras grandes profesiones y grandes misericordias, como argumentos con nosotros para regresar a Dios de quien nos habíamos alejado.

Inmediatamente después, las mentes de la gente en general parecían más comprometidas con la fe mostrando una mayor valentía para hacer de la religión el tema de su conversación, y para reunirse frecuentemente con propósitos religiosos, y para aprovechar todas las oportunidades para escuchar la palabra predicada.

El avivamiento al principio apareció principalmente entre los profesantes de fe y aquellos que habían albergado esperanzas de estar en un estado de salvación, a quienes el señor Whitefield se dirigió principalmente; pero en muy poco tiempo apareció un despertar y una profunda preocupación entre algunos jóvenes, que se veían a sí mismos en un estado sin Cristo; y hubo algunas apariciones esperanzadoras de conversión, y algunos profesores fueron muy revividos.

En aproximadamente un mes o seis semanas, hubo una gran atención en la ciudad, tanto en cuanto a la reactivación de los profesores y el despertar de los demás. A mediados de diciembre apareció una obra considerable de Dios entre los que eran muy jóvenes; y el resurgimiento de la religión siguió aumentando, de modo que en la primavera se hizo muy generalizada la participación de las almas sobre las cosas de la religión entre los jóvenes y los niños, y los temas religiosos retomaron casi por completo su conversación cuando estaban juntos. Tanto en cuanto a la reactivación de los profesores y el despertar de los demás.

En el mes de mayo de 1741, un sermón fue predicado a un grupo, en una casa de familia. Cerca de la conclusión del discurso, una o dos personas, que eran profesantes, se vieron tan afectadas con un sentido de la grandeza y gloria de las cosas divinas, y la importancia infinita de las cosas de la eternidad, que no fueron capaces de ocultarlo, el afecto de sus mentes superando su fuerza y teniendo un efecto muy visible en sus cuerpos. Cuando terminaron los ejercicios, los jóvenes que estaban presentes se trasladaron a la otra sala para la conferencia; y particularmente para tener la oportunidad de preguntar a aquellos que se vieron afectados qué aprensiones tenían, y qué cosas eran, que de ese modo impresionaron profundamente sus mentes; y pronto apareció un gran efecto de su conversación; el afecto se propagó rápidamente por toda la habitación; muchos de los jóvenes y niños que eran profesantes de fe parecían estar dominados por el sentido de la grandeza y la gloria de las cosas divinas, y con admiración, amor, alegría y alabanza, y compasión por los demás que se consideraban a sí mismos como en un estado de naturaleza; y muchos otros al mismo tiempo fueron abrumados por la angustia acerca de su estado y condición pecaminosa **y miserable; de modo que toda la sala estaba llena de nada más que gritos, desmayos y cosas por el estilo.**

Otros pronto oyeron hablar de ello en varias partes de la ciudad, y se acercaron; y lo que vieron y oyeron les afectó mucho, de modo que muchos de ellos fueron vencidos de la misma manera, y así continuó por algunas horas; el tiempo dedicado a orar, cantar, aconsejar y conferir.

Pareció haber un efecto feliz consecuente de esa reunión a varias personas particulares, y sobre el estado de la religión en la ciudad en general. Después de esto hubo reuniones de vez en cuando, asistieron con apariencias similares. Pero un poco después de eso, al concluir los ejercicios públicos el Sabbat, nombré a los adolescentes que tenían menos de diecisiete años, para que fueran de la casa de reuniones a una casa vecina, para que allí pudiera hacer cumplir aún más lo que escuchaban en público, y podría dar algunos consejos apropiados para su edad. Los niños estaban allí y muy generalmente se vieron afectados con las advertencias y consejos que se les daban, y muchos fueron tocados enormemente y la habitación se llenó de gritos; y cuando fueron despedidos, casi todos se fueron a casa llorando en voz alta por las calles, a todas partes de la ciudad.

Apariencias similares asistieron a varias de esas reuniones de niños que fueron nombrados. Pero sus afectos parecían ser de una naturaleza muy diferente: en muchos, parecían ciertamente afecciones infantiles, y en uno o dos días los abandonarían como antes; otros estaban profundamente impresionados; sus convicciones se apoderaron de ellos rápidamente, y permanecieron en ellos; y hubo algunos que, de una reunión a otra, parecieron extraordinariamente afectados durante algún tiempo, aunque con un pequeño propósito, sus afectos desaparecieron de vez en cuando; pero aun así fueron incautados con convicciones permanentes, y sus afectos se hicieron duraderos.

Hacia la mitad del verano, llamé a los jóvenes comulgantes, desde los dieciséis hasta los veintiséis años, a mi casa; que demostró ser una reunión muy alegre: muchos parecían estar muy, muy agradablemente afectados con esos puntos de vista, que excitaban la humildad, la auto condenación, el aborrecimiento, el amor y la alegría: muchos se desmayaron bajo estos afectos. Tuvimos varias reuniones de jóvenes ese verano, asistieron con apariencias similares. Fue en ese momento cuando comenzaron a llorar en la sala de reuniones; que varias veces ocasionó que muchos de los feligreses se quedaran en la casa después de que terminaran las reuniones públicas, para charlar con aquellos que parecían estar dominados por convicciones y afectos religiosos, que se encontró que tienden a propagar sus impresiones, con un efecto sobre muchos; la reunión en estos tiempos comúnmente se une con la oración y el canto. En el verano y el otoño, los niños en varias partes de la ciudad tenían reuniones religiosas de oración, a veces con ayuno; en donde muchos de ellos parecían estar grande y adecuadamente afectados, y espero que algunos de ellos se desenvuelvan de manera salvadora.

Los meses de agosto y septiembre fueron los más notables de este año en cuanto a las apariciones de la convicción y la condena de los pecadores, y las grandes revivificaciones, avivamientos y comodidades de los profesores, y por los extraordinarios efectos externos de estas cosas. **Era una cosa muy frecuente ver una casa llena de gritos, desmayos, convulsiones y cosas así, tanto con angustia como con admiración y alegría.** No era la manera aquí de celebrar reuniones toda la noche, como en algunos lugares, ni era común continuar hasta muy tarde en la noche; pero era bastante frecuente, que había algunos que estaban tan afectados, y sus cuerpos tan vencidos, que no podían ir a casa, sino que estaban obligados a quedarse toda la noche donde estaban. No había diferencia que yo sepa aquí, con respecto a estos efectos extraordinarios, en las reuniones de la noche y durante el día, las reuniones en las que estos efectos aparecían por la noche eran comúnmente comenzados, y sus efectos extraordinarios, en el día, y continuaban en la noche; y algunas reuniones han sido muy notables por efectos tan extraordinarios que comenzaron y terminaron durante el día.

Hubo una aparición de un progreso glorioso de la obra de Dios sobre los corazones de los pecadores, en la convicción y la conversión, este verano y otoño, y un gran número, creo que tenemos razones para esperar, fueron llevados salvadoramente a casa de Cristo. Pero esto fue notable: la obra de Dios en sus influencias de esta naturaleza, parecía pertenecer casi por completo a una nueva generación, la que no disfrutó de esa maravillosa estación, hace nueve años; o sea aquellos que eran entonces niños: otros que habían disfrutado de esa gloriosa oportunidad anterior, sin ningún tipo de beneficio de ahorro, parecían ser casi totalmente ignorados. Pero ahora tuvimos el trabajo más maravilloso entre los niños que alguna vez hubo en Northampton. El antiguo derramamiento del Espíritu fue notable por las influencias en las mentes de los niños, más allá de todo lo que había sido antes; pero este excedió mucho a aquel. De hecho, en cuanto a las influencias en las mentes de los profesantes, este trabajo no estaba de ninguna manera limitado a una nueva generación. Muchas personas de todas las edades lo tomaron; pero, a este respecto, era más general en los que eran de los más jóvenes. Muchos de los que habían sido forjados anteriormente, y en el tiempo de nuestra declinación, habían caído en decadencia, y habían dejado en gran medida a Dios, y se habían ido después de que el mundo pasara ahora por una obra nueva del Espíritu de Dios, como si hubieran sido los sujetos de una segunda conversión.

Primero los condujeron al desierto y tuvieron una obra de convicción; tener convicciones mucho más profundas de los pecados de la naturaleza y la práctica que nunca antes; aunque con algunas circunstancias nuevas, y algo nuevo en el tipo de convicción en algunos con gran angustia más allá de lo que habían sentido antes de su primera conversión. Bajo estas convicciones, estaban ansiosos de luchar por la salvación, y el reino de los cielos sufrió la violencia de algunos de ellos de una manera mucho más notable que antes; y después de grandes convicciones y actos humildes, y de angustiarse con Dios, les habían revelado a Cristo de nuevo como un Salvador suficiente, y en las glorias de su gracia, y de una manera mucho más clara que antes; y con mayor humildad, auto-vacío y quebrantamiento de corazón, y un más puro, un mayor gozo y mayores deseos después de la santidad de la vida; pero con mayor desconfianza en sus corazones traicioneros.

Una circunstancia en la que este trabajo difería de lo que había sido en las ciudades cinco o seis años antes era, que las conversiones a menudo se llevaban a cabo de manera más sensata y visible; las impresiones más fuertes y más manifiestas por sus efectos externos; el progreso del Espíritu de Dios en convicción, paso a paso, más aparente; y la transición de un estado a otro, más sensible y simple; para que así sea en muchos casos, sea como sea visto por los espectadores. La temporada anterior había sido muy notable en esta cuenta, más allá de lo que había sido antes; pero esto es más notable que eso. Y en esta temporada, estas conversiones aparentes o visibles (si así puedo llamarlas).

Después de septiembre de 1741, parecía haber alguna disminución de estas extraordinarias apariciones, sin embargo, no cesaron por completo, pero hubo algo de ellos, de vez en cuando, durante todo el invierno. A principios de febrero de 1742, el Sr. Buell vino a esta ciudad. Entonces estaba ausente de mi casa, y continué así hasta aproximadamente quince días después. El Sr. Buell predicó día a día, casi todos los días, en el salón de reuniones. Le había dejado el uso libre de mi púlpito, habiendo oído hablar de su visita diseñada antes de irme de casa. Pasó casi todo el tiempo en ejercicios religiosos con la gente, ya sea en público o en privado, y la gente lo atestaba continuamente.

Cuando llegó por primera vez, llegaron con él varios creyentes de Suffield, que continuaron aquí durante un tiempo. Hubo efectos muy extraordinarios de las labores del Sr. Buell; la gente se conmovió enormemente, gritó en gran número en el salón de reuniones, y una gran parte de la congregación comúnmente permanecía en la casa de Dios durante horas después del servicio público. Muchos también se vieron conmovidos en reuniones privadas donde el Sr. Buell estaba: casi toda la ciudad parecía estar en una gran y continua conmoción, día y noche, y había realmente un gran avivamiento de la fe.

Pero fue principalmente entre profesantes; las apariciones de una obra de conversión no fueron tan importantes como lo habían sido el verano anterior. Cuando llegué a casa, encontré la ciudad en circunstancias muy extraordinarias, como, en algunos aspectos, nunca antes lo había visto. El Sr. Buell continuó aquí dos o tres semanas después de mi regreso: **todavía había grandes apariciones asistiendo a sus labores; muchos de sus afectos religiosos se elevaron más allá de lo que habían sido antes: y hubo algunos casos de personas que yacían en una especie de trance, permaneciendo tal vez durante veinticuatro horas inmóviles, y con los sentidos encerrados; pero, mientras tanto, bajo fuertes imaginaciones, como si fueran al cielo y tuvieran allí una visión de objetos gloriosos y deliciosos.**

Pero cuando la gente se elevó a esta altura, Satanás tomó la ventaja, y su interposición, en muchos casos, pronto se hizo evidente: y se encontraron muchas precauciones y dolores necesarios para evitar que la gente, muchos de ellos, huyera.

En el mes de marzo, llevé a las personas a una solemne renovación pública de su alianza con Dios. Con ese fin, habiendo hecho un borrador de un pacto, primero lo propuse a algunos de los hombres principales en la iglesia; luego a la gente, de varias denominaciones en varias partes de la ciudad; luego a toda la congregación en público; y luego deposité una copia de ella en las manos de cada uno de los cuatro diáconos, para que todos los que lo desearan pudieran recurrir a ellos, y tener la oportunidad de verlo y considerarlo. Entonces las personas en general que tenían más de catorce años de edad, primero suscribieron el pacto con sus manos; y luego, en un día de ayuno y oración, todos juntos se presentaron ante el Señor en su casa, y se pusieron de pie, y manifestaron solemnemente su consentimiento a ello, como su voto a Dios. El pacto fue el siguiente:

En la sección que iría aquí en el documento, Edwards copió el pacto de Northampton. En lo adelante, la narrativa sobre el Gran Despertar continúa y concluye como sigue:

Al comienzo del verano de 1742, parecía haber una disminución de la vivacidad de los afectos de las personas en la religión; pero aún muchos estaban a gran altura de ellos. Y en el otoño y el invierno siguiente, a veces hubo apariciones extraordinarias. Pero en general, la dedicación de las personas a la religión y la vivacidad de sus afectos han ido disminuyendo; y algunos de los jóvenes especialmente han perdido vergonzosamente su vivacidad y vigor en la religión, y gran parte de la seriedad y solemnidad de sus espíritus. Pero hay muchos que caminan como corresponde a los santos; y hasta el día de hoy hay un número considerable en la ciudad que parece estar cerca de Dios, y mantiene gran parte de la vida de la religión, y disfruta de muchos de los símbolos y frutos sensibles de su presencia de gracia.

Con respecto a la temporada tardía de avivamiento entre nosotros durante los tres o cuatro años anteriores, se ha podido observar que en la primera parte de ella, en los años 1740 y 1741, el trabajo parecía ser mucho más puro, teniendo menos una mezcla corrupta que en el anterior gran derramamiento del Espíritu entre 1735 y 1736. Las personas parecían ser conscientes de sus errores anteriores, y habían aprendido más de sus propios corazones, y la experiencia les había enseñado más de la tendencia y las consecuencias de las cosas. Ahora estaban mejor protegidos, y sus afectos no solo eran más fuertes, sino que se atendían con mayor solemnidad y mayor humildad y desconfianza, y una mayor dedicación después de la vida santa y la perseverancia: y había menos errores en la conducta. Pero en la última parte de ella, en el año 1742, fue de otra manera:

Que esas personas fueron más allá de ellos en éxtasis y emociones violentas de los afectos, y un celo vehemente, y lo que llaman audacia para Cristo, nuestro pueblo estaba listo para pensar, se debió a logros mucho mayores en la gracia, y la intimidad con el cielo: Parecían poco a sus ojos en comparación con ellos, y estaban dispuestos a someterse a ellos, y rendirse a su conducta, dando por hecho que lo que decían y hacían, estaba bien. Estas cosas tuvieron una influencia extraña en la gente y dieron a muchos de ellos una tintura profunda y triste, de la cual fue un trabajo duro y largo para liberarlos, y de la cual algunos de ellos no están completamente entregados hasta el día de hoy.

Los efectos y consecuencias de las cosas entre nosotros muestran claramente las siguientes cosas, a saber, que el grado de gracia de ninguna manera debe ser juzgado por el grado de alegría o el grado de celo; y que, de hecho, no podemos determinar en absoluto por estas cosas que son amables y que no lo son; y que no es el grado de afecto religioso, sino la naturaleza de ellos lo que se debe mirar principalmente. Algunos han tenido grandes éxtasis de alegría, y han sido extraordinariamente llenos (como lo es la frase vulgar), y han tenido sus cuerpos vencidos, y eso muy a menudo, han manifestado mucho menos el temperamento de los cristianos en su conducta mientras otros han estado quietos y no han hecho ningún gran espectáculo exterior. Pero, de nuevo, hay muchos otros que han tenido alegrías y experiencias emocionales extraordinarias, con grandes efectos frecuentes en sus cuerpos.

Es evidente que puede haber grandes afectos religiosos en los individuos, que en apariencia se parecen a los afectos de gracia, y tienen los mismos efectos en sus cuerpos, pero están lejos de tener el mismo efecto en el temperamento de sus mentes y el curso de sus vidas. Y tampoco hay nada más manifiesto, por lo que aparece entre nosotros, que el hecho de que el bien de los individuos no sea juzgado principalmente por la exactitud de los pasos y el método de las experiencias, en lo que se supone que es la primera conversión; pero que debemos juzgar por el espíritu que respira, el efecto ejercido sobre el temperamento del alma en el tiempo de la obra y el que queda después.

Aunque ha habido muy pocos casos entre los profesantes, entre nosotros, de lo que comúnmente se llama pecados escandalosos, que yo conozco; sin embargo, el temperamento que algunos de ellos muestran, y el comportamiento que han tenido, junto con algunas cosas en la naturaleza y circunstancias de sus experiencias, me da mucho miedo de que haya un número considerable que se han engañado a sí mismos lamentablemente. Aunque, por otro lado, hay un gran número cuyo temperamento y conversación es tal que justamente confirma la caridad de los demás hacia ellos; y no pocos en cuya disposición y andar hay apariencias amables de gracia eminente y a pesar de todas las mezclas corruptas que han existido en el trabajo tardío aquí, no solo hay muchos frutos benditos de ella, en particular personas que aún permanecen, sino algunos buenos efectos en la ciudad en general.

Un patrón de conducta fiestero ha disminuido más extensamente. Supongo que ha habido menos aparición estos tres o cuatro años pasados de esa división de la ciudad en dos partidos que ha sido durante mucho tiempo nuestra perdición, como fue en cualquier momento durante los treinta años anteriores; y la gente aparentemente ha tenido mucha más precaución y una mayor vigilancia sobre su mente y sus palabras, para evitar la discordia y los corazones no cristianos en las reuniones de la ciudad y en otras ocasiones.

Y es una gran cosa para estar contento de que la gente muy recientemente llegó a un acuerdo y una cuestión final, con respecto a su gran controversia en relación con sus tierras comunes; que ha sido, por encima de cualquier otra cosa en particular, una fuente de prejuicios, celos y debates mutuos, hace quince o dieciséis años. La gente también parece ser mucho más sensible al peligro de descansar en viejas experiencias, o de lo que fueron sujetos en su supuesta primera conversión; y estar más plenamente convencida de la necesidad de olvidar las cosas que están detrás, y avanzar y mantener el trabajo serio, la vigilancia y la oración, mientras vivan.

Rev. Sir.
Su amigo y hermano,
**Jonathan Edwards**

Este es, más que un relato, del tipo de "Una narrativa fiel", una descripción del estado de situación del avivamiento especialmente en Northampton, para finales de 1743 (de hecho, fue escrito por Edwards en diciembre de ese año). Edwards estaba consciente, por sus varias experiencias anteriores, del eventual declive que se debía esperar en los avivamientos. Había sucedido igual cuando sucedió en Windsor en su niñez, también había habido cinco avivamientos en Northampton durante el ministerio de su abuelo, y ya había sucedido el poderoso despertar entre el final del año 1734 y 1736. Para el punto que Edwards escribe este relato, ya se comenzaba a observar cierto nivel de declive en el Gran Despertar, especialmente en Northampton, como bien hizo notar Edwards en su narrativa.

# El ciclo de un avivamiento

Un avivamiento no ocurre cual un evento puntual. Tampoco termina de ese modo. Por lo observado por Edwards, los avivamientos detonaban en un punto, pero había todo un trasfondo y describían una trayectoria como sucede en el despegue de un avión. El fin del mismo toma una curva similar, pero en la dirección contraria, como cuando un avión desciende y aterriza.

Aproximadamente llegando al final del período del Gran Despertar, poco más de un año antes de que Edwards escribiera "Un relato del avivamiento en Northampton en 1740 – 1742", le había escrito a su gran amigo el Rev. Bellamy de Bethlehem sobre sus observaciones de un estado de declive espiritual en la ciudad, del siguiente modo:

## CARTA AL REVERENDO JOSEPH BELLAMY[610]

Edwards pasó una gran cantidad de tiempo en la silla (de montar) de su caballo durante 1742. Era muy demandado en las iglesias de todo el mundo.[§] Esta carta se centra en los éxitos lejanos del avivamiento, pero luego recuerda, en una carta retrospectiva del 12 de diciembre de 1743, que el avivamiento estaba teniendo un impacto en Northampton en este momento.[†]

### Northampton, 21 de enero de 1741/2

Rev. y querido señor:
Recibí la suya del 11 de enero, por lo cual os doy las gracias. La religión en esta y las ciudades vecinas ha estado últimamente en decadencia. Deseo sus oraciones para que Dios nos avive y reviva de nuevo, y particularmente que él nos humille y perdone y me avive a mí; y me llene de su plenitud; y, si está en su voluntad, me mejore como instrumento para avivar su trabajo. El año pasado aconteció el trabajo más maravilloso entre los niños aquí, superando por mucho lo que alguna vez fue: Dios parece haber tomado casi por completo una nueva generación, que surgió al final de aquella gran obra hace siete años.

---

[610] Fuente: *WJE Online Vol. 16*, Ed. Claghorn: http://edwards.yale.edu.

[§] J. E. estaba en una extensa gira de predicación en noviembre y diciembre de 1741, y luego se fue a Leicester, Massachusetts, el 27 de enero de 1742, durante otras dos semanas, visitando Marlborough y Sutton, Massachusetts. Posteriormente, viajó a New Haven, Connecticut, luego a Longmeadow (dos veces), Hopkinton, e hizo una visita de regreso a Westborough, Massachusetts.

[†] Biblioteca Firestone, Colección Jonathan Edwards, ALS, dos hojas en cuarto, dirigida al reverso a Joseph Bellamy en Bethlehem.

Ni la tierra ni el infierno pueden obstaculizar el trabajo que Dios está llevando a cabo en el país. Cristo triunfa gloriosamente por estos días. Probablemente ya hayas oído hablar de las grandes y maravillosas cosas que últimamente se han forjado en Portsmouth, la principal ciudad del gobierno de New Hampshire. También recientemente han aparecido grandes cosas en Ipswich y Newbury, las dos ciudades más grandes de esta provincia, después de Boston, y varias otras ciudades más allá de Boston, y algunas ciudades más cercanas. Por lo que puedo entender, la obra de Dios es mayor en estos días en la tierra que en cualquier otro momento. ¡Oh! ¿Qué causa tenemos nosotros, con corazones exultantes, para acordar darle gloria a aquel que cabalga así en los carros de su salvación, conquistando y conquistando, y fervientemente orando para que ahora el Sol de Justicia salga como un novio, regocijándose como un gigante para correr su carrera, de un extremo a otro del cielo, para que nada se oculte de la luz y el calor de los tales?

Es improbable que yo pueda asistir a su reunión en Guilford. Últimamente me he alejado mucho de mi gente, y no lo sé, pero debo estar obligado a dejarlos de nuevo la próxima semana alrededor de quince días, me han llamado a Leicester, un pueblo a medio camino de Boston, donde últimamente  ha estallado una gran obra, y probablemente poco después tenga que ir a otro lugar, y tengo en este momento algunos asuntos extraordinarios para atender en casa.‡ Oro para que nuestro buen pastor esté con usted y lo dirija, lo fortalezca y bendiga.

Estimado señor, no tengo ninguno de esos libros de los que habla para vender. Solo tengo unos pocos que tengo la intención de enviar a algunos de mis amigos. Ya le envié uno de mis sermones de New Haven[611] del Sr. [Moses] Lyman de Goshen, sin embargo, le he enviado otro, que deseo que le entregue al Sr. [Jedidiah] Mills, si él no lo tuviere, pero si él lo tuviere, entregadlo donde creas que hará más bien. He enviado uno de esos sermones que prediqué en Enfield,[612] y del único que conservo, soy, querido señor, su hermano amoroso e indigno compañero de trabajo,

**Jonathan Edwards.**

En 1745, Edwards también refería a un ministro amigo en Glasgow, Escocia, una epístola narrativa sobre el estado del avivamiento en Nueva Inglaterra. Estamos hablando de poco más de dos años después de haber

---

‡ A partir del 19 de enero de 1742, Sarah Pierpont Edwards experimentó un episodio religioso prolongado e inusualmente intenso, como se cuenta en su narrativa (Dwight ed., 1, 171-86). Sin nombrarla, J. E. citó las experiencias de su esposa en *Algunos pensamientos*, publicada más tarde ese año (*WJE*, 4:331-41).

611 Edwards, J. *Marcas distintivas*.

612 Es decir, el sermón de Edwards: *Pecadores en las manos de un Dios airado*.

escrito: "Un relato del avivamiento en Northampton entre 1740 – 1742". Luego haría lo mismo en 1750. A continuación, lo que al respecto escribió a su amigo:

## CARTA DE EDWARDS A UN PASTOR AMIGO EN ESCOCIA[613]
### Northampton, Nov. 20, 1745

Rev. y más estimado Sr.:

Le agradezco enormemente su grande, amistosa, provechosa y entretenida carta del pasado mes de febrero.[*] Considero que mi correspondencia con usted y mis otros corresponsales en Escocia es un gran honor y privilegio; y espero que pueda mejorarse para la gloria de Dios y mi beneficio. La iglesia de Dios, en todas partes del mundo, es solo una; los miembros distantes están estrechamente unidos en una gloriosa Cabeza. Esta unión es en gran medida su belleza; y la correspondencia amistosa mutua de los diversos miembros, en partes distantes del mundo, es algo que se está convirtiendo en una buena unión (al menos cuando se emplea sobre cosas relacionadas con la gloria de su Cabeza común, y su interés espiritual y felicidad comunes), y por lo tanto es una cosa decente y hermosa, y muy rentable.

Cuando el día es tan oscuro aquí en Nueva Inglaterra, es sumamente refrescante y vivificante escuchar, por su carta y otras, y la historia del Sr. Robe,[§] que la religión se mantiene a tal grado en el poder y práctica de la misma en aquellas partes de Escocia, que han sido favorecidas con el avivamiento tardío, y tantos de los temas perseverantes de la misma, y de las obras que ahora son llevados a cabo en el norte de Escocia, bajo el trabajo y la conducta de tan piadosos, sólidos, juiciosos y prudentes instrumentos que Cristo está usando allá; y una cosa en que me ha alegrado mucho, de la que he sido informado en las cartas que he recibido de ustedes y de mis otros corresponsales, sus queridos vecinos y hermanos, es esa concentración a la que muchos del pueblo de Dios han asistido en Escocia e Inglaterra, para orar en unidad a Dios por el derramamiento de su Espíritu Santo sobre su iglesia y el mundo de la humanidad. Tal acuerdo y práctica me parece extremadamente bello y debe convertirse en una práctica cristiana; y dudo que no sea visto igual

---

[613] Impreso originalmente en Robe, ed., The Christian Monthly History, n.° 8 (noviembre de 1745), 234–54. John McLaurin de Glasgow fue probablemente el corresponsal sin nombre. Ver Dwight ed., 1:230–31. Tomado de: *WJE Online Vol. 16*, Ed. Claghorn: http://edwards.yale.edu

[*] No se ha localizado ninguna carta.

[§] P.e., *The Christian Monthly History*.

por Cristo. Y me parece que se trata de algo peculiar que nos está representando, especialmente en el estado en que están las cosas en la actualidad. Dios ha hecho recientemente grandes cosas ante nuestros ojos, por medio de las cuales nos ha mostrado algo de su maravilloso poder y misericordia; pero tiene cosas tan dispuestas, que los eventos han tendido a mostrarnos notablemente nuestra debilidad, enfermedad, insuficiencia y la gran y universal necesidad de la ayuda de Dios; hemos sido reprendidos de muchas maneras por nuestra confianza en nosotros mismos, y hemos recurrido a los instrumentos y hemos confiado en un brazo de carne; y Dios ahora nos muestra que no somos nada y nos deja ver que no podemos hacer nada. En muchos lugares donde Dios apareció últimamente maravillosamente, ahora se ha retirado en gran medida; y la consecuencia es que Sion y el interés de la religión están involucrados en innumerables e inextricables dificultades. Y es evidente que no podemos ayudarnos a nosotros mismos, y no tenemos otro lugar a donde ir, sino a Dios. 2 Crónicas 20:12: "No sabemos qué hacer; nuestros ojos están puestos en ti". Ahora, cuán apropiado es que el pueblo de Dios, en tales circunstancias, vaya a Dios en oración y se entregue más de lo normal a ese deber, y se unan unos con otros en él, acordando tocar lo que pedirán, tomando algo apropiado por supuesto, actuar en él con una unión visible, tendiendo a promover sus ofrendas de llantos con un solo corazón y, por así decirlo, con una sola voz. O que este deber pueda ser atendido con verdadera mansedumbre hacia nuestros oponentes, *levantando manos santas sin ira*; y para que podamos ir a Dios, autovaciados, con el corazón roto, mirando a Dios solo a través de Cristo, y sin justificar nuestros propios actos, ni exaltar nuestros pensamientos sobre nuestra religión privada o pública, o nuestra diferencia de los demás, e incluso siendo amigos o participantes del avivamiento tardío de la religión.

Me he tomado muchas molestias para promover una rendición con tal concentración en Nueva Inglaterra, al menos en lo que respecta a las temporadas trimestrales acordadas. Leí públicamente en mi propia congregación esos pasajes de sus cartas y las de sus hermanos, que se relacionan con este asunto, y argumenté mucho con ellos para llevar a cabo tales propuestas. Y muchas sociedades de oración aquí se han comprometido. Le conté el asunto a varios de los ministros vecinos, y pensé que lo más probable era que lo hiciera. Parece que a dos de ellos les gusta mucho y decidieron proponerlo a su gente; pero uno de ellos, que parecía aprobarlo, a la semana siguiente fue llamado para servir como capellán de los soldados en Cabo Breton, y aún no ha regresado, así que supongo que no se ha hecho nada allí. Cuando estuvo aquí, hablé con él acerca de este asunto, le mostré sus cartas e insté, donde quiera que fuera, a promover esta concentración al pueblo de Dios, y buscar su participación. Parecía ansioso por hacer lo que yo deseaba; pero no escuché lo que hizo, le escribí al respecto cuando estaba en Connecticut, dándole un informe de la propuesta, deseando que lo mencionara a otros ministros, para que pudieran promoverla entre su gente. Me devolvió la palabra, que lo había mencionado a varios ministros, y deseaba que hablaran con otros; pero no he escuchado sobre si se está haciendo algo al respecto.[†]

Espero, querido señor, que haga lo que esté a su alcance para defender, promover y propagar esta concentración. Lamentaría mucho enterarme que naufrague. No creo que deba dejarse caer, aunque debe enfrentar dificultades y desalientos considerables en el asunto. Jacob [Génesis 32:24-28] y la mujer de Canaán [Mateo 15:21-28], se encontraron con grandes desalientos, mientras luchaban por una bendición: pero perseveraron y obtuvieron su pedido. Debería tener más esperanza de la unión, fervor y constancia en las oraciones del pueblo de Dios, con respecto a los asuntos religiosos de la actualidad, que en cualquier otra cosa; más que de la predicación y los escritos de los mejores y más hábiles amigos a la obra del Espíritu de Dios. Por mi parte, no estoy desanimado con respecto a este asunto, aunque me he encontrado con grandes desalientos en mis esfuerzos por promoverlo hasta el momento: no dejaré de hacer lo que esté a mi alcance para promoverlo y propagarlo, como coyunturas favorables, cuando se presenten las oportunidades. Por favor, recordar a la reunión corresponsal en Glasgow,[‡] de la que hablan, que mi corazón está con ellos, particularmente en lo tocante a tal concentración. O para que nuestros corazones, y los corazones de todo el pueblo de Dios en todas partes, se unan en tal asunto, que seamos ayudados a ser sinceros y no le demos a Dios "descanso, hasta que él establezca y haga de Jerusalén una alabanza en la tierra" (Isaías 62:7). Deseo que esto sea mencionado en tal reunión, como también deseo que en los tiempos acordados para esta oración unida, oren por América y Nueva Inglaterra, y (si no es mucho pedir) que recuerden mi persona en sus oraciones al cielo. Soy consciente de que sería demasiado esperar que me mencionaran comúnmente en particular en sus oraciones; sería imposible para tales sociedades, en todas sus oraciones, orar particularmente por cada ministro, que es sensible al valor de las oraciones del pueblo de Dios, y las valoraría mucho. Pero debo considerar que es un gran privilegio, a veces ser recordado por el pueblo cristiano allí, en sus oraciones a Dios. Espero que el tiempo se apresure, cuando el

---

[†]  Los asociados y corresponsales mencionados por J. E. en este párrafo permanecen sin ser identificados.

[‡]  John McLaurin se reunía con sus conocidos en Glasgow una vez por semana "para recibir y comunicar sabiduría religiosa". (Ver: Fawcett, *Cambuslang Revival*, p. 224).

pueblo de Dios en todas las diferentes partes del mundo, y toda la tierra llegue a ser más sensata, por así decirlo, una familia, una sociedad santa y feliz, y todos los hermanos, no solo todos unidos a una Cabeza, pero con mayor afecto, y en una correspondencia más mutua, y una unión y comunión más visible y sensible en los quehaceres religiosos, y los deberes sagrados del servicio de Dios; y para que a este respecto, la iglesia en la tierra se parezca más a la sociedad bendecida en el cielo, y a la gran asamblea de los santos y los ángeles allí.

Estoy convencido de que tal acuerdo del pueblo de Dios en diferentes partes, unirnos, orar por el Espíritu Santo, es encantador a los ojos de Jesucristo, la gloriosa Cabeza de la iglesia. Y si se utilizan esfuerzos para defender, promover y ampliar una concentración de este tipo, ¿quién sabe a qué se puede llegar finalmente? ¿Quién sabe, si poco a poco, puede extenderse por todos los dominios británicos, tanto en Europa como en América, y también en Holanda, Zelanda y otros países protestantes, y en toda la iglesia visible de Cristo, sí, mucho más allá de los límites actuales de la iglesia visible? ¡Y cuán glorioso será esto, tener al pueblo de Dios en todas partes, acordando juntos, tocando algo que pedirían! ¡Y qué benditos frutos y consecuencias podrían esperarse razonablemente de tales oraciones unidas! ¿No sería de esperar que se abrieran las puertas y ventanas del cielo, que han estado cerradas por tanto tiempo, y que hayan estado como techo sobre las cabezas de los habitantes de la tierra, como para lluvias espirituales?; ¿y que si Dios, en respuesta a tales oraciones, dando Su palabra y diga: "Derriba los cielos desde lo alto, y que los cielos derramen justicia" (Isaías 45:8)?

Como hay una gran necesidad de que el pueblo de Dios unifique sus clamores a Dios por bendiciones espirituales en este tiempo, no puedo dejar de pensar que hay mucho en los aspectos actuales de la providencia divina para alentarlos en ello. Porque, aunque hay muchas nubes oscuras, y el Espíritu de Dios está muy alejado de algunos lugares donde últimamente se ha derramado notablemente, y Satanás parece estar furioso y prevalecer en la actualidad; sin embargo, Dios todavía está llevando a cabo su obra, si no en un lugar, en otro. Aunque en cierta medida parece cesar en el oeste de Escocia, se lleva a cabo en el norte, y estalla en algunas partes de los Países Bajos Unidos. Y dado que el trabajo ha cesado en gran medida en Nueva Inglaterra, se ha manifestado maravillosamente en Virginia, y ha prevalecido allí, supongo que por más de un año y medio ya. El trabajo que recientemente se desató entre ellos, fue iniciado por el trabajo de un tal Sr. Robinson, un joven ministro que fue a ellos desde Pennsylvania, el año pasado, y pasó mucho tiempo predicando allí, con gran éxito, avivó multitudes mientras predicaba de un lugar a otro entre ellos, apareciendo una gran sed en la gente de los medios de gracia, y ansias de escuchar la Palabra predicada, y cariño hacia el instrumento de Su avivamiento. Este Sr. Robinson, por todo lo que puedo aprender de él, de aquellos en cuya inteligencia y juicio confío, es un hombre de habilidades brillantes, piedad ferviente y muy sólido, juicioso y prudente.

El gobernador[*] alentó a los Sres. Tennent y Finley[§] a predicar en Virginia, y los invitó a hacer de su casa el hogar de ellos, mientras venían. En consecuencia, continuaron predicando durante algún tiempo en la ciudad con gran éxito; y, según las últimas cuentas que escuché, el trabajo continuó maravillosamente allí. El Sr. Buell, escuché, se ha ido a esas partes, diseñando para continuar allí este invierno. Es uno del que probablemente hayas oído hablar, él ha sido un predicador entusiasta y exitoso en Nueva Inglaterra.

Además del trabajo en Virginia, el Sr. William Tennent[†] en los Jerseys, recientemente ha tenido un gran éxito entre su gente; se ha llevado a cabo un trabajo más grande entre ellos que en cualquier otro momento en los últimos siete años. Y el Sr. Robinson, mencionado anteriormente, además de su éxito en Virginia, últimamente ha tenido un gran éxito en las partes debajo de Filadelfia, en Pennsylvania. Las provincias de New Jersey, Pennsylvania, Maryland y Virginia, se están volviendo muy pobladas; y hay grandes números en esas provincias que muestran un deseo de escuchar la Palabra predicada; pero hay pocos ministros. "La cosecha es abundante, pero los trabajadores pocos" (Mateo 9:37).

Los ministros de los tres presbiterios mencionados, que son amigos del trabajo tardío, que recientemente se han formado en un nuevo sínodo, que tuvieron su primera reunión el pasado septiembre, en Elizabethtown, en New Jersey,[‡] digo, teniendo en cuenta a estos ministros las circunstancias muy calamitosas de esas provincias, debido a la escasez de ministros, han formado un diseño para erigir una universidad allí, para educar a los jóvenes para el ministerio, con la esperanza de obtener, mediante la influencia de algunos caballeros particulares, una carta para el establecimiento de tal

---

[*]   William Gooch, gobernador de Virginia por entonces.

[§]   Gilbert Tennent (1703–64), ministro presbiteriano en Filadelfia, y Samuel Finley (1715–66), pastor en Nottingham, Pensilvania, y más tarde presidente del Colegio de New Jersey (1761–66), ambos fueron exitosos revivalistas itinerantes.

[†]   William Tennent (1673–1745), ministro presbiteriano de Neshaminy, Pensilvania, fundador del "Log College" y líder de la causa de los 'Nuevas luces' en las colonias medias. Ver más adelante, Charles Hartshorn Maxson, The Great Awakening in the Middle Colonies (Chicago, 1920), esp. ch. 3; y Martin Ellsworth Lodge, 'El gran despertar en las colonias medias", Diss. Univ. de California, Berkeley, 1964, esp. chs. 10, 14.

[‡]   El 19 de septiembre de 1745, los ministros de los presbiterios de New York, Nuevo Brunswick y New Castle formaron el sínodo de New York. (Ver Maxson, Great Awakening, pp. 88ss).

sociedad del rey.* Creo que el diseño es muy glorioso y muy digno de ser alentado y promovido por todos los amigos de Sion. Mientras tanto, estos ministros han determinado que las academias privadas deben mantenerse en las casas de ciertos ministros, para instruir y educar a los jóvenes candidatos para el ministerio, hasta que este diseño de una escuela más pública pueda madurar. En consecuencia, han determinado que el Sr. Dickinson, el Sr. Burr, el Sr. Blair y el Sr. Finley deben mantener dicha academia;§ todos ellos excelentes hombres, bien capaces y aptos para tales negocios.

Además de las cosas que tienen un aspecto favorable sobre el interés de la religión en estas partes, entre los ingleses y otros habitantes de origen europeo, el Sr. Brainerd, un misionero empleado por La Sociedad en Escocia para Propagar el Conocimiento Cristiano, para predicar a los Indios, últimamente ha tenido más éxito que nunca. Este Sr. Brainerd es un joven caballero de calificaciones muy distintivas, notable por su piedad y celo eminente por el bien de las almas, y su conocimiento en la divinidad, y la solidez de su juicio y prudencia de conducta. Y espero que mejore para ser una gran bendición. Es una pena, pero que él tenga todo el aliento de quienes lo emplean, eso lo pondrá en la mejor ventaja en su trabajo.

Como habrás podido notar, este relato también registra alguna información de lo que estaba sucediendo en los territorios de Gran Bretaña con respecto al avivamiento tardío.

El resto de la carta anterior, lo cual corresponde a mucho más de la mitad del documento, es un informe detallado de una muestra de la respuesta de Dios a las oraciones de su pueblo en el caso de las victorias del ejército de Nueva Inglaterra contra los franceses. Es un relato minucioso y acabado sobre las estrategias y planes, los recursos, etc., de los bandos en batalla. ¡Impresionante!

Edwards estaba bien apercibido de las realidades de la guerra por varias razones, pero principalmente por su amistad con altos mandos del ejército y porque de su propia congregación había varios miembros del ejército en diferentes rangos.

---

\*     Este movimiento llevó a la constitución del Colegio de New Jersey (luego Princeton College) en 1746.

§     Jonathan Dickinson (1608–1747), un ministro presbiteriano de Elizabethtown, New Jersey, moderador del Sínodo de New York, se convirtió en el primer presidente del Colegio de New Jersey. Aaron Burr (1715–57), pastor en Newark, New Jersey, sucedió a Dickinson en la presidencia. Samuel Blair (1712–51), producto del "Log College", sirvió en una congregación en Fagg's Manor, Pensilvania.

Ahora bien, en la carta de 1750 a William McCulloch, su amigo de Escocia, Edwards va a describir la situación espiritual de Nueva Inglaterra. Leer la carta da ganas de llorar. Estamos hablando de unos pocos años luego del Gran Despertar, y ya el liberalismo en todas sus facetas estaba arropando Nueva Inglaterra, especialmente Boston.

# El espeluznante estado de declive post despertar en Nueva Inglaterra para 1750

No solo hay un despegue y un declive para los avivamientos, que en el caso de Northampton en los días de Edwards duraba un período de alrededor de dos años, sino que cuando cae la curva, la situación suele ser digna de lamentar.

Ese estado lamentable post declive es lo que Edwards precisamente relata en una carta a su amigo Rev. William McCulloch de Escocia para julio de 1750. Notemos:

## CARTA DE EDWARDS AL REVERENDO WILLIAM McCULLOCH*
### Northampton, 06 de julio, 1750

Rev. y estimado señor:
Hace mucho tiempo que no recibo una carta tuya; la último estaba fechada el 10 de marzo de 1749. Sin embargo, habiendo manifestado hasta ahora que nuestra correspondencia no era inaceptable para usted, no omitiría hacer mi parte para continuar con ella. Quizás una de las razones por las que no haya escrito puede ser el fracaso de un asunto tan agradable para la correspondencia como el que teníamos hace algunos años, cuando la religión florecía en Escocia y América, y teníamos información alegre para darnos sobre la ciudad de nuestro Dios. De hecho, ahora es un momento triste en este lado del océano: abunda la iniquidad y el amor de muchos se enfría; multitudes de profesores justos y altos, en un lugar y otro,

---

\* McCulloch es uno de los ministros escoceses con los que Edwards siente un parentesco cercano. Aquí, Edwards reanuda la correspondencia con McCulloch por primera vez en un año. Tras el trauma de la controversia de la comunión, encuentra que la perspectiva religiosa en Nueva Inglaterra es desalentadora. Sin embargo, hay signos de avivamiento en otros lugares, y su confianza es en última instancia inquebrantable.

(Trask Library, ALS, dos hojas en cuarto, dirigidas al reverendo William McCulloch, ministro del evangelio en Cambuslang, Escocia, al cuidado del reverendo Mr. MacLaurin de Glasgow. Publicado en Dwight ed., 1, 413—14). Tomado de: *WJE Online Vol. 16*, Ed. Claghorn: http://edwards.yale.edu.

lamentablemente han retrocedido; los pecadores se endurecen desesperadamente; la *religión experimental* está más que nunca sin crédito con la mayor parte; *las doctrinas de la gracia*, esos principios en la religión que conciernen principalmente a los poderes de la piedad, se descartan mucho más que nunca; *el arminianismo y el pelagianismo* han hecho un progreso extraño en unos pocos años. La Iglesia de Inglaterra en Nueva Inglaterra es, supongo, el triple de lo que era hace siete años; muchos profesores se han ido muy lejos en entusiasmo y extravagancia en sus nociones y prácticas; grandes disputas, separaciones y confusiones en nuestro estado religioso prevalecen en muchas partes de la tierra. Algunos de nuestros pilares principales están rotos, uno de los cuales fue el Sr. [John] Webb de Boston, quien murió a últimos de abril pasado. Gran parte de la gloria de la ciudad de Boston se fue con él. y si las aflicciones de esa ciudad se agregaran con la muerte de dos o tres más de sus ministros mayores restantes, ese lugar estaría en un estado muy triste, como una ciudad cuyos muros están derrumbados y como una gran bandada sin pastor, rodeado de lobos, y muchos en medio de él.

Estas son las cosas oscuras que aparecen; pero por otro lado, hay algunas cosas que tienen un aspecto diferente. En algunos lugares han aparecido reavivamientos de la religión. Algunos pequeños avivamientos han estado en algunos lugares hacia Boston. Ha habido alguna reforma no hace mucho en una de nuestras universidades. Y según tengo entendido, ha habido mucho más de esta naturaleza en otras partes de la América británica que en Nueva Inglaterra: algo considerable en varias ciudades de Long Island; y también en otras partes de la provincia de New York, cerca del río Hudson; algo en varias partes de New Jersey, particularmente a través de los trabajos del Sr. [Nehemiah] Greenman, un joven caballero educado por los gastos de caridad del piadoso y eminente Sr. David Brainerd, mencionado en su Vida; que creo que te envié el verano pasado. Y desde la última vez que escribí a Escocia, he tenido noticias de la prevalencia de una preocupación religiosa en algunas partes de Virginia.

Y no debo olvidar informarte que, aunque creo que últimamente ha sido el momento más oscuro en Northampton desde que la ciudad estuvo en pie, sin embargo, ha habido algunos despertares en la mente de algunos de los jóvenes aquí, y dos o tres instancias de conversión esperanzadora el verano pasado, y muchas más recientemente.

Cuando hablo de que es un tiempo oscuro aquí, tengo una referencia especial a la gran controversia que ha subsistido aquí, durante aproximadamente un año y medio entre mi gente y yo, sobre los términos de comunión en la iglesia visible; que ahora se ha extendido en una separación entre mi gente y yo, para una explicación más particular de la cual, debo remitirle a mis cartas al Sr. [James] Robe y al Sr. John Erskine. Además, me esforzaré por preservar las copias impresas del resultado del consejo, que se sentó aquí la semana anterior, con la protesta de algunos de los miembros, para que se los envíen con esta carta, junto con uno de mis libros publicados sobre el punto de debate entre mi gente y yo; de los cuales anhelo tu aceptación.[§]

Ahora estoy separado de las personas, entre quienes tuve una vez la mayor unión. Notable es la providencia de Dios en este asunto. En este caso, tenemos una gran instancia de la inestabilidad e incertidumbre de todas las cosas aquí abajo. La dispensación es realmente horrible en muchos aspectos, y requiere una reflexión seria y una profunda humillación en mí y en mi pueblo. El enemigo lejano y cercano ahora triunfará, pero Dios puede anular todo para su propia gloria. Ahora no tengo nada visible de lo que depender para mi futura utilidad o la subsistencia de mi numerosa familia. Pero espero que tengamos un Dios de pacto fiel y suficiente para depender. Deseo que alguna vez me someta a él, camine humildemente ante él y confíe totalmente en él.

Deseo, querido señor, sus oraciones por nosotros en nuestras circunstancias actuales.

Yo soy señor su respetuoso y afectuoso amigo y hermano,
**Jonathan Edwards**

P.D. Mi esposa y mi familia se unen conmigo en saludos cordiales para usted y los suyos.

La historia no conserva ejemplos de avivamientos permanentes. Parece que no es posible que la antesala del cielo sea recreada en la tierra, ni siquiera en las épocas más impecables de la historia del cristianismo. Todo ello nos lleva a reflexionar sobre lo positivo y negativo de los avivamientos. No solo hay batallas feroces que librar, como la que libraron los *revivalistas* en Nueva Inglaterra. También hay desiertos que esperar, es decir, períodos de frustraciones y decepciones, como cuando una persona gozaba de una economía envidiable y de repente queda casi en ruinas; o como cuando por un período le iba tan excelente a una empresa que sus dueños se ven obligados a potenciar el negocio y de repente hay una caída estrepitosa en la plusvalía de tal negocio. Edwards (y creo que doy en el blanco al especular que le ha sucedido y sucederá igual a todos los que han gozado de períodos de superabundante gracia espiritual o avivamientos) experimentó las frustraciones propias del sequedal y el desierto espiritual de su pueblo y congregación post declive en varias ocasiones.

---

[§] El resultado del concilio… *fue una protesta contra él mismo y* la confección y publicación de: *"An Humble Inquiry"*.

El estado póstumo a un avivamiento, a juzgar por la historia, parece ser deplorable a gran escala. Es lo mismo que vemos que pasó con el Tabernáculo Metropolitano de Londres, luego del declive de la espiritualidad en Inglaterra, y de la muerte de Charles Spurgeon. Aquella iglesia, aunque erigida, activa y con mucha influencia incluso hoy (gloria a Dios por sus victorias), jamás ha experimentado nada igual a aquellos años entre 1855 a 1889 del ministerio de Spurgeon. Siempre parece haber sido lo mismo. Así se refleja en las iglesias primitivas (tal como se relata en el libro de Los Hechos).

La cuestión aquí sería analizar qué hacer para que haya una perpetuidad de la antesala del cielo, lo cual no parece ser posible a juzgar por la historia.

En nuestro trabajo "La teología de Jonathan Edwards", que será publicado, esperamos, en un breve tiempo después de este, nos referiremos a la teología de Edwards sobre los avivamientos, donde haremos un recuento y un análisis más exhaustivo posible sobre los documentos que hemos referido en este capítulo, entre otros.

## Otras figuras del Gran Despertar

No se puede decir que, durante todas estas transacciones, Jonathan Edwards fue la mente que presidió Nueva Inglaterra. De hecho, su reputación e influencia habían aumentado rápidamente, tanto en América como en Europa; y tal vez no había otro hombre en Nueva Inglaterra a quien los amigos de la piedad apreciaran tanto, o de quien esperaran tanto.[614]

La gira de predicación de George Whitefield en Nueva Inglaterra, en 1740, produce el *Primer gran avivamiento*. Whitefield llegó a Northampton el 17 de octubre y predicó el domingo por la mañana, y nuevamente en casa de Edwards esa noche, así como tres veces más durante los próximos dos días. Whitefield informó que Edwards "lloró durante toda su presentación". Según Edwards, "la congregación fue extraordinariamente consumida por cada sermón; casi toda la asamblea lloró durante la mayor parte del sermón".[615]

"Whitefield había cruzada a través de la tierra como un meteorito, una luz intermitente y creando asombro y admiración".[616] De hecho, Whitefield

---

[614] Tracy. P. 239.
[615] WJE, 4:545.
[616] Tracy. P. 239.

había sido aclamado por el grueso de los ministros de Nueva Inglaterra, incluyendo el alumnado de Harvard, en Massachusetts solo hubo la excepción del pastor de la 1ra. Iglesia de Boston, Charles Chancey.[617]

Y finalmente, el clero erudito, ortodoxo y piadoso de Boston todavía era considerado como el principal depositario de influencia; y aunque con mucho gusto tomaron prestados pensamientos de todos, y más fácilmente de su estimado amigo en Northampton, no pudieron entregarse a la guía de nadie.[618]

Por otra parte, entre los *revivalistas* más renombrados en la ocasión estuvo el pastor presbiteriano Gilbert Tennent, quien también fue itinerante cual Whitefield. Whitefield era de Inglaterra y era anglicano. Tennent era de New Jersey, y era presbiteriano. Ambos eran predicadores itinerantes. Edwards era congregacionalista, y era un pastor establecido, no itinerante. Edwards, de Northampton, fue el pastor establecido que lideró todo el movimiento en Nueva Inglaterra. Por cierto, Edwards no arremetió contra sus colegas tal como si lo hacían los itinerantes, que acusaban al clero de ser no convertidos.[619] Es buena aquí la aclaración de Tracy: "Tennent, de la escuela de avivamiento en New Jersey, que, aunque armoniosa y en correspondencia con la de Northampton, no se derivaba de ella, había tomado su propio camino y tal vez había contraído un tono de desafío de la guerra en la que él había estado comprometido, él, a diferencia de Edwards, a veces irritaba a los malvados sin sobrepasarlos".[620]

## Excesos y dificultades durante el Gran Despertar y las acciones de Edwards

La realidad es que los *revivalistas*, incluyendo a los ortodoxos, solían mostrar un pragmatismo excesivo. Eso hizo que muchos pastores y teólogos en Nueva Inglaterra mirasen con cierto rechazo, y algunos incluso se opusieran al movimiento. Charles Chauncy figuró como el acérrimo opositor de dichos excesos, de los que el mismo Whitefield mostraba algunos, razón por la que el mismo Edwards lo reprimió cuando este predicó en Northampton en su gira evangelística en 1740; los que seguramente también practicaba Tennent, porque como decían algunos de sus críticos, "era

---

[617] Ver Von Rohr. P. 187.
[618] Tracy. P. 240.
[619] Ver: Von Rohr. P. 187.
[620] Tracy. P. 239.

la imitación de Whitefield". El gran desastre fue presentado por James Davenport, entre otros como él.

James Davenport, tataranieto del fundador de la colonia de New Haven, y pastor de una iglesia en Long Island, fue movido por la emoción del avivamiento a mediados de 1741 para ir a Nueva Inglaterra, quien por un período de unos dos años ejerció un ministerio evangelístico itinerante. Su trabajo estuvo marcado por gran hostilidad por los pastores establecidos e incluso entre los laicos. Sus excesos eran tan aberrantes que reclamaba tener las habilidades para distinguir entre quienes eran salvos y quienes no, y emplear tácticas extravagantes para conducir a los congregados a una experiencia frenética de conversión. Sus reuniones duraban desde la tarde hasta las 10 de la noche y sucedía todo tipo expresiones histéricas, ruidosas, etc.[621]

Pese a tales realidades que no sumaban a la causa revivalista, Tracy nota que:

"La influencia de Edwards no hizo marchas forzadas, sino que avanzó constantemente hacia la ocupación de todo el país; y siguió avanzando mientras vivía y después de su muerte".[622]

El grado de los desastres que causaban *revivalistas* fanáticos como John Davenport lo podemos observar en la siguiente misiva de Edwards a su esposa Sarah:

## CARTA DE EDWARDS A SU ESPOSA
### Lebanon, at Mr. [William] Metcalf's, March 25, 1743.[623]

Querida esposa:
Esta mañana recibí del Sr. [John] Potwine la breve carta que me enviaste, con los libros, papeles, etc., por la cual te doy las gracias. Con esto le informaría que he estado bastante mal desde que llegué acá; montar en un clima tan tempestuoso aumentó mi frío y casi me venció. Pero ahora estoy un poco mejor. No pude ver al Sr. [Eleazar] Wheelock cuando bajé, por lo que no tuve oportunidad de estar de acuerdo con él sobre la alteración del tiempo de mi ausencia de casa, pero tenía la intención de no haber ido a casa la

[621] Von Rohr. P. 188.
[622] Tracy. P. 240.
[623] Fuente: **WJE Online Vol. 16**, Ed. Claghorn. *Mrs. Jonathan Edwards* (Sarah Pierpont Edwards), por Joseph Badger, sin fecha, Yale University Art Gallery, un legado de Eugene Phelps Edwards.

próxima semana. Muchos ministros me han estado instando a que vaya a New London, pero me negué a menos que algunos de ellos me acompañaran. Y anoche, el Sr. [Joseph] Meacham, el Sr. [Solomon] Williams y el Sr. [Benjamin] Pomeroy acordaron ir conmigo la próxima semana, para tratar de reconvenir a la gente de sus errores.§ Así que creo que no estaré en casa hasta la semana siguiente. Deles mi amor a mis hijos y al Sr. Wheelock. Hermano y hermana [Abigail Edwards] Metcalf te envían cariño a ti y a los niños. Recuérdame en tus oraciones. Soy, mi querida compañera:

Tu consorte cariñoso,
**Jonathan Edwards**

Los desastres causados por algunos *revivalistas* fanáticos eran graves. Como puede ser observado, Edwards y otros líderes tuvieron mucho trabajo de campo que realizar en procura de reparar los graves daños que causaban esos agitadores errados.

Las expresiones de los clérigos y en los periódicos eran cosas como 'que parecían una compañía de *chabacanos revoltosos* luego de una *fiesta furiosa*, que cristianos sobrios adorando a Dios', y cosas de esa naturaleza.[624]

Por razones especialmente de los excesos de James Davenport, la asamblea General de Connecticut, por ejemplo, resolvió prohibir todo ministerio itinerante.[625]

En medio de todo ello, Edwards suma una extraordinaria diferencia frente al grueso de los *revivalistas* de sus días. Edwards no era un mero predicador itinerante, era un pastor en la primera iglesia de Cristo de Northampton. Y pese a sus luchas contra los sensacionalistas de sus días, cual James Davenport, y sus frecuentes condenas a los cuáqueros (o comunidad de los hermanos), debemos notar en Edwards lo mismo que Tracy, a mi juicio, según hizo notar: "Aun así, [Edwards] fue quizás el predicador más eficiente en Nueva Inglaterra, incluso si lo juzgaban por el efecto inmediato de sus sermones".[626]

---

§ El asunto que Edwards le informa a su esposa, que su regreso a Northampton se retrasará porque la iglesia de New London, Connecticut, devastada por los excesos de avivamiento provocados por James Davenport, necesita asistencia de emergencia. Pocos días después, Edwards dirigió un consejo de ministros allí para restablecer el orden y persuadir a Davenport de sus errores.

624 Von Rohr. P. 188.

625 *Ibidem.*

626 Tracy. Pp. 240, 241.

Si mi juicio no me traiciona, lo que Tracy está proclamando sobre Edwards es que él no era un palabrero del avivamiento, sino un predicador experimentado, que se basaba también en su propia experiencia de avivamiento.

## El rechazo a Whitefield en América

Whitefield debe encajar dentro de los líderes forjadores del pensamiento y el carácter de América. Aunque era inglés, hizo trabajos sociales en su juventud temprana en América, específicamente en Georgia

Sus visitas entre 1738 y 1740 revolucionaron américa. Los presbiterianos de Pennsylvania, especialmente los Tennent y su Colegio Log (el colegio precursor de la Universidad de Princeton) no solo recibieron a Whitefield sino que adoptaron su método itinerante y emularon el estilo de Whitefield. Se dice que William y Gilbert Tennent eran una copia de Whitefield.

En fin, fue fruto de aquella visita de Whitefield en 1740, iniciando por Pennsylvania, y extendiéndose a Massachusetts y Connecticut cuando detonó el memorable *Primer gran despertar* en América. Incluso, fue justamente durante las predicaciones y encuentros de Whitefield en Nothampton, la iglesia y ciudad de Jonathan Edwards para entonces, que comenzó un gran avivamiento en aquella ciudad, el cual Edwards describiría para la imprenta. En este nuevo despertar fueron avivados algunos de los niños de Edwards y su amada esposa, aunque no en ocasión de la predicación de Whitefield. De hecho, Sarah fue avivada por febrero de 1742, durante las predicaciones del Rev. Buell, a quien Edwards había dejado en su púlpito mientras este atendía otro compromiso.

> Después de septiembre de 1741, parecía haber alguna disminución de estas extraordinarias apariciones, sin embargo, no cesaron por completo, pero hubo algo de ellas, de vez en cuando, durante todo el invierno. A principios de febrero de 1742, el Sr. Buell vino a esta ciudad. Entonces estaba ausente de mi casa, y continué así hasta aproximadamente quince días después. El Sr. Buell predicó día a día, casi todos los días, en el salón de reuniones. Le había dejado el uso libre de mi púlpito, habiendo oído hablar de su visita diseñada antes de irme de casa. Pasó casi todo el tiempo en ejercicios religiosos con la gente, ya sea en público o en privado, y la gente lo atestaba continuamente.[627]

---

[627] Edwards, J. Un relato del avivamiento en Northampton entre 1740 – 1742.

Para colmo, en aquella ocasión particular, en pleno inicio de aquel despertar, llegó a la casa de los Edwards quien sería uno de los más aventajados discípulos de Edwards, de hecho, el primer biógrafo de Jonathan Edwards y en honor a quien muchos denominaron el movimiento teológico principiado y sistematizado por Edwards la "nueva divinidad", el que muchos historiadores han llamado "hopkinsismo".

Whitefield regresaría a América, pero su estrellato al que lo había catapultado los resultados de sus campañas entre 1738 y 1740, sumando a ello la amplia difusión en el periódico (tipo revista) que se hacía famoso por la época. Especialmente el periódico de Benjamin Franklin, "Pennsylvania Gazette", se había encargado de catapultar al estrellato al predicador que no se conformaba al *Statu Quo*, cual era también el espíritu del gran Franklin. De hecho, Franklin siempre criticó el *establishment* ministerial puritano, especialmente el bostoniano. No le soltó el guante en sus críticas a los Mather, por ejemplo. Y publicaba en su periódico toda crítica pastoral y académica hacia aquella élite de Massachusetts. Por cierto, estuvo preso por ello.[†]

John Wesley (1703-1791), evangelista anglicano de corte arminiano. Se graduó en Oxford y fue misionero en Georgia. Sirvió en la Iglesia Cristo (Episcopal) de Savannah, Georgia, donde disciplinó a una joven por rechazar su cortejo. Regresó a Inglaterra y empezó el movimiento de renovación anglicana llamado "metodismo". A final del siglo XVIII el metodismo ya era una denominación.

## El congregacionalismo americano post Edwards

Aunque hubo un cuasi total abandono de Edwards luego del cese de la ola del segundo despertar en Estados Unidos, cuya decadencia también fue gradual, el triste hecho estuvo muy relacionado a la lamentable negativa del congregacionalismo del siglo XIX de conducir sus sendas por el liberalismo. El congregacionalismo en Estados Unidos penosamente navegó cual una embarcación errante por todas las costas del denominado "evangelio social". Se dispusieron a arriar la carroza de las generalmente así llamadas "Iglesias de Cristo" con caballos tirados por la sabiduría humana en vez de la bíblica o divina.

Claro, hubo un plus en pleno siglo XVII con la lucha por la abolición de la esclavitud. De hecho, Jonathan Edwards Jr. Y Samuel Hopkins

---

[†]   Ver la breve semblanza de Franklin en el Cap. I, pp. 76, 77, de este tratado.

fueron pioneros universales en tal procura con irreversible éxito. Pero la tendencia del evangelio social, la lucha en pro del desarme, la asunción del liberalismo teológico desde sus inicios, el coqueteo con las secuelas del liberalismo teológico de finales del siglo XIX y los inicios del siglo XX (incluyendo la Neo Ortodoxia), entre otros reveses a pasos de cangrejo, le dieron un golpe tras otro a la decadente denominación americana.

Fue excesivamente notorio tanto como fatal para el congregacionalismo a principio del mismo siglo XIX, el abandono masivo de figuras claves como Luther Rice y Adoniran Hudson. Estos habiendo sido enviados a la India como misioneros, e inquietándoles asuntos eclesiológicos como el bautismo de párvulos tanto como el inconsistente pero creciente coqueteo con el liberalismo incipiente de dicha denominación, al arribar a la India en su misión, encontrándose con William Carey, abandonaron su denominación esas dos glorias de las misiones y se volvieron bautistas. Subsiguientemente más o menos por el mismo período hubo una migración masiva de iglesias congregacionales a la creciente denominación Bautista.

Subsecuentemente (mayormente a inicios del siglo XX) hubo también alianzas liberales con asociaciones de iglesias como los *campbellistas*, los bautistas de Norteamérica, etc., que terminaron de darle los últimos golpes a la influencia congregacionalista en Estados Unidos.

Pero, todo ese declive fue exactamente el presagio de Jonathan Edwards cuando tuvo que librar el pleito desde Northampton sobre la membresía y las inconsistencias del renombrado "El Pacto de Medio Camino". Aquel presagio le costó al mismo Edwards su vulgarmente despedido de aquella congregación que pastoreaba. En su carta posterior de Edwards a esa iglesia, les habló abundantemente de lo que se presagiaba por seguir el liberal camino que habían decidido seguir en Northampton y que se convirtió en una norma por toda Nueva Inglaterra (de hecho, habiendo comenzado a mediados del siglo XVII con Eleazar Mather y habiendo sido acentuado por su mismo abuelo Solomon Stoddard). Se debe sumar tal desgracia al lamentable creciente arminianismo y liberal que se había iniciado en Harvard, lo que se fue colando a las demás instituciones educativas americanas, y por tanto a las iglesias. Fue exactamente contra tal corriente que luchó la "nueva divinidad" desde los días del mismo Edwards. Por cierto, uno de los más fieros luchadores contra la fatal tendencia arminiana que Edwards previó, fue precisamente su hijo, el Dr. Jonathan Edwards.

Los minúsculos rebuscos del congregacionalismo norteamericano, de nombre *United Church(es) of Christ* (Iglesia de Cristo Unida), ha llegado a ser hoy (lo digo con profundo lamento y abundantes lágrimas), una Sodoma. Esa denominación, con sus alianzas, recogen las iglesias que se autodenominan "Open and Affirming"§ (abierta y afirmante), lo que significa que no solo aceptan en su membresía a personas abiertamente homosexuales y de los supuestos "diversos géneros" (LGBTQI), sino que promueven las políticas de género y tienen ministros de esas ideologías. Por ejemplo, la 1ra. Iglesia de Cristo en Stockbridge, donde Edwards pastoreó desde 1750 hasta 1757 (su última pastoría), se da el bombo de ser la iglesia en la Asociación de Berkshire de la UCC¤ en ordenar a una mujer (a la Rev. Lois Rose), en 1973. Y en el año 2012 votaron para ser una iglesia *Open and Affirming* (abierta a los LGBTQI), y por fin ordenaron su primer(a) ministro(a) gay en el 2013 (el-lo-la Rev. Brent Damrow).[628]

Por ejemplo, en la descripción de la Primera Iglesia de Northampton, que es una iglesia asociada a la *United Church of Christ*, donde Edwards ministró la mayor parte de su vida, reza:

> "Somos una congregación *abierta y afirmante*. Damos la bienvenida e invitamos a nuestra membresía a todas las personas que aman a Dios y a nuestro Señor Jesús sin tener en cuenta las diferencias como raza, etnia, edad, identidad de género, capacidad, orientación sexual, situación económica, estado civil, nivel de educación o cualquier otra diferencia que puede malinterpretarse como una barrera para el compañerismo cristiano. También damos la bienvenida a todos los que buscan a Dios. Damos la bienvenida a los creyentes, a los que preguntan y a los creyentes que cuestionan. Expresamos nuestra más sincera esperanza de que, en comunión con nosotros, pueda encontrar las respuestas que está buscando".

¿Se puede usted imaginar tal grado de depravación en la iglesia de Cristo? ¡Imposible! Es una clara evidencia de que el Señor abandonó esa barca hace ya mucho (quizás más de un siglo). De hecho, los tambaleos comenzaron justamente con el stoddardismo, conforme a las preocupaciones y casi predicciones de Edwards. Pero todavía a inicios del siglo XIX estaban en pie de lucha, aunque al límite del precipicio. El deterioro sucedió gradual y paulatino. Da pena y vergüenza leer los pronunciamientos doctrinales (burlándose de la ortodoxia) de los principales líderes del

---

§ Mire, por ejemplo, la página web de la primera iglesia de Northampton, donde Edwards ministró la mayor parte de su vida: http://www.firstchurches.org/welcome/. Y mire aquí la web de la denominación United Church of Christ:

¤ UCC: United Church(es) of Christ.

628 Vea la vergonzosa confirmación en la propia página de esa "congregación": https://stockbridgeucc.org/mission-vision-history/

congregacionalismo del siglo XIX, como lo presenta von Rhor en su historia. Entre ellos: Henry Ward Beecher, George A. Gordon, Lyman Abbot, Theodore Munger (quién propuso la teología del progreso), entre otros quienes no solo rechazaron el calvinismo, sino que lo tildaron (especialmente a la doctrina de la elección), de contradictoria y fatal.[629] Se mofaban de decir que el calvinismo (la vieja teología) no fue una expresión de la mente libre.[630] Para ellos la Biblia era un libro muy restrictivo y autoritativo. Y criticaban lo que había hecho por ejemplo Edwards: "No es edificante ver a Edwards", escribió Gordon, "en pleno movimiento de especulación hacer una pausa repentina... y meter en su argumento textos de prueba de todos los rincones de la Biblia".[631]

El congregacionalismo para entonces era pro Darwin, pro Schleiermacher, pro Ritschl, pro cualquier cosa nueva, en rechazo de lo viejo. Lo añejo era malvado para ellos, digno de toda burla y despecho. El mismo Gordon escribió que "la vieja teología se descuidó en su interior y no miraba a Dios a la imagen de Cristo... el Eterno debe ser visto a la luz de la ilustración y la conciencia".

Por su parte Abbot, quien negó que las cosas fueran de un modo histórico como se interpretan del Génesis (tanto sobre la creación, el pecado y la caída y la redención), y en 1892 (el año en que murió Spurgeon, un acérrimo crítico del liberalismo), Abbot escribió: "que el modo de interpretación evolutivo no solo preservaba la fe histórica sino que también la presentaba 'en una forma más pura y poderosa'". También escribió: "Adán no me representó a mí, yo nunca voté por tal cosa"... Por tanto, "como resultado, no existe un pecado singular u original"... "Así que en la evolución, Dios triunfó sobre el pecado".[632]

Beecher escribió que "el ser humano fue hecho para ir evolucionando hasta escapar de la forma animal en la que nació".[633]

"Aunque esos fueron postulados de ministros y teólogos particulares muy influyentes, se procuraron varios credos que expresaran la fe de los congregacionalistas, quienes claramente ya repudiaban la Confesión de Westminster para entonces. Después de varios esfuerzos previos, desde 1865, finalmente se aprobó una confesión de doce artículos (*The*

---

[629] Von Rhor. P. 350.

[630] *Ibid.*

[631] *Ibid.*

[632] *Ibidem.* P. 351.

[633] Ibid.

*Commission Creed*), ya a finales del siglo XIX, que expresaba la creencia de las iglesias congregacionalistas de forma amplia. El nuevo credo se liberaba del calvinismo, como se había popularizado en los 1880, de hecho, no se mencionó la predestinación, se afirmaron la libertad y responsabilidad humanas. El conocimiento de Dios venía por la obra de la naturaleza y la iniciativa de la conciencia y la revelación en las Escrituras. No se afirmó la autoridad de las Escrituras".[634] Así se procuró combinar lo clásico con los nuevos inputs teológicos. El Concilio Nacional aprobó la "Declaración de Kansas City" en 1913 en base a los artículos del *Commission Creed* de 1900, e intentaron ser un poco más conservadores, a lo menos afirmando que creían en la tradición de sus padres.

Es justamente lo que predijeron Shindler y Spurgeon en sus artículos sobre "el declive" que publicaron en la revista "la espada y la pala",[635] desde el Reino Unido.

¿Comprendes mi pesar y dolor?

## Algunas lecciones claras que aprendemos de los líderes de reformas y avivamientos

Evidentemente, a mí me parece que en vista de las lógicas evidencias de lo que sucede en un avivamiento, y a sazón de que nuestro escrutinio en este escrito, es el Sr. Edwards; creo que estamos en el deber de mostrar ciertos elementos comunes en aquellos hombres que en la historia, hasta donde sabemos, Dios ha utilizado para traer un despertar. Lutero en Wittenberg, Juan Calvino en Ginebra, Edwards en Nueva Inglaterra, los Apóstoles en Jerusalén, Esdras y Nehemías en el Judá postexílico, Josías e Hilcías en el reino en el Judá pre exílico, etc. ¿Cuál es el elemento común en tales hombres? Sin duda alguna, denotamos: (1) La piedad personal de tales líderes; (2) su sed y apego a escudriñar las sagradas Escrituras sacando hasta del último segundo de tiempo; (3) su ahínco en la oración; todo lo cual les conduce a una contemplación profunda de la gloria de Dios, mostrada en su incomparable belleza, sus perfecciones o atributos, su perfecto plan de redención, todo modelado por Su perfecta santidad y su Soberanía

---

[634] VonRhor. Pp. 355, 356.
[635] Ver aquí mi biografía de Charles H. Spurgeon (publicada por CLIE en marzo del 2021), donde describimos este asunto. Ver también el libro de John MacArtrthur "Avergonzados del Evangelio" (publicado por Porta Voz en el 2001), pp. 229-258, donde es tratado el tema con detalles.

absoluta; en claro contraste con la bajeza e imperfección humana, a pesar de la gracia; (4) un alejamiento y rechazo de tendencias místicas.

Como hemos comentado, los avivamientos son enteramente una prerrogativa divina en lo absoluto; pero a la vez notamos que los agentes humanos de los avivamientos, de los cuales tenemos no muchos reportes en la historia, tienen los anteriores elementos en común. Claramente, el asombro por la gloria de Dios en sus perfecciones, en sus gracias, sus planes y su absoluta soberanía sobre todo, claramente no el fruto del influjo del Espíritu, pero estos hombres, todos, llegaron a tal contemplación al haber tenido suficiente tiempo extasiados en la fuente donde aquellas cosas pueden ser observadas y aprendidas, a saber, las Sagradas Escrituras, el estudio, la contemplación y la meditación de estas, acompañada con una profunda piedad, determinación y una vida de oración.

Notamos entonces que aparte de este ambiente o condición, no sabemos de ningún posible avivamiento.

Existen otros fenómenos que podríamos confundir con avivamiento, pero a menudo no lo son, como el fenómeno del iglecrecimiento moderno y las gigantescas o megas iglesias. Las razones por las que no necesariamente se trata de avivamientos, son obvias. De hecho, no es el volumen que define aquello a lo que nos hemos referido con avivamiento, sino los acontecimientos.

## Algunos resultados generales del Gran Despertar

1) 200.000 conversiones (1/10 de la población total de Nueva Inglaterra).
2) Surgieron decenas de universidades, como la Universidad de Princeton (presbiteriana), la Universidad Brown (Bautista), la Universidad de Pennsylvania (fundada por Whitefield y Franklin).
3) Entrenamiento y enseñanza a los nativos, con la Universidad de Dartmes, el colegio Queen en New Jersey (ahora Universidad Rectors). Todos esos ministerios surgieron por la necesidad masiva de entrenar a los convertidos.
4) La unidad colonial. Por primera vez las colonias estaban unidas. Comenzó a hacerse popular la antigua propuesta Bautista de la separación entre la iglesia y el estado por primera vez en cualquier lugar del mundo. Franklin lo llamó "el nuevo orden para los tiempos".
5) Las iglesias bautistas despegaron como fruto del Gran Despertar. Para 1780, había 460 iglesias bautistas entre las colonias del

Sur (Georgia y las Carolinas) que fueron afectadas por el Gran Despertar. Remarcado es el movimiento Sandy Creek. Allí entre los bautistas está el ministerio de Shibal Stearns (1706-1771), un convertido bajo la predicación de Whitefield. También encontraremos para entonces a Isaac Backus (1724-1806).[636]

---

[636] Piper, Noël: https://www.avivanuestroscorazones.com/mujer-verdadera/blog/sarah-edwards-dejando-un-legado-de-piedad/

# XIII

## Los escritos de Jonathan Edwards

En nuestra aventura hemos procurado mostrar todo el entorno de Jonathan Edwards, además de su interior y su carácter y como los modeló en su vida, familia, iglesia y entorno. Hemos navegado en diversos medios en procura de esa comprensión lo más sólida, veraz y detallada posible que nos permite este medio y este estilo.

Al aterrizar en su escritorio, podremos degustar el sumo de del pensamiento de Edwards de primera mano. No es que sea tarea fácil, pero al considerar los títulos de sus trabajos, analizar su contenido y proveer algunas citas puntuales, entre comentarios diversos, será posible degustar una muestra del rico menú del acervo teológico general del puritano de sobrada fama que nos ocupa en este trabajo. Vayamos en pos de esa procura.

Jonathan Edwards es ampliamente considerado el teólogo más influyente de la historia estadounidense. Este no ha sido siempre el caso. Antes de la revolucionaria biografía intelectual de Perry Miller sobre Edwards en 1949, el famoso pastor puritano era mejor recordado por su supuesta predicación del avivamiento del fuego del infierno. Y, entre los estudiosos más cuidadosos, por ser el progenitor de la llamada *Teología de Nueva Inglaterra*, una tradición que perduró hasta el siglo XIX. Hoy las cosas ciertamente han cambiado. El teólogo Robert Jenson llamó a Edwards "el teólogo de Estados Unidos" en su estudio de 1988 del pensamiento de Edwards; mientras que el historiador y biógrafo de Edwards, George Marsden, lo apodó el "Agustín estadounidense" en un ensayo sobre la interpretación del legado intelectual de Edwards. Muchos pastores y líderes de otros ministerios sienten lo mismo, incluso cuando a veces expresan sus sentimientos de maneras más o menos creativas.[637]

---

[637] Finn & Kimble. P.19.

Algunas de estas obras, como su famosa biografía sobre David Brainerd y sus primeros escritos de avivamiento, fueron éxitos de ventas. Otros, como su importante tratado sobre "Los afectos religiosos" y sus escritos posteriores sobre el avivamiento, han influido significativamente en la teología y la espiritualidad evangélicas.

En sus escritos, "Jonathan Edwards nos da anhelos por Dios y por la santidad que son más satisfactorios que incluso nuestros mejores gozos en la actualidad ... Edwards vio quién es Dios en todo su esplendor y lo escribió con tanta elegancia y penetración que leer sus escritos es como pasar de la locura a la cordura o de la enfermedad a la salud".[638]

Los escritos de Jonathan Edwards son tan abundantes que hay varios trabajos de suma importancia de Edwards que a día de hoy nunca han sido publicados. Por ejemplo, su trabajo "Imágenes y sombras divinas", que es un cuaderno entre muchos otros de Edwards, en el que tuvo 212 entradas, salió a la luz pública por primera vez en la historia en 1948, casi 200 años luego de la muerte de Edwards, una edición de Perry Miller, publicado por *New Haven: Yale University Press*.[639]

La biografía de Miller marcó el comienzo de un renacimiento académico significativo entre historiadores, teólogos y filósofos interesados en la vida y el pensamiento de Edwards. Hasta ahora, el fruto más importante de este renacimiento es la publicación de la edición crítica de *The Works of Jonathan Edwards (WJE)* (las obras de J. E.), editada por varios especialistas y publicada por *Yale University Press* en veintiséis volúmenes de tapa dura entre 1957 y 2008. De hecho, el más grande esfuerzo por sacar a la luz ordenadamente los trabajos de Edwards lo ha estado haciendo precisamente la Universidad Yale, y para beneficio del mundo, los ha organizado en un portal en línea en: https://edwards.yale.edu que al momento ha publicado 73 volúmenes de los trabajos del afamado divinista, según enlistamos a continuación.

## Los escritos de Jonathan Edwards

Acontinuación les presento el listado de todos los trabajos de Edwards publicados por Yale y el Edwards Center en línea, designados *WJE Online Volumes*[640] (Volúmenes en línea de los Trabajos de Jonathan Edwards, por sus siglas en inglés (*WJE*).

---

[638] *Ibidem.*
[639] Simonson. P. 106.
[640] *WJE* Online: http://edwards.yale.edu/research/browse

- *Freedom of the Will* (La libertad de la voluntad). Vol. 1.
- *Religious Affections* (Los afectos religiosos). Vol. 2.
- *Original Sin* (Pecado original). Vol. 3.
- *The Great Awakening* (El Gran Despertar). Vol. 4.
- *Apocalyptic Writings* (Escritos apocalípticos). Vol. 5:
- *Scientific and Philosophical Writings* (Escritos filosóficos y científicos). Vol. 6.
- *The Life of David Brainerd* (La vida de David Brainerd). Vol. 7.
- *Ethical Writings* (Escritos sobre Ética): Vol. 8.
- *A History of the Work of Redemption* (La historia de la obra de la Redención). Vol. 9.
- *Sermons and Discourses, 1720-1723* (Sermones y Discursos entre 1720-1723). Vol. 10.
- *Typological Writings* (Escritos tipológicos). Vol. 11.
- Ecclesiastical Writings (Escritos eclesiológicos). Vol. 12.
- *The "Miscellanies": Entry Nos. a-z, aa-zz, 1-500* (Misceláneas: Entradas y números a-z, aa-zz, 1-500). Vol. 13.
- *Sermons and Discourses, 1723-1729* (Sermones y Discursos entre 1723-1729). Vol. 14.
- *Notes on Scripture* (Notas en la Escritura). Vol. 15.
- *Letters and Personal Writings* (Cartas y escritos personales). Vol. 16.
- *Sermons and Discourses, 1730-1733* (Sermones y Discursos entre 1730-1733). Vol. 17.
- *The "Miscellanies": Entry Nos. 501-832* (Misceláneas: entradas 501-832). Vol. 18.
- *Sermons and Discourses, 1734-1738* (Sermones y Discursos entre 1734-1738). Vol. 19.
- *The "Miscellanies": 833-1152* (Misceláneas: entradas 833-1152). Vol. 20.
- *Writings on the Trinity, Grace, and Faith* (Escritos sobre la trinidad, la gracia y la fe). Vol. 21.
- Sermons and Discourses, 1739-1742 (Sermones y Discursos entre 1739-1742). Vol. 22.
- *The "Miscellanies": Entry Nos. 1153-1360* (Misceláneas: entradas 1153-1360) Vol. 23.
- *The "Blank Bible"* (La Biblia en Blanco). Vol. 24.
- *Sermons and Discourses, 1743-1758* (Sermones y Discursos entre 1743-1758). Vol. 25.
- *Catalogues of Books* (Catálogo de libros). Vol. 26.
- *"Controversies" Notebook* (Cuaderno de "Controversias"). Vol. 27.
- *Minor Controversial Writings* (Escritos controversiales menores). Vol. 28.
- *Harmony of the Scriptures* (Una armonía de las Escrituras). Vol. 29.
- *Prophecies of the Messiah* (Profecías sobre el Mesías) Vol. 30.
- *"History of Redemption" Notebooks* (Cuadernos sobre "La historia de la redención"). Vol. 31.
- *Correspondence by, to, and about Edwards and His Family* (Correspondencias por, hacia y sobre la familia de Edwards). Vol. 32.

- *"Misrepresentations Corrected" Draft* (Tergiversaciones corregidas, borrador). Vol. 33.
- *"Original Sin" Notebook* (Cuaderno sobre "El pecado original"). Vol. 34.
- *Sermon Notebooks* (Notas de sermones). Vol. 36.
- *Documents on the Trinity, Grace and Faith* (Documentos sobre la trinidad, la gracia y la fe). Vol. 37.
- *Dismissal and Post-Dismissal Documents* (Documentos del despido y post despido). Vol. 38.
- *Church and Pastoral Documents* (Documentos sobre la iglesia y la pastoral). Vol. 39.
- *Autobiographical and Biographical Documents* (Documentos autobiográficos y biográficos). Vol. 40.
- *Family Writings and Related Documents* (Escritos familiares y documentos relacionados). Vol. 41.
- Sermones, Series II, 1723-1727. Vol. 42.
- Sermones, Series II, 1728-1729. Vol. 43.
- Sermones, Series II, 1729. Vol. 44.
- Sermones, Series II, 1729-1731. Vol. 45.
- Sermones, Series II, 1731-1732. Vol. 46.
- Sermones, Series II, 1731-1732. Vol. 47.
- Sermones, Series II, 1733. Vol. 48.
- Sermones, Series II, 1734. Vol. 49.
- Sermones, Series II, 1735. Vol. 50.
- Sermones, Series II, 1736. Vol. 51.
- Sermones, Series II, 1737. Vol. 52.
- Sermones, Series II, 1738, y unidos, 1734-1738. Vol. 53.
- Sermones, Series II, 1739. Vol. 54.
- Sermones, Series II, enero-junio 1740. Vol. 55.
- Sermones, Series II, julio-diciembre 1740. Vol. 56.
- Sermones, Series II, enero-junio 1741. Vol. 57.
- Sermones, Series II, julio-diciembre 1741. Vol. 58.
- Sermones, Series II, enero-junio 1742. Vol. 59.
- Sermones, Series II, julio-diciembre 1742, y unidos, 1739-1742. Vol. 60.
- Sermones, Series II, 1743. Vol. 61.
- Sermones, Series II, 1744. Vol. 62.
- Sermones, Series II, 1745. Vol. 63.
- Sermones, Series II, 1746. Vol. 64.
- Sermones, Series II, 1747. Vol. 65.
- Sermones, Series II, 1748. Vol. 66.
- Sermones, Series II, 1749. Vol. 67.
- Sermones, Series II, 1750. Vol. 68.
- Sermones, Series II, 1751. Vol. 69.
- Sermones, Series II, 1753. Vol. 71.
- Sermones, Series II, 1754-1755. Vol. 72.
- Sermones, Series II, 1756-1758, unidos y fragmentos. Vol. 73.

También existe la publicación del Estandarte de la Verdad de *The Works of J. E.* (*WJE*) a dos volúmenes. Además de *The Works of Jonathan Edwards*, los académicos han escrito miles de disertaciones, tesis, monografías, ensayos y artículos de revistas y periódicos, capítulos de libros, estudios semi-eruditos y otros trabajos relacionados con Edwards. Se han convocado decenas de conferencias, que a menudo han dado lugar a antologías publicadas. Los académicos y estudiantes han leído cientos de artículos en las reuniones de sociedades académicas. Se han establecido nuevos centros de estudio de Edwards en Australia, Bélgica, Brasil, Alemania, Japón, Polonia y Sudáfrica, así como un segundo centro estadounidense en Trinity Evangelical Divinity School en Deerfield, Illinois.

Los trabajos compilados del teólogo comprenden hasta el momento,[‡] como puede ser confirmado en el portal abierto de Yale, 33 volúmenes de sermones, con 1.186 sermones, no necesariamente estructurados, pero si con notas suficientes para llenar unas 10 a 15 páginas de promedio cada uno. Los sermones que fueron arreglados para la publicación dan fe de esto. Encontramos volúmenes de sus obras publicadas en vida, como el Vol. 1, por ejemplo, *Freedom of the Will* (La libertad de la Voluntad); el tratado *Religious Affections* (Los afectos religiosos), en el Vol. 2, su disertación *Original Sin* (Pecado original) en el Vol. 3, *The Great Awakeining* (El Gran Despertar) en el Vol. 4, el cual contiene 12 prefacios e introducciones a las diferentes publicaciones de los tratados principales de Edwards sobre el Gran Despertar, más los tres tratados, a saber: (1) "Una narrativa fiel", (2) "Las marcas distintivas" y (3) "Algunos pensamientos concernientes al avivamiento", además de contener "algunas cartas concernientes al avivamiento" (siete en total); más la introducción que le escribió Jonathan Edwards al libro publicado por su pupilo y más cercano amigo en el ministerio, Joseph Bellamy.[§]

Otros trabajos como "Misceláneas" (Vol. 18): que consta de 1.359 notas que van desde un párrafo a un tratado largo sobre una diversidad de temas impresionante; nos abruman, porque se podrían componer varios tomos gruesos a partir de ellos. Lo mismo que sucede en la famosa "Biblia en Blanco", que podrá ser cualquier otra cosa, menos una biblia en blanco. Por cierto, contiene miles de notas sobre casi cada pasaje de las escrituras en sus páginas que una vez estuvieron en blanco.

En fin, así siguen los volúmenes tras volúmenes de los trabajos de Jonathan Edwards ya publicados, ya manuscritos, etc.

---

[‡]  Desde el 2017 hasta la fecha *WJE* ha crecido de 47 a 73 volúmenes.

[§]  El Rev. Joseph Bellamy escribió en esta ocasión "La verdadera religión".

## Los sermones y escritos de Edwards a la luz del pensamiento ilustrado

Aunque en el mundo de habla hispana, lamentablemente Edwards apenas es conocido, a este punto es bueno recordar que este hombre de Dios figura dentro de los más agudos pensadores de toda la historia humana. Él fue un predicador de renombre, tanto que como ya hemos hecho saber, predicó, entre otros miles, el sermón más famoso de toda la historia post apostólica que se haya predicado hasta nuestros días.

En primer lugar, Edwards debe ser visto en primera instancia como un predicador. Su ardua actividad cognitiva está primeramente anclada a su actividad exegética y teológica. De hecho, como el de cualquier predicador responsable, el universo de estudio de Edwards era en esencia las Sagradas Escrituras. Su laboratorio consistía en una congregación, pero sus instrumentos de trabajo eran solo pluma y papel. Que nos hayan llegado, como hemos dicho, hay registros cerca de 1.200 sermones[*] de Edwards. Sus conferencias en círculos pastorales y en universidades fueron estrictamente sermones. Y prácticamente casi la totalidad de sus tratados fueron literalmente series de sermones.

Los sermones de Edwards no son comunes. Su agudeza de pensamiento no escapó a su actividad en el púlpito. Su método en el púlpito fue muy particular. Aunque tuvo una fuerte herencia puritana, fue al mismo tiempo, un hijo del *siglo de las luces*. Para colmo fue *admirador* de Newton, Leibniz y Locke en su vida académica. Pero, como caracterizaba la formación teológica de entonces, sabemos que sentía admiración por los escritos de Calvino y por el método un tanto particular y libre de William Ames, tanto como el de John Smith.

Por tanto, como demostramos en la sección de la herencia intelectual de Edwards, el pensador en cuestión en este tratado fue un puritano de Nueva Inglaterra, con una herencia de los Platónicos de Cambridge; a la vez que un crítico de John Locke, llevando sus teorías del lenguaje, de la voluntad, etc., más allá de la limitante que le imprimió la Ilustración, movimiento que hacía descansar estas realidades en la capacidad de la razón. Edwards fue más allá del lenguaje artístico y rehusó endiosar la razón humana, sin anegarse en el misticismo o en el pietismo. En la libertad de la voluntad, Edwards refutó respetuosamente a Locke

---

[*] Notificar aquí que muchos de los sermones de Edwards se quedaron en notas manuscritas, muchos sin una estructura acabada cual un sermón dado a publicar.

demostrando que la razón podría llegar a pesar en contra de la acción o determinación de la voluntad. Para Locke, como para cualquier otro buen representante o padre de la Ilustración, la razón y el juicio eran soberanos en determinar la volición. Edwards, por el contrario, no solo disertó, sino que como le caracterizaba, demostró que hay muchos factores que determinan la volición, no tan solo la razón o el juicio. Es aquí donde Edwards se separa ampliamente de Locke. Simonson hace notar que, si bien Edwards encontró útiles las teorías lockeanas, y que las llegó a considerar en su juventud temprana como "puñados de plata y de oro"; no obstante, despertaría luego a las limitaciones de estas, por no decir de su fragrante irrelevancia,[641] hasta llegar eventualmente casi a desestimarlas.

Es verdad que Edwards analizó a Locke, a Smith a Newton, etc. Pero es claro que se alejó de Locke tanto en una visión más holística de como determina la voluntad. De hecho, esta comprensión le dará grandes ventajas a Edwards como teólogo, predicador y *revivalista*. En ese tenor, Edwards demostró que:

> Aunque ese dictado de la razón, cuando tiene lugar, es algo que se pone en la balanza, y debe considerarse como algo que tiene que ver con la influencia compuesta que mueve e induce la voluntad; y es una cosa que debe considerarse al estimar el grado de esa apariencia de bien que siempre sigue la voluntad; ya sea como si su influencia se agregara a otras cosas o se redujera a ellas. Cuando concurre con otras cosas, se les suma su peso, puesto en la misma balanza; pero cuando está contra ellos, es como un peso en la balanza opuesta, donde resiste la influencia de otras cosas; sin embargo, su resistencia es a menudo vencida por su mayor peso, y así el acto de la voluntad se determina en oposición a él.[642]

Igualmente sucedió con las teorías del lenguaje. Locke dedicó su libro III al "Ensayo sobre el entendimiento humano". Su premisa básica allí era que las palabras eran signos "externos" de "ideas invisibles"; que las palabras no tienen un vínculo natural con otras ideas; que por consiguiente las palabras son meros signos arbitrarios o marcas impuestas a las ideas para beneficio de necesidades asociadas comunes (III, ii, 1). Decía que debido a que "las palabras representan una imposición arbitraria perfecta" (III, iii, 8), cualquier palabra serviría si las personas la usan con coherencia, y por así decirlo, contractualmente (III, lx, 2).[643] Todo esto comenzó a hacer ruido en la teología de Jonathan Edwards. Edwards llegó a decir

---

[641] Ver: Simonson, p. 127.
[642] Edwards, J. La libertad de la Voluntad. Cap.1, Sec. 2. *WJE*, Vol. 1. Ed. Ramsy.
[643] Simonson. P. 128.

que Dios sonríe y se deleita en el lenguaje denominado "la locura de la predicación".[644] No es que Edwards no viera dificultad en el lenguaje, pero no pudo congeniar con los racionalistas en otorgarle un poder independiente y arbitrario a las palabras, y mucho menos se tragó nunca la idea de que el lenguaje tenía limitaciones tan profundas intrínsecamente, como bien pensaba Lucke y los racionalistas de su época.

Edwards, obviamente, además de expresarlo, presentó barreras comunicacionales en poder expresar lo que sentía y abstraía. Varios poetas se han pronunciado sobre el particular. Edwards llegó a decir "no sé cómo explicarlo". "Es difícil", pronunció el mismo Edwards, "encontrar palabras para expresar ideas propias".[645] Edwards comprendió la dificultad intrínseca del lenguaje. Pero de ahí a encerrar el lenguaje en una dificultad encadenada que no permitiría la eficiencia en sus propósitos, era para el divinista una locura. Edwards razonó que para poder entender las cosas espirituales era necesario acudir al sentido analógico de las palabras. Lo expresó así:

> Las cosas del cristianismo son tan espirituales, tan refinadas... están tan por encima de las cosas de las que hablamos ordinariamente y de esas actividades comunes a las que adaptamos nuestras palabras, que nos vemos obligados a usar las palabras *analógicamente*.[646]

El lenguaje religioso coexiste con el lenguaje analógico. Hemos de estar conscientes que el lenguaje de la fe no es el de los artistas. Edwards no dejó ninguna duda respecto a que su compromiso lingüístico estribaba en los afectos religiosos, no en las figuras estéticas. Edwards creía que el predicador debe escapar de la trampa de la rimbombancia y los acertijos del lenguaje artístico (o común). Creyó, enseñó y practicó el lenguaje sencillo, sustentando que "Dios bendice la predicación sencilla". Citaba a Pablo demostrando que Dios se ha propuesto utilizar "la locura de la predicación para salvar a los pecadores". En el punto de la sencillez, Edwards siguió las sugerencias del mismo Locke, quien era un abanderado de simplificar las ideas utilizando las mejores y más comprensibles palabras.[647] En el análisis anterior (con el cual concuerdo), el prof. Simonson no está exonerando a Edwards de su profundidad (pues Edwards siempre nadó profundo en las aguas teológicas, tanto que tuvo cierta fama de tener su

---

[644] *Ibidem.*
[645] *Ibidem.* P. 123.
[646] Simonson. P. 122.
[647] Ver: Simonson. Pp. 130, 131.

mente en las nubes). Simonson está simplemente diciendo que Edwards rehusó utilizar el lenguaje artístico (no-religioso).

Entonces, Edwards expresa que para el no iluminado el mundo del Espíritu no parece más que un cúmulo de sombras, contradicciones y paradojas.[648]

Es ahí donde acorde a Edwards necesitamos la visión y la imaginación renovadas. Un predicador hablaría tonteras sin el Espíritu, sería una situación contradictoria. Entonces, la iluminación debe caracterizar el esfuerzo del predicador y debe sobrecoger al pecador, para que la predicación resulte en su fin, a saber, trastornar la voluntad y volcarla a Cristo.

Insta a los que tienen el oficio de la palabra a ser muy cuidadosos con no sucumbir a la trampa del uso artístico de las palabras (es decir, el uso común y vulgar), porque podrían significar la diferencia entre el error y la verdad. En su magistral y quizás insuperable trabajo "La libertad de la voluntad", explicando el uso común de los términos y su inconsistencia relativa siendo mal usada, escribe lo siguiente:

> Es evidente que todas las palabras y frases semejantes,[*] tal como se usan vulgarmente, se usan y aceptan de esta manera. Se dice que algo es necesario, cuando no podemos evitarlo, aun cuando hagamos nuestra voluntad. De modo que se dice que cualquier cosa es imposible para nosotros, cuando nosotros lo haríamos de todos modos, o haríamos una realidad su ejecución; o al menos puede suponerse que lo desea y lo busca; pero todos nuestros deseos y esfuerzos son, o serían en vano. Y se dice ser irresistible, aquello que supera toda nuestra oposición, resistencia y empeño de lo contrario. Y se nos dirá que somos incapaces de hacer algo, cuando nuestros supuestos deseos y esfuerzos por hacerlo son insuficientes.
>
> Estamos acostumbrados, en el uso común del lenguaje, a aplicar y comprender estas frases en este sentido: crecemos con tal hábito; que por el uso cotidiano de estos términos, en tal sentido, desde nuestra niñez, se vuelve fijo y asentado; de modo que la idea de una relación con una supuesta voluntad, deseo y esfuerzo nuestro está fuertemente conectada con estos términos y naturalmente se excita en nuestras mentes cada vez que escuchamos las palabras utilizadas. Tales ideas, y estas palabras, están tan unidas y asociadas, que inevitablemente van juntas; uno sugiere la otra y lleva consigo a la otra, y nunca podrá separarse mientras vivamos. Y si usamos las palabras, como términos artísticos, en otro sentido, con todo, a menos que seamos extremadamente circunspectos y cautelosos, nos deslizaremos insensiblemente hacia el uso vulgar de

---

[648]  Ver: Simonson, p. 122.

[*]  Se refiere a los términos "necesario", "imposible", "incapaz", "irresistible", etc.

ellas, y así aplicaremos las palabras de una manera muy inconsistente: esta habitual conexión de ideas nos engañará y confundirá en nuestros razonamientos y discursos, en los que pretendemos usar estos términos de esa manera, como términos del arte.

Por lo tanto, cuando estos términos "necesario", "imposible", "irresistible", "incapaz", etc., se utilizan en los casos en que no se supone oposición o se supone una voluntad o esfuerzo insuficientes, o puede suponerse, pero la naturaleza misma del supuesto caso excluye y niega cualquier oposición, voluntad o esfuerzo; entonces estos términos no se usan en su significado apropiado, sino bastante alineados con su uso en el habla común. La razón es manifiesta; es decir, que en tales casos, no podemos usar las palabras con referencia a una supuesta oposición, voluntad o esfuerzo. Y por lo tanto, si alguien usa estos términos en tales casos, los usa sin sentido, o en algún sentido nuevo, diferente de su significado original y propio. [649]

La explicación de Edwards en los párrafos anteriores trata precisamente de su abordaje epistemológico, como acostumbraba Edwards en su método, lo cual lo hacía casi impecable en sus discursos, abordajes y contiendas. La cita anterior trata precisamente sobre una defensa del calvinismo frente al arminianismo, en lo que respecta a la voluntad, si libre o no. Edwards procura en ella eliminar los ruidos que podrían hacer parecer que los arminianos tienen razón en su propuesta, a la vez que llenar los huecos que desarman al calvinista en su defensa.

Esto es solo un ejemplo de la filosofía epistemológica de Edwards y su teoría del uso del lenguaje. Edwards entendió que las palabras tienen un significado sagrado (analógico) y que las limitaciones del lenguaje eran imposiciones sociales; por lo que en tal sentido, los divinistas y predicadores debían esforzarse por utilizar un lenguaje sencillo o religioso para escapar a las trampas impuestas por el lenguaje vulgar o común o artístico, como él lo nombró.

A fin de cuentas, sin la gracia y sin la luz del Espíritu que renueve la visión y la imaginación, las cosas de Dios no pueden ser ni comprendidas, ni aprehendidas ni vistas. Es algo como decir "el que no nace de nuevo, no puede ver el reino de Dios". En otras palabras, cualquier predicador será totalmente ineficaz, si el Espíritu de Gracia no obra en los corazones de los pecadores iluminando su visión para que vean la gloria de Dios en la faz de Jesucristo, procurando así la conversión de los mismos.

Edwards también se alejó de los conceptos newtonianos cuanto están lejos el cielo de la tierra. Newton llegó a conformar su universo mecánico, el cual sentó las bases ideológicas para el escepticismo del tipo

---

[649] Edwards, J.: La libertad de la voluntad. Cap. I, Sec. 3. *WJE*, Vol. 1. Ed. Ramsey.

agnóstico y cientificista ateístas, no necesariamente de forma intencional. Para aquellos, aunque Dios fuera el creador, como creyó Newton, al mismo tiempo, al crear el creador se había salido del planeta y lo había dejado solo. Edwards va a saborear lo intrincado de Dios en su creación y lo tipológico que son los elementos de la creación, ya especímenes, ya individuos, y sistemas actuando en conjunto. De hecho, este es un aporte edwardsiano de esos que hay que digerir y saborear. Edwards le sacaría el jugo a las realidades de la visión y la imaginación renovadas. Para Edwards, los ríos eran imágenes del fluir del Espíritu Santo y un gusano de seda era una ilustración de la pasión, muerte y resurrección del Señor. Pero ojo, no se trataba de meras abstracciones poéticas procedentes de un lunático. Hay que leer sus entradas en "Imágenes y sombras de las cosas divinas" (*Images and Shadows of Divine Things*),[650] para que quedemos extasiados con la gloria de la creación como las vio Edwards.

## Las principales obras de Edwards

El sermón (discurso) en la graduación en Harvard de aquel 08 de julio de 1731 fue el primer trabajo de Edwards publicado, por cierto, por el alumnado de Harvard.

Por otra parte, Edwards no solo es catalogado como *uno de los más grandes teólogos de todos los tiempos*, incluso visto por algunos como 'uno de los seis teólogos más grandes de todos los tiempos',[651] sino que entre sus numerosos escritos (pues escribió 15 libros, decenas de tratados y miles de sermones), encontramos por lo menos *tres de las más grandes piezas maestras de la literatura cristiana de todos los tiempos*. Tanto que, por ejemplo, como escribiera Sproul, su "Libertad de la voluntad" (*Freedom of the Will*), es considerado como *el trabajo teológico más importante de la historia de América*.[652] Es decir, estamos hablando de un hombre fuera de serie. Yo sé que usted, amigo lector, ha hecho o está haciendo conjeturas, y vale, se que a este punto usted ya ha notado que el trasfondo, la herencia, las circunstancias y las oportunidades de Edwards no son para menos. Pero creo que limitar la visión hasta ese punto no honraría del todo la realidad respecto a Jonathan Edwards.

Edwards también debe ser visto dentro del contexto de su llamamiento, lo cual le imprimió ciertos dones espirituales. Por ejemplo, ¿cómo podría jamás un mero discurso provocar un avivamiento espiritual

---

[650] Editado por Perry Miller (New Haven: Yale Univ. Press, 1948).

[651] Lawson. P. 2.

[652] Lawson. P. 3.

y hacer que alguien haya predicado el sermón más famoso de la historia de América? La llamada juega, sin duda alguna, un papel preponderante en la historia de Jonathan Edwards. Pero, es evidente que sus 13 horas de estudio, oración y meditación que correspondía a su agenda regular cotidiana tienen mucho que ver en la consolidación de quien fuera tal personaje. Además, sus 70 resoluciones (únicas en su clase de todos los tiempos), por las que se comprometió a vivir desde antes de cumplir sus 20 años de edad, muestran mucho del carácter de aquel increíble varón de Dios.

A sazón de todas las anteriores realidades, Edwards es descrito como uno de los más grandes predicadores de la historia de América, un gigantesco teólogo de talla universal, un gran filósofo cristiano, un pensador de una agudeza quizás insuperable en la historia de la gran confederación norteamericana, y un escritor prolijo que catapultó más de media decena de libros al salón de la fama de la literatura universal. A continuación, os ilustro sobre sus más apremiantes trabajos.

## Las 70 resoluciones

Estas son una especie de diario que refieren las auto determinaciones de Edwards, si bien Edwards también escribió un Diario, precisamente en el mismo período de sus resoluciones, y hay una armonía entre ambos manuscritos que suelen analizarse juntos, como más o menos procuramos en el cap. VIII de este trabajo. Se centran en su deber de buscar la gloria de Dios en todo, a través de su procura esforzada de ser el hombre más piadoso del mundo.

Como reflexionamos en el capítulo sobre el pensamiento de Edwards, el consagrado puritano entendió que los dos asuntos esenciales de la piedad son: (1) precisamente "la doctrina de Dios", y por tanto "el conocimiento del Dios Santo", y (2) la práctica de la religión cristiana, es decir "la procura de la correcta manera de relacionarnos con ese Dios glorioso y santo".[†] Lo refirió textualmente del siguiente modo:

> **El Ser de Dios** *se encuentra en el primer, gran y más fundamental de todas las cosas que son el objeto del conocimiento o el creer. Y a continuación de esto debe figurar **la naturaleza de esa religión** que Dios requiere de nosotros, y que debe ser hallada en nosotros, para nuestro disfrute de los beneficios de Dios: o más bien esto debe ser estimado de igual importancia con la otra; porque eso de esa misma manera nos debe concernir el*

---

[†] Consulte aquí el cap. XI, pp. 437ss, de esta obra.

saber cómo debemos honrar y agradar a Dios, y ser aceptado por Él, así como debe concernirnos saber que Él es un Ser.[653]

Ahora bien, Edwards comprendió que no había manera que un hombre pueda ser consagrado y santo sin la poderosa mano de Dios ayudándolo. Por eso escribe en su breve introducción a las resoluciones:

Estando apercibido de que soy incapaz de hacer ninguna cosa sin la **ayuda** de Dios,[‡] yo humildemente le ruego que **por su gracia, me capacite** para mantener estas resoluciones, tanto como sean agradables para **su voluntad,** por Cristo.[§] Recuerda leer estas resoluciones una vez por semana.[†]

La plataforma de la vida y el ministerio de Edwards consistió en su visión, comprensión y disfrute de "la gloria de Dios", que por cierto para Edwards implicaba como hemos dejado respirar en esta obra, la hermosura de la santidad de Dios; es decir, que la gloria de Dios se refleja más clara y abundantemente en su atributo de la santidad, que define la perfección divina, lo cual permea todos sus atributos comunicables e incomunicables. De hecho, Edwards inicia sus resoluciones del siguiente modo:

**Resuelvo:** Que haré lo que piense que sea para la mayor gloria de Dios y para mi propio bien, ganancia y placer, en todo mi tiempo; no teniendo ninguna consideración del tiempo, ya sea ahora, o nunca, ni por millares de edades desde hoy. Resuelvo, hacer todo lo que considere mi deber, sobre todo para el bien y la ganancia de la humanidad en general. Resuelvo, por tanto, hacerlo no importando las dificultades con que me encuentre, ni cuántas, ni cuán grandes sean.[º]

Increíblemente, las 70 resoluciones fueron confeccionadas por Edwards cuando apenas tenía entre 18 y 19 años de edad, mientras pastoreaba una pequeña congregación presbiteriana en el mismo centro de Ciudad de New York. De hecho, se cree que su resolución más determinada y sobresaliente es la Nº 63, que reza:

---

[653] Nichols. P. 108.

[‡] Comprensión o persuasión de Edwards.

[§] Como puede ser observado, se trata de la oración de Edwards respecto a su procura. Que como puede ser observado se trató de (1) pedir la ayuda de Dios, (2) rogar al Señor por la capacitación por la gracia para el cumplimiento, (3) su rendición absoluta a la voluntad divina en todo.

[†] La tercera cláusula de este breve prefacio de Edwards apunta a su responsabilidad respecto de sus propias resoluciones, a saber, revisarlas semanalmente. Y aprendemos de su Diario que la revisión estaba ligada al recordatorio y a la enmienda de lo no cumplido.

[º] Resolución Nº 1. (Ver: Apéndice C).

> **Resuelvo**, en el supuesto de que no hubiera sino un individuo en el mundo, al mismo tiempo, que fuera apropiada y completamente un cristiano, en todo aspecto, ya sea de un temple correcto, teniendo al cristianismo siempre brillando con su verdadera brillantez y siendo excelente y amable, desde cualquier punto de vista y carácter: **Resuelvo**: actuar así como lo haría si luchara con toda mi fuerza para ser ese uno, quien viviera en mi tiempo.[p]

Tal resolución da en el centro del propósito de la vida de Edwards.

Como puede ser observado, Edwards procura conjugar la voluntad de Dios (la cual procuró por sobre todas las cosas) y su deber como criatura y buscador de Dios. En otras palabras, Edwards resuelve en sus resoluciones el dilema de la voluntad de Dios y la responsabilidad humana. Por cierto, Edwards se expresaría en otro documento del siguiente modo:

> Puesto que [Dios] valora infinitamente su propia gloria, que consiste en el conocimiento de sí mismo, *amor a sí mismo*... gozo en sí mismo; por lo tanto, valoraba la imagen, comunicación o participación de estos en la criatura. Y es porque se valora a sí mismo, que se deleita en el conocimiento, y amor y alegría de la criatura; como siendo él mismo el objeto de esto conocimiento, amor y complacencia... [Por lo tanto] lo que a Dios concierne respecto al bien de sus criaturas y respecto a su propio bienestar no es un asunto dividido; sino que ambos están unidos en uno, como la felicidad de la criatura es la felicidad en unión consigo mismo.[654]

En otras palabras: Dios se goza en sí mismo (se gloría en su propia gloria), y se goza en que sus criaturas se gocen en Él; puesto que el mayor bien de las criaturas es gozarse en Dios y glorificar a Dios. Precisamente esta fue la procura de Jonathan Edwards. Para lo que comprendió y resolvió (en sus 79 resoluciones) "conocer a Dios" y "agradar a Dios en todo", en lo cual consiste la verdadera religión y la vida del hombre. De hecho, de ahí sus resoluciones 4, 5 y 6:

> **Resuelvo**: Nunca hacer ninguna clase de cosa, ya sea en el alma o en el cuerpo, menos o más, sino aquello que sea para la gloria de Dios, no ser, no permitirlo, si yo pueda de alguna manera evitarlo.
> **Resuelvo**: Nunca perder ni un momento de tiempo, sino perfeccionarlo de la forma más provechosa que yo pueda.
> **Resuelvo**: Vivir con toda mi fuerza, mientras viva.

---

[p]  Resolución Nº 63. 14 de enero y el 13 de Julio de 1723.

[654] Piper & Tylor. P. 24.

Creo que cualquier creyente hace bien, y mucho más un hombre de Dios, en considerar las resoluciones de Edwards como un modelo a seguir para hacer sus propias resoluciones hacia Dios. Quizás no llegues a 70 o quizás sobrepases esa cantidad, pero creo que de mucho mayor valor, más que simplemente ver el carácter de Jonathan Edwards en las resoluciones, resultará el que podamos utilizarlas como modelos para las nuestras propias. En lo personal he confeccionado 33 resoluciones en mis últimos cuatro años que pretendo seguir por el resto de mis días, procurando ser un fiel seguidor de Cristo.

Plasmamos una copia de las 70 resoluciones de Edwards (en español) en el apéndice C de esta obra.

## El sermón: Pecadores en las manos de un Dios airado

No olvidemos que el principal oficio de Edwards fue predicar, lo cual hizo por casi cuatro décadas. Debemos tener conciencia entonces de que predicó un par de miles de sermones. (Para que tengas una idea de la abrumadora cantidad de notas, trabajos y sermones escritos por Edwards, consulte los archivos de Edwards en: http://edwards.yale.edu).

Esta fina pieza titulada "Pecadores en las manos de un Dios airado", que se ha tildado como el sermón más famoso de la historia de los Estados Unidos, está basado en Deuteronomio 32:35b. La primera vez que Edwards predicó este sermón en su congregación, no causó ninguna conmoción fuera de lo normal; pero al predicarlo en Enfield un mes más tarde (el 8 de julio de 1741), detonó un poderoso avivamiento allí.[655] Se dice que aunque Edwards solo leyó tímidamente sus notas, debido a su débil estado ese día puesto que había estado ayunando y orando, además de su debilidad habitual, "la gente se tiraba de sus bancas al suelo temblando de temor de caer en el infierno",[656] y que, incluso, muchos no podían montar sus caballos debido al temblor que les causó aquella predicación. En nuestros días, en occidente, se nos dificulta pensar en ese tipo de reacción como efecto de haber escuchado un sermón. Pero, aguarde un momento, estamos hablando del detonante de un gran despertar. Si sucediera algo así en tu iglesia, ciudad, país o región; de seguro que veríamos cosas como las que el mismo Edwards relata en sus tratados: "Un relato del avivamiento religioso en Northampton de 1740 a 1742" (*An account of*

---

[655] Lawson. P. 12.
[656] Lawson. P. 12.

*the Revival of Religion in Northampton 1740-1742*); y: "Una narrativa de las conversiones sorprendentes" (*A Narrative of Surprising Conversions*).[657]

Claro, aquel avivamiento en los días de Edwards no fue bien recibido por todos los creyentes. Para aclarar ciertas controversias, Edwards fue invitado a la universidad de Yale a disertar sobre este asunto. En aquella histórica ocasión, expuso: "Las cinco señales de un avivamiento", basado en 1 Juan 4:1-6; donde identificó: "Cinco marcas por las cuales puede ser reconocido un auténtico trabajo del Espíritu".

Las cinco marcas, creía Edwards, deben estar presentes en el avivamiento. Esta conferencia fue publicada un mes después (en 1741)[658] bajo el título: *The distinguishing marks of a work of the True Spirit* (Las marcas distintivas de una operación del Espíritu de Verdad).

La esencia de este tratado sirvió luego (cinco años más tardes) de base para el más famoso trabajo de Edwards, *Treatise Concerning Religious Affections* (Los afectos religiosos).

## Libros y tratados más sobresalientes de Edwards

Entre los libros publicados por Edwards, todavía está en disputa cuales de ellos son de mayor valor. Aquí les pongo al tanto de varios, y me referiré más abundantemente a algunas entre ellos.

### a. "La vida de David Brainerd" (*The Life of David Brainerd*)[§]

Este trabajo de Edwards, publicado por primera vez en 1749, consistió en una exaltación del Reverendo David Brainerd quien había servido entre los indígenas primero de New York y New Jersey, y luego entre los de Delaware y Pennsylvania.

Se dice que Edwards tuvo una corta vida, pues murió a los 54 años, pero este amigo suyo, a quien conoció personalmente no por largo tiempo, porque murió de tuberculosis hospedado en la casa de los Edwards, habiendo también contagiado a la adorada y sobresalientemente piadosa Jerusha Edwards de 17 años por entonces (la cual murió de la misma enfermedad apenas pocos meses después de Brainerd, el 14 de febrero de 1748, alrededor de las cinco de la madrugada de aquel *Sabbat*). El Rev. Brainerd murió

---

[657] Puede encontrarlas estos dos tratados juntos en el libro: *Jonathan Edwards on Revival*.

[658] Lawson. P. 13.

[§] Título original: *An Account of the Life of the Late Rev. David Brainerd*.

contando con apenas 29 años, el 9 de octubre de 1747.[659] Algunos aseguran que el Rev. Brainerd y Jerusha no solo sostuvieron un romance, sino que estaban comprometidos para casarse; pero las evidencias de esto son escasas, si hay alguna. De hecho, la evidencia apunta a otra dirección.[660]

Para qué cansarles la historia con asuntos tangenciales a nuestro punto aquí. "La vida de David Brainerd" —compuesta por Edwards a partir del "Diario de Brainerd" y los testimonios de primera mano (incluyendo notas de Bellamy, que fue mentor y amigo de Brainerd desde mucho antes que Edwards, incluso los testimonios del Rev. Hopkins, quien no solo estudiaba junto a Brainerd en Yale, sino que fue Brainerd el instrumento que Dios usó para la verdadera conversión de aquel[†])—, fue el escrito de Edwards más distribuido de todos durante un espacio de casi dos siglos.

Dicho trabajo biográfico, que vino luego de un diario sobre Brainerd que Edwards había publicado anterior a ese, sirvió *para inspirar el movimiento misionero del siglo siguiente*.[661] Hombres del talaje de Carey, los Hudson, Rice, Martyn, Elliot, etc., cuentan lo inspirador de dicha biografía en sus vidas. Por ejemplo, William Carey, el nombrado padre de las misiones modernas, dijo que leyó dicho trabajo como su segunda Biblia.

Al considerar las obras de Edwards, la vida del Rev. David Brainerd no puede ser descuidada. Es una exquisita e inspiradora obra maestra en este renglón (biográfico).

## b. "Los afectos religiosos" (*Religious Affections*)

Este trabajo fue publicado en 1746. Se dice de este tratado que es el mejor libro jamás escrito sobre el tema de las emociones y los afectos hacia Dios y la verdadera religión. En dicho escrito "Edwards se esfuerza por identificar que afectos constituyen la verdadera y auténtica espiritualidad".[662] Este trabajo se convirtió, por cierto, en el análisis más preciso e importante escrito sobre la experiencia religiosa, insuperable incluso hasta hoy. "El tratado sobre los afectos de la verdadera religión" ha

---

[659] Gerstner, Edna. P. 22.

[660] Consulte: "Carta del Rev. Edwards al Rev. Bellamy" en los cap. VIII y XIV de esta obra, pp. 354, 608.

[†] Como se puede observar en la mini biografía sobre el Dr. Hopkins al final del cap. IV de este libro. (Ver pp. 211, 2012). Consulte también la p. 615 (cap. XIV).

[661] Lawson. P. 14.

[662] *Ibidem*.

sido catalogado por muchos historiadores como "el clásico líder en la historia de Estados Unidos en materia de vida espiritual".[663]

En este trabajo Edwards demuestra lo bíblico de los afectos (el gozo, la felicidad, el amor, etc.), los sistematiza y los define; y demuestra que los afectos intensos y santos son demandados por Dios a sus hijos, resultando imposible agradar a Dios sin la justa expresión de ellos.

Tal trabajo de Edwards fue de suma necesidad (y lo sigue siéndolo hoy) para que los creyentes comprendamos que la verdadera religión se vale de los afectos correctos en sus expresiones. Esto porque siempre hay los legalistas y mata-gozo que pretenden hacer de la religión en toda ocasión un lamento funerario. Claro que en la verdadera religión, como en la vida común, hay ocasiones y ritos funerales y de lamento y constricción. Pero, la verdadera religión es y será intensa en el amor, el gozo y todos los afectos agradables y nobles en su justa medida. Edwards no se refirió a que los afectos correctos están en los hombres y hay que sacarlos a flote. Más bien que, fruto de la regeneración y la conversión, los afectos correctos son activados o revividos en el convertido, ya que los tales yacían muertos en la ausencia del Espíritu Santo en los no convertidos.

Muchos de los contemporáneos de Edwards sospecharon que las expresiones de gemidos extraños, temblores, etc., eran un mero destello emocional carnal. Edwards demostró, tanto en este como en otros trabajos que ya hemos citado aquí, que algunos casos eran meras emociones manejadas incorrectamente; pero los más eran expresiones verdaderas de un mover del Espíritu en aquellos días que debía ser justamente sopesado conforme a las Escrituras y a las evidencias.

Con este trabajo Edwards se convirtió en el más completo expositor que jamás haya existido sobre los afectos correctos y la verdadera espiritualidad bíblica. Es un libro que todo creyente debería leer y tener en su biblioteca. Si Dios quiere presentaremos un resumen sincronizado con otros tratados semejantes en nuestro libro sobre "La teología de Jonathan Edwards".

### c. "La libertad de la voluntad" (*Freedom of the Will*)

Este trabajo fue publicado en 1754. Sobre este tratado escribió R. C. Sproul: la "Libertad de la voluntad", es considerado como *el trabajo teológico más importante de la historia de América*;[664] si bien la mayoría atribuye tal elogio a "Los afectos religiosos", como mostramos en el párrafo

---

[663] *Ibidem.*
[664] *Ibidem*, p. 3.

anterior. No obstante, el *best seller* de todos los tiempos de Edwards ha sido: "La vida del Rev. David Brainerd". Pero en sustancia teológica, "La libertad de la voluntad" no tiene rivales entre sus escritos.

La libertad de la voluntad es en suma una crítica a un libro del Dr. John Taylor (presbiteriano egresado de la Universidad de Edimburgo), titulado: *The Scripture-Doctrine of the Freedom of the Will* (La doctrina bíblica de la libertad de la voluntad), publicado en 1738, el cual Edwards refutó con el título que nos ocupa, "La libertad de la voluntad". Este tratado traza con irrefutables líneas demostrativas el carácter agustiniano y calvinista de la soteriología (la doctrina de la salvación), cuyo trabajo se alza aplastantemente sobre la postura arminiana que Taylor explaya en su trabajo. Edwards encuentra flacas las razones de Taylor, encargándose de refutarlas profunda, impecable y magistralmente en este tratado.

Es un trabajo de pensamiento muy profundo que requiere de una atención absoluta para no perder de vista las ideas y razones que tocan fondo sobre los orígenes y las causas de toda acción, efecto y cadena de estos. Es un trabajo hermoso e imposible de refutar por una lógica congruente y sana.

Cualquiera que procure refutar las razones del puritano en esta magistral obra, que ningún incrédulo podrá comprender, simplemente perderá su tiempo. Jonathan Edwards Jr., haría algo semejante luego en uno de sus tratados, refutaría al Dr. Charles Chauncy. Tal trabajo se titula: "La salvación de todos los hombres estrictamente examinada".

**d. "La naturaleza de la verdadera virtud"** (*The Nature of True Virtue*)†

Este trabajo fue publicado *post mortem*, en 1765; de hecho, en conjunto con *A Dissertation Concerning the End for Which God Created the World* (Una disertación concerniente a la razón por la cual Dios creó al mundo). La razón por la que fueron publicados juntos fue porque Edwards los consideró como un set.

Hay un número considerable de otros trabajos de Edwards sobre los que aún se disputa su lugar en el salón de la fama teológica, filosófica y literaria. Este y el siguientes son perlas en el campo de filosofía, entrando en este renglón.

En este trabajo Edwards describe su visión de las virtudes en sus grados, dejando claro la diferencia entre "las virtudes morales" y "las

---

† Lit. *A Dissertation Concerning the Nature of True Virtue.*

salvadoras". No toda belleza es una virtud, sino solo las que pertenecen al ser que tienen voluntad y pueden ser percibidas. Este tipo de belleza tiene su asiento en el entendimiento. Edwards escribió: "La virtud es la belleza de aquellas cualidades y actos de la mente que son de naturaleza moral". La virtud es la belleza de las cualidades y las excelencias del corazón. Toda verdadera virtud debe consistir en benevolencia al ser en general. O sea, la virtud en general consiste en el amor, especialmente amor al ser en general. Y la belleza consiste en consentimiento y acuerdo.

En ese orden, existen dos clases de amores virtuosos: amor de benevolencia y amor de complacencia. La benevolencia consiste en el afecto o la propensión del corazón que se inclina o causa el bienestar del ser. El objeto de la benevolencia es el ser. El objeto que contenga el mayor grado de existencia recibe la mayor inclinación benevolente. Por ello quien busque el bien de los demás mostrará afectos y se unirá a aquellos que busquen el mismo asunto. Quien valore el ser en general, buscará la buena voluntad del ser en general, donde quiera que lo vea.

Dios tiene infinitamente el mayor grado de existencia. Él es la fuente y fundamento de todo ser y toda belleza. De ahí que nosotros no seamos capaces de darle ningún bien a Dios, sino que somos instrumentos de su gloria, y en ello él se complace y se deleita apropiadamente. De ahí que la dignidad de Dios consista en dos asuntos: grandeza y bien moral.[665]

La verdadera virtud consiste en el amor supremo de Dios. El Supremo, infinito y omnisciente Ser lo requiere. La naturaleza Divina por tanto debe consistir en amor por sí mismo, tanto como del amor mutuo entre las tres Personas de la Divinidad. El amor de Dios para crear seres se deriva de su amor por sí mismo. Según Edwards, una "mente verdaderamente virtuosa" busca la gloria de Dios y hace de este su fin supremo, gobernante y último. Edwards identifica un tipo de belleza secundaria e inferior: consentimiento y mutuo acuerdo de diferentes cosas (también conocido como orden, simetría, proporción, armonía, etc.).

### e. "El fin por el cual Dios creó al mundo" (*The End for Which God Created the World*)[‡]

Por la fecha de publicación de este tratado junto a "Una disertación concerniente a la naturaleza de la verdadera virtud", publicado *post mortem* en 1765; la publicación de "Pecado original", en 1758; e "Historia de la obra

---

[665] Ver, Todd: Summary: The Nature of True Virtue – The Edwardsian (wordpress.com)

[‡] Lit. *A Dissertation Concerning the End for Which God Created the World*.

de redención", publicado también *post mortem* en Edimburgo, en 1774); por cierto, todos trabajos de la década de 1750; puede ser percibido con facilidad que trabajos de tal profundada y peso teológico fueron generados más al final de la vida del famoso teólogo. De hecho, el que Edwards fuera despedido del pastorado en Northampton le permitió más tiempo que antes para dedicarse a escribir.[666] La iglesia de Stockbridge, la cual había contado con el apoyo del coronel John Stoddard (de Northampton), se había iniciado en 1734;[667] Por lo que puede discernirse que se trataba de una comunidad familiar para Edwards. Tal nuevo estatus le permitió hacer uso de muchos de sus sermones anteriores. Eso le dejó mucho más tiempo para inclinar sus dones en otra dirección.

En lo que a mí respecta, este trabajo es una verdadera joya que pone de manifiesto en su máxima expresión el impecable y profundo poder metafísico de Edwards, en el que el teólogo ofrece razones difíciles de refutar de la existencia de Dios, de la obligada necesidad del Ser Supremo Divino, y de como la creación, con sus leyes y su orden, refleja los principios subordinados al Principio Mayor del Ser de Dios que nos deben conducir a las conclusiones de la cosmovisión bíblica evangélica. Hace sentido que este tratado sea analizado con "La naturaleza de la verdadera virtud". Creo que es posible percibir la dependencia de ambos trabajos con miras a ordenar un sistema teológico.

Por cierto, el Prof. Marsden, uno de los biógrafos de Edwards de más renombre en la actualidad, considera que dentro de los muchos trabajos de Edwards, hay tres que son "piezas maestras en la historia de la literatura cristiana", a saber: "Los afectos religiosos" (*Religious Affections*), "La libertad de la voluntad" (*Freedom of the Will*), y "La naturaleza de la verdadera virtud" (*The Nature of True Virtue*).[668] O sea, que a juzgar por la importancia y fama de los escritos de Edwards, no hay duda alguna de que merece el título que le han atribuido algunos de ser 'el más grande teólogo americano', y 'uno de los seis teólogos más grandes de todos los tiempos'.[669] Yo considero de iguales proporciones y calidad de pensamiento, y por tanto, de igual valor, este tratado: "Disertación sobre el fin por el cual Dios creó al mundo". Para mí es una pieza tan magistral cual "La libertad de la voluntad", aunque se enmarque dentro de la categoría de disertación.

---

[666] Ver: Lawson. P. 17.
[667] Gerstner, Edna. P. 21.
[668] Lawson. P. 2.
[669] *Ibidem.*

En suma, la tesitura de este tratado propone que "fue el último fin de Dios que hubiera una emanación infinita de Sí *ad extra*".

Así resumo la esencia de este tratado utilizando las palabras del autor (a veces parafraseo):

Si hay una fuente infinita de luz y conocimiento [Dios], es adecuado que esa luz emane y brille como rayos de conocimiento y entendimiento comunicados. Como hay una fuente infinita de santidad, excelencia y belleza moral, así debería fluir en santidad comunicada; y que como hay una plenitud infinita de alegría y felicidad, así estas deberían tener una emanación, y volverse en una sola fuente fluyendo en corrientes abundantes, como los rayos del sol.

Por esta visión aparece otra manera de una cosa ser valiosa en sí misma, de que debería haber tales cosas como el conocimiento de la gloria de Dios en otros seres, y una estima elevada de eso, amor a eso y deleite y complacencia en eso. Y estas cosas no son sino emanaciones del propio conocimiento, santidad y felicidad de Dios.

Así, parece razonable entender que *esto era lo que Dios tenía como un fin último al crear el mundo*: **comunicar su propia plenitud infinita de bien**; o más bien, era su último fin que haya una emanación gloriosa y abundante de su plenitud infinita de bien *ad extra*, y la disposición de comunicarse a sí mismo o difundir su propia plenitud, lo cual debemos concebir como estando originalmente en Dios como una perfección de su naturaleza que le movió a crear el mundo.... Todo esto parece razonable... He observado que **al Dios hacer de esas cosas su fin, hace de sí mismo su fin**.

¿Cómo es implicado en su amor infinito un valor en sí mismo?

El uso, fin y operación de algo es lo que cualifica su excelencia. Por tanto, el uso, fin y operación de los atributos de Dios es lo que expresa la excelencia de estos. Y *el amor de Dios por sí mismo hará que se deleite en lo que es el uso, fin y operación de sus propios atributos*.

Si alguien estima o se deleita mucho en las virtudes de un amigo, como la sabiduría y la justicia, etc. que tiene en relación con una acción; esto lo hará deleitarse en el ejercicio y efectos genuinos de tales virtudes.

Así, si Dios tanto estima y se deleita en sus propias perfecciones y virtudes, no puede sino deleitarse en la valoración de las propias expresiones y efectos genuinos de ellas.[670]

### f. "Pecado original" (*Original Sin*), publicado en 1758

En tal tratado Edwards demuestra y concluye que la gran desgracia de la caída fue que Dios retiró su Espíritu del hombre, dejándolo a merced de su sola naturaleza incapaz e insuficiente (de hecho, obstinada y sensual) para desear

---

[670] Edwards, J. El fin por el cual Dios creó el mundo.

o querer cualquier bien, mucho menos la salvación, lo que deja a la humanidad a merced de los propósitos y la gracia divina en la obra de la salvación.

La lista sigue. Dejamos a continuación otros de esos grandiosos tratados salidos de la mismísima pluma del Jonathan Edwards que ocuparon y ocupan un lugar preeminente en la literatura cristiana.

### g. "Narrativa personal" (*Personal Varrative*)

Este tratado lo plasmamos editado, analizado y comentado íntegramente en el capítulo tercero de esta obra, conforme a los propósitos de esta obra. En él, como se puede observar en el Cap. III, Edwards relata su recorrido cristiano, desde las operaciones espirituales logradas en la evangelización, la experimentación de períodos de avivamientos, de la convicción y conversión y como fue evolucionando en las primeras dos décadas de su recorrido en la fe y la vida cristiana, capacitación y ejercicio ministerial. Es una verdadera pieza maestra, caracterizada por una narrativa viva y breve.

### h. "Narrativa fiel de la sorprendente obra de Dios en Northampton"

### i. "Avivamiento de la religión en Northampton"

Los dos trabajos anteriores ocuparon una sección importante entre las páginas de este libro en el capítulo anterior (XII), por eso no relatamos nada sobre su contenido en esta sección. Por cierto, en nuestro próximo tratado sobre Edwards, "La teología de Jonathan Edwards", estos dos trabajos — junto a un análisis sincronizado de "Los afectos" y "Marcas distintivas"— ocupan un espacio importante. Quisimos plasmar una adición analizada de "Los afectos" y "Marcas distintivas" en esta obra, pero el espacio no nos lo permitió, por lo que haremos lo debido al respecto en ese trabajo sobre la teología de Edwards.

### j. "La historia de la obra de la Redención" (*A History of the Work of Redemption*)

Este trabajo, que figura dentro de las monumentales obras de Edwards, aunque lo procuró, tampoco pudo salir a la luz en vida de este. De hecho, cuando fue llamado a residir en Princeton, tenía los manuscritos casi en su fase final. Este tema literalmente le apasionaba. Así, al momento de decidir organizar el manuscrito, mientras servía como misionero en Stockbridge en la década de 1750 (lo que terminó siendo una serie de 30 sermones así titulada), inició trayendo sermones que había predicado antes, habiendo sido el primero 'nominado bajo ese título' predicado precisamente en Northampton en 1739, por cierto, basado en Isaías 51:7, 8.

La serie, a parte de una definición sustancial de la doctrina de la Redención, comprendió tres etapas en las que se tomaba a Cristo como el Centro, puesto que era el Redentor.

(1) Desde la caída del hombre hasta la encarnación de Cristo (una era).
(2) Desde la encarnación hasta la resurrección de Cristo (3 años).
(3) Desde la resurrección hasta el fin del mundo (otra era).

El manuscrito no pudo ir a la imprenta por la repentina e inesperada muerte de Edwards, aunque por entonces el manuscrito estaba bastante avanzado. No fue sino hasta 20 años después que, gracias a los esfuerzos de Jonathan Edwards Jr., y del corresponsal y amigo escocés John Erskine, dichos manuscritos fueron editados para su impresión. La primera versión fue impresa en Edimburgo en 1774; y luego de varias revisiones de aquella primera edición de Edimburgo, el trabajo finalmente se imprimió por primera vez en Norte América en 1793. Desde entonces se publicaron numerosas reimpresiones y revisiones, e incluso traducciones.[671]

El sueño de Edwards de producir una teología "en un método enteramente novedoso, vertido en la forma de una historia, considerando la cuestión de la teología cristológica, como el todo de esto, en cada parte, sustentados en referencia a la gran obra de redención",[672] fue finalmente cumplido. Y dicho trabajo se mantiene dentro de los más influyentes trabajos de Edwards de todos los tiempos.

En dicho trabajo Edwards encontró y plasmó que la obra de redención, aunque se refiere a menudo "al acto de humillación de Cristo en la cruz en paga de nuestra liberación". Edwards también notó que en las Escrituras "el término tiene un uso más amplio en referencia a que incluye todos los logros de Dios hacia tal fin", por lo cual el término incluye todas las obras que Dios ha realizado en preparación hacia esa meta, tanto como el cumplimiento y la aplicación de estas. "Lo cual incluye no solo las obras de Cristo el Mediador, sino que también las que el Padre y el Espíritu Santo han hecho, en unión o confederación en su diseño de redimir a los pecadores".[673]

---

[671] Consulte: Nichols, pp. 141.150.
[672] Nichols. P. 142.
[673] *Ibidem*. P. 151.

## *Otros trabajos de Edwards*

Para cerrar esta sección, a continuación hacemos solo mención de otros trabajos dignísimos de consideración cuales: (1) "Marcas Distintivas"; (2) "Una investigación humilde", en donde Edwards expuso las razones por las que el descuido de la demanda del testimonio de la "experiencia de la conversión" a los candidatos a miembros de la iglesia como requisitos tanto para la membresía como para la participación en la Santa Comunión (que era lo que se practicaba en toda Nueva Inglaterra conforme "El Pacto de Medio Camino" y al "stodardismo" (este último era la práctica de Northampton por más de medio siglo al momento en que Edwards fue pastor allí), degeneraría en un profundo declive y lamentable deterioro de la piedad y de la integridad de la iglesia de Cristo —lo cual presagió con certeza—; y que lamentable y penosamente ha acontecido en proporciones astronómicas en la historia del congregacionalismo americano (igual que con otros movimientos protestantes). Debemos también tener presente a este punto trabajos de Edwards como: (3) Sus series: "La justificación por la fe",[†] (4) "La caridad y su fruto",[‡] que es una exposición de 15 sermones basados en 1 Corintios 13", etc., que fueron publicados como tratados, pero que en nada son menos que los libros mencionados arriba.

Con estas brevísimas pinceladas críticas sobre los trabajos de Edwards, esperamos que te hayas forjado una idea más acabada de la brillante, dotada y disciplinada capacidad de Edwards. El divinista fue un genio, una mente brillante, un prolijo escritor entre los más exquisitos de todos los tiempos. Se complica comprender como Edwards estuvo relegado al baldo del olvido por alrededor de un siglo, desde mediados del siglo XIX a mediados del siglo XX (incluso en Estados Unidos y en el resto del mundo de habla inglesa). Y se dificulta comprender como tan glorioso artista y divinista apenas es conocido por nombre —y esto solo recientemente— en el mundo hispano parlante.

---

[†]   Este trabajo, "La justificación por la fe", fue publicado recientemente en español (2018) por Ed. Edificando, El Salvador.

[‡]   Por cierto, "La Caridad y su fruto" en español, editado por el Dr. E. Klassen, está saliendo a la luz precisamente mientras concluyo el manuscrito de este trabajo. Una obra publicada por la Ed. 'Teología para Vivir'.

# XIV

## Amigos y mentores renombrados en la vida de Edwards

### Una falacia sobre Edwards

Algunos biógrafos de Edwards como que quisieran dar a entender entre líneas que Edwards era una persona extraña y solitaria con respecto a sus amigos. Pero sus decenas tras decenas de cartas desmienten tal suposición y falacia infundada.

No debemos pasar por alto o callar aquí la voz de uno de los más íntimos amigos de Edwards, el Rev. Hopkins. El escribió sobre tal aspecto de la vida de Edwards:

"Algunos que tenían un conocimiento fugaz de él pensaron que Edwards fue rígido y poco sociable; pero eso carece de suficiente comprensión. Es cierto que no era hombre de muchas palabras, y que fue reservado entre los extraños, incluso entre aquellos a quienes no confió su amistad. Y esto se debió probablemente a dos cosas: *Primero* lo estricto que fue guardando su lengua desde su juventud, que registró en sus resoluciones… se rehusó incurrir en trivialidades y pronunciamientos impertinentes, lo cual caracteriza las conversaciones de los palabreros en las compañías de este mundo. Sabía que en el mucho hablar no falta pecado, y solía siempre pensar antes de hablar. *Segundo*, tuvo que ver en parte con su delicada composición corporal. Carecía de la constitución del tipo animal que le harían un hombre afable y chistoso… Entonces, reservó lo que tenía para potenciarlo en momentos mayores y apremiantes.

Edwards no entraba en disputas con extraños. Creyó que tales disputas resultan en improductividad y daños".[674]

"Fue muy cuidadoso en escoger sus amigos íntimos, en consecuencia, no muchos serían llamados como tales. Pero a esos los trataba muy

---

[674] Hopkins. P. 42.

amistosamente y de manera peculiar. Fue de hecho un amigo fiel, capaz de guardar secretos por sobre otros. A ellos les revelaba su persona, sus puntos de vistas, fines y su conducta en ocasiones particulares: por lo cual, ellos tenían abundante evidencia de que él entendía bien la naturaleza humana; y que su reserva general, y muchos ejemplos particulares de su conducta, que un extraño podría imputar a la ignorancia de los hombres, se debían realmente a su conocimiento poco común de la humanidad.

Conversaba cosas importantes, se rehusaba a hablar de trivialidades.

Su boca era cual la pluma de un diestro escritor, al conversar sobre asuntos divinos, importantes, de los que su corazón estuvo repleto".[675]

Hasta este punto en este trabajo hemos presentado varias misivas de Edwards, incluso algunas de su infancia. Hemos dejado saber que tenía un delirio afectuoso por su hermana mayor inmediata, Mary. Edwards tuvo varios ministros, militares, políticos y personas en general con los que cultivó una seria, afectuosa y longeva amistad, a parte de su clara estrecha amistad con sus padres y con los siervos de su casa, sus hermanas, abuelos, algunos ministros a la distancia, especialmente en Escocia MacCulloch y Guillespy, y, sobre todo, con Joseph Bellamy de Bethlehem, Connecticut y con el Dr. Hopkins.

La siguiente carta dirigida a su hermana Mary, cuando finalizaba su maestría en New Haven, nos muestra varios rasgos de la necesidad que tenía Edwards de las relaciones estrechas y sinceras.

## CARTA DE JONATHAN EDWARDS A SU HERMANA MARY[676]

En esta carta, escrita durante el segundo año de estudios de posgrado de Edwards, reitera afecto por su hermana Mary. El colegio está tranquilo. Edwards está interesado en las noticias de la familia. No se dan indicios de los "pensamientos incómodos" que estaba experimentando sobre el estado de su alma.[677] Su experiencia religiosa que cambió la vida, que luego describió en su "Narrativa personal", había ocurrido en la primavera de 1721.[§]

### Yale College, diciembre 12, 1721

Estimada hermana:

Por fin, ahora tengo la oportunidad deseada de enviarte una carta, aunque estoy decepcionado del enorme deseo de recibir una vuestra. En realidad, es una pena que la gran distancia del lugar en

---

[675] Hopkins. P. 45.

[676] Tomado de: **WJE Online Vol. 16,** Ed. Claghorn: http://edwards.yale.edu/archive.

[677] Hopkins, cita la "Narrativa personal" de Edwards, Pp. 24-26.

[§] Trask Library, ALS, una hoja de folio.

el que nos encontramos cause cualquier cosa que parezca como si estuviéramos a una distancia tan grande en todos los demás aspectos, mientras que no estamos más lejos que los límites que como familia nos permitamos tener, al estar atados por la relación cercana de hermano y hermana. Te diré, hermana mía, que la consideración de esto me afecta mucho. Deseo sinceramente que sea de otra manera y prometo que haré mi parte para que en lo venidero sea de otra forma. Les aseguro que la distancia del lugar no le resta nada de mi afecto. Y espero que en lo que respecta a ti os incite a hacer vuestra parte también, y que me envíes una carta a la primera oportunidad que tengas y en ella me reportes del estado en la familia, ya sea de su confort o no, o cualquier situación particular [con respecto a tu desviación].◻ Quisiera regocijarme de la información particular sobre mi primo Solomon,* sea que él tenga la intención o no de quedarse, y cualquier otra cosa notable que ocurra entre ustedes. Por lo tanto, no tengo nada más que informarte, excepto salud, paz y tranquilidad, y que *estoy instalado en lo grasoso por otro año y que hasta ahora todo prospera de buena manera.*†

Hay uno de los eruditos‡ que está suspendido por algunos crímenes atroces. El tipo es el que señaló [Ebenezer] Gould, de quien supongo que has oído hablar, porque concluyo que es conocido en todo vuestro condado. No tengo nada más por lo que pueda presentar esta carta en una extensión adecuada, sino mi deber de ser presentado a mis abuelos,¶ a mi tío y mi tía,⁰ y un servicio humilde a mi primo Solomon [y para decirte que soy […]±

*Jonathan Edwards*

## La estrecha y vigorosa amistad de Jonathan con su padre Timothy Edwards

Ya consideramos lo cercana, amorosa y estrecha que fue la relación de Jonathan con su familia inmediata. De hecho, fue Timothy, su padre, quien original e intencionalmente —humanamente hablando— capacitó

---

◻   [Daño, problema]: texto basado en la carta de J. E. a Mary Edwards, may 10, 1716.

*   [Williams].

†   *Lit. I am got settled in the buttery for another year and all things hitherto proceed prosperously.*

‡   Del colegio New Haven (Yale).

¶   [Solomon y Esther Stoddard].

⁰   [William y Christian Stoddard Williams].

±   El saludo a los abuelos y tíos se debe a que en esos momentos su hermana Mary se encontraba en casa de sus abuelos en Northampton.

e indujo a Edwards al sagrado ministerio, como hicimos notar anteriormente. Es importante remarcar esto puesto que a pesar de la cualitativa y cuantitativa educación religiosa de Jonathan, a los pies de las enseñanzas de su propio padre, quien fuera también su pastor durante su niñez y gran parte de su juventud temprana, puntualizamos que todo ello no provocó la conversión a Cristo de Jonathan en ese tiempo y entorno. De hecho, se graduó de su bachillerato en artes en New Haven, y aunque con ciertas luchas internas, todo aquel proceso no le había conducido a Cristo todavía.

No queremos decir con esto que toda aquella formación no fue de provecho. Claramente lo fue. De hecho, Jonathan se dedicaría al sagrado ministerio siendo un recién convertido —semejante a lo que había pasado antes con Lutero y Calvino, quizás; o lo que luego sucedió con Charles Spurgeon—; no dejando ello duda alguna de que la instrucción en la religión y la piedad a los niños y los no convertidos, eventualmente puede eficazmente obrar un gran bien en su alma, como pensaron todos esos grandes que he mencionado en este párrafo.

Lo que sí creo correcto hacer notorio hasta aquí es que el testimonio, el cariño, la instrucción y la gran influencia piadosa de su padre (y por supuesto, de su madre) fueron una gran ayuda para Jonathan. Bienaventurados quienes pueden contar con paternidades tan influyentes como Edwards, como Wesley, como Spurgeon, etc.

Miremos algunos ejemplos del grado de amistad entre Jonathan y su padre Timothy:

## CARTA DE JONATHAN A SU PADRE EL REV. TIMOTHY EDWARDS[678]

En su carta del 30 de junio de 1719,[§] el rector (presidente) Cutler felicitó a Timothy Edwards por el progreso académico de su hijo. También expresó su agradecimiento por el apoyo del señor Edwards:

Puedo asegurarle, señor, que vuestro buen afecto hacia mí en este asunto, tanto como el de los ministros de su parte, no es un pequeño incentivo para mí, y si estoy convencido de ello, será un motivo fuerte para que yo mejore mis pobres habilidades al servicio de los jóvenes esperanzados que están con nosotros. Podrán sufrir mucho por mi debilidad, pero no por mi negligencia.

---

[678] Tomada de: *WJE Online Vol. 16*, Ed. Claghorn: http://edwards.yale.edu/archive.
[§] Trask Library, ALS, one quarto leaf.

## New Haven, 24 de julio de 1719[679]

Señor siempre honrado:

Recibí (con dos libros) una carta vuestra con la fecha del 7 de julio, y allí recibí con la mayor gratitud vuestras plenas recomendaciones y consejo, y espero, con la ayuda de Dios, hacer todo lo posible para ponerlos en práctica. Soy consciente de la preciosidad de mi tiempo y estoy resuelto que no será por negligencia mía, si pasase sin la mayor ventaja.

Tomo muy buen contenido con mi matrícula actual, como parecen hacer todos los demás académicos con las suyas. El Sr. [Timothy] Cutler es extraordinariamente cortés con nosotros, tiene un muy buen espíritu de gobierno, mantiene la escuela en excelente orden, parece aumentar su aprendizaje y es amado y temido por todos los que están debajo de él, y cuando se le habla en la escuela o en la ciudad generalmente tiene el título de "presidente". Todos los eruditos viven en muy buena paz con la gente de la ciudad, y no se dice una sola palabra acerca de nuestros anteriores casos, excepto de vez en cuando por la tía Mather.[*]

He investigado diligentemente las circunstancias del examen de [Isaac] Stiles,[†] que fue muy corto, y hasta donde puedo entender, no tuvo otra desventaja que la examinada en las Oraciones de Tully,[¤] en las cuales, aunque él nunca lo había interpretado antes de llegar a New Haven, no cometió ningún error en eso, ni en ningún otro libro, ya sea en latín, griego o hebreo, excepto en Virgilio, del que no podía decir el *præteritum de requiesco*. Es muy bien tratado entre los académicos y aceptado por todos como miembro del Colegio, y también como estudiante de primer año; en nada (como creo) es inferior en cuanto al aprendizaje a cualquiera de sus compañeros de clase.

Le pregunté al Sr. Cutler qué libros vamos a necesitar para el próximo año. Él respondió que me haría enfrentarme a la geometría de Alsted y la astronomía de Gassendi; por lo que os suplico que obtengáis un par de divisores o brújulas de matemática, y una escala, que son absolutamente necesarios para aprender matemáticas; y también el Arte del Pensamiento,[680] del que estoy convencido

---

[679] Copiada de: *WJE Online Vol. 16*, Ed. Claghorn: http://edwards.yale.edu/archive.

[*] [Elizabeth Davenport].

[†] Isaac Stile, un joven que Timothy Edwards había preparado y recomendado al Colegio.

[¤] Marcus Tullius Cicero, *Orationes* (3 vols. Amsterdam, 1695—99), es la edición más querida disponible.

[680] Johann Heinrich Alsted's *Encyclopedia Scientiarum Omnium* (Herborn, 1628), es un recurso deseado de esta geometría; Pierre *Gassendi, Institutio Astronomica* (London, 1653); y Antoine Arnauld, *The Art of Thinking*, ed. John Ozell (London, 1717). La librería Beinecke mantiene una copia firmada por Jonathan Edwards.

de que no sería menos rentable y necesario para mí que lo otro, yo que soy:

Tu hijo más obediente,
***Jonathan Edwards***

PD. Por favor, dale mi deber a mi honrada madre. Amor a mis hermanas y a Mercy. Lo que damos cada semana por nuestro tablero es £ 0 5s 0d.

La cercanía y amistad de Jonathan con su padre es muy evidente en esta carta, si bien Edwards se limitó en ella a dar un reporte investigativo que su padre le había pedido sobre Isaac (recordar aquí que Timothy, el padre de Jonathan, era profesor de preparatoria, es decir, que en el sistema de entonces entrenaba a los jóvenes en las letras, ciencias, religión, etc., del nivel necesario para entrar a la universidad, notorio en el reporte de Jonathan en la carta sobre el joven Isaac). Era prestigioso que los preparados de un profesor fueran aceptados en la universidad sin dificultades, de ahí parte de la preocupación de Timothy. Edwards también le pidió a su padre algunos materiales y libros que necesitaría para el nuevo año académico, y le dejó saber de sus gastos semanales al momento.

## OTRA DE LAS CARTAS DEL JONATHAN A SU PADRE EL REV. TIMOTHY EDWARDS[681]

A la mitad de su primer año de estudios de posgrado, Jonathan Edwards le escribió a su padre sobre los eventos recientes en Yale. Primero vino la rebelión del comedor. La tarifa universitaria no siempre cumple con las expectativas de los estudiantes, pero en este caso, la insatisfacción estalló en un boicot a gran escala. El Rector Cutler no perdió tiempo en convocar a poderosos fideicomisarios para la asesoría sobre el asunto. El rector era de una presencia dominante por sí mismo; cuando se le unieron los demás, se volvió aún más impresionante.[682] Los amotinados capitularon de inmediato.

La otra preocupación de Edwards era la exuberancia estudiantil. A lo largo de la historia, se produjeron arrebatos de alboroto estudiantil. Los campus no habían estado exentos de actividades bulliciosas; juegos en pasillos, pandillas en las calles por la noche, tirar piedras, romper ventanas, disparar pistolas, verter agua sobre los transeúntes, hacer sonar campanas

---

[681] Tomada de: ***WJE Online Vol. 16***, Ed. Claghorn: http://edwards.yale.edu/archive.
[682] DEX, *1*:272.

y "gritos horribles y canciones no recordadas", y peor aún, fueron parte de la tradición.[683] En otros lugares, estos excesos pueden parecer comunes; pero para Edwards, no debían pertenecer a una ciudadela de fe.[§]

### Yale College, 1 de marzo de 1720

Honrado señor:

No fue con poca alegría y satisfacción que recibí su carta del 21 de febrero de la mano del Sr. Grant, y con un gran agradecimiento desde el fondo de mi corazón por vuestro saludable consejo y asesoría, y la abundancia de ternura paternal allí expresada.

En cuanto a la queja de los eruditos sobre sus bienes comunes, creo que la forma en que fue hecha no fue menos sorprendente para mí que para usted. Fue así: todos los estudiantes universitarios, todos y cada uno que tenían algo que ver con los bienes comunes de la universidad, de repente, antes de que el Sr. [Timothy] Cutler o (creo) alguien supiera que estaban descontentos, entraron en un vínculo de 155 para no tener más bienes comunes del mayordomo, por lo que todos le advirtieron que nunca les proporcionaría más, diciéndole que si lo hacía no le pagarían por ello. No obstante, el Sr. [Daniel] Browne ordenó que se proporcionaran bienes comunes, y los puso sobre la mesa como solía ser, pero no había nadie para comerlos. El Sr. Cutler, tan pronto como fue informado de esta camarilla, envió el mismo día por el Sr. [Samuel] Andrew y por el Sr. [Samuel] Russel, quienes vinieron al siguiente día, y con el rector, ordenó que todos aparecieran ante ellos, donde el rector se manifestó extremadamente molesto y disgustado con el acto, lo que asustó tanto a los eruditos que acordaron por unanimidad volver a ser comunes. Creo que los eruditos que estaban en este acuerdo han perdido tanto el favor del señor Cutler que apenas lo recuperarán. [Isaac] Stiles (para mi dolor y creo mucho más para él) fue uno que puso su mano en este vínculo; lo hizo por las fuertes instigaciones de otros que lo persuadieron; tampoco tuvo un minuto de tiempo para considerar antes de que su mano bajara. Tan pronto como entendí que él era uno de ellos, le dije que pensaba que se había propasado sin darse cuenta, y también le dije cuáles creía que serían las consecuencias negativas, y rápidamente lo lamentó por no haber tomado consejo en la materia. Soy capaz de pensar que esto será el mayor obstáculo para que Stiles sea mayordomo. Debo decir por mi parte que, aunque los bienes comunes a veces no han sido

---

[683]  Hastings Rashdall, *The Universities of Europe in the Middle Ages* (3 vols. Oxford, Clarendon Press, 1936), *3*, 426-33; Samuel E. Morison, *Harvard College in the Seventeenth Century* (2 vols. Cambridge, Mass., Harvard Univ. Press, 1936), *1*, 118-21; Dexter, *History*, p. 246.

[§]  Trask Library, ALS, una hoja en folio, dirigida al revés al reverendo Timothy Edwards en Windsor del Este.

suficientes en cuanto a calidad, creo que ha habido muy pocas ocasiones para una insurrección como esta.

Aunque estas perturbaciones fueron anuladas rápidamente, sin embargo, son seguidas por cosas mucho peores y más grandes, y creo que fueron más grandes que nunca antes en el Colegio. Son ocasionados por el descubrimiento de algunas monstruosas impurezas y actos de inmoralidad cometidos recientemente en el Colegio, particularmente el robo de gallinas, gansos, pavos, cerdos, carne, madera, etc. Cartas, maldiciones, palabrotas y condenas, y el uso de todo tipo de lenguaje inapropiado, que nunca estuvieron en el campus universitario como lo están ahora. El Rector convocó a una reunión de los Fideicomisarios para esta ocasión, se espera que estén aquí hoy, se cree que el resultado será la expulsión de algunos y la amonestación pública de otros.

A través de la bondad de Dios, estoy perfectamente libre de todos sus traumas. Mi condición en la universidad en este momento es muy cómoda: vivo en muy buena amistad y acuerdo con mi compañero de cuarto. No hubo nuevas disputas entre algún erudito y yo, aunque todavía persisten en su combinación anterior; pero no me faltan esperanzas de que será abolido por esta reunión de los Fideicomisarios.

Todavía no le he escrito al tío [Stephen] Mix, porque escuché que se acercaba. Pero él retrasa su llegada. Lo haré rápidamente. Actualmente estoy en perfecto estado de salud, y es un momento saludable en todo el Colegio y la ciudad. Estoy a punto de tomar el resto de mi *lignum vita*. Estoy muy reformado con respecto a las visitas de amigos, y tengo la intención de hacer más por el futuro que en el pasado. Creo que no tendré ocasión del abrigo que mencionaste en tu carta hasta que vuelva a casa. La semana pasada recibí una carta de mi hermana Mary, y por un hombre que vino directamente de allí me enteré de su bienestar esta semana. Te ruego en tu próxima carta que me envíes tu consejo sobre si es mejor o no que vuelva a casa en mayo o si me detengo hasta junio.

Por favor, entrega mi humilde deber a mi madre, el amor sincero a las hermanas y Mercy [Brooks], y aún estar atento ante el trono de la gracia, de mí, que soy, honrado Señor,

Su hijo más obediente,
***Jonathan Edwards***

Stiles presenta su deber para con usted y para con mi madre, y también presenta el servicio a mis hermanas.

Como es obvio, se nota el tono de la carta informativa de Edwards en respuesta a algunas preguntas de su padre. Aparece de nuevo el joven Isaac, lamentablemente involucrado en un asunto de mala conducta por presión de grupo. Pero es muy notorio en esta carta el profundo afecto de parte y parte (note el primer párrafo de la carta), y son loables el honor y respeto santo de Jonathan por su padre, tanto en sus expresiones como en su porte en la universidad que procuraban honrar a familia, sobre todo a su adorado padre.

La admiración y respeto de Edwards a su padre es muy notorio en sus cartas.

Los saludos y afectos mostrados nos dan fe y testimonio de quien era Jonathan Edwards en cuanto a sus afectos familiares. Grace Brook era la sierva de su casa paterna.

## Amistad de Jonathan Edwards con su abuelo materno (el Rev. Solomon Stoddard)

Edwards venía de una familia de ministros. Su abuelo paterno fue comerciante que junto a su madre inmigró de Inglaterra a Nueva Inglaterra. Pero su bisabuelo paterno fue un renombrado pastor anglicano entre las inmediaciones de Oxford o Londres en sus días. James, su padre, fue ministro congregacional por casi 64 años, de hecho, egresado de Harvard. Y es precisamente bajo los pies de su prestigioso abuelo materno, el gran Soloman Stoddard, uno de los ministros de más prestigio y éxito en sus días entre los congregacionalistas de Nueva Inglaterra que Jonathan tiene el honor de recibir veterana instrucción de campo, aunque solo por dos años. Edwards mismo se expresó del modo siguiente sobre su honorable abuelo:

> Sin cuestionamiento alguno, la *religión* y el buen orden de mi ciudad, y la pureza en *doctrina*, ha sido, bajo Dios, en mucho obtenido por las grandes habilidades y la piedad inminente de mi honorable y venerable abuelo Stoddard.[684]

Edwards, encima su aprecio reiterado a su abuelo, parece haber vivido en su casa desde su llegada a Northampton hasta quizás su casamiento. Edwards se refiere a varias conversaciones sobre diversos temas con su abuelo. Además, leyó y apreció todas las obras literarias de su adorado abuelo Solomon Stoddard. Su tío John sería uno de los mejores y más confidentes amigos de Edwards hasta la muerte de su apreciado tío. Sobre esto ya hemos disertado suficiente en los caps. II y IV de esta obra. De hecho, Edwards saludó afectuosamente a sus abuelos y a su tío John.[§]

---

[684] Jonathan Edwards on Revival. P. 7.

[§] Ver: Carta de J. E. a su hna. Mary en el cap. II de este tratado, la cual para entonces se pasaba un tiempo donde sus abuelos.

# El Rev. David Brainerd y Edwards

La siguiente carta muestra la lealtad de Edwards a sus amigos, y nos deja ver la calidad de amistad que tenía tanto con el Rev. Brainerd como con el Rev. J. Bellamy de Bethlehem (y su esposa). Brainerd y Bellamy eran muy buenos amigos. La conclusión es muy tierna. En realidad, a este punto, Edwards había apenas llegado a conocer al Rev. Brainerd en persona, si bien había oído de él antes. Pero, como Edwards expresó en su "Narrativa personal", parafraseo: 'cualquiera que vaya en favor de la expansión del reino de Dios en cualquier lugar gozará de mi aprecio'.

## CARTA DE EDWARDS A SU ENTRAÑABLE AMIGO EL REV. JOSEPH BELLAMY SOBRE EL REV. DAVID BRAINERD[685]

Siguiendo su carta del 11 de junio, Edwards actualiza a Bellamy sobre la condición de Brainerd y solicita una visita de Bellamy antes de la muerte de Brainerd.[*]

### Northampton, 14 de septiembre de 1747

Querido hermano:

Teniendo una oportunidad directa, no podía dejarla pasar sin escribir una línea. Pasamos bastante bien por la misericordia. Mi esposa los saluda amablemente a usted y a su cónyuge.

El Sr. [David] Brainerd está ahora en mi casa, y ha estado aquí mucho tiempo, en un estado muy decaído, cada vez más débil; es como estar aquí hasta que muera. Sus pies y piernas hace unos días comenzaron a hincharse y ese síntoma está aumentando. Él te da su amor de todo corazón y desea que le responda con el mensajero de esta misma carta, quien dice que regresará la semana siguiente. Cuando se fue de Kaunaumeek, dejó algunas de sus cosas, libros y otras cosas, en casa del Sr. [John] Sargento, para ser enviadas a vuestra casa y entregadas a vuestro cuidado. Él desea que tú escribas e informes si están allí y qué cosas son. ¿Y si vinieras a verlo antes de que muera? Me alegraría verte aquí.

El Sr. John Brainerd vino de los Jerseys aquí la semana anterior a la pasada, y ahora está aquí y le presenta sus más cordiales y humildes saludos. Tiene pensamientos de regresar esta semana a los Jerseys y regresar aquí la próxima. Si no vienes aquí este otoño (como no quisiera que te pusieras yendo hacia el este), por favor

---

[685] Tomado de: *WJE Online Vol. 16*, Ed. Claghorn.
[*] CHS, ALS, una hoja en cuarto, dirigida en el reverso al Reverendo Sr. Joseph Bellamy en Belén.

escribe un poco más sobre el asunto que te comprometí. Mi amable amor para tu esposa. Yo soy,

Vuestro cariñoso amigo y hermano,
**Jonathan Edwards**

El Rev. David Brainerd murió tres semanas después (el 09 de octubre de ese mismo año).

Por cierto, Hasler señala que *el ardor misionero de Brainerd es contagioso*. Sobre Brainerd, Edwards reconoció que aquel fue un maestro de la vida devocional y un ejemplo singular de dedicación personal; fue "digno de imitación". Hasler dice de Brainerd que "nos dio un modelo único de intensidad religiosa".[686]

Edwards escribió una Biografía de la vida y obra del Rev. Brainerd, quien había sido despedido de Yale en su tercer año por estar de acuerdo con los 'Nuevas luces', de los cuales Edwards fue el líder principal. Dicho trabajo de Edwards se titula: *An Account of the Life of the Rev. David Brainerd* (Un Recuento de la Vida del Rev. David Brainerd). Por cierto, se trata de un trabajo de referencia, pues Edwards contaba con los manuscritos del joven predicador y misionero entre los indígenas, primero de New York y New Jersey, y luego entre los de Delaware y Pennsylvania (especialmente su diario). Dicho trabajo biográfico, que vino luego de un diario sobre Brainerd que Edwards había ya publicado, sirvió *para inspirar el movimiento misionero del siglo siguiente*.[687] Hombres de la talla de William Carey, los Adoniram Hudson, Luther Rice, Jim Elliot, y otros, cuentan lo inspirador de dicha biografía en sus vidas. Por ejemplo, William Carey, el nombrado padre de las misiones modernas, dijo que leyó dicho trabajo como su segunda Biblia.

El hecho de que Brainerd haya muerto en su casa, sirviéndole Jerusha (una de las hijas de Edwards) como enfermera —la cual también murió de tuberculosis pocos meses después de Brainerd— nos da una pista del grado de amistad que en breve tiempo desarrollaron los Edwards con el flamante misionero David Brainerd. Además —sin acuerdo en esto— Jerusha era quizás la prometida del Rev. David Brainerd. A mi juicio, los aconteceres no parecen apoyar esa teoría.

---

[686] Haslel. Introduction.
[687] Lawson, p. 14.

# Edwards y el Rev. Joseph Bellamy

El Rev. Joseph Bellamy nació en Cheshire, Connecticut (el 20 de febrero de 1719), hijo de Matthew Bellamy su esposa Sarah Wood. Bellamy fue un destacado predicador itinerante y congregacionalista en Nueva Inglaterra, especial y casi exclusivamente en Connecticut. Fue un gran teólogo y autor de unos 22 libros. Además de un poderoso y dramático predicador. Conocido por tener una presencia imponente y una voz resonante, Bellamy originario de la cercana Cheshire, no solo fue uno de los primeros residentes de Bethlehem, Connecticut, sino que también le dio a la ciudad su nombre y se convirtió en su ciudadano más rico.

Bellamy completó cuatro años de estudios en la Universidad de Yale en 1735, a la edad de 16 años. Luego permaneció por año y medio estudiando con Jonathan Edwards. Después de lo cual, contando con 18 años de edad, recibió su licencia para predicar. Bellamy se convirtió en un predicador congregacionalista itinerante, viajando por todo Connecticut. Pasó gran parte de este tiempo en Bethlehem, donde los residentes locales finalmente solicitaron que fuera el predicador de la ciudad en 1740.[688] En noviembre de 1758 Bellamy se convirtió en ministro de una iglesia recién formada en Bethlehem, en el condado rural de Litchfield en la frontera de Connecticut. Permaneció en ese púlpito por el resto de su vida, aunque predicó ampliamente en Connecticut, llevando su ferviente predicación sobre el "nuevo nacimiento" que fue el centro del ala evangélica emergente del congregacionalismo de Nueva Inglaterra a muchas personas.[689]

Bellamy se casó con Frances Sherman de New Haven, Connecticut, con quien tuvo ocho hijos, (incluido David Bellamy, quien llegó a ser un prominente comerciante local y legislador de Connecticut). Después de la muerte de Frances en 1785, el Rev. Joseph Bellamy contrajo nupcias con Abiah (Burbank) Leavitt Storrs, en 1786, la cual a su vez había enviudado de los reverendos Freegrace Leavitt y Andrew Storrs.

Como discípulo de Jonathan Edwards, y junto a figuras cual Samuel Hopkins, Timothy Dwight IV (nieto de Jonathan Edwards), Nathaniel William Taylor y Jonathan Edward Jr., Bellamy fue uno de los arquitectos de la "nueva divinidad", una rama del movimiento 'Nuevas luces' que surgió del Gran Despertar. Defensor de la educación tanto para el clero como para los laicos, durante medio siglo en su iglesia

---

[688] Connecticut History: https://Connecticuthistory.org/the-reverend-joseph-bellamy-makes-bethlehem-a-holy-place/

[689] Encyclopedia: https://www.encyclopedia.com/people/philosophy-and-religion/protestant-christianity-biographies/joseph-bellamy.

rural de Bethlehem, Connecticut, formó a cincuenta ministros y fundó lo que posiblemente fue la primera escuela dominical (o del Sabbat) estadounidense.

El Rev. Joseph Bellamy fue quizás el mejor amigo que Edwards tuvo jamás. Edwards hacía negocios vías Bellamy y lo consultaba casi en cualquier asunto. Bellamy era más joven que Edwards, e igual que el Rev. Samuel Hopkins (y otros grandes) había sido discípulo de Edwards luego de su egreso de Yale. Se intercambiaban libros. Edwards llegó a prologar uno de los mejores libros de Bellamy, *True Religion Delineated* (La verdadera religión delimitada), escrito en 1750, que le ganó una gran reputación como teólogo y fue reimpreso varias veces tanto en Inglaterra como en América.§ Edwards y Bellamy discutieron planes de reuniones de oración, avivamientos, etc., arreglaron conferencias juntos, etc.

La reputación de Bellamy como teólogo en las colonias fue apenas sobrepasada por la de su mentor, el Rev. Edwards. Esta influencia se debió no solo a sus publicaciones, sino también a la escuela o las clases para la formación de clérigos que dirigió durante muchos años en su casa y de las que salieron decenas de predicadores a todas partes de Nueva Inglaterra.

El sistema de divinidad de Bellamy era en general similar al de Edwards. Durante la Guerra de Independencia de las colonias fue leal a la causa local. La Universidad de Aberdeen le otorgó el título honorífico de D.D. en 1768.

Entre los principales ministros que entrenó (acorde a la tradición congregacionalista) a finales del siglo XVIII, se encuentran figuras como Jonathan Edwards Jr., Nathaniel Niles, John Smalley y David Austin. Estos hombres, a su vez, llegaron a otros y juntos formaron el núcleo de un importante grupo de protestantes evangélicos que llegaron a dominar la religión estadounidense a través de los avivamientos del siglo XIX. Entre 1765 y 1783, los estudiantes de Bellamy tomaron más de la mitad de las parroquias disponibles en Nueva Inglaterra, y la "nueva divinidad" dominó los sermones que escuchaba la gente en el interior de Nueva Inglaterra. Stiles reconoció la importancia de Bellamy cuando lo llamó el "Papa del condado de Litchfield" y trabajó para evitar la difusión de sus ideas en la ya liberal para entonces Universidad Yale. Bellamy murió el 6 de marzo de 1790.[690]

---

§ El libro describe el camino para venir a Cristo. En muchas reimpresiones, se convirtió en uno de los libros de más venta en Nueva Inglaterra, encontrándose una copia en los hogares de muchas familias.

[690] Encyclopedia: https://www.encyclopedia.com/people/philosophy-and-religion/protestant-christianity-biographies/joseph-bellamy.

Puedes encontrar varios documentos de Bellamy en el portal de Yale: "Joseph Bellamy Papers".[691] Y en el catálogo de Yale "Orbis".[692]

La siguiente carta nos deja ver algo del grado de amistad entre el Rev. Edwards y el Rev. Bellamy, así como puedes notar algunos aspectos en otras cartas que Edwards escribió al denotado reverendo (pp. 354, 608, etc., y la siguiente).

## CARTA DE EDWARDS A SU ENTRAÑABLE AMIGO, EL REV. JOSEPH BELLAMY

En medio de un año lleno de estudios, escritura y distracciones domésticas, Edwards encuentra tiempo para localizar y remitir dos volúmenes a su protegido, el Rev. David Brainerd, que murió el por aquellos días, mismos días en que el manuscrito "Un intento humilde" era terminado y enviado a la imprenta. La principal preocupación de Edwards, sin embargo, era el estado de Brainerd y Eleazar Wheelock, ambos viejos amigos de Bellamy.[‡]

### *Northampton, 11 de junio de 1747*

Estimado señor:

Adjunto le envío *Mastrict* y un volumen de *Turretin*. Si le queda uno del Sr. Beach y el del Dr. Johnson,[†] me alegraría que me los prestara, después de haberlos usado lo suficiente, y me los envíe por una mano segura. También deseo que me avises de lo que ha hecho ese hombre, de eso dependía para comprar ovejas, etc. Desde que te vi, he pensado si no sería correcto en las ataduras que se toman de los hombres que alquilan las ovejas, en lugar de obligarse a entregar tanta lana en casa del señor [John] Potwine, o en cualquier otra casa en Hartford que yo designe, que en caso de que el señor Potwine muera o se mude de Hartford, la fianza todavía puede obligarlos a entregar la lana en Hartford. Presta mis servicios a tu cónyuge.

Y espero que piense en la conversación que tuvimos sobre su viaje en el otoño, por el interés de la religión. El Sr. [David] Brainerd

---

[691] Archives at Yale: https://archives.yale.edu/repositories/12/resources/4225.

[692] Orbis: https://orbis.library.yale.edu/vwebv/holdingsInfo?bibId=613966.

[‡] Biblioteca Beinecke, ALS, una hoja en cuarto. Publicado en NEQ 1 [1928], 234-35. Posiblemente una respuesta a la carta de Bellamy a Edwards del 5 de abril de 1747. Biblioteca Beinecke, fragmento ALS.

[†] Probablemente John Beach, un sermón, mostrando que la vida eterna es un regalo gratuito de Dios, otorgado a los hombres de acuerdo con su comportamiento moral (Newport, 1745); y Samuel Johnson, Carta de Aristocles a Aurhades.

ha estado últimamente en mi casa con el Sr. [Eleazar] Wheelock. El Sr. Wheelock está muy mal y no puede predicar, y así ha sido durante algún tiempo; es incierto si alguna vez predicará más. El Sr. Brainerd está lejos de estar tan mal en su entendimiento, como he oído. Es capaz de conversar muy agradablemente y de orar en familia de la manera más admirable. Ahora se ha ido a Boston con mi hija Jerusha. Ella tiene la intención de quedarse en Boston unos quince días mientras el señor Brainerd va hacia el este, y luego él volverá con ella aquí.

El Sr. Brainerd es un hombre muy deseable en verdad; me alegro de haber tenido la oportunidad de conocerlo. Los médicos hablan del estado de su constitución corporal como muy peligroso y difícil, y el Dr. [Samuel] Mather de esta ciudad lo entrega, pero el Dr. [Joseph] Pynchon no está tan seguro de que no se recuperará. Por mi parte, no puedo dejar de tener algunas esperanzas de que se recupere. Creo que es por lo que todos los que lo conocen deberían orar fervientemente. Yo soy, querido señor,

Tu agradecido amigo y hermano,
*Jonathan Edwards*

PD. Por favor, envíeme unas líneas del hombre que viene por el Sr. [John] Searle.

## Jonathan y el Rev. Samuel Hopkins

Hasta aquí hemos dado varias pinceladas sobre el Dr. Hopkins. A resumidas cuentas, Hopkins fue casi de la misma cercanía que Bellamy para los Edwards. Igual que Joseph, aunque menos tiempo que este, al egresar de Yale, vivió por un tiempo con los Edwards y desde allí quedaron emparentados. El Dr. Hopkins fue de tanta confianza para los Edwards que mantuvo varios de los manuscritos de Edwards al fallecimiento de este, e incluso Sarah y algunos de sus hijos de los Edwards le encargaron escribir una biografía de Edwards, lo cual hizo, documento que hemos citado con abundancia en esta obra.

## Otros tantos amigos

Colman, Cooper y Prince llegaron a ser grandes amigos de Edwards. Tuvo constante correspondencia con William Cooper y con el Dr. B. Colman, ministros en Boston. Fue precisamente al Dr. Colman que Edwards le escribió profusamente sobre el avivamiento de 1734, y Colman motivó a Edwards a la "Narrativa" publicada sobre las "conversiones sorpresivas". Cooper, renombrado en Boston, cual Colman (y compañeros estos de ministerio en la misma iglesia) escribió el prólogo de "Las marcas distintivas". Algo parecida fue la amistad de Edwards con el Sr. Hawley.

Edwards cultivó cierto grado de amistad con el gran evangelista George Whitefield a quien invitó a predicar en su congregación en Northampton en su gira de 1740. Whitefield se quedó con los Edwards en la casa de ellos.

En fin, Edwards mantuvo fluida correspondencia con amigos de Escocia y de toda Nueva Inglaterra. De nuevo, entre sus corresponsales había ministros, familiares cercanos, militares, políticos, etc. Edwards era reacio a invertir tiempo en cosas y amistades triviales, por eso le era muy difícil entablar amistad y diálogos, ya presencial, ya por carta, con gente por el mero hecho de conversar. Edwards resolvió y se rehusó a ello hasta el fin de su vida. Algunos ministros de Escocia (entre ellos... Rev. Thomas Gillespie y el Rev. William McCulloch) fueron muy especiales para Edwards. De hecho, ya hemos visto cartas de Edwards dirigidas a estos amigos.

Marsden da vida a un variado elenco de personajes que fueron fundamentales en la vida de Edwards pero que a menudo han sido descuidados por otros académicos. Así, Jonathan Belcher, por ejemplo, un amigo y partidario crucial que se desempeñó como gobernador de Massachusetts y, más tarde, de New Jersey, también, cuando se convirtió en el presidente del consejo de administración del Colegio de New Jersey (Princeton). Figuraron también aquí: Abigail Williams, prima y némesis de Edwards que se casó con su predecesor en Stockbridge (el reverendo John Sergeant, el líder de la misión en Stockbridge).

En fin, hay una lista abultada de amigos de Edwards por correspondencia, varios de los cuales fueron cercanos a Edwards, cual Joseph Bellamy, Abigail [Williams] Sergeant, Jonathan Belcher, etc.

Me parece a mí que la amistad de Edwards era robusta, perpetua y fiel. Difícilmente encontremos a alguien con tantos amigos cual Edwards. Y se nota que era una amistad sincera. Aunque era de poco hablar en persona, relativamente poco sociable (por lo menos hasta que llegó a Stockbridge), ello no quitó la gracia de ser un amigo fiel y de calidad de aquellas decenas a quienes les abrió su círculo.

Ojalá nuestro siglo pueda ser testigo de amistades tan robustas como las que percibimos que tuvo Edwards. ¡Impresionante!

# XV

# Una muerte inesperada

Aquí llegamos precisamente al final de nuestra aventura a través de la vida del Rev. Jonathan Edwards. Como creo que ha sido muy notorio, la familia Edwards Pierpont fue modelo en casi cualquier renglón de la vida social y religiosa. Todavía sirven de modelo de vida piadosa y cristiana hoy. No obstante, el final de la vida de muchos de los Edwards, incluyendo a Jonathan (padre) y su esposa Sarah casi podría compararse a la de una saga tétrica del tipo Romeo y Julieta o del tipo del final de los grandes héroes de la Biblia.

La vida ministerial de Edwards se movió a partir de su casa en Windsor del Este (donde nació), egresando de Yale en New Haven, Connecticut (donde cursó sus estudios superiores desde 1717 hasta 1722); de ahí dirigiéndose a su primer trabajo ministerial en la convulsa Ciudad portuaria de New York (por nueve meses), luego pasando a pastorear Bolton, Connecticut (por seis meses). Desde Bolton, Jonathan fue a Yale por poco más de dos años (mayo 1724 a agosto 1726), en cuyo período cortejó a su amada Sarah Pierpont. De ahí Edwards pasaría a pastorear la 1ra. Iglesia de Cristo de la ciudad de Northampton, condado de Hampshire, Massachusetts, Nueva Inglaterra, donde ministró desde el otoño de 1726 hasta la primavera de 1751 (siendo ordenado al sagrado ministerio por su abuelo Solomon Stoddard el 15 de febrero de 1727, y despedido del pastorado allí el 22 de junio de 1750, ocupando el púlpito de aquella iglesia por seis meses después de ser despedido, en lo que ellos contrataron otro pastor). Desde el invierno de 1750-1751, Edwards fue invitado a predicar en Stockbridge, Massachusetts, a una comunidad mixta conformada por neoingleses e indígenas, siendo finalmente contratado como el pastor-misionero de aquella comarca el 10 de julio de 1751, dejando dicho trabajo en el mes de diciembre de 1757, para dirigirse a su última labor como presidente en Princeton, que inició el 16 de febrero de 1758.

Jerusha, la segunda hija de los Edwards, una santa jovencita de cuya piedad todos hablaban en Massachusetts, había pasado a la presencia de su Señor el Sabbat 14 de febrero de 1748 alrededor de las 5 a.m., a la edad de 17 años. La causa de su muerte fue la tuberculosis, que había contraído precisamente al servir como la enfermera del Rev. David Brainerd, quien se había hospedado en su enfermedad en la casa de los Edwards en Northampton, muriendo de esa terrible enfermedad en a finales de octubre del año anterior a ese.

Sucedió que Esther, la tercera hija de los Edwards, contrajo nupcias con el Rev. Aaron Burr* (1716-1757) de Newark, el 29 de junio de 1752. Desde 1748, el Sr. Burr, era el presidente del recién instituido Colegio de New Jersey.[693] No obstante, el Sr. Burr murió en Princeton el 24 de septiembre de 1757, de la fiebre nerviosa.

A la muerte del Sr. Burr, los fideicomisarios del Colegio de New Jersey le pidieron a Jonathan ocupar la presidencia de tal institución. Edwards no se sentía digno de tan honorable posición. A la petición de los fideicomisarios, en su carta del 19 de octubre de 1757, Edwards respondió con las siguientes razones por las que se sentía incapaz para ese deber:

> Tengo una constitución peculiarmente infeliz en muchos aspectos, acompañada de un cuerpo flácido, apagado, de escasa fluidez, y de espíritu abatido, ocasionando a menudo una especie de debilidad infantil y una despreciable oratoria, presencia y comportamiento; soy de una monotonía y una rigidez desagradables, incapacitándome para la conversación, pero más concretamente, para el gobierno de una universidad (*Yale*, JEW 16:726). También citó lo que creía que era su deficiencia en algunas partes del aprendizaje, particularmente en álgebra, y en los conceptos superiores de las matemáticas.[694]

Quizás una de las mejores imágenes que podamos encontrar sobre Edwards se encuentra plasmada en el epitafio en memoria de los Edwards en la tumba de sus restos en el cementerio de Princeton (leerlo en el prólogo de esta obra por el Dr. Klassen).

Para poner en perspectiva nuestra procura en este capítulo, resulta interesante revelar aquí la razón por la que Edwards falleció. En el primer

---

\*    Aaron Burr nació el 04 junio de 1715.

[693]  princeton.edu: https://slavery.princeton.edu/stories/aaron-burr-sr#:~:text=By%20 Shelby%20Lohr-,Aaron%20Burr%20Sr.,president%20from%201748%20 to%201757.

[694]  Storms: https://www.coalicionporelevangelio.org/articulo/10-cosas-deberias-saber-jonathan-edwards/

mes de la presidencia de Edwards en el Colegio de New Jersey (Princeton University), hubo un brote de viruela. Sucede que al mismo tiempo se estaba desarrollando una vacuna contra la viruela. Jonathan que era amante de las ciencias y la inventiva decidió participar como voluntario en las pruebas de la vacuna, fue inoculado. Él quería que la facultad y el alumnado del Colegio comprendieran que era noble y de beneficio apoyar la causa de las ciencias médicas. Lamentablemente *el presidente y consagrado divinista, falleció el 22 de marzo de 1758, justo una semana luego de haber sido inoculado. Debido a la vacuna, contrajo una infección secundaria.* No fue la viruela la causa de la muerte del presidente, pero fue como consecuencia de la vacuna contra la viruela que contrajo la infección mortal. Hay que recordar que a mediados del siglo XIII no se sabía casi nada de microorganismos. Hasta Louis Pasteur (1822 – 1895) los patógenos y la vida microbiana en general permanecerían en el más profundo secreto.

Las siguientes fueron las últimas palabras de Jonathan a sus dos hijas Lucy y Esther, las cuales estaban presente en su lecho de muerte (para entonces Sarah Edwards apenas se preparaba para mudarse a New Jersey), reza:

> Me parece que es la voluntad de Dios que yo en breve las deje; por tanto, den mi afectuoso amor a mi querida esposa, y díganle, que la poca común unión que por largo tiempo ha subsistido entre nosotros, ha sido de tal naturaleza, según confío en lo espiritual, y lo seguirá siendo por siempre; y espero que ella soporte tan gran prueba y se someta a la voluntad de Dios.[695]

Aunque parezca inverosímil, Edwards ocupó la presidencia del Colegio de New Jersey como reemplazo a la muerte de su yerno, el Sr. Aaron Burr. A la muerte de Jonathan Edwards, le siguió la muerte de su hija Esther, viuda de Burr, por la misma causa que su padre.

Resulta aquí inspirador leer la carta que tras la muerte de Jonathan le escribiera Sarah Edwards a su hija Esther Burr, quien también, había perdido a su esposo unos meses antes, y ahora a su padre, la cual nunca llegaría a leer. Reza:

> "Mi muy estimada hija, ¿qué debo decir? Un santo y buen Dios nos ha cubierto con una nube negra. ¡Oh, que besemos la vara y nos pongamos las manos en la boca! El Señor lo ha hecho. Él me ha hecho adorar sus bondades, pues le tuvimos por mucho tiempo. Pero mi Dios vive; y Él posee mi corazón. ¡Oh, que legado el que mi esposo, y tu padre, nos ha dejado! Nosotros somos todos dádivas a Dios; y ahí estoy, y amo estar".[696]

---

[695] Lawson. P. 19.
[696] *Ibidem.*

Esther no vivió para leer la excelsa carta que le envió su madre. Sarah pudo finalmente arribar a New Jersey ese verano. Cuando llegó, pudo pararse sobre la yerba verde de las tumbas de su esposo, su yerno y su hija. Ella también murió de disentería el 2 de octubre de ese mismo año, 1758; es decir, a los 48 años. Al momento de su muerte se encontraba en Filadelfia, hospedada en la casa de unos amigos, mientras regresaba a Massachusetts.[697] Sarah fue también sepultada al lado de su esposo en el cementerio de Princeton.[698]

---

[697] Storms: https://www.coalicionporelevangelio.org/articulo/10-cosas-deberias-saber-jonathan-edwards/

[698] Ver: Lawson, p. 19.

# XVI

## El legado familiar de los Edwards

A parte de las muchas pinceladas que hemos insertado de algunos de los más sobresalientes descendientes de Edwards, queremos aquí presentar una breve sinopsis del legado en general de los Edwards.

Entre las hijas de los Edwards, todas fieles creyentes y exitosas en sus respectivas maternidades, a juzgar por la piedad de sus descendientes. Entre ellas, Esther fue esposa de un ministro de suficiente fama, Aaron Burr Sr., quien por cierto fuera el segundo presidente del Colegio de New Jersey (hoy Princeton), de hecho, a quien sustituyó Edwards a la muerte de este acaecida en septiembre de 1757.

Mary Edwards se casó con el Mayor Timothy Dwight III. Entre sus hijos sobresalió el Rev. Dr. Timothy Dwight IV, quien llegó a ser tutor y presidente de Yale, y quien a su vez fue padre de los abogados, reverendos y escritores William y Sereno Dwight (a este Sereno lo hemos citado abundantemente en este trabajo por su compilación de los Trabajos de Jonathan Edwards). Más adelante presentamos una breve semblanza de Timothy Dwight IV.

Entre sus hijos varones de Sarah y Jonathan, Timothy, egresó de Princeton en 1757, fue un renombrado abogado y jurista. Al graduarse, comenzó a trabajar como comerciante en Elizabethtown, New Jersey. Luego se mudó a Stockbridge alrededor de 1770, donde fue un ciudadano destacado durante cuarenta y tres años, y se desempeñó como juez de sucesiones del condado de Berkshire. Timothy se casó con Rhoda Ogden. Tuvieron quince hijos, entre quienes sobresalió su hijo William (nacido en Elizabthtown, NJ, y murió en Brooklyn, NY), fue un exitoso inventor y renombrado hombre de negocios en la industria del cuero, de hecho, introdujo el sistema ahora empleado en casi todas las curtidurías estadounidenses, mediante el cual el cuero se fabrica en aproximadamente una cuarta parte del tiempo requerido por los antiguos procesos europeos.

Jonathan Jr., fue misionero, pastor, también prolijo escritor y llegó a ser presidente de la Universidad Union de New York (presentamos una semblanza más abajo sobre este gran hombre de Dios que tuvo un paralelismo impresionante con casi cada aspecto de su vida).

Pierpont Edwards fue uno de los principales inversores de *Connecticut Land Company*. El hijo menor del reverendo Jonathan Edwards, fue un destacado abogado, político y juez en New Haven y Bridgeport entre su primera elección a la legislatura estatal en 1777 y su muerte en 1826. De hecho, llegó a ser delegado del Congreso Continental Americano y un Juez Federal de los Estados Unidos. Fue uno de los líderes del partido Republicano y una voz importante en la política estatal. Trabajó como abogado tanto para South Carolina *Yazoo Land Company* como para Connecticut Susquehanna Company. Pierpont tuvo cuantiosas inversiones en la *Connecticut Land Company*, cosechando así el cinco por ciento (5%) de las tenencias de la Compañía en la Reserva.

Por otra parte, resulta interesante analizar lo que un educador estadounidense, A. E. Winship, decidió rastrear a los descendientes de Jonathan Edwards casi 150 años después de su muerte. A continuación, las estadísticas sobre los descendientes de los Edwards:

> "Un vicepresidente de los Estados Unidos de América, un decano de una facultad de derecho, un decano de una facultad de medicina, tres senadores de los Estados Unidos, tres gobernadores, tres alcaldes, trece presidentes universitarios, 30 jueces, 60 médicos, 65 profesores, 75 Oficiales militares, 80 titulares de cargos públicos, 100 abogados, 100 clérigos y 285 graduados universitarios".[699]

¿Cómo se puede explicar esto? El mismo Winship afirma:

> "Gran parte de la capacidad y el talento, la intensidad y el carácter de los más de 1.400 de la familia de Edwards se deben a la Sra. Edwards".[700]

Es probable que los números sobre la descendencia de los Edwards te hagan mayor sentido cuando compares con los de un *newyorkino* de la época al que aquí nombraremos MJ (por sus siglas, para no denigrar identidades).

El legado de MJ llamó la atención de la gente cuando los árboles genealógicos de 42 hombres diferentes en el sistema penitenciario de New

---

[699] Bellard: https://www.ywam-fmi.org/news/multigenerational-legacies-the-story-of-jonathan-edwards/

[700] *Ibidem.*

York se remontan a él… La familia J (de MJ) fue estudiada por el sociólogo Richard L. Dugdale en 1877. Los descendientes de MJ incluyeron:

"Siete asesinos, 60 ladrones, 190 prostitutas, otros 150 condenados, 310 indigentes y 440 que fueron físicamente destrozados por la adicción al alcohol. De los 1.200 descendientes que fueron estudiados, 300 murieron prematuramente".

No intentamos denigrar a nadie aquí, mucho menos queremos ser sensacionalistas. Pero la diferencia entre los J y los Edwards es diametralmente opuesta, como son diferentes la luz de la oscuridad o el cielo y el infierno.

No tengo la menor duda de que estás de acuerdo conmigo de que el elemento discordante aquí es la piedad en el legado de los Edwards, es decir, la obra del Espíritu de Cristo en los Edwards. Los Edwards fueron fieles modelos y espectadores que disfrutaron las promesas de Dios a los piadosos: "La comunión íntima de Jehová es con los que le temen, a ellos se dará a conocer cara a cara" (Salmo 25:14).

Algún moralista o alguna persona de cierta reputación social podrá pensar que la comparación es muy vulgar. Pero nuestro punto es que hay una radical diferencia entre los descendientes de una familia fiel y temerosa de Dios, frente al resto de las personas. Las sagradas Escrituras no guardan silencio al respecto. Los Salmos 112, 127 y 128 son icónicos aquí. Por ejemplo:

> *Bienaventurado el hombre que teme a Jehová,*
> *Y en sus mandamientos se deleita en gran manera.*
> *Su descendencia será poderosa en la tierra;*
> *La generación de los rectos será bendita.*
> *Bienes y riquezas hay en su casa,*
> *Y su justicia permanece para siempre. (Salmo 112:1-3)*

O, también:

> *Bienaventurado todo aquel que teme a Jehová,*
> *Que anda en sus caminos.*
> *Tu mujer será como vid que lleva fruto*
> *A los lados de tu casa;*
> *Tus hijos como plantas de olivo alrededor de tu mesa.*
> *He aquí que así será bendecido el hombre*
> *Que teme a Jehová. (Salmo 128:1, 3-4)*

Los Edwards nos dejaron un legado glorioso. Recuerde que las Sagradas Escrituras y los instrumentos de instrucción en la piedad, especialmente el Catecismo de Westminster, fueron instrumentos cotidianos rigurosamente en la casa de los Edwards, tanto como el impecable testimonio de aquellos santos puritanos padres.

El legado familiar de Edwards nos ilustra tanto como su propia vida acerca del valor de ser un siervo fiel y prudente del Señor. Tenemos constancia de que por lo menos las cuatro generaciones inmediatas de Jonathan y Sarah, y todas las ancestrales a ellos hasta donde hemos podido constatar, fueron piadosos y fieles siervos y siervas de nuestro Señor. Es precisamente de lo que habló el famoso psicólogo cristiano americano, James Dobson, en su libro "Esto es ser hombre". En aquella obra modela y refiere que él no ha sabido de ninguna generación fiel al Señor cuyos descendientes sean infieles. Jonathan Edwards Pierpont y Timothy Dwight Edwards son muestras sobresalientes por sus oficios piadosos, pero no son únicos en su piedad.

Yo mismo soy ministro cristiano de segunda generación, al igual que mi esposa; y sin pretender orgullo mal sano, nuestra vida de testimonio es un tributo a la gloria de Dios mediante el alumbramiento de nuestra luz delante de los hombres (no porque salga de nuestra boca, nos lo han expresado hasta gente no piadosas).

Edwards apostó a ello siendo un hombre de inusitada piedad. ¡Su descendencia habla por sí sola del respaldo de Dios a los Edwards!

# Una reflexión final

Creo que ha sido notorio en este trabajo lo monumental y extraordinario de la vida de Jonathan Edwards. ¿Y para que referirnos más a sus obras? Los Edwards brillan como un monumento a la gloriosa obra de Dios en los corazones de Sus amados hijos.

¡Qué testimonio!

¡Qué vida!

¡Qué legado!

Al analizar obras cual "La libertad de la voluntad" y "La razón por la cual Dios hizo al mundo" de Jonathan Edwards, dos entre muchas de sus obras, que figuran como "piezas maestras de la literatura" de todos los tiempos, entre otros de sus muchos trabajos, siendo sus sermones de mayor valor debido a sus efectos (como se espera que produzca la predicación fiel); lo que veo en aquel hombre es a un arquitecto extremadamente cuidadoso y meticuloso del lenguaje y sus correctas aplicaciones, en las diversas realidades y relaciones en las cuales lo empleaba.

Edwards exuda un extenso conocimiento de las cosas a que se refería, especialmente las realidades de los seres (tanto el Ser supremo como el ser humano), las cosas, los fenómenos y sus hábitats e interacciones; así como sus orígenes, naturalezas, las múltiples relaciones, deberes y acciones propias del ser, las cosas y los fenómenos; además de una visión profunda, que raya casi lo impecable, de los principios y causas que mueven y revelan los afectos y acciones de los seres. Todo ello filtrado a través del lente bíblico, ya que Jonathan procuró lealtad absoluta a las Escrituras Sagradas cual la Verdad divina, difícilmente encontrados en otro pensador al grado que Edwards. Tales manejos y tratamientos le merecieron el honor de poseer el título de "el más grande pensador, teólogo y filósofo de América de todos los tiempos". Y yo propongo también que ha sido "el predicador más influyente y eficaz de América". El extraño señor fue uno de esos tipos difícilmente igualables, especialmente en materia de la facultad y capacidad de pensar.

Señoras y señores, el hecho de que las obras de Edwards sean un tanto intrincadas en la dificultad no debe ser motivo para un abandono de ese excelente santo. Soy consciente de que solo basta acercarnos a cualquier producción de las de Edwards para que sea de inmediato notoria nuestra crasa ignorancia de las realidades relativas al ser y a los principios que gobiernan nuestras interacciones con los demás seres, las cosas y los fenómenos que les rodean. Esto se hará muy notorio especialmente en las relaciones del Ser Supremo con los seres humanos.

Ese poder mental de Edwards acompañado de "una suficiente dosis de arrogancia de carácter" (la cual se preocupó por mantener siempre a raya), ha fascinado a muchos y abrumado a otros. Algunos críticos simplemente le han odiado, como William James; otros han abortado sus intentos de comprenderlo y explicarlo, cual el poeta Robert Lowell; y muchos otros hemos echado el pleito de descifrarlo y disfrutar tal maravilla de un ser humano transformado y súper dotado por la gloriosa gracia de Dios, como los doctores Miller, Marden, Gerstner, Simonson, Murray, Smith, Piper, Kimnach, Minkema, Klassen, Lawson, Neele, Nichols, y tímidamente un servidor, entre otros.

Pero os confieso que es frustrante, irritante, pero dulce y fascinante el mero intento de procurar comprender a Edwards, sus pensamientos, su vida y engramparlos en un entorno tan convulso y competente como, nada menos, que el *siglo de las luces*. Y peor aún, buscar sincronizarlo con nuestra sociedad híper moderna a fin de comprenderlo. Por eso, tras incalculables horas concentrado en Edwards, he quedado cuasi totalmente agotado.

En fin, es posible que resulte más sencillo para un ignorante del pincel pintar un retrato de Edwards, que para un investigador dibujar con palabras un boceto exacto de Edwards.

Al final, por lo menos en cuanto a satisfacción personal, ha valido la pena el esfuerzo. No solo por mi aprendizaje que representa un salto de varios peldaños, sino por los momentos de gloria y los insumos que agregó Edwards a mi procura del conocimiento del Dios Santo y mi carrera tras la piedad.

Entre victorias y tragedias, y habiendo depositado a varios de los Edwards, incluyendo a Jonathan a los 54 años de edad y a Sarah a los 48, parecería que los reguladores tienden a *piano (p), piano piano (pp), pianísimo (ppp)*, y abruptamente se termina la rapsodia. Pero, para ser consistente con la verdad de la fe cristiana, sería injusto concluir nuestra aventura con notas tétricas y un *cuasi* silencio.

Invocamos de nuevo los avivamientos en Northampton, Nueva Inglaterra y el mundo anglosajón de la década de los 1740 especialmente. También las decenas de tratados, decenas de libros y cientos de sermones predicados y editados que sirvieron en vida de Jonathan Edwards a millones de escuchas y lectores, y que a distancia de más de tres siglos siguen conmoviendo y enriqueciendo a millones incontables. Invocamos el extraordinario legado familiar de los descendientes de Jonathan y Sarah, entre los que ha habido reverendos renombrados y misioneros —igual que Jonathan—, presidentes de las universidades de los más prestigiosas del planeta —igual que Jonathan—, independentistas, vicepresidentes de la nación, jueces, abogados, médicos, etcétera. ¡Sin duda alguna, un legado de gloria!

Pero más que las glorias obtenidas en vida y legadas en vidas iluminadas y escritos de divinidades incomparables; la vida de Jonathan y su familia, todos fieles creyentes, pasó de lo imperfecto, lo parcial, lo incompleto, etc., a un estado muchísimo mejor. El mismo Edwards predicó:

> La glorificación inicia con la muerte de los santos, cuando él es iniciado en la misma presencia de Dios, en Cristo: 'No solo que la muerte no es en realidad muerte para ellos [los santos], sino una traslación a una vida más gloriosa, y es un tornarse a un tipo de resurrección de entre los muertos. La muerte es un cambio feliz para ellos, y una transformación que es por mucho más como una resurrección que una muerte. Es un cambio de un estado de mucho pecado, y sufrimientos, y tinieblas, a un estado de luz perfecta, y santidad, y gozo. Cuando un santo muere, él despierta, como estuvo, fuera del dormitar. Esta vida es aburrida, un estado carente de vitalidad; no hay sino una vida espiritual minúscula, y una gran oferta de mortandad; no existe sino un sentido diminuto, y una gran oferta de estupidez, cosas sin sentido. Pero cuando un hombre piadoso muere, toda esta mortandad, y tinieblas, y estupidez, y cosas sin sentido se han ido para siempre, y él entra inmediatamente a un estado de vida perfecta, y de luz perfeccionada, y de actividad, y de felicidad.'[701]

Cito aquí de nuevo otra de las citas célebres del consagrado divinista respecto de la vida venidera:

> El disfrute de Dios es la única felicidad con la que nuestras almas pueden estar satisfechas. Ir al cielo, para disfrutar plenamente de Dios, es infinitamente mejor que las acomodaciones más placenteras aquí. Padres y madres, esposos, esposas o hijos, o la compañía de amigos terrenales,

---

[701] Crampton. P. 185.

no son más que sombras; pero Dios es la sustancia. Estos son rayos dispersos, pero Dios es el sol. Estos son solo arroyos. Pero Dios es el océano. Por lo tanto, nos conviene pasar esta vida solo como un viaje hacia el cielo, ya que conviene que hagamos de la búsqueda de nuestro fin más elevado y nuestro bien apropiado, la obra completa de nuestra vida, a la que debemos subordinar todas las demás preocupaciones de la vida. ¿Por qué debemos trabajar o poner nuestro corazón en cualquier otra cosa, sino aquello que es nuestro verdadero fin y verdadera felicidad?[702]

¡Alabado sea el Señor por siempre!

---

[702] Piper y Taylor. P. 15.

# Apéndices

## Apéndice A: Cronología de la vida y obra de Jonathan Edwards

| FECHA | EVENTO | EDAD DE J.E. AQUÍ | NOTA |
|---|---|---|---|
| 1703 | Nacimiento de J. E. | | Windsor del Este, Conn. |
| | Bautismo de J. E. | | 1ra. Iglesia de Cristo de Windsor del Este, Conn. |
| 1715 | Escribió "De los insectos". | A los 12 años. | Un ensayo de la preparatoria |
| 1716 | Se matriculó e inició sus estudios superiores. | Cuando casi cumplía los 13 años. | En el Colegio de New Haven (Yale Univ.), Conn. |
| 1720 | Se graduó de B.A. (Licenciatura). | A los 17 años. | Universidad Yale, New Haven, Conn. |
| | Inició estudios de Maestría en Teología (M. A.). | A los 17 años. | |
| 1722-1723 | Sirvió como pastor interino en una iglesia presbiteriana. | Con 19 años. | Ciudad de New York, NY. |
| 1723 | Escribió: "Las arañas". | A los 19 años. | |
| | Se graduó de Maestría en Teología (M. A.). | Cuando casi cumpliría 20 años. | Universidad Yale, New Haven, Conn. |
| 1723-1724 | Pastor titular en la 1ra. Iglesia de Cristo. | Aún con 20 años. | Bolton, Conn. |
| 1724-1726 | Tutor. | De los 22 a los 24 años. | Universidad Yale, New Haven, Conn. |

| FECHA | EVENTO | EDAD DE J.E. AQUÍ | NOTA |
|---|---|---|---|
| 1726 | Llamado como pastor asistente de su abuelo Solomon Stoddard | Con 22 años. | Northampton, Hampshire, Mass. |
| 1727-1751 | Ordenado como Reverendo (pastor congregacionalista). Sirvió hasta la muerte de su abuelo en febrero de 1729 como asociado; a partir de ahí, hasta el 22 de junio de 1750 como pastor titular; y desde entonces hasta la primavera de 1752 como interino en la misma iglesia. | A los 23 años de edad. | Por su abuelo Solomon Stoddard en la 1ra. Iglesia de Cristo de Northampton, Mass. |
| | Contrajo nupcias con Sarah Pierpont | | En la 1ra. Iglesia de Cristo de Northampton, Mass. |
| 1728 | Nació la 1ra. hija de J. E., Sarah Edwards. | Contando aún con 24 años. | Northampton, Mass. |
| 1730 | Nació la 2da. hija de J.E., Jerusha Edwards | A los 25 años. | Northampton, Mass. |
| 1731 | Se publicó el 1er. Material de J. E. "Dios es glorificado en la dependencia del hombre". | A los 27/28 años. | Un discurso dictado en la 1ra. Iglesia de Boston en el inicio del año académico de Harvard, publicado por la universidad. |
| 1732 | Nació la 3ra. hija de J. E., Esther Edwards | A los 28 años. | Northampton, Mass. |

| FECHA | EVENTO | EDAD DE J.E. AQUÍ | NOTA |
|---|---|---|---|
| 1734 | Nació la 4ta. hija de J. E., Mary Edwards | A los 30 años. | Northampton, Mass. |
| | Predicó (y fue luego publicado): "La Justificación por la fe" (serie), y "Una luz divina y sobrenatural". | A los 31 años. | A fin de 1734 se inició el avivamiento de 1743-1736 en Northampton y otras ciudadelas de alrededor. |
| 1735 | Escribió: "El Altísimo, un Dios que escucha las oraciones". | A los 31/32 años. | |
| 1736 | Nació la 5ta. hija de J. E., Lucy Edwards. | A los 32 años. | Northampton, Mass. |
| | Escribió: "Una narrativa fiel en la sorprendente obra de Dios en la conversión de cientos de almas en Northampton". | A los 33 años. | Fue editado (por los Drs. Watts y Guyse) y publicado en Londres en 1737. Revisado por Edwards y re-publicado en Boston en 1738. |
| 1738 | Nació el 1er. hijo varón de J. E., Timothy Edwards | A los 34 años. | Northampton, Mass. |
| | Predicó y escribió: "La caridad y sus frutos" (serie). | A los 34/35 años. | Publicada *post mortem* (más de 100 años después), en 1851. |
| 1739 | Predicó (escribió): "La historia de la obra de redención". | A los 35/36 años. | Publicada *post mortem*, en 1774. |
| q. 1739 | Escribió: "Narrativa personal". | Cuando quizás tenía 36. | |

| FECHA | EVENTO | EDAD DE J.E. AQUÍ | NOTA |
|---|---|---|---|
| 1740 | Nació la 6ta. hija de J. E., Susannah Edwards | A los 36 años. | Northampton, Mass. |
| | Se inició el Gran Despertar, siendo detonado en Northampton al final de ese año con la predicación de G. Whitefield. | Cuando Edwards contaba con 37 años. | Fue una operación divina que se extendió por toda Nueva Inglaterra. |
| 1741 | Yale publicó: "Las marcas distintivas de una verdadera obra del Espíritu de Dios". | A los 37 años. | Una conferencia en dictada en el inicio del año en Yale en defensa del avivamiento. |
| | Predicó el sermón más famoso de la historia de américa: "Pecadores en las manos de un Dios airado". | A los 37 años. | |
| 1743 | Nació la 7ª hija de J. E., Eunice Edwards | A los 39 años. | Northampton, Mass. |
| | Escribió el tratado: "Algunos pensamientos concernientes al presente avivamiento de la religión en Nueva Inglaterra". | A los 40 años. | Básicamente una crítica a la postura de Charles Chauncy que había escrito un libro tirando por el piso el avivamiento. |
| | Escribió: "Un relato del avivamiento en Northampton entre 1740-1742". | A los 40 años. | |
| 1744 | Nació el 2do. hijo varón de J. E., Jonathan Edwards Jr. | A los 41 años. | Northampton, Mass. |
| 1746 | Escribió y publicó: "Un tratado concerniente a 'los afectos religiosos'". | A los 42/43 años. | |

| FECHA | EVENTO | EDAD DE J.E. AQUÍ | NOTA |
|-------|--------|-------------------|------|
| 1747 | Murió el Rev. David Brainerd en la casa de los Edwards. | A los 43 años. | Northampton, Mass. |
| | Murió Jerusha, la 2da. hija de J. E. | | |
| | Nació la 8va. hija de J. E., Elizabeth Edwards | | |
| 1749 | Escribió y publicó: "Una humilde indagación sobre la regla de la Palabra de Dios, en cuanto a las calificaciones necesarias para una completa comunión en la Iglesia cristiana visible". | A los 45 años. | Los líderes de la iglesia de Northampton le pidieron Edwards que publicara sus razones sobre los sacramentos para comprenderlos mejor |
| 1750 | Nació el 3er. hijo varón de J. E., Pierpont Edwards. | A los 46 años. | Northampton, Mass. |
| | Sarah Edwards se casó con el Dr. Elihu Parsons. | Cuando Edwards contaba con 46 años. | |
| | Mary se casó con Timothy Dwight. | Cuando Edwards tenía 47 años. | |
| | Edwards es despedido del pastorado en Northampton (22 de junio). | A los 47 años. | |
| 1751-1757 | Inició como pastor-misionero en Stockbridge, Mass. | Inició cuando tenía 47 años y estuvo hasta los 54 años cumplidos. | Un poblado mixto, mayormente poblado por indígenas americanos (Mahican, y luego llegaron los Mahock) |
| 1752 | Esther Edwards se casó con el Rev. Aaron Burr. | Cuando Edwards tenía 48 años. | |

| FECHA | EVENTO | EDAD DE J.E. AQUÍ | NOTA |
|---|---|---|---|
| 1754 | Escribió y publicó: "La libertad de la voluntad". | A los 50/51 años. | |
| 1755 | Escribió: (1) "La naturaleza de la verdadera virtud", (2) "El fin por el cual Dios creó al mundo". | A los 51/52 años. | Pero fueron publicados post mortem, en 1765. |
| 1757 | Escogido como presidente de la universidad de Princeton | | Princeton, New Jersey |
| 1758 | Instalado como presidente de Princeton (el 16 febrero) | A los 54 años. | |
| | Escribió: "Pecado Original" | | |
| | Muerte de Jonathan Edwards (el 22 de marzo) | A los 54 años de edad. | De reacción a una vacuna contra la viruela. En Princeton, NJ. |
| | Murió Esther Edwards Burr (viuda). | | En New Jersey. |
| | Murió Sarah Pierpont Edwards. | | En Filadelfia. |

**FUENTES:**

Timothy Dwight IV (1752-1817), S.T.D, LDD., fue el segundo hijo de Mary Edwards Dwight y del Mayor Timothy Dwight III (quien batalló en la guerra revolucionaria independentista). El Dr. Timothy Dwight IV fue tutor en Yale de 1771 a 1777, y en ese año recibió su licencia de predicador, y presidente de la misma institución de 1795 hasta su muerte en 1817. Sereno Edwards Dwight (1786-1811) fue hijo de Timothy Dwight IV y Mary Woolsey Dwight. Este Sereno, bisnieto de Edwards, compiló los trabajos de Jonathan Edwards.

Nichols. JE, A Guide Tour of His Life and Thought. P. 59.

Gerstner, John. Jonathan Edwards, A Mini-Theology. Pp. 119, 120.

# Apéndice B: Diagrama genealógico extendido de los familiares de Jonathan Edwards

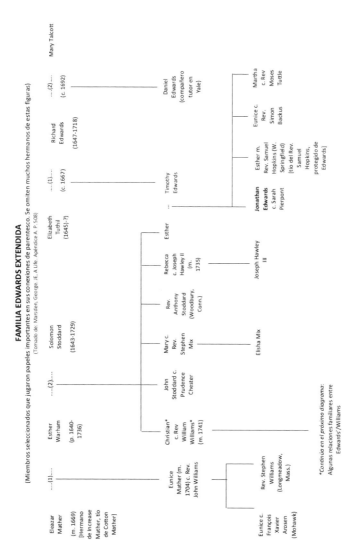

## FAMILIA EDWARDS EXTENDIDA

(Miembros seleccionados que jugaron papeles importantes en sus conexiones de parentesco. Se omiten muchos hermanos de estas figuras)

(Tomado de: Marsden, George. JE, A Life. Apéndice A. P. 508)

*Continúa en el próximo diagrama:* Algunas relaciones familiares entre Edwards/Williams

## ALGUNOS FAMILIARES EDWARDS-WILLIAMS
### (La continuación del diagrama anterior)

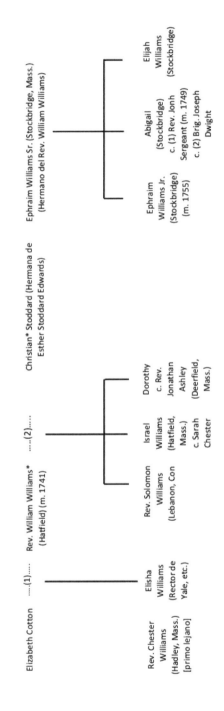

El clan Williams-Stoddard se casó con otras familias influyentes del valle del río Conneticut, incluidos los Chester, los Ashley y los Partridge. Véase Kevin Michael Sweeney, "Dioses del río y deidades menores relacionadas: La familia Williams y el valle del río Conneticut, 1637-1790" (Ph.D. diss., Yale University, 1986), 733-55. (Tomado de: Marsden, George: JE, A Life. Apendix A. P. 509)

# Apéndice C: Las 70 resoluciones de Jonathan Edwards

A continuación, ponemos a tu disposición las resoluciones que un joven recién convertido de 18 años escribió, las cuales guiaron su vida, decisiones y testimonio. Se trata del más grande pensador, filósofo, teólogo, escritor y predicador de la historia de los Estados Unidos, Jonathan Edwards.

Que estas 70 resoluciones de Edwards te sirvan de aliento y motivación para la procura de la gloria de Dios y la búsqueda de la santidad en tu vida, "sin la cual nadie verá al Señor".

Estando apercibido de que soy incapaz de hacer ninguna cosa sin la ayuda de Dios, yo humildemente le ruego que por su gracia, me capacite para mantener estas Resoluciones, tanto como sean agradables para su voluntad, por Cristo (oración de Edwards). Recuerda leer estas Resoluciones una vez por semana (resolución de frecuencia de Edwards).

1. Resuelvo: Que haré lo que piense que sea para la mayor gloria de Dios y para mi propio bien, ganancia y placer, en todo mi tiempo; no teniendo ninguna consideración del tiempo, ya sea ahora, o nunca, ni por millares de edades desde hoy. Resuelvo, hacer todo lo que considere mi deber, sobre todo para el bien y la ganancia de la humanidad en general. Resuelvo, por tanto, hacerlo no importando las dificultades con que me encuentre, ni cuantas, ni cuan grandes sean.

2. Resuelvo: Estar continuamente tratando de encontrar alguna nueva idea o invento para promover las cosas anteriormente mencionadas.

3. Resuelvo: Si alguna vez caigo o me vuelvo perezoso, de tal manera que falle para mantener cualquier parte de estas Resoluciones, de arrepentirme de todo lo que pueda recordar, cuando venga a ser yo mismo de nuevo.

4. Resuelvo: Nunca hacer ninguna clase de cosa, ya sea en el alma o en el cuerpo, menos o más, sino aquello que sea para

la gloria de Dios, no ser, no permitirlo, si yo pueda de alguna manera evitarlo.

5. Resuelvo: Nunca perder ni un momento de tiempo, sino perfeccionarlo de la forma más provechosa que yo pueda.
6. Resuelvo: Vivir con toda mi fuerza, mientras viva.
7. Resuelvo: Nunca hacer nada que yo tenga miedo de hacer aun si fuera la última hora de mi vida.
8. Resuelvo: Actuar, en todo aspecto, ya sea hablando o haciendo, como si nadie hubiera sido tan vil como yo, y como si yo hubiera cometido los mismos pecados, o tenido las mismas enfermedades o fallas que otros; y que yo permitiera que el conocimiento de sus errores causara nada que no fuera vergüenza en mí, y mostrará solo una ocasión para confesar mis propios pecados y miseria a Dios. (Vid. Julio 30).
9. Resuelvo: Meditar mucho, en toda ocasión, de mi muerte, y estar atento a todas las circunstancias comunes a la muerte.
10. Resuelvo: Cuando sienta dolor, pensar en los dolores del martirio, y del infierno.
11. Resuelvo: Cuando piense en algún teorema de la divinidad para ser resuelto, inmediatamente hacer lo que yo pueda para la solución de ello, si las circunstancias no lo impiden.
12. Resuelvo: Si yo tengo deleite en ello como una recompensa al orgullo, o vanidad, en cualquier cosa, inmediatamente rechazarla.
13. Resuelvo: Comprometerme a descubrir objetos idóneos de liberalidad y caridad.
14. Resuelvo: No hacer ninguna cosa por venganza.
15. Resuelvo: Nunca permitir ni el menor movimiento de ira hacia seres irracionales.
16. Resuelvo: Nunca hablar mal de nadie, de tal manera que ocasione su deshonra, ni más o menos, de ninguna manera, excepto para hacer el bien.
17. Resuelvo: Que yo viviré así como hubiera deseado haberlo hecho cuando muera.
18. Resuelvo: Vivir así en todo tiempo, como piense que es lo mejor en mis formas más devotas y cuando tenga la más clara noción de las cosas del evangelio y del otro mundo.
19. Resuelvo: Nunca hacer ninguna cosa de la cual yo debiera tener miedo de hacer, si yo descanso en esto, no pasará ni una hora antes de que yo oiga el último golpe.
20. Resuelvo: Mantener la estricta sobriedad en el comer y el beber.
21. Resuelvo: Nunca hacer ninguna cosa, la cual si yo viera en otro, encontraría justa ocasión para despreciarlo, o pensar en cualquier manera en lo más indigno de él.
22. Resuelvo: Esforzarme para obtener tanta felicidad para mí en el otro mundo, como pueda, con todo el poder, fuerza, vigor y vehemencia, aun de la violencia de que soy capaz, o pueda traer a mí mismo para ejecutar, de cualquier forma aquello en que se puede pensar.

23. Resuelvo: Tomar frecuentemente alguna acción deliberada, que me parezca la más adecuada para ser realizada, para la gloria de Dios, y seguir la huella hasta la intención original, el diseño y el final de ella y si descubriera que no es para la gloria de Dios juzgarla como una brecha de la cuarta Resolución.

24. Resuelvo: Siempre que yo haga cualquier acción conspicua y maligna seguiré su rastro, hasta que llegue a la causa que la originó y entonces, me esforzaré cuidadosamente en no volver a hacerla y a pelear y a orar con toda mi fuerza en contra de la causa.

25. Resuelvo: Examinar cuidadosa y constantemente, qué es esa cosa en mí que ocasiona en la mínima forma, el dudar del amor de Dios; y así dirigir todas mis fuerzas en contra de ella.

26. Resuelvo: Echar fuera aquellas cosas que yo encuentre que contristen mi certeza.

27. Resuelvo: Nunca omitir voluntariamente ninguna cosa, excepto que la omisión sea para la gloria de Dios; y frecuentemente examinar mis omisiones.

28. Resuelvo: Estudiar las Escrituras tan firmemente, constantemente y frecuentemente como pueda, de tal manera que pueda encontrar y sencillamente percibir en mí el crecimiento en el conocimiento de ellas.

29. Resuelvo: Nunca permitir el considerar que una oración, ni algo que se considere como una oración, ni una petición en oración, la cual es hecha así, no pueda yo confiar en que Dios la contestará; ni una confesión en la cual no pueda yo esperar que Dios la aceptará.

30. Resuelvo: Esforzarme cada semana a ser llevado más alto en el conocimiento de la religión, y a un mayor ejercicio de la gracia, de lo que estaba la semana pasada.

31. Resuelvo: Nunca decir nada contra cualquier persona, sino cuando esto sea perfectamente agradable al mayor grado de honor cristiano, y de amor a la humanidad, agradable a la más baja sumisión y sentido de mis propias fallas y errores, y agradable a la regla de oro; frecuentemente, cuando haya dicho alguna cosa contra cualquiera, presentarla y tratarla estrictamente por medio del examen de esta Resolución.

32. Resuelvo: Estar estricta y fielmente firme en mi esperanza, como aquel hombre de Proverbios 20:6: pero hombre de verdad, ¿quién lo hallará?, y que no se cumpla en mí solo parcialmente.

33. Resuelvo: Hacer siempre lo que pueda en cuanto a trabajar en mantener y preservar la paz cuando pueda ser realizado sin un desajuste en detrimento de otros aspectos. (26 de diciembre, 1722).

34. Resuelvo: En las narraciones, nunca hablar cualquier cosa sino la pura y simple verdad.

35. Resuelvo: Cuando yo tenga muchas preguntas en cuanto a si he realizado mi deber, de tal manera que mi reposo y serenidad estén por ello perturbadas, acallarlas y también ver la manera en que tales preguntas puedan ser resueltas. (18 de diciembre, 1722).

36. Resuelvo: Nunca hablar mal de nadie, excepto si tengo algo bueno que comunicarle. (19 de diciembre, 1722).
37. Resuelvo: Inquirir cada noche, al ir a dormir, en dónde he sido negligente -qué pecado he cometido- y en qué me he negado a mí mismo también al final de cada semana, mes y año. (22 y 26 de diciembre, 1722).
38. Resuelvo: Nunca publicar nada que sea demasiado festivo, o asunto de risa, sobre el día del Señor. (Tarde del sábado 23 de diciembre, 1722).
39. Resuelvo: Nunca hacer nada de lo cual yo tenga duda de su legalidad, esto es lo que trato, y al mismo tiempo, considerar y examinar después, si fuera legal o no; a menos que dudara yo mucho de la legalidad de la omisión.
40. Resuelvo: Averiguar cada noche antes de ir a la cama, si he actuado en la mejor forma que yo quizás podría, en cuanto al comer y al beber. (07 de enero, 1723).
41. Resuelvo: Preguntarme, al final de cada día, semana, mes y año como pudiera yo, en cualquier aspecto, haberlo hecho mejor. (11 de enero, 1723).
42. Resuelvo: Renovar frecuentemente la dedicación de mí mismo a Dios, la que fue hecha el día de mi bautizo, la cual solemnemente renové cuando fui recibido en la comunión a la iglesia, y la que solemnemente vuelvo a hacer en este día 12 de enero de 1723.
43. Resuelvo: Nunca, de ahora en adelante, y hasta que yo muera, actuar como si me perteneciera a mí mismo, sino completa y para siempre a Dios; ya que es agradable ser hallado así. (Sábado 12 de enero, 1723).
44. Resuelvo: Que no tendré otro fin excepto la religión, y nada tendrá ninguna influencia en cualesquiera de mis acciones; y que no habrá acción alguna, aun en la más mínima circunstancia, que no sea aquella a la que la finalidad religiosa conlleve. (Enero 12 de 1723).
45. Resuelvo: Nunca permitir por ningún motivo, ningún placer o pena, alegría o pesar, ni cualquier afecto, ni ningún grado de afecto, ni cualquier circunstancia relacionada con ello, sino solo lo que ayude a la religión. (Enero 12 y 13 de 1723).
46. Resuelvo: Nunca permitir ni en una pequeña medida el entristecimiento o inquietud en cuanto a mi padre o madre. Resuelvo no permitir tales efectos aun ni en la alteración de la voz, o movimiento de mis ojos; y ser especialmente cuidadoso de ello en cuanto a cualquiera de nuestra familia.
47. Resuelvo: Esforzarme hasta lo máximo para negar todo aquello que no sea sumamente agradable para un bien universal, dulce y benevolente, quieto, pacífico, satisfecho y tranquilo, compasivo y generoso, humilde y manso, sumiso y servicial, diligente y laborioso, caritativo y aun paciente, moderado, perdonador y sincero, con templanza, y hacer en todo tiempo aquello a lo que el carác-

ter mengüe; y a examinar estrictamente, al final de cada semana, si lo he hecho así. (Sábado por la mañana, 5 de mayo, 1723).

48. Resuelvo: Constantemente, con el mayor esmero y diligencia, y el escrutinio más estricto, observar detenidamente el estado de mi alma de manera que puedan saber si yo tengo verdaderamente un interés en Cristo o no; para que cuando yo muera, no sea encontrada ninguna negligencia con respecto a esto de lo que tenga que arrepentirme. (26 de mayo de 1723).

49. Resuelvo: Que esto nunca acontezca, si puedo evitarlo.

50. Resuelvo: Que yo actuaré así, como pienso, de la misma manera juzgaré lo que haya sido mejor y más prudente cuando venga al mundo futuro. (5 de julio, 1723).

51. Resuelvo: Que yo actuaré así, en cada aspecto, de la forma en que pienso que yo desearía haberlo hecho, si yo fuera al final condenado. (8 de julio, 1723).

52. Resuelvo: Frecuentemente oigo a personas de edad avanzada decir cómo hubieran vivido si pudieran vivir de nuevo sus vidas. Resuelvo: Que viviré así como pienso que yo desearía haberlo hecho, suponiendo que viva hasta una edad avanzada. (8 de julio, 1723).

53. Resuelvo: Aprovechar cualquier oportunidad, cuando esté en el mejor y más feliz estado mental, para derramar y confiar mi alma en el Señor Jesucristo, para esperar y depositarme en él, y consagrarme completamente a él; que de esta manera yo pueda estar seguro de mi salvación, sabiendo que he confiado en mi Redentor. (8 de julio, 1723).

54. Resuelvo: Que siempre que oiga que se está hablando algo en alabanza para alguna persona, si yo pienso que eso sería en mí, digno de alabanza, yo debería esforzarme en imitarlo.

55. Resuelvo: Empeñarme al máximo, para actuar así, de la manera que pienso que debería hacerlo, si ya hubiera visto la felicidad del cielo y los tormentos del infierno. (8 de Julio de 1723).

56. Resuelvo: Nunca detenerme, ni ablandarme en lo más mínimo en mi lucha con mis corrupciones, no importando cuán infructuoso haya sido.

57. Resuelvo: Cuando tema las desgracias y adversidades, deberé examinar si he realizado mi deber, y determinado el hacerlo y dejar que el evento sea solamente como la Providencia lo ordene. Yo, tanto como me sea posible, no me preocuparé por nada, sino por mi deber y mi pecado. (9 de junio y 13 de julio, 1723).

58. Resuelvo: No solo refrenarme en la conversación, de un aire de desaprobación, enojo e ira sino manifestar un aire de amor, alegría y benignidad. (27 de mayo y 13 de julio, 1723).

59. Resuelvo: Cuando estoy más consciente de las provocaciones de la naturaleza enfermiza y de la ira, que luche con más fuerza para sentir y actuar con bondad naturalmente; sí, en tales momentos, manifestar benevolencia, aunque yo pienso que en otros

aspectos sería desventajoso, y así como el mundo en otras ocasiones, sería imprudente. (12 de mayo y 11 y 13 de julio, 1723).

60. Resuelvo: Siempre y cuando mis sentimientos comiencen a
aparecer fuera de orden, cuando esté consciente de la menor
inquietud dentro de mí, o la más mínima irregularidad, yo entonces me someteré a mí mismo al más estricto examen. (4 y 13
de julio, 1723).

61. Resuelvo: Que no daré ocasión a que la negligencia que yo
encuentro en mí afloje y haga a mi mente dejar de anhelar estar
completamente llena y firmemente colocada en la religión, cualquier excusa que pueda yo buscar, que mi descuido me incline a
hacer, es mejor hacerlo, etc. (21 de mayo y 13 de julio, 1723).

62. Resuelvo: Nunca hacer nada excepto mi deber, y hacerlo de acuerdo a Efesios 5:6-8, hacerlo voluntaria y alegremente, como delante
del Señor y no de los hombres; sabiendo que el bien que cada uno
hiciere ese recibirá del Señor. (25 de junio y 13 de julio, 1723).

63. Resuelvo: En el supuesto de que no hubiera sino un individuo
en el mundo, al mismo tiempo, que fuera apropiada y completamente un cristiano, en todo aspecto, ya sea de un temple
correcto, teniendo al cristianismo siempre brillando con su verdadera brillantez y siendo excelente y amable, desde cualquier
punto de vista y carácter: Resuelvo: Actuar así como lo haría si
luchara con toda mi fuerza para ser ese uno, quien viviera en mi
tiempo. (14 de enero y 13 de julio, 1723).

64. Resuelvo: Cuando sienta estos gemidos que no deben ser pro-
feridos de los cuales habla el apóstol y aquellos suspiros del
alma tan desapacibles de los que hace mención el salmista en el
Salmo 119:20 yo alentaré con toda mi fuerza y no me cansaré de
empeñarme encarecidamente en expresar mis deseos, ni en la
repetición de tales anhelos. (23 de julio y 10 de agosto, 1723).

65. Resuelvo: Ejercitarme mucho en esto, toda mi vida, con la
mayor apertura de que soy capaz, el declarar mis caminos a
Dios y mantener mi alma abierta para él, todos mis pecados,
tentaciones, dificultades, penas, temores, esperanzas, deseos,
todas las cosas, y todas las circunstancias, de conformidad con el
sermón sobre el Salmo 119 del Dr. Manton. (26 de julio y 10 de
agosto, 1723).

66. Resuelvo: Que siempre me esforzaré en mantener un aspecto
benigno, una forma de actuar y hablar, en todos los lugares, y
en todas las compañías, excepto si sucediera que los deberes
requieran que sea de otra manera.

67. Resuelvo: Después de las aflicciones, inquirir, cuán mejor soy yo
por ellas, qué es lo que obtuve de ellas y qué podría yo obtener
de ellas.

68. Resuelvo: Confesarme francamente a mí mismo, todo lo que
encuentro en mi ser ya sea enfermedad o pecado; y si ello fuera
algo concerniente a la religión, también confesarle todo el

asunto a Dios e implorarle que necesito su ayuda. (26 julio y 10 de agosto, 1723).

69. Resuelvo: Siempre hacer aquello que hubiera querido haberlo hecho cuando he visto a otros hacerlo. (11 de agosto, 1723).

70. Resuelvo: Siempre dejar que haya algo de benevolencia en todo lo que hable. (17 de agosto, 1723).

Estas 70 resoluciones las encuentras intactas en el libro de Timothy Dweit.[703]

---

[703] Dwight, Timothy. MEMORIAS DE JONATHAN EDWARDS, Tomo 1. Pp. 18.24.

# Bibliografía

## LIBROS Y TESIS:

Allen, Alexander V. G. *American religious leader, Jonathan Edwards*. Copyright, 1889. Cornell Univ. Library, 1889. Digitalizado por Cornell Univ.: https://babel.hathitrust.org/cgi/pt?id=coo1.ark:/13960/t7np2nc8x &view=1up&seq=355

Ascol, Tom. *Mi querido TImoteo*. © 2011. Pub. Faro de Gracia.

Bennett, William J. *América: La última esperanza*. Vol. I. © 2014. Grupo Nelson.

Bremer, Francis J. *Puritanism: A very short introduction*. © 2009. Oxford Univ. Press, Inc.

*CATALOGUE of the First Church in New Haven during the pastorate of Rev. James Pierpont and the Rev. James Noyes from 1685 a 1757, and a Profession of Faith and Catechism by the Rev. John Devemport*. New Haven: Impreso por D. L. Hamlem, impreso para Yale College, 1854. (https://archive.org/details/catalogueofperso00dave/page/n27/mode/2up). *The Profession of Faith* fue impresa por primera vez en Londres en 1642. *El "Catechism Containing the Chief Head of Christian Religion", fue impreso en Londres en 1659.*

Conn, Harvie M. *Teología contemporánea en el mundo*. Impresión 1992. Libros Desafío. © 1975.

Crampton, Gary: *A conversation with Jonathan Edwards*. Reformation Heritage Books (RHB). © 2006.

De la Cruz, Juan C. *Entendiendo la fe para comprender la salvación*. © 2018. E-PRO (Ed. Proclama).

Dochuk, D., Kidd, T. S., & Peterson, K. W. *American evangelicalism. George Marsden and the state of american religious history*. © 2014. University of Notre Dame Press, Indiana.

Dodds, Elisabeth D. *Marriage to a difficult man*. Audubon Press. © 2004 by Jerry Marcellino.

Dwight, Timothy. *Memorias de Jonathan Edwards*, Tomo 1. http://www.iglesiareformada.com/las_obras_jonathan_edwards_1.pdf

Edwards, Jonathan. *El fin por el cual Dios creó al mundo.* Audio book: https://youtu.be/p_jDsVAb_S4

Edwards, Jonathan. *Los afectos religiosos.* Publicaciones Faro de Gracia. 2da. Ed. 2011.

Edwards, Jonathan. *El amor y sus frutos.* © 2021. Teología para vivir. S. A. C.

Edwards, Jonathan. *Narrativa personal.* © 2021. Editorial Proclama.

Edwards, Jonathan. *Los afectos religiosos.* 1st Ed., 2000. © Publicaciones Faro de Gracia.

Edwards, Tryon. *The works of Jonathan Edwards, D.D.* Publicado por Andover, 1842. A dos volúmenes (I y II).

Edwards, Jonathan. *Un avivamiento verdadero: las marcas de la obra del Espíritu Santo.* © 2020. Teología para vivir. S.A.C.

Ferguson, John. *Memoire of the life and character of Rev. Samuel Hopkins, D.D.* © 1830. Pub. by L. W. Kimball.

Finn, Nathan A. & Kimble Jeremy M. *A reader's guide to the major writings of Jonathan Edwards.* Copyright © 2017. Published by Crossway.

Gerstner, Edna. *Jonathan and Sarah, an uncommon union.* © 1995. Soli Deo Gloria Pub.

Gerstner, John H. *Jonathan Edwards: a mini-theology.* © 1787. Soli Deo Gloria.

Hasler, Richard A. *Journey with David Brainerd. Soli Deo Gloria Pub.* © 2002.

Haykin, Michael A. G. *Jonathan Edwards: The holy spirit in revival.* Webster: Evangelical Press, 2005.

Hopkins, Samuel. *ON the late Rev. JE, President of The College in NJ together of a number of his sermons in various important subjects.* Impreso en Boston por S. Kneeland. M,VCC,LXV.

Hunt, L; Martin, T. R.; Bárbara, H. R.; Po-chia Hsia, R. & Bonnie, G. S. *The making of the west.* Vol. I. © 2007. Bedford/St.Martin's. 2d. Edition.

*Jonathan Edwards on revival.* The Banner of Truth. Printed in 1999.

Kimnach, Wilson H. (Editor). *General introduction to the sermons: Jonathan Edwards' art of prophesying.* (http://edwards.yale.edu/)

Klassen, E. *Jonathan Edwards, La predicación que aviva.* Ed. CLIE. © 2016.

Kozlowski, Darrel J. (Editado por: Weber, Jennifer L.). *Colonialism (Key concepts in american history).* Chelsea House Publications; 1er edición © 2010.

Lawson, Steven J. *The unwavering resolve of Jonathan Edwards.* © 2008. Pub. By Reformation Trust Publishing. Printed in Crawfordsville, Indiana, USA.

Lloyd-Jones, Martin. *Los puritanos. El Estandarte de la Verdad.* © 2013.

Lloyd-Jones, Martin. Avivamiento. Una serie de 24 sermones predicados en la capilla de Westminster en 1959 con motivo del 100 aniversario del avivamiento en Gales en 1859. Trad. de Mario López. Recurso gratuito auspiciado por MYJ Ministry TRUST.

MacArthur, John. *Avergonzados del evangelio.* Ed. PortaVoz. © 2001.

Marsden, George M. *Jonathan Edwards, a life*. © 2003 by Yale University. Yale University Press, New Haven and London.

Marsden, George M. *A short life of Jonathan Edwards*. © 2008 by George Marsden. Wm. B. Eerdsmans Pub. Co.

Minnkema, Kenneth; Bezzant, Rhys & Caldwell, Robert, III. *A reader's guide to the major writings of JE*. CrossWay Books. © 2017.

Miller, Perry. *Jonathan Edwards*. Bison Book. University of Nebraska Press. © 1949 by Wilson Sloan Association, inc.

Moffat, Burnham R. *Pierrepont genealogies*. Privately Printed, 1913. https://archive.org/details/pierrepontgenea00moffgoog/page/n36/mode/2up

Murray, Iain H. *Jonathan Edwards: A new biography*. Banner of Truth, 1987.

Nichols, Stephen J. *Jonathan Edwards: A guide of his life and thought*. © 2001. P&R Publishing.

Packer, J. I. *A quest for godliness*. Crossway Books. © 1990.

Piper, John & Taylor, Justin. *A God-entered vision of all things*. Copyright © 2004. Desiring God Foundation and Justin Taylor. Crossway.

Piper, John. *La supremacía de Dios en la predicación*. Pub. Por Faro de Gracia. 2da Ed. 2010. Copyright 1990, 2004 by Desiring God fundation.

Simonson, Harold P. *Jonathan Edwards: Un teólogo del corazón*. Editorial Clie. © 2020.

Smith, John E. *Jonathan Edwards: puritan, preacher, philosopher*. Notre Dame: University of Notre Dame Press, 1992.

Stott, John R. W. *La cruz de Cristo*. © 1996. EC Ed.

*The works of Jonathan Edwards*. Vols I y II. The Banner of Truth. Impreso en 1995.

*The works of president Edwards in four volumes*. Pub. (Reimpreso por Leavity & Allen en 1852, Worcester).

Tozer, A. W. *Los atributos de Dios*, Vol. 1. © 2003. Casa Creación.

Tracy, Joseph. *The great awakening: A history of the revival of religion in the time of Edwards and Whitefield*. First published in 1842. A new edition published in 2014 (www.countedfaithful.org).

Von Rohr, John. *TheSshaping of American Congregationalism 1620-1957*. © 1992. The Pilgrim Press.

Dwight, Timothy. *Memorias de Jonathan Edwards*, Tomo I. (Versión digital).

## BIBLIOTECA, COLECCIONES Y ENCICLOPEDIAS:

*The Works of Jonathan Edwards Online*. A 73 volúmenes (hasta dic. 2020): http://edwards.yale.edu/

*The Works of Jonathan Edwards*. Ed. por Perry Miller, John E. Smith y Harry S. Stout. New Haven: Yale Versity Press, 1957-2008. A 26

volúmenes. (Abreviación JEW, N.xx; donde N es el vol. y xx repre-
senta el no. de la página).
*The Works of Jonathan Edwards*. The Banner of Truth. A dos volúmenes con-
densados. Abreviación WJE, I.xx. (donde I es el vol. y xx, la página)
*Britannica Encyclopedia*: https://www.britannica.com/
*The World Book Encyclopedia*. Vol. 9. © 1981.
*Wikipedia*. http://www.wikipedia.org
*Wikitree*. https://www.wikitree.com/wiki/
*Family Search*. https://www.familysearch.org/wiki/
Nuevo Diccionario Teológico. © 1992. CBP.

## REVISTAS Y JORNALS

The *Dutch Reformed Theological Journal* (1959-2014): http://ngtt.journals.
ac.za. Ahora (Stellenbosch Theological Journal -NGTT- en: https://
ojs.reformedjournals.co.za/index.php/ngtt/issue/archive)

## DOCUMENTALES Y CONFERENCIAS:

Reeves, Ryan M. *Jonathan Edwards*: https://www.youtube.com/watch?v=
BhmzD9fnBSE&feature=youtu.be
Reeves, Ryan M. *The english civil war*: https://youtu.be/dnNj_7XEh1g
Reeves, Ryan M. *Wesley and Whitefield*: https://youtu.be/rgqicv3nRdg
Reeves, Ryan M. *Hugonots and the french reformation*: https://youtu.be/
1wOgMLZlF1Y
Reeves, Ryan M. *Lutheran pietism*: https://youtu.be/MQIwCHvU8gU
Gerstner, John. *The Life of Jonathan Edwards*: https://www.ligonier.org/learn/
series/theology-jonathan-edwards/life-of-edwards/. LIGONIER. (Cons.
en dic., 2020). Gerstner, John: *The Life of Edwards* (https://youtu.be/
rI_ViZgQ72M). El Dr. Gerstner escribió: "*The Rational Biblical Theology
of JE*" (en dos volúmenes); "Jonathan Edwards: *A Mini-Theology*"; y "*Jonathan Edwards on Heaven and Heal*"; "Jonathan Edwards the Evangelist"; entre otros.
Rev. Sullivan. *The life if Edwards*: https://m.youtube.com/watch?v=rI_
ViZgQ72M
Murray, Iain. "Jonathan Edwards: The Life, The Man, The Legacy":
https://youtu.be/ZhZI-pOW36k. © Sept. 11, 2012. DesiringGod.org
William Tennent. https://youtu.be/xVhYHa-Cjcg.
Nelson, Tom: https://youtu.be/xVhYHa-Cjcg
Piper, John. *The Pastor as Theologian, Life and Ministry of Jonathan Edwards*":
https://www.desiringgod.org/messages/the-pastor-as-theologian.   ©
1988 (15 de abril). By Desiring God Ministries.

Piper, Noël. *Sarah Edwards: Jonathan's home and Heaven.* © Desiring God: https://www.desiringgod.org/messages/sarah-edwards-jonathans-home-and-haven.

Piper, Noël: *The Life of Sarah Edwards:* https://youtu.be/WdUKM4-tNWI

Dever, Mark. *How did Jonathan Edwards Got Fired:* https://www.desiringgod.org/messages/how-jonathan-edwards-got-fired-and-why-its-important-for-us-today (Conferencia de Desiring God: *A God-Entrance Vision of All Things,* 11 de oct., 2003).

## ARTÍCULOS WEB:

Anderson, Richard. Jonathan Edwards Sr.: Princeton & Slavery: https://slavery.princeton.edu/stories/jonathan-edwards

*The 13 Colonies.* https://www.history.com/topics/colonial-america/thirteen-colonies. History. (17 de junio, 2010. Actualizado el 13 de nov., 2020. Consultado el 10 octubre, 2020).

Los primeros colonos ingleses en América: https://historia.nationalgeographic.com.es/a/primeros-colonos-ingleses-america_12768/11. National Geographic (04 de septiembre, 2018. Consultado, 10 de octubre, 2020).

*Massachusetts Bay Colony:* https://www.britannica.com/place/Massachusetts-Bay-Colony. Encyclopedia Britannica, Inc. (Cons. el 22 de dic., 2020).

Massachusetts: https://www.history.com/topics/us-states/massachusetts. History. (09 de agosto, 2009. Actualizado el 21 de nov., 2018. Consultado el 16 de sept., 2020).

Connecticut: https://www.history.com/topics/us-states/connecticut. History (09 de agosto, 2009. Actualizado el 21 de nov., 2018. Consultado el 16 de sept., 2020).

*Jonathan Edwards, Dismissal from Northampton:* https://www.britannica.com/biography/Jonathan-Edwards/Dismissal-from-Northampton. Encyclopedia Britannica, Inc. (Cons. el 15 de dic., 2020).

Solomon Stoddard: https://www.iglesiapueblonuevo.es/index.php?codigo=bio_stoddards. Iglesia Evangélica Pueblo Nuevo, Madrid. (Consultado en sept., 2020).

Schafer, Tomas A. *Jonathan Edwards:* https://www.britannica.com/biography/Jonathan-Edwards. Encyclopedia Britannica. (Cons. el 12 de oct., 2020. Última actualización, 13 de enero, 2021).

*Who Was William Tennent:* https://williamtennenthouse.org/who-was-william-tennent/). William Tennent House Association. (Consultado el 15 oct., 2020).

Universidad de Princeton: http://enciclopedia.us.es/index.php/Universidad_de_Princeton.

Princeton University: https://www.princeton.edu/meet-princeton.

About Harvard. History: https://www.harvard.edu/about-harvard/harvard-glance/history. Harvard Univ. (Consultado en 24 de junio, 2020).

Yale: *Traditions & History*: https://www.yale.edu/about-yale/traditions-history. Yale University. (Consultada el 24 de junio, 2020).

Davenport College: History: https://davenport.yalecollege.yale.edu/about-davenport/history. Yale College. (consultado el 24 de junio, 2020).

Universidad Autónoma de Santo Domingo: Reseña histórica de la UASD. https://uasd.edu.do/index.php/informacion-general/historia (Cons. 22 sept., 2020).

Universidad Nacional Mayor de San Martín: http://www.unmsm.edu.pe/. Historia de la UNMSM. (https://sisbib.unmsm.edu.pe/bibvirtual/publicaciones/geologia/v01_n1/rese%C3%B1a_histo.htm). (Consultado el 25 de oct., 2020).

*How Isaac Newton Made Social Distancing Work for Him*: https://www.insidehook.com/daily_brief/history/how-isaac-newton-made-social-distancing-work-for-him. InsideHook. (14 de marzo 2020. Consultado en 14 de dic., 2020).

Johnson, Mathew. *The Case for Ending Slavery: Timeline of Events Relating to the End of Slavery*: http://www.masshist.org/teaching-history/loc-slavery/essay.php?entry_id=504. Massachusetts Historical Society (founded in 1791. Pub. 2010).

Levenson, Thomas. *The True about Isaac Newton's Productive Plage*: https://www.newyorker.com/culture/cultural-comment/the-truth-about-isaac-newtons-productive-plague. The New Yorker. (06 de abril, 2020. Consultado el 20 de septiembre, 2020).

Sevilla Arias, Andrés. Adam Smith: https://economipedia.com/definiciones/adam-smith.html. Economipedia. (Consultado el 14 de octubre de 2020).

Brian, Duignan: https://www.britannica.com/biography/Immanuel-Kant. Encyclipedia Britannica, Inc. (Consultado el 15 de diciembre, 2020).

Rohlf, Michael. Emmanuel Kant: https://plato.stanford.edu/entries/kant/. Stanford Encyclopedia of Philosophy. (Pub. 20 de mayo, 2010. Revis. 28 de julio, 2020. Consultado en dic., 2020).

Minkema, Kenneth P.: Art. "*Jonathan Edwards and the Heidelberg Catechism*". NGTT Deel 54, Nommers 3 & 4, September en Desember 2013: http://ngtt.journals.ac.za.

Patarroyo, Carlos G. Jonathan Edwards: Una Investigación Cuidadosa y Estricta de las Nociones Modernas Prevalecientes de la Libertad de la Voluntad: https://revistas.unal.edu.co/index.php/idval/article/view/36261/38297. (Universidad Colombiana. Consultado en dic., 2020).

Ballard, Larry. *Multigenerational Legacies: The Story of JE:* https://www.ywam-fmi.org/news/multigenerational-legacies-the-story-of-jonathan-ed-wards/. (Family Ministry: Youth with a Mission. Pub. el 01 de julio, 2017. Consultado el 25 de oct., 2020)

Las 70 resoluciones de Jonathan Edwards: https://www.avivanuestroscorazones.com/articles/las-70-resoluciones-de-jonathan-edwards/

De la Cruz, Juan C. Conociendo el legado de J. E.: https://www.coalicionporelevangelio.org/articulo/conociendo-el-legado-de-jonathan-edwards/

De la Cruz, Juan C. Los piadosos también sufren: el ejemplo de J. E. © TheoMagazine. Vol.1, No.003. Abril 2020.

Storms, Sam. 10 Cosas que deberías saber sobre J. E.: https://www.coalicionporelevangelio.org/articulo/10-cosas-deberias-saber-jonathan-edwards/ (Pub. 02 feb., 2018. Cons. sept., 2020).

Humfrey, Christel. *Sarah Edwards: Living a Legacy of Godliness*: https://www.reviveourhearts.com/true-woman/blog/sarah-edwards-leaving-legacy-godliness/. (Revive our Hearts. 07 de abril, 2016).

Morgan, J. P.: https://www.history.com/topics/19th-century/john-pierpont-morgan. History. 09 de nov., 2009. Actualizado el 07 de junio, 2019. (Consultado el 17 de enero, 2021).

Parker, Adam. *JE, the Westminster Standard, and Presbiterian Church Government:* https://www.alliancenet.org/placefortruth/column/theology-on-the-go/jonathan-edwards-the-Westminster-standards-and-presbyte- (08 de enero, 2015).

Guelzo, Allen C. *The Northampton Eviction*: https://www.christianitytoday.com/history/issues/issue-77/northampton-eviction.html (Christianity Today).

BITE. El Gran Despertar, origen y consecuencias: https://biteproject.com/gran-despertar-origen-y-consecuencias/

Ritchie, Daniel. *The 1859 revivals and its enemies: Opposition to Religious Revivalism Within Ulster Presbyterianism*: https://www.cambridge.org/core/journals/irish-historical-studies/article/1859-revival-and-its-enemies-opposition-to-religious-revivalism-within-ulster-presb-yterianism/CE32152A3071C1241531D6F6994ACA0D (Published online by Cambridge University Press: 04 July 2016).

Jonathan Edwards: Avivamiento en Northampton 1740-1742: https://cristianoreformado7.wordpress.com/2018/02/13/jonathan-edwards-avivamiento-en-northampton-1740-1742/ (13 de febrero, 2018 por Cristiano Reformado).

*The Great Awakening*: http://greatawakeningdocumentary.com/exhibits/show/biographies/william-tennent. (© 2009 Bob Jones University).

*William Tennent House Association*: https://williamtennenthouse.org/who-was-william-tennent/ (Consultado en octubre, 2020).

John Wesley: https://www.britannica.com/biography/John-Wesley (Britannica Encyclopedia. Consultado el 17 de enero 2021).

Cotton Mather: https://www.britannica.com/print/article/369261 (Britannica Encyclopedia. Consultado el 17 de enero 2021).

Humphrey, Christel. *Sarah Edwards: Dejando un legado de piedad*: https://www.avivanuestroscorazones.com/mujer-verdadera/blog/sarah-edwards-dejando-un-legado-de-piedad/ (Aviva Nuestros Corazones, mayo 11, 2016. Consultado el 20 de dic., 2020).

The Joseph Bellamy House: *The Great Awakening in Puritan New England*: https://www.nps.gov/articles/the-joseph-bellamy-house-the-great-awakening-in-puritan-new-england-teaching-with-historic-places.htm (By Experience Your America TM. Actualizado el 20 de abril, 2020. Consultado el 17 de enero, 2021).

*The Reverend Joseph Bellamy made Bethlehem a Holy Place*: https://connecticuthistory.org/the-reverend-joseph-bellamy-makes-bethlehem-a-holy-place/ (ConnecticutHistory.Org, 22 de dic., 2019. Consultado el 17 de enero 2021).

Bellamy, Joseph (1719-1790): https://www.encyclopedia.com/people/philosophy-and-religion/protestant-christianity-biographies/joseph-bellamy (Encyclopedio.com, actualizado el 11 de febrero, 2021).

*Joseph Bellamy Papers*: https://archives.yale.edu/repositories/12/resources/4225 (Archives at Yale. Consultado el 17 de enero, 2020).

## ALGUNOS SERMONES CLAVES DE EDWARDS:

Edwards, J.: "El amor es la suma de toda virtud".

Edwards, J. "El día del juicio". https://youtu.be/DuOgeLwzB1c

Edwards, J. "El nuevo nacimiento": https://youtu.be/otWsbl6M6Ns

Edwards, J.: "La caridad y sus frutos". (serie). https://youtu.be/4YqXRdcG6C8.

La caridad y sus frutos (1). https://youtu.be/4YqXRdcG6C8

Edwards, J.: "La manera de Dios convertir a los hombres". https://www.youtube.com/watch?v=taEBb5y6Oz4&t=1344s

Edwards, J. "La caridad y sus frutos (14)": https://youtu.be/bDKXM1WRp6U

Edwards, J. "La caridad tiende a la piedad". https://youtu.be/-Lvt5R-Gw2A

Edwards, J. "Falsa luz y verdadera luz". https://www.youtube.com/watch?v=NTijGvyZvkM&t=2517s

Edwards, J. "Las gracias cristianas entrelazadas". https://youtu.be/2SR17I_5UN4

Edwards, Jonathan. "La indeterminación". https://youtu.be/ARNpPTIPvQw

Edwards, J.: "La manera de Dios convertir a los hombres". https://www.youtube.com/watch?v=taEBb5y6Oz4&t=1038s

Edwards, J. "La soberanía de Dios en la salvación de los hombres". ttps://www.youtube.com/watch?v=DIloILYeP1Y&t=33s

Edwards, J. "Pecadores en las manos de un Dios airado". https://www.youtube.com/watch?v=c20Wplitvvs&t=54s

Edwards, J. "Todo sobre la gracia". https://youtu.be/tP9fiKqpwQg

Edwards, J.: "Una luz divina y sobrenatural". https://www.youtube.com/watch?v=XqMBi2l7lj4&t=53s

Edwards, J.: "Verdadero amor a Dios". https://www.youtube.com/watch?v=gppX_28k0N0&t=638s

# Agradecimientos

Agradezco a la Universidad Yale y su Jonathan Edwards Center (JEC), especialmente al director del centro y profesor de teología de *Yale School of Divinity*, el Dr. Minkema por sus valiosos aportes a este libro respondiendo todas nuestras interrogantes por correspondencia digital. Además, agradezco a Yale y al JEC por tener a disposición prácticamente toda la data producida por Edwards en nada más que 73 volúmenes a la fecha en su portal web (www.yale.edwards.edu); un aporte simplemente monumental en beneficio del conocimiento y de la historia.

Agradezco además a Alfonso Triviño de Edit. CLIE, por motivarme a terminar y publicar esta obra a la vez que conectarme con el Dr. Ernest Klassen. A su vez, estoy muy agradecido de Ud. Dr. Klassen, no solo por revisar el manuscrito y proveerme de valiosas sugerencias, además de introducirme a algunas autoridades sobre Jonathan Edwards como al Dr. Minkema; reitero mis más sinceros agradecimientos a usted por sus valiosos aportes en decenas de correspondencias e interrogantes respondidas. Claro, el inspirado prólogo de esta obra, también suyo Dr. Klassen, es digno de mi respeto y admiración. Dr. Klassen, aprendí mucho de usted. Gloria a Dios por su amplia vida ministerial ya recorrida. Mis constantes oraciones por usted y los suyos.

Agradezco enormemente al pastor Humberto Solís del Templo Evangelístico Misionero en Manhattan, New York, por tomarse el tiempo de ir conmigo a todos los lugares donde Edwards vivió, enseñó y ministró. Igualmente, por asumir conmigo este proyecto como si hubiera sido suyo, incluso solventando toda esa travesía absolutamente necesaria para este proyecto. Pastor Humberto, hermano mío, mis sinceros y nobles agradecimientos por tan apreciado aporte.

En el mismo orden, agradezco en el alma a mi amigo pastor el Dr. Juan J. Pérez, por aportar muchos granos de arena en este proyecto, primero, me puso en contacto con el Dr. Joel R. Beeke; luego, me regaló

*The Works of JE* (obra a dos volúmenes que publicó *El Estandarte de la Verdad*), me prestó otros libros valiosos de Edwards y sobre Edwards. En fin, simplemente ¡gracias Juan José!, valiosos aportes.

Con igual rigor, agradezco al Dr. Joel R. Beeke por introducirme al Dr. Adriaan Neele (ambos autoridades del *Puritan Reformed Theological Seminary*, www.prts.edu), el segundo respondió algunas de mis interrogantes respecto de ciertos aspectos de la vida de Edwards que no podía vislumbrar claramente en la data disponible.

Gracias Douglas A. Sweeney,[¤] un erudito edwardsiano de renombre mundial (decano de la escuela de divinidad Beeson Divinity School de Samford Univ.), por su elogio y motivación al revisar las líneas generales de este trabajo. Doug, fue muy refrescante tu motivación.

Por supuesto que otorgo mis más sinceros agradecimientos a mi amada esposa (la Dra. Santos, como la suelen llamar), por su paciencia conmigo en este proyecto. Ella me decía: "Ahí con tu amigo Johny" (refiriéndose a Edwards); igual que a mis hijos a quienes durante todo un año les robé algunas horas de mi atención de las que les pertenecían. Gracias Anabel por leer este manuscrito, dar tus valiosas recomendaciones y elogiarlo. ¡Gracias amor!

Hago mención especial, con agrado y gracias, a mi hijo Christopher, fue una motivación para mí, siempre me preguntaba por este trabajo al verme día tras día intensas horas dedicado al proyecto. Además, fue él quien tradujo y diagramó los apéndices A y B de esta obra, entre otras porciones aquí y allí. ¡Gracias Chris!

Igualmente agradezco a Carlos, mi hijo menor, él hizo algunos trabajos artísticos que figuran en este trabajo. ¡Gracias Carlos!

John Piper, Desiring God y Crossway han hecho un trabajo loable en la difusión de Jonathan Edwards y sus pensamientos teológicos. De hecho, Piper ha enfatizado casi a modo desproporcional lo que él entiende es la "médula y suma del pensamiento de Edwards", a saber "la gloria de Dios y el disfrute de ella"; que en suma es simplemente un desarrollo teológico que toma la primera pregunta del catecismo de Westminster (el cual Edwards amó y elogió por encima de los demás), tomando la respuesta, con una leve variación, como el "centro neurálgico", por decirlo así, de la teología del Rev. Edwards, y por qué no, del mismo Dr. John Piper.

---

[¤] Consulte las generales del Dr. Sweeney en: https://www.beesondivinity.com/directory/Sweeney-Douglas (ver también: https://henrycenter.tiu.edu/2010/01/yale-teds-new-jec/).

Gracias al pastor Will Graham, a Giovanny Gómez (de BITE), a Josué Barrios (coordinador editorial en TGC en español), por haberse tomado el tiempo de revisar las generales, y algunas veces los detalles de la obra, y componer algunos elogios que figuran al inicio de este trabajo. ¡Muchísimas gracias distinguidos! Sé lo complicado que resulta analizar un trabajo tan voluminoso y escribir uno o dos párrafos de tu parecer.

Agradezco sobre todo a Dios, por proveerme de oportunidades y suficientes fuerzas para emprender y culminar este proyecto. Confieso que ha sido lo más trabajoso que he enfrentado hasta hoy en calidad de escritor, no por falta de información, sino por lo contrario, pero más que nada, por lo excesivamente difícil que resulta comprender a Edwards. En cuanto al espacio, fue justamente el espacio de la pandemia de Covid-19 la que me brindó el tiempo para trabajar en este anhelado proyecto.

¡A Dios las gracias y toda gloria!